東方大同學案

劉靈華先生著

上卷

阮明敬題

民國滬上初版書·復制版

東方大同學案（上卷）

劉仁航 著

上海三联书店

民国沪上初版书·复制版

出版人的话

如今的沪上，也只有上海三联书店还会使人联想起民国时期的沪上出版。因为那时活跃在沪上的新知书店、生活书店和读书出版社，以至后来结合成为的三联书店，始终是中国进步出版的代表。我们有责任将那时沪上的出版做些梳理，使曾经推动和影响了那个时代中国文化的书籍拂尘再现。出版“民国沪上初版书·复制版”，便是其中的实践。

民国的“初版书”或称“初版本”，体现了民国时期中国新文化的兴起与前行的创作倾向，表现了出版者选题的与时俱进。

民国的某一时段出现了春秋战国以后的又一次百家争鸣的盛况，这使得社会的各种思想、思潮、主义、主张、学科、学术等等得以充分地著书立说并传播。那时的许多初版书是中国现代学科和学术的开山之作，乃至今天仍是中国学科和学术发展的基本命题。重温那一时期的初版书，对应现时相关的研究与探讨，真是会有许多联想和启示。再现初版书的意义在于温故而知新。

初版之后的重版、再版、修订版等等，尽管会使作品的内容及形式趋于完善，但却不是原创的初始形态，再受到社会变动施加的某些影响，多少会有别于最初的表达。这也是选定初版书的原因。

民国版的图书大多为纸皮书，精装（洋装）书不多，而且初版的印量不大，一般在两三千册之间，加之那时印制技术和纸张条件的局限，几十年过来，得以留存下来的有不少成为了善本甚或孤本，能保存完好无损的就更稀缺了。因而在编制这套书时，只能依据辗转找到的初版书复制，尽可能保持初版时的面貌。对于原书的破损和字迹不清之处，尽可能加以技术修复，使之达到不影响阅读的效果。还需说明的是，复制出版的效果，必然会受所用底本的情形所限，不易达到现今书籍制作的某些水准。

民国时期初版的各种图书大约十余万种，并且以沪上最为集中。文化的创作与出版是一个不断筛选、淘汰、积累的过程，我们将尽力使那时初版的精品佳作得以重现。

我们将严格依照《著作权法》的规则，妥善处理出版的相关事务。

感谢上海图书馆和版本收藏者提供了珍贵的版本文献，使“民国沪上初版书·复制版”得以与公众见面。

相信民国初版书的复制出版，不仅可以满足社会阅读与研究的需要，还可以使民国初版书的内容与形态得以更持久地留存。

2014 年 1 月 1 日

劉仁航 著

東方大同學案（上卷）

中華民國十五年三月二十六日出版

本書參考英日等文書目

Nelson's Encyclopaedia.

Everyman's Encyclopaedia.

Webster's Collegiate Dictionary.

Modern English Student's Cyclopaedia.

H.G. Wells. Outline of History.

H.G. Wells. Men like Gods.

Myers. General History.

Parley. Universal History.

Carpenter's Geographical Reader.

The History of Utopian Thought.

The Greek view of life.

Kropotkin. Mutual Aid.

Kropotkin. Rusian literature ideals and Realities.

Tolstoy. War and peace.

Tolstoy. The Slavery of Our Times.

Tolstoy. On Shakesepare

The New Spirit.

The new constitutions of Europe.

Spens. The Republic of Plato.

Nietzsche. The will to power.

Nietzsche. Beyond good and bad.

Russell. Problem of China.

Martin. The A waking of China.

Alesxander. A short History of Philo-
sophy.
Statesmen's Year sbook. 1924.
More's Utopia. "Asia." 1924

Morgan, Ancient society.
A. Clutton Brock. William Morris.
The Custom of Mankind.
其他託氏克氏偉氏英文各書

日文 織田氏佛教大詞典
楊墨哲學
回教可蘭經
南條文雄佛教聖典
哲學詞典
託爾士太全集

託爾士太傳
柏臘圖文集
優生學
穆麗士理想鄉消息
男女婚姻之進化

特種漢文書 回耶雄辯錄
回耶辨眞
天方典禮
族制進化論
猶太史
李紅育種學講義

釋太虛叙

予往者閉關補陀，劉君仁航，贈報恩學社叢著，及觀音福田院緣起詩歌等。讀之深愛其博綜東西諸學，歸宿乎佛，達以顯豁足悟濁世，遂與之締交。嗣予寓滬編覺社季刊，往還益頻，頃年雖形跡似疎，而神理固脗然無間也。今秋赴東亞佛教大會，劉君鳳鳴代君東渡，致君之手書，述東方大同學案綱目，乞予敘之。予雖未獲讀其文，而覽其標目，揆其意趣，亦可粗識其端倪耳。蓋君之所學，以明道爲全體，以濟人爲大用。嘗序某君原學，謂☯卍十爲華印歐三土文化之符瑞，☯則陰陽消息而用其中，卍則福慧圓滿而大其歸，十則偏執兩端而折其中道之所蘊，無外乎是。今作東方大同學案，援證東西書數十部，其發揮此蘊者，更爲詳備。孔孟大同小康學案、老莊自然學案、楊朱兼利學案、墨翟兼愛學案，則☯之符也。耶穌愛人學案，則十之符也。佛之福慧圓滿學案，則卍之符也。夫充足人心之願望，無過於福慧圓滿。故希冀福慧圓滿，乃人心之本性，如是稱性發舒，百家之學爭鳴，皆以是爲的。如萬川之競流，不達於海不能止。然非照空偏執兩端之分別，寂滅陰陽消息之流轉，福慧圓滿之域，終末由至，此所以非佛不能充足吾人福慧圓滿之本願，而佛之爲佛，不在標此福慧圓滿之鵠的，在已能圓滿乎福慧。其所以能圓滿乎福慧者，照而寂，寂而照，分別空流轉滅，於是乎爲集福王，爲大乘光。持以賢守，運以健行。福慧因以圓滿。期果而不明因，果豈能獲。故應曰佛陀寂照圓成福慧學案質之讀劉君書者，以爲何如。

乙丑冬月釋太虛

文言白話東方大同學案要目

孔孟大同小康學案卷一
附孔子世家孟子列傳

老莊自然學案　卷二
附老子莊子列傳

楊子兼利附歷代無君學案卷三
附楊子傳

墨(俠)兼愛學案　卷四
附飛行教主勞工領袖墨子傳及公俠荊軻傳

耶託愛人學案　卷五
附耶蘇託爾士太傳及託著書目

佛福慧圓滿學案　卷六
附文佛事跡略紀及劉仁航化家為村發願文

附大同實現方略暫用墨學會議案　阮明等

東方大同學案出版時（一九二六）著者劉仁航幻影

本書編訂意趣綱領

一、大同學乃人性自然本具，如克魯巴金言：『遠溯初民，都有此自然性，』本不應生東西新舊文化之衝突。茲編爲發現人類本性，及顯出古哲與新化公同之精神，化除爭執起見，足爲五千年，已死聖哲昭雪冤魂。爲今世新文化運動家多得鐵証。

二、本編乃匯輯歷史事跡，及過去各哲人學術思想。至各家文字上聚訟，若儒家今古文之爭，莊列書中眞僞之辨，佛經翻譯眞僞之辨，各古書字句考訂，耶教新舊約眞僞之辨，如回教攻擊新舊約錯誤有四萬處之多，尙有近人疑「井田不可信」云云。本書均不理會，因自其幻者言之，宇宙本皆夢泡，何眞妄之足云。今旣論學術思想，不過因孔老佛耶諸名字符號，以發揮數段思想。解決社會問題。今但亟審查討究此思想之有無價值？至已死朽骨，姓孔姓劉，誰眞誰僞，夢中說夢，不足辨也，

三、本編匯成一書，重在比較各家，絕非直抄成書，尤不偏一教，且不偏於科哲宗教任何方面，意在鎔歐鑄亞，另具爐錘。每一下筆，天人之故，奔會腕下，如觀法界界互

入。讀者若不澈底用一番苦工，只作叢書觀，聊備查考，則買櫝還珠矣。

四、遇有問題附西文原書，反正証明，並非無故牽引。特因舊書讀滑，加新科學互証，乃深切有味。因此書要旨在同化相反二理，使幷行不悖，以達圓滿無碍解脫之域。

五、近西哲佳構極多。茲所爲託而士太克魯巴金偉而士穆麗士羅素數家，但如尼采之超人精神，亦不可磨滅。惟須使爲大同哲人精神之助，而不偏用耳。至如克氏爲今世界文化思想之王，舉以前哲科政教，摧枯拉朽。其互助論已公認爲「世界和平經典」，故進而以經稱之。

六、世界最大之患由于爭殺，爭殺之本，由于人好用單方治萬病，人人欲用一民族，一宗教，一學術，或一部分權力，來統一世界，致永無相下之一日。本書遠宗希臘化Hellenize之普遍市村直接自治主義，近用克氏全教育 Integrated Education 期成圓文化的學村村建制，任各派公開試驗，競美而勿競殺。千花齊發，百川匯海。本

七、書絕非所謂古典主義，尤非揚宗教之餘燼，乃幷用各家新估定之羣性化，結千年來文化舊局，開二十世紀大同新運。

八、近人屢言「整理國故。」但不知如何整理法？吾以爲若東方文化不用此法整理，惟有劣敗而已。須知今科學日進，新學之賴於舊學者少，若舊學不用新法整理，即淘沙亦無可惜。如既用汽船火車自來火，則獨木舟，椎輪，火鐮，無存在之必要，講亞化者若不用此法，將來必淘汰無疑，可斷言者。孔佛道耶之徒，亦有悟於此乎？

九、鄙人重在「實現小康，試辦大同，」著此書後，無暇更多作文，大致綱領，略具於斯，友人張墨池曾言：『若匯諸友人實現學術，可致五百年太平，』愚言：『若用吾學術，可决保世界一千年內太平，再多則不敢必矣。』但若非中華民族憑藉雄厚，他國雖有此大力量吾此言若通西人學術益可証明，特盼志士仁人，實力協助，共造大同。

十、本書初稿成於民國八年冬，其動機乃遺老沈子培前輩，當俄赤軍占海參威時，勸余著佛教社會主義一書，比下筆三星期，成孔老墨耶佛五卷，後居晉數年，多讀洗心社文廟圖書館西書，民國十四年，以兩月工重訂，然取材仍得原來晉圖書館讀書筆記之益，及北京松坡圖書館京師圖書館之助，特此誌謝。

十一、本書名大同學，其注意點並非專在哲學及宗教等玄理方面，乃在解決社會及人生人羣人類學等全體問題，尤與馬克司派「唯物史觀」一面相關頗切。雖亦有哲學上問題，而注重在解決物質財產，決不枉墮入舊玄學鬼窟。讀者幸注意。

十二、關於西亞方面若印度哲學及祆教回教，亦有大同學之分子，供解決人類社會之材料。但可搜之書籍甚少，俟諸異日，希恕諒之。

十三、由來哲學之影響於社會，雖然不小，然不及社會科學 Sociology 之重要。如十八紀之社會契約，二十世紀之互助論，皆根據社會學以說明人性，故影響極大。大同學乃以社會科學爲主，兼含哲學歷史宗教及倫理等，故最宜用之於中學師範以上各專校。較狹義之國別歷史種族倫理，偏小之修身等科，輕重關係，有如天壤。至于小學，現在已有社會自然等科，然大同學包無不盡，最宜將此書抽其精要數段爲中小學讀本，利益匪淺。

十四、本書雖云「東方大同學」，然其妙在手揮五絃，目送飛鴻，眞求通解決，非但通東方化者可了，至少須于世界文化史科學史發明史進化論生物學經濟學哲學史非偏于一家者故名史美術史宗教史各國文學史等爲大綱研究方能眞通此學。

十五、昔人問蘇克雷地 Socrates 其「理想國」何時可以實現？答曰 “When one son of a king becomes a philosophyer,” 須一國王太子成一哲學家時」其希望二千年至今尚空懸。今吾「大同學」却不敢奢望于難得少數之首領，惟希望小學校長教習及職業家及村長副耳。蘇氏又謂其「理想國」之首領須有哲學及武功二長 Both in poilosophy and in the arts of war. 我則希望小學校長兼村長，與工場長三項人材，卽可實現吾大同學村，我所最愛之全人教育家小學教員，及農工場師徒村長乎！新天新地，專賴諸公，予日望之！

十六、本書內含有文化上最大問題，卽退化論與進化論是。例如中國古書，百家皆稱古代郅治，而同時又稱古代野蠻無姓氏衣服用具等。此二大衝突不但以問經學家史家，罕能答其所以然。卽西國進化學者若斯賓塞 Spencer 尚有誤解，惟本書對此可以完全了然。

十七、自歐戰後 Wells 偉爾士滙 100,0000,000 十萬萬年之事成世界史綱，以人與動植等合傳人聞乍驚而終遵信之，無敢議爲雜亂者。此書三世，四運，十道表，及新大同學六綱，更通十方世界玄學科學爲一，幷非雜亂。

十八、此書藍　本，拙著有井田考，大藏典林，動物社會心理學等書，蔓衍宏富，且未全成。然頗應用其條例，因此書最深之條例，蓋應用法華華嚴秘宗變態心理學及克氏科學也。

十九、研究大同學者應具之程度。　大抵不識字者及眞博通之人，均易入門。年少在受陶冶期者亦易，最忌「守一先生言姝姝自悅」遇此則有汪洋向若之歎，又或泛覽獺祭，不按定本書規定各家治學條例，亦格格不入。譬如山谷之人雖見輪船飛艇，而不知其機關運用之法，詆爲怪物無用，却非機器之咎。

二十、仁航學殖淺陋，而志在成全體大用之業。但願　高明根據中外科學經驗，詳加教正是幸。北京通信處宣外西南園三號楊蝶父，南京門窮橋樂天書館轉。

東方大同學十誡

一、孔子曰「天下國家可均也。」「使老者所終、壯有所用、幼有所長、癈疾有所養。」「如有用我者、朞月而已可也、三年有成。」放（一味偏依也）「於利而行、多怨。」

二、孟子曰「分田制祿、可坐而定、以齊王由反手也。」「七年之內、必爲政於天下矣。」「湯以七十里、文王以百里。」

三、老子曰「五味令人口爽、難得之貨、令人行妨、（碍也）多藏必厚亡、既以爲人己愈有、既以與人己愈多」。

四、莊子曰「許由曰、予適有幽憂之疾、方且治之、未暇治天下也。」「富而使人分之、何懼之有。」「盜跖曰、分均、仁也。」

五、楊子曰「雖全生身、不可有其身、雖不去物、不可有其物。」「生相憐、死相捐。物我兼利、古之道也。」

六、許行曰賢者與民并耕而食，饔飧而治。

七、墨子曰量腹而食、度身而衣。」「摩頂放（至也）踵、（足跟也）利天下爲之。」

八、司馬遷曰：「夫緩急人所時有也。」「荆軻易水歌曰、風蕭蕭兮易水寒、壯士一去兮不復還。」

九、耶蘇曰：「貧窮飢餓的人有福了、因爲你必要爲飽足。富貴安樂的人，有禍了，因爲你已經得安樂？你把家產都賣了、周濟貧人、還要背著十字架、跟我傳道、必受福百倍。」

十、佛偈；梵王太子白雙親。財寶將來施與貧。水火盜賊與惡子。王家有份盡來分。吝財人入惡鬼門。施主金剛不壞身。捨家成佛道。在家衆過本。」「下施國城妻子、中施頭目腦髓、上施成佛身。」

東方大同學案總序

生化由來，邈矣悠哉！變動不居，巧歷難知，豈拘墟一隅者所可斷言哉？比者新潮起，世界震，而俄國與我西北東三面毗連，已完全成爲「共產政府」，成立蘇維埃憲法，廢錢幣者數年矣。吾國守舊之徒，驚詫咋舌，奔走相告。好新少年乃益揶揄聳動之，相持愈急，各走極端，吾恐非人民之福也。　今試爲易一說曰，「社會主義」非理想而歷史事實也。　大同世界非歐化而亞化固有也。　均平制產，非擾亂者之捏造，而聖賢經世之憲典也。　斯聞者無以難，疑者渙然釋矣。乃爲博考經典，廣徵諸教，舉世界賢哲聖佛，約得六家，曰孔老楊墨耶佛皆數千年前之大哲，世人所久信任，其言爲眞實不誣者也。今以大同社會眼光，抽繹古代之經義，則如數家珍，俯拾卽是。——原書俱在，三尺童子所幼誦習，毫非牽強塗飾，于以印証歐化，如二五之于十，非故爲新國家樹之奧援，實爲中國文化史增其榮譽。語其淺「有王者起，必來取法。」——語其深，人皆堯舜，衆生皆成佛，所謂國粹，所謂東方化，惟此足當之矣。自有此而千萬年之賢哲聖佛，均如日重光，如月再圓，確証中華爲世界文化先進國。不僅中國之幸，亦世界文化歷史公案，全球學者所應數典不忘，爭先研究，尤人類所應普遍發揚羣衆歌詠舞蹈者矣。凡此各家，皆在亞洲，故名爲亞化，可與後進之歐化相提携，而改造莊嚴世界焉。與所謂法國式俄國式者倂論，此可謂中華式「中華化」矣。特各教眞義，均爲千年傳教者埋沒，孔沒于鄉愿及梟雄君主，道沒于淸談，耶沒于專制之神父及教會，佛沒于多數愚腐僧侶。致各教不能促人羣進化，徒助長軍閥財閥惡焰，乃招近來反對宗教大同盟。雖然，淘沙揀金，披榛采蘭，各教固有本來面目。今若用科學分析法，則孔孟詳于制度，有極完備之歷史憲典可考，爲世界最有價値之公產制。楊之「憐生哲學」，兼利經濟學極精，與歐化最近。墨子勇毅，長于羣衆運動，其徒皆可赴火蹈刃，開爲全民運動先河。耶蘇眞義，在建設惟愛社會，以代政府，而爲犧牲實行家，世所共認也。佛老若善取其精神乎；則老莊超妙，長于談大同玄理人生哲學，渺渺乎如聞天樂而醉瓊漿，幾忘下土。佛則千門萬戶，慈雲廣覆三千大千世界，視衆生如父母子女，願力神通，不可思議矣。

若以老莊之智，佛之仁；耶墨之勇，行孔孟之制作，運用歐化發明之機械物質，建設楊之「憐生社會」，文以美樂藝術，則十年而中國定，二十年而亞洲安，三十年而天下平，人性善，地天通，惟吾華民族之衆，文化之高。在今世界能推行萬國也。即斳而小之，地方人士能應用大同經濟學，以奮鬬精神，勉從事建設大同新村新市新縣于各地，積小成多，先難後獲。數十年以往，大地黃金世成樂園，彌勒下生有願非虛耳。以今日科學大明，若用于創作養人物質，除去殺人機器制度，朝操半日勞工，夕享鈞天廣樂，此等幸福，仁航一人敢具結包辦也。妙法經佛言：「咄哉丈夫，何爲衣食乃至如是？我昔欲令汝得安樂五欲自恣，以無價寶珠，繫汝衣裏，今故現在，而汝不知，勤苦憂惱，以求自活，甚爲痴也。」無論富貴貧賤，不通聖賢仙佛憐生同樂之經濟學，而日以妄競殺傷，窮苦憔悴，狂叫哀號，慘怛無告，如今世界上自偉人下至乞丐者，可不謂痴乎？可不謂大愚而人類之奇恥乎？

各家論道，自以佛爲最高，因所講不盡人道也。老莊次之，楊次之，耶又次之，孔墨以下，皆人道也。若揖讓一堂而實行文化運動，則孔子爲總統，老子爲國師，楊爲財政總長，耶爲司令，墨爲先鋒，俠爲炸彈隊，佛則天人師也。又各教推行，除楊重憐生，末流僅成爲力食之無君派，天民外，餘皆須有護法，一正一變，方可實現。孔子以堯舜爲正，湯武爲變，故孟子極贊湯武者，欲倡革命王天下也。墨子以俠爲護法，老莊以盜跖爲護法，若曰：汝不信吾言，必待盜跖之大革命而後吾言驗耳。盜跖非他，乃清聖柳下惠之弟、孔子所爲詞窮者也。耶蘇之教，本非自創，而祖述摩西，摩西乃兵家，本身自爲護法者，耶蘇無護法，惟有自犧牲耳。佛之護法，當時有十六國王，教義中爲金剛神與地獄，皆組織上必不可缺者，蓋「圖窮而匕首現」與今講社會主義者之終于勞兵，亦勢使然也。湯武稱仁矣，而何其血之流杵！佛耶大愛矣，何爲有地獄審判？因果業報成熟，雖湯武之賢，耶佛之仁，不惟不能救，且誅戮而審判之，法爾如此。同胞乎！今將語「歐化」乎？則或以爲誑言，聖賢仙佛言無虛妄，其亦深思此哉！「亞化」雖張護法之義，除湯武外，究不過從出世法理論上解決，如「歐化」之眞用力爭殺者少，此「亞化」特長，在發明出世法，使人覺悟揖讓自決，即所謂無抵抗主義，乃眞文化運動，而不用武也。是故盧梭列寧，不出於亞洲，佛不出於歐洲。其短在此，其長亦在此。其長在此，其短亦在此。雖然；今世界大通，萬國一堂，東西思潮交流，將來亞化出世法西行，西方之兵禍或減少，歐化平權法東來，東方之兵爭必日增，可斷言也。至其爲禍爲福，則各有利害，難一言斷。要欲世界大同，必須以出世之心，行平權之法，所謂「仙佛其心，金剛其手」，有天下而不與，乃眞解決。不然，如今二千年來，時時「血流漂杵」，徒使衆生入枉死城耳。然則爲亞歐衆生慮，爲集成文化計，將若之何？曰，譬治骨角，歐化長於切，而亞化長於磋。譬治玉石，歐化長於琢，而亞化長於磨。即歐化之長，從革命上爭自由，而亞化之長從精神哲理上澈悟也。今文化大同吾希望歐人革命以後，亦大采亞化之出世解脫，而吾亞人，除好爲消極哲理解脫外，仍行菩薩道積極以爭平權自由方可造成地上天國，「東方淨土」同歸大解脫，不然區區個人解脫，亦屬無濟，況非眞解脫乎？

嗚呼！大刼至矣因果速矣，吾乃佛徒，憫念刼運因果之數，雖知其業報難逃，仍願有智慧者早自覺悟不待強迫自己布施，速建聖賢仙佛之大同村市，以早免於禍。此區區提倡亞化不忍之仁術耳。噫！衆生衆生，其自擇之！

若夫本書之究竟目的，依然超世之正法眼藏。大同公產云云，乃爲此間衆生說法之方便，進化之一過程。決不足以圓滿人性。夫大同尚爲不足圓滿人性之粗跡，何況以下者乎？惟大同雖粗，然不得已入門第一步非講大同不可，且非實現小康而普試辦大同不可。此世界化趨勢，又決非數輩野狐禪所夢見也。

中華民國九年冬劉仁航序於上海法界樂天修養館

文言白話東方大同學案目錄

孔孟大同小康學案卷一

，樂舞同樂大會權　養魂原理，中國歷代古樂表三。

（二十），人民革命大權，湯伊尹革命的原理，武王革命後的辦法，非行公田民生主義稱不起革命。附日本無產政黨大會，國粹與國糠。

征誅第四

弭戰第五

止戈爲武，善戰之民賊，公羊春秋疾火攻，誅滅國。

小康建設第六

一，公羊傳宣十五年何休注，今日不能行公田之謬說。穀梁說，二，通典述春秋之義。三，周禮大司徒井田制，井田制十圖。一二三四五六七八九十。四，漢書食貨志受田論五，公田注意之四要件。六，董仲舒言與王莽令，井田十一法表四，歐洲主土地國有說六家。七俄國新憲法與孔孟井田學說對證　馬丁Marting論中國古代共產制。八，方里之要與幾何學。九，祿田與并耕說，孟子與大同派之論戰。十，井田可法，封建決不可法。

小建設第七

一，孟子小建設計劃。二，孔門小建設計劃，孔子注意鄉村化。三，宋張子買田一方法與新村，鄭玄朱邑顧炎武之鄉治，逯王尙賢作區長詩。四，孔子之殖民闢地思想，與徐福歸日本及今之華僑，Wells說明華人歸澳洲。

今日小建設第一步第八

一，孫中山自治開始實行法。二，山西洗心社公平制度計劃。三，行四强法。四，處置遺產法，五。佛門發願布施法。

大同揖讓第九

一，黜霸。二，述王。三，宗帝。霸王帝字訓詁的眞義與謬解，讓是中華的眞國粹，四，貴讓避爭，Kropotkin克氏動物避爭五要例。五，刑措，六，天下一家。七，飲食男女乃大同世法，孔老楊告四家一致。八，孔子大同句解，師徒二人散步引出大事因緣，小康私孝與大同公孝之殊，大同世女男倫理學，第一個造城的罪魁小史，聖人與君子的分水界。九，禹德衰之確証，孔大同孟小康學案異點表四，古大同與新大同之過渡夢。

新大同學六綱第十　新大同學六綱表五

一，新物質世界，克氏康氏統計學，謬道德殺人論，與戴東原學說。

二，新人種世界，甲，舜不告而娶為大同世法，與孟子之誤解，乙，Plato 拍雷圖男女平等自由說與孔子。丙，對于公妻說非孝說之闢謬及平論。丁，解決自然性愛的三要件。戊，人種改造 Eugenics 乃謀人類太平根本。Mendel, Galton 排爾門氏犯罪遺傳表，一，二，門德耳氏人種改造學公式表，鯢魚生殖遺傳圖，已，用優生學改造新人種普建新學村，Alex-ander,…… 亞力山大人種改造策，Morris, Earth Paradise 穆麗士地上樂園計劃 Wells' World State 偉氏世界大聯邦計劃。胡默青亞美歐平均發展策。

三，坤化世界理由六條，

四，美藝世界　古大同學之粗劣，普遍的 Shakespear, Ibson Tolstoy.，由美藝世界入實現仙佛世界。

五，諸天交通世界　列星界人種通婚。

六，實現仙佛世界　舊出家制與新化家制，人人可如漢武帝，催眠術，Hypnotism 與進化論証明秘宗原理，全球大同，仍是衆生成仙佛之一過程。

古今東西文化史表說第十一上

甲，三世四運十道進退表六，乙，四代質文消長表七，丙，廖季平氏學表八，丁，三世四運治化進退表九，戊，三

二，無知　諸葛亮岳飛之冤枉，孔老耶佛之兒童心理學，貴愚論，老子社會罪惡史起原論，古大同與新大同學派異同表。

三，非政法　通法政者乃痛惡法政，羅馬系文化之破產。

四，除不祥　俗人對老學之謬解

五，賤機器　殷湯及希臘時之飛行機，與其不發達之故，抱甕丈人，復古派之平議。

六，去財利　老使無盜，孔鳴鼓攻盜，盜之因果律。

七，非禮樂　禮為亂首，莊子非樂與墨之不同。

八，非仁義　堯黥意而子，仁義非人性，老莊楊之異點，善惡平等，進一步之孝論，仁義後人相食，亂天下之本源。

九，非聖無法　莊之般若部，老莊與禪之破相，胠篋篇，至聖與大盜，莊子社會罪惡宣言書，紅樓夢解放哲學與莊子，文殊執劍逼佛法門與莊子禪，託爾士太之老子崇拜，克魯巴金老子評。

建設內篇第三

一，全生長壽　匠石見櫟樹，豨韋，十哲，女偊，黃帝，治天下之妄想，廣成千二百歲長生法，莊子以龜為師，子州支伯，善卷，子華子人壽短命史論，素問眞人至人聖人賢人，歐化與印度化之消長。

二，眞自由　虎豹入檻之自由，德國游鳥團。

三修道

坐而論道之故、虛靜與涅槃之二義，顏子坐忘，孔子見老聃，齧缺問被衣，神農之同學，庚桑三年科，東郭九年科，社會主義乃十苴科，

四，師友

十一聖之師傳，歷代皇帝王伯尊師小史，百工娼盜亦有師，譚復生仁學一倫說，師友一倫乃人羣中心。

五，道德

道之眞價値安在。

六，寡欲無私

七，尙雌

女性小史，一，老子女性論，二，離卦女性，三，舊約耶利米論女衞男，四，克氏論Caucasian Mountaineers高加索女子弭兵公法，五，尤侗述南洋女子弭兵，雄閣乃人道公敵，六，美國女界禁男酗酒會成績，七，南美女兒國 The nation of women.

八，印度女性教與觀音化。

八，獨身主義

林類家庭觀，列子來生觀與佛經，戀愛自由與反紅樓夢。馬爾沙人口論之解決，各教大革命。

九，宇宙觀

三觀與六觀，杞人憂天，科學家之迷信。

十，生死觀

琴張臨尸而歌，人死時注意要點，莊子妻死而歌，孔子與原壤之交際，髑髏說法，死之極樂世界，孔子靈魂說，大衆因緣。

十一，內觀神游

老子美游，壺丘子外游內觀，旅行遊歷之愚，容成龍叔內觀法。

十二，神通

老商氏列子學案，季咸宿命通，至人神境通，西方化人換心法，老子幻術、亢倉子六根互用法 Carpenter 述印度人幻蛇術。

建設外篇第四

一，初民郅治　古大同社會，一史前公產村，(二)，三代公產村，(三)，希臘公民之義務，老子大同學，帝王者馬牛也，紅人文化之証明，十二聖，禹乃亂首，老孔之異點，蒙古化之証明，聖人總人，老子退化史論，人類學上人體退化論，盜跖述古文化，帝王伯不同十三証。

二，極樂國　一藐姑射山神人。二庚桑楚畏壘山。三建德國辟穀法。四黃帝華胥國。五列姑射山。六古莽國。七終北國。自然性愛無政府。三代下皇學小傳，甲陶淵明桃花源學案，乙文中子三十年郅治說，丙邵堯夫詩，

三大同樂教　一，師襄變四時 Jasson 約生樂仙。二，秦青遏行雲。三，韓娥大催眠術。換人性秘訣，大同世三種樂。

四，教化動物　一．老子物性論。二，黃帝敎虎豹。三，夔引鳳。四通，牛鳥語。五，敎化鬼神動物。六，周時鳥獸翻譯官三種。七，龍馬猴狗鴿等敎育事例。大同世三種外交。

五，野葬　莊之達觀，原葬之惡報，楊晏薄葬，孔孟述古代薪葬，西亞四種葬法，楊王孫倮葬學說，

殿軍篇第五　盜跖傳柳下惠學說，莊子社會革命宣言書，寓言中之寓言，

退化篇第六

一，老易輪化學說，章太炎與井上圓了二，易老輪化圓表說甲，易老輪化方表說乙，

三．由老莊學說　判斷物競學謬點十八條，

四，文明定義問答　和四種定義判斷。

五，全球人類會經古大同一統考　一，舊約創世記。二 Wells 述萬年前人類一統。三 Carpen-ter 述歐印同種。

六，古代文化證據十八條　一，管仲。二，孔子。三，韓詩。四，莊子。五，鄒衍大九州學說。六，黃帝前大九州。七，三皇紀年。八，春秋緯紀年，九，秦博士說。十，皇帝二字訓詁的本意。十一，皇帝必仙去，十二，山東文化流布日本。十三，Parley 珀雷言韃靼人先闢美洲。十四·律歷志與列子紀年。十五，易緯紀年。十六，荀子。十七，韓非論紀年。十八律歷志紀年。

七，古書慕西方樂土與舊約述樂園通說，（十六條，）山海經　穆天子傳　離騷　所懷思。帕米爾文化系統圖，干支乃古大同時文字

楊子兼利學案序卷三

史記老子莊子列傳　西儒 Tolstoy, Marting, Russell, 評老莊。

楊子兼利學案卷三

上篇　論古

一，生死觀

二，憐生觀上　甲去名，憐生觀五條件，楊學與杜甫劉伶，唐甄與伊壁鳩魯快樂學 Epicure。乙，中道義。丙生憐死捐的社會主義，丁，管奢節儉論，楊與孟子之異戊點。

附歷代無君學案

飛行教主 勞工領袖 墨子兼愛學案卷四

正義立教篇上

天理正義第一　政教哲學本原　意就是平等兼愛。天意者卽公理也　墨不貴君父的原理　天

因果報應第二　甲，杜伯報周宣王。乙，鄭穆見神。丙，莊子儀報燕簡公。丁，神誅詬觀辜。戊，神誅中里徼。著者親歷之鬼報，雖無鬼祭亦益人，不舉一廢百，信神不碍大同。

強聒傳道第三　分工主義，法施勝財施，非儒以其綏。

急義第四　責備賢者，分途羣衆運動五戒。

獨行第五　墨子之狂與尼采意志權力說。Nietzsche, 視天下人如孝父母。據名學援墨歸孟表說。以殉道爲畢業墨與仗義救希臘之拜龍 Byron

犧牲第六　一日輪照滿天下，孟勝徐弱與羊左，墨之食衣住，步行救宋，平民機器師，戰勝軍閥殺人機器師，受社會之冷遇，莊子之短。

去害篇中

非命第一　舊耶教神權謬說妨碍科學進化實例。

破迷信第二（佛之破迷信）　黑白顚倒，南洋吃人奇俗與馬相伯演說，童子爲馬，有癘疾，世界反對戰爭家小史（

非攻第三

六大家）國際團體組織表 International organisations，凶荒均食政策，宮室奢侈不平等之罪一，衣服奢侈不平等之罪二，飲食奢侈不平等之罪三，舟車奢侈不平等之罪四，男女配偶不平等之罪五，墨學與物質進化論之調和，反對拘女與女子解放觀。

非樂第五　非少數人的樂，墨子之粗，南北派文化之異點。

耶蘇愛人學案卷五

古代社會第一

一樂園　吃果長壽　大黃金世界　物名人名的起原

分別樹的眞意：紅樓夢境的起原　由無衣到衣皮及農業時代　埃田樂園地方考証三條　Baly Ionia, Euphrates Ceylon

二長壽　古代人長壽表一，中國古代長壽人表二，日本長壽人表三，西洋長壽人表四。

三語言統一　四祭司　五分粮分地　拈鬮，女人分田。

耶蘇眞義第二

一，天理正義。二，天國地獄。三，虛空無常。四，財富無常。五，施捨憐恤　我們當做何事？超過社會主義，濫施不能救人，憐孤寡客旅，七年一豁免，放奴，急付工價，眞正的去奴問題，愛物。

六，愛替法律　新婦新郎　耶蘇新命令與摩西的異點，

七，信道傳道　耶佛墨的最高點，一人上溯父母姓氏表，耶之勇爲各教窮一，撇下一切所有替門徒洗脚，信教與信道的區別，假冒爲善的被淘汰。

八，世界大同預言　猶太等古文明國之復興，新天新地的境界，女子衛護男子，大戰後趨勢証明預言。

九，（耶蘇殉道）寧赦强盜不赦耶蘇，託母於其徒，上十字架。

十，誡命　不布施的大刼　革命中的上帝就算馬克司

十一，防爲善　防博士讀書人　保羅不施洗，愚拙。

十二，使徒之社會主義運動　五千人大會，彼得之神通，門徒互助，保羅作工傳道。

十三，近代各國耶徒社會主義運動　一，法國 Saint Simon，Enfanting, Bazard 克氏評聖西門之功績，二，英國 Kinsley, Maurice 三，德國僧人派五條件，四，美國勞工會章新十誡，克氏評本來面目的眞耶教。

耶蘇基督傳　Jesus Christ 西亞之地理與猶太古文化，自然愛生耶蘇。幼年受佛教影響，約翰之証明，降魔傳道。選十二使徒，神通治病，鄉人不信，拉撒路，馬利亞，（回耶徒互攻之解脫），新命令。紀年，猶太人受惡報，耶蘇沒後的耶教小史

十九世紀新耶蘇教託爾士太傳　Tolstoy

幼年，當兵不是兒子了，三傑作，懺悔，教業新五誡，革心，宗教迷信與科學迷信，不妄佈施，素食不傳道，財產制之罪惡，夏工冬讀生活，不獵，眞聖經與法律衝突，託氏之短，東方化，殺爲萬惡首，惡教堂與政府，破門，八十誕晨之盛，最後出家，病卒，農工之銘，

託氏主義六綱

克氏評

託著倫理宗教書目　託爾士太全集書目

人祖亞當教派，與耶經新解十二條　託克二大潮之合一

佛福慧圓滿學案序第六

佛福慧圓滿學案卷六

輪迴因果篇一

一，善惡業報。十惡果報，二，一心生十法界，三，二十八天表，六天壽數時分表，天人五衰相。四，成刼壞刼表，甲乙二刼，三災刼數表，成住壞空四刼佛教之進化退化論。五，地獄表，地獄性原理與現世活地獄。六，十二因緣，七，十二類生，數父母無盡，八，各道徵驗表，人死六驗，西洋輪迴說小史，來源，一，古代四家。二，中世三家，三，近世各家。

苦空無常篇二

一，妄心苦，妄心二十四喻，十種大心。二，貪欲苦，五欲解釋，訶欲偈，六喻，十二喻，如飲鹽水，九如，三，身苦，胎身四十四觀，三事受胎，胎身三十三觀，觀身五種不淨、身有九病，五種生苦，三十六物不淨。四，無常苦，老公死來頭上不悟，五，人生觀，七不可避。行四依，八苦、五濁惡世，盲龜浮木。

佈施福報篇三上

一，布施功德　佈施生天，得五不死報，善人必有救星，七種廣施生天報，八福田，八福生處，施燈四功德，造浴室五德，五種財施，五施大福，三輪體空，三施，十施速成佛，種一得十種十得百，窮人布施妙法，十施，布施十利，施一線成佛。

二，看病功德　五德　看病爲大同世之要條，

三，貪吝不施惡報　二種貪，慳法七報，五家分財。

國王出家布施篇三中

佛最大目的在去殺廢國運動，一，淨莊嚴王出家。二，業首太子出家。三，堅慧太子出家。四，陀摩尸利王子出家。五，福焰王子出家，佛土無君王，劫初無王，王爲至穢，菩薩廢王，并譬比海龜，三，大施。六，國王頓悟無常。七，國王出家稱快。八，殘暴王班足出家經。化過激黨妙法，滅九百九十九國之大帝國，普明法師無常偈，根本打破國界妙法，王爲最貧，善順菩薩與飲牛巢父，國王首領出家之鐵律與古代封禪俗。

國王捨身布施篇下

一，摩訶薩埵王子投身飼虎，二，月光王施盲人眼，三，大力王割臂施身，四，八藥王子捨身，

修行篇四

一，出家之故　十箭，十愛故執持刀杖，出家九故，各家反對家庭的原理與余之動機。

二，親近善智識　大注意，善師友爲性命。十喻。承事善知識。發二十心，善知識九喻，八喻。

三，修行法　三十七道品，四念處，四正勤，四如意足，五根，五力，七覺分，八正道，六波羅密；

四，生活法　十二頭陀行，步行五德與逍遙學派，八不淨物，七聖財，衲衣十利，

五，戒酒　飲酒十過，三十五失，三十六失，美女界禁男飲酒與佛化先聲。

六，節食　多食五患，乞食十利，不如養馬養豬，厭離食觀，佛比仙道尚非苦行，受食五觀，乞食四意，四食法，午後不食五利，乞食制在食日之大問題。太虛整理僧制論，太炎四衆互助法

七，戒肉食　十七種因緣不食肉，食肉十過，斷食肉品，七大因緣不食肉，九淨肉可食。

八，轉迷成悟　八識規矩頌，Wilhelm 衛海與佛化新青年會。

九，觀想工夫　九觀想除貪欲。

十，止觀三昧　持息觀六種，各種觀，二十五圓通表，止觀雙運，月輪觀頌。佛海開悟法門五種，與本大同學配合原理。

附誌　一中日佛化新青年會之合作。二十世紀新佛化之具體建設。

菩薩大悲篇五上

一，大慈　慈爲根本，五利，慈有不可思議力，

二，大悲　十五悲，十種哀愍心，六種巧方便，華嚴偈，菩薩得名之故，十一如，大悲經，六度經，現身六道佛之人物平等觀，孟耶誤解動物性之阻碍進化。

三，報恩發願　甲，報恩爲根本，乙，報恩品。一，本身父母之恩。二，衆生父母之恩。丙，佛報恩與儒小康致根本之殊。丁，地藏女捨家救母。戊，佛報恩主義與馬克司之算賬法。己，尤侗論孔佛報恩主義。庚，多神一神無神同化學說。辛，希臘萬神表 Pantheon 壬，發菩提心品

四，勇猛精進　七步斬首，捧如山王，屎餅毒餅，三千熾火，入阿鼻獄，毛滴盡大海，七如，十種被甲，赴火救子，十種器仗，菩薩似大俠也，

圓教攝一切法篇五下

大悲觀音三十二應，Neitzsche 尼采論耶蘇化世術，觀音圓通化世及西洋折衷學派小史，一，古代折衷學派，二，中世，三，近世。佛法

今日攝世法之二要素，甲，工巧智門，乙，注重生產。

上古退化論，家族社會國城，

刑政之起源，古翁社會學之精。

極樂淨土篇六

一，世間國家淨土　甲，飛行世界之長壽，

香樹，果樹，鳥，河，安住林，自然米飯，自然火，

舊佛徒但說空不重機器之誤。

二，鬱單越（北俱盧）洲世界淨土

善現池，善現苑，普賢苑，善花苑，喜樂苑，易入道河，善體河，等車河，威主河，公浴池

公衣食堂，公樂器，男女自然性愛，伏羲以前干支之用處。兒童公育。北洲佛不出世之不了

義，命中生天飛機運尸，生前死後二淨土。新村思想略史及進化。一，神話派，二，玄想派，

三，力食派，四，社會主義國家派，五，男女平權派，六，近世烏託邦派，七，新烏託邦派

，大同學村百花競美。

二，彌陀淨土彌陀四十八願，淨土二十四種樂事，藥師如來，十二大願。普賢十大願王。

三，十方淨土

四，本師文佛法華淨土　各家大同學男女關係表。一，哲學上汎神論小史Pantheism二神人

同形 Anthropomorphism 哲學與耶回孔老各教。法師功德品。

護法篇七謗妙法華經的惡報，定入三塗。

釋迦文佛事蹟略紀

王宮花園之誕生，幼年教育，太子之享樂，頓悟無常，太子之家庭革命，

訪名師，六年苦行，頓悟性海，說法，省父病，葬父報恩，平等化，黃金

孔孟大同小康學案序第一

余少五六歲時，從先嚴思九公讀五經，弱冠後新學興，中間亦頗疑聖人之有無比習「生物學」反覆于進化論而不安，偶悟易經，而知陰陽造化之理，乃悟天演家其言粗矣。孔子眞聖人也。此新潮又起，「社會主義」大昌，一時主改造者，咸集矢孔孟，甚或以孔子與進化不相容，頗動一時之聽，余初疑焉。後證之各經眞義，乃知孔子固有眞，惟自漢武「罷黜百家」盡棄孔子大同富教均平之實教，而代以空名爲教，于是二千年來中國與羅馬中世同一教權黑暗，直至宣統亡而後僞孔毒熄，今後眞孔將昌矣。何以故？僞孔者借空洞之機關名詞，以壓愚其民而已。彼挾孔尸以號令天下，乃孔子之罪人。恰與韓愈所闢之佛同。蓋韓愈乃眞知佛者，新潮家乃深知孔子者。何以故？慨自眞孔佛不作，一二鄉愿游僧，輒冒充孔佛代表。其所持主義，絕與人類所希望崇拜之眞義不相應。然以昔人之愚，被其蒙混二千年。及今人始察其非，羣譁不承認而攻詰其虛僞，幸有此一攻，而虛僞代表乃不能魚目混珠。此後社會科學日昌，即孔佛之道大明也。何者？聖人之道，不外普度天下衆生，凡大慈大悲以大公至正之道救天下者，皆聖佛也。何爭聖佛空名乎？即以空名論，講世間法，蓋無出孔子大同之十字者。卽禮運「男女老終壯用幼長疾養」十字是。卽一切聖佛經中，無如孔子之簡賅者。非聖人而能若是乎？小而一村之建設，大而世界之建設，無外孔子之「大同十字經」，眞聖人哉！十字定而政治宗教倫理經濟等盡收其中，縱累新文化叢書滿虛空，亦無能出十字之外，不可謂非聖人矣。此孔子眞相也，託爾士太克魯巴土金馬克司亦發揮此十字而已，列寗行此十字而已。皆孔子良友也，大哉孔子！

至于孟氏統觀「七篇」，其論三代小康革命民生民權平均經濟等，妙義圓融，盛水不漏。惟一涉堯舜大同法，所下解釋，往往有大誤者，可知其昧于大同之義也。例如楊墨均大同學，與儒并行，且爲孟之前輩，許行亦大同學派；而孟堅詆排之。禹德本衰，而力爲辯護，舜不告而娶，爲大同世法，而因執小康世法解之。又强附以「不孝有三無後爲大之義」，不見于經，公然杜撰；類此者多。因欲主張革命，則由湯武以及禹，遂至躋三代于堯舜也。要大醇小疵，今人于民權井田廢兵諸義，可考見孔教大體者，莫如孟子，誠中國之光哉！若其與周官王制不合處，則今一代之制，亦時有異同，周家六七百年，豈無變革，如孔子沒後，儒分爲八，亦可據甲而斥乙爲僞乎？其實行建設，只不「違農時五畝之宅」一二段百十言，七篇中反覆至三四次者也。「爲治不在多言」，信然！至近人或與「井田制」而幷疑之，此智者之過，不足辯也。若與「歐化」比，則孟子之「小康」，蓋「集產主義」之流，孫中山之「土地歸公，資本國有」，殆爲近之。大行非據一國權力不可，小行則張氏買田一方之法，亦可試辦，卽新村之說也。要之，孔子大同公產，孟氏小康均產，大則行于四海，小則亦試于一鄉，乃孔教眞面目。須知聖賢決非利用道德空名，欺世愚民，淸談誤國者。今而後有不從大同小康眞孔教上實行建設，專竊取劉邦、朱元璋等冒名之鄉愿妾婦孔教，以圖自便而愚柔其奴隸者，此等僞孔教，直自打其孔家店，又招人共打之，必爲「歐化」眞文明所掃除而劣敗，斷難生存于二十世紀；孔氏之徒，「鳴鼓而攻之可也」。

東方大同學案

孔孟大同小康學案卷第一

樂天修養館叢書甲部之三　　下邳劉仁航靈華著

釋名第一　釋新自治也　此書爲中華模範自治講習所講授而用，故先講新自治云。

一釋新

易繫辭，『富有之謂大業日新之謂盛德革去故也鼎取新也』，大畜『彖曰大畜剛健篤實輝光日新其德』，革彖曰：『湯武革命順乎天而應乎人。』

蓋欲取新，非去故不可，故每一代革命，稱爲鼎革，革與鼎本二卦名，革是皮去毛，言鳥獸之皮毛，隨四時而變易，又皮經人工製造去毛以後叫做革，鼎是盛菜的火鍋，用火蒸熟，變生爲熟，故必取新。

書胤征，夏胤侯征義和之詞也。『今予以爾有衆奉將天罰火炎崐岡，山名玉石俱焚天吏逸德，烈於猛火。殲盡也厥其也渠魁，大首領也脅從被人脅迫者罔無也治。不問他舊染汙俗咸與惟新。』革命之時凡舊的都一洗而空煥，然一新，成一新時代。

又伊尹作咸有一德曰：『惟尹躬曁及也湯咸皆也有一德，克享天心受天明命以有九有之師，九州之衆爰於是革夏正。今嗣王新服厥命，惟新厥德，終始惟一，時乃日新。』這也是說革命以後應該以全體嶄新的精神，整理新國家，

又仲虺之誥曰：『德日新，萬邦惟懷，志自滿，九族乃離。』這是說人要有新思想，才能容納各方面的新思想，若是頑固自用，衆人就叛了。商書盤庚上曰：『人惟求舊，器非求舊，惟新。』這是說器械應該用新的。周書君奭篇『周公曰君奭，明我新造邦。』國也應該造新的。春秋公羊傳，「元年春王正月，元年者何？君之始年也，惟王者改元立號，春秋託新王受命於魯，王者孰謂？謂文王也，」此謂文明之王，尚非孟子「小康」之文王，乃大同文明之王也，其義觀三世表。大學，『大學之道，在明明德，在新民，且從朱子解在止於至善。』湯之盤洗澡的銘上面刻字曰『苟日新，日日新，又日新。湯用伊尹革夏正，建新國，故日日新其精神也。康誥曰：周成王告康叔作新民。成王封康叔於衛；紂之舊都，命康叔革紂舊習而建新國，作新民俗也，作振起也。詩曰『周雖舊邦，其命維新。』言文王建新邦也。但是文王造新邦用甚麼法子呢？孟子說道——

孟子滕文上：滕文公問爲國，孟子曰：「民事不可緩也，」詩云「晝爾于茅，取茅草宵夜爾索綯，作繩亟速其乘升屋，修理房子其始播種也百穀，」民之爲道也，有恒產者有恒心，無恒產者無

恒心。苟無恒心，放僻（偏怪也）邪侈，無不爲已。及陷乎罪，（入了坑中，）然後從而刑之，（犯了法）是罔（好像用網打魚，）民也。焉有仁人在位，罔民而可爲也？是故賢君必恭儉禮下，取于民有制。陽虎曰：『爲富不仁矣，（發財就沒有好人）爲仁不富矣。』（好人不發財）

夏后氏（夏朝）五十（畝）而貢，殷人七十（畝）而助，周人百畝而徹，其實皆什一也。徹者徹也，助者藉也。

貢助徹三代井田的名字，夏朝民人每家均分五十畝，殷朝民人每家均分七十畝，周朝民人每家均分百畝，三代丈尺大小不同，所以畝數不同，其實中央政府和民間分攤糧米。都是占十分之一。民人九分，政府一分，大致都是如此。

貢助徹表一

夏

五十	五十	五十
五十		五十
五十	五十	五十

殷

七十	七十	七十
七十		七十
十七	七十	七十

周

百	百	百
百		百
百	百	百

都是中央爲公田，四邊爲民田，八家合力共種中央的公田，算是完糧，作爲政府官吏的俸祿。

龍子曰：『治地莫善于助，莫不善于貢。貢者，校（比較）數歲之中以爲常。樂歲粒米狼戾，（糟蹋的意思）多取之而不爲虐，則寡取之；凶年糞其田而不足，則必取盈焉。爲民父母，使民盻盻然，（恨視的樣）

子將終歲勤動，不得以養其父母；又稱貸（借也）而益之。（民人窮死還要問他要完糧，）使老稚（兒童）轉乎溝壑，惡在其爲民父母也？夫世祿，滕固行之矣」詩云「雨（下雨也）我公田，遂及我私（私田）」惟助爲有公田；由此觀之，雖周亦助也。（以上言井田）設爲庠序學校以教之，庠者養也，校者教也，序者射也，夏曰「校」，殷曰「序」，周曰「庠」，「學」則三代共之，皆所以明人倫也。人倫明于上，小民親于下，（以上言學校）有王者起，必來取法，是爲王者師也。詩云「周雖舊邦，其命惟新」文王之謂也。子力行之，亦以新子之國。」「孟子曰：又由今之道，『無變今之俗，雖與之天下，不能一朝居也。』」

按照以前各書所謂新的，有三個意思。算是三新主義

一是新德，是要人民心思意念氣習完全清爽光明，沒有一點壞毛病才算……新精神

二是新器，器械非新不可，所以上海現在有個求新機器廠。……新物質

三是新國新俗新命，孟子一生全注意於此……新組織法

至于新國新俗的代表，仍是歸到文王，孟子一生想行文王之政，文王之政仍然是「井田學校而」已。井田學校，即「社會國家主義」也。

二釋自

老子『我無爲而民自化，我淸靜而民自正，自見者明，自勝者强。』

按老子講「自」的地方很多；通部全是講反己的工夫，與最近文化所說的自覺自動，直接運動；極吻合也。大抵老氏爲自治之鼻祖矣。這是說他粗一面上，要細說起來，西哲蘇克雷地哲學純是講「自知」，佛的「究竟，」純是自性自度，所以一切道理，講到自身工夫，才算澈底，現在空喊自治，而不從「自」上澈底做工夫，終久是空中樓閣罷了。

論語『爲仁由己，而由人乎哉？』又『修己以安人，修己以安百姓。』

中庸『知所以修身則知所以治人，則知所以治天下國家矣。』又『修身則道立。』

大學帝典曰『克明峻德，』康誥曰『克明德，』太甲曰『顧諟天之明命，』皆自明也。

孔子曰：『君子求諸己，小人求諸人。』孟子曰：『君子深造之以道，欲其自得之也，自得之，則居之安，居之安則資之深，資之深則取之左右逢其源，故君子欲其自得之也。』離婁下

有孺子歌曰：『滄浪之水淸兮！可以濯我纓。滄浪之水濁兮！可以濯我足。』孔子曰：『小子聽之，淸斯濯纓，濁斯濯足矣。自取之也。夫人必自侮，然後人侮之，家必自毁，而後人毁

之國必自伐，而後人伐之。』太甲曰「天作孽，猶可爲，自作孽，不可活。」此之謂也。愛人不親反其仁，治人不治反其智，禮人不答反其敬，行有不得者，皆反求諸己，其身正而天下歸之。』詩云『永（長也）言配命，自求多福。』（按此處言自治極切實）人有恒言皆曰『天下國家，』天下之本在國，國之本在家，家之本在身。（所以講自治必能從個人身上道德做起。）

自暴者，不可與有言也，自棄者，不可與有爲也。言非禮義，謂之自暴也，吾身不能居仁由義，謂之自棄也。仁，人之安宅也，義，人之正路也。曠安宅而弗居，舍正路而不由，哀哉！（離婁上）

『能治其國家，誰敢侮之，今國家閒暇，及是時，般樂怠敖，是自求禍也，禍福無不自己求之者。』（公孫丑上）

照此看來，大而世界，小而一國一省一縣一村一個家族，莫不由他一羣的人民自己造業，自己受，自種因而自食果，「種瓜得瓜，種豆得豆。」佛所謂「一切諸國土皆由業力生也。」所以有堯舜三代的人，便造成堯舜三代的天下。有漢唐宋明的人，便造成漢唐宋明的天下。有英法美的民，便造成英法美國。有日本的民，便造成日本國。有俄國的民，便造成俄國。有中國的民，便造成今日的中國。就中國的頭，各省各縣各村也是這樣，有雅典的人，便造成雅典。有山西南通的人，便造成山西南通，有土匪所生等處的人，亦然，天理果報，絲毫不爽，人可以悟矣。

三釋治

老子曰，『是以聖人之治，虛其心，實其腹，弱其志，強其骨，爲無爲則無不治。』按老子多講皇道大同，與平常人講不可混看。

子曰『無爲而治者其舜也與！夫何爲哉？恭己正南面而已矣。』不是六朝的無爲而亂又不是秦隋歐洲的有爲而亂，更不是湯武的制禮作樂有爲才治，是又要無爲，又要治，所以妙也。

論語『舜有臣五人而天下治。』周書武成垂拱（兩手相對）而天下治。

大學『古之欲明明德于天下者，先治其國，欲治其國者，先齊其家，欲齊其家者，先修其身，欲修其身者，先正其心，欲正其心者，先誠其意，欲誠其意者，先致其知，致知在格物。物格而後知至，知至而後意誠，意誠而後心正，心正而後身修，身修而後家齊，家齊而後國治，國治而後天下平。自天子以至于庶人，壹是皆以修身爲本，其本亂而末治者否矣，其所厚者薄，而所薄者厚，未之有也。』

按此章，自治的層節甚清楚，眞是自治了。現在頂糟糕的，就是糊裏糊塗拿一張法政文憑，就要管理人。這種野蠻制度，和土匪得了鎗就發命令，猪仔組成團體就訂法律章程，是一樣的。

四，自治之鼻祖及究竟，

漢書藝文志『農家百一十四篇』神農二十篇班固序『曰：農家者流，蓋出于農稷之官，播百穀，勸農桑，以足衣食，此其所長也。及鄙者爲之，以爲無所事聖王，欲使君臣幷耕。』顏師古解之曰，『不須聖王天下自治。』

按這個自治，可算徹底了，聖王都不須，何況非聖，顏師古這話必有來歷，眞是中國的古代國粹講自治的鼻祖，世界自治文化的模範了。按自治是人民自治，幷不是官辦自治，連提倡自治，也是過渡，最後還須人人自治，這非有職業的人民女男，個個自覺自動不可，而人民不外四種！就是士農工商，現在講職業自治，不外乎此、至於商人，就是到了直接貿易，也不能全廢了不過變換名詞，下面把四民自治的根據尋出來，其餘我根本提倡「四民自治的主義」都在我所辦的四民自治報內

(一)管子牧民第一『士農工商四民者，國之石民也。基礎的意思不可使雜處。雜處則其言哤，音龐亂也其事亂，故處士必于閒燕。清曠地方如校址講環境處農必就田野，處工必就官府，處商必就市井。故其父兄之教，不肅而成，子弟之學，不勞而能。』

(二)穀梁成元年傳『古者立國家，百官具，農工皆有職事，上古者，有四民，有士民，學習道藝者有

商民，（通四方之貨者）有農民，（播殖耕稼者）有工民。』（巧心勞手以成器物者）

（三）公羊傳成元年注，『古者有四民，一德能居位曰士。二，辟土殖穀曰農。三，巧心勞手以成器物曰工。四，通財鬻貨曰商。』

至於四民自治的組織，我用克魯泡金偉而士來恩 Lion 三人的話，合起來說，「完全教育就是政治」Integrated Education is the government. 結果像偉而士說的，普天下造成科學完備新雅典式性情良善身心健美士女的村市。Every little country town could become an Athens, every human-being could be gentle in breeding and healthy in body, and in mind. Outline of History p. 1099 世界史綱結論，

均平第二

周易、䷎ 謙、亨、君子有終、彖曰、謙天道下濟而光明。地道卑而上行。天道虧盈而益謙。地道變盈而流謙。鬼神害盈而福謙。人道惡盈而好謙、君子之終也。（小人無下稍）象曰。地中有山謙君子以裒（集也如衣之包裹）多益寡、稱物平施。』按這是孔教的平等布施。

中庸、『天下國家可均也、爵祿可辭也、白刃可蹈也。中庸不可能也。』

論語、『丘也聞、有國有家者；不患寡而患不均，不患貧而患不安，盖均無貧、和無寡、安無傾。』

按孔子嘗以民的貧與不安爲患、所以談到政治、非均平不可、有人疑古時人少用井田，今人多不可用，因爲不通孔子「不患寡而患不均」這句話；那知恰恰顚倒古代大同人少，所以不用井田，到後世人多，所以才用井田、只要均則無貧就是了。

孟子、滕文公上『夫仁政必自經界（就是井田的疆界）始。經界不正，井地不均，穀祿不平。是故暴君汚吏必慢其經界。經界既正，分田制祿，可坐而定也。』（此就地土上計劃人民的生產。）

大學『家齊而后國治，國治而后天下平。所惡於上，毋以使下。所惡於下，毋以事上。所惡於前，毋以先後，所惡於後，毋以從前。所惡於右，毋以交於左，所惡於左，毋以交於右。此之謂絜矩（是拿着尺量）之道也。』（此就施行上說，以不達到均平目的，就如幾何學中心不定，沒法下手，又如人用的磨一般磨臍子一差，那還了得？）

周禮，地官『均人掌地政。均地守，均地職，均人民牛馬車輦之力政，凶札則無力，（力政無財賦不收，）（地守地職不均地政，）三年之比則大均。土均掌平土地之政，以均地守，均地事，均地貢，』

照以上來看，所說平天下，就是像幾何學的中心。八面各角，相對平等。但就人類上分析起來，不過是兩條事，該均平的，

（一）平權　權一平，則人民如止水一般，還起波浪麼？所以到那個時候，無一人亂行，普天之下，無一人持刀杖，「强陵弱衆暴寡」的事情。你看—

孟子，『一人衡（同橫）行於天下武王耻之，』說命（書經篇名）『昔先正保衡，（湯之宰相伊尹也）乃曰一夫不獲，時是予之辜，（罪也）』

（二）均利　利一均，則人民生計一樣，還有什麼你貧我富，終天裏頭想巧奪攘取，爭多鬪少呢？所以到那個時候，衣食居住，各人皆有，不用費心。你看——

易經，『乾始能以美利利天下，不言所利，』而大矣哉！（美利就是頂大的利）論語，『因民之所利而利之，』大學第十六章，『財聚則民散，財散則民聚。』

孟子，『王如好貨與百姓同之，於王何有。伊尹思天下之民匹夫匹婦有不被堯舜之澤者，若己推而內之溝中，其自任以天下之重也。』

照這第二篇看起來，可知人民精神物質上，天然應該享受的事了。所以聖賢講到政治精神，小康的辦法，已竟在均平兩個字上。就如射箭一般，是一定要朝朶子上去的。盖非此不能以代天工，非此亦無以定民志也。能够均平，就是叫天下匹夫匹婦無一人不得其所了。還能像三代下糟糕的樣子嗎？

公權第三

天地生人，既然都是人類。則凡天地所有的東西，各人皆是有分的，古哲曉得這個道理，所以他們早有公開辦法叫天下沒有不平的事發生出來。

孟子、梁惠王上『不違(耽誤了)農時，穀不可勝食(吃不了)也。數罟(細密的網)不入洿池，(小池塘裏)魚鼈不可勝食也。斧斤以時入山林，材木不可勝用也。穀與魚鼈不可勝食，材木不可勝用，是使民養生喪死無憾也。(沒有欠缺)養生喪死無憾，王道之始也』(始于富民)

孟子盡心上『五畝之宅，樹牆下以桑，匹夫蠶之，則老者足以衣帛矣。五母雞，二母彘，無失其時，老者足以食肉矣。百畝之田，匹夫耕之，八口之家，可以無飢矣。所謂西伯善養老者，制其田里，教之樹(栽)畜，道其妻子，使養(去聲)其老。五十非帛不煖，七十非肉不飽。不煖不飽，謂之凍餒。文王之民，無凍餒之老者，此之謂也。(人民公權在文王時代很發達也)易(治理)其田疇，(一井之地)薄其稅斂，民可使富也。食之以時，用之以禮，財不可勝用也。民非水火不生活，昏暮叩人之門戶，求水火，無弗與者，聖人治天下，使有菽粟如水火。菽粟如水火，而民焉有不仁者乎？』

試想「菽粟如水火」這一句是什麼像世界現在是水火如菽粟了。

照此可想見孟子要行井田學校的意思，說是人民應該得的生活，你看下面他說當時可惡的樣子，簡直把當時有權的官府，罵的狗血噴頭。

梁惠王上『狗彘（小猪也，音滯）食人食（讀飼）而不知檢（省查也），塗有餓莩（音瓢上聲，是餓死的人）而不知發。（發是發粟以救人）人死則曰，非我也，歲（歲荒）也，是何異於刺人而殺之曰非我也，兵（是刀鎗）也。王無罪歲（歸咎年歲），斯天下之民至焉。』

梁惠王曰；『寡人願安承教。』孟子對曰：『殺人以梃（棍也）與刃，有以異乎？』曰『無以異也。』以刃與政（下命令殺人）有以異乎？曰『無以異也。』庖（廚房）有肥肉，廄（馬棚）有肥馬，民有飢色，野有餓莩，此率（帶領）獸而食人也。獸相食且人惡之，爲民父母行政，不免於率獸而食人，惡在其爲民父母也？仲尼曰，始作俑（音勇，送葬草人紙人）者，其無後乎？（該絕後）爲其象人（像活人）而用之也。如之何其使斯民飢而死也。照此看來，孟子大罵官府的黑心，連獸類也不如，一味指着活吃人過日子，孔子也說苛政猛於虎，可見壞政府是比猛獸還壞的，連畜生道也比不上還瞎吹甚麼？

鄒與魯鬨，穆公問曰：『吾有司死者三十三人，而民莫之死也，誅之則不可勝誅（音升），不誅，不誅則疾視其長上之死而不救，如之何則可？』孟子對曰：『凶年飢歲，君之民老弱轉乎溝斂，壯者散而之四方者幾千人矣。而君之倉廩實，府庫充，有司莫以告，是上慢而殘下也。」曾子曰『戒之哉！出乎爾者，反乎爾者也。』」你不顧民，民也不顧你。夫民今而後得反之也，君無尤焉。君行仁政，斯民親其上，死其長矣。他說民人應該還報政府就算該造反了。不但孟子，就是管子也如此。

入國篇『入國四旬，行九惠之教，一曰老老，二曰慈幼，三曰恤孤，四曰養疾，五曰合獨，六曰問疾、七曰通窮，八曰振困，九曰接絕。』所謂老老者，凡國都皆有掌老，年七十以上，一子無征，是官問他要東西三月有饋是給他肉，八十已上，二子無征，月有饋肉，九十以上，盡家無征，日有酒肉，死，上共供給他棺槨，勸子弟精膳食，問所欲，求所嗜，此之謂老老。」所謂慈幼者，凡國都國就是市皆有掌幼，士民有子，子有幼弱不勝養爲累者，有三幼者，無婦征，四幼者，盡家無征，五幼，又予之葆，受二人之食，能事而後止，此之謂慈幼。」所謂恤孤者，凡國都皆有掌孤，士人死，子孤幼，無父母所養，不能自生者，屬之其鄉黨知識故人，養一孤者，一子無征，養二孤者，二子無征，養三孤者，盡家無征，掌孤數屢次行問之，必知其食飲飢寒身之膌牲而哀憐之，此之謂恤孤。」所謂養疾者，凡國都皆有掌養疾，聾盲喑啞跛躄偏枯握遞不能自生者，上收而養之，疾官而衣食之，殊身而後止，此之謂養疾」。所謂合獨者，凡國都皆有掌媒，丈夫無妻曰鰥，婦人無夫曰寡，取鰥寡而合和之，予田宅而家室之，三年然後事之，此之謂合獨」。所謂問疾者，凡國都皆有掌病，士人有病者，掌病以上令問之，九十以上日一問，八十以上二日一問，七十以上三日一問，衆庶五日一問，疾甚者以告上，身問之，掌病行於國中，以問病爲事，此之謂問疾」。所謂通窮者，凡國都皆有通窮，若有窮夫婦無居處，窮賓客絕糧食，居其鄉黨以聞者有賞，不以聞者有罰，此之謂通窮」。所謂振困者，歲凶，庸人訾厲，多死喪，弛刑罰，赦有罪，散倉粟以食之，此之謂振困。所謂接絕者，士民死上事，死戰事，使其知識故人受資於上而祠之，此之謂接絕也」，照此看來，人說管仲有天下才，眞是不錯，你看他霸道，也就能辦到這樣，恐怕當時桓公沒全用他的本領。

照上面說來，可知道治理國家的精神，非使民人人得所，厚其生計不可。你看梁惠王的時候，那些做大官的，有權有錢的，廚房有大菜肉魚吃，出來有大肥馬拉着馬車坐，那些小民都凍餓死在地上，要飯花子，到處滿滿的，所以孟子萬分刺激。心裏痛恨。一定主張要將那些壞處去掉，照着文王的法子去行井田學校的制度。如管照那個辦法，人民應該享受的權利很多呢。你看把上面的政治寫出來就如下——

（一）無費住宅權。五畝。

（二）無費受田權。百畝。古尺小、步少、據皇清經解沈彤的周官祿田考、公田百畝朱子謂當四十一畝，是在宋時、約合現在二十七畝、這是上等田、要中等、就加一倍、下等加二三倍。

（三）成家取妻生子權。八口之家

（四）穿綢食肉權。樹墻下以桑、五母雞、二母彘、老者可以衣帛食肉。

（五）養老權。王制『凡養老，五十養於鄉，六十養於國，七十養於學，達於諸侯，五十杖於家，六十杖於鄉，七十杖於國，八十杖於朝，九十者，天子欲有問焉，則就其室以珍從。』好吃用的供養。

內則『凡養老有虞氏以燕禮，夏后氏以饗禮，殷人以食禮，周人修而兼用之。』（茲表於下）

養老按年有差表二

五十養於鄉	六十養於國	七十養於學，達於諸侯	八十拜君命，一坐再至，瞽亦如之	九十者使人受
五十異粻	六十宿肉	七十二膳	八十常珍	九十飲食不違寢，膳飲從於遊可也
	六十歲制	七十時制	八十月制	九十日修，惟絞紟衾冒，死而后制—制是制送老衣物，
五十始衰	六十非肉不飽	七十非帛不煖	八十非人不煖	九十雖得人不煖矣
五十杖於家	六十杖於鄉	七十杖於國	八十杖於朝	九十天子欲有問焉，則就其室以珍從，
		七十不俟朝	八十月告存	九十日有秩
五十不從力政	六十不與服戎	七十不與賓客之事	八十齊喪事弗及	
五十而爵	六十不就學	七十以上唯衰麻爲喪　致政		
			一子不從政	其家不從政，瞽亦如之，

凡三王養老皆引年

祭義有虞氏貴德而爲齒，夏后氏貴爵而尙齒，殷人貴富而尙齒，周人貴親而尙齒。虞夏殷周，天下之盛王也，未有遺年者，年之貴乎天下久矣，次乎事親也，是故朝廷同爵則尙齒，七十杖于朝，君問則席，八十不俟朝，君問則就之，而弟達乎朝廷矣。行肩而不併，不錯則隨，見老者則車徒辟避　斑白者不以其任行乎道路，而弟達乎道路矣。居鄉以齒而老窮不遺，强不犯弱，衆不犯寡，而弟達乎道路矣。古之道，五十不爲甸徒，（公家力役也）頒禽（分鳥獸也）隆諸長者，而弟達乎獀狩矣。軍旅什伍，同爵則尙齒，而弟達乎軍旅矣。孝弟發乎朝廷，行乎道路，至乎鄉巷，放乎獀狩，修乎軍旅，以義敬之，而弗敢犯也。食三老五更于太學，天子袒而割牲，執醬而饋，執爵而酳，冕而總干，所以教諸侯之弟也。是故鄉里有齒而老窮不遺，强不犯弱，衆不暴寡，此由大學來者也。天子巡守，諸侯待于竟，天子先見百年者，八十九十者東行，西行者弗敢過，西行，東行者弗敢過，欲言政者，君就之可也。七十者不有大故不入朝，若有大故而入，君必與之揖讓，而后及爵者。

照上面四代各種養老規矩看起來，不要說大同世專注意人養老長壽的事，就是小康世，養老的大典，國家何等鄭重，從一鄉起，以到一國天下，到處沒有不敬老人的，人在世上勞動一輩子，到老來享福也算不少，你看現在老者遍地，沒有人問，凶荒兵亂只好轉於溝壑了。所以頂少起碼非行王道，老人是不得小安康的。

白虎通『臣七十懸車致仕者，退老避賢，所以長廉遠恥也。懸車示不用也。致仕者，致其事于君，不使退而自去，尊賢也。』

看來養老還有好幾種意思，鄉下倡養老，不過是因爲老人不能勞力，小輩應該報老輩養大了他們的恩，至於朝廷官界，也是借此叫他們大老官下臺，留地位讓後輩登場，有這一條，免得戀棧，也算儒家的一種「小無常厭世觀了」

鄉飲酒義『鄉飲酒之禮，六十者坐，五十立侍，以聽政役，所以明尊長也。六十者三豆（木器）七十者四豆，八十者五豆，九十者六豆，所以明養老也。民知尊長養老，而后乃能入孝弟，民入孝弟，出尊長養老，而後成教，而后國可安也。君子之所謂孝，非家至而日見之也。合諸鄉射，教之鄉飲酒之禮，而孝弟之行立矣。孔子曰，「吾觀于鄉而知王道之易易也」，儒教見解狹但知教個人的孝，其實養老乃是辦鄉自治的大典，因爲人人都要老的，養老是人生問題的究竟了。

（六）喪死葬埋材用權。有材木所以養生喪死無憾，免得死了無人掩埋。

周禮司徒『以本俗六安萬民，一曰媺（音美）宮室，二曰族（聚也）墳墓，又（族師）使民相葬埋，春官冢人掌公墓。爲之圖，凡有功者居前，（是王公侯大夫士的墓）墓大夫掌凡邦墓之地域，爲之圖，令國民（平民的墓）族（聚也）葬而掌其禁令，正其位，掌其度數，使皆有私地域，凡爭墓地者，聽其獄訟。』

照此，可知無錢買棺木，而且一般貧民客旅無立錐地，可以埋葬，今時拋棺露尸，到處都是，噫！

還有人道麽。葬埋材用的權已竟有了，還不止此——

孟子，(梁惠王下)齊宣王問曰：『文王之囿，(養草木鳥獸的院子)方七十里有諸？』孟子對曰，『於傳有之。』曰『若是其大乎？』曰『民猶以爲小也。』曰：『寡人之囿方四十里民猶以爲大何也？』曰『文王之囿方七十里芻蕘者(打柴草的)往焉。雉兔者(打兎子野鷄的)往焉，與民同之，民以爲小，不亦宜乎？臣始至於境，問國之大禁然後敢入。臣聞郊關(國外曰郊)之內有囿方四十里殺其麋鹿者，如殺人之罪。則是方四十里爲阱(大坑)於國中。民以爲大不亦宜乎？』

公羊傳『桓十二年，名山大澤不以封諸侯以爲天地自然之利非人力所能加，故當與百姓共之，』

穀梁傳莊公二十八年，『譏築微。山林叢藪之利，所以與民共也。虞之(派官守住)非正也，』

穀梁傳成五年，『梁山崩』曰梁山晉之望也。不言晉者名山大澤不以封也』(看起來不屬於一國而屬於天下了。)

周禮，『地官山虞掌山林之政令，仲冬斬山陽之木。仲夏斬山陰之木。凡服耜(車箱耒耜農工所用)斬季材，以時入之。令萬民時斬材有期日。凡竊木有刑罰。』

管子輕車篇曰，『毋徵藪澤，以時禁伐之』又戒篇曰，『山林梁澤，以時禁發而不正也，草封澤隨者之歸之也，譬若市人。』荀子王制篇亦云，『山林澤梁，以時禁伐而不稅，』

按此澤梁無禁者，開放而不收稅之謂耳，並非永無禁止之時也，照此看來就是——

（七），公有山林花園權。就同現在各國的公園一樣，方七十里，就在如今世界上，也算第一等大公園了，還不止此—

孟子『市廛而不征，法而不廛，則天下之商皆悅而願藏於其市矣。廛宅也，張子曰，『或賦其市地之廛而不征其貨，或治之以市官之法而不賦其廛，蓋逐末者多，則廛以抑之，少則不必廛也』。關，譏而不征，則天下之旅皆悅而願出於其路矣。耕者助而不稅，則天下之農皆悅而願耕於其野矣，但使出力以助耕公田而不稅其私田也。廛，無夫里之布，則天下之民，皆悅而願為之氓矣。』氓音盲 周禮『宅不毛者有里布，民無職事者出夫家之征』鄭氏謂『宅不種桑麻者罰之使出一里二十五家之布，民無常業，罰之使出一夫百畝之稅，一家力役之征也，今戰國時一切取之市宅之民，賦其廛又令出此夫里之布，非先王之法也，氓民也。』

孟子又說『昔者文王之治岐也，關市譏察看也而不征。不收稅昔之為關也，將以禦暴，今之為關也，將以為暴。戴盈之曰，『什一農稅什分公家取一分去關市之征。』王制，『市廛官與民宅開店營業而不稅，』不收房捐你看北京到處窮人冬天睡在雪地下不是因地皮歸私有麼？管子小匡篇，關市譏而不征，壥而不稅，以爲諸侯之利，諸侯稱寬焉，荀子王制篇關市幾征不征。

孟子曰『古之爲市者，做交易以其所有易其所無者，不是做買賣，不過交易粟布而已。有司者派個經理人治之耳。去辦理就完了。有賤丈夫焉，必求龍斷，同壟，高突出之地。而登之，以左右望而罔聞網一網打盡市利，人皆以爲賤，故從而征之。收地的稅征商自此賤丈夫始矣』看起來古時代沒有金錢，不行買賣，止是換貨物，孟子這一條，大致是帝道時代日中爲市的事，不類井田時代的事。

可見起上古至文王時代，不但沒厘卡雜租。也不報關，也不收房租。你看做買賣的有多好呢？這就是土地貨本公有了。由此知道有——

（八）工商免關厘房稅權。　還有——

孟子『澤梁無禁』澤是湖塘，梁是小橋，不禁止人民取魚，人人可自由食魚也。數罟細網不入洿池，魚鼈不可勝食也。王制『林麓山足川澤以時入，四時有一定的期而不禁』此可知，又有——

（九）公共食魚權。

孟子『老而無妻曰鰥，老而無夫曰寡，老而無子曰獨，幼而無父曰孤，此四者天下之窮民而無告者，文王發政施仁，必先斯四者，詩云「哿同可矣富人，哀此煢單也同惸音穸獨」』

王制少而無父謂之孤，老而無子者謂之獨，老而無妻者謂之矜，老而無夫者謂之寡。此四者，天民之窮而無告者也，皆有常餼，瘖聾跛躃斷者侏儒百工各以器食之。』由此可知有

（十）窮民殘廢公養權。

其實現在多開盲啞院廢人也是人材，日本全國有盲啞學校五六十處，校舍廣大，盲啞教員月薪有百元者，然而中國現在滿眼都是窮民無告，北京一好人日投河死的還有十人之多，何況盲啞更誰人問呢？——

孟子曰：『寡人有疾，寡人好色。』孟子曰，昔者太王好色，愛厥妃，詩云「古公亶父，來朝走馬，率西水滸，（音虎水涯）至于岐下，（岐山之下）爰及姜女，聿來胥宇，」（相安也）當是時也，內無怨女，外無曠夫，王如好色，與百姓同之，于王何有，（參看前引管子九惠合獨一條）

這也可証明前面第三條娶妻生子權。

周禮地官司徒「媒氏掌萬民之判。（判合也）凡男女自成名以上，皆書年月日名焉。令男三十而娶，女二十而嫁，中春之月，（陰曆二月桃杏花開時）令會男女，于是時也，（不過有一定時期）奔者不禁，若無故而不用令者，罰之，司男女之無夫家者而會之。』（男無妻室女沒丈夫的，把他會合起來成一家人。）

又詩小序標有梅『男女及時也，召南之國，被文王之化，男女得以及時也，標（落地）有梅，其實

三兮。求我庶士，迨其今兮！女謂男的話

桃夭『后妃之所致也，男女以正，婚姻以時，國無鰥民也。』

『桃之夭夭，灼灼其華，之子于歸，宜其室家。』男謂女之詞也

從上二詩及周禮媒氏，可知二事，即男女問名相求以禮而成室家，即今云結婚自由，其女無夫男無家者，則媒氏司會而成之，自由相從者不禁，此可知有

（十一）及時男女無禁權。　按這就是官準自然性愛權了。近人用自由戀愛不如用自然性愛。

附蘇聯婚姻制度

民國十四年十一月十一日莫思科電，蘇聯婚姻法律現行法，完全承認婚姻乃男女兩性之自由結合。故凡藉神力而成之婚姻，法律不予承認，離婚之事，法律亦不加約束。凡二人間有一人提出離婚，無論提出者爲男或女，法律皆予承認。結婚願註冊否，不加限制。註冊之例，僅爲解決爭執者設——註冊與否皆有同一權利義務，對於法律發生同樣效力。離婚者，如雙方已自行解決財產兒童處置辦法，法庭可不過問，同居後之財產作爲兩人財產。如離婚，此項財產須平均分配。父母須負養育子女之責。如因離婚子女歸母方養育，父方

須相負養育費，暫時同居產生之子女，亦享有上條之權利，法律不認有所謂「私生子」對於「義子」亦加以承認，義子與親生子女享同樣權利云。 按此雖未到大同，亦可漸減少家族舊的苦痛了。

孟子『鄉田同井，出入相友，守望（探敵也）相助，就是「互助論」的意思，其實譯相互論也可，疾病相扶持，則百姓親睦。方里而井，井九百畝，其中爲公田，八家皆私百畝，同養（在做工）「公田」。』一連用三個相字，都是說明人羣互相關係的原理，就是公同生活了。

地官，「大司徒施教法於邦國都鄙，使之各以教其所治民。令五家爲比，（去聲）使之相保。五比爲閭，使之相受。（宅舍破了相寄託）四閭爲族，使之相葬。（助葬）五族爲黨，使之相救。（凶災相助）五黨爲州，使之相賙。（音周周給）五州爲鄉，使之相賓。」（有賢行者以鄉飲酒禮賓客之）這是太平時候的互助。

地官『小司徒三年則大比，（去聲）受邦國之比要，（統計）乃會萬民之卒伍而用之，（民兵，無招募也，）五人爲伍，（在家爲比，在軍曰伍，）五伍爲兩，（二十五人，在鄉爲閭，）四兩爲卒，（百人在鄉爲族）五族爲旅，（五百人在鄉爲黨）五旅爲師，（二千五百人，在鄉爲州）五師爲軍。（萬二千五百人，在鄉爲一鄉，）以起軍旅，以作田役，以比追胥，（逐盜）以令貢賦。』這是有警時的互助。

由此二條可見三代互助的精神了。

地官『遂人，掌邦之野。以土地之圖經田野。五家爲鄰，五鄰爲里，四里爲酇，五酇爲鄙，五鄙爲縣，五縣爲遂。使各掌其政令刑禁。以歲時稽其人民而授之田野，簡其兵器，教之稼穡，(種曰稼收曰穡音色)以歲時登其夫(男)家(女)之衆寡，及其六畜車輦，辨其老幼廢疾，與其施舍者，(捨不作工也)以令師田，(出兵)以起政役』(作工也)。遂人乃鄉官，據此可知人民又有——

(十二)自治民兵守望權。此權最要，三代以下，一切大盜，敢於橫行，因不行徵兵而行募兵，兵爲一二人私家養物，豈有以一二人私恩及千萬人，而不橫行者乎？募兵一日不廢盡，天下一日不太平。徵兵是良民故非有主義不肯戰鬬，募兵就是拿四兩二壹頭的生活。

顏習齋年譜『二十三歲見七家兵書，悅之，遂學兵法技擊等，按宋儒不知兵，以橫渠(張載也)之才，一講兵法，即爲范公所斥，其屈於遼夏，辱於金元，不亦宜乎？先生所以直追三代也』。

又李明性，崇禎末天下大亂，方弱冠，與鄉人習射禦賊，挾弓矢駿馬疾馳，同輩無敵者，晚年亦好射，時時率弟子比耦，月光箕張，矢無虛發。曰文武缺一，豈道乎？

按託翁主無抵抗，故非田獵，近於出世法，克翁則主反抗强權，今世界兵禍方亟，空言去兵，猶與虎謀皮，惟宜練鄉兵，由學校農村工商團體，用聯村自衛的民兵，由人民各村市籌公款，各召回村市子弟入伍者，化兵爲民，庶幾募兵自廢，而盡爲保境養民之兵矣，國家有事，隨時召志願兵禦侮，今日的兵除最少數有主義紀律的軍隊以外，皆害民的匪，非多出顏元，李明性遍於普天下村市不可，青年以二君爲模範可矣。

Carpenter 加氏地理讀本蘇門答拉島多回教村，每村中有小團體，預備以時出戰。按此甚可爲模範自衛村回教所以能卓立大地是因爲有此自衛耳。現在中國急須倡顏學重工藝以三代精神與今科學合也。

孟子『左右皆曰賢，未可也。諸大夫皆曰賢，未可也。國人皆曰賢，然後察之。見賢焉，然後用之。左右皆曰不可，勿聽。諸大夫皆曰不可，勿聽。國人皆曰不可，然後察之。見不可焉，然後去之。左右皆曰可殺，勿聽。諸大夫皆曰可殺，勿聽。國人皆曰可殺，然後察之。見可殺焉，然後殺之，故曰國人殺之也。』

王制，『爵人於朝，與士共之。刑人於市，與衆棄之。』

書湯誓『每歲孟春，遒人以木鐸詢於路，官師相規，工執藝事以諫。』

詩，『詢於芻蕘。』國語，『百工諫，庶人傳語。』書洪範『汝則有大疑，謀及乃心，謀及卿士，謀及庶民，謀及卜筮。汝則從，龜從，筮從，卿士從，庶民從，是之謂大同。』

秋官『小司寇之職，掌外朝之政，以致萬民而詢（問也）焉。一曰詢國危，二曰詢國遷，三曰詢立君。其位，王南鄉，三公及州長百姓北面，羣臣西面，羣吏東面。小司寇擯以敘進而問焉，以衆輔志而弊（斷也）謀。以五刑聽萬民之獄訟。』云云

又『朝士掌建邦外朝之法。左九棘，孤卿大夫位焉，羣士在其後。右九棘，公侯伯子男位焉，羣吏在其後。面三槐，三公位焉，州長衆庶在其後。』

據此，孟子曰，「國人皆曰，」秋官小司寇曰「朝會之位百姓與州長在三公後，」又曰「衆庶在其後」與公侯等合議，國人、百姓、衆庶，即今之議院也，故人民必列席有定位，此可知者有以下二事。

（十三）國民參政集會議事權。　此權操進賢退不肖刑罰議事四種，內包括無限事實。

左傳襄三十一年，鄭人游於鄉校，以論執政。然明謂子產曰「毀鄉校何如？」子產曰「何爲？夫人朝夕退而游焉，以議執政之善否。其所善者吾則行之，其所惡者吾則改之，是吾師也。若之何毀之？我聞忠善以損怨，不聞作威以防怨。豈不遽止？然猶防川，大決所犯，傷人必多，吾不克救也。不如小決使道，不如吾聞而藥之也。』然明曰『蔑也今而後知吾子之信可

事也。小人實不才，若果行此，其鄭國實賴之，豈惟二三臣。」仲尼聞其語也，曰，「以是觀之，人謂子產不仁，吾不信也。」

照這條看來，古時最大的言論權，在鄉閭學校裏頭，很普遍的，鄉校都是士人在內，但說鄭人遊於鄉校，可見農工商全體的人都在其中，而以學校作會議的公所根據地了，這是明明白白的，所以子產以爲師，仲尼稱道他。

(十四)刑罰公判權。

又秋官「司寇，司刺，掌三刺之法，一刺曰訊（問也）羣臣，再刺曰訊羣吏，三刺曰訊萬民。」

此可見萬民加入司法審判，會議，與英議會有審判權，差不多了。

地官「大司徒以土會（會計土宜）之法，辨五地之物生。一曰山林之動植物人民，二曰川澤之動植物人民，三曰邱陵之動植物人民，四曰墳衍之動植物人民，五曰原隰之動植物人民，因此五物者民之常而施十有二教焉。可見不是編一部教科書通行天下一曰以祀禮教敬，則民不苟。按即中國之多神與人鬼的宗教也二曰以陽禮（鄉射飲酒尚齒）教讓，則民不爭。三曰以陰禮（婚姻以時無曠怨）教親，則民不怨。四曰以樂禮教和，則民不乖。五曰以儀辨等，則民不越。六曰以俗教安，則民不偷。（音偷薄也）七曰，以刑（輔教之物）教中，則民不虣。（暴同）八曰以誓教恤，則民不怠。九曰以度教節，則民知足。十曰以世事（子述父業）教能，則民不失職。十一日，以賢制爵，則民慎德。十二日，以庸（功也）制祿，則民興功。』

按五方的山水人物不同，敎法也不一，仔細看來，這十二條是社會全敎育，意思很深，到這在還存在，不過名詞變了罷。

內則『子能食食，教以右手。能言，男唯女俞。六年，教之數與方名。七年，男女不同席、不共食。八年，出入門戶及即席飲食，必後長者，始教之讓。九年，教之數日。十年，出就外傅，居宿於外，學書記。衣不帛襦袴，禮帥初，朝夕學幼儀，請肄簡諒。十有三年，學樂誦詩舞勺。成童舞象，學射御。二十而冠，始學禮，可衣裘帛，舞大夏，博學不教，內而不出。三十而有室，始理男事，博學無方，遜友視志。四十始仕，方物出謀發慮。道合則服從，不可則去。五十命爲大夫，服官政。七十致事。』照此可考見三代男子一生的人生了，

又『女子十年不出。姆（女師）教婉娩（音晚婦言婦容）聽從，（十歲以後不許出門了，又敎他惟一的順從，是男系時代的敎育，）執麻枲（音徙），治絲繭，織（女金切帛類）組（織也）紃（音巡似條類），學女事以共（供給）衣服。觀於祭祀，納酒漿籩（竹器）豆（木器）菹醢，禮相（助也）助奠。十有五年而笄（音雞加簪也），二十而嫁。有故，二十三年而嫁。』可見不再晚了。以上兩節，可考見三代男女敎育的大致了。

宋元學案八十五引王應麟困學紀聞『古者無一民不學。二十五家爲閭，閭同一巷，巷有門，門有兩塾，上老坐於右塾爲右師，庶老坐於左塾爲左師，出入則里胥坐右塾，鄰長坐左

塾。察其長幼揖讓之序。餘子皆入學。距冬至四十五日始出學。所謂家有塾也。』（這是小學教育，）地官司諫掌糾萬民之德而勸之朋友，正其行而強之道藝，巡問而觀察以考鄉里之治』

這一條是鄉村的巡行講演的教育。

學記，『家有塾，黨有庠，州有序，國有學。』孟子『設爲庠序學校以教之，夏曰校，殷曰序，周曰學，』（這兩條是全國學制，）

王制，『命鄉論秀士，升之司徒曰選士。司徒論選士之秀者而升之學曰俊士。升於司徒者，不征於鄉，升於學者，不征於司徒，曰造士。……大樂正論造士之秀者以告於王而升諸司馬曰進士。司馬辨論官材，論進士之賢者以告於王。論定然後官之，任官然後爵之，位定然後祿之。』（這是人才由學校出，是考他的學藝，）

地官『大司徒以鄉三物（三事也）教萬民而賓興之，（舉賢以飲酒禮賓之獻其書於王）一曰六德。知，仁，聖，（通明）義，（能斷）忠，（不欺）和，（中節）二曰六行，（去聲）孝，友，睦，（親父族）婣，（親外親同姻）任，（信於朋友）恤，（振貧之）三曰六藝。禮，樂，射，御，書，數。』（這一條注重鄉黨的月旦評，六德是人的性質，六行是品行、六藝是技術，可見不是偏於一面的。）

照上面看起來人民有不用貼學費而。——

（十五）公同升學，從政權。

地官『司徒以荒政十有二聚萬民。大荒大札，夭死之疫 則令邦國移民，通財，舍捨禁，弛力，不用民力 薄征，緩刑。』「廩人掌九穀之數，以歲之上下數邦用。凡萬民之食食者人四鬴，上也。音輔，六斗四升 人三鬴，中也。人二鬴，下也。若食不能人二鬴，則令邦移民就穀。移民就年豐之地食之，如梁惠王「移民河東河內」，然而今亦未有行之者矣， 詔王去聲減省也，不能奢侈無度， 殺邦用。』又曲禮『歲凶，年穀不登，君膳不祭肺，祭不縣去音樂也 馬不食穀，馳道不除，打掃也 大夫不食粱，精飯也 士飲酒不樂。不作樂 又大夫不造車馬。』

地官『遺人唯季反 掌邦之委積，少曰委，多曰積，足用的餘財， 以待施惠。鄉里之委積，以恤民之囏艱阨。門關之委積，以養老孤。郊里之委積，以待賓客。野鄙之委積，以待羇旅。縣都之委積，以待凶荒。凡委積之事，巡而比會計之，以時頒之。』地官司救，凡歲時有天患民病，則以節巡國中及郊野，而以王命施惠。』

地官『大司徒以鄉八刑糾察也萬民，一曰不孝之刑，二曰不睦，三曰不婣．同姻 四曰不弟。不敬師長 五曰不任，不信于友 六曰不恤。』不振給貧乏

左傳『文公十八年，縉雲氏有不才子，貪于飲食，好吃大菜 冒于貨賄，財閥 侵欲崇侈，不可盈厭，聚

飲積實，不知紀極，剮地皮很多不分孤寡，不恤窮匱。天下之民，以比三凶，謂之饕餮。獸名以比人貪也舜流四凶，投諸四裔以禦魑魅』。可見四凶中一個就是犯了不恤之刑，正合耶蘇說富人有禍了。

照禮經上考究起來，凶荒水旱，富貴官家，也該減省吃穿通財移于窮民，國有這個典禮。民就有此權利。不像一面汽車馬車光亮的了不得。十百成羣上飯店吃大菜，那乞丐凍餓路旁，狗都不如，沒一個人問問他，江北的飢民過江，還要邀截，不許過來呢，甲省大水大旱，人死許多，國家沒有問一問，但靠幾個紳士登報化緣，助點捐款。有時靠外國教士的放賑，你想那還濟事呢？不知我們古代人民都有要求移民通財省用的權利。國家都有此憲典呀！為甚現在當議員的還要加薪而窮民不齊起來要求講這樣國粹呢？為甚無產窮民，不合起來要求講這段國粹呢？

又地官『倉人掌粟入之藏，辨九穀之物，以待邦用，有餘則藏之，以待凶而頒之。』司稼掌巡邦野之稼，以年之上下出斂法，掌均萬民之食，這眞是有飯大家吃了而賙幫助其急而平其興』。是平其所納的糧米，

這所說廩人致王省吃儉用，各等官吏，都減省，倉人發老米，司稼均萬民的的粮食，再加上移民通財，這是一方有災難，大家都幫忙，怎能像現在哭的哭，笑的笑，坐汽車的坐汽車，壓死在車底下的聽他死呢？你還叫他馬不食穀，花園裏的草不除麼，也不說堯舜以前的古大同世界，就是

三代井田制的小康，這社會均富主義，也就可覷了。所以看出來，就是有，

(十六)凶荒殺用通財均食權。

天官冢宰醫師掌醫之政令。聚毒藥以共(供給)醫事。凡邦之有疾病者，疕(音痞頭瘍禿病)瘍(音羊身傷)者造焉則使醫分而治之。(分科醫治)歲終則稽其醫事以制其食。(按功食祿)十全爲上，十失一次之，十失二次之，十失三次之，十失四爲下。『疾醫掌養萬民之疾病，四時皆有癘疾。春痟(音消削也)首，夏痒疥，秋瘧寒，冬嗽上氣疾。以五味五穀五藥養其病，以五氣五聲五色眂(同視)其生死。凡民之有疾病者分而治之。死終則各書其所以(病原)而入于醫師。(此是內科的官醫院，)瘍醫掌腫瘍，潰瘍，金瘍，折瘍云……凡有瘍者受其藥焉。』(此是外科的官醫院，)獸醫『掌療獸病，療獸瘍，凡療獸病，灌而行之云云，凡獸之有病者，有瘍者使療之。死則計其數以進退之。』(此是獸科官醫院，)

你看這醫師，疾醫，瘍醫，獸醫，幾條，都是爲萬民公設的，這事歸冢宰辦，冢宰就是現在國務總理，三代時的國務總理，還管着民間的牛馬雞犬的毛病，有病他都給你開獸醫院治的，現在人民有病死乾淨了，與總理他何干，還是外國教士早晚還布施點藥呢，你可想古代社會主義發達的

不壞罷。這可證明是有——

（十七）公共醫藥免費權。

夏官司馬『懷方氏，掌來遠方之民。致方貢，致遠物，而送逆迎之，達之以節，是個憑据治其委積，積藏的食物．館舍館食。合方氏，掌天下之道路。通其財利，同其數器。壹其度量，除其怨惡，同其好去聲善』。秋官『野廬氏，掌達國道路，至于四畿。王都內方千里比計也國郊及野之道路，宿可住宿息。可作井樹。凡道路之舟車擊音計互者，交通相妨碍的叙而行之。教他按次序走禁野之横行徑踰者。不許亂跑地官遺贈也人，掌邦之委積，以待施惠。鄉里之委積，以恤民之艱阨。門關之委積，以養老孤。郊里之委積，以待賓客。野鄙之委積，以待羈旅。縣都之委積，以待凶荒。凡賓客會同師役，掌其道路之委積。凡國野之道。十里有廬，廬有飲食。三十里有宿，宿有路室。路室有委，少曰委五十里有市，市有候館，候館有積。多曰積，委積都是堆的貨物供給賓客行人的．委人，掌歛收也野之賦。歛芻薪凡疏材木材，凡畜聚之物，以待賓客羈旅，共供其財用』。

冬官考工記『匠人營國，國中京城內也九經九緯，南北曰經東西曰緯經涂音塗九軌，城中的路，平行可走九輛大車環涂七軌城外的馬路，平行可走七輛車。野涂五軌』。鄉下田野的馬路，平行可走五輛車，照上面這樣算來，也可想到那馬路蕩蕩平平了，比現在黃浦江的馬路還要闊，又有井有樹。上面是京城的路其餘小都會，也有七軌的，也有五軌的。

禮記『棄灰於道者有罰』。你可想他道路的警察了。

照上面幾條看起來，道路這樣寬闊平坦，幾十里路，就有公共飯店旅館，招待的，人有吃有喝有安歇的地方，凡有走路往來的，都可自由往來。又有警察看守，或舟或車，不致相碰，男男女女，自自由由，往來遊玩有多好呢！不要一文盤費，遊滿天下，眞算快樂，那時人也用不着要錢了。這就叫無錢旅行，比現在就是少火車罷了。這是——

（十八）公共游歷食宿免費權。

論語『興於詩，立於禮，成於樂——子在齊聞韶，舜樂三月不知肉味。曰不圖爲樂之至於斯也。——』可見舜樂的好處使天下太平也。

孟子『莊暴見孟子曰「暴見於王，王語暴以好樂，暴未有以對也。」曰：「好樂何如？」』孟子曰：「王之好樂甚，則齊國其庶幾乎！」他日見於王曰「王嘗語莊子以好樂，有諸？」

王變乎色。「曰，寡人非能先生之樂也，直好世俗之樂耳。」曰「王之好樂甚，則齊國其庶幾乎？今之樂，由猶古之樂也。」曰，「可得聞與？」曰「獨樂樂，與人樂樂，孰樂？」曰，「不若與人。」與少樂樂，與衆樂樂，孰樂？曰「不若與衆。」臣請爲王言樂。今王鼓樂於此，百姓聞王鐘鼓之聲，管籥之音，舉欣欣然有喜色而相告曰、「吾王庶幾無疾病，與何以能鼓樂也？此無他，與民同樂也。」今王鼓樂於此。百姓聞王鐘鼓之聲，管籥之音。舉疾首蹙頞而相告曰「，吾王之好鼓樂，夫何使我至於此極也？父子不相見，兄弟妻子離散。此無他，不與民同樂也。」今王與百姓同樂，則王矣。」。

樂記『聲音之道，與政通矣。—清明象天，廣大象地，終始象四時，周旋象風雨。—故樂行而倫清耳目聰明，血氣和平。移風易俗天下皆寧。故曰，樂者樂也。『生民之道，樂爲大焉。』—是故先王之制禮樂也，非以極口腹耳目之欲也，以教民平好惡而反人道之正也。（原理極明白，）—大樂與天地同和，和故百物不失。—樂者，聖人之所樂也，而可以善民心。夫民有血氣心知之性，而無哀樂喜怒之常，應感起物而動，廣其節奏，省其文采，以繩厚德，律大小之稱。比始終序，以象事行。使親疏貴賤長幼男女之理，皆形見於樂。故曰，『樂觀其深矣。』—廣樂以成其教。樂行而民鄉方，可以觀德矣。是故樂，族長閭里之中，長幼同聽之，則莫不和順。在閨門之內，父子兄弟同聽之，則莫不和親。故樂者審一以定和。』照此看來，當時樂化的普及，眞有移風易俗的力量，所以天下人心自然和平了，太平世所以以樂爲最重要的事。

舜典「帝曰，夔，命汝典樂，八音克諧，無相奪倫，神人以和。夔曰，於！予擊石拊石，百獸率舞。」簡直連鳥獸也受教育化，何況官僚還爭地盤。

春官大司樂掌成均（五帝大樂的總名，遺禮可法曰成均）之法，以治建國之學政，（大音樂家才管學政，是藝術世界的事，可憐現在却是軍閥管教育嗚呼）而合國之子弟焉。凡有道者有德者，使（請他們去）教焉。（來當教習）死則以爲樂祖，（是化樂天神好像印度希臘）祭于瞽宗。（就是樂祖神所在地，是殷朝大學的名，）以樂德教國子。中，和，祇，（敬也）庸，（有常）孝友。（能合羣也）以樂語（比方使人易明白而大雅的言語）教國子興，（去聲）道，（導）諷，（同調，去，以聲節之）言，（自言）語。（答述）以樂舞教國子。（將來代兵殺者必爲樂舞以化天下去戾氣，）舞雲門大卷（平聲皆皇帝樂）大咸大韶大夏大濩大武。（此周所存六代之樂）以六律，六同，五聲，八音，六舞，大合樂。以致鬼神祇，（地神）以和邦國，以諧萬民，以安賓客，以說（悅）遠人，以作（起也）動物。○乃分樂而序之，以祭以享以祀。○凡六（代之）樂者，一變而致羽物，及川澤之祇。再變而致臝（音卵赤體也像虎豹之類是淺毛獸）物，及山林之祇。三變而致鱗物，及邱陵之祇。四變而致毛物，及墳衍之祇。五變而致介物，（蛤蟹之類）及土祇。六變而致象物，（鱗鳳龜龍）及天神……樂六變則天神降，八變則地祇出，九變則人鬼可得而禮矣。（印度希臘皆有樂神，現在人說是迷信，但現在催眠術用音樂可入神通，是可實驗的，將來仍要大盛于世界。餘可參考大同樂全章，今不具引，）

益稷夔曰，「戛（輕擊也）擊鳴球，（玉磬名）搏（至擊也）拊（輕擊也）琴瑟，以詠。祖考來格，（至也）虞賓在位，羣后（百官）克讓。（在朝的官都不爭地盤）下管，鼗（有柄的鼓）鼓，合止柷，（昌六反，狀如漆桶）敔，（偶許反，如伏虎）笙，（以匏列管爲之有簧）鏞（大鐘）以間。（隔開休止）鳥獸蹌蹌。簫（舞器）韶（舜的樂名）九成。（九次乃成）鳳皇來儀……庶尹允諧。（衆官眞相和睦）」

按古時上而朝廷，下至鄉黨閭里平民，無一人不習樂，其一切樂器節度，有專人敎習，有個一定的樣子，可以人人會的，不像後來，人竟不知樂爲何物，感情沒地方發洩調和，只好狂暴衝動了。

照原理講來，人的耳竅比目竅更靈。所以先說聽，後說明。所以用樂化人，是項有效力。而人生頂快樂的，莫善於音樂。這樂舞奏起來，沒有一個人不歡喜的，連禽獸也跳舞。雖然沒到極樂世界，却也可成爲同樂世界。不枉作人一生了。但是你看現在遍地刀兵，人人只聞炮聲，只有最少數笑聲。不過只有少數富戶官僚，才能到戲園裏看看戲。平常小民，耳朶裏頭不聽炮聲哭聲就算好了。還有工夫談到什麼音樂呢！但是要道這國民同樂音樂大會，是培養平民和平的根本精神。也是人生最後養魂性的大事，不要說現在已竟到了講藝術美育的世界，樂舞與人生的需要已經公認爲第二生命事業了。就是古人，也早已知道，且有普通確定同樂的辦法。所以這就是人民有——

（十九）　樂舞同樂大會權。

中國歷代古樂表三

代名	樂名
伏羲	扶來
神農	扶持
黃帝	咸池
少昊	大淵
顓頊	六莖
帝嚳	六英
唐堯	大章

虞舜	大韶
夏禹	承夏
商湯	大濩
周武	大武

征誅第四（二十民人革命大權）

這以前所說的十九條公權，都甚好聽，皆是應當的道理了。然而要不得這權，人民一定是不得如意的，有什麼辦法呢？應取什麼方法，才可以享受這些幸福呢？就要考查這些好處的障碍物在何處？把侵我們公權的東西，除去就是了。這也是上天給我們人民大衆的天理大權柄不信你看——

臯陶謨上說『天聰明，自我民聰明天明畏自我民明畏達於上下，敬哉有土。』

泰誓上說：『天視自我民視，天聽自我民聽，』可見民心就是天心人就是天了。

孟子說『桀紂之失天下也。失其民也，失其民者失其心也得其天下有道，得其心，斯得民矣。』——『民爲貴，社稷次之，君爲輕。』齊宣王問曰。『湯放桀，武王伐紂，有諸？』孟子對曰，『於傳有之，』曰『臣弑其君可乎？』曰『賊仁者謂之賊，賊義者謂之殘，殘賊之人謂之一夫，聞誅（殺有罪）一夫紂矣，未聞弑君也。』照湯武的例看來，孟子說是一個征，一個誅，就是桀紂他們侵犯了公衆的生活權，他違犯了公衆的法，他就不是天下所歸往。他就是衆人的公敵，成了光棍一條了。所以羣衆起來，打死光棍，不算錯事，而且是公義呢！孟子這樣講民權，也抵得法國革命宣言書了。

『湯始征，自葛始，什一征而無敵於天下。東面而征西夷怨，南面而征北狄怨，曰，奚爲後我。民望之，若大旱之望雲霓也。歸市（上街）者不止，芸（鋤草）者不變。誅其君而弔（可憐）其民，如時雨降，民大悅。書曰，「徯（待）我后，（君也）后來其蘇。」（活了）。

『暴其民甚，則身死國亡。不甚，則身危國削。名之曰幽厲，雖孝子慈孫，百世不能改也。』

照上面看起來，可知道人民的權限最大，任你是什麼帝王國君，一違反大衆心理，那就不得了。一定是要被人推翻殺死，所以世界上公理昌明，算是中國頂早了。所以日本人說中國古來的歷史沒有若干年不革命的，與日本的萬世一系國體，大不相同。因中國歷史學術，完全是「革命主義」

易乾卦文言曰『九四，或躍在淵，无咎，何謂也？子曰，上下無常，非爲邪也。進退無恒，非離羣也。君子進德修業，欲及時也。故无咎。』看起來易經開卷就講革命，而且說上下是無常，惟有德者進，不是一姓一人包辦的，並非邪惡的事，自古解九四這一節，都引武王觀兵孟津爲例子。

䷰『革家曰』革，水火相息，二女同居，其志不相得，曰革。已日乃孚，革而信之。文明以說，大亨以正，革而當，去聲其悔乃亡。天地革而四時成，湯武革命，應乎天而順乎人，革之時義大矣哉！』

彖斷也，是孔子斷革卦的大義，說春夏秋冬，就是天地也時時革命，所以湯武革命，是上合天道，下合人事，是光明正大的道理。

按乾卦九四的革，由下卦躍到上卦，就是革卦的革了。現在人講革命，先罵孔子，不知道孔子的學問，都在易春秋。春秋講大同，小康，衰亂三世，易，開卷乾卦，就講革命。豈有聖人連這點道理不懂嗎？不過是革命而正當，才沒後悔，就是有能照第二章所講明的兩個條件，均產平權，就可以革，不然革的不當，就是以暴易暴，舊軍閥換了新軍閥，老官僚換少官僚；越革越糟，大家成了搶錢政府，那就不成東西了。所以天下不均平，就非澈底大革命不可，非澈底革命，不能達到均產平權這個目的。起碼也要像湯武的革法，這革的一條。就是保障前面十九條公權的武器，要拿新法律來講，那十九權算是分權，這革的一權算是最後的大權了。這叫做——

（二十）　人民革命大權。

以上共二十條公權，此革命權爲最後大權，故在孔教中王道中，認爲必要。雖不如揖讓的平和，然最後保障，老子所謂『不得已而用之。』儒以此立教，必稱湯武。正是爲此。故孟子言，『唐虞禪夏后殷周繼，其義一也。』說是帝降而王。運雖不同，然不得已的變例，原來道理，也可算是一樣的，所以要想達到上面十九權的地步，非革命不爲功。凡革命沒有不討罪，然而他的罪怎麼樣呢，下面就把許多暴君官僚的罪惡說出來。

湯誓曰『夏氏有罪，余畏上帝，不敢不正。』湯伐桀作誓，佈告三軍，說要不討桀，就連自已也連坐有罪了。

泰誓曰，『（武王伐紂作的）商罪貫盈，天命誅之，予弗順天，厥罪惟鈞。……天矜（哀憐）於民，民之所欲，天必從之。』取彼凶殘，我伐用張，於湯有光。滅湯的後人，還說於他祖宗有光。可知這條事是當然的公理。就是成湯的靈魂曉得，也是大大情願的了。—古人有言曰，『（大致就是古格言）撫我則后，虐我則仇。獨夫受洪（大也）惟作威，乃汝世仇，樹德務滋，除惡務本。肆（故也）予小子，誕（大也）以爾衆士，殄（盡也）滅乃（汝也）讎。爾衆士其尙迪（至也）果毅。』出死力也。

孟子曰『治亦進，亂亦進，伊尹也。思天下之民，匹夫匹婦，有不被堯舜之澤者，若已推而內（同納）之溝中，故就湯而說（去聲）之，以伐夏救民。又禹思天下有溺者，由已溺之也。稷思天下有飢者，由已飢之也。是以如是其急也。』禹管治水，爲甚叫天下有淹水的人，這就是他淹的，稷管種田，爲甚麼叫天下有飢餓的人，這就是他餓死的，所以伊尹幫助湯革桀的命，不過自己贖罪。

論語「堯曰，咨爾舜，天之歷數（就是命運的意思）在爾躬，四海困窮，天祿永終。」舜亦以命禹，曰，（是商湯自說）「予小子履！敢用玄牡，敢昭告於皇皇后帝，有罪不敢赦，帝臣不蔽，簡在帝心。朕躬有罪，無以爾萬方；萬方有罪，罪在朕躬。」周有大賚，（大賞天下）善人是富。雖有周親，不如仁人。百姓有過，在予一人。……所重民食喪祭。寬則得衆，信則民任焉，敏則有功，公則說。」

這一章，是堯舜禹湯周文武王發，對天發誓，代代相傳遺囑，大致一樣。是說我們管理中央政府，握着天下兵政，實業，教育，種種大權，一切萬姓，教養的責任，我們都應該辦的好好的。要弄得百姓困窮，這大權的命運，就到了頭了。就應該退位了。湯的名字叫履，他自己殺了一隻青黑色的牛，祭了老天，對天發誓，說上帝的心，凡有罪的，是一個不赦免的，身做身當，命做命亡。我管理天下大權，不應該辦理不善，叫天下人沒有飯吃，失了教育，才犯了罪，所以是凡有犯罪的人，這罪都是我一人身上的罪孽，並不怨他們無權無位的百姓。我這罪，上帝不該赦的。這段意思，就同禹王出巡見了罪人，他下車去哭他一樣的意思。

到了周朝，這文王武王也是一樣守著歷代相傳的遺囑，說是周朝有大賞賜，是有道德技能的善人，就叫他發財，不許狐羣狗黨，賣國殃民的貪官上去的。雖然周朝也有親戚，少爺，奶奶的，不如有學問道德的正人得發。文王武王說：「不但百姓有罪，都算我的罪，就是百姓有點小錯處，這都怪我不好。」你想這雖然說是君主。比現在的責任內閣還負責任哩。那時，所重的第一條，叫百姓大家都有飯吃，死了有衣服棺材，埋葬，還有祭祀，待百姓十分寬大公平。」上面講堯舜三代的自治，在平權均田，要不能做到，致百姓失了教養，那他這個大權祿位就保不住了。上天就該吩咐罰他的罪，自己也不敢赦的。天怎樣會罰他呢？往下聽着——

泰誓曰，『天視自我民視，天聽自我民聽。今商王受，紂的名暴虐百姓。今予發，武王的名字是發誓對大衆的口氣。惟恭行天罰以濟兆民。師陳於商郊，前途倒戈，攻於後以北，敗也，血流漂杵。一戎衣天下大定。』

武成曰『乃偃武修文，歸馬於華山之陽，放牛於桃林之野，示天下弗服。』也，不用

這是武王伐紂，把兵開到了河南過了黃河以北，到了衛輝府地方，大殺一陣。商受腐敗政府的兵官兵士就內變起來了，不朝前打，喊了聲向後轉，就朝後打起來。把那些野蠻暴兵，殺了許多，那血就漂起堆狠頭起來了。後來孟夫子還不信殺了這些人呢！武王這次革命，只穿了一回軍衣，天下從此太平，把軍衣都脫了。把干戈都去了。把戰馬都放他跑了。不像各國革命不澈底的。今年革命『明年平和。後年再革。所以法國，就鬧了八十年呢。

乃反商政，政由舊，仍然照成湯伊尹老法，平權制井田，均產的法子。釋箕子是個賢人，囚，叫紂王捕去擺在監牢的。封比干墓，是剖心而死的。式武王身子從事上起來叫式，商容是個賢人閭，是商容的村門，武王打外面過特行恭敬，散鹿臺動物園養許多麋鹿，專給他自已看玩的。之財，把民人的財寶不知到弄了幾

千萬萬，這一下都叫武王革命兵士拿出來分給窮民了。發鉅橋（大橋）之粟。紂王積了許多糧食，堆在大「橋旁邊」，這一下都抓了。大賚賞于四海，而萬姓悅服。把先糧食財貨分給天下窮人善人，幷不是叫那到的兵一鬨而搶去了，所以萬姓歡喜。重民五教，（興辦普及教育。）惟食喪祭，（養生喪死無憾）垂拱（拱手不動）而天下治。」用湯文井田學校的法子，天下太平，湯武所以稱做革命，因為他能行井田。所以才叫做革命。若劉邦，李世民，只能算攘（有因而盜曰攘奪）。曹操，朱溫，只是篡亂了。所以革命的原理，孟子說的很明白—

滕文下，「堯舜既沒，聖人之道衰。暴君代作，壞宮室以為汙池，民無所安息；棄田園以為囿，使民不得衣食，邪說暴行又作，園囿汙池，沛澤多而禽獸至。及紂之身，天下又大亂。周公相武王，誅紂（懸其首於大白旂），伐奄，（國名）三年，討其君，驅飛廉（紂的黨羽）于海隅而戮之。滅國者五十，驅虎豹犀象而遠之，天下大悅。」照此看來，武王伐紂，也是因為民生困窮。紂聽婦言，為肉林酒池，為長夜之飲，自己吃大菜，帶婊子，不管天下窮民的事。還奪民田，蓋樓房，造大花園，玩花草，養牛馬，坐好馬車，自己快樂。所以周公，武王，革除他，恢復井田學校的均產制度，行民生主義政治，立社會國家的制度。制禮作樂，而天下大悅也。如此像湯武的平均辦法，才算革命。不然，只算搗亂黨而已。稱不起革命黨！

附日本窮民無產政黨大會

以上所講爲湯武大革命，以中央政治之力，制民之產。然而若無湯武之力，則奈何？這可以用一部分要求法。日本于我民國七年，已竟有「無產者大會」，至民國十四年十一月二十三日在東京組成無產政黨。有二十餘團體，要求土地公有，廢止貴紳制度及元老院樞密，參政院，海軍司令部，治安警察法，延長義務年限，廢娼，廢言論出版的限制，共二十六條。各報均載之。凡此均王道所不許，發政施仁所必先了。若各窮民根據孟子『五畝之宅』一章的國粹，就近於各縣各村各鎭，要求恢復人生權利，亦是一策。夫鳥之飲啄，可自由，而人無飲食之處。獸可有穴，而人無立錐之地。禽獸得有牝牡，而窮民爲奴婢。父子不相見，兄弟妻子離散，甚則鰥寡終身，斷絕子孫，而富貴人嬌妻艷妾，不足且以貧女爲娼妓，姿其玩弄。井田不行，天下尚有人道乎？不照此辦理平均教養，教人人得所，僅僅拿個死人名字來愚弄迷惑小民，叫甚麼儒教？眞是騙人教了。

罪戰第五

于文上戈爲武，故武王諡由此得，所謂「壹戎衣而天下定也」，此武王獨得稱爲革命，革而當故也。三代下，無足稱革命者，劉邦李世民，止算攘奪，因奪後無建設，大亂仍不已也，凡不爲民生而革命者，皆不得稱革命。惟湯武能行民生「井田均產主義」所以稱「革命」。既革以後，亦天下不復用兵，（周公東征，究是武王周公德薄處，故蘇軾謂「周公非聖人也」而伯夷謂「武王以暴易暴也」然武周大致宗旨終不差，不過德尚未至耳。所以——

樂記曰『濟河而西（過黃河），馬散之華山之陽（山南）而弗復乘。牛散之桃林之野，而弗復服。車甲衅（音釁以血染之，欲其不蠹）而藏之府庫，而弗復用。倒載干戈，包之以虎皮。將帥之士，使爲諸侯，名之曰建櫜。（音高盛弓矢器）然後天下知武王之不復用兵也。』（這個雖然合趙匡胤杯酒釋兵權，爲一姓謀長有相同處，但要知道三代總有井田學校，土宅公有的制度，總算小康了。）

告子下『孟子曰、今之事君者皆曰，我能爲君辟（闢開也）土地，充府庫。今之所謂良臣（墾殖家理財家），古之所謂民賊也。君不鄉向道，不志于仁，而求富之，是富桀也。我能爲君約與國，戰必克。今之所謂良臣，古之所謂民賊也。君不鄉道，不志于仁，而求爲之强戰，是輔桀也。由今之道，無變今之俗，雖與之天下，不能一朝居也。』

按這是痛斥富强，蓋富强主義，是暴國夷狄之道。孟子乃講王道井田，土地歸公的人，所以痛斥他們無主義的軍閥政客。

盡心下『不仁哉！不是人東西梁惠王也。仁者以其所愛，及其所不愛，不仁者，以其所不愛，及其所愛。公孫丑曰，「何謂也」，以下孟子答他梁惠王以土地之故，糜爛其民而戰之。大敗，將覆敗也之，恐不能勝，故驅其所愛子弟以殉之。是之謂以其所不愛及其所愛也。』孟子曰，『春秋無義戰，彼善于此則有之矣。征者上伐下也。敵國不相征也。盡信書，則不如無書。吾于武城，取二三策而已矣。仁人無敵于天下，以至仁伐至不仁，而何其血之流杵也？』是不信伐紂時紂的死黨還有很大的抵抗力。

孟子曰，『有人曰，我善爲陳，陣我善爲戰，大罪也。罪重的很國君好仁，天下無敵焉。南面而征北狄怨，東面而征西夷怨，曰，奚爲後我？武王之伐殷也，革車三百兩，虎賁三千人。王曰，『無畏，不要怕寧爾也，使你們安非敵百姓也。若崩厥角，稽首。磕頭投降的，如牛角落地。征之爲言正也。各欲正己也。焉用戰？』是因爲武王有爲民人行王道井田政策，紂只是聚合些軍閥政客，小老婆，大家搶小民的財產淫樂，所以他的兵不打仗了。

孟子曰，『求也爲季氏宰，無能改於其德，而賦粟收糧米倍他日。往日孔子曰，『求非我徒也，小子鳴鼓而攻之可也。』由此觀之，君不行仁政而富之，皆棄於孔子者也。況於爲之強戰，爭地以戰，殺人盈野，爭城以戰，殺人盈城。此所謂率土地而食人肉，罪不容於死。』死有餘辜了，你看武將到頭，也很有些天良發現的話，蒙恬白起李廣臨死都認罪，項羽臨死，沒面目回江東，就自刎，還算楚靈王臨死的話頂恕道，他聽人家殺他兒子，他說『是殺人子多矣。人殺我子何憾』，這很可証明孟子的話了。

故善戰者服上刑，（軍閥）連諸侯者次之。（政客二等罪）辟草萊任土地者次之。（地主資本家三等罪」，按天下之惡，莫大於殺，古來名將，罕善終者，佛之戒，第一『戒殺』孟子謂『善戰服上刑，不能止戈何得名武』，孔子曰，『仁者人也』，譚嗣同解說『不仁就非人類了』。）

公羊傳，『桓公七年春二月，焚咸丘。焚之者何？樵之也。樵之者何？以火攻也。何言乎以火攻？疾始以火攻也。（注疾其暴而不仁也』穀梁傳注焚邑之罪與焚國同，）

公羊傳，『隱二年，無駭帥師入極。曷為貶？疾始滅也。大惡春秋所當誅也』。

公羊傳，『宣十八年，秋七月，邾婁人戕鄫子於鄫，殘賊而殺之也』。（支解節斷之，故變殺言戕，戕則殘賊，惡無道也。）

英教士李提摩太作泰西新史攬要以英人把已死了的印度人用刀劃他的肚子，為非人道，也是合乎春秋公法了。

小康建設第六

（一）公穀井田說

革命固是聖人愛民標準的教義，叫人民行使最後大權，革命以後怎樣辦法呢？在小康時代的社會主義，不外井田學校，制禮作樂，今不多舉，上舉公羊傳，宣公十五年，「初稅畝傳什一行而頌聲作」何休注一段，以見其大致。三代的均產社會主義，大概可見了。雖然不能像現在人理想的精密，到了眞正均平，但現在人是理想的。我們夏商周三代實行了，將近二千年。是事實歷史的。近有人理想太高，或太新，不信古書。說是井田是古無其事，今不可行。（從前嚴又陵說）又或說是孔子理想的「烏託邦」託古的空說。（今文學派，及建設雜誌某君說）這都是或則好奇之過，或則不明進化退化道術源流，不必辯也。看本書三世四運進化退化表自然明白，何休注如下——

「頌聲者，太平歌頌之聲，帝王之高致也。春秋經傳數萬，指意無窮，狀相須而舉，相待而成。至此獨言頌聲作者，民以食爲本也。夫飢寒並至，雖堯舜不能使野無寇盜，貧富兼幷，雖皋陶制法不能使強不陵弱。是故聖人制井田之法而口分之。一夫一婦受田百畝，以養父母妻子。五口爲一家，公田十畝，卽所謂什一而稅也。廬舍二畝半，凡爲田一頃十二畝半。八家而九頃，共爲一井，故曰井田。廬舍在內，貴人也。公田次之，重公也。私田在外，賤私也。井田之義。一曰無洩地氣。二曰無費一家。三曰同風俗。四曰合巧拙。五曰通財貨。因井田以爲市，故俗語曰市井。種穀不得種一穀，以備菑害。田中不得有樹，以妨五穀。環廬舍種桑，荻雜菜。畜五母雞，兩母豕。瓜果種疆畔。女工蠶織，老者得衣帛焉。得食肉焉。死者得葬焉。多於五口名曰餘夫。餘夫以率受田二十五畝。十井共出兵車一乘。司空謹別田之高下善惡，分爲三品。上田一歲一墾，中田二歲一墾，下田三歲一墾。肥饒不得獨樂，墝埆不得獨苦，故三年一換土易居。財均力平，兵車素定，是謂均民力，彊國家。在田曰廬，在邑曰里。一里八十戶，八家共一巷。中里爲校室。選其耆老有高德者，名曰父老，其有辯護伉健者爲里正，皆受倍田，得乘馬。父老比三老孝弟官屬，里老及里正，旦開門坐塾上，晏出後時者不得出，暮不持樵者不得入。五穀畢入，民皆居宅。里正趨促也緝績，男女同巷相從夜績，至於夜中，故女工一月得四十五日。作從十月盡正月止。男女有所怨恨，相從而歌。飢者歌其食，勞者歌其事。男年六十，女年五十無子者，官衣食之，使之民間求詩。鄉移于邑，邑移于國，國以聞於天子。故王者不出牖戶，盡知天下所苦，不下堂而知四方。十月事訖，父老教於校室。八歲者學小學，十五者學大學。其有秀者移于鄉學，鄉學之秀者移於庠，庠之秀者移於國學。學於小學，諸侯歲貢小學之秀者於天子，學於大學。其有秀者命曰造士。行同而能偶，別之以射，然後爵之。士以才能進取，君以考功授官。三年耕，餘一年之畜，九年耕，餘三年之積，三十年耕，有十年之儲。

雖遇唐堯之水，殷湯之旱，民無近憂。四海之內，莫不樂其業。故曰頌聲作矣。』

這是古法子種田還很費事。要現在把田地一齊歸公，劃的整整齊齊的，方方正正的，方百里爲一區，用美國大農的辦法，用機器耕田，一天耕幾頃，種了糧食大家公吃，用機器織布，織了布匹再用機器做衣服鞋帽，大家公穿公戴，我想那每人一天只做兩三點鐘的工夫，已竟夠吃夠穿了。有人疑惑爲甚麼兩三點鐘就夠了？你想現在許多有錢的都是廢人，乞丐也是廢人，兵丁，女子也有多少廢人，一旦歸公，這些人都成了良民了。剩下工夫，閒得腰酸腿懶，只好大家男女每日唱戲罷。再用公共火車輪船，公共游玩，也不要盤費了。你想快活不快活呢？那還有窮人呢？

現在人的最大疑惑，是說中國沒有資本家，三代公田制不能行，不必行的。這話似是而大謬，不要說現在中國已竟幾千萬幾百萬的很多，就是孔孟時代的古樸，孟子已竟把分田制度當作天經地義，所以說有王者作，將比盡也今之諸侯而誅之乎？其教之不改而後誅之乎？可想見孟子的意見了。那孔孟時代比今日更沒資本還能行，爲何到現在反不能行呢？

穀梁傳「宣十五年，古者什一，（一夫一婦，佃田百畝以共(平聲)五口父母妻子也，又受田十五畝以爲公田公，田在內，私田在外，此一夫一婦爲耕一十畝）藉而不稅，（藉此公田而收其入，言不稅民．）初稅畝，非正也。古者三百步爲里，名曰井田。井田者九百畝，公田居一。古者公田爲居，（出除公田八十畝，餘八百二十畝，故井田之法，八家共一井，八百畝餘二十畝，家各二畝半爲廬舍．）井竈蔥韭，（八家共居）（韭音九）盡取焉。注揭其廬舍家作一園以種五菜，外種楸（音秋）桑以備養生送死。」

二通典述春秋之義

通典田制類「春秋之義，諸侯不得專封，大夫不得專地。若使豪人占田過制，富等公侯，是專封也，買賣由己，是專地也。欲無流竄，不亦難乎？」

三周禮大司徒井田制

周禮大司徒，凡造都鄙，制其地域，而溝封之。以其室數（戶數也）制之。不易之地，（頂好的地年年可收）家百畝。一易之地，（休息一年再種）家二百畝，再易（休二年）之地，家三百畝。乃分地職，奠（定也）地守，制地貢，而頒職事焉。以爲地法，而待政令。　小司徒乃經土地而井牧其田野，九夫爲井，四井爲邑，四邑爲邱，四邱爲甸，四甸爲縣，四縣爲都。以任地事，而令貢賦。凡稅斂之事，乃分地域，而辨其守，施其職，而平其政。」試用表算出來，便是以邑爲個單位。

邑——四井　　一井八家

丘——十六井

甸——六十四井

縣——二百五十六井

都——一千零二十四井用八乘一千二十四，凡八千一百九十二家，六萬五千五百三十六口，附圖二——

井田制十圖

(一)

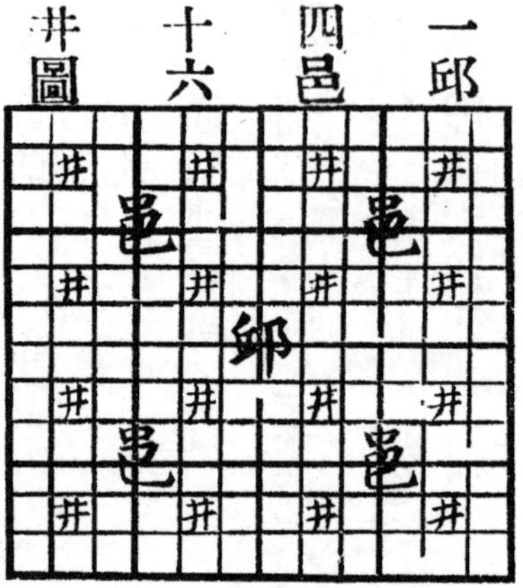

(二)

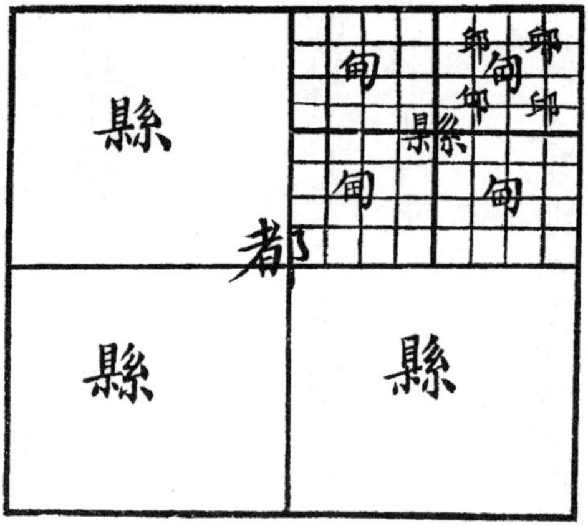

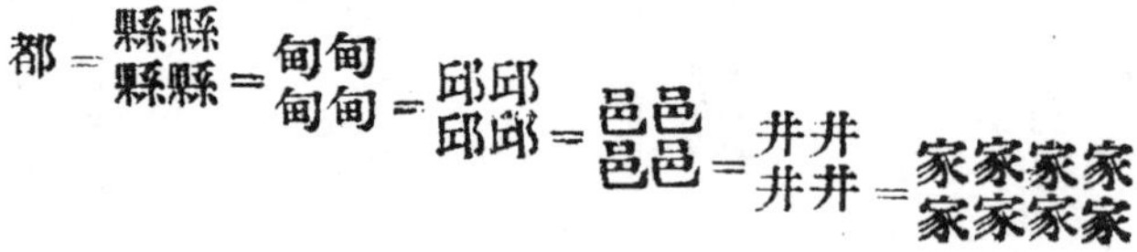

（三）

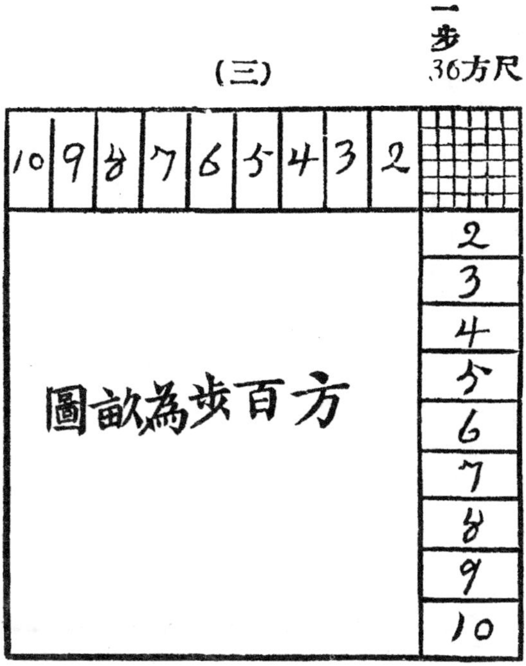

比閭圖
五家爲比

（五）

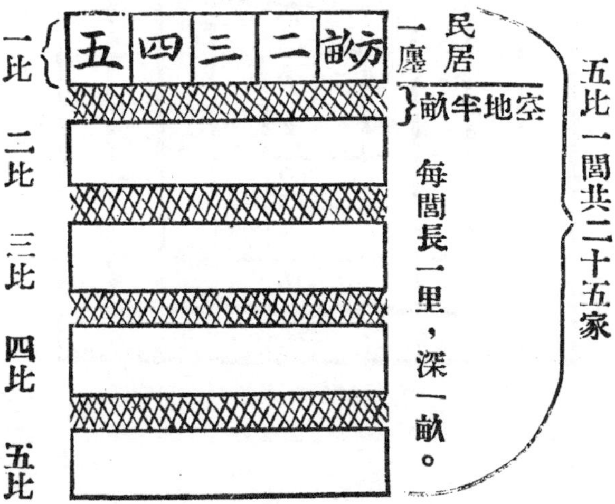

（四）

一夫百方畝圖

（六）

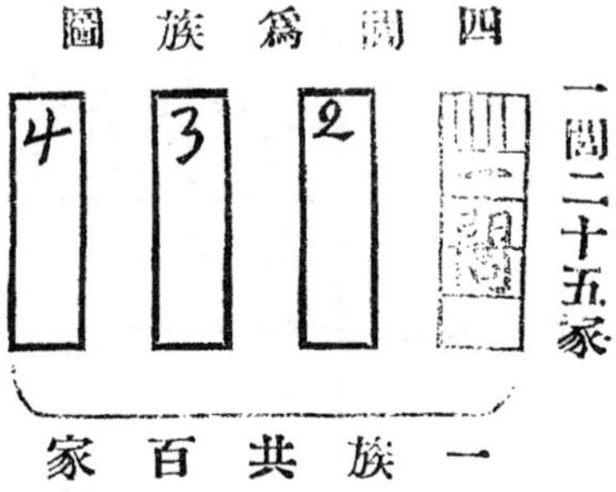

（七）五族一黨圖

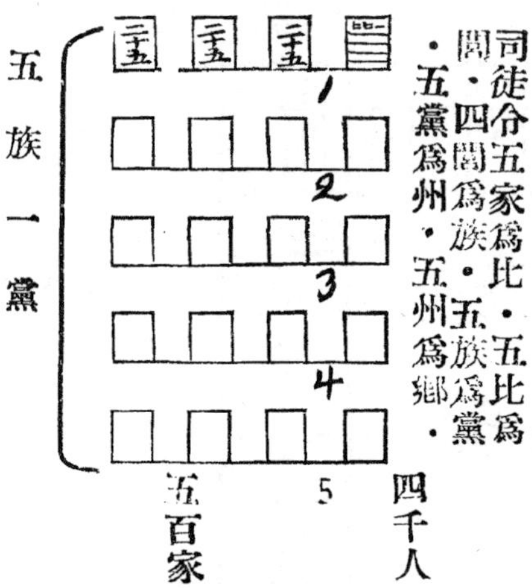

（八）

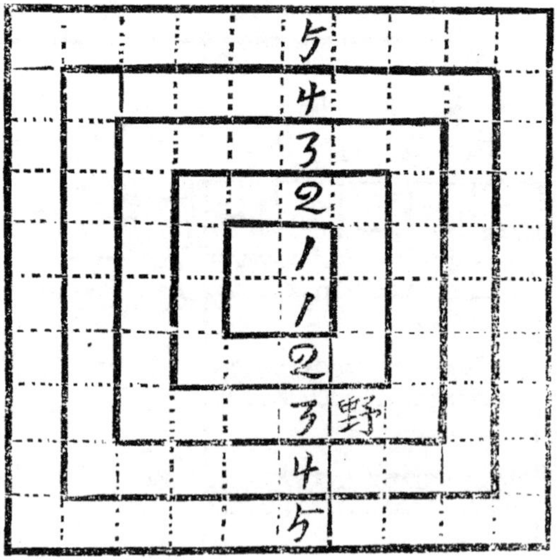

朱子說：

一　「郊地四同，鄉遂井田在內」，王鳴盛曰：「止六鄉」，遂不在內。——鄉

二　甸地十二同，公邑在內，甸卽遂也，——遂

三　稍地二十同，家邑在內。

四　縣地二十八同，小都在內——都

五　畺地三十六同，大都在內，——鄙

（九）畿內千里圖

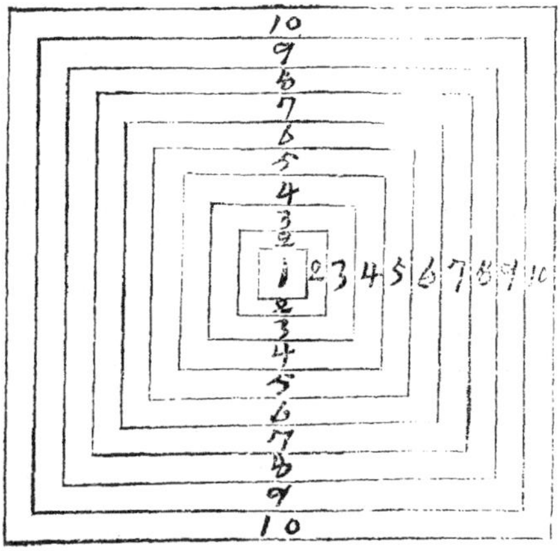

一 中城國
二 鄉中
三 外城郭
四 近郊
五 遂
六 遠郊野
七 甸
八 稍
九 都
十 鄙

（十）十畿圖（中央方千里四面）（每面四千五百里）

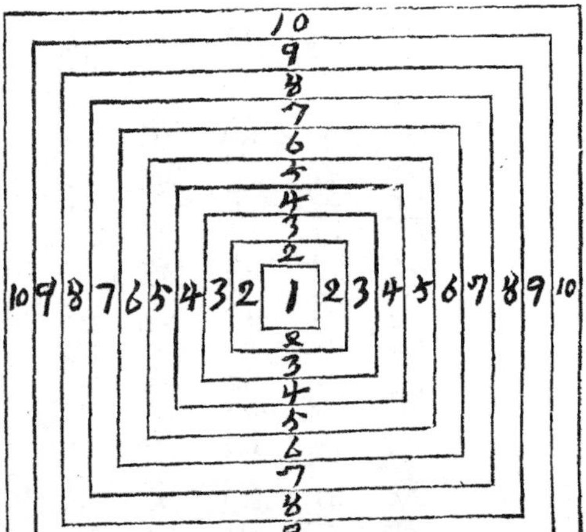

一 王畿
二 侯
三 甸
四 男
五 采
六 衛
七 蠻
八 夷
九 鎮
十 藩

大司徒『乃施教法于邦國，都鄙，使之各以教其所治民，令五家爲比，使之相保，五比爲閭，使之相受。四閭爲族，使之相葬。五族爲黨，使之相救。五黨爲州，使之相賙。五州爲鄉，使之相賓。』

四 漢書食貨志受田論

漢書食貨志略云：『禹制土田，中略農戶受田，士工商家受田，按孟子惟士無田則亦不祭，知士亦受田。五口乃當農夫一人，此謂平土，可以爲法者也。若山林藪澤原陵淳（同純）鹵之地、各以肥磽（瘠也）多少爲差，民年二十受田，六十歸田，七十以上上所養也。十歲以下，上所長也。十一以上，上所强也。種穀必雜五種，以備災害，田中不得有樹，用妨五穀，環廬樹桑，菜茹有畦，爪瓠果蓏（草實也音裸）殖于疆易，（同埸）在野曰廬，在邑曰里。五家爲鄰，五鄰爲里。四里爲族，五族爲黨。五黨爲州，五州爲鄉。二萬二千五百戶也。里有序而鄉有庠，序以明教，庠則行禮而觀化焉。春，令民畢出在野，冬，則畢入于邑。其詩曰「四之日（陽歷四月陰二月。）舉止。（同趾足也）同我婦子，饁（俗云送飯）彼南畝。」又曰，「十月蟋蟀，入我牀下。嗟我婦子，聿（助詞）爲改歲，入此室處」、所以順陰陽避寇賊，習禮文也。春秋出民，里胥平旦坐于右塾，鄰長坐于左塾，畢出然後歸。夕亦如之。入者必持薪樵，輕重相分，斑白不提挈。冬民既入，婦人同巷，相從夜績，女工一月得四十五日，以省費燎火，同巧拙而合習俗也。是月餘子（幼年）亦在于序室。八歲入小學，學六甲、五方、書計之事，始知室家長幼之節。十五入大學，學禮樂。此富教之大略也。

五公田注意之四要件

按此處應該注意的有四件事：就是一，古代田宅房屋，完全公有，歸公家分業支配于四民。

二，古者冬天人是都聚于市邑，都有公宅，叫做廛。春天忙了，出人民到鄉下去住，也有公宅，叫做廬。詩經說，『中田有廬。』是也。三，古時人常遷居換宅換地的，有兩種遷換法，一，就是春住鄉冬入邑。二，就是因田有肥瘠，故三年，換一次土田居宅，好大家平均。這個法子，有儒者不信，古人如此不憚煩的可笑。嚴復在幾十年前，說絕不可行。但不知談學甚難，甲地的人，不能明乙地人的情形。不是口能講明白的。甲時代與乙時代亦然。環境全變，如講立體幾，何用口說不清楚。我從前也有疑惑，後來考查些外國風俗志，知道現在寒熱帶人民換宅田的俗還不少。蒙古就有互助經上引的例子，就很可觀。不但如此，各地人民還有連夫婦制度同時更換的。（其實周禮二月大會通國男女，奔者不禁，裏面可想也不免有破去夫婦制，而單用男女制的，不過一年一次罷。這也不是周公制定的禮，不過古代各地都有此俗，周朝也改不了的。所以知道平均裏面最重要的條例，就在常常更換田宅，是王道大法，非陋儒所夢見的。）四者古時用這個計民分業的法子，聚同業的人民在一處，沒有零亂散失的。所以聚起來興學校，辦民軍，集會，頒法令，都很便利。這就很合互助經的公例了。我盼望大家要想研學問，必離開舊朋友鄉里的見解，多出游歷，調查世界不同的風俗，再開口談是非也好。

六董仲舒言與王莽令

又董仲舒曰：「至秦孝公用商鞅之法，改帝王之制。除井田，民得賣買，富者田連阡陌，貧者無立錐之地。又專川澤之利，管山林之饒。荒淫越制，踰侈以相高。小民安得不困？或耕豪民之田，見稅什五。故貧民常衣牛馬之衣，食犬彘之食，重以暴吏，刑戮妄加，轉爲盜賊。斷獄歲以千萬數。漢興，循而未改。古井田法雖難卒行，宜少近古。限民名田，塞并兼之路。」王莽令曰「富者驕而爲邪，貧者窮而爲姦，俱陷于辜，刑用不措。」今更名天下田曰王田，奴婢曰私屬，皆不得賣買。其男口不滿八，而田過一井者，分餘田與九族鄉黨。犯令法至死。」

照漢書——井田有十一法表四

步	六尺	通	十井
畝	百方步	成	十通
夫	百畝	終	十成
屋	三夫	同	十終
井	三屋	封	十同
		畿	十封

按中國三代幾兩千年，秦以後近二十代，亦兩千年，何其不同乎？此由三代行社會國家主義也。

商鞅眞千古罪人矣！觀上列數表，可想見井田行時，天下眞有一道同風之象，且亦含美術趣味。

雖未至大同，然已無一夫不獲矣。不亦樂乎！孔孟一生，想復井田，而不能以後王莽王安石方孝儒行之都失敗，世人皆疑井田不可復，然有王者起，尚且必來取法，何況今社會主義家遍于世界乎。

在歐洲主張土地國有的有 Ricards, Mill, Heinrich Gossen, Wallas, Spencer. 李加士，彌耳，痕力戈生，瓦勒士，斯賓塞等。

左列俄國憲法二條，以證孔孟公田學說已行于世界——

七，俄國新憲法與孔孟井田學說對証，

The Russian Constitution

Article 3 (1)For the purpose of realizing the socialization of land, all private property in land is abolished, and the entire land is declared to be national property and is to be apportioned a ohusband- nmmeng without any compensation, to the former Owners, in the measure of each one ability to till it.

俄新憲法第三條第一節；爲實現土田社會主義之目的，凡私有土地制，皆廢去，所有土地宣布爲國有財產，均分于農民，對于從前舊地主，毫無報酬，任各人量力耕種。

(2) All forests, treasures of the earth, and waters of general publicutility all implements whether animate or inamniate, model farms and agricultural enterprises, are declared to be national property. The New Constititions of Europe.

第二節所有樹林及地上財產，公用水，及凡有生命無生命之器物，模範農場，及農業經營物，皆宣布爲國有。歐洲新憲法

俄國于一九一八年七月十號，由全俄蘇維埃議會宣布憲法九十條，此二條爲最重要，與孟子述王道土地歸公山澤共有若合符節，毫不是爲奇異，不過古時尙無錢幣工廠等事，民國八年，日本報載俄列寧 Lenin 詢問東方中國古代孔孟井田制度云，列寧曾居瑞士圖書館數年，曾留心東方文化。但馬克斯用權打錢，仍是小康，必不用權力强制，方可言大同。但孟子主公道均平，分勞心勞力，雖然不澈底，較俄國勞工專制法爲和緩也。

西人考查中國古制者甚多，偉爾士等均知中國古無奴隸制，馬丁氏于支那覺醒書中Martin's The Awaking of China稱中國古無私有土地No private Ownershipe of land，中國本有共產制Communistic Scheme，而惜其敗壞于商鞅云。Shangyang p. 85由此觀之，今中國欲土地歸公，并不必定采外人之法，外人乃欲學我法也。

八方里之要與幾何學

井田制之最可爲模範者，因他全講方里，周禮「有職方氏，懷方，形方，土方，合方，訓方，諸氏。」總是要開成方才好治。聖人治天下，好像裁衣製器具，必定裁成尺寸。所以——

大司馬形方氏「掌制邦國之地域，而正其封疆，無有華離之地。」

華離是媧邪不正，後世梟雄所謂犬牙相錯，正是以畜生的心待人民，叫做控制駕馭。所以用犬狗的道理聖人不然，一定開方，便于爲模範，所以周公都洛邑人問他：「洛陽（今河南）無險，怎麼留與子孫守著？」周公說：「正爲他無險可守，將來後世要是能守，則天下人來朝貢的，道路遠近均等，因洛邑在中國之中也。若後人不能守，人家來兵伐我也快當，不廢事。免得大流血」，可見聖人用心寬大矣。現在世界的各國，不論市是田，沒有多少合乎方里的法子，止有美國分州及市場都用平方法，是因他在新大陸地面寬闊的原故。又新墨西哥，也有井田的樣子，是學中國的法子，考古的人，于墨西哥地層，得中國古錢，知墨西哥爲吾華人漂海過去者，又現在各國研究模範都市街道建築法，也知道、叫做中心法的，然而中國古來有周禮易經經緯陰陽八卦的道理，『井田的法子，自古就配得很好，深合幾何原理。所以中國古時大而九州，小而九夫，都是方圓合制，很奇妙的，非用方千里，方百里，方七十五里不可，總離不了方字。你看各處租界的街道房屋，雜湊歪斜，沒有一個合法的，這就能成模範都市模範村縣了麼？要想辦模範國家天下，非用方里經緯的法子，不能到恰好地步，今各國也有人嫌街市用正方形不便利，好比東南的人到西北去就大不便利，然究竟不能離了開方的法子。又有人不通田制開方學，漫加嘲笑說田井是豆腐塊，疑惑古來沒有的，這都好智之過了。

九祿田與并耕說　（孟子與大同學派之論戰）

孟子言『鄉以下必有圭田，（言像圭玉的潔白）圭田五十畝，餘夫（一家中有未成年者十六歲曰餘夫至三十成年也受百畝）二十五畝。』

王制『夫圭田無征，田里不粥。』（禁止買賣田宅）

周禮地官『載師以宅田士田賈田任（安置也）近郊之地。以官田牛田賞田牧田任遠郊之地。』

照此則官士，賈都有田，而分田制祿，自君以及庶人在官者，必有個等次。

孟子曰：『君十卿祿，卿祿倍上士上士倍中士中士倍下士下士與庶人在官者同祿，祿

「足以代其耕也。」一一有爲神農之言者許行，自楚之滕，踵門而告文公曰：「遠方之人，聞君行仁政，願受一廛（宅也）而爲氓（民）。」文公與之處，其徒數十人，皆衣褐（毛布），捆屨（做鞋）織席以爲食。陳良（儒者）之徒陳相與其弟辛負耒耜而自宋之滕，曰：「聞君行聖人之政，是亦聖人也，願爲聖人氓。」陳相見許行而大悅，盡棄其學而學焉。陳相見孟子，道（稱述）許行之言曰：「滕君則誠賢君也；雖然，未聞道也。賢者與民并耕而食，饔飧（朝夕同吃二頓飯）而治。今也滕有倉廩府庫，則是厲民（害人）而以自養也，惡得賢？」孟子曰：「許子必種粟而後食乎？」曰：「然。」「許子必織布而後衣乎？」曰：「否；許子衣褐。」「許子冠乎？」曰：「冠。」曰：「奚冠？」曰：「冠素。」曰：「自織之與？」曰：「否；以粟易之。」曰：「許子奚爲不自織？」曰：「害于耕。」曰：「許子以釜甑爨，以鐵耕乎？」曰：「然。」「自爲之與？」曰：「否；以粟易之。」（下是孟子說）「以粟易械器者，不爲厲陶（窰工）冶（鐵工），陶冶亦以其械器易粟者，豈爲厲農夫哉？且許子何不爲陶冶，舍皆取中其宮中而用之，何爲紛紛然與百工交易？何許子之不憚煩？」曰：「百工之事固不可耕且爲也。」然則治天下獨可耕且爲與？有大人之事，有小人之事。且一人之身而百工之所爲備，如必自爲而後用之，是率天下而路也。（奔忙不休）故曰：或勞心，或勞力；勞心者治人，勞力者治于人；治于人者食人，治人者食于人；天下之通義也。』（中略）……

陳相曰，『從許子之道，則市賈（價也）不貳，國中無僞，雖使五尺之童適市，莫之或欺。布帛長短同，則賈相若。麻縷絲絮（線 綿）輕重同，則賈相若。五穀多寡同，則賈相若。屨大小同，則賈相若。』孟子曰：『夫物之不齊，物之情（理）也。或相倍蓰（五倍為蓰），或相什伯，或相千萬。子比（去聲）而同之，是亂天下也。巨（大也）屨小屨同賈，人豈為之哉？從許子之道，相率而為僞者也。惡能治國家？』

按此篇孟子與許行為學術上大戰。孟子的話中有很合分工專精的道理，不過是與現在極端的「德謨苛拉西」不合，也與極端的大同平等理不合。蓋孟子主小康，許行主大同，許行便是「無政府主義」。好像俄國托爾士太的伊萬愚人治國史所說的太上境界，原來大同是治天下，非是治國家。孟子仍然是治國家，所以未免有祿田等階級制，這本不算是澈底的。然而能行得第一步，也可以了。再去進行第二步，也不是于這一步終止的。——至于許行「市賈不貳」，也并不是難事，是大同時代的人，不甚講好看，故不論精粗，只論長短大小同，則價相若，就是了。大致許行之徒，所捆的屨，就是如此，像托爾士太自己做的鞋，差不多，不可以孟子的法來同他講。然而孟子駁他的話，也有錯的，他本說屨的大小相同則價一樣。孟子改作巨屨小屨同價，那是明明大小不同了。這是孟子的強詞奪理，與闢楊墨同一門戶之見，表明他不通大同學罷了。

孟子既然主張分業專精，就不能無階級，這是在小康時代無可如何的，所以孟子一面就主張通功易事，不耕也可以食的。

彭更問曰：「後車數十乘，從者數百人，以傳食于諸侯，不以泰乎？（甚也）」孟子曰：「非其道，則一簞（竹筒）食不可受于人。如其道，則舜受堯之天下，不以爲泰。子以爲泰乎？」曰：「否。士無事而食，不可也。」曰：「子不通功易事，以羨（有餘）補不足，則農有餘粟，女有餘布。子如通之，則梓匠輪輿（梓人匠人木工也，輪人輿人車工也）皆得食于子。于此有人焉，入則孝，出則悌，守先王之道，以待後之學者，而不得食于子。子何尊梓匠輪輿而輕爲仁義者哉？」

按這條，與託爾士太所說愚國裏以耶蘇的名來的，也可以得食，道理相同。仍然不能無勞力勞心的分別，許行述神農，神農是帝道大同時代的事，照許行所說，也有交易，然則通功交易，還是不免有的，有交易一天，絕對平等，恐終未易實現，不過純上德化而已。堯舜帝道。已茅茨土階，尚有何尊卑，而況于皇乎！觀本書「學系表」自明。

十井田可法封建決不可法

與井田相連的就是封建，但井田是也，封建非也。昔人謂井田非與封建幷行不可，然若用縣自治的法人自行之，亦無不可。所以後人謂封建非聖人之意也，勢也，理或然與！井田是平等制，封建非平等制，決不可用。秦始皇廢封建，其功不小，然封建世卿不可有，而祿田恤典，不可無耳。如此行之，則有井田之利，而無封建之害，用選擧賢人爲總統法，以行平等井田制，則幾于超過小康而漸入大同矣。至井田本有二義：一是八家共一井，二是取其經緯布置，如衆井字式也。

小建設第七，雖然以上皆言全局建設，以天下計者也，若小建設，當從何起乎？則一小部可矣。

一孟子小建設學說與計劃

孟子曰：『天子地方千里，公侯皆方百里，伯七十里，子男五十里。不能五十里者，附于諸侯，曰「附庸」』。又『以力假仁者霸，霸必有大國，以德行仁者王，王不待大。湯以七十里，文王以百里』。齊人伐燕，取之，諸侯將謀救燕。宣王曰，『諸侯多謀伐寡人者，何以待之？』孟子對曰『臣聞以七十里爲政于天下者，湯是也。未聞以千里畏人者也』。又『周公之封于魯也，爲方百里也。太公之封于齊也，亦爲方百里也。地非不足也，而儉于百里』。周公太公也止百里萬章問曰，『宋，小國也，今將行王政，齊楚惡而伐之，則如之何？』孟子曰，『湯

毫，與葛爲鄰，湯始征？自葛載，（始也）十一征而無敵于天下，東面而征西夷怨，南面而征北狄怨

曰：『奚爲後我？』民望之，若大旱之望雨也。歸市者弗止，芸者不變，誅其君，弔其民，如時雨降。

民大悅。（中略）不行王政云爾，苟行王政，四海之內皆舉首而望之，欲以爲君；齊楚雖大，何畏焉？

』

公孫丑問曰：『夫子當路于齊，管仲晏子之功，可復許乎？』孟子曰：『……以齊王，由（猶同）反手

也，（中略）然而文王由方百里起，是以難也。夏后殷周之盛，地未有過千里者也，而齊有其地矣。

（中略）行仁政而王，莫之能禦也。』『伯夷伊尹與孔子，若是班（等也）乎？』曰：『否！自生民以來，未有

孔子也。』『然則有同與？』曰：『有。得百里之地而君之，皆可以朝諸侯，有天下。行一不義，殺一

不辜，而得天下，皆不爲也。是則同。』（三個大聖的本領也不過以百里爲基礎）梁惠王曰：『晉國天下莫強焉，叟之所

知也。及寡人之身，東敗于齊，長子死焉，西喪地于秦七百里，南辱于楚。寡人恥之，願比（爲他）死

者一洗之，如之何則可？』孟子對曰：『地方百里而可以王。（中略）故曰：仁者無敵，王請勿疑。』

孟子曰：『舜生于諸馮，遷于負夏，卒于鳴條，東夷之人也。文王生于岐周，卒于畢郢，西夷之

人也。地之相去也，千有餘里；世之相後也，千有餘歲。得志行乎中國，若合符節。先聖後聖，其

揆一也。』此可見不論何地之人，皆可王天下也。

滕文公問曰：『齊人將築薛！吾甚恐，如之何則可？』孟子對曰，『昔者，太王居邠，狄人侵之，去之岐山之下居焉。非擇而取之，不得已也。苟爲善，後世子孫必有王者矣。君子創業垂統，爲可繼也。若夫成功則天也。君如彼何哉？強爲善而已矣。』

按此言太王以邠垂統，至文武而王也。地之不在大小，可知矣。

滕文公爲世子，將之楚，過宋而見孟子，孟子道性善，言必稱堯舜。世子自楚反，復見孟子。孟子曰『世子疑吾言乎？夫道一而已矣。成覸謂齊景公曰『彼丈夫也！我丈夫也！吾何畏彼哉。』顏淵曰：「舜何人也，予何人也，有爲者亦若是。」公明儀曰，「文王我師也，周公豈欺我哉？」今滕絕長補短，將五十里也，猶可以爲善國。』

由此數章觀之，孟子言以方千里則王如反手，以百里則可以王，七十里亦可。故反復于湯文王者數次，而文王最多，蓋孟子夢想者文王也。再少五十里亦可，不得已卽如太王居邠遷徙流轉，至于地方，然只要有井田規模，可以傳世，後世必有王者，故其後文王因之而起，孟子之計劃，可謂良工心苦了。

二　孔門小建設計劃

論語，『子路，曾皙，冉有，公西華侍坐。子曰「以吾一日長乎爾，毋吾以也。居則曰，不吾知也。如或知爾，則何以哉？」子路率爾而對曰「千乘之國，方百里也攝乎大國之間。加之以師旅，因之以饑饉，由也爲之，比及三年，可使有勇且知方也。」夫子哂之。「求爾何如？」對曰「方六七十，如五六十，求也爲之，比及三年，可使足民。如其禮樂，以俟君子。」『赤爾何如？』對曰，「非曰能之，願學焉。宗廟會同，端章甫，冠也願爲小相焉。」中略「三子者出，曾皙後。曾皙曰：「夫三子者之言何如？」子曰：「亦各言其志也已矣。」中略唯求則非邦也與，安見方六七十，如五六十而非邦也者？唯赤則非邦也與？宗廟會同，非諸侯而何？赤也爲之小，孰能爲之大。』可見只要能行均平大道沒有大小。

論語孟武伯問：『子路仁乎？』子曰：『不知也。』又問，子曰『由也千乘之國，可使治其賦也。』『求也何如？』子曰『求也，千室之邑，千家人百乘之家可使爲之宰也。』可見古來聖賢眞本領都是如此，沒有再大的，再大就要騙人了。證之古代希臘文化和拍拉圖學說更可信了，孔子注意鄉村小建設，還有幾處如下——

子曰：『十室之邑，必有忠信如丘者焉，可見人皆可爲堯舜不是假的不如丘之好學也。』里仁爲美，擇不處仁，焉得智？　互鄉，難與言，童子見，門人惑，　原思爲之宰，與之粟九百，辭，子曰，毋，以與爾鄰，里，鄉，黨乎？』　五家爲鄰，二十五家爲里，萬二千五百家爲鄉，五百家爲黨。

三宋張載買田一方法。

孟子有爲神農章前小注，呂氏曰，『張子慨然有意三代之治，論治人先務，未始不以經界爲急，講求法制，粲然備具。要之可行於今，如有用我者，舉而措之耳。嘗曰，「仁政必自經界始。」貧富不均，教養無法，雖欲言治，皆苟而已。世之病難行者，未始不以亟奪富人之田爲辭。然茲法之行，悅之者衆，苟處之有術，期以數年，不刑一人而可復，所病者特上之未行耳。乃言曰，「縱不能行之天下，猶可驗之一鄉。」方與學者議古之法，買田一方，畫爲數井，上不失公家之賦役，退以其私正經界，分宅里，立斂法，廣儲蓄，興學校，成禮俗，救菑恤患，厚本抑末，足以推先王之遺法，明當今之可行，有志未就而卒。』

按張子之法，是自動的最好是墾荒辦新村。今邊疆殖民宜于此法。但內地若有人能聯同志者實行新村，也未始不可。須訂一種章程，按年蛻化，即化私田爲公矣。我擬章程數次，因集款難成，故而中止，不然，即用新組合法，也可行于都市也。

後漢書鄭玄傳『玄北海高密人。在馬融門下三年，不得見。遊學十餘年，歸鄉里。家貧，客耕東萊，學徒相隨，已數百千人，國相孔融告縣，爲玄特立一鄉，曰鄭公鄉，黃巾賊數萬人，見玄皆拜，相約不敢入縣境。』 顧炎武日知錄頗注意于小組織。其論明朝曰。巡檢裁則總督添矣。稱述漢朱邑爲桐鄉嗇夫，臨沒謂子孫曰，「後世子孫愛我，必不如桐鄉民，死必喪我于桐鄉云。」鄭玄朱邑雖不能復公用制也是社會改良的模範人物了。

公山弗擾以費畔，召子欲往。子路不說(悅同)曰：『末之也已，何必公山氏之之也。』子曰：『夫召我者而豈徒哉？如有用我者，吾其爲東周乎？』佛肸召子欲往。子路曰：『昔者由也，聞諸夫子曰，親于其身爲不善者，君子不入也。佛肸以中牟畔，子之往也如之何？』子曰：『然，有是言也，不曰堅乎，磨而不磷。不曰白乎？涅而不緇。吾豈匏瓜也哉？焉能繫而不食？』佛所說菩薩方便法，却爲後來鄉愿借用。子曰『苟有用我者，期月而已可也，三年有成。』子曰：『善人爲邦百年，亦可以勝殘去殺矣。誠哉是言也！如有王者，必世而後仁。』

按孟子從方千里百里以至五十里，孔子亦然。觀子路百里，求赤五六十里，乃至公山佛肸今一鎮一圩寨之地耳。二人均魯叛臣，就是現在所說的亂黨、而孔子不避嫌疑，與他勾通，且欲憑之以起。可知聖人之心，從權以行大道不拘小節也。又照墨子非儒篇，佛肸也是孔子弟子，所以孔子欲往幫助他。

以上講三代聖哲村制建設法，有余在晉送王尙賢歸大同作區長一詩，可完全表現；特錄于下，山西區長爲縣下之行政分署，頗有整頓地方實權也。

「孔子出東魯，一生懷唐虞。我家沂泗上，西來禮文殊。夙作大同夢，彷彿接蓬壺。三年講學弘大道，好勇無如王子好。果然卜邑得大同，土地人民政三寶。棒檄色喜乞善言，願使精神冰雪澡。應知行道古來難，有如黏魚緣竹竿。由求十哲家臣宰，千室百乘事三桓。中牟費邑何足數，一堡一寨今彈丸。孔子慨欲荊州借，冒大不韙勝伐檀。可悟尺土一民眞匪易，屠龍誰用朱泙漫。偶然得位乘良時，平地瑤圃產靈芝。文王百里湯七十，井田學校風化移。匹夫匹婦無不獲，禮樂一代百世師。譬如琢玉貴精巧，工筆妙畫好花枝。芥子容納大千界，寸幅萬頃烟雲奇。伯夷伊孔才百里，龍憑尺木游天陲。可憐後人過古聖，據城千百占地皮。爲君歌，送君行。善立新村範，「小心事友生」。恆嶽靈爽映長庚，五臺蓮花萬鑿明。大行千里道大行，薰風吹琴來南海，北化胡沙度長城。大同人歸大同去，大同靈地先大同。不信試問雲岡百尺莊嚴佛，世界無盡願無窮。」

三孔子之殖民闢地思想

子曰：「道不行，乘桴浮于海，從我者其由與？」子欲居九夷，或曰：「陋，如之何？」子曰：「君子居之，何陋之有？」按此可知孔子欲于海外蠻荒，闢新天地，立扶餘新國也。儒教沒行，後來道教徐福也是山東人，就到日本殖民，現在紀伊國尙有徐福墓云。見黃遵憲日本國志。

史記淮南衡山列傳第五十八。秦始皇使徐福入海求神異物，還爲僞辭。又遣男女三千人，資之五穀，種種百工而行。徐福得平原廣澤，止王（去聲）不來。正義括地志云亶州在東海中，秦始皇遣徐福將童男女，遂止此州。其後復有數洲萬家其上。人有至會稽市易者。按徐福或作徐市。非街市之市，讀如福。看他帶五穀種子，百工，和童男女，這明明是開闢海外新地。也算孔子的同鄉又同志了。可知三千童男女，與日本文化關係很大。

吾民族闢地能力，不但徐福闢日本，韃靼闢美洲，且已早闢澳洲，偉氏史綱五六〇頁云，Mr. Vogan tells that rock carvings of a distinctively chinese character have been found in new Zealand and new Caledonia, 据維根氏所言從石刻考出支那人早有到新西蘭及加爾地亞之跡，甚明，若歐人則十六世紀以前平常航海，不能出大西洋也。由此可見今南洋各島華僑，皆是繼孔子浮海之志，開闢海外新村，而山西人于西北利亞鐵道未興以前，多有徒步經商于東俄，并到俄京者，其偉力又豈僅班超張騫而已。惟惜自治團能力未固，未足云模範新村市，比西人未免有遜色矣。

看起來孔敎的社會國家主義，從八家爲井始，以數十里，或百里，爲根基。有了根基，便可以一統天下，而莫之能禦。湯以七十里，文王以百里，已經實行大效，照現在說，只是一模範村，模範縣，確實可以做去，有志者可以奮起了。

今日小建設第一步第八

一　孫中山中國自治開始實行法

略謂『先劃定區域于區內，一，查戶口，二，設糧食管理局，區內須先足一年之食，乃許出售。三，令人自定所有土地之價，而納稅公家，一面由公家徐徐收買歸公，其法甚善，人若自己報價過貴，則納稅負担重，報價過賤，公家隨卽收買之，故所報自然不多不少，而公家得抽其稅，久之，仍歸公有矣，至區域大小，則一縣或數縣，一村數十百村聯合行之均可』

二　山西洗心社之公平制度計劃

來復報一百八十五號載『洗心社講長趙戴文君演說，須彷古井田制，精密研究土地歸公辦法。分田爲九等，以平常一家六口計，能每年入欵百五十元爲單位。不足此數者，必難支持生活，則分其收入超過此數之戶，給與不足此數之戶。中戶收入適當百五十元者，不收。計今日可收之土地，不過三分之一。且分三十年陸續收之，此收土地歸公之次序也。至于資本，凡三萬元以上之工廠，一萬元以上之商店銀行，收歸公有。但以三十年至六十年陸續收入，人民無養者，公養之云云。」此法亦甚有斟酌。較之列寧政策，爲緩和有序，可實現公平社會也。

三　行四强法

余以爲先調查區內戶口產業，分人爲三等，八口之家有上田二十七畝，足以自給者，古百畝當今二十七畝，（據皇清經解沈彤說）若中田須加倍算，下田加二三倍算，爲中等。超過中等者爲第一等。其無田產又無業者，與老弱廢疾者，爲第三等。蓋中等僅足自給而已，須以第一等之有餘，補第三等之不足，乃行四强法。

一，强迫職業。立農場工場，令無業者做工，禁賭博煙酒等。　二，强迫社會教育。教國語字母，普及教育。　三，强迫慈善，收老弱廢疾而養之。　四，强迫公益，如醫院公園道路等事。

四種經費，均取諸第一等者，用疊積稅法取之，其法如百畝之戶，應每畝稅五十，二百畝之戶收八十，三百畝之戶收一百之類，此法德國在膠州曾小用之。至中下等戶，則稅其力役。

四　處置遺產法

一，重收遺產稅，如父死傳之于子，財產滿萬元以上者，用值百抽九十法，重稅之。否則不能承繼其父業。二，禁止相續權，全然不許承繼。三，姊妹均分，又可提高女權也。

五　佛門發願布施法

此事不易做，即用佛門發願以家產布施法，把所有家產完全充公，但非本人情愿則難行之。愚已發願行之于本村。但財產太少，又阻碍太多，不能有效。

大同揖讓第九

揖讓不是投票制，所以現在把投票制混於堯舜，說是共和，眞算不通。因爲有了投票就靠不住了。此須與老莊學案建設外篇論帝王伯條參看。

一，覇與伯字通用，去聲，長也，白虎通伯猶迫也，把也，迫脅諸侯把持其政，論黜覇衡命祿夏昆吾商大彭豕韋周齊桓晉文爲五霸，就是當時最有力的軍閥了，

子曰：「管仲之器小哉！」管仲相齊桓公，霸諸侯，人多稱他，所以孔子評論他這個小字，平常解的都不確，頂好照着荀卿說。「五伯小人之傑也。」由此斷定儒家學術定名，以堯舜爲聖人，禹湯文武成王周公爲君子，桓文管仲輩爲小人了。

衛靈公問陳（陣）于孔子。孔子對曰：「俎豆（祭祀盛食物的高盤子，木頭做的，）之事，則嘗聞之矣；軍旅之事，未之學也。」明日遂行。這是孔子主張廢兵，廢兵就是黜霸者的强權了，

孟子公孫丑問曰：「夫子當路于齊，管仲晏子之功，可復許乎？」孟子曰：「子誠齊人也，知管仲晏子而已矣。曾西曰：『管仲得君如彼其專也，行乎國政如彼其久也，功烈如彼其卑也！』……曰（孟子說）：管仲，曾西之所不爲也，而子謂我願之乎？」曰：「管仲以其君霸，晏子以其君顯，管仲晏子猶不足爲與？」曰：「以齊王，（去聲下同）猶反手也。」

董仲舒曰：「仲尼之門，五尺童子羞稱五霸。」（五個霸君，呂覽注齊桓晉文宋襄楚莊秦繆也。）

二，述王（韓詩外傳，王天下所歸往也。穀梁成八年傳仁義合者稱王，白虎通，三者天地人，字林三畫而其中，通天地人之道也。獨斷上三王夏商周也。呂覽先己三王先教而後殺。）

孟子齊宣王問曰：「齊桓晉文（兩君）之事，可得聞乎？」孟子曰：「仲尼之徒，無道（稱說）桓文之事者，是以後世無傳焉，臣未之聞也。無以（不得已也），則王（去聲）乎？」曰：「德何如，則可以王矣？」曰：「保民而王，莫之能禦也。（擋不住他）……無恒產而有恒心者，惟士爲能。若民則無恒產，因無恒心。苟無恒心，放僻邪侈，無不爲已。及陷於罪，然後從而刑之，是罔（猶羅網）民也。焉有仁人在位，罔民而可爲也？是故明君制民之產，必使仰足以事父母，俯足以畜妻子，樂歲終身飽，凶年免於死亡；然後驅

而之（向也）善，故民之從之也輕。（容易）今也制民之產。仰不足以事父母。俯不足以畜妻子。樂歲終身苦。凶年不免於死亡。此爲救死而恐不贍，（來不及）奚暇治禮義哉？王欲行之，則盍（何不也）反其本矣。五畝之宅，樹之以桑。五十者，可以衣帛矣。雞豚狗彘之畜，無失其時，七十者可以食肉矣，百畝之田，勿奪其時，八口之家，可以無飢矣。謹庠序（就是學校）之教，申之（反覆講明）以孝悌（善事兄長）之義，頒白（音班。發白的）者不負戴于道路矣。老者衣帛食肉，黎民不飢不寒，然而不王者，（是爲天下所歸往）未之有也。』

王有王道，可見俗人以坐皇帝當朝廷爲王，是大錯了。三代下沒有一個王者，因爲沒行王道。，王霸的分別，從前人都拿着德力二字，混解過去，答案太不切實。現在要拿民生經濟的眼光，剖解明白，就是王道在行井田制，收天下土地分給小民公有，計口均分，叫人人有宅子和田產，無一夫之不獲。霸道不過少數梟雄軍閥，假藉招牌，割據地盤，刮點地皮，興兵作亂，送些小民的性命而已。毫沒有民權民生主義，孟子崇王黜霸的要點，就在此。但王道用兵，又還傳子不傳賢，重家族。用封建，也不過小康的道，尚沒到德治的程度，所以孔子必定講帝道揖讓的理。

三，宗帝

這帝字並不是歷代稱皇帝的帝、乃是德治的磁軌，無爲而民自化的景象，現在所說的帝制，那像老虎一般不過是想吃人，眞算是帝字訛爲虎字了。

路史堯舉天下授舜，如舍僿然。（像捨擔子而得息肩）劉子政曰：『不私其子。去天下若遺躧。』（草鞋也）

堯典『欽明文思安安，允恭克讓。咨（詢問也）四岳，朕（我也）在位七十載，（年也）耄期，倦于勤。汝能庸

（用也），命巽（遜也）朕位。』

舜典『帝曰，格（來也）汝舜，汝陟（升也）帝位。舜讓于德弗嗣。（不及也）帝（舜也）曰，疇（誰也）若（治理也）予工？僉（都說是）曰，垂哉！帝曰，俞，（然也）咨垂，汝共工。垂拜稽首，讓于殳斨，（二人也）暨（及也）伯與。帝曰，疇若予上下草木鳥獸？僉曰，益哉！帝曰，俞，咨益，汝作朕虞。（管山林）益拜稽首，讓于朱虎熊羆。（四人也）』

禹謨『帝曰，（舜也）汝惟不矜，天下莫與汝爭能。汝惟不伐，天下莫與汝爭功。予懋（同茂）乃（汝也）德，嘉乃丕績，汝終陟（升也）元后。』益稷『夔曰戛擊鳴球搏拊琴瑟以詠。祖考來格，虞賓在位，羣后（衆官）德讓。鳥獸蹌蹌，簫韶九成，鳳凰來儀。』

以上三段，是敘堯時代的讓，舜時代的讓，禹時代的讓，乃中國讓化的黃金時代。堯舜時代，所以好的緣故，是因爲人人肯讓。到處人人成風。朝讓官，耕讓畔，行人讓路，就成了鏡花緣上所理想的君子國了。現在世界大亂，只是人人都不肯讓，結果就出列寧了。讓字是致大同的秘訣，就是中華式的眞國粹。

舜的爲人，史記說他『耕于歷山，人皆讓畔。（地邊子）漁于雷澤，人皆讓居。陶（燒磚瓦窑）于河濱，（黃河）器不苦窳。』（音羽，有毛病） 可想見他讓的感化力實在不小。他以後雖然不能像伯夷那樣讓天下佛那樣讓妻子，然而忍耐力總算了不得，所以算得大同世一個人道的模範人物。所以孔墨都稱道他。現在講員共和，還是要倡「讓」主義，比投票好得多也。比馬克司更高。

易繫辭『伏羲神農既沒，黃帝堯舜氏作，通其變，使民不倦；神而化之，使民宜之。垂衣裳（上曰衣，下曰裳）而天下治，蓋取諸乾坤。』（二卦名也。）中庸『仲尼祖述堯舜，憲章文武』，（祖述是學他，憲章不過歷史上關係罷。）

論語『子謂韶盡美矣，又盡善也。謂武盡美矣，未盡善也。』（「韶」舜樂，「武」武王樂。此是退王進帝的憑據。）

子貢問曰：『如有博施于民，而能濟衆，何如？可謂仁乎？』子曰『何事于仁？必也聖乎？堯舜其猶病諸！』（此獨以聖許堯舜，與禮運以君子許禹湯對看，可見聖人與君子中間有鴻溝的界限，不能混的了。）

子曰：『無爲而治者，其舜也與？夫何爲哉？恭己正南面而已矣。』

孟子道（說也）性善，言必稱堯舜。曹交問曰：『人皆可以爲堯舜，有諸？』孟子曰，『然』。韓非子顯學篇，『儒墨俱道堯舜，而取舍不同』。（按可見堯舜爲讓德的模範，各家共認。惟孔子尤高，更排堯舜耳。）

四貴讓避爭

子曰『泰伯其可謂至德也已矣！三以天下讓，民無得而稱焉。』

帝道以讓德爲本。所以孔子所常稱的標準，泰伯與堯舜，帝道有相同處。太史公作史記，列傳託始伯夷，也是貴讓的意思。就是小康世，也要點禮讓，至大同就以讓爲命脈了。子曰『君子無所爭，必乎射乎，揖讓而升，下而飲，其爭也君子。』按儒之讓，像夫子溫良恭儉讓以得之，即佛之忍辱度也，坊記詩云『民之無良，相怨一方，受爵不讓，至于已斯亡。』子云『君子貴人而賤己，先人而後己，則民作讓。』又子云『君子辭貴不辭賤，辭富不辭貧，則亂益亡。』亂自消了照此看來，不能相讓，就連小康也保不住了，就像詩云要大家同歸于盡就完了。讓就是避爭。在佛老爲厭世觀，在克翁改造世界學說的基礎互助經上看得很重。如下，

Avoid competition. When animals can neither fall asleep, nor migrate, nor lay in stores, nor themselves grow their food like the ants, they do what the tit mouse does, they resort to new kinds of food—and thus, again, avoid competition.

Mutual Aid. p. 62.

動物避爭有五例，就是一，冬天下蟄。（像蛇蛙，）二，隨氣節而搬家。（像候鳥燕，雁）三，自己儲蓄糧食（像海貍）四，自己製造食物。（像蜂，蟻）以上四者要不可能，他們還有個第五個法子。就是變更新食性，採新食料，可以變肉食爲素食，（像山雀）這仍然還是避爭。由此看來，避爭貴讓

，是動物羣體生活的天性，這就是克翁「安那其主義」的五條大法，也是太平大同世的公例了，

五　刑措

路史『堯畫衣冠，異章服，謂之戮。上刑赭（赤色）衣不純，（緣邊也）中刑加雜屨，下刑則墨幪（蒙巾也）以居州里，故民有恥。（按孔子曰「聽訟吾猶人也，必也使無訟乎」。訟且去，何況刑呢？）

堯典『流共工于幽州，放驩兜于崇山，竄三苗于三危，殛（誅也　責也）鯀于羽山，四罪而天下咸服，』

按鯀非惡人，不過治大水沒成功，其餘也未見得有惡，不過左傳上說他們好飲食，不肯分財與人而已。流放，竄，都不是死刑，不過是充軍罷了，可想殛也不是死罪。殛字作誅字解，但誅字也作責字解，由此可知堯時天下已竟廢死刑了。

漢書文帝詔，『昔在唐虞，畫衣冠，易章服，而民不犯。』

六　天下一家

禮運『惟聖人能以天下爲一家，中國爲一人。』中庸『仲尼如天地之無不持載，無不覆幬，（音導　覆蓋也）辟如四時之錯（春夏秋冬交換而）行，如日月之代明。萬物並育而不相害，道並行而不相悖。小德川流，大德敦化，此天地之所以爲大也。』

照此與佛圓教正合。不像孟子闢異端惡口亂罵。又孔子與楚狂，原壤，沮溺，微生畝等異派的人相處，斷無鬥爭出來。

中庸『是以聲明洋溢乎中國，施（去聲）及蠻貊。舟車所至，人力所通，天之所覆，地之所載，日月

照，霜露所隊，同隧凡有血氣者，莫不尊親。故曰配天。

公羊傳『隱元年注衰亂，內其國而外諸夏，升平內諸夏而外夷狄。大平夷狄進爵，天下遠近大小若一。』此段可參考互助經第三，第四二篇。盛稱 Bushmen，Hottentots，Eskimos 不須人，霍吞脫人，厄士克毛人，公共生活的道德。可知夷狄等字，本是中國驕傲罵人的話。像從前說洋鬼子一樣。實在他們道德，有的地方，比我們還高得多呢。

司馬牛憂曰，『人皆有兄弟，我獨亡。』子夏曰『商聞之矣，君子敬而無失，與人恭而有禮。四海之內，皆兄弟也。君子何患乎無兄弟也？』子曰，『有教無類。』子曰，『雍也仲弓名可使南面。』仲弓問『仁』。子曰，『出門如見大賓，使民如承大祭。政府使人民做事同敬祖宗一樣，己所不欲，勿施于人。』（這一句史家邁爾士 Myers 說是東方的黃金律。）

子張問『行』。子曰『言忠信，行篤敬，雖蠻貊之邦行矣。言不忠信，行不篤敬，雖州里行乎哉？』與子欲居九夷對看，孔子已打破華夷的界限了。不像孟子開口說「南蠻鴃舌之人」好像毫不懂忠信似的。

顏淵季路侍。子曰『盍各言爾志。』子路曰『願車馬衣輕裘，與朋友共，景梅九解此，說孔子與無政府共產主義相合也。敝之而無憾。』顏淵曰，『願無伐誇善，無施勞。』自以爲有功，看來與老子「爲而不有」耶穌「不爲大」一樣，均大同法，子路曰『願聞子之志。』子曰『老者安之，朋友信之，少者懷之。』止老少朋友一倫，與禮運大同學正合，沒講到家國問題。

七　飲食男女人之大欲乃大同世法。（孔老楊告四家一致）

老子曰，『樂與餌，（食色問題也，與告子食色語同，）過客（如佛云「衆生」也，楞嚴經「七處徵心」，未見性者止是旅客，見性者乃是主人。」）止，歸也，（老子言菩薩化世，自居無欲妙觀，而行普賢願，順衆生，不能不以衆生之樂爲樂，卽以樂餌爲衆生止歸。）常無欲以觀其妙，（自受用，出世法，）常有欲以觀其竅，（他受用，住世法，）衆人熙熙，如登春臺。（不能不安排世法隨順衆生，可見大同世在解決食色問題。）

禮運子曰，『飲食男女人之大欲存焉，死亡貧苦人之大惡存焉。』

孟子告子曰『性，猶杞柳也，義猶桮（音杯）棬（音圈曲木也）也。以人性爲仁義，猶以杞柳爲桮棬。食色，性也。孟子曰，『我四十不動心。告子先我不動心。

墨子公孟四十八二三子復於墨子曰告子勝爲仁，告子謂墨子曰，我治國爲政。

看來告子也是爲仁者，與墨孟同時。不過主張辦法不同。旁人說他勝爲仁，他却不承認仁，大抵告子非仁義，與老莊同。又有不動心工夫，不得於心勿求於氣的修養工夫，必是老莊大同學派。所以孟子承認他得道。比自己還早，又告以食色爲性，與楊以屋服味色，爲知足之性同，亦與孔子禮運飲食男女人之大欲語同。必也是近於大同學派了。

八　孔子禮運句解

禮運『昔者仲尼與（去聲，參與祭事）於蜡（音乍，年終祭名，夏曰清祀，殷曰嘉平，周曰蜡，秦曰臘，禮郊特牲注蜡索也，歲十二月，合聚萬物而索饗之也，）賓。事畢，出遊於觀（去聲）之上，喟然而歎。（師徒二人散步閒談，這一歎，發生古今大問題，算是世界大同的楔子。又像佛說法華以前先入三昧一樣，引出大事因緣來。子游這回請轉法輪，功德眞不小。仲尼之歎，因年終祭事感思天人之故，）蓋歎魯（不足以爲東周致大同，）也。言偃（字子游吳人，來魯從學的）在側曰『君子何歎？』孔子曰『大道之行也與三代之英，（英是不滿意的話，）丘未之逮也。（沒有生逢其世）而有志焉。（有志於行大道和復見三代之盛，下面先印白文，使易一氣讀下，再重爲句解以昭鄭重。）

大道之行也，天下爲公，選賢與能，講信修睦。故人不獨親其親，不獨子其子，使老有所終，壯有所用，幼有所長，矜（同鰥）寡孤獨廢疾者皆有所養，男有分，女有歸。貨惡其棄於地也，不必藏於己；力惡其不出於身也，不必爲（去聲）己。是故謀閉而不興，盜竊亂賊而不作，故外戶而不閉，是謂大同。

今大道既隱，天下爲家，各親其親，各子其子，貨力爲（去聲）己，大人世及以爲禮，城郭溝池以爲固，禮義以爲紀，以正君臣，以篤父子，以和兄弟，以睦夫婦。以立田里。以賢勇知。去聲以功爲己。故，謀用是作。而兵由此起。禹湯文武成王周公，由此其選也，此六君子者，未有不謹於禮者也。以著其義。以考其信。著有過。刑同型仁講讓。示民有常。如有不由此者。在執同勢者去。衆以爲殃。是謂小康。

以下用句解分疏

大道不是小道，即是老子說「大道廢有仁義」的大道。之行也。也字當然做過去看，與下面今既𢙢對自明。但漢文簡渾，若譯成西文，必用過去詞。既爲過去的事，當然和老莊耶講的古代社會差不多。不過孔子的條理辦法，却更切實。天下不是國家爲公。有兩種意思一是人心都爲公二是沒私制度和名詞，選不定用形式的投票，賢是哲人才德足使衆人心服的，與幫助賢者，能。是幹練的，次于賢者，講普及育敎，信，是十室之邑、必有忠信的信，就是盧梭的社會契約說，託翁的良心，克翁的羣性等，修人人實行自修，像蘇克雷地的自知，睦。像佛說的和合衆，耶的愛，託的無抵抗，孔的不欲勿施，故所以纔能人人不獨親其親。不獨子其子。此有兩義，一是精神敎化上，人人都像孔子的老安少懷，墨子的視天下人如孝父母，耶的自稱是人子，佛看與人多少世都是六親父母。二，制度上必須沒有私制度名詞的障碍，須用柏拉圖述其師，蘇克雷地理想國中的法子。兒童公育，自幼隔開父母的私愛，自然人皆是親子了，方可除去私愛的惡根子孫帝王妄想，都由私愛，和假定的姓系產出的。」

此處該大注意的，與孟子所言「老吾老以及人之老，幼吾幼以及人之幼，」大大不同。及，是推的，間接的，小康的法，家族的制，此是直接的，大同法，無家族的。孟子不通大同學，講大同學，第一要把孟子思想除去纔行。此處精神，必須拿佛耶墨老各家，天下衆生平等的眼看，纔通。因他們看天下是直接的精神，小康儒教，乃是抱定家族的，是間接精神。與大同世是衝突的。而且到了大同世，一切的老者，不外進公共飯堂，古斯巴達的君王，也要進公飯堂的。用不着自己弄飯，像內則上小家庭的章程，私孝所以用不着。幷不是非孝，不報恩，不過一定用佛耶墨老大孝公孝的法子，小孩不外進幼稚園，學校，自然用不着專請一個乳母和先生單教了，

使有以上的精神和制度，所以能使，老六十七十的有所終。養老院，長壽花園，天仙佛修道院，壯成了無病的男女，有所用。男女皆入農場，工廠等各種組合團，不像現在富貴之家，滿家都是遊民無用。軍界更是養多少以殺人爲職業的屠戶。壯不但無所用，而且有大害，甚于狼蛇。幼有所長。是胎教院，育嬰堂，兒童公育所，幼稚園，及小學，中學，以至大學，和運動場，公園等。矜同鰥，寡，孤，獨，廢殘廢院，聾啞院現在如日本全國，已五六十處，盲啞教師薪水，或至每月百元，疾醫藥院，。衛生所，者皆有所養。

男成年的男子，有分。去聲，權力有限量，不像小康時代，男閥權力無限，以男系血統侵佔女系，如「夫權」，的謬法律。又可造成君主國，或資本大王遺傳等惡團體，爲害世界。女成年的女，有歸。主也，女子自主獨立，不像小康亂世，有出嫁從人等名目，作附屬品。或人誤解婦人謂嫁曰歸，然則與小康世有何分別，孔子這段大同的話，不成廢話麼？一時代有一時代的倫理。大同世以女男個人獨立爲倫理，若冒認夫妻，便是侮辱他人的人格了。

貨，惡去聲其棄於地也。怕不能生產，不必藏於己。各取所需，佛云北俱盧洲無我我所，法律所有權不用了，力氣力，不論腦力，體力，惡其不出於身也。怕人懶，不能生產，要獎勵生產，和罰惰者，這必須各盡所能，不必為己。是故，謀張良陳平之謀，閉僭家閉心關的閉，而不興。根本剷除盜竊，小亂賊。竊國大盜，盜而不作。絕了種，故外戶而不閉。廢警察是謂這叫做大同。大同，大者同耳，不必苛求小異。如人面目不必盡同也。這是太平世，就是黃金世界，黃金却成糞土了。

今，孔子說大同已在古代過去了，大道既過去詞，隱。消了，退化了，天下為家。變成家天下了，家就是私，一個猪在小窩裏，可想而知，各親其親。各子其子。家乃萬惡根本，從此就有了姓氏譜，敘本家親故，吃了分別果了，貨力為去聲己。大人有了階級爭鬥了，世及傳子封建制以為禮。怪物出現，老子說為天下亂首的東西，看罷，這一個名詞，帶出多少虛偽的制度名詞來、城，中國神農始造城，舊約說亞當兒子該隱始築城，西國史言巴比侖人始造城，郭，外城溝，池，以為固。纔分出國界禮義又出來個義以為紀。是個把握，你看孔子連用三個以為字形容出虛偽勉強來，以拿着禮義的名詞，去正那個君臣。強權政府的制度成立，以篤父子。男系家族成立，以睦兄弟。以和夫婦。婚姻制成立，以設制度。又設出種種名目，以立田里。井田鄰里分產制，小康的法子，以賢勇知。去聲、這纔尚勇鬭智，說是好東西，以功纔有勳勞列傳為己。却是為一家一姓。

：故，到了結果謀詭詐兵機用因為是指禮字以下十句，作。一切怪計八卦陰陽出頭了，而兵殺人的東西由從此禮義以下君臣父子兄弟夫婦等制度起。是何人造的呢？乃是堯舜官天下完了以後，禹初傳子・立姓氏，封建，湯初用兵爭；文武伐紂，血流標杵，成王，周公，君臣兄弟相殺，所以人說周公非聖人由此都因爲禮弄壞了名譽其選也。此六君子者。孔子稱堯舜爲聖人，又曰，「聖人不得見得見君子斯可矣」，是聖人與君子有鴻溝之界了，未有不謹小心不自然於禮以這東西爲藏身之固者也。以禮著其義。顯他們的好處以禮考其信。信已失了，借此去追究，刑同型做個樣子仁講讓。這個講不過是爲人的，拿去示民對人民看我有常。定法如有不由此者。不照以上禮法辦的在執同勢者有權的大人去。是說湯武革命，因爲衆以爲他殃。民是如此辦法謂叫做小康。將將就就過日子，但是還比衰亂世好一點，因爲三代王者還用強權硬使天下均財產。

九　禹德衰之確証

照此看來，小康從禹一刀切下來，可見堯舜以前是古代大同了。大同世，但有男女二字。小康便有禮義城郭君臣父子夫婦了。大同世，不用井田分界，小康防暴君污吏。才立井田里黨的隔擋。所以格外大亂了。大同世，行大道的，當然是聖人。小康乃稱君子，聖人，君子大不同，觀莊子天地篇第十二『華封人謂堯曰，始也我以女爲聖人，今然，君子也』可証。大同揖讓，而小康世及。大同無兵戈，而小康在勢者可以除去。這就是種種不同的了。卽此可見至於禹而德，衰戰國時本有公論。孟子因爲想申明湯武革命的意思，未免替禹強辯些。莊子上也有說伯成子高見禹德衰的事。又禹時代，儀狄公然敢造出酒來。禹偏偏喝了酒以後，才恍然大悟這酒不是好東西。爲甚麼舜時代，他不敢做呢？這都是証據確鑿，那禹便是帝與王的分水界了。現在人講的社會主義，無政府主義，就是想講到大同，大同比小康是高許多了。大同純是尙德治，小康還未脫禮政的圈子。田里就是圈子，然而孔教大同還粗，止於帝道。再精的皇道，必須請老子了，詳在老莊學案上面。不看老莊書，與舜大同的事，看不眞明白的，如下表

孔大同孟小康

（甲）大同團體的組織

尙公（平等自然）

1男 2女	
3老終	養老院，長壽修道院，
4壯用	各種農工場，組合 職業美術及團互助團，
5幼長	胎教院，兒童保育所，幼稚園，各，小，中，大學，
6疾養	聾盲啞院，醫學校，藥院，

結果　外戶不閉，是謂大同。

照此組織一小團體，或一村市，或一國，天下皆可。

學案異點表五

（乙）小康團體的組織

尙禮（階級管理）

君臣	父子	兄弟	夫婦
田	里	制	度

結果

謀作

兵起。

讀者費數日的工夫平心仔細比較孔大同孟小康的根本大異，便知道我所說的決定不錯。更可明白古文化新灌流裏面的實在問題，只是名詞不同罷了。那就大家平心想好方法去解決算了，還爭甚麼新舊兩個名詞呢？

附白

此處正當本書新舊大同學系的交界點。以前所述都是過去的古大同學，以下我要說二十世紀新大同學。于此有一段打义的話，我不能不向讀者一說。今日正校書到本篇（我住在北京粉房琉璃街四號，民國十五年二月一號）。我夜來作一夢。見來一個似工頭樣的一個人，三四十歲光景，到我家來。我心裏知道他是個耶教人，請他坐下問他。他說是你爲何不信我的非惱派呢，我問「非惱」是何意思？他說無非是個「公」字。我方且用讀英文的拚法，說 Venor，Venor 他便去了。醒了想想。非者，是佛化域，金剛經一切皆非，道德經開卷講非。惱者，是耶化域像講競爭的歐美。公者，是孔化域。「非惱公」三字正合吾卐十☯三字系的同化。以除去煩惱形上爲體，以一切公有爲用。雖然是夢，也很合用罷。盼望讀者不要說我做夢美國大電學家安迪生 An [illegible] 發明許多電機，最初的圖案，就是夢中得來的呢！

新大同學六綱第十

因此篇在本全書爲最重要，故專印一篇。

以上大略述孔子大同學學理境界但今日講大同學，却要取進化式的。要知克魯巴金所以精于託氏，就是雖然同講無政府主義而克氏科學特精，所以價値更高。故本書把大同學分成古新二派，用此眼光，分析古今各學派，就一目了然。玆將新大同學更分六綱如下。

新大同學六綱表四

一，新物質世界。	用充分科學，發明新物質，完全爭服水陸空自然界。
二，新人種世界。	用優生學，配合優美男女，擇良去劣。
三，坤化世界。	抑男權，更建新母性文化，方能根本斷殺機。
四，美藝世界。	大獎勵藝術成爲美世界，成樂變化天境界，
五，諸天物質交通世界。	用科學與各星球交通，一如昔之闢新美洲然。
六，即身實現仙佛世界。	即眞正仙佛世界。人皆即身成仙佛，與十方交通。

（一）新物質世界（食，衣，住，用之文明養人物質，而非今之殺人物質）。

古今講大同者有二路線，一復古派，如老子，耶蘇，託氏是。一進化派，如羅素，穆麗士等，是復古派重精神，進化派重物質及美術，而克氏二者幷用，特爲完全。余主以超世精神自受用者爲體，利世物質，他受用者爲用，乃爲圓滿。須知所謂大同非他，即第一先解決人類生活是。中山謂生活必須爲衣，食，住，走四種，其言甚當。然不如謂食，衣，住，用，尤允。而東方少數玄學鬼，否認物質，實爲大謬。當歐戰後，卽大呼物質文明破產，不知此乃歐人自言之則可，在我言之，問自表現其無科學智識而已。馬克司學說所以成立，本爲物質不平均，并非物質過度。託氏反對科學，不過一部分理由，并不完全。茲達克氏說明現在物質生產之度，與人實在享受之度，相去甚遠，即由養人之非理人的物質文明已進步，而舊社會組織倫理思想不變，足爲進化之阻礙故也。故今後決不可否認物質，惟公用物質而已。克氏麵包略取云。農夫一天勞動幾點鐘，所產食物，至少也足養百人以上。一英畝足養一家。美國大平原，以百人之力，用機器每日勞二三時，已足一萬人一年之食。若將來農學進步，可增二三倍或百倍。　工業上，以一百人織布，足一萬人二年之衣。一百人掘煤，足供一萬家之燃。今則止供少數人，而多數人坐困受冷。　過去八十年中，法國米麥增四倍。工業生產，增十倍以上。至美國尤難計數。法國全民，其眞作工而食者，不到三之一。英亦略同。由此看來，今欲增人幸福，令食，衣，住，用四種物質完備。惟有息各種無謂兵爭之困苦，易而爲大用機器增加生產之同樂。以家族爲單位之組織，不適於進化。故必照機器能力合於經濟的組織團體，令普遍堪勞動之成年男女，公同做生產的工作減少分利之蠹。爲最要，康南海物質救國論云，美一織工一年平均織出三萬碼，可供千六百中國人之用。一農人之耕，可得麥五千五百蒲士。量名除去五百蒲作種，尙可供千人之食。若一人用手製釘，一日不過千數百枚。以機器製釘，一日可得七百五十餘萬枚。以人手力製鈕，每日一人不過十數具。若以機器製鈕，可得萬數。昔時一人以數日手工成一衣履。今用機器，一日可成十萬衣履。

故主張大興機器辦法，一，派學生，令各縣至少送五人赴歐美學機器。二，延名匠來華，大興製造。於各縣鄉遍開博物院模型圖館小學，遍增機器製造科。而克氏所主全教育，調和勞手勞腦之度，方可化除階級鬬爭，均大同鐵律矣。

大同世除重機器征服自然外，男女又必合大羣，廢一切小團體之私制度。不能合大羣者，必難存在。今日其機已大啟，試舉其例：如圖書館興而私家藏書制廢。銀行興而窖金制廢。輪船火車興而自己一車兩馬制廢。郵政興而專人送信及國家驛站廢。學校興而私家延師之制廢。公用醫院興而私醫將廢。（住醫院中看護婦之周到，十倍於自己兒女，人有進過醫院的都知道的）。公共食堂花園，公宅興而家下有豬之私小家庭，早晚必歸淘汰。公藏較私藏穩妥。公共設備，較私家優厚多矣。藏於私家之老習慣，自然同刀弓石小脚，歸於淘汰也。至於各種組合組織分配，茲不能細論。因各民族一時一地，重農重工重牧，均不一定。分配制，各家主張及實地情形，亦不一定。要之必（一）重生產（二）輕分配（三）重柔性。尤要女男同工作，以互慰勞苦，才可保團體公同生活之堅固，才可達到各取所需不必爲己境界。俄國人受苦痛甚大，卽因過重馬克司分配政策，忘了生產來源。

于此有一問題，卽中國人習慣，好借虛僞道德之名，事事不求進化，坐待淘汰。試思顏子簞瓢陋巷，若偶有少數人爲之，尙可明高；若率全國之人，盡爲簞瓢陋巷，爲沙門之行乞，勿論不可立國，且人種滅而世界毀矣。若夫道德倫理風俗習慣，隨世運而變易，小儒拘墟，不適生存。殆于科學進化史，世界風俗誌，及世界進化史，毫無夢見。若非甲午庚子二役，則裹足紼髮，八股之東方文明，至今恐仍是天經地義，毫無慚愧也。不知虛心考究科學，自假定一種虛僞道德以阻進步，又殘忍不仁，借道德之名以殺人。戴東原孟子字義疏証言之頗切　又不以殺人爲可恥，不發生慚愧心，眞無辦法矣。大抵觀察明白的，用佛的道理，多少還說點公道話，發起點慚愧心，我研究學術的根本，有二路線，一是用佛法，二是用克氏法，詳于拙著，人而不如烏乎書中，該書分析人類罪惡起源，備述人類道德，遠遜於動物之點，足促起人之慚愧心而圖改造。

二　新人種世界　用優生學配合優美男女，擇良去劣，

甲　舜不告而娶爲大同世法與孟子之誤解

孟子距堯舜已二千年，俗尚大變，而孟子以晚周戰國風俗律二千年之堯舜時代，武斷甚矣。其謂『舜不告而娶爲無後也』眞杜撰荒唐，今考不告而娶乃大同世男女自然交際之正法。而古代唐虞去古未遠。姓氏壞制度尚未成立，故堯爲伊耆氏育于母家。而堯典堯命二女試舜，此等試法乃爲三代下人不可思議。卽據孟子本書考之，尤有確據。孟子曰，『象曰，牛羊父母，倉廩父母，干戈朕，琴朕，二嫂使治朕棲。（我就是立刻要娶也他兩個嫂嫂，）象往入舜宮』又『象與瞽瞍日以殺舜爲事，帝使九男二女百官牛羊，養舜于畎畝之中。』此情理在今日風俗極易解決，亦不用殺舜，但由瞽瞍按七出大禮，不能事舅姑一條。將英皇謂其不待父命爲苟合淫女，以一紙休書逐出門外，有臯陶爲士，何患不按律判決，胡爲日謀殺舜之不憚煩乎？然而堯使二女訪舜于野，不嫌唐突，二女也自己出頭露面去找男子，以頑嚚老頑

罔之父母，不敢出休書何也？因當時父母無律可據，且係社會習慣法，故堯舜安之，社會認之，頑嚚父母亦認之，不過止有謀殺舜一策而已。至象聞兄死，觀其分配兄之遺產，牛羊倉廩玩具并及二嫂。想是當時風俗，如匈奴之妻嫂，如「摩西律」兄死不妻嫂者爲有罪。若至今世雖土匪之無知，亦决不至兄死而娶其嫂。象何至此。必古俗明矣。又云二嫂，可見皇英平等，尙無妾之名，必古俗也。孟子不通古俗，妄以小康世周公制禮後之眼光，强堯舜行周禮，妄解不告而娶爲無後，謬矣。其不通大同世法也。

乙　拍拉圖之男女平等自由說與孔子

人類學Anthropology到達爾文以後始大明，至克氏而大成。男女性學也是根據人類學發生，現世已算大有動機。然而在古代希臘大哲拍拉圖，早也根據動物社會學，論人類男女問題。其詳在理想國第五篇，他篇間亦道及，茲引其要者數段（原書共十篇）

but the genius of man, woman is different, yet now we say that different geniuses ought to study the same thing, The Republic of Plato. Book V.

That no one woman dwell any man privately, and that their children likewise be common, that neigher the parent know his own children, nor the children their parent.p. 157.

男女才智雖不同，但吾人以爲正因此應學習同種之事。無一男女私住室者，兒女亦公有，毋得認識其私親私子。一五四頁，

as they dwell, eat together in common, and as no one possess any of these things privately, they will meet together. p. 155

因彼等同食宿于公共地方，所以無一人能私有財產。任何處大家得同聚合無私。

The best men embrace for the best women, ard the most naughty men, the most;naughty women. and tl e;offspring of the former is tbe educated, but not that of the latter, if y ou desire to have the flock of the most perfect kind。p.156.

佳男應抱佳女，惡男應配惡女。若求一羣人種之健全，佳種應受教育，劣種則否。

Common pleasure and pain, a well estabiished city to a bodying its being affected which the pleasure and pain of any part.p.157,

同苦同樂，建立最好之村市成爲一體，任何部分，皆有同苦樂之感覺。

The cause of the greatest good to the city, have one common feeling. p. 163.

此社會最大優美之點，即在大家有公同感情。

按柏氏主男女平權自由甚，要點與近優生學同，經二千年而愈光大，因有科學眞價值故。乃孔教徒暱節窮舊者，自己不承認孔子大同世男女自由之說。令孔子不得在柏氏前有發言資格，直自己打壞孔家店，所以被科學家斥爲孔教不適于進化了。

丙　對于公妻說非孝說之闢謬及平論。

大同世以男女老壯幼五種人組織成社會倫理，極簡單明了，絕不若今日的複雜屈曲。但因爲解放男女與親子關係二層，舊倫理家或斥爲大逆不道。少見多怪，自是俗情。但論事有兩個條件，一根據事實，二審訂名詞，今就事實論，成年男女在各國法律上，個人有完全自由。國法上，人格上，與父母在社會上負義務平等。則我舊倫理以兒女終身屬於父母者，已不適用。今民國之後，成年男女，父母不能不任其有自由獨立人格。已不能于婚姻上爲過渡生活。性近來誤傳「公妻」二字，詞既不雅，又乖事實，妄誣女子人格，與財產同屬男權公有此乃傳者訛謬，名不正故言不順。夫大同世，楊子說公身公物，孔子說公男公女。本文很明。男女獨立幷無夫妻之名，何有公妻謬說乎？已經有人闢過，茲特再爲剖明，

至于有人作非孝討父等文，我却未曾看過他的內容，未免言之太過。家庭誠然不好，但受恩必報，受平常人之恩且然，受父母之恩可不報乎？報恩且來不及，怎能討父呢？這是氣忿的過火語。說到家庭的壞處，同愛國的毛病一樣。然而一日未到大同，無國之人，就不可立于天地，枉爲人奴隸雞豚。佛耶是一刀兩段，離開家國，實行無父無君無家無國的，但他雖然以本身爲模範，究不能普及。所以論理要公平，纔可實現。我主張一方面舊恩還得報，一方面要組織新社會。假若但破壞不建設，那又同高唱天國主義一樣。至于新建設，可以用新機關新地方新思想的同志去試辦組合團體，就是了。我說就是孔的「幷行不悖」，佛的「無碍圓成」，新舊派人能互相明白諒解，也不用衝突的。

丁　解决自然性愛的三要件

亂世兵權大，小康世君父權大，大同世人權大，施行人權的，就是男和女，所以禮運上孔子曰「天下一家」，『飲食男女人之大欲存焉。』這是指大同世說。大同世第一先去殺，故必

要拿「愛」來替他于是男女關係問題，比較的多了。所以「自然性愛」成爲不可否認的事實。西洋之有蘇克雷地與拍拉圖，猶中國之孔孟也。拍述師說著理想國，其第七卷蘇氏云，『國內男女皆須有完全之才智』，其主張「公財公愛」「男女平等執政等權」，較孔子大同說更爲詳盡，亦可見東西哲人所見略同也。但今日人都講自然性愛，恐人人未必有拍拉圖的哲學人格。所以我提出三條件，第一不能因愛異性男女而男娼（三蒼男相妒曰娼）女妒，致害同性男女，第二不能因爭愛而害所爭的男女，第三要爲愛全人類男女而犧牲小己。欲達此目的，要先問同性的能相愛不能相愛。希臘人的同性愛很發達的。南海大同書述蘇克雷地等聖哲都富於友情的愛，共甘苦，同死生。拍拉圖說 Love is the beginning of the wisdom.「愛爲智的起首」，又希哲論同性愛較異性愛爲重，The one: the body and soul of the beloved, the other passing pleasure of the senses. The Greek view of life. p. 182（希臘人生觀一八二）他說同性友愛可得靈肉二面之友，異性愛止于情感耳。所以 The love of man for man far above that of man for woman. 同上頁同性相愛過于異性，該書舉出 Achiles and Patroclus, Pylades and Orestes, Harmodius and

Aristogeton, Solon and Peisistratus Socrates and Alcibiades, Epaminondas and Pelopidas.等當世名人。我想假若要教異性的自由愛無衝突，必先調和同性的愛不衝突，纔能辦到。不然頂好是利用異性來調和同性，不要因爭異性而害同性，那就戀愛而不自由了。因爲男但顧縱一己色欲而不愛他男，甚或至於相殺，女子方面亦然。若男與男能相愛，女與女能相愛，男女再相愛，那自然大同無碍了。至於第三條，就是一羣之中，有老有小，有同性異性，都要相愛，那就有工要先勞，有害要先受，有福要後享，孔子說「出貨出力不必爲己」這一條，也要用希臘蘇氏的哲學來解決。蘇拉二氏學說不可復辨蘇氏有個女師傅叫德諦姆 Diotima 他教蘇以愛的哲學，結果以達到最大的愛，從精神上產出多少聖哲子孫爲歸，「誰不想生出來些子孫像來客瓦斯像梭侖呢？」換句話說，就是因愛同性男女及異性男女，不能不牲犧一切，殉普天下男女有情爲人羣造無量幸福。這叫做大愛。

戊　人種改造 Eugenics　乃謀人類太平之根本門德耳學說 Mendelism

現在人人承認社會恐慌，然而不能查出恐慌的根本。其實舊約說『人有父母遺傳的罪』，佛用三世說『前生有罪，今生受』和今人承認社會罪惡說法不同，而意思相同，而尤可証明的，流俗惡口罵人，好罵其父母祖宗的種不好。這無形中也是推究社會罪惡起源之一法。凡是考究一段道理，非澈底見得透，不算眞明白。「西洋孔子」蘇克雷地，在他的理想國中，極端主廢家族，以男女爲主體。我曾考查蘇氏這樣有名大聖，以他那樣堅苦的道德，何以提倡常人所認爲縱欲無度的自由戀愛。我反覆看他的書，乃知道他有兩個重大的要點，必須主張廢家族而講男女自由的緣故。就是，一因爲家族是人類自私罪惡的根本，二兩性自由配偶，乃爲選擇人種起見。所以凡是考究一段道理，必從原理上尋立脚點，知識方確切，到了現在，生物學大明，人種問題爲研究透澈，想改造社會，必須根本改造人種，是天經地義了。在古代雅里氏多德注意改善社會經濟，而其師拍拉士尤注意根本改良人種。近世有二大家，一曰英之格爾通，Galton 1822—1911 一曰奧之門德耳，Mendel 1822—84 格爾通與達爾文爲從兄弟，他將父母二人之身體長度，重量，握力，肺量，視聽等感覺的數目，配合平均，就估定兒子的身體了。不但是一個父母，他前多少世的父父母母，都有血統優劣關係。不但身體，精神品性上也遺傳，叫做祖先遺傳律，結果非從人種上用血液混合繁殖法，去劣留良不可。據排爾門氏調查一個酒癖的母親，生二女，經五六代以後，共生八百三十四子孫。其中性質可知者，五百九十七人，其結果如下—

私生兒	107
養育院收容者	64
乞丐	162
妓	664
誘拐	17
入獄	76
殺人犯	7
	597

又有各例，達古德氏查紐約州一懶惰放縱之漁家，有五女，五代後共生約一千二百人，可知者如下—

夭死	300
丐	310
惡病死	440
犯罪	130
竊盜	65
殺人犯	7
	1252

內婦女半為妓，國家為此一族，凡費二百五十萬元美金，直接災害如此，間接為害社會可知矣。較養惡蛇虎狼不更甚乎，所以想人類好，除了改造環境，更要根本淘汰劣種。劣種存在，如同動植物中的病態一樣，到了一定的年齡，他的病理遺傳一定發現。甚麼教育法律都無用的。所以現在萬國人種改良會，是世界公認該討論的了。

門德耳奧人，為牧師兼博物教師。初于僧園用長莖短莖豌豆做試驗材料，費八年工夫，行了一萬回的試驗。所得結果，于一八六六年公布出來如下，

如用雞為試驗

以黑代用，B表優細胞，白代用W，表劣細胞。則如下表

一、黑與黑交……生黑雛

二、白與白交……生白雛

三、黑白雜交……生雜色雛

B……B + W B……B + W		
BB + BW BW + WW		
1BB	+2BW	+1WW
四之一純黑	下餘混種	四之一純白
優種細胞	中等細胞	劣種細胞
上	中	下

此式爲門氏示最簡遺傳細胞之算式。假如黑色爲優種，其中有BW者爲黑的決定素，或BB二個黑的決定素而下餘缺黑素者爲WW，即是白色劣種素了。門德耳以此試驗蜂結果亦同。按以余家畜母驪貓產子五，皆全驪，有一次與花貓配遂產花貓，

黑克爾依豌豆雜交之理，試驗鯢魚與豌豆得同一結果，即用白鯢與黑鯢相交，第一代生子爲黑種，故第一代所現之性質爲優性，其不現之性質爲劣性。又以此第一代雜種相交，其所生之子可按照一定次序，分出其性質，即爲優性三與劣性一之比例。其劣性占四分之一，爲固定性，優性亦占四分之一爲固定性。其餘四之二，則爲雜性也。例如黑色爲優，白

色爲劣，如鯢魚圖。

鯢魚圖式（ヘーツケル氏）

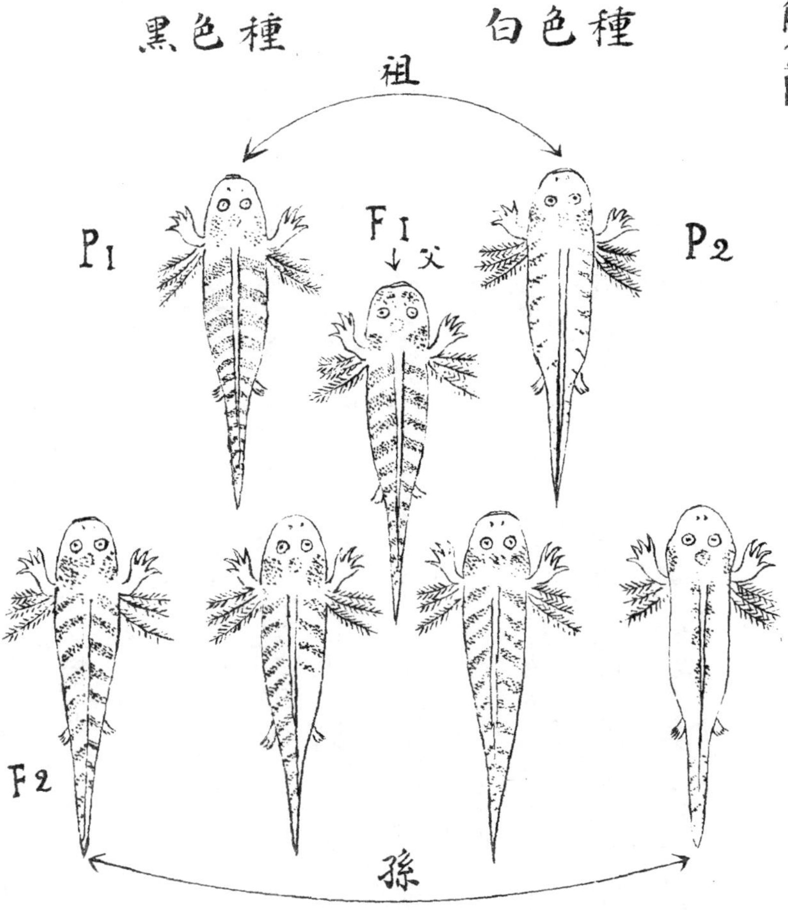

P_1 及 P_2……	F_1……第一代	F_2……第二代
祖	父	孫

日本外山博士曾以此試驗蠶繭，美人以改良小麥，均成功。由此例推、如家雞會鳴的，長尾的馬善跑的，雞大冠的，皆取優種而汰劣種。穀，果，花，草，魚，蟲，都用此法，可一天一天優種多而劣種少。所以結果想造好人羣，必定也用此法，使人種纔可以改良。不然，宗教，教育，法律，都是無大效力。又如疾病，肺結核，色盲，夜盲，聾啞，精神病，魯鈍，都有遺傳。其易見者，試以碧眼人與碧眼人配生兒皆碧眼，黑眼人與黑眼人配生兒皆黑眼，所以有眼病的人，與有眼病的配，可想而知。眼如此，他官能也然。又如音樂，技術，工藝，性癖，皆有遠近遺傳。所以必須從改造人種上下手，纔能講改造社會。不然，種子壞了，一切都是枝葉。種麥，稻，花，草，養馬，牛，羊，豬，養貓，狗，雞，犬，都知選優種。今獨至於人，一任優劣，善惡，老少，美醜，强弱，爲環境所束縛，制度名詞所控扼，毫不能優與優配，又不能淘汰劣種，且勉强湊合，感情衝突，所生之種，毫無選擇。故人類之種，人遠不如其種菜及配六畜，還有選擇之餘地。如此雜亂劣種湊成人類社會，豈有不罪惡沖天之理乎。罪惡已成，黃巢，張獻忠，成吉斯汗也殺不絕種，痛哭怨天究何益乎。

己。　用優生學改造新人種，普建新學村。

研愈精牢不可破。常人不通其原理，以爲相反，吾乃從達氏學與秘宗原理切實証明。彼從前希臘時代，斯巴達實行劣種淘汰法，Euthanasia 後來拍拉士老年作理想國述師說，就注意男女自由情意體力相合，方生出優種來。後來他的弟子亞里士多德爲亞力山大大王師。王東征印度，想調和人種與文化，就實行亞歐通婚。亞力山大自已娶波斯王大流士之女，他的臣也娶了波斯女子數千人。名爲 Agreat Marriage fest, the Marriage of Europe and asia.「一大結婚之宴會」或「歐亞人大結婚」，後因功未竟而大王卒，至今竟無人提倡。然而牧羊養豬養馬的人，却日日選擇歐亞種交配改良，因都知道遠方異種配合，比近種好，而人種反無人過問，眞世界學者之恥，文化之羞也。今宜聯全球學者公組世界文化和平會，提出萬國會議，請羅素、韋爾士、太戈爾、杜威等 Rusell, Wells Tagore, Dewey, 凡文化家專門辦此事，與萬國大學村及國際大學一致爲人種混合運動，詳於另著世界大同實現的方略中，學村封建論一章。若再多出亞力山大等人物，則先廢海陸軍，用大船專運輸歐亞美非澳各國中等專門以上男女優秀學生，各國間互相輸送。每年由國家分担巨欵，每省互相移住。令自由婚配若干人。擇山水佳妙處，用穆麗士 Morris'(1834—96)

英人「The Earth Paradise地上樂園的計劃，建設合乎美術乎新村市。將各家新思想潮流分地公同試驗比較研究。漸漸世界人種語言均歸統一，爭端自少，而新產人種必自優良矣。於此應注意者，大同世以男女兩性爲中堅爲主人。而今日人性，一因先天遺傳，一因環境舊染，極爲太平世障礙。大同世尙平和，而今世尙競爭。大同世尙柔，而今世尙剛。男女兩性共成世界，本應平行發展，今過去歷史男性橫暴，爲跛形發展。而女性偏枯萎縮，如人半身不遂，右臂右足偏廢，成爲今世界也。故非根本改造人性不可。而男女兩性，尤須交換，女性進於剛，男性化爲柔方可。剛非悍潑之謂，乃堅勞任事也。柔非萎靡不振，乃溫良美雅之謂。今女性虛懦狹小，又多依賴，而男性兇悍嗜殺。此性不換骨奪胎，世界永無太平。必選良士女令遂自然性愛，從胎教院、幼稚園、新教養培植，以重立人性改造之新學村。村內完全新人新器新設備，以養成適宜大同公共社會之人性爲的。將來庶幾劣種惡人淘汰，而善人住世矣。康南海大同書「大同是人性善」「殺卽是惡苦卽是惡」使人「樂卽是善平和卽是善」此大同世法也。至對於劣種，或弱或癖或病，今各國已逐漸用絕產法，限劣者生產。惟果世界普遍施行，則可用韋爾士世界公同國家組織World State組織全世界成一國家。即改世界海軍爲輸送品，移陸軍費用爲農工製造品，不患不足用了。但運動此事之中心，仍在文化界教育界尤在世界青年智識分子大聯合。至辦法次第最宜用胡默青（名春林）君亞美歐三洲平均發展平和方策，詳于余著大同實現方略中。

三　坤化世界

此與新人種世界之不同處，新人種世界是男女平等，此則更進一步而主女社會中心說，女性中心說 Gynæcocentric theory 其原理甚多

一，從生殖上証明，生殖事業雖不如全照德國 Geothe 哥德說，「男子對于生殖，不過全由信仰上認識而已」但平心而論生殖之事，十分之七八，的確是由于女性。故女性中心說較爲有實力。

二，從自然界上証明，一切動物社會皆以母性爲中心。此在昔年動物學，不發達時人不加考察。自從種源論（Orgin of Species 1859）出世以後，不通生物學的人，差不多不能開口講社會學，也不配講政治學了。

三，從人類進化史上証明。現在講人類進化學，人都知道古來有母系時代。後來才被男權征服女權，所以社會就一天苦痛起來，直至今日。

四，從生理學人性學上証明。女子生理柔，天性好生殖，不利於破壞殺人事業。男子理剛，天性好殺，所以欲永保太平，非以女子爲社會主體不可。

五，從社會學中殺人統計史上証明。自有男性史以來殺人無數萬，永無太平之日。男性殺人事實公案具在，所以若以女社會爲主，以男輔之，世界決無練女兵以互攻之能力。人類可以永遠太平。其例証具詳拙著人而不如鳥乎書中，該書又名人類慘殺之由來。

有以上種種証明，其辦法要在人與自然界關係可用男去征伏，人與人之關係，須用女去調和。今不暇細述，略具其綱于此。參看老莊學案尙雌條下，

四　美藝世界

人類風俗史 The Customs of Mankind 述「人之語言是從鳥學習而來。音樂亦然也，是從鳥學而來」此事甚合理。中國古稱黃帝吹律學鳳鳴，大致是一種熱帶鳥，像孔雀之類，人類初學歌舞，都是學鳥。所以鳥算是藝術家之祖了。其餘各種動物，如蟻，能作數丈高之大垤，海狸，能造水底房舍，也算大建築家。仔細看來，一切動物，鳶飛魚躍，都有藝術趣味。而人類自有歷史，就有藝術，較動物更日加進化。遠者如夏鼎商彝，近者王右軍之字，如李杜

白蘇之詩歌皆個人所留之爪痕個人有留藝術于世間之本性一民族一時代亦然建築雕刻，文學戲劇，詩歌，皆以延古人之壽命而饜飫後人之魂性者，乃是由藝通道。佛說華嚴妙諦，也又作佛所留之藝術觀。凡藝術爲民族之冠冕。人類之美花，足使後人憑弔感慨，留連興起者也。試讀南海康先生游記詩，

埃及陵塔何嵯峨？印度堂殿歲月多。雅典古廟可婆娑。羅馬瑰殿遺渠侵雲過。是皆二千年前物英哲遺跡嘯以歌。回顧華土無可摩。文明証據空山河。惟有長城奈若何？

據此，可知中國古稱文明國，而物質藝術遠遜各國，乃民族之恥。若世界藝術缺乏，則人類之恥矣。孟子止求免窮乞相，墨子不敢求樂，老子但知返古，由不通藝術人生，持偏狹之見。雖以託翁之博學而藝術論太苛，仍是古大同派。又其論索士比亞參觀其 on Shakespear 亦嫌過於吹毛求疵。康南海大同書言「大同世平民之福，過於今之帝王」，固不能以乞丐相眼光限制將來人生之幸福矣。將來必定以穆麗士易卜生 Ibsen 1928－1906 改造社會的宗旨，成平民式的藝術世界。更加以託氏理想，而入華嚴世界，由此便引入仙佛實現世界之路。

五　諸天物質交通世界

自古神話，都說人從神出來的。希臘印度及舊約，皆同。但今天文學乃証明地球從太陽分出。可見地球與諸天世界實在是一大家族之散居。八星與太陽雖爲一體分出，然吾人如何能與各球交通？則大是問題。各宗教「人能升天」之說，及中國「嫦娥奔月」之故事，雖似荒誕，然實開人與他世界交通之動機。凡事先有理想，後卽有事實。今日飛艇，卽昔日神話飛刀飛仙之實現。以今日天文學電學光學望遠鏡學之發明，逐年進步，將來尚未可量。昔時人隔一小河卽不能渡，今則輪舟，飛艇，潛航艇駛行水陸空爲一家。今日用無線電在波羅的海唱歌，太平洋岸之人已能聞知。德律風再進步，必可全球對話。照相術，光學再進步，必可全球人日日能對面用德律風對談。無綫電光學等再進步，必可與他星球交通。月球開礦，只早晚間事。將來與他星球交通往來成一家，一如今之五洲。然而且彼處若有人類，或可更與通婚。特今人雖於地球之重量，太陽之大小重量，都能測量其面積輕重。而金星火星中，或人云有生物，或云無有，尚難武斷。但科學發達，乃數百年來事，再數千年後，進步無量，決非今人可思議。如今以爲人非空气不能生活，故不能超過地球。但將來必有他法可代空气，自能飛入他星球。一如最近气球製造，進成飛艇，其原理已不利用輕气比重之公例。而可從空中架砲矣。學術進步無窮，今日科學公例，明日忽然打破。何况數千年前數陋儒一孔之見，可限制二十世紀以後之哲人生活乎？此又古大同學派先哲所無可如何者也。而玄學鬼不達物質神通當下妙用，乃徒迷信數鬼化狐，不可知毫無把握之幻想神通，不速大倡科學物質神通。于極短時間內速化一小地球成大同美藝世界，再速入實現的仙佛世界，立登十地，眞大愚可憐也。

六　實現仙佛世界（靈性十方交通世界）

空間時間終有限量，而非空間時間無限量。由空間時量累次引之至無窮之空間時間，亦無限量。但科學物質能力所及，究在有限量的範圍以內。有空時即有滯碍，人生大苦莫過於此。今科學家能測光之速度，一秒行五十九萬里，似乎甚速，但若用以測吾人常見之恒星，因其諸恒星皆在數萬萬英里以外，則其光到地球，動須以年計。而光學窮矣。吾人能測天文，知日球面積，較地球大一百萬又四分之一倍。但若用極微細之望遠鏡，則能多發見星雲中之星，多現出若干千萬倍。今微鏡仍太粗劣，吾人目力有限，虛空無量，諸太陽系無盡，則天文學窮矣。而且疲精神研究學術，亦至苦惱之事。回顧下等動物，胎，卵，濕化，亦與吾同爲有生之倫。人由下等生物進化而來之說，愈考愈眞，而投胎轉世之實例，亦愈証愈多且明。吾人居三十六萬六千種動物之一，于此無量虛空中占此電光石火之刹那時間，又復生老病死纏之。始從何處來，終于何處往，所謂「念天地之悠悠，獨愴然而涕下」。今日因有刀兵憂患之苦，卽至大同世，而生老病死之苦，依然不能脫離。科學只能助我肉體之樂，不能解決我之生死問題。總之，科學能解脫「我的」，而不能圓滿解決「我」。若一旦追求「我」之本身，「我」之自性，任何科學皆無所施其技。則必須有更進一層解決「我之爲我者」一種學術，方足圓滿我之欲望。因我有此困苦，故人類同有此困苦，故不能不求之于仙佛超世眞道。（天道亦仙之一種）何以故？一切科學止于生前有用，一旦「我死」，至皆無用，故但能養生，不能解老病死苦故。

宗教中有迷信，誠然是也。但其中有迷點，如核桃果中有仁，非全迷信。本書引克氏重新估定之各教，已言之。但克氏所欲解決者，不過人羣肉體問題，而仙佛大道根本，殊不在是。南海康先生乃大同學開山，然其言謂「科學大明，諸教皆破」，亦但就世間法言之耳，終亦歸宿華嚴。譚復生用孔耶佛演仁學，乃大同學第二大師，終亦歸宿破佛網本大同學至此負指導人生一切最後路線之責，決不能以狹隘眼光，限于此法形骸之一局部，誤人生死大事。應正示衆生以最後歸宿，仍是仙佛證果眞路。

特于此有應注意之二點。一，舊宗教派以閉門獨修，或入山出家爲學仙佛辦法。此乃昔日大同社會學時機未熟，無常迅速，不得不急求自了。今則不然，非以化家爲出家，先解決人羣問題，然後人人皆眞成仙佛不可。二，舊派仙佛修行，皆多屬空理立談，不求眞實現身修行証果實際。固由于社會不良，善知識太少，亦由憑藉物質太薄弱，未能了生，故不能脫死。今既至大同，人人無國累家憂，處處得自由。來去無牽掛。南海先生大同書所云「有家即不當出」之累，可以免去。則人人可以有出家之受用，而且美術新村普遍世界。人人每日做二三小時之工，此外皆得隨意自在，從心所欲，凡年過四五十以上之人，皆可從事修眞養性。即不作工，亦可養道，勝于今日修士種種不便之苦矣。

封禪書漢武帝聞方士談黃帝乘龍上天事，曰嗟乎！「使我誠得如皇帝，視妻子如脫屣（音徙草鞋也）耳」以彼有帝王之享受果得成仙，尚可捨所最愛妻子皇位而去之。然則大同世雖人盡享樂，究之人間濁世苦，不如仙家日月長矣。故不獨漢武帝爲然也，唐宋帝王服丹而死者比比，曾無後悔。印度日本皇帝年老出家修道者相望。帝王且捨國以求成仙佛，而況平民，更有何戀？加以世界大同，人無刀兵之苦，妻子之累，則不願脫屣以離塵垢者誰乎？人人成佛，此其時矣。特此處有一疑問，仙佛之究竟有無？天宮究可上否？而修行方法究可靠否？六種神通，前別等事，究實在否？十方淨土，究可往生否？卽身成佛，蓮花化生，究竟有術否？此乃一大問題耳。

關乎鬼神有無，輪迴轉生諸問題，今不暇論。可參考丁福保六道輪迴錄　專就人所信之催眠術舉例言之。催眠至第三期，大抵發生神通，若前知，他心通，千里眼等，均可十人中有四五人能之。此世所知者。但此乃未深入之現相，若專誠深入，我以爲其神通可以擴大，必能如佛說遍遊十方世界者，此則决不誣也。若能深入，我以爲定可証明秘宗「卽身成佛之事」。又如楞嚴壇，華嚴壇及秘部種種儀軌，限期結界，得良師指導，我斷定决無不成「蘇希地」之理。特難與根器淺人言之。

除催眠術可以証明人變化身形之理外，莫如進化論。讀者于變種學若有一二年之專工，則可以深知達爾文進化論，天演人爲淘汰說，與佛家講修行變換身心說，乃至成佛，其理愈小蟲皆能以知覺變形易體，而人類應用「萬法唯心造」之公例，以變肉體成佛，固可操左劵耳。至彼時女男人人，十方世界隨意交通，變化自在，脫一切苦，具如大乘經所言。打破有限之時間空間，而入秘嚴無盡海藏，方爲一切問題究竟圓滿。

以上述秘部即身成佛與進化論相同之原理，其理甚深，略具于此、仁航于此有實証，不能與常人言

以上新大同學六綱，以第一步實現一小地球之大同爲起點，直至十方世界同入一世海莊嚴海，一切衆生盡成佛，爲圓滿境界。乃本書究竟，即衆生究竟也。故本書以大同學爲最粗入門，並非專講粗淺之大同學。然第一步必大用科學，并爲世界全體大革命，以破除人人皆成佛之障碍。所謂「一大事因緣」乃爲速使衆生立地成佛。至于小小分贓均產問題，公財公愛問題，乃不得已之進化一過程耳。

本篇新大同學止此，以下仍述古大同學與世界文化史之關係。

人人仙佛神游化身十方交通											圓覺爲性				無無							
											悲智空爲性				無法					師		
											但空爲性，				無心					師		
											福愛樂變化爲性				無身					師		
諸星物質交通	解脫超世	上通天神，下通鬼畜，同歸敎化	春	無爲	相忘	佛云君髮白必出家	淡泊，衣食簡少	自然，不尚賢	忘公私	老莊列楊，或克魯巴金，	淡泊自然爲性	尚樸	三皇無文	母系	人少，因修仙多，無家		三皇無政府	生無爵，死無謚，而野葬。無哀哭，無家，但有名，或無名。		師	道	人淡
物質圓滿	精神上無一夫不獲	稍遜	夏	垂拱而治	揖讓	必遜位	火食	尚賢	天下爲公	孔墨堯舜	飲食男女樂生爲性	尚愛	五帝畫象	男女	漸有家	揖讓并投票	有政府，極簡	始有氏	與師處	師，始有君	德	樂爲敎，人樂
地球統一均田制產	身體上無一夫不獲	顓頊以後，重黎絕地天通。行井田學校法，名山大澤不以封，土國歸公，資本公有。	秋	起立	道一風同	不知出世矣	五味備	傳子	天下爲家	孟荀宗禹	禮義節文爲性	尚敬	三王明刑	男系	人漸多，有國而興滅繼絕	征誅	三王	男統興，始有姓，家天下矣，爭殺自此始	與友處	君，帥	仁義	禮爲敎
			冬	奔馳		只知爭權利爲短時間生活				管，商，申，韓	誇詐成性	苟生存		兵匪系	人患多，刑名，政法，尚不輕滅國	撻伐	五霸		與臣處	大元帥	假之	任刑法，人苦
			閏位		百家放紛往而不返		極矣			生物競爭	恐怖成性	大恐慌			滅人國	優勝劣敗						假名詞殺亂
				發狂					殺人之父兄人亦殺其父兄						衆亡人種				鬼王嘍囉相處	會長虎而冠		
新大同學六綱	32	31	30	29	28	27	26	25	24	23	22	21	20	19	18	17	16	15	14	13	12	11

甲　三世四運進化退化表六

	出世法				世間法							
1	佛	大乘菩薩	小乘聲聞		邪治	大同	小康	衰亂				
2					眞人，至人，	聖人	君子	小人	夷狄			
3				天仙	皇，地仙	帝，人仙	王，人	霸		禽獸	餓鬼	地獄
4					大同之精，不尚賢。	大同之粗，選賢與能。	小康	衰亂				
5					煌煌，大也，明也	可審諦也。	通天地人，天下所歸往也。	追也				
6					化，無刑	教，象刑不用權力，	半用權力，政刑	用權詐，兵刑	專用權力，		大禽獸，甚于虎狼，以機械爲大爪牙。	
7					無言	少言	號令	腕力				
8					多半出世，少半入世。	半出半入世	內聖外王，然無出世法矣。					
9					壽命長	壽亦長如彭祖		人體短小醜陋，壽數十而已	朝不保夕			
10					無文字，尚質	伏羲十言立教，少文	文盛	最盛			發洩無餘	
11					人淡	樂爲教，人樂	禮爲教	任刑法，人苦	假名詞殺亂			
12					道	德	仁義	假之				
13		師	師	師	師	師，始有君	君，帥	大元帥			會長虎而冠	
14						與師處	與友處	與臣處			鬼王	嘍囉相處
15					生無爵，死無諡，而野葬。無哀哭，無家，但有名，或無名。	始有氏	男統興，始有姓，家天下矣爭殺自此始					
16					三皇無政府	有政府，極簡	三王	五霸				
17						揖讓非投票	征誅	摟伐	優勝劣敗			
18	無無	無法	無心	無身	人少，因修仙多，無家	漸有家	人漸多，有國而興滅繼絕	人患多，刑名，攻法，尚不輕滅國	滅人國	衆亡人種		
19					母系	男女	男系	兵匪系				
20					三皇無文	五帝畫象	三王明刑					
21					尚樸	尚愛	尚敬	苟生存	大恐慌			
22	圓覺爲性	悲智空爲性	但空爲，性	福愛樂變化爲性	淡泊自然爲性	飲食男女樂生爲性	禮義節文爲性	誇詐成性	恐怖成性			
23					老莊列楊，或[illegible]巴，金，	孔墨堯舜	孟荀 宗禹	管，商，申，韓	生物競爭			
24					[illegible]	天下爲公	天下爲家				[illegible]殺人[illegible]之父	

19	戎車		鉤車先正也	殷寅車先疾也	周元戎先良也	司馬法詩元戎十乘注
20	旂旒、	虞旂	夏綏當爲緌	殷大白	周大赤	明堂位注
21	輦		余車	胡奴	輜車	司馬法
22	馬		夏后駱馬黑鬣	殷白馬黑首	周人黃馬蕃鬣	明堂位
23	上	虞上陶。舜興于陶亦可見其尚	夏后氏上匠。土木工也。禹興于治水，	殷人上梓。爲飲器，若杯勺箸簋之類。	周人上輿。	考工記
24	禘郊祖宗	虞禘黃帝郊嚳，祖顓頊而宗堯。	夏禘黃帝郊鯀，祖顓頊而宗禹。	殷禘嚳郊冥，祖契而宗湯。	周禘嚳郊稷，祖文王而宗武王。	祭法
25	祭	尚用气血腥爓		尚聲樂先求諸陽	尚臭先求諸陰	郊特牲
26		虞祭首	夏祭心	肝	肺	明堂位
27	牲		夏尚黑	殷白牝（可見殷尚坤化也）	周騂剛就色上論，乾象也，亦濃矣。	
28	日色，斂		尚黑，大事斂用昏	殷尚白，斂用日中	周尚赤，斂用日出	檀弓
29	戎馬		戎事乘驪	乘翰	乘騵	檀弓
30	牲		用玄	用白	用騂	檀弓
31	爵		夏后琖	殷斝	周爵	明堂位
32	明器祭器		夏用明器示民無知	殷用祭器示有知	周兼用示民疑	檀弓
33		虞綏	夏綢練	殷崇牙	周璧翣	明堂位 此乃見其文日增爲倍數也
34			夏龍簨虡	殷崇牙	周璧翣	
35	鼓		夏足鼓（有足也）	殷楹鼓	周縣鼓（懸起）	
36	玉數	虞兩敦	夏四連	殷六瑚	周八簋	均明堂位
37	豆		揭豆	玉豆	獻豆	
38	酒味薄厚		明水	醴	酒	明堂位
39	俎	梡	嶡	椇	房俎	明堂位
40	尊		夏雞夷（彝）	殷斝	周黃目	明堂位
41	勺		龍勺	疏勺	蒲勺	明堂位
42		虞泰	殷山罍	夏著	周犧象又魯四代尊	明堂位
43	棺	瓦	堲燒土冶以周于棺也	棺槨	牆置翣（柩旁大扇也）	檀弓
44	尚	有虞貴德尚齒德治也	夏后貴爵尚齒階級制也	殷人貴富尚齒漸有資本制也	周人貴親尚齒家族血統制也	祭義
45	六樂黃帝雲門堯大成	舜大韶	禹大夏	湯大濩	周大武	周禮保氏注
46		土鼓蕢桴葦籥伊耆氏之樂也（堯）	拊搏玉磬揩擊大琴大瑟中琴小瑟四代之樂器也。			明堂位

乙　四代質文消長表七（帝降而王之故可以見矣與老莊學案退化條參看）

		虞	夏	殷	周	
1	三正		建寅，人正	丑，地正	子，天正	
2	官數	有虞官五十	夏后官百	殷二百	周三百	明堂位
3	三易		連山首艮，學風尚止	歸藏首坤，學風尚靜	周易首乾，學風尚動	焦竑說
4	三尚		忠	質	文	史記
5	制田		五十而貢	七十而助	百畝而徹	孟子
6	社樹		松	柏	栗	論語
7	鄉學		校	序	庠	孟子
8	大學	上庠下庠	東序西序	右學左學	東膠虞庠	王制
9	大學	米廩虞之庠也	夏序	瞽宗殷學	頖宮周學	明堂位
10	明堂		夏世室	殷重屋	周明堂	考工記匠人
11	養老皇收尊	養國老于上庠，養庶老于下庠，	養國老于東序，養庶老于西序，	養國老于右學，養庶老于左學，	養國老于東膠，養庶老于虞庠，在西郊	內則
12	均冠冕之類	皇而祭，深衣而養老	收而祭，燕衣而養老	冔而祭，縞衣而養老	冕而祭，玄衣而養老	內則
13		凡養老，五帝憲	三王有乞言			內則
14	養老三種禮	以燕禮	以饗禮	以食禮	兼用之	王制
		虞服韍	山	火	龍章	明堂位
15	冠		夏毋追	殷章甫	周委貌	郊特牲
16	弁		夏收	殷冔	周弁	三王皆皮弁
17	弁	皇	收	冔	冕	王制
18	路車	虞鸞車	夏鉤車	殷大路	周乘路	明堂位
19	戎車		鉤車先正也	殷寅車先疾也	周元戎先良也	司馬法詩元戎十乘注
20	旌旂	虞旂	夏綏當爲緌	殷大白	周大赤	明堂位注
21	輦		余車	胡奴	輜車	司馬法
22	馬		夏后駱馬黑鬣	殷白馬黑首	周人黃馬蕃鬣	明堂位
23	上	虞上陶。舜興于陶亦可見其簡	夏后氏上匠。土木工也。禹興于治水，	殷人上梓。爲飲器，若杯勺筩簴之類。	周人上輿。	考工記
24	禘郊祖宗	虞禘黃帝郊嚳，祖顓頊而宗堯。	夏禘黃帝郊鯀，祖顓頊而宗禹。	殷禘嚳郊冥，祖契而宗湯。	周禘嚳郊稷，祖文王而宗武王。	祭法
25	祭	尚用气血腥爓		尚聲樂先求諸陽	尚臭先求諸陰	郊特牲
26		虞祭首	夏祭心	肝	肺	明堂位
27	牲		夏尚黑	殷白牡（可見殷尚坤化也）	周騂剛。就色上論，乾象也，亦濃矣。	
28	日色，斂		尚黑，大事斂用昏	殷尚白，斂用日中	周尚赤，斂用日出	檀弓
29	戎馬		戎事乘驪	乘翰	乘騵	檀弓

古今東西文化史表說第十一上

甲　三世四運進化退化表六

乙　四代質文消長表七

皇帝王霸四者，非關權位與自稱，皆象德之符號。如試卷品行甲乙丙等次之名，且沒後而人判斷之者，皆非可身存而自稱也。謚法不但國君有之，如尼父之謚，素王之號，皆弟子友人所推，此風至今未絕。人可爲堯舜，卽人皆可爲皇帝，猶民國人可爲總統耳。至無其德而自稱者，皆俗云關門坐皇帝，與獅虎占山爲王等耳。由此推斷，今世並霸而無之，何論於王。今任何國之君與總統，不過一部分酋長耳。以中國論，文王者王中近帝者也。三代下無王，惟漢文差近之。李世民趙匡胤才可霸耳。而孔子雖無位，得稱「素王」。耶蘇稱「上帝之子」，卽儒教云「天子」也。「五霸者三王之罪人也，三王者五帝之罪人也」，故五帝者三皇之罪人也。故老莊非堯舜，孔子退湯武，豈偶然哉。皇以上爲天仙佛道，霸以下夷狄畜生餓鬼地獄，世間法至皇而極。佛言「轉輪聖王」，世人壽極長，又「刼初無王」與古史言天皇地皇人皇是也。再上卽天仙佛道矣。以上三世四運，從一村市起，皆可以此規律判之，則古今中外進化退化如指掌。詳釋其例，須博徵羣書矣。

再者，皇帝王伯四種符號，是「亞化」及中國學術四大綱領。欲出人才，必須先定學術綱領。

可惜知之者少。近儒四川廖季平氏，謂孔子託古，雖不無理由，然而不能一概認實，把幾千年歷史都變成孔子一人頭腦的理想。但所說皇帝王伯之學，亦有可採。茲錄其孔經哲學發微中一節（上海中華書局及國光社發行）諸子以皇帝王伯為優劣符號學說表，及天學神遊說講儒教夢化事。

丙廖季平諸子以皇帝王霸為優劣符號學說表八

皇	道	超等	聖	平天下
帝	德	上等	人	
王	仁	中等	君子	
霸	義，藝（技藝）	下等		治國

帝以上形游六合以外，神游六合以外，麟鳳等物來格。楚辭莊列佛老中庸鳶飛魚躍，易乘龍御天，周游六虛，與大千世界交通。山海經樂經陰陽素問均是，王以下，德衰則靈物不至，僅用祭祀感格。

丁、三世四運治化進退圓表九

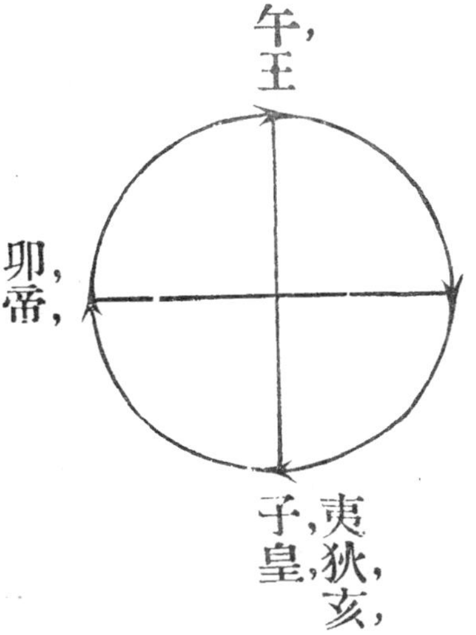

戊、三世四運進化變例表十

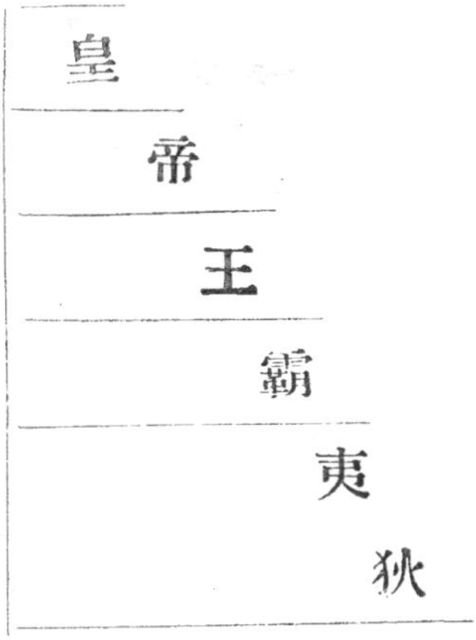

此表不行圓軌道而行斜道，則進行速。

表中由子而午是進化，由午而酉而亥是退化，窮則復始。

其退化之序，大抵皇帝王霸，按次漸降。進也亦然，此常例也。然若遇例外則不定，如大洪水忽至，大同世亦可驟退至亂世，但不久亦即恢復。如孟子稱『當堯之時，天下猶未平是也，舜禹治之二十年而復帝運矣。』例如今用優勝劣敗者爲夷狄，餓鬼，獄地道然。若利用此世界機器之魔力，亦無難一躍而進入于帝道。文中子尚欲以三十年致于帝皇。若今世界則更速，可不必三十年，若以中國之大而行之，二十年可矣。孟子言「五年七年，」孔子言「三年有成，」管仲小匡篇『三歲治定，四歲教成，五歲兵出，有教士三萬人，革軍八百

己、三世四運變化無定表十一

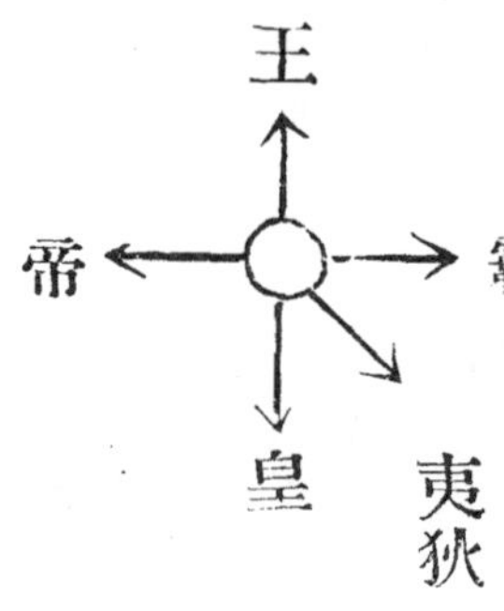

夷狄就是野蠻中國就是文明的意思，幷不是指地方說。

照此表皇帝王伯本來平等，由一心所現，孟子謂『服堯之服，誦堯之言，行堯之行，是堯而已矣。服桀之服，誦桀之言，行桀之行，是桀而已矣。』孔子曰『我欲仁斯仁至矣。有能一日用其力于仁矣乎？我未見力不足者。一日克己復禮，天下歸仁焉。』此又佛之「圓頓法門」，無難

乘，是民兵横行天下，九合一匡。』左傳僖二十四年春『秦伯納晉重耳，二十八年春，晉侯侵曹伐衛』只僅四年。湯以七十里行助法井田，自桀三十三年即位，五十三年放桀南巢，凡十八年。文王自紂十三年爲西伯，至武王伐紂，凡二十年。由此觀之，孟子七年，王通三十年之言，非誇也。今美威爾遜力尚未能霸，列寗以共產均田號令全世界，似主張均產之王道，特不知所傳一日殺數萬人之事確否，果然在王伯之間，尚未能爲全王道仁義之師也。惟我中國具有皇帝王伯聖賢仙佛之道，若舉而措之，則眞孟子制產反手之易耳。

（注意孟子乃君主制的均產不可不知）

立地成佛，皆由一念生也。試更以表明之。○注意一、以佛老克氏三家學術判斷。今世界人無爲畜生之資格。何者，在資本制下，人皆餓鬼道。在强權國家制下，人皆地獄道也。

庚　一心生三世四運十道表十二

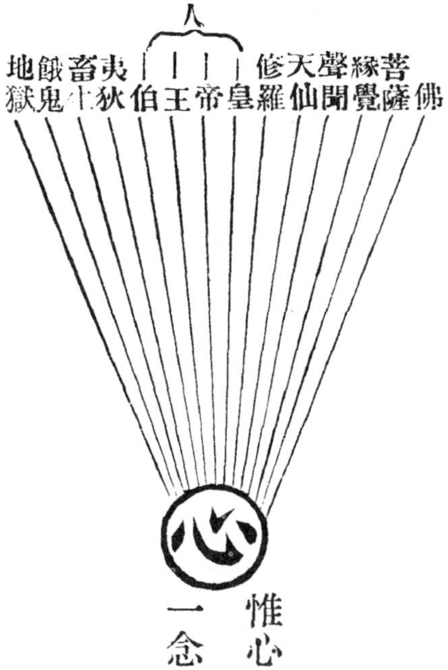

注意二、日本法學博士筧克彥著古神道大義講法學歸于阿彌佗佛淨土，章太炎講國家學先用相宗否認世間國土。法爾如此，不能以俗學一孔之眼評吾此十道表爲雜亂也。

華嚴經世界成就品云，「一切諸國土，皆由業力生。汝等應觀察，轉變相如是。」又卷十云「衆生業力故，國土不思議。隨衆生心起，雜染及清淨，惡業者所居，雜染大憂怖，苦多而樂少，薄福之所處。刹中有地獄，即戰場耳衆生苦無救。由其自惡業，常受諸苦惱。」

或有諸國土，願力所淨治。一切莊嚴中，普放淸淨光。或有甚可畏，嘷叫大苦聲。今世界是已。其聲極酸楚，聞者生厭怖。或有國土中，常出可樂音。悅意順其教，斯由淨業得。世界法如是，種種見不同。一一心念中，出生無量國。（此段世理一看似最淺，而實最深，以華嚴之理，行「大同」之法，非有大智悲慧力者不能也。）今救大苦最頓速之法，即有一富貴人肯發願捨一家產，則一模範村市可成。有督軍官吏紳商學女各界，捨其宦囊祖產數千百萬或數千百十元，各辦模範縣村以至天下，相習成風，則恥爭權利，人盡巢許，其洗耳之水牛犢尚不飲，何有爭地盤賣票之事乎？過激黨有不盡解甲歸降者，吾不信也。讀者曷從己身試一行之，不但可立轉世界于大同，即「立地成佛」可也。

古今東西文化史表說下。（子）七卐十☯三文化及將來大同之趨勢

世界文化發源亞洲，爲世界之搖籃，人人皆知之。今不暇多舉西書爲証，另詳異日著英文世界文化大結婚一書中，其中央一支，以印度爲中心代表，其符號爲卐字，表萬德圓滿。其東行一支以中華爲中心代表，符號爲太極圖☯，表剛柔體用具備之象。其西行一支，以歐洲爲中心代表，古代小亞細亞埃及文化系統皆屬歐洲符號爲十字，表橫逆豎忍苦痛阻遏奮鬪之意。英法德語意皆同。是故天竺文化純乎解脫，爲

宗。東亞文化，主動靜剛柔精神物質之中道。而西歐則千年列國，種教相爭，殘殺無已，至今爲烈，此其異也。但亦互有長短。印化純發展精神，故爲世界大宗師，視兩足類生死輪轉，刹那變滅，與四足多足毫無區別。曾無俯視價值，根本上否認宇宙人天一切世間，乃至否認惟心惟物等一切淺薄哲學。內外俱空，物我皆幻，生死夢泡，苦樂齊捐，以無碍無限之妙觀游于方外，此其所長也。至歐洲因數千年戰爭結果，故長於發展物質，以至科學勃興，駕風馭電。今無線電發明，居太平洋，可坐聽波羅的海岸會堂之音樂歌聲。物質神通，日進方將。完全縮世界于掌握，踐五洋若戶庭。此其所長也。若夫我中國則所長者何物乎？比于印度乎？則世界凡求精神解脫者，必膜拜焉。歐美任何大宗教家哲學家，一訪印度遺墟，忽不覺盡喪故我，而忘其發言資格。故甘地太戈爾等，今尙爲世界大師。華人欲學印度，則惟有向佛祖五體投地，合掌頂禮，燒頭燃臂耳。比於歐洲乎，我過去雖有羅盤針，印刷術，火藥之三大發明，然永不進化，中道徘徊。今欲考究物質學術，惟負笈西瀛，詣英法德俄美，乃至比利時瑞士彈丸小邦，恭謁各大學教授之門墻，而脫帽鞠躬，期領其博士證書焉。嗚呼！可憐哉！若大中華，毫無一長，皆坐徘徊中道之遺誤也。而盲聾一孔腐儒，反敝帚千金，認自甘暴棄爲自鳴得意文化破產，誰尸其咎？然而實有一特長焉。中國自己發明，雖不能與印歐比，然印歐文化均不能解决世界二十世紀以後，必賴華人之天賦同化力乃克完成世界化之工作。昔佛化來中國，而中國大乘佛化之震奮，遠過印度，故傳播東亞南洋皆華人之力。今與歐美文化接觸，傳播擴張新文化之力，將來亦必過于歐美。蓋由中華地跨三帶，幷有大洋與大陸性質，度量廣大，兼容幷包，永無小洲教爭種爭等墻壁之界。所望于今日青年者，在以印度卍字文化大解脫精神爲體，以歐美十字文化系統美備科學物質爲用，大建設全球靈肉幷重之圓滿〇文化，然後實現十方華嚴世界，焉此新大同學六綱究竟也。

附言仁航絕對主張亞歐體用同化，解决世界一切問題。其歷史根據，昔小亞細亞一隅，與歐東一隅文化結婚，而誕美妙之小希臘。再一度亞拉伯與地中海文化結婚，而生近世文化。今日以太平洋印度洋與波羅的海大西洋化結婚，必誕全世界無數新希臘，成一空前大希臘之華嚴世界。而友人梁漱溟君承認許余爲外道（實則外道解釋詳佛學大辭典觀音三十二應條下）但其文化上主張與仁航正相反，彼評歐洲爲進步，印度爲退步，中國得中，故不講物質文明的歐化，精神解脫的「佛化，印度化。」（即印度外道亦有小解脫之路近似老莊也），且既致疑于孔子大同，又不力倡孟子小康乃徒事徘徊中道之儒學，不覺已返入宋明儒者窠臼。鄙人雖極佩梁君人格，然當仁不讓決不能承認其文化主張。昔顏習齋評宋儒「即好亦無辦法」仁航最重辦法，希閱者比較公判之。再者以梁君之博學深思，更望其游印度西洋，廣爲參証。將來指導吾輩者，當更有進也。

21	以君安故習閑應之言常驗	因冒險故新成功之例常有
22	忍辱慣而天命星相，卜筮出家盛。	人權明而男女平權，貧富均等，上下革命興，
23	貴消其憤於內，	貴洩其憤於外，
24	因內消故精神學盛。孔老佛耶回祆教諸教，主皆產亞洲。	因外洩，故法律物質學盛。盧騷，哥命布，瓦特，奈端，福蘭克令等出。
25	多蔬食素淡。	多肉食腥膻。
26	多暇而失之懶惰。	多忙以鍊其身心。
27	地理則大陸交通不便。	瀕海則交際頻數
28	貴寡欲，知足而尙儉樸。	貴欲望，貪多務得，而尙華飾。
29	以道德刻苦精神爲文明。貴茅茨土階，簞瓢陋巷，爲聖賢高士。以乞食出家爲大仙。	以肉體享受物質爲文明。貴優厚之食衣住用，遊玩，男女自由歡樂，爲人生應享之幸福權利。否則爲野蠻。
30	尙教化仁義。多大體之學。	尙智力權利。多作用之術。
31	多空想假定之謬說，缺乏科學智識。	多分科精析試驗，而不能圓成。
32	多聖賢。亦多僞君子。	多豪傑。亦多眞强盜。
33	以文弱爲文明。	以强暴爲文明。
34	似紅樓夢家庭。紅樓夢爲代表。	似水滸梁山泊生活，强盜牌，三砲臺香煙爲代表。
35	好吃鴉片煙。	好飲酒決鬬。
36	拘泥禮文形式。	務實質適用。
37	小說結果多終於仙佛。	小說結果多自殺。
38	以寂滅空幻爲解脫。	以痛快壯烈爲解脫。
39	女性，貴陰柔，貴母雌。	男性，貴陽剛雄健。
40	坤以成之，故爲後軍而成就。	乾以進之故爲先鋒而破壞。

然則世界一統之學系如何，則以吾中華文明先進民族之責任，應實行如下。

亞歐文化集大成表十四 體用亦聊假定一個名詞，實則今歐洲哲學社會學精切有過於亞方古代

1	卐字學系，萬字	十字學系，	☯字學系，太極圖。
2	印度派，中亞細亞印度各國，	歐洲派，全歐	東亞派，中國日本等國。
3	卍者萬德圓滿也。	Cross 爲困苦阻碍艱難之意，英德法語皆略同。	內陰外陽，文經武緯，世出世法
4	以大解脫爲歸。	以犧牲主義爲終。	以中道圓成爲歸。
5	佛教婆羅門爲代表。	耶蘇蘇克雷地路盧梭列寧代表，耶雖亞洲之聖，而教則爲歐代表	孔之大同佛之圓教老之自然因應爲代表
6	厭世出家。	勇猛壯烈。	體用俱備，集其大成。
7	純全出世間法。	純入世間法。	半出半入法。
8	國王太子捨身出家投身飼虎何戀世間?	大革命家出產地。	黃帝乘龍仙去，堯舜讓位，易戒亢龍何俟他人革命?
9	純讓，印度哲學也，	純爭，歐洲舊哲學也。	得中道義，中華也，
10	爲師。	爲將。	爲政。
11	現仙佛身，衆生皆成佛，	現修羅地獄身，人皆上帝之子，	現人身，人皆先堯舜，後成仙佛。

附言，近西儒論中國者，羅素于其中國問題中，謂『中國不過加以三十年之科學，將來以其庶與富可逐美國之後爲世界第一等國，又云二十世紀中華民族在世界上成一大問題，』偉而士言『將來左右世界者必爲操英語與華語之人云，』北京英文快報載美國公使 Reinsch 倫尼士言十九世紀以後造成美國的世界，二十世紀以後將成中華的世界了。噫可以興矣!

仁航著本書之惟一目的，即在體用圓成，文化結婚，誕成第三文化，迅速打破國，種，教，學等界，除去兵工廠殺人兇器。而第一發動者，先由東方五萬萬人起，以聯合世界哲人，共造大同，皆成仙佛，可計日而待，此區區微意也夫。

亞化歐化學系異點表十三

此所謂亞化乃亞化之一部，吾華人暫以中國爲亞化代表云爾，實則印度回教諸國文化吾華人不全知，當知此爲秦漢以後之中國，非三代以前也。孔孟大同小康學案卷一

	亞化（中國）	歐化（列國）
1	用中。好折衷調停。如混言三教同源，而學術混沌。南北議和，而政治混沌。此其弊也，其利則可息小爭。	用極。走於極端，如宗教之爭，科學之爭，民族之爭，民權之爭，民生之爭，霸國主義之爭。今德與聯軍大戰五年，殺人千七百萬是也。過激派之爭，：列寧一日殺萬八千人於尼伐江，是也。
2	尙柔文。貴老，喜文人，服長衣，小子後生爲賤，以某大老老先生爲㫌稱。	尙武力。貴壯賤老，靑年會甚有勢力於社會。
3	用天產人力動物力。	用機器。汽電之類。其機器皆用鋼革等。
4	學術貴統一。學統內聖外王，而劃齡。	政治學術貴獨立，成一家言，各據一國以相抗，
5	倫理重家族。家庭主慈孝弟，夫倡婦隨。故人民愛家心厚，愛社會心薄。	倫理重個性。各求個性發展，謀獨立生活，父子分家。女子有職業，故男女平等。其愛團體之心，常過於愛家。
6	歷史上以統一爲常。制據爲變，	歷史上以分裂爲常。自羅馬後，無統一者，羅馬其統一之時亦短。
7	文字一統。惟東南江海語言相差甚遠。[illegible]自[illegible]三省以至雲貴川鄂，相去不遠。文字則易統一，聲變化。故三千年來二萬里文字通用。將來統一世界，尙未定用歐文，抑用華文，則視國力矣。Myers 邁爾士謂華文人數（連日本等國在內）占世界人數三之一也。但中文亦須改造新字。	文字語言十餘種。[illegible]氏，是爲[illegible]文，適於延長時間空間。每歷數百年數百里則易隨聲變。決不適世界大同之用，世界語亦拙。
8	種族同化而界限輕。中國春秋戰國時，夷狄甚多，經二千年來，大致已相忘矣。因孔孟皆貴民，雖外族入中國亦爲所化故也。	種族界嚴，條頓，拉丁，斯拉夫、等等各嚴其界。
9	地理上海岸線短。沈沈大陸，故宜統一。	海岸線長。有西海，波羅的，地中海諸海深入腹地，勢便獨立割據。
10	好古主退化，人皆讀古聖之經，述堯舜三代，謂古不可復，歸於天運。	尙新主進化，人皆務發明新器新學。（此亦近世紀之事耳）
11	如老人。聞歷多，常述過去陳迹。	如少壯年。喜新奇，務活潑勇敢。
12	如僧。印度緬甸僧最多，可證。	如俠。歐洲軍器軍事可爲證。
13	喜靜惡動，怕事。格言如「各人自掃門前雪，莫管人家瓦上霜」	喜動，惡靜，喜風波，冒險。
14	長衣好讓。	胡服，短後，好爭。
15	口常講道德。	手常持杖。
16	如中落世家。舊架子存而中空。又習驕奢不肯改門面，嗜吸鴉片，賭嫖。	如新發戶。勤儉質實。
17	不明生計，交際。	精於營財，治家，交際。
18	鄉愿。混賬好人，無是非廉恥。	强盜。吞人國，滅人種，謀人財。
19	不出門戶。地大取之自足。	好遠略。亦地狹生計困難故。
20	因好讓而棄權利，故專制出。	因互爭而人權明，傾向平等。
21	因苟安旼喜因懸之言常驗。	因冒險故，新成功之例常有。

附言，近西儒論中國者，羅素于其中國問題中，謂「中國不過加以三十年之科學，將來以其庶與富，可追美國之後，爲世界第一等國」，而偉而士言「將來左右世界者，必爲操英語與華語之人云」，噫可以興矣，

丑卐十☯三文化同源考　亞化歐化異點表十三　亞歐文化集大成表十四

(1) Fylfot. Nelson's Encyclopaedia. A pre-Christion form of cross found on very ancient, remains southern Europe. It has an immense range in both hemispheres, and is the swastika of the Buddhists.

內利生百科全書，飛利符Fylfot乃是耶教以前的一種十字架，在最古時代，已見之于南歐，留其遺跡。廣行于兩半球，卽佛教之史偉第加，按可見卐字（是希臘以前的十字架符號，就是耶教的來源了）。

(2) Svastika v = w a symbol of unknown origin, and early introducdd into India, apparently in conneection with sun-worship. It appears eigher as a cross in a circle—thus ⊕ —or as a cross with the arms bent at right angles—

thus 卍. The latter symbol is found in heraldic and ecclesiastical work in Christion countries, as well as in the catacomb, and is known as the fylfot Medieval (按從476－1453 A.D.) Mystic writers derived it from the Greek gamma,(見下面) which they thought suggestive of Christ as the corner sttone: but it is seen on objects exhumed at Troy(小亞細亞地方土爾其之舊城)By Dr Schliemann.(德國探古學家)and in early Indian and Chinaese art: also in Mexico and Peru.

（2）內利生百科全書又解申偉第加Svastika乃傳自無始以來之記號，在很早時已傳于印度，他和拜太陽教很有關係，其形式或把十字寫在一個圓圈以內爲⊕或于十字加上些邊角曲附在右旁爲卍卍字的符號，見于耶蘇教會的工程中，尤其在墳墓裏，就是飛利符記號，從西歷四十六到一四五三年的時代，神秘學者，推出此字是從希臘第三個字母Gamma來的，他們以爲就是基督用作重要默示的。(按這條很要緊)此物曾經舒力門君在處牢地方東意發掘出來。在很古的印度中國藝術上都看見，又在墨西哥和秘魯也有之。

(3) Swastika, Everyman's Encyclopaedia A curious religious symbol and talisman, believed to have originated in Judia or China, and introdcued into Europe in the sixth century. In form the S, is a greek cross. Sometimes the figure is comprist in a circle, ⊕ still used by Buddhists and Jains of India, China, and among the Indian tribes of America. In Europe, in the middle ages, the S. often figures in decoration, embrocdery……on the mitre of Thomas A Becket, on the brass in Leuknor church, Oxon.

(3) 人人百科全書史偉第加，乃一奇特的宗教標號或符咒。起顯是猶太和中國人所信仰（按這條證明先傳到猶太了）西歷六世紀傳到歐洲。初爲希臘之十字，有時寫作⊕，將十字置于圈中，此風俗行于印度的眞因民族和佛徒及中國及美國的西印度人，歐洲中世紀常用于裝飾刺繡品，（按中國至今婦女兒童鞋帽及屋簷到處有之）牛津劉克，教堂德馬必克主教之銅冠上有之。

按路加十四章二十七節耶蘇說『凡不背着自己的十字架跟從我的也，不能作我的門徒』，又約翰福音八章四節『耶蘇彎着腰用指頭在地上畫字』看起來這十字架是從太古以來就有的，傳到各國民族裏面的了，大抵是古代一種講道的象徵，所以差不多很普通的。耶蘇說『凡不背着自己的十字架，………』可見不是耶蘇纔創出來的，可証世界文化是同源了。

(4) Swastika. Webster's collegiate dictionary. A certain kind of symbol or ornament of great antiquity, many modified forms exist, while various decorative designs, as the Greek fret, are derived from, or closely associated with it. Called also fylfot and gammadion.

(4) 史偉第加韋伯斯大字典解釋乃是太古時代一種符號或裝飾品，有各種變體，各種圖案，就像希臘格子式，都源本於此或於此近似的。又叫飛利符及格馬當，

(5) Gamma韋氏字典希臘之第三字母，其形如Γ. Gammadion. W. d. A cross formed

of four gammas (Γ) esp. in the figure of a swastika 卐, or in that of a vaided greek cross ╬，韋氏字典此乃一種十字，用希臘（各馬）字母四個合成，或爲 卍，或爲中空之 ╬ 。

(6) Cross 十字架韋書有二十種如 ☩ ✝ ✕ 卍 ✠ 等等（按此可見十字體變化之大，有阻碍困難殘忍各種意思，英德法字意均略同，

(7) Swastika 卍 Wells, Outline of History. as Elliot Smith Says "Heliolithic culture"

(7) 韋爾士世界史綱　據厄牢弟氏說　日光的文化　，大抵此俗從舊石紀到新石紀有，各種禮式，1，割勢術（按卽猶太之割禮耳）2，兒生時父僞坐月子，廣東卽有此俗，3，摩挲術，massage 4，臘尸，mummy 卽木乃伊）5，大石紀念，最初印度爲之，6，紅布裹頭，（按今印人尚未改）7，文身，tattooing 卽圖滕 8，拜日及蟒，（按天主耶蘇及中國凡拜天者都差不多算拜日，中國傳有太陽經，及拜河神太王也。9，用卍字爲標作吉祥相，此俗通大地，特北不及蒙古南不到非洲的熱帶

，從紀元前一萬五千年到紀元前一千年頃，行於溫帶大地，Elliot言：從地中海北非洲過太平洋至美洲若西印度秘魯八世紀已行之，最早者爲埃及幼發拉底及太古利河流域也，亞拉伯亦有，或中國獨例外耳，（按不知自秦漢時佛化已東來矣。）

(8)日本織田氏佛教大辭典卐梵語爲Strivastsalaksana即吉祥海雲相，羅什玄奘均譯德字，魏菩提流支譯爲萬字，言功德圓滿也。是相非字，其形從右向左而旋，佛眉間白毫右繞三匝卐字相是也，或寫作卍,向左旋,是錯了。高麗本藏經及慧琳音義均作卐，華嚴音義同，又或記右旋爲◎，大乘經以爲是十地以上菩薩吉祥相，在於胸上，小乘則不限在胸。但梵僧云，爲梵天吉相，作火炎上的形，梵本事火爲大淨吉也，（按古來民族無不以火爲神，中國古以炎帝稱神農天主神父至今敬火，各廟神燈晝夜不息，均以爲神燈長明。不知初民乃以藏火種爲大要事，因成習慣忘其所以然，成爲拜一切光的宗教儀式耳，凡教無不重光者也。）

以上事卐考十兩文化之同源，已明確。至卐與☯太極圖文化之關係，更容易明白，卐字既從太古傳來，而中國文化八種均從西方來，中國文化先爲道教

（淮南子及百家共認此言，不通此語者，僅陋闊俗儒耳，）張惠言云伏羲以十言立教，即八卦加消息二字。蓋伏羲諸哲自西來東，把卐邊寫成圓圖，即⊕，與初到歐洲時正同。後漸寫漸變爲☯各種太極圖也。以此可証明世界文化同源矣。要之，卐減四邊即成十字，圓四邊即成太極耳。傳到歐者由⊕變爲十。到亞東者由⊕更變爲雙魚形等象徵，至爲確實明白了。近西人若衛中等深信世界人種文化同出于印度，由錫蘭島亞當橋古跡考之，亦很合理也。

惡鄉愿篇第十二

（堯舜皋夔近似官僚，莽操近似周公，劉邦朱元璋以至李自成張獻忠近似湯武革命。差以毫釐，謬以千里，故孔子深惡鄉愿，正是爲此。）

論語子曰『鄉愿德之賊也，』

孟子萬章問曰『孔子在陳曰盍歸乎來吾黨之小子狂簡進取，不忘其初。孔子在陳，何思魯之狂士？』孟子曰，孔子不得中道而與之，必也狂狷乎！狂者進取狷者有所不爲也。孔子豈不欲中道哉？不可必得故思其次也。『敢問『何如斯可謂狂矣？』曰『如琴張曾皙牧皮者，孔子之所謂狂矣。何以謂之狂也？曰其志嘐嘐然曰古之人古之人，夷考其行而不掩焉者也。狂者又不可得，欲得不屑不絜（潔）之士而與之。是獧也，是又其次也。孔子曰過我門而不入我室，我不憾焉者，其惟鄉原乎？鄉原德之賊也，曰何如斯可謂之鄉原矣，曰何以是嘐嘐也言不顧行，行不顧言則曰古之人古之人行何爲踽踽涼涼？生斯世也，爲斯世也，善斯可矣。閹然媚於世也者，是鄉原也。』萬章曰『一鄉皆稱原人焉，無所往而不爲原人，孔子以爲德之賊何哉？』曰『非之無舉也，刺之無刺也同乎流俗，合乎汚世居之似忠信，行之似廉絜，衆皆悅之，自以爲是，而不可與入堯舜之道。故曰，德之賊也。孔子曰，惡似而非者，惡莠恐其亂苗也惡佞恐其亂義也惡利口恐其亂信也惡鄭聲恐其亂樂也，惡紫恐其亂朱也，惡鄉原，恐其亂德也。君子反經而已矣，經正則庶民興，庶民興斯無邪慝矣。

按孔子頂怕『鄉愿』，而子貢說紂之不善不如是之甚，可見桀紂的惡，還可以原諒，鄉愿的惡沒有末減的，這是爲何，是因爲蛇很像鱔魚，狼很像狗，害人頂利害，後世自從劉邦以到洪憲，專制民賊都是打着稽古右文尊孔的招牌，實行子孫萬世的手段。他跑到死牛尾巴後而磕一個頭，就叫天下人替他磕萬萬個頭。孔教就成了一本萬萬倍利的民賊教，麻木不仁的鄉愿教了。所以不但大同的孔教亡，井田小康的孟教也絕滅了。孔子上那去喊寃呢？直到本書出現，眞孔子才重見天日了。

史記孔子世家

孔子生魯昌平鄉陬邑，其先宋人也曰孔防叔，防叔生伯夏，伯夏生叔梁紇，紇與顏氏女野
合而生孔子。禱於尼丘得孔子。魯襄公廿二年而孔子生。生而首上圩頂，故因名曰丘云。字
仲尼，姓孔氏。丘生而叔梁紇死，葬於防山，防山在魯東，由是孔子疑其父墓處，母諱之也。孔
子爲兒嬉戲，常陳俎豆，設禮容。孔子母死，乃殯五父之衢，蓋其慎也。郰人（音鄒）挽父之母誨孔
子父墓，然後往合葬於防焉。孔子要絰，季氏饗士，孔子與往，陽虎絀曰：『季氏饗士，非敢饗
之也』。孔子由是退。孔子年十七，魯大夫孟釐子病且死，誡其子懿子曰：『孔丘聖人之後，
滅於宋，其祖弗父何始有宋而嗣讓厲公。及考父佐戴武宣公，三命茲益恭，故鼎銘云，一命
而僂，再命而傴，三命而俯，循墻而走，亦莫敢余侮。饘於是，粥於是，以餬余口。其恭如是。吾聞
聖人之後，雖不當世，必有達者。今孔丘年少好禮，其達者歟！吾卽沒，若必師之。及釐子卒，懿
子與魯人南宮敬叔往學禮焉。是歲季武子卒，平子代立。孔子貧且賤，及長，嘗爲季氏吏，料
量平。嘗爲司職吏而畜蕃息。由是爲司空。已而去魯，斥乎齊，逐乎宋衛，困於陳蔡之間，于是
反魯。孔子長九尺有六寸，人皆謂之長人而異之。魯復善待，由是反魯。魯南宮敬叔言魯君

曰，請與孔子適周，魯君與之一乘車，兩馬，一豎子，俱適周，問禮。蓋見老子云。辭去而老子送之曰，「吾聞富貴者送人以財，仁人者送人以言。吾不能富貴，而竊仁人之號，送子以言，曰：『聰明深察而近于死者，好議人者也，博辯廣大危其身者，發人之惡也，爲人子者，毋以有也。爲人臣者，毋以有也。』」孔子自周返于魯，弟子稍益進焉。是時也晉平公淫，六卿擅權，東伐諸侯，楚靈王兵彊，陵轢中國，齊大而近於魯，魯小弱，附於楚則晉怒，附於晉則楚來伐，不備於齊，齊師侵魯。魯昭公之二十年，而孔子蓋年三十矣。齊景公與晏嬰來適魯，景公問孔子曰：『昔秦穆公國小處辟，其霸何也？』對曰：『秦國雖小其志大，處雖辟行中正，身舉五羖，爵之大夫，起纍紲之中，與語三日，授之以政。以此取之，雖王可也，其霸小矣。』景公說。孔子年三十五，而季平子與郈昭伯鬭雞故得罪魯昭公，昭公率師擊平子，平子與孟氏叔孫氏三家共攻昭公，昭公師敗，奔於齊，齊處昭公乾侯。其後頃之，魯亂，孔子適齊，爲高昭子家臣，欲以通乎景公。與齊太師語樂，聞韶音，學之三月不知肉味，齊人稱之。景公問政孔子，孔子曰：『君君臣臣父父子子』景公曰：『善哉，信如君不君，臣不臣，父不父，子不子，雖有粟，吾豈得而食諸？』他日又復問政於孔子，孔子曰：『政在節財』，景公悅，將欲以尼谿之田封孔子，晏嬰進曰，『夫儒者滑稽不可軌法。倨傲自順，不可以爲下。崇喪遂哀，破產厚葬，不可以爲俗。游說乞貸不可以爲國。自大賢之息，周室既衰，禮樂缺有間，今孔子盛容飾，繁登降之禮，趨詳之節，累世不能殫其學，當年不能究其禮。君欲用之以移齊俗。非所以先細民也。』後景公敬見孔子，不問其禮。異日景公止孔子曰：『奉子以季氏，吾不能，以季孟之間待之，』齊大夫欲害孔子，孔子聞之，景公曰：『吾老矣，弗能用也，』孔子遂行，反乎魯，孔子年四十二，魯昭公卒於乾侯，定公立，定公立五年夏季平子卒，桓子嗣立，季桓子穿井得土缶，中若羊，問仲尼云得狗，仲尼曰：『以丘所聞羊也，丘聞之，木石之怪夔罔閬，水之怪龍罔象，土之怪墳羊。』吳伐越，墮會稽，得骨節專車，吳使問仲尼『骨何者爲最大？』仲尼曰：『禹致羣神於會稽山，防風氏後至，禹殺而戮之，其節專車，此爲大矣。』吳客曰：『誰爲神？』仲尼曰：『山川之神足以綱紀天下，其守爲神，社稷爲公侯，皆屬于王者，』客曰：『防風何守？』仲尼曰：『汪罔氏之君守封禺之山，爲釐姓，在虞夏商爲汪罔，于周爲長翟，今謂之大人。』客曰：『人長幾何？』仲尼曰：『僬僥氏三尺，短之至也，長者不過十之，數之極也。』於是吳客曰：『善哉聖人！』桓子嬖臣曰仲梁懷，與陽虎有隙，陽虎欲逐懷，公山不狃止之。其秋，懷益驕，陽虎執懷，桓子怒陽虎，陽虎因桓子，與盟而釋之。陽虎因此益輕季氏。季氏亦僭於公室，陪臣執國政，是以魯自大夫以下皆僭離於正道。故孔子不仕，退而修詩書禮樂，弟子彌衆，至自遠方，莫不受業焉。定公八年，公山不狃不得意於季氏，因陽虎爲亂，欲廢「三桓」之適，更立其庶孼陽虎素所善者。遂執季桓子，桓子詐之，得脫。定公九年，陽虎不勝，犇於齊。是時孔子年五十，公山不狃以費畔季氏，使人召孔子。孔子循道彌久，温温無所試，莫能己用，曰：『蓋周文王起豐鎬而王，今費雖小，儻庶幾乎？』欲往，子路不悅，孔子曰夫召我者豈徒哉！如用我者，其爲東周乎？『然亦卒不行，其後定公以孔子爲中都宰，一年，四方皆則之。由中都宰爲司空，由司空爲大司寇。定公十年春，及齊平，夏齊大夫犂鉏言於景公曰：『魯用孔丘，其勢危齊，乃使使告魯爲好會，『會於夾谷，魯定公且以乘車好往，孔子攝相事，曰『臣聞有文事者，必有武備，有武事者，亦必有文備。古者諸侯出疆，必具官以從，請具左右司馬。定公曰『諾』，具左右司馬，會齊侯夾谷，爲壇位，土階三等，以會遇之禮相見。揖讓而登，獻酬之禮畢，齊有司趨而進曰：『請奏四方之樂，』景公曰：『諾』於是旍旄羽袚矛戟劍撥鼓噪而至。孔子趨而進，歷階而登，不盡一等，舉袂而言曰『吾兩君爲好會，夷狄之樂何爲於此？』請命有司，有司却之不去，則左右視晏子與景公，景公心怍，麾而去之。有頃，齊有司趨而進曰：請『奏宮中之樂，』景公曰『諾。』優倡侏儒爲戲而前，孔子趨而進，歷階而登，不盡一等曰：『匹夫而熒惑諸侯者，罪當誅。』請命有司，有司加法焉，手足異處。景公懼而動，知義不若，歸而大恐，告其羣臣曰『魯以君子之道輔其君，而子獨以夷狄之道教寡人，使得罪於魯君，爲之奈何？』有司進對曰：『君子有過則謝以質，小人有過則謝以文。君若悼之則謝以實。』於是齊侯乃歸所侵魯之鄆，汶陽，龜陰之田，謝過。定公十三年夏，孔子言於定公曰，『臣無藏甲，大夫無百雉之城。』使仲由爲季氏宰，將墮三都。于是叔孫氏先墮郈，季氏將墮費，公山不狃叔孫輒率費人襲魯，公與三子入于季氏之宮，登武子之臺，費人攻之，弗克，入及公側。孔子命申句須樂頎下伐之，費人北，國人追之，敗諸姑蔑。二子犇齊，遂墮費，將伐成，公歛處父謂孟孫曰『墮成，齊人必至于北門，且成，孟氏之保鄣，無成是無孟氏也，我將弗墮。』十二月，公圍成，弗克。定公十四年，孔子五十六，由司寇行攝相事，有喜色，門人曰聞君子禍至不懼，福至不喜。』孔子曰『有是言也，不曰樂其以貴下人乎？』於是誅魯大夫亂政者少正卯，與聞國政。三月，粥賣也羔豚者弗飾賈，男女行者別於塗，塗不拾遺，四方之客至乎邑者，不求有司皆予以歸。齊人聞而懼曰，『孔子為政必霸，霸則吾地近焉我之為先並矣，盍致地焉。』犁鉏曰『請先嘗沮之沮之而不可則致地庸遲乎？』於是選齊國中女子好者八十人，皆衣文衣而舞康樂，文馬卅駟遺魯君陳女樂文馬於魯城南高門外。季桓子微服往觀，再三將受乃語魯君為周道游，往觀終日怠於政事。子路曰『夫子可以行矣。』孔子曰『魯今且郊（祭天也）如致膰乎大夫則吾猶可以止。』桓子卒受齊女樂，三日不聽政，郊又不致膰俎於大夫，孔子遂行，宿乎屯而師已送之曰。『夫子則非罪，』孔子曰，『吾歌可夫，』歌曰『彼婦之口可以出走，彼婦之謁可以死敗。優哉游哉，維以卒歲。』師已反，桓子曰，『孔子亦何言，』師已以實告，桓子喟然嘆曰，『夫子罪我以羣婢故也夫，』孔子遂適衛，主于子路妻兄顏濁鄒家，衛靈公問孔子居魯得祿幾何？』對曰『奉粟六萬，』衛人亦致粟六萬。居頃之，或譖孔子于衛靈公，靈公使公孫余假一出一入，孔子恐獲罪焉，居十月去衛。將適陳，過匡，顏刻為僕，以其策指之曰，昔吾入此由彼缺也。匡人聞之以為魯之陽虎，陽虎常暴匡人，匡人於是遂止孔子。孔子狀類陽虎，拘焉五日。顏淵後，子曰『吾以汝為死矣，』顏淵曰『子在回何敢死。匡人拘孔子益急，弟子懼，孔子曰『文王既沒，文不在茲乎？天將喪斯文也，後死者不得與于斯文也。天之未喪斯文也，匡人其如予何？』孔子使從者爲甯武子臣于衛，然後得去。去卽過蒲，月餘反乎衛，主遽伯玉家。衛靈公之夫人有南子者，使人謂孔子曰：『四方之君子不辱欲與寡君爲兄弟者，必見寡小君。寡小君願見。』孔子辭謝，不得已而見之。夫人在絺帷中，孔子入門北面稽首，夫人自帷中再拜，環佩玉聲璆然。孔子曰：『吾鄉爲弗見，見之禮答焉。』子路不悅，夫子矢之曰：『予所不者，天厭之，天厭之！』居衛月餘，靈公與夫人同車，宦者雍渠參乘出，使孔子爲次乘，招搖市過之。孔子曰：『吾未見好德如好色也。』於是醜之，去衛。過曹，是歲魯定公卒。孔子去曹適宋，與弟子習禮大樹下。宋司馬桓魋欲殺孔子，拔其樹。孔子去，弟子曰：『可以速矣。』孔子曰：『天生德於余，桓魋其如予何？』孔子適鄭，與弟子相失，孔子獨立東郭門。鄭人或謂子貢曰：『東門有人，其顙似堯，其項類皐陶，其肩類子產，然自要以下不及禹三寸，纍纍若喪家之狗。』子貢以實告孔子，孔子欣然笑曰：『形狀末也，而似喪家之狗，然哉，然哉！』孔子遂至陳，主於司陳貞子家。歲餘，吳王夫差伐陳，取三邑而去。趙鞅伐朝歌。楚圍蔡，蔡遷於吳。吳敗越王勾踐會稽。有隼集於陳廷而死，楛矢貫之，石砮，矢長尺有咫。陳湣公使使問仲尼，仲尼曰：『隼來遠矣，此肅慎之矢也，昔武王克商，通道九夷百蠻，使各以其方賄來貢，使無忘職業。於是肅慎貢楛矢，石砮，長尺有咫，先王欲昭其令德，以肅慎矢分大姬，配虞胡公而封諸陳。分同姓以珍玉，展親，分異姓以遠方職，使無忘服。故分陳以肅慎矢。試求之故府，』果得之。孔子居陳三歲，會晉楚爭疆，更伐陳，及吳侵陳，陳常被寇。孔子曰：『歸歟！歸歟！吾黨之小子狂簡，進取不忘其初。』於是孔子去陳，過蒲，會公叔氏以蒲畔，蒲人止孔子，弟子有公良孺者，以私車五乘從孔子，其爲人長賢，有勇力。謂曰：『吾昔從夫子遇難于匡，今又遇難於此，命也已。吾與夫子再罹難，寧鬭而死。』鬭甚疾，蒲人懼，謂孔子曰：苟毋適衛，吾出子，』與之盟，出孔子東門，遂適衛，子貢曰：『盟可負耶？』孔子曰：『要盟矣，神不聽。』衛靈公聞孔子來，喜迎郊。問曰：蒲可伐乎？』對曰：『可。』靈公曰：『吾大夫以爲不可，今蒲衛之所以待晉楚也，以衛伐之，無乃不可乎？』孔子曰：『其男子有死之志，婦人有保西河之志，吾所伐者，不過四五人。』靈公曰：『善。』然不伐蒲。靈公老，怠於政，不用孔子。孔子喟然嘆曰：『苟有用我者，朞月而已，三年有成。』孔子行。佛肸爲中牟宰，趙簡子攻范中行，伐中牟，佛肸畔，使人召孔子，孔子欲往。子路曰：『由聞諸夫子，其身親爲不善者，君子不入也。今佛肸親以中牟畔，子欲往，如之何？』孔子曰：『有是言也，不曰堅乎，磨而不磷？不曰白乎，涅而不緇？我豈匏瓜也哉？焉能繫而不食。』孔子擊磬，有荷蕢而過孔氏之門者曰：有心哉！擊磬乎！硜硜乎莫己知也夫而已矣。』孔子學鼓琴師襄子，十日不進，師襄子曰：『可以益矣。』孔子曰：『丘已習其曲矣，未得其數也。』有間曰：『已習其數，可以益矣。』孔子曰：『丘未得其志也。』有間曰：『已習其志，可以益矣。』孔子曰：『丘未得其爲人也。』有間曰：『有所穆然深思焉，有所怡然高望而遠志焉。丘得其爲人，黯然而黑，幾然而長，眼如望羊，心如王四國，非文王其誰能如此也？』師襄子辟席再拜曰：師蓋云「文王」操也。』孔子既不得用於衛，將西見趙簡子，至於河而聞「竇鳴犢」舜華之死也，臨河而嘆曰：『美哉水洋洋乎！丘之不濟此命矣夫！』子貢趨而進曰：『敢問何謂也？』孔子曰：竇鳴犢舜華，晋國之賢大夫也，趙簡子未得志之時，須此兩人而後從政。及其已得志，殺之乃從政。丘聞之也，刳胎殺夭，則麒麟不至郊，竭澤涸魚，則蛟龍不合陰陽。覆巢毀卵，則鳳凰不翔。何則？君子諱傷其類也。夫鳥獸之於不義也，尚知辟之，而況乎丘哉？』乃還息乎陬鄉，作爲陬操以哀之。而反乎衛，入主遽伯玉家。他日靈公問『兵陳』。孔子曰：『俎豆之事則嘗聞之，軍旅之事未之學也。』明日與孔子語，見蜚雁，仰視之，色不在孔子，孔子遂行，復如陳。夏，衛靈公卒，立孫輒，是爲衛出公。六月，趙鞅內太子蒯聵於戚，陽虎使太子絻，八人衰絰，僞自衛迎者，哭而入，遂居焉。冬，蔡遷於州來，是歲魯哀公三年，而孔子年六十矣。齊助衛圍戚，以衛太子蒯聵在故也。夏，魯桓釐廟燔，南宮敬叔救火，孔子在陳聞之曰：『災必於桓釐廟乎？』已而果然。秋，季桓子病，輦而見魯城。喟然嘆曰：『昔此國興矣，以吾獲罪於孔子，故不興也。』顧謂其嗣康子曰：『我卽死若必相魯，相魯必召仲尼，』復數日，桓子卒，康子代立，已葬，欲召仲尼。公之魚曰：『昔吾先君用之不終，終爲諸侯笑。今又用之而不能終，是再爲諸侯笑。』康子曰：『則誰召而可？』曰：『必召冉求。』於是使召冉求，冉求將行，孔子曰：『魯人召我，非小用之，將大用之也。』是日孔子曰：『歸乎！歸乎！吾黨之小子狂簡，斐然成章，不知所以裁之。』子貢知孔子思歸，送冉求因誡曰：『卽用以孔子爲招云。』冉求既去，明年，孔子自陳遷於蔡。蔡昭公將入吳，吳召之也。前昭公欺其臣遷州來，後將往，大夫懼復遷，公孫翩射殺昭公。楚侵蔡。秋，齊景公卒。明年，孔子自蔡入葉。葉公問政，孔子曰：『政在遠來附邇。』他日，葉公問孔子於子路，子路不對。孔子聞之曰：『由爾何不對曰，其爲人也學道不倦，誨人不厭，發憤忘食，樂以忘憂，不知老之將至云爾。』去葉，返於蔡，長沮桀溺耦以耕，孔子以爲隱者，使子路問津焉。長沮曰：『彼執輿者爲誰？』子路曰：『爲孔丘。』曰：『是魯孔丘歟？』曰：『然。』曰：「是知津矣。」桀溺謂子路曰：『子爲誰？』曰：『爲仲由。』曰：『子孔丘之徒與？』曰：『然。』桀溺曰：『悠悠者天下皆是也，而誰以易之？且與其從辟人之士，豈若從辟世之士哉？』耰而不輟。子路以告孔子。孔子曰：『鳥獸不可與同羣，天下有道，丘不與易也。』他日子路行，遇荷蓧丈人曰：『子見夫子乎？』丈人曰：四體不勤，五穀不分，孰爲夫子？植其杖而芸。』子路以告孔子曰：『隱者也。』復往則亡。孔子遷於蔡，三歲，吳伐陳，楚救陳，軍於城父，聞孔子在陳蔡之間，楚使人聘孔子，孔子將往拜禮。陳蔡大夫謀之曰：『孔子賢者，所譏刺皆中諸侯之疾。今者久留陳蔡之間，諸大夫所設行，皆非仲尼之意。今楚大國也，來聘孔子，孔子用於楚，則陳蔡用事大夫危矣。』於是乃相與發徒役圍孔子於野，不得行，絕糧，從者疾莫能興。孔子講誦絃歌不衰。子路慍見曰：『君子亦有窮乎？』子曰君子固窮，小人窮斯濫矣。』子貢色作，孔子曰：『爾以予爲多學而識之者歟？』曰：『然，非歟！』孔子曰：『非矣，予一以貫之。』孔子知弟子有慍心，乃召子路而問曰：『詩云「匪兕匪虎，率彼曠野」，吾道非耶？吾何爲於此？』子路曰：『意者吾未仁耶？人之不我信也。意者吾未知耶人之不我行也。』孔子曰：『有是乎？由！譬使仁者而必信，安有伯夷叔齊？使智者而必行，安有王子比干。』子路出，子貢入見。孔子曰：『賜！詩云「匪兕匪虎，率彼曠野，」吾道非耶？吾何爲於此，』子貢曰：『夫子之道至大也，故天下莫能容夫子，夫子盍少貶焉！』孔子曰：『良農能稼而不能穡，良工能巧而不能順，君子能修其道，綱以紀之，統而理之，而不能爲容。今爾不修爾道而爲容，賜，而志不遠矣。』子貢出，顏回入見。孔子曰：『回！詩云「匪兕匪虎，率彼曠野，」吾道非耶？吾何爲於此，』顏淵曰：『夫子之道至大，故天下莫能容。雖然，夫子推而行之。夫道之不修也，是吾醜也。夫道既已修而不用，是有國者之醜也。不容何病。不容然後見君子。』孔子欣然而笑曰：『有是哉！顏氏之子，使爾多財，吾爲爾宰。』於是使子貢至楚，楚昭王興師迎孔子，然後得免。昭王將以書社地七百封孔子，楚令尹子西曰：『王之使使諸侯有如子貢者乎？』曰：『無有。』『王之輔相有如顏回者乎？』曰：『無有。』『王之將率有如子路者乎？』曰：『無有。』『王之官宰有如宰我者乎？』曰：『無有。』『且楚之祖封於周，號爲子男五十里，今孔丘述三王之法，明周召之業，王若用之，則楚安得世世堂堂方數千里乎？夫文王在豐，武王在鎬，百里之君，卒王天下。今孔丘得據土壤，賢弟子爲佐，非楚之福也：昭王乃止，其秋，楚昭王卒於於城父，楚狂接輿歌而過孔子曰：『鳳兮鳳兮！何德之衰。往來不可諫夫！來者猶可追也已而已而，今之從政者殆而。』孔子下，欲與之言，趨而去，弗得與之言。於是孔子自楚反乎衛。是歲也，孔子年六十三而魯哀公六年矣。其明年，與魯會繒，徵百牢，太宰嚭召季康子，季康子使子貢往，然後得已。孔子曰：『魯衛之政兄弟也。』是時衛君輒父不得立在外，諸侯數以爲讓，而孔子弟子多仕於衛，衛君欲得孔子爲政，子路曰：『待子而爲政，子將奚先？』孔子曰：必也正名乎。』子路曰：『有是哉：子之迂也，何其正也。』孔子曰：『野哉由也，夫名不正則言不順，言不順則事不成，事不成則禮樂不興，禮樂不興，則刑罰不中，刑罰不中則民無所措其手足矣。夫君子爲之必可名，言之必可行，君子於其言，無所苟而已矣。』其明年，冉有爲季氏將師，與齊戰於郞，克之。季康子曰：『子之於軍旅，學之乎？性之乎？』冉有曰：『學之於孔子。』季康子曰：『孔子何如人哉？』對曰：『用之有名，播之百姓，質諸鬼神而無憾，求之至於此道，雖累千社，二十五家爲社夫子不利也。』康子曰：『我欲召之可乎？』對曰：『欲召之，則勿以小人固之則可矣。』而衛孔文子將攻太叔，問策於仲尼，仲尼辭不知，退而命載而行，曰：『鳥能擇木，木能擇鳥乎。』文子固止，會季康子逐公華、公賓、公林，以幣迎孔子，孔子歸魯，孔子之去魯凡十四歲，而返乎魯，魯哀公問政，對曰：『政在選臣。』季康子問政，曰：『舉直錯諸枉，則枉者直。』康子患盜，孔子曰：『苟子之不欲，雖賞之不竊。』然魯終不能用孔子，孔子亦不求仕，孔子之時，周室微而禮樂廢，詩書缺，追迹三代之禮，序書傳，上記唐虞之際，下至秦繆，編次其事曰：『周禮吾能言之，杞不足徵矣。殷禮吾能言之，宋不足徵也。』觀殷夏所損益，曰：後雖百世可知也。以一文一質，周監二代郁郁乎文哉！吾從周。』故書傳禮記自孔氏。與語魯太師，『樂其可知也，始作，翕如也，縱之純如，皦如，繹如，以成。』吾自衛反魯，然後樂正，雅頌各得其所。』古者詩三千餘篇，及至孔子，去其重，取可施於禮義，上采契后稷，中述殷周之盛，至幽厲之缺，始於衽席。故曰關雎」之亂以爲風始，「鹿鳴爲小雅始，「文王」爲大雅始，「清廟」爲頌始三百五篇孔子皆絃歌之，以求韶武雅頌之音。禮樂自此可得而述，以備王道成六藝。」孔子晚而喜易，序彖繫象，說卦，文言，讀易韋編三絕，曰：『假我數年，若是我於易則彬彬矣。』孔子以詩書禮樂教弟子，蓋三千焉。身通六藝者，七十有二人。如顏濁鄒之徒頗受業者衆。孔子以「四教」文，行，忠，信，絕四，勿意，毋必，毋固，毋我。「所愼，」齋，戰，疾，子罕言利，與命，與仁。不憤不啟，舉一隅不以三隅反，則弗反也。其於鄉黨，恂恂似不能言者。其於宗廟朝廷，辯辯言唯謹爾。朝與上大夫言，誾誾如也，與下大夫言，侃侃如也。入公門，鞠躬如也，趨進，翼如也。君召使儐，色勃如也，君命召，不俟駕行也。魚餒肉敗，割不正不食，席不正不坐，食於有喪者之側，未嘗飽也，是日哭則不歌，見齊衰瞽者，雖童子必變，三人行必有我師，德之不修，學之不講，聞義不能徙，不善不能改，是吾憂也。使人歌善，則使復之，然後和之，子不語「怪力亂神」。子貢曰：『夫子之文章可得聞也，夫子之言與天道與性命，弗可得聞也已』，顏淵喟然嘆曰：『仰之彌高，鑽之彌堅，瞻之在前，忽焉在後，夫子循循然善誘人，博我以文，約我以禮，欲罷不能，既竭我才，如有所立卓爾，雖欲從之，蔑由也已。』巷黨人曰：『大哉孔子！博學無所成名。』子聞之曰：『我何執，執御乎？執射乎？我執御矣』，牢曰：『子云不試故藝』，魯哀公十四年春，狩太野，叔孫氏車子鉏商獲獸，以爲不祥，仲尼視之曰：『麟也！』取之曰：『河不出圖，洛不出書，吾已矣夫。』顏淵死，子曰：『天喪予！』及西狩見麟，曰：『吾道窮矣。』喟然嘆曰：『莫知我夫！』子貢曰：『何爲莫知子？』子曰：『不怨天，不尤人，下學而上達，知我者其天乎！』乃因史記作春秋，上至隱公，下訖哀公十四年，十二公，據魯，親周，故殷，運之三代，約其文而旨博。吳楚之君自稱王，而春秋貶之曰子。踐土之會實召周天子，而春秋諱之曰「天王守於河陽」。推此類以繩當世貶損之義，天下亂臣賊子懼焉。游夏之徒不能贊一辭。孔子曰：『知我者在春秋，而罪丘者亦以春秋』。明歲子路死於衛，孔子病，子貢請見。孔子方負杖逍遙於門，曰：『賜！汝來何其晚也？』孔子因歌歎曰：『太山壞乎！梁柱摧乎！哲人萎乎！』因以涕下。謂子貢曰：『天下無道久矣，莫能宗予。夏人殯于東階，周人於西階，殷人兩柱間。昨暮予夢坐奠兩柱之間，予殆殷人也！』後七日卒。孔子年七十三，以魯哀公十六年四月己丑卒。哀公誄之曰：『旻天不弔，不慭（且也）遺一老，俾屏余一人以在位，煢煢余在疚。嗚呼哀哉！尼父！毋自律！』子貢曰：『君其不沒於魯乎？夫子之言曰：「禮失則昏，名失則愆。失志爲昏，失所爲愆。」生不能用，死而誄之，非禮也。稱余一人，非名也。』孔子葬魯城北泗上，弟子皆服三年，三年心喪畢，相訣而去，則哭各復盡哀，或復留。唯子貢廬於冢上凡六年，然後去。弟子及魯人往從冢而家者百有餘室，因命曰孔里。魯世世相傳以歲時奉祠孔子冢，而諸儒亦講禮鄉飲大射於孔子冢。孔子冢大一頃。故所居堂弟子內，後世因廟藏孔子衣冠琴車書，至於漢二百餘年不絕。漢高帝過魯，以太牢祠焉。諸侯卿相至，常先謁然後從政。孔子生鯉，字伯魚，伯魚年五十，先孔子死。伯魚生伋，字子思，年六十二，嘗困于宋。子思作中庸。子思生白，字子上，年四十七。

太史公曰：「詩有之「高山仰止，景行行止。」雖不能至，然心鄉往之。余讀孔氏書，想見其爲人，適魯觀仲尼廟堂車服禮器，諸生以時習禮其家，余低回留之不能去云。天下君王至于賢人衆矣！當時則榮，沒則已焉。孔子布衣，傳十餘世，學者宗之。自天子王侯，中國言六藝者，折衷於夫子，可謂至聖矣。

史記孟子列傳 Mencius (372－288. B. C.)

孟軻，鄒人也。受業子思之門人。道既通，游事齊宣王，宣王不能用。適梁，梁惠王不果所言，則見以爲迂遠而闊於事情。當是之時，秦用商君，富國强兵；楚魏用吳起，戰勝弱敵；齊威王宣王用孫子田忌之徒，而諸侯東面朝齊。天下方務於「合縱連衡」，以攻伐爲賢。而孟軻乃述唐虞三代之德，是以所如者不合。退而與萬章之徒序詩書，述仲尼之意，作孟子七篇。

仁航生於下邳，門臨沂水，城接泗流，窗對艾山，縣鄰滕鄒嶧費，而叔輩常沽蘭陵之酒，蓋聞有荀卿墓云。吾邳距鄒魯僅數百里地，風俗不甚相遠，近聖居而沐教澤，他人未必過我。然我自八歲讀四書五經，九歲應童子試，十六歲後習莊騷之學與問天之思。二十後始知耶佛，三十後始深入佛海。于是乃知度生有術，慨然興覺世易天下之志。而回想以前所受孔孟教化者，利祿途外殆不知尙有日月星辰，未常不嘆孔孟之道於宇宙觀人性觀太蠡惘矣。惟今用社會科學方法，分析孔孟精粹原子，僅得兩段。卽孔子禮運大同一節，與孟子五畝之宅一節，知眞孔孟要道綱領盡於此二節中。餘與此合者，卽眞孔孟，與此不合，徒以空名桎梏愚人爲梟雄利用者，盡是膚語。二十世紀必歸淘汰也。本書宗旨決非以大同爲歸宿，而要先以孔子大同爲第一步，故取以名吾書云，

西人評孔子者甚多，拍雷氏 Parley 作孔子講學圖極可笑，乃爲滿淸頂幅，諸弟子侍立，未考三代衣冠故也，Dawson's Ethics of Confucius，道生氏孔子倫理學謂孔子教人爲君子 Superior man 偉而士譏孔子好古爲中國不進化之原因。而邁爾氏通史言孔子敎化力，除耶蘇與佛外無人可比者云 The inll uence of Confucius (551-578. B.C,) has been greater than that of other teacher excepting Christ and perhaps Buddha. General History p,69

老莊自然學案序第一

夫「良玉藏璞，一朝終呈其美，寶鏡封塵，千年乃顯其光。」學術隱現，何常不隨世運哉？亞洲之有老莊學也，其道極高深幽渺，自古難言之。尋行數墨者，或漁獵其詞華，倡狂玩世者，眞浮沈于方外，一涉老莊，輒以爲此寓言諧怪之流，非篤論也。乃世運既通，五洲一堂，今用社會科學衡之，知老楊莊列所論皆大同世社會家言，以此眼觀，字字皆經世大文，絕非荒誕。特因其陳義太高于濁世所謂法律政治道德倫理綱常名教者，「一拳椎碎黄鶴樓」，滌盪而廓清之。乃其境界絕非常人所能懸擬，故稍文飾其詞，託寓諷之意，期免禍季世，傳其絕學，蓋用心苦而慮患深，故經數千年，猶得存其遺書爾。今「大同社會主義」既明，流俗所奉之政治宗教法令道德倫理經濟等，既大半不適于進化，而自然淘汰，乃取老莊家言而靜觀之，則知哲理鴻文，照耀古今，人已百世，言乃嶄新，雖窮極今世高倡解放改造者，未有能過老莊者也。其逍遙遊化人諸篇，翱翔諸天，幾達佛乘，其盜跖胠篋諸篇，洋洋乎平民軍之檄文，克魯巴土金之麵包略取平民之鐘，不是過耳。透闢雄肆，舉立法制憲之原理，人間世不平之寃憤，發洩無餘，眞天地間大文哉！胡爲乎自來閱老莊者，盡被其「寓言」

二字遮過，苟不悟其寓言二字，卽是寓言，買櫝還珠，至可惜也。抑學術眞理發現之遲早，有運命使然耶！

雖然，老莊派之所短，則亦有焉。彼觀世故也明，智有餘而仁勇不足，雖亦放言高論，而不敢直陳，多爲委曲以求自全。雖老莊之立脚點在于全生養性，立于「材不材」之間哉！然畢竟「小乘」淸淨厭世之流，未足與于大悲度世發菩提心者也。全生之念太重，聊足自娛，故言高遠而行怯弱，道之不振，固宜。夫小乘者，止求自足，固無行道之責任者也。老莊之短在此哉！蓋智而不仁，知而不能行，委諸自然運數，所以異于諸教之大慈大悲者也。

翻觀歐西，自蘇克雷地、耶蘇以來，以至克魯巴士金，每持一義，必求申于世，或爲宗教，或爲哲學，或爲科學藝術。一人發明，雖盡推翻古今學說，與全世界戰，而無所惜，無所懼。其人在當世雖身經燒殺竄戮，曾無少悔，卒能申其學藝，以促世界進化。眞理戰勝，大明于世，則西俗勇敢果毅，肯流血犧牲，以申公理，而不務委曲求全、藏頭露尾之效也。夫自由平等大同社會之義，發揮痛快無遺者，莫如老莊，顧乃託諸寓言；井田均產制度言之詳贍者，莫如孔孟，顧乃孔子託諸「微言大義」，孟子止以制產之權，望諸人君，與虎謀皮，所以無效，而歐洲之有今日，則自盧梭「民權」之說興，以至今之「無政府主義」，大明于世界，皆昌言公理，發動自下，此東西文化進退之故也。

客曰：『若然則今日專講「歐化」足矣，何必復引申孔孟老莊乎？』曰：中國爲「亞化」先進國，大同公產諸義，及其制度，中國有歷史上事實，非若歐洲之理想，孔孟詳于『制度』，『老莊詳于「古代文化」，若無此則古代眞文化不顯。不獨中國之羞，數典忘祖，亦世界學者之羞也。且「亞化」所短，在于犧牲，以推行，而其長乃在于出世精神之解脫，老莊以上，漸近于出世法矣。夫大同世者，勞工誠爲一大問題，然若僅恃勞工以行大同，此又必不可久之數也。夫人性者，常向安樂而畏勞苦，以勞工取之，不能以勞工治之，故必進以超妙極樂魂遊之境，與民休息乎無爲，斯大同乃可久可大，此近德國樂聖畢德芬，印度詩哲泰戈耳，所以傾倒一世，而吾中國老莊哲學價值，久爲外人崇拜，自託爾斯泰等極羨慕者，此也。蓋大同世學風，老莊皇道實爲中堅，往古來今，可謂大觀，後有作者，尚未易及，安可不刳心于此哉！

至老莊派別，要以老子爲『猶龍』教主，五千言深不可測，意雖寄于大同皇道，而篇中皇帝王覇全具，卽二千年來，雜覇之傑，亦無不稍取資焉。非莊子可及，然莊子雖亦學于孔子，要老氏之馬鳴，而楊子其龍樹，列子則老派之達磨祖師。列子所以特超妙者或佛經東來後，頗有潤色乎！黃帝則得時之老子，老子則未得時之黃帝也。黃老并稱，非偶然爾。其餘關尹淮南之徒，百家諸子，無不竊老氏緒餘以自莊嚴者，博大眞人，如海灌溉大地矣。

要之，學術亦有關乎地理與世運，眞理發現之遲早，衆生苦樂之享受，亦若有因緣焉。今時已至矣！譬如前世界之礦，藏于地中，不先不後，待今世而發現，學術其亦猶是乎！讀者試將吾此說，更換新眼，以讀老莊則觸類旁通。必有如行「山陰道上」之樂矣。盍一試之！

東方大同學案

老莊自然學案卷第二

樂天修養館叢書甲部之三

下邳劉仁航靈華著

無言篇第一

一，不言之教

老子，『道可道，非常道。名可名，非常名，無名天地之始，有名萬物之母。是以聖人處無爲之事，行不言之教。多言數窮，不如守中，道常無名。』

老子『不言之教，無爲之益，天下希及之。』知北遊二十二『知者不言，言者不知。故聖人行不言之教。』

逍遙遊『至人無己，神人無功，聖人無名。』知北遊二十二『至言去言，至爲去爲。』

易經『默而成之，不言而信，存乎德行。』中庸『上天之載，無聲無臭，至矣！』

德充符第五『衛有惡人，醜陋之人曰哀駘它。未言而信，無功而親。使人授己國，惟恐其不受也。』

應帝王第七『齧（音葉）缺問于王倪，四問而四不知。齧缺因躍而大喜。』喜的甚麼？

德充符，『魯有兀（音勿又音界刖足也）者王駘，從之遊者，與仲尼相若。常季問于仲尼曰「王駘兀者也。從之遊者，與夫子中分魯。立不教，坐不議，虛而往，實而歸。固有不言之教，無形而心成者耶？是何人也？」仲尼曰，「夫子聖人也。丘將以爲師，奚假（豈）魯國？（但）丘將引天下而與從之。」』

這一段、就是說眞正道理、不是言語能說了的。俗話說「盡在不言中」又說「會聽話的聽音。」所以汲黯反對漢武帝說：「爲治不在多言。」佛「無相。」老「無名。」孔「默識。」耶「默禱。」都是一樣的道理。禪宗六祖幷不識字、而爲祖師也。又凡修道的都戒多言、耶重禱、佛重三昧、言多必妄、惟少說話乃養得誠心足。孔子又說：『仁者其言也訒。』不輕說話、乃爲仁的第一步了。今世人心的壞、只是人人好說話、却不自己反省。

檀弓下『魯人有周豐也者。哀公執摯（同贄入聲初見面時的禮物）請見之，而曰不可。公曰，「我其已夫！」使人問焉。曰，「有虞氏未施信於民而民信之。夏后氏未施敬於民而民敬之。何施而得斯於民也？」對曰：「墟墓之間，未施哀於民而民哀。社稷宗廟之中，未施敬於民而民敬。殷人作誓而民始畔，周人作會而民始疑。苟無禮義忠信誠愨（音確誠也）之心以涖（聲聲到也）之，雖固結之民其不解乎？』

由此可見事要反身而誠。你看現在官府常常出告示通電闢謠言、却越闢越成事實了。爲甚麽呢？易經說：『有言不信，尚口乃窮也』現在已竟弄到甚麽人對面也都不相信了。所以要改造第一非把妄語去了不成。

二，讀糟魄

天道十三，『桓公讀書于堂上，輪扁（音篇又上聲）斲輪于堂下。釋椎鑿而上，問桓公曰：『敢問公之所讀爲何言耶？』公曰，『聖人之言也。』曰，『聖人在乎？』公曰：『已死矣。』曰：『然則君之所讀者，古人之糟魄已夫！』（糟對酒精說、魄對靈魂說、言是粗的東西、不是精的。）桓公曰，『寡人讀書，輪人安得議乎？有說則可，無說則死。』曰『臣也，以臣之事觀之。斲輪徐則甘而不固，疾則苦而不入。不徐不疾，得之于手，而應之于心。口不能言，有數存焉于其間。臣不能以喻臣之子，臣之子亦不能受之于臣。是以行年七十而老斲輪。古之人與其不可傳者死矣。然則君之所讀者，古人之糟魄也夫！』（這一段說眞正道理、不全靠念書。有一個哲學家說、要是我也像衆人念的書多、那我定一也像衆人愚蠢了。所以趙括徒讀父親的兵書、合秦國打仗、白送了四十萬人的性命呢！）

三捐書契

七經緯『三皇無文，五帝畫象。』

天運十四孔子謂老聃音丹曰：「丘治詩書禮樂易春秋六經，自以爲久矣，孰熟知其故矣。以奸音干犯也?者七十二君，論先王之道而明周君之迹，一君無所鈎用。甚矣夫人之難說也！道之難明邪」老子曰：「幸矣！子之不遇治世之君也。言若遇有鈎用、將大亂天下、故幸其不遇。夫六經先王之陳迹也，豈其所以迹哉！今子之言猶迹也。夫迹履之所出，而迹豈履哉?夫白鶂之相視，眸子不運而風化。雄蟲鳴于上風，雌應于下風而化。類自爲雌雄，故風化。性不可易，命不可變，時不可止，道不可壅。苟得於道，無自而不可。失焉者，無自而可。」孔子不出三月，復見，可想孔子閉關三月、如黃帝也、所謂打七入三昧靜坐自悟、不復求之，言語文字也。曰：「丘得之矣。烏鵲孺，鳥卵而生魚傅沫，魚產卵于水而生細腰者化，蛇類變化而生各自然不待勉强有弟而兄啼久矣。夫丘不與他爲人，安能化人?」老子曰：「可丘得之矣。」是自然與萬物同化不勉强也，此篇全是傳授心法、猶禪家偈語、各有言外之意、孔子悟後不談六經，正是「法華三千部，曹溪一句亡」的境界。但老子是個老史官，讀破萬卷，返諸一心，所以吐棄了。

山本二十『孔子問子桑戶，徐行翔佯而歸，絕學捐書，弟子無挹于前，其受益加進。』

又溫伯雪子適齊，舍止息也于魯；仲尼見之而不言。子路曰，『何邪？』曰：『夫人者，目擊而道存矣！亦不可以容聲矣。』以上三條都是孔子事、或是莊子借孔子發揮自己的道理、或說莊子從子夏田子方傳孔子大同的學、像佛家大乘、而荀孟是小乘、也合理。又像蘇克雷地的學問，經柏拉圖傳的就高妙，色諾芬傳的就平常了。

知北遊二十二：知北遊于玄水之上，而適遭無為謂焉。知謂無為謂曰，「予欲有問乎若：何思何慮則知道？何處何服則安道？何從何道則得道？」三問而無為謂不答也。知不得問，反于白水之南，而睹狂屈焉。以問乎狂屈。狂屈曰：「唉，予知之！將語若。」中欲言而忘其所欲言。知不得問，反于帝宮，見黃帝而問焉。黃帝曰，「無思無慮始知道，無處無服始安道，無從無道始得道。」知問黃帝曰，「我與若汝也知之，彼與彼不知也，其孰是邪？」黃帝曰「彼無為謂真是也，狂屈似之，我與汝終不近也。」以上結束三個人分為三等，像文殊輸與維摩了。

徐無鬼二十四『知所不能知者，辯不能舉也。名若儒墨而凶矣。聖人并包天地，澤及天下，而不知其誰氏。是故生無爵，死無謚，實不聚，名不立，此之謂大人。狗不以善吠為良，人不以善言為賢，而況為大乎？』這等境界、不止無政教、并無名字、何等超脫。

列子仲尼第四『子列子既師壺丘子林，友伯昏瞀人，音茂目不明也乃居南郭，而與南郭子連墻，二十年不相謁。請相遇于道，目若不相見者。

你看今世界人的話有多少？恐慌苦惱有多少？就上海報紙計算，多的日出六大頁，每頁數萬字。六頁數十萬字，還有晨報午報晚報號外，雖離婁的眼也看花了。所以美人的腦筋多自幼而傷，因多閱了報，受種種感情之强烈刺激所致。英王一日攬鏡髮多白，侍者說「王何勞至此？」王嘆曰「皆因在議院聽長演說罷。」你想人要想多活幾年，必定要少說廢話。而況且現在每日數十萬字，其中所言者何物？則大抵惹人煩惱恐怖的材料，諺曰：「憂患皆爲識字多。」拿着這話去比詩句「偶來松樹下，高枕石頭眠。山中無歷日，寒盡不知年。」可以想上世無言的長壽安全，現在縱然做不到，但通觀世界聖人，生前罕作書教弟子的，都是死後把他的口授言語，當作爲經典。像孔子的學在易經，易止八卦畫象，并不是書，春秋也止日月等符號，也不是書。老子五千言被關尹喜强迫做的。耶蘇四福音不過弟子的語錄。佛經亦然。三藏十二部皆是語錄，歸于一字不說。可知口授爲要，文字書契眞糟魄也。懂這個道理，才可以講道理，學道理。要問無言語，人家從何處學？那就要講師傳與參悟了。

去害篇第二

一，厭世讓王 厭世觀是一切入道的根本、有這個精神、才能實行揖讓知足。不論佛老耶楊墨、都以此爲人生觀的根本。惟有孔孟入世太熱、所以道就淺了。他不講厭世是大短處、不過本篇的讓王、和大同揖讓篇意思不同、彼但是讓而已、老莊更進有超世的修行，這個要竿頭進步了。

老子『進道若退。吾所以有大患者，以吾有身。及吾無身，吾有何患？功成，名遂，身退，天之道。知足不辱，知止不殆。』

至樂十八『天下有至樂無有哉？夫天下所尊者，富貴壽善也。所樂者，身安厚味美服好色音聲也。所下者，貧賤夭惡也。所苦者，身不得安逸，口不得厚味，形不得美服，目不得好色，耳不得音聲。若不得者，則大憂以懼。其爲形也亦愚哉！夫富者苦身疾作，多積財而不得盡用，其于形也亦外矣。夫貴者夜以繼日，思慮善否，其爲形也亦疏矣。人之生也與憂俱生，壽者惛惛，久憂不死，何之苦也？其爲形也亦遠矣。烈士爲天下子胥爭之以殘其形，不爭名亦不成，誠有善無有哉？果有樂無有哉？吾以爲無爲誠樂矣。』

可見道家貴修亦不在以長壽爲歸、久憂不死何之苦也。所以老年必以了生死仙化爲歸。

達生十九『「夫世之人以爲養形足以存生，而果不足以存生，則世奚足爲哉？夫欲爲形者莫如棄世。棄世則無累，無累則正平。與彼更生。則幾矣。」』此段與心地觀經厭身品相通。

田子方二十一『「肩吾問于孫叔敖曰，「子三爲令尹而不榮華，三去之而無憂色。吾始也疑子，今視子之鼻栩栩然，子之用心獨奈何？」曰：「其來不可卻，其去不可止。得失非我也，而已矣。何暇至乎貴人賤人哉？」仲尼聞之曰，「古之眞人，死生亦大矣！而無變乎己，況爵祿乎？」楚王與凡君坐，少焉，楚王左右曰：「凡亡者三。」凡君曰，「凡之亡也，不足以喪吾存，夫凡之亡不足以喪吾存，則楚之存不足以存存。由是觀之，則凡未始亡，而楚未始存也，」

修道第一步在貴生而外物、看的本身重、就不肯去爲物所役使了。所以必安身安而天下化也。

德充符第五，惠子謂莊子曰，「人故無情乎？」莊子曰，「然」惠子曰，「人而無情，何以謂之人？」曰「道與之貌，天與之形。

必無情才能厭世、楞嚴經說情多想少墮人間、情少想多生天上、羅漢捨身、就是把情滅之又滅以至于無了、

天地十二，堯觀乎華！華封人（封疆小吏）祝曰，「嘻，聖人！請祝聖人，使聖人壽富多男子。」堯曰「辭，」封人曰「壽富多男子，人之所欲也。女（同汝）獨不欲何邪？」堯曰，「多男子則多懼，富則多事，壽則多辱。是三者，非所以養德也。故辭。」

堯是佛法小乘的看破紅塵

封人曰，「始也，我以女爲聖人

邪？今然，君子也。」觀此可知古書聖人與君子大有分別、禮運孔子講大同小康、以禹湯文武成王周公爲六君子、可知小康非聖人之道矣。必大同方爲聖人、聖人君子、此中國古學之大乘小乘也、又論語「聖人吾不得而見之矣、得見君子者斯可矣」。說聖人君子的階級更分明。

天生萬民，必授之職，多男子而授之職，何懼之有？富而使人分之，則何事之有？夫聖人鶉居無常處安居的或野處也。而鷇食，雛鳥淡食鳥行而無彰。天下有道，則與物皆昌；天下無道，則修德就閒。音閑千歲厭世，去而上僊。乘彼白雲，至于帝鄉；三患莫至，身常無殃，則何辱之有」。封人去之，堯隨之曰，「請問」。封人曰「退已」。走了不見

按封人所講，大乘菩薩現身隨緣化世之道也。堯猶有厭世之心，夫厭世乃是小乘法，不厭世乃大乘法也。但學大乘者亦須由小乘轉，否則成鄉愿了。封人的話末了還是厭世，神龍見首不見尾也。大同世厭世的道理頂要緊，可以發洩人戾氣，消爭殺，令人妄想有歸宿，使天下太平。皇道帝道人生觀結局都如此。

逍遥遊第一，堯讓天下于許由曰：『日月出矣，而爝火不息，其于光也，不亦難乎？吾自視缺然，自己不滿意也請致天下。』許由曰：『鷦鷯音焦遼小鳥不過二三寸長巢于深林，不過一枝；偃鼠飲河，不過滿腹。

歸休乎君，予無所用天下爲。』

這是許由的動物社會觀、因而悟到自己的人生觀、就想到讓天下、我就因在法源寺觀鳥、而做一部觀鳥詩、所以一念動機很要緊。

外物二十六，「堯與許由天下，許由逃之湯與務光，務光怒之。』

按此可知堯舜時代可以爲堯舜者多矣。特不願入世求煩惱，人以治天下爲俗鄙，故不用投票了。所謂比戶可封，人皆堯舜也。

尸子蒲衣八歲，舜讓以天下，崔注云，即被衣，王倪之師也。

按「揚湯止沸，不如去薪，」佛老耶三教皆有出世法，所以其教易行，教人樂而忘死，帝王至捨身命以殉之爲甚麼呢？他世間外還有世界，則不用操斗持衡，昌言平權，而人自不爭了。更何須言禮讓呢！至切切而言禮讓，那就糟了。禮不足就用法律，刀兵繼之，皆因不知除禍本的原故，故老莊說：「剖斗折衡，而民乃不爭。」把這段與佛教國王出家捨命篇參觀，就明白大同之世，非用佛老等出世法，不能安天下。否則社會主義云云，都是一時貼膏藥的方法。至于能讓不能讓的原理，淮南子精神訓五說的很精詳，如左！

精神訓五『夫儒者不本其所以欲，而禁其所欲，不原其所以樂，而閉其所樂，是猶决江河之源而障之以手也。夫至人量腹而食，度形而衣，客身而游，適情而行；餘天下而不貪，委萬物而不利玩天地于掌握之中。儒者非能使人弗欲而能止之，非能使人弗樂而能禁之。夫使天下畏而不敢盜，豈若能使無盜心哉？越人得髯（音然）蛇以爲上肴，中國得而棄之無用。故知其無所用，貪者能辭之；不知其無所用，廉者不能讓也。夫人主之所以殘亡其國家，捐棄其社稷，身死人手，爲天下笑者，爲欲也。知冬日之箑（扇也），夏日之裘無用于己，則萬物變爲塵埃矣。故以湯上沸，沸乃不止。誠知其本，則去火而已矣。』

按淮南子這篇，把道家精神化世的眞本領合儒家制世的粗笨比較的頂透徹了。能通這段，就懂皇道與帝道王道精粗的根本合金銀銅鐵的身分一樣。他有一定的原理，就好比用道能使人無病，用儒只是今天治病明天又犯了。道既如此，佛耶也是如此，所以要想平天下，非內外并用，亞歐文化一齊來，不夠用的。

二，無知（此言大同世平天下之事、非戰國據亂時强國之事、不要誤服藥反怨醫師。）

老子『常使民無知無欲，使夫智者不敢爲也、爲無爲則無不治。』

又『愛民治國，能無知乎？』視之不見名曰夷，聽之不聞名曰希，搏之不得名曰微。此三者不可詰，故混而爲一。（這是說用內工）　大道廢，有仁義。智慧出，有大僞。六親不和，有孝慈。國家昏亂，有忠臣。絕聖棄智，民利百倍。絕仁棄義，民復孝慈。絕巧棄利，盜賊無有。此三者此三語以爲文文字之意不足，故令有所屬。接連發揮之就是見素抱樸，少私寡欲。私去乃能去盜賊。

天地不仁，以萬物爲芻狗，芻草也、是植物、狗動物、動植互相生養、因果之自然、不用外加上仁。聖人不仁，以百姓爲芻狗。治天下令人各盡所能、各取所需。因果自然、不必外加仁義、幷不是說害人也。

大道是因果自然、各盡各取之道、廢是失其自然、乃有仁義等名目、無國界家界、所以無忠孝的名、人人平等、故聖絕了。諸葛亮也不用嘔血、岳飛不用刺膀子了。

衆人皆有餘，而我獨若遺，我愚人之心也哉！沌沌兮！俗人昭昭，我獨昏昏。俗人察察，我獨悶悶。按抱朴子曰『不聱不毀不能成功也。』天下事都是小聰明弄壞了、盆成括見殺于齊也是因他小有才未聞大道的緣故。不出戶，知天下。不闚牖見天道。其出彌愈也遠，其知彌少。是以聖人不行而知，不見而名，不爲而成。這都是內工養心去私的工夫、敎化人人如此、不用去強爲、就天下太平。

專氣致柔，能嬰兒乎？含德之厚，比于赤子。聖人在天下，歙歙音吸歛氣也爲天下渾其心，聖人皆孩之。此言以渾噩淳樸去化世。康誥曰「如保赤子。」耶穌說「人要像小孩乃能升天國。」佛湼盤經也有嬰兒行品、都是說小孩子天眞爛熳也。塞其兌，欲所由生閉其門，終身不勤。開其兌，濟其事，終身不救。

古之善爲道者，非以明民，將以愚之。民之難治，以其智多。故以智治國，國之賊。不以智治國，國之福。知此兩者，亦稽式。知之于法式常知稽式，是謂玄德。玄德深矣遠矣！與物反矣，然後乃至大順。』不外閉心反觀、游心玄妙、愚是顏回的如「愚」、孔子的「無知」、并不是呆瓜。

論語子曰：『吾有知乎哉？無知也。有鄙夫問于我，空空如也。孔子心空我叩其兩端從頭至尾而竭焉。』

又子曰：『吾與回言終日，不違沒隔閡如愚。退而省看他其私，亦足以發，發揮出來回也不愚。』是大智，

應帝王第七『南海之帝爲儵，音叔喻無形也。北海之帝爲忽，中央之帝爲渾沌。均上聲無孔竅清濁合和未分也儵與忽時相遇於渾沌之地，渾沌待之甚善。儵與忽謀報渾沌之德。太上無施、報此，乃一念妄動也，曰人皆有七竅以視聽食息，此獨無有，嘗試鑿之。日鑿一竅，七日而渾沌死。』按此與佛家無一念無明妄動、耶穌約亞當吃分別樹果的意思相同、又和水滸傳太師揭開地穴、放出三十六天罡七十二地煞差不多、今各國英雄好漢、都是渾沌死後出來的。

在宥十一，崔瞿問老聃曰『不治天下，安臧美也人心？』老聃曰『汝慎無攖犯也人心。人心排下而進上，上下囚殺，淖音綽約柔乎剛強。廉劌音桂利也彫琢，音絕其熱焦火，其寒凝冰。其疾俛俯仰之間，而再撫四海之外。其居也淵而靜，其動也縣懸而天。言遠也僨音憤僵也驕而不可係者，其惟人

心乎？昔者黃帝始以仁義攖人之心，堯舜于是乎股無胈，（音弗白肉也、）脛（音性足之上股之下）無毛；以養天下之形。愁其五藏（臟）以爲仁義，矜其血氣以規法度，然猶有不勝也。堯于是乎放讙（音歡）兜（斗平聲）于崇山，投三苗于三危，流共工于幽都，此不勝天下也夫！施（延長也）及三王而天下大駭矣。下有桀跖，（音隻）上有曾史而儒墨畢起，于是乎喜怒相疑，愚知相欺，善否相非，誕信相譏，而天下衰矣。大德不同而性命爛漫矣。天下好知而百姓求竭矣。于是乎釿（斤）鋸制焉，繩墨教焉，椎鑿決焉。天下脊脊（相踐踏也）大亂，罪在攖人心。故賢者伏處大山嵁（苦言反）岩（音巖）之下，而萬乘之君憂慄乎廟堂之上。今世殊（斷也）死者相枕也、桁（音抗）楊（手足之械）者相推也，刑戮者相望也。而儒墨乃始離跂攘臂乎桎梏之間。甚矣哉！其無愧而不知恥也甚矣！吾未知聖知之不爲桁楊椄槢也？（音結習桎梏也）仁義之不爲桎梏鑿枘也？（音內柱頭入木處）焉知曾史之不爲桀跖嚆（平聲矢之鳴者）矢也？故曰絕聖棄知而天下大治。』黃帝以下、應是莊子的話、這純是反古無爲主義、與託翁克翁贊寒熱帶土人公產道德相似、不過克翁更一面主張初民的本性、一面更加上物質的進化智識罷了。

本來社會有兩大問題，從前的人都慕往古太平。現在的人，都慕將來進化文明。但是意思卻一樣，同是否認現在社會人心的腐敗，沒有二話的。可是從前物質不發達，所以只好拿反樸的道理來勸人。今科學既發達，那自然要朝前進。然而頂完全的是克翁的進化說。是一面保養太古的精神，一面再用進化的物質合佛說，北俱盧洲差不多了。老莊却是純是重精神一面，雖不及克佛，却也抓着一頭了。這是去智篇的要領。

古大同與新大同學派異同表一

古大同退化論	初民公產、重精神、	講復古	重樸素、輕機器、	重自然道德、近動物社會、	寒帶熱帶民族	老莊耶託氏主之、
新大同進化論	科學世界兼重物質、	兼講進化	兼尚機器、美術、	重新羣道德、亦近動物社會、	將來理想國	克氏穆麗士羅素等爲代表、

三、非政法

老子『法令滋章，盜賊多有。故聖人云：我無爲而民自化，我好靜而民自正，我無事而民自富，我無欲而民自樸。』

大家要該疑惑的、老子是個滿肚子三代會典法令的老史官、爲何反而吐棄禮法呢？爲他才能深知禮法的無用、比外人知的清楚、我曾親問塑像的匠人「你信塑的鬼神不？」他說「我幷不信神」從前柏拉圖本想做個大政治家、遇着蘇克雷地就變了研究哲學的「理想國」了。改造十八世紀以後政治的是盧梭、他却不是個法政學家、託翁在十五歲時也進克會入Knzen大學、學了兩年法律、他就棄去了、回鄉間去做農民生活。我從前在日本學法學、讀到「讀法學書萬卷，不如一愛字。」就喪氣了、去入託爾士太研究會研究農村了。託翁差不多就算西洋的老子罷。學法政的人反而棄法政、和老子熟于百代史事禮法的人、吐棄禮法、正是一樣。

『其政悶悶，其民淳淳，(音純湻也樸也)其政察察，(細密也)其民缺缺。(缺乏而困苦)人之迷，其日固久。重積德則無不克。無不克則莫知其極。莫知其極，可以有國。有國之母，可以長久。是謂深根固柢，(音底根也)長生久視之道。治大國若烹小鮮。以道蒞(臨也音利同涖莅)天下，其鬼不神，其神不傷人。(此話妙極大同世雖有宗教、也不像從前鬼話教了。)爲之于未有，治之于未亂。其安易持，其未兆易謀。』

老莊不談法令、不談政治、爲何呢？法律刑政又次于禮樂一級、故老莊專非仁義禮樂、彼視太平之敵在仁義禮樂、故用猛力攻他、法政却不值他攻，因老莊專言「化」、孔子言「教」、孟子言「政」、管商申韓乃言「法刑」、四級分明、比方總統無專下一令與知事的理、又如兩軍對壘、沒有以一元帥單身闖一卒的理、老莊已經在仁義禮樂上架了機關鎗、所以對于法政不過帶一點攻擊就破了。所以他看法令恰與盜賊爲正比例、可算法令就是賊的本源了。他專注重大道化民，比方用法令、算是用雙手推火車、並不是不用力、却白受苦惱、要以道化民、好像用四指扭開火車頭上的機關一樣。

本來政法不過是一種定章程條約、道是學爲人的道理、有人想合人做朋友、毫不從爲人上用工夫、天天却但與人家專考究訂盟約、換帖子、有何利益？所以政法是專講換帖子就够了的、古來中國必通道的人、才可以爲政、而拍拉圖主張非哲學家、沒入政界的資格。希臘文化系統亡了、到今日歐洲完全承受羅馬化系統、專用兵與法、奴隸萬國、故以學政法者就算懂政治了。到最近威爾遜乃以哲學家的力、打破德國鐵政圈、而託翁說「我生平不懂政治是個甚麽東西。」馬克斯派居然用經濟學占領政臺、今後羅馬文化系統的政法萬能、已經破產了。老子的話不是大驗麽？

四除不祥（去兵） 不通老者、說是陰謀家、不知老尚慈、以兵是不祥的東西、眞正大慈悲的才能眞通老學、他講兵不得已而用、也合墨子一面非攻一面造機器備敵人同樣、至外國的書、發揮非戰精神的、要推託氏爲最了、他的結果要叫人民不當兵、不納稅。

『夫佳（好尚也）兵者不祥之器。物或惡之，故有道者不處。君子居則貴左，用兵則貴右。兵者不祥之器，（忽然變而貴右是表明反常也）非君子之器，不得已而用之。恬（音田）淡爲上，雖勝而不（以爲）美。而美之者是樂殺人。夫樂殺人者則不可以得志于天下矣。吉事尙左，凶事尙右。偏將軍居左，上將軍居右。言以喪禮處之。殺人之衆，以哀悲泣之。戰勝以喪禮處之』。

『朝甚除，（潔也）田甚蕪，（音無）倉甚虛。服文綵，帶利劍，厭（足也）飲食，財貨有餘。是謂盜夸。（夸大）非道也哉！

此言俗侈則相爭殺。

天下多忌諱而民彌貧民多利器國家滋昏人多伎巧，奇物滋起。看他非兵、更惡兵器、要在今日、他一定第一先廢世界各國水陸空海四種兇器了。現在却眞用着老學、誰說老學不可以治天下呢？

善爲士者不武，善戰者不怒善勝敵者不與（與爭也）抗兵相加哀者勝矣。

民不畏死，奈何以死懼之。（不用兵刑壓制人民）常有司殺者（是自然）殺。夫代司殺者殺，是謂代大匠斲。（是叛天逆自然而行）希有不傷其手矣。（有時連頭都傷、何止傷手？）

五、賤機器，（機器財利與兵是一事、故多同時而說、）

老子『小國寡民。雖有什百人之器而不用。雖有甲兵，無所陳之。』（如禹疏九河、分開就易治、兵禍就少了。）

孔子易繫辭曰，『其孰能與于此哉古之聰明睿（音銳明，通也）智神武而不殺者夫！』

老子之道以兵爲不祥，以利器爲不祥，但非用徒手去抗天下，故曰「有什伯人之器而不用。」

孔子曰「神武而不殺，」非像現在以殺爲武這。看託爾斯泰惡機器及戰爭，可以悟了。古史稱舜欲造漆器，諫而止。湯時得奇肱國飛車于豫州界，即壞之而不以示人。後十年，更造飛車。西風至，放還其國，」可以知古人用意所在，非是不能發明。（見山海經又据偉爾士世界史綱一六〇頁言希臘前有克林第族文化甚高，希人乃承其化，有特杜拉斯已發現飛行機云。M Crete, Deedalus attempted to make the first flying machine,

莊子天地十二「子貢南遊于楚，反于晉，過漢陰，見一丈人方將爲圃畦。音普奚田區也鑿隧音遂道也而入井，抱甕而出灌，用力多而見功寡。子貢曰，「有械于此，一日浸百畦，用力甚寡而見功多，夫子不欲乎？」爲圃者仰而視之曰：「奈何！」曰，「鑿木爲機，後重前輕，挈水若抽，數如泆，或作佚沸也湯，其名爲槔。」音羔即轆轤也爲圃者忿然作色而笑曰，「吾聞之吾師，有機械者必有機事，有機事者必有機心。機心存于胸中．則純白不備，神定不生。神定不生，道之所不載也。吾非不知，羞而不爲也。」子貢慙，俯而不對。有間，爲圃者曰：「子奚爲者邪？」曰：「孔丘之徒也。」曰，「子非博學以擬聖，於于夸誕貌以蓋衆，獨弦哀歌以賣名聲于天下者乎？汝方將忘神氣，墮汝形骸，而庶幾乎！而身之不能治，而何暇治天下乎？子往矣！無乏敗也吾事。」子貢卑陬愧貌失色，頊頊或作旭旭入聲自失貌然不自得，行三十里而後愈。弟子曰，「何邪？」曰，「始吾以爲天下一人耳，謂孔子不知復有夫人也。吾聞諸夫子，事求可，功求成，用力少，見功多者，聖人之道。今徒不然，功利機巧，必忘夫人之心。是全德之人哉！」反于魯，以告孔子。孔子曰，「彼假修渾沌氏之術者也。體性抱俗，以遊世俗之間。予與汝何足以識之哉！」是一個純粹守拙的復古派。有人反詰丈人說：「子非桔槔是矣，然所抱之甕獨非機器乎？」答之曰：「丈人亦矯世之士，羞而不爲耳，非必盡絕天下之器也。有什伯之器而不用，老子得中道義了。若生今世，主反古廢機器，亦斷不可，克翁說得明白了。

六　去財利　財利是私的根本、老氏主寡欲所以去他。

老子「不貴難得之貨，使民不爲盜；不見可欲，使民心不亂。揣而銳之，不可長保；金玉滿堂，莫之能守；富貴而驕，自遺其咎。絕巧棄利，盜賊無有。雖有榮觀，燕處超然。燕同宴安也 是以聖人去甚去奢去泰。知足者富。天地相合，以降甘露，民莫之令而自均。可見超過孔子患不均主義、及今各種社會主義。 治人事天莫若嗇。是謂早服。早服謂之重積德。大國不過欲兼畜人，即施惠于人 小國不過欲入事人。亦施惠于人，孟子以大事小，樂天者也。大也無妨事小，是國界平等。道者萬物之奧，善人之寶。不以財爲寶也。 美言可以市。售也 雖有拱璧以先駟馬，馬四匹 不如坐進此道。古之所以貴此道者何？不曰以求則得，有罪則可以免耶？故爲天下貴。今或求而不得、有罪者不免送命、因他不寶善而寶貨財的原故，起初少數人不免于遭殃。後來就不免同遭大刧了。

我有三寶，持而保之：一曰慈。布施于人 二曰儉。是去利 三曰不敢爲天下先。是去權 以戰則勝，以守則固。天將救之，以慈衛之。』由此看老子大慈大悲，直是佛心、豈是陰險的人、學老而陰險、猶學孔而鄉愿、學俠而盜賊、是一樣。

禮器『有以素爲貴者，至敬無文，父黨無容，大圭不琢，大羹不和，大路車名素，越席犧尊疏布，此以素爲貴也。』

郊特牲『所以交于神明者，不可以同于所安樂之義也。酒醴之美，而玄酒明水之尚，貴五味之本也。黼黻文繡之美，而疏布之尚，反女功之始也。莞簟之安，而蒲越稾鞂音戛禾稾也去其皮祭天以爲席之尚，明之也。大羹不和，貴其德也。大圭不琢，美其德也。丹漆雕幾之美，素車之乘，尊其樸也。貴其質而已矣！』按此可考見古人貴精神文化之太平、而賤物質的風俗。特到現在又要加養人的物質就文化是了。

老子『民之饑，以其上食稅之多。民之難治，以其上之有爲。』

列子湯問第五『管仲曰：以德分人謂之聖人，以財分人謂之賢人。隰朋可，』

論語子曰『君子喻于義，小人喻于利。』子罕言利，』中庸『去讒遠色，賤貨貴德』大學末章『與其有聚斂之臣，寧有盜臣。此謂國不以利爲利，以義爲利也。』論語季氏富于周公，而求也爲之聚歛而附益之。子曰：『求非吾徒也！小子鳴鼓而攻之可也。』現在的大理財家是不是盜臣？終日搜括窮民、恐怕都要動孔子的鼓罷。所以不能不思將帥而稱道湯武革命了。

孟子見梁惠王，王曰：『叟，不遠千里而來，亦將有以利吾國乎？』孟子曰：『吾王何必曰利，亦有仁義而已矣。』王曰，『何以利吾國？大夫曰何以利吾家？士庶人曰何以利吾身？』上下交征爭取利而國危矣。萬乘之國，弑其君者必千乘之家。千乘之國，弑其君者必百乘之家。後義而先利，不奪不饜。』足也。此是孟子開宗明義第一章也。

孟子曰：『雞鳴而起，孳孳爲善者，舜之徒也。雞鳴而起，孳孳爲利者，蹠之徒也。欲知舜與蹠之分，無他，利與善之間也。』照此看來、現在的教育家政治家某某家所忙的是甚麼？他們的程度可想而知了。這不是盜蹠的世界而何？孟子眼中認的他們了？

又孟子曰：『分人以財謂之惠，教人以善謂之忠，爲天下得人者謂之仁。』

胠篋第十『擿直隻切同擲投也玉毀珠，小盜不起，掊斗折衡，而民不爭。』天運十四『至貴國爵幷焉。至富國財幷焉，至願名譽幷焉。』幷字舊注作去字解、不如作人我不分，合幷一致解更好。

天地十二『藏金于山，藏珠于淵，不利貨財。』與寡欲修道諸條參着。

按此段就是老莊派的資本論，斷定資本家末了必定守不住的。Thomas more 茂雅的理想國說「到了那裏，受罰的人才給他戴上金手鐲等物，同我們現在帶的飾品一樣，正是黃金與土同價時代。

七，非禮樂 此須與孔子禮運大同小康節參看，方知孔子也是說兵由禮義起的。

老子曰『失道而後德，失德而後仁，失仁而後義，失義而後禮，夫禮者忠信之薄而亂之首。』

莊子知北遊二十二『禮者道之華而亂之首。』

莊子馬蹄九『素樸而民性得矣。及至聖人，蹩躠(音撇薛)為仁，踶跂(音止技 用心貌)為義，而天下始疑矣。澶(音旦)漫為樂，(放逸也)摘僻(邪僻也)為禮，而天下始分矣。故純樸不殘，孰為犧樽？(杯上畫牛)白玉不毀，孰為圭璋？(銳上方下曰珪，半珪曰璋)道德不廢，安用仁義？性情不離，安用禮樂？五色不亂，孰為文彩？五聲不亂，孰應六律？(古樂十二音調，陽的稱六律、黃鐘、太簇、姑洗、蕤賓、夷則、無射，陰的叫六呂，合起叫十二律。)夫殘璞以為器，工匠之罪也。毀道德以為仁義，聖人之過也。夫馬，陸居則食草飲水，喜則交頸(領也)相靡，(摩也，愛也)怒則分背相踶。(平聲，小踢也，)馬知(去聲)已此矣。夫加之以衡(車前橫木頭)扼，(叉馬頸者)而馬知詭銜(吐出口中勒也)竊轡。故馬之知而能至盜者，伯樂之罪也。夫赫胥氏(古帝王或曰炎帝也)之時，民居不知所為，行不知所之，含哺而熙，鼓腹而遊，民能已此矣。及至聖人，屈折禮樂，以匡天下之形，縣(同懸)跂仁義以慰天下之心。而人乃知踶跂好知，爭歸于利不可止也此亦聖人之過也』。

這篇完全發揮禮樂不是人的本性，與盧棱主自然的話差不多。

繕性十六『繕(音善治也)性于俗學，以求復其初滑(音骨亂也)欲于俗思以求致其明，謂之蔽蒙之民。古之治道者，以恬養知生而無以知爲也，謂之以知養恬。知與恬交相養而和理出其性。禮樂偏行，則天下亂矣。古之人在混芒之中，與一世而得澹漠焉。當是時也，陰陽和靜，鬼神不擾。四時得節，萬物不傷，羣生不夭。人雖有知，無所用之。此之謂至一。當是時也，(此皇世也)莫之爲而常自然。逮德下衰，及燧人伏羲(帝世)始爲天下，是故順而不一。德又下衰，及神農黃帝(帝之中世)運始爲天下。是故安而不順。德又下衰，及唐虞始爲天下，(帝之末世)興治化之流，澆淳散樸，離道以善險德以行，然後去性而從于心。心與心識知而不足以定天下，然後附之以文，益之以博。文滅質，博溺心。然後民始惑亂，無以反其性情而復其初。由是觀之，世喪道矣。道喪世矣。故曰，喪己于物，失性于俗，謂之倒置之民』。

莊子的「非樂」與墨子不同、墨是消極的、嫌樂耽閣辦事不得閒去享受、莊子却是積極的、是說樂非人性，沒用處。他另有比樂還好的玩意、就是妙道。

此篇叙皇帝退化之跡很明白，禮者生于小康之世、禮運孔子于大同世、但言男有分女有歸而已。至小康乃云禮義以為紀、而君臣父子夫婦出焉。與老莊子之言若合符節。小儒不解、反疑禮運、比方人久住地獄、反疑日光。徒守株待兎而以老莊為狂、是大錯了。其非樂也有兩因、小康的樂用以成禮作、一個制天下的東西、所以也不是好東西。至大同之世、大樂不和、雖無聲之樂也够了。但這是對修道的人說、要是平常的人、當然是用樂來會合也好。比方打坐的人、反而怕聲音、他另有受用。至于美術、音樂、供社會的娛樂、原不錯的。所以老子又說、『樂與餌、過客止。』可見并未完全棄掉、不過去其太甚罷。

田子方二十一『溫伯雪子（李云南國賢人也）適齊、舍（息也）于魯。魯人有請見之者，溫伯雪子曰不可。吾聞中國之君子，明乎禮義而陋於知人心，吾不欲見也』。（此與中庸「不報無道南方之強也君子居之」可証南方的文化。）

按雪子大抵吳季子札一派的哲人，他說禮義的壞處，加一個陋字，就是笑中國人的腦子叫禮義裹小了，像裹脚似的，所以近代學術純從世界風俗人民生活上比較出來的，才發見出各地方古俗的毛病來。要不是西學東來。現在大家還做天經地義的八股呢!

八，非仁義。注意、非就禮樂治亂說、理還粗些。非仁義就仁義喪人性上說、理很細、力量更大、人要能深通這篇、差不多通老莊的根本。以仁義與聲色味同一抹殺、同非人性頗、近佛理了。

老子『大道廢，有仁義。六親不和有孝慈。國家昏亂，有忠臣。』

大宗師六意而子見許由，許由曰：『堯何以資（給？也）汝？』曰：『堯謂我，汝必躬服仁義而明言是非。』許由曰，『而奚來爲？夫堯既已黥（音情，古以黑巾蒙面，後世剃而以墨塗之）汝以仁義，而劓（音意，割鼻也）汝以是非矣。汝將何以遊夫遙蕩恣睢（縱散自得也）之塗乎？』（永遠失自由了）意而子曰：『雖然，吾願遊于其藩。』（崖也）許由曰：『不然。夫盲者無以與乎眉目顏色之好，瞽者無以與乎青黃黼黻（音甫弗，雜采也）之觀。我爲汝言其大略。吾師乎！吾師乎！韲（音西，碎也）萬物而不爲義，澤及萬世而不爲仁，長于上古而不爲老，覆載天地刻雕衆形而不爲巧。此所遊已。』（遊是自由如飛鳥、仁義如籠子、是不可近的東西。）

駢拇八（全篇皆攻仁義非人本性，今摘數節。）

『駢拇（駢音偏平聲，并也，拇足大指也，音母，謂二趾相連。）枝指，（手有六指也）附贅懸疣，仁義非道德之正也。是故駢手足者，連無用之肉也；枝于手者，樹無用之指也。淫僻于仁義之行，其非人情乎？彼仁人何其多憂也。今世之仁人蒿目而憂世之患。不仁之人，決性命之情而饕（音討平聲，貪財也、）富貴。自三代以下者，天下何其囂囂也？且夫待鉤繩規矩而正者，是削其性也；待繩約（亦繩也）膠漆而固者，是侵其德也。屈折禮樂，呴（音許）俞（爲仁義之貌）仁義以慰天下之心者，此失其常然也。』自虞氏招仁義以撓而了反音天下也，天下莫不奔命于仁義，是非以仁義易其性與？三代以下，小人則以身殉平聲撓擾也利，士則以身殉名，大夫則以身殉家，聖人則以身殉天下。故此數子者，事業不同，名殺身從之曰殉聲異號，其於傷性以身爲殉，一也同一損人本性。

臧與穀二人男爲婢的壻曰臧，孺子曰穀。相與牧羊而俱亡其羊。問臧奚事？則挾筴策，竹簡也讀書。問穀奚事？則博塞悉代反博之類以遊。二人者事業不同，其於亡羊均也。伯夷死名於首陽之下，山名、在河東蒲坂縣餓死、盜跖死利於東陵泰山之上。二人者所死不同，其於殘生傷性均也。奚必伯夷之是而盜跖之非乎？注言天下所惜者生也、今俱殘其生、則所殉是非不足復論。天下盡殉也。彼其所殉仁義也，則俗謂之君子。其所殉貨財也，則俗謂之小人。其殉一也，則有君子焉，有小人焉。若其殘生損性，則盜跖亦伯夷也。又惡烏取君子小人於其間哉？……且夫屬其性于仁義……於五味，五聲，五色……雖盜跖與伯夷，是同爲淫僻也。」

本來老派學說、以全生爲人的本分、以任其性命之情，爲天性自然。傷了性命、違反自然的學術，事業、全無價値。比方一村上有兩個母親哭兒子的、一個是當兵死的、一個是做强盜死的、不管甚麽、兒子反正是不活了。老莊和楊子學派、都如此、不過楊氏更較重物質一點。莊子以下又說聲色味和仁義、皆非人性自然、故說善惡平等。

天道十三『孔子西藏書于周室。子路謀曰：「由聞周之徵（典也守也）藏史，有老聃（吐甘反）者，免而歸居。夫子欲藏書，則試往因焉。」孔子曰：「善。」往見老聃，而老聃不許。于是繙十二經（六經六緯）以說老聃。中其說曰：「曰大謾，（太蔓延無要領）願聞其要。」孔子曰：「要在仁義。」老聃曰：「請問仁義人之性邪？何謂仁義？不亦迂乎？」孔子曰：「中心物愷，兼愛無私，此仁義之情也。」老聃曰：「意（不平聲）幾乎後言，夫兼愛不亦迂乎？無私焉，乃私也。夫子欲天下無失其牧（養也）乎？則天地固有常矣，日月固有明矣，星辰固有列矣，禽獸固有羣矣，樹木固有立矣。夫子亦放（依）德而行，循道而趨，已至矣；又何偈偈乎（音傑用力貌）揭仁義，若擊鼓而求亡子焉？意，夫子亂人之性也。』仁義是反自然、與告子言「以人性爲仁義、猶以杞柳爲桮棬」之說同。

天運十四『商太宰蕩問仁于莊子，莊子曰：「虎狼仁也。」曰：「何謂也？」莊子曰：「父子相親，何爲不仁？」曰：「請問至仁。」莊子曰：「至仁無親。」太宰曰：「無親則不愛，不愛不孝，謂至仁不孝可乎？」莊子曰：「不然，夫至仁尚矣，孝固不足以言之。此非過孝之言也，不及孝之言也；以敬孝易，以愛孝難，以愛孝易，而忘親難，忘親易，使親忘我難，使親忘我易，兼忘天下難，兼忘天下易，使天下兼忘我難。夫德遺堯舜而不爲也，利澤施于萬世，天下莫知也。豈直太息而言仁孝乎哉？夫孝悌仁義忠信貞廉，此皆自勉以役其德者也，不足多也。」（大同之世、不獨親其親不獨子其子、但有男女而已。有養老院、故家庭關係少、名相兩忘也。）

又，「仁義先王之蘧（音渠草也）廬也。（遽廬傳舍也）止可以一宿而不可以久。古之至人，假道于仁，託宿于義，以遊逍遙之墟，食于苟簡之田，立于不貸之圃。逍遙，無為也；苟簡，易養也；不貸（不損己以為物也、），無出也。古者是謂采真之遊。」（老子主人人自足、故不重布施、仁義像藥方、不得已而用之。若天天服藥、命就要嗚呼了、）

又，孔子見老聃而言「仁義」，老聃曰：「夫播穅眯（音米）目，則天地四方易位矣。蚊虻（音盲牛也）噆（音咋嘬食也）膚，則通昔（夜也）不寐矣。夫仁義憯（音慘）然，乃憤吾心，亂莫大焉。吾子使天下無失其樸，吾子亦放（依也）風而動，總德而立矣。又奚傑然若負建（擊也）鼓而求亡子者邪？夫鵠不日浴而白，烏不日黔（音錢黑也）而黑。泉涸，（音渴水乾也）魚相與處于陸，相呴（音噓吐氣也）以溼，相濡（音如又音汝沾也）以沫，不若相忘于江湖。」孔子見老聃歸，三日不談。弟子問之曰：『夫子見老聃，亦將何規哉？』曰：『吾乃今于是乎見龍，龍合而成體，散而成章，乘乎雲氣而養乎陰陽。予口張而不能嗋，（音脅合也）予又何規老聃哉？』

徐無鬼二十四，齧（音臬）缺遇許由曰：『子將奚之？』曰：『將逃堯。』曰：『奚謂邪？』曰：『夫堯畜畜然（卹愛勤勞的樣子），仁吾恐其爲天下笑。後世其人與人相食與？夫堯知仁義之利天下也，而不知其賊天下也。神人惡衆至，（聚是黨）故無所甚親，無所甚疎。』

列子天瑞第一，『靜也虛也，得其居矣。取也與也，失其所矣。事之破碣（音毀）而後有舞仁義者，弗能復也。』

老莊是以仁義爲仇敵。說他是亂天下壞人性的本源。大致他說仁義比方打痲非，初打痲非針很提精神打常了就把人打死了。又像近視眼戴配光鏡，越戴眼越不好，因爲都是因有病而後起，羅蘭夫人曰：『自由自由，罪惡假汝之名以行，』自古的帝王教主，無不假大仁大義的招牌，才號召天下。結果直苦到今日，還沒得脫苦，必定用老莊「一拳碎黃鶴樓」的大本領，才可大解脫呢！

九，非聖無法，他因造仁義名詞的人、人叫他做聖人、所以更根本推翻教主、學說中算是非聖無法頂徹底了。與佛的般若部可參看。佛到了般若完了。老莊到非聖無法也完了。

莊子在宥篇（注宥音又、在寬也宥使自在則治，治之則亂也）十一，『聞在宥天下，不聞治天下也。堯使天下欣欣焉人樂其性，桀使天下人瘁瘁焉苦其性，非德也。……于是乎天下始喬詰卓鷙（均不平貌）而後有盜跖曾史（曾參孝、史魚直）之行。故舉天下以賞其善者不足，舉天下以罰其惡者不給。

三代以下，匈匈然終以賞罰爲事，彼何暇安其性命之情哉？而且說明邪？（邪同耶）是淫于色也，說聰邪？是淫于聲也。說仁邪？是亂于德也。說義邪？是悖于理也。說禮邪？是相于技也。說樂邪？是相于淫也。說聖邪？是相于藝也，說知邪？是相于疵也。之（此也）八者乃亂天下也。而天下乃始尊之惜之，甚矣！天下之惑也。……故君子不得已而臨莅天下，莫若無爲而後安其性命之情，（注意要點在此）又何暇治天下哉？』

老莊學說俗人怪其爲何攻堯舜，攻仁義。以爲仁義名詞是很好的東西、我未注此書以前，還未十分切實明了、現在重校此書、方深知老莊因爲要得人眞性、不能不攻仁義了。

仁義道德聖智等名詞，皆後起之形容詞，佛所謂分別對待法。老莊專談性而破相，故必去對待，眞性乃現。老莊言「無聖」與禪家言「無佛」，差不多老莊言「無法」，卽同佛說「非法」。老莊言「無爲」，猶佛言「空」，言「涅槃」，也不可以言語形容，故曰「道可道非常道」。凡言語盡非第一義，又說甚麼仁義聖智？執仁義聖智的說以爲道在是，猶執廟中木偶而指爲「彌陀」在是一樣。實則非在非不在，必謂盡棄一切之法乃可爲自由，亦不盡然。至大同世還有大同世的法，無爲亦是一法，這都是步步追求的話罷了。

道理本來不許容一物、所以禪門破相、破得乾乾淨淨、大同世、當然不許再有比人民高一級的東西來壓制、所以學佛的結果、是「無佛」。人皆爲堯舜、當然去堯舜的專名了、「聖人死、大盜方止、」所以非聖就是推倒教主、是將來必然的。

莊子胠音趨從旁開也篋狹長而方曰篋音接第十

「將爲胠篋探囊發匱櫃也之盜而爲守備，則必攝緘縢，音賢縢均繩也固扃鐍，音荆脚關也紐也。此世俗之所謂知智也。然而巨盜至，則負匱，揭篋，擔囊而趨，惟恐緘縢扃鐍之不固也。然則鄉向之所謂知者，不乃爲大盜積者也？故嘗試論之。世俗之所謂知者，有不爲大盜積者乎？所謂聖者，有不爲大盜守者乎？何以知其然邪？昔者鄰國相望，雞犬之音相聞，罔罟音網古均網也之所布，耒音類犁也耨乃豆反耡也之所剌，方二千餘里，闔四境之內，所以立宗廟社稷，治邑屋州閭鄉曲者，曷嘗不法聖人哉？然而田成子一旦殺齊君而盜其國，所盜者豈獨其國邪？并與其聖知之法而盜之。故田成子有乎盜賊之名，而身處乎堯舜之安。小國不敢非，大國不敢誅，十二世有齊國。則是不乃竊齊國，并與聖知之法以守其盜賊之身乎？明白痛快、千古假借制度法律去做惡事的，何獨莽操幾個人呢？嘗試論之。世俗之所謂至知者，有不爲大盜積者乎？所謂至聖者有不爲大盜守者乎？何以知其然邪？昔者龍逢桀臣斬，比干紂臣剖，萇弘周靈王臣胣，或作施裂也音拖，子胥靡。糜爛之于江中故四子之賢而身不免乎戮。注言向無聖法、則桀紂焉得守斯位而放其毒也？故跖之徒問於跖曰「盜亦有道乎？」跖曰，「何適而無有道邪？夫妄意室中之藏，聖也。入先，勇也。出後，義也。知可否，知也。分均，仁也。五者不備而能成大盜者，天下未之有也」。由是觀之，善人不得聖人之道不立，跖不得聖人之道不行。天下之善人少而不善人多。則聖人之利天下也少，而害天下也多。這兩句是最得力處、所以無政府派不定主性善的。故曰，脣竭則齒寒。魯酒薄而邯鄲圍，音寒丹、楚宣圍趙因魯酒薄趙酒厚也聖人生而大盜起。掊普口反擊聖人，縱舍捨盜賊，而天下始治矣。擒賊擒王故須先推倒腐敗學說也夫川竭而谷虛，丘夷平也而淵實。是因斷則果絕也，聖人已死，則大盜不起，天下平而無故矣。聖人不死，大盜不止。雖重聖人而治天下，則是重利盜跖也。（西諺說法律止保護富人，政治全是與政客有利，與小民何干）。為之斗斛（入聲胡祿切、古十斗為斛、今以五斗為斛）。以量之，則并與斗斛而竊之。為之權秤錘衡秤桿以稱之，則并與權衡而竊之。為之符璽以信之，則并與符璽而竊之。為之仁義以矯之，則并與仁義而竊之。何以知其然邪？彼竊鉤有鉤的帶者誅，竊國者為諸侯。諸侯之門而仁義存焉。則是非竊仁義聖知邪？故逐於大盜，揭諸侯，竊仁義，并斗斛，權衡，符璽之利者，雖有軒車蓋也冕之賞弗能勸，斧鉞音曰大斧也之威弗能禁。此重利盜跖而使不可禁者，是乃聖人之過也。（至今竊共和、竊議會、竊共產、竊種種主義、都是假借名詞、同一無辦法、所以多一法就多一弊。）故曰：「魚不可脫於淵，國之利器不可以示人。」（上面辯理已明白、下面下總判斷、）彼聖人者，天下之利器（可拿而用的叫器）也，非所以明天下也。故絕聖棄知，大盜乃止。擿（入聲同擲棄也）玉毀珠，小盜不起，焚符破璽，而民朴鄙。掊斗折衡，而民不爭。殫（音丹盡也）殘天下之聖法，而民始可與論議。擢（音濁引上去）亂六律，鑠（音勺燒也）絕竽（音于笙類三十六簧）瑟，（樂器古五十絃後改二十五絃）塞瞽曠之耳，而天下始人含其聰矣。滅文章，散五采，膠（音交）離朱（離婁古之明目者）之目，而天下始人含其明矣。毀絕鉤繩而棄規矩，（圓曰規方曰距）攦（音利折也）工倕（音垂堯時巧人）之指，而天下始人有其巧矣。故曰大巧若拙。削曾史（曾參孝史鰌直）之行，鉗（音前去聲）楊墨之口，攘（如羊反卻也斥也）棄仁義，而天下之德始玄同矣。彼人含其明，則天下不鑠（式約反用火化金消壞也）矣。人含其聰，則天下不累矣。人含其知，則天下不惑矣。人含其德，則天下不僻矣。彼曾史楊墨師曠離朱工倕者，皆外立其德而以爚（音藥火光消也）亂天下者也。」

此文爲莊子大聲疾呼，發聾振聵的宣言書，宣布社會的罪惡，人世的不平，都由于有聖人法度，斷案是很確切，誠然是駁不倒的。但是究竟事實上，人類智識已開，不能再回到太古去，所以退化派的「安那其」主義，亦能宣布社會的罪惡，却究竟不能建設。佛老耶和印度外道哲學，都是一樣毛病。就是現在託翁，也未免此。必須等到克翁科學派出來，才有大建設本領。因爲現在要用禹疏九河的法子，化整制度爲散制度，化一聖智爲羣聖智，就是普及羣衆教養問題了。這分化法克翁叫做Decentralization反集中」

石頭記第二十一賈寶玉看南華經看至此，意趣洋洋，不禁提筆續曰：『焚花散麝，而閨閣始人含其勸矣。戕寶釵之仙姿，灰黛玉之靈竅，喪滅情意，而閨閣之美惡始相類矣。彼含其勸，則無參商之虞矣。戕其仙姿，無戀愛之心矣。灰其靈竅，無才思之情矣。彼釵玉，花，麝者，皆張其羅而穴其隧，所以迷眩纏陷天下者也。』紅樓夢作者有很深遠的哲學，和最優美的文學，該書曾經投票爲社會上占勢力第一的書。所以王國維蔡元培都研究過。這一段只算該作者提出一個兩性懸案，附于莊子聖法的問題，同待解決。但是也有同樣的不易解決，「焚花散麝消情滅意」不外從消極上去破壞。從前就是出家制，無論如何不能普及。而且行之愈寬泛，毛病更大也。惟有用禹疏九河的法子，化整爲散，化濃爲淡，化墻壁隔離式爲解放相忘久之自然化散了。所以任「自然性愛」就非愛了。人皆堯舜，就無聖智。人皆仙佛，就無仙佛。「男女熙熙共登春臺」則花不必焚，麝不必散，而相忘于江湖了。但亦要內面的恬淡精神，和外面的物質預備，雙方并用才好。

『法之無所用也子獨不知至德之世乎？昔者容成氏，大庭氏，伯皇氏，中央氏，栗陸氏，驪畜氏，軒轅氏，赫胥氏，尊盧氏，祝融氏，伏羲氏，神農氏，十二氏皆古之帝也當是時也民結繩按結繩亦可成字猶今之紙細工也而用之，甘其食，美其服，樂其俗，安其居，鄰國相望，雞狗之音相聞，民至老死而不相往來。若此之時則至治已。今遂至使民延頸舉踵，音種足限也曰某所有賢者，贏音盈負也糧而趣趨之，則內棄其親而外去其主之事，足跡接乎諸侯之境，車軌結乎千里之外。是則上好知之過也。上誠好知而無道，則天下大亂矣。何以知其然邪？夫弓弩音怒上聲、用機械施放的弓、今名窩弓畢兎網也弋繩射也機弩也變之知多，則鳥亂於上矣。鉤餌罔罟罾音曾笱音鉤釣鉤也之知多，則魚亂於水矣。削格所以施網者羅鳥罟也落罝罘音嗟浮、罝兎網、罘翻車網之知多，則獸亂於澤矣。知詐漸深也毒，頡滑，難料理也堅白，解垢詭曲也同意之變多，則俗惑於辯矣。故天下每每大亂，罪在於好知。故天下皆知求所不知，而莫求其所已知者。皆知非其所不善，而莫非其所已善者，是以大亂。故上悖日月之明，下爍山川之精，中墮四時之施。惴喘耎軟之蟲，動蟲也肖消翹之物，植物也莫不失其性。甚矣夫！好知之亂天下也！自三代以下者是已。舍夫種種謹愨貌之機，而悅夫役役鬼黠貌之佞，釋夫恬徒謙反平淡無爲，而悅夫啍啍音亨或作哼寧人也之意，哼哼已亂天下矣。』

此篇與盜跖篇皆莊子澈底大解放的文字，純是般若圓境。與禪家「呵佛罵祖，佛頂著糞」一樣機鋒。可與大寶積經一百五卷文殊執劍逼佛妙法門大神變會對讀，便知其妙絕。非俗儒誣莊子爲游戲文字者，可以夢見也不是牢騷。至理本來如此。文殊逼佛，莊子非聖，同一妙境。現在的人講解放的，還不易這樣透澈。

託氏之老子崇拜—託氏曾譯老子與那經合本，說政府自身就是奴隸。凡在政府制下的，無人不是奴隸。但不贊成形式革命，以暴力易暴力。以惡敵惡。參考吾人之奴隸。

克魯巴金之老子評

克翁在近代科學與安那其主義中，評論古代「安那其」思想，以老子與希臘諸哲人幷列，說安那其主義在古代已經很普遍的，中國就有老子，希臘有許多哲學家，像亞里提巴士Aristippus和Cynics「西尼克派」的西那。Zeno西挪曾主張自由的社會，而反對拍拉圖的理想國家。還有些斯多葛派，Stoics但是他們的思想是由羣衆中自然生出來的，幷不是自學問上發出來的，而號稱博學者却去表同情于那强權的宗教家。

建設內篇第三

老莊掊擊百家、吐棄一切、但是他並非一味破壞、他心裏另有一種自然律的理想國。所以要分析出他的建設本領來、方免玄學鬼之誚。

一　全生

老子『聖人之治，虛其心，實其腹，弱其志，強其骨。（可見老子也不是一定說無聖人，特不是平常的聖人。）五色令人目盲，五音令人耳聾，五味令人口爽，（差誤也）馳騁（逞上聲直馳也）田獵令人心發狂，難得之貨令人行妨。（礙也）是以聖人為腹不為目，故去彼取此。吾所以有大患者，為吾有身，及吾無身，吾有何患？』

觀此可知老子之道，第一在改良衛生法，排斥虛偽的衛生而真為肚子，故道教人修道養壽乃人的真正利益。

『谷神不死，是謂玄牝。玄牝之門，是謂天地根。緜緜若存，用之不勤。（谷空虛也）治人事天，莫若嗇。是謂深根固柢，（音底木根）長生久視之道。天長地久，天地所以能長且久者，以其不自生，故能長生。是以聖人後其身而身先，外其身而身存。非以其無私耶？故能成其私。死而不亡者壽。（按此是長生神仙說所祖也。）

名與身孰親？（有因空名而喪身者、爭權位是也。）身與貨孰多？（因爭利亡身）得（利）與亡（身）孰病？是故甚愛必大費，多藏必厚亡。知足不辱，知止不殆，可以長久。民之輕死，以其求生之厚，是以輕死。夫唯無以生為者，是賢于貴生』。看來老子也証入無生。并非怕死貪生。

老莊主張最要的第一事，就是笑人人忘了自己的身命是比一切東西頂貴重，決不可拿第二件東西來換的。比方要有人來買我的頭，論理要眞愛自己，無論多少萬，不應該賣的。而人不知道，不但普通價値，每月爲四兩二錢銀，就去插標賣頭，還有因爲一錢而捐性命的，還有只爲一句空話而爭氣送死的，眞可笑極了，看得自己太無價値了。所以道家第一，是教人重生，重生則天下就大事小，小事了。但老子却亦不定怕死，而後來演成丹訣，總非無因了。亦是楊子「樂生派」所祖。

莊子人間世第四『匠石（人名）之齊，見櫟社樹，其大蔽（遮也）牛。絜（約束也）之，百圍。（徑尺曰圍）其高臨山十仞，（七尺曰仞）而後有枝。其可以爲舟者旁十數。觀者如市。匠石不顧，遂行不輟。弟子曰，「何耶?」曰，「已矣，勿言之，散木也。以爲舟則沈，以爲棺槨則速腐。以爲器則速毀。以爲門戶則液（音亦）樠，（音蠻汁出也）以爲柱則蠹。是不材之木也。無所可用，故能若是之壽。」匠石歸，櫟社見夢曰「夫柤（側加反），梨橘柚（音又）果（木實也）蓏（力果反草實也）之屬，（種類也）實熟則剝，剝則辱。大枝折，小枝泄。此以其能苦其生者也。故不終其天年而中道夭，自掊擊于世俗者也。物莫不若是。且予求無所可用久矣。幾死，乃今得之，爲予大用。使予也而有用，且得有此大也耶？」山木自寇也，膏火自煎也。桂可食，故伐之。漆可用，故割之。人皆知有用之用，而莫知無用之用也。」抱定此理、就遺棄世俗功業、但期養生修道以全其天。全天的人多、天下就太平安樂了。

大宗師第六『夫道有情有信，無爲無形。可傳而不可受，可得而不可見。自本自根，先天地生而不爲久，長于上古而不爲老。狶韋氏得之，以挈天地。伏戲得之，以襲氣母。維斗得之，終古不忒。日月得之，終古不息。馮夷得之，以遊大川。肩吾得之，以處太山。黃帝得之，以登雲天。顓頊得之，以處玄宮。禺強得之，立乎北極。西王母得之，坐乎少廣。莫知其始，莫知其終。彭祖得之，上及有虞，下及五伯。』八百歲也

這一段得之「之」字裏面實有個東西，不是空說。

南伯子葵問乎女偊音矩是個女人曰：「子之年長矣，而色若孺子，弱童也何也？」曰：「吾聞道矣。」「道可得學耶？」曰：「子非其人也。夫卜梁倚有聖人之才，而無聖人之道。吾猶守而告之，三日而後能外天下。又守之七日，而後能外遺去也物。又守之七日，而後能外生。外生而後能朝徹。朝徹而後能見獨。見獨而後能無古今。無古今而後能入于不死不生。」

此皆是守气養心工夫，是內三昧工夫，修一步是一步境界。

在宥十一 黃帝立爲天子十九年，令行天下，聞廣成子在于空同（山名）之上，故往見之曰：『我聞吾子達于至道，敢問至道之精。吾欲取天地之精以佐五穀，以養民人。吾又欲以官陰陽，以遂羣生，爲之奈何？』廣成子曰：『而（汝也）所欲問者，物之質也，而所欲官者，物之殘也。自而治天下，雲气不待族（聚也）而雨，草木不待黃而落，日月之光盡以荒矣。而佞人之心翦翦（善辯也）者，又奚足以語至道？』

此篇頂精。黃帝初問治天下的道，是捨本而務末，捨己而求人。求人者小人之道也，求己者君子之道也。求人則喪己，故不屑教誨，斥以佞人也。

黃帝退，捐天下，築特室，席白茅，（如佛証道時，取草坐道場矣，白茅取其潔）閒居三月，復往邀之。廣成子南首而臥，黃帝順下風，膝行而進，再拜稽首而問曰：『聞吾子達于至道，敢問治身，奈何而可以長久？』廣成子蹷（音厥 驚也）然而起曰：『善哉問乎？來，吾語汝至道。至道之精，窈窈冥冥。至道之極，昏昏默默。無視無聽，抱神以靜，形將自正。必靜必淸，無勞女形，無搖女精，乃可以長生。目無所見，耳無所聞，心無所知，女神將守形，形乃長生。愼女內，閉女外，多知爲敗。…… 愼守女身，物將自壯。……故我修身千二百歲矣吾形未常衰』。黃帝再拜稽首曰。『廣成子之謂天矣。』廣成子曰『來余語汝。彼其物無窮，而人皆以爲終。彼其物無測，而人皆以爲極得吾道者，上爲皇而下爲王。失吾道者，上見光而下爲土。故余將去女，入無窮之門，以遊無極之野。吾與日月參光，吾與天地爲常。……人其盡死而我獨存乎！皇道乃道敎本來面目、人世法之極也、卽佛法的世間法、人人修其身而天下平、所以無有治天下者了。

刻意十五『聖人生也天行，死也物化。生若浮，死若休，不思慮，不豫謀。光矣而不耀，信矣而不期。其寢不夢，其覺無憂，其神純粹，其魂不疲。此境是眞樂虛無恬淡，乃合天德。故曰，形勞而不休則弊，精用而不已則勞，勞則竭。水之性，不雜則淸，莫動則平，鬱閉而不流，亦不能淸。純粹靜一，養神之道也。能體純素謂之眞人』。眞人爲道佛至貴之號、猶佛敎之佛孔之聖人墨之巨子也。

秋水十七，『莊子釣于濮水，楚王使大夫二人先往焉，曰，願以境內累矣。莊子持竿不顧曰。『吾聞楚有神龜，死已三千歲矣，王巾笥而藏之廟堂之上。此龜者，寧其死而留骨而貴乎？寧其生而曳尾塗泥也中乎？』二大夫曰。『寧生而曳尾塗中。』莊子曰。『往矣！吾將曳尾塗中？』乃知常人自愛不如龜也。而人還嘲笑人當龜，這是爲何呢？

達生十九『棄事則形不勞，遺生則精不虧。形全精復，與天爲一。』

讓王二十八舜讓天下于子州支伯支伯曰，『予適有幽憂之病，方且治之，未暇治天下也。故天下大器也，而不以易（換也）生，』舜以天下讓善卷，善卷曰『余立于宇宙之中，冬衣皮毛，夏衣葛絺，春耕種，形足以勞動，秋水斂身，足以休食，日出而作，日入而息，逍遙于天地之間而心意自得。吾何以天下爲哉？悲夫子之不知余也。』遂不受，去而入深山，莫知其處。（天下輕，己身重，故不肯賣命殉物，人明此理，決無爭皇帝而送命的了。）

能尊生者，雖富貴不以養傷身，雖貧賤不以利累形。今世之人，居高官尊爵者，見利輕亡其身。豈不惑哉？危身棄生以殉物，豈不悲哉？今有人以隨侯珠，彈千仞之雀，世必笑之。何則，所用者重而所要者輕也。夫生者，豈特隨侯之重哉？』

子華子神气第十『伏羲神農之世，其民童蒙，瞑瞑蹎蹎，（音顛蹎也）不知所以然而然，是以永年。黃帝堯舜之世，其民樸以有立。職職植植，而弗鄙弗夭，是以難老。末世之俗則不然，煩稱文辭而實不效。知譎相誕，而情不雍。蓋先霜霰以戒裘鑪者矣。機括存乎中，而羣有詐心者族攻之于外，是以父哭其子，兄哭其弟，長短頡牾，百疾并作。四方疫癘，道有襁負，盲禿狂傴（音雨）

萬怪以生。所以然者，气之所感故也。夫神气所以動微矣。』

此論人壽退化之原理，極明。今世文明皆傷腦疲精催命鬼也。乃云幸福，不亦怪哉！要想人全其生，非用老學廢國家名利等害身之事不可。

黃帝素問上古天眞論云，黃帝曰（或作皇帝）『余聞上古有眞人者。一提挈天地，把握陰陽，呼吸精气，獨立守神。肌肉若一，故能壽敝（盡也）天地，無有終時。此其道生。中古之時有至人者。二淳德全道，和于陰陽。去世離俗，積精全神。游行天地之間，視聽八達之外。此蓋益其壽命而强者也。亦歸于眞人。其次有聖人者。三處天地之和，從八風之理。適嗜欲于世俗之間，無恚嗔之心。（恚恨也音未嗔怒也）行不離于世，被章服，舉不欲觀于俗。外不勞形于事，內無思想之患。以恬愉爲務，以自得爲功。形體不敝，精神不散，亦可以百歲。其次有賢人者，四法則天地，象似日月，辨則星辰，逆從陰陽，分別四時，將從上古合同于道，亦可使益壽而有極時。按此論四種人，最下亦王道也。

按道家化世、以重生爲第。一這個道理、拿着現在重幸福主義講來、人人應該承認、幸福最大的是保命不死、而現在國爭利爭甚麼國民義務，却速人以死、所以歐化反面、就是印度文化、有自然要求的趨勢、（參觀拙譯北美瑜伽學派商務館出版）所以人類要眞愛身體、全其天年、非先破國爭及階殺爭，使大家平安壽考不可、要眞用老學、那馬克司就用不着了。

二，眞自由就是眞人的本來面目，沒有裝扮、不受拘束。

莊子天地十二，『百年之木，破爲犧尊，杯也青黃而文之。其斷又一截在溝中。比犧尊于溝中之斷，則美惡有間矣。其于失性一也。跖與曾史行義有閒矣。然其失性均也。且夫失性有五，一曰五色亂目，使目不明。二曰五聲亂耳，使耳不聰。三曰五臭薰鼻，困惾不通也中顙。喉也上聲四曰五味濁口，使口厲爽。病誤也五曰趣取也舍滑心，使性飛揚。此五者皆生之害也。而楊墨乃始離跂自以爲得。非吾所謂得也。夫得者困，可以爲得乎。則鳩鴞之在于籠也。亦可以爲得矣。且夫趣舍聲色以柴塞也其內。皮弁鷸入聲，音聿水鳥。即翠鳥。冠。搢笏紳修以約其外。內支盈以柴柵，外重纆入音墨，三合繩也繳。繩也音勺睆睆窮視貌音旱在纆繳之中而自以爲得。則是罪人交臂歷指，而虎豹在于囊檻，亦可以爲得矣。』

今所謂自由皆虎豹自請入囊檻，且號召他虎豹也入裏去。人的囊檻，若倫敦等大都會入則裝于幾十層樓之蜂窠中。日夜呼吸煤气。出來不見天日，汽車電車馬車一動傷人至死。步步皆是殺人場，欲求鄉里的自由天地日光空气簡直沒有。「囊檻的自由」天乎冤哉!

報載德國有名游鳥團者,係各階級男女青年自由集合周遊鄉野登山涉水,脫離都市富貴家庭有如鳥之自由。故名游鳥團。看起來也是以都市為囚籠罷了。印度王子每每出家。捨富貴而去,也可知富貴家庭幷不是人的本性了。在這幾篇看來,莊子不以楊子為然,因雖然同學于老子,但莊子偏重精神修養的自由。而楊子偏于物質享受上無拘束的自由了。也像蘇克雷地的弟子,有一穿破衣犬儒派的安德臣 Antisthenes 又有快樂派的亞理士提卜了。Aristippus

三,修道,

周禮『坐而論道謂之三公』,老子『故置三公,雖有拱璧,以先駟馬,不如坐進此道。』按坐令人靜、天下亂尚動、天下治必尚靜,特不要死靜耳。歸根曰靜,是謂復命。復命曰常,知常曰明。不知常,妄作,凶。知常容,容乃公,公乃王,王乃天,天乃道,道乃久,沒身不殆。危害也

莊子天道十三,『其生也天行,其死也物化。動也天而靜也地,一心定而王天下。其鬼不祟,其魂不疲。』

大凡一道理皆非可卒然明了，老莊的虛靜有二義。一是「無爲」，二者「無不爲」。所以三公坐定論道而天下自治其靜定的義也同佛的寂滅涅槃有二義一樣。小乘爲灰滅之滅，大乘爲寂光常照之滅。二者絕對不同，而人罕分別，一味玄談，寃哉！

莊子齊物論，南郭子綦，（音隱憑其也）几而坐，仰天而噓。嗒（音塔解體貌）焉似喪其耦。（身也）顏成子游立侍乎前，曰『何居（何故？）乎？形固可使如槁木，而心固可使如死灰乎？』（槁木死灰是一種三昧境界。）

大宗師六『古之眞人，其寢不夢。（無妄想也）其覺無憂，其食不甘。其息深深，眞人之息以踵，（此呼吸法也）衆人之息以喉。屈服者，其嗌（音意喉也）言若哇。（音懷俗人氣不舒狀）其耆（嗜）欲深者，其天機淺。古之眞人，不知說（悅）生，不知惡死。其生不訢，（欣）其入不距。（拒）翛（音叔飛疾也）然而往，翛然而來，而已矣。是謂眞人。其心忘，其容寂。凄然似秋，煖然似春。喜怒通四時。與物有宜而莫知其極。……故有親非仁也。』（此一乃是在三昧中眞証物我無間，內外如一境界。不是空話。）

又，顏回曰『回益矣！忘仁義矣。』仲尼曰『可矣，猶未也。』它（他）日復見，曰，『忘禮樂矣。』曰猶未也。』它日復見，曰，『坐忘矣。』仲尼蹵（子六切）然曰，『何謂坐忘？』回曰『墮枝體，黜聰明，離形去知，同于大通。此謂坐忘。』仲尼曰，『丘也，請從而（汝）後也。』（這都是工夫次第）

天運十四，孔子年五十有一而不聞道，乃南之沛見老聃。老聃曰『子來乎？吾聞子北方之賢者也，子亦得道乎？』孔子曰『未得也。』老子曰『子惡乎求之哉？』曰『吾求之于度數，（禮也）五年而未得也。』『子又惡乎求之哉？』曰『吾求之于陰陽，（易經也）十有二年而未得也。』老子曰『然，使道而可獻？則人莫不獻之于其君。使道而可進？則人莫不進之于其親。使道而可以告人？則人莫不以告其兄弟。使道而可以與人？則人莫不以與其子孫。然而不可者，無他也，中無主而不止，（存不住也）外無正而不行。』（此段語極妙，非得道者不知。）

田子方二十一，孔子見老聃。老聃新沐，方將被髮而乾，慹（音摺淡泊貌）然似非人。孔子便而待之，少焉見曰『丘也眩與？其信然與？向者先生形體掘若槁木，不以遺物離人而立于獨也？』老聃曰『吾遊于物之初。』（按此是修道者入三昧境界，離人我相，物之初是人我不分。）

孔子問于老聃曰『今日晏閒，（安也）敢問至道。』老聃曰『汝齋戒疏瀹（音藥）而心，澡雪而精神，掊擊而知。夫大道窅（音杳深遠也）然難言哉！』（道止是去妄想也）

知北遊二十二，齧（音葉）缺問道乎被衣，被衣曰『若汝正汝形，一汝視，天和將至。攝汝知，一汝度，神將來舍，瞳焉如新生之犢，而無求其故。』言未卒，齧缺睡寐。被衣大說，（悅）行歌而去之，曰『形若槁骸，心若死灰。』若死灰非眞成灰，如醫方說燒灰存性也。

妸荷甘與神農同學于老龍吉，神農隱几闔戶晝瞑，妸荷甘日中奓（音賒）戶而入曰『老龍死矣！』神農隱几擁杖而起，曝然放杖而笑。如死灰之死，乃大死一番，所謂游戲三昧也。

庚桑楚二十三南榮趎蹴然正坐曰『趎年已長矣，將惡乎託業以及此言邪？』庚桑子曰『全汝形，抱汝生，無使汝思慮營營。若此三年，則可以及此言也。』言三年可以入門也

寓言二十七顏成子游謂東郭子綦曰『自吾聞子之言，一年而野，二年而從，三年而通，四年而物，五年而來，六年而鬼入，七年而天成，八年而不知死不知生，九年而大妙。』近人日本藤田靈齋專倡靜坐，幾成一致，甚稱此段工夫也。

讓王二十八『道之眞以治身，其緒餘以爲國家，其土苴（[illegible]余切 麻草）以治天下。由此觀之，帝王之功，聖人之餘事也，非所以完身而養生也。』此語判世法出世法輕重極分明，可知今以社會主義爲大事者，算是道家化世的土苴罷。

四，師友

老子『善人者不善人之師，不善人者善人之資。不貴其師，不愛其資，雖智大迷，是謂要妙。』

孔子曰，『三人行，必有我師焉。擇其善者而從之，其不善者而改之。十室之邑，必有忠信，

如丘者焉，不如丘之好學也。』

列子黃帝二，楊朱南之沛，老聃西遊于秦，邀于郊。至梁而遇老子。老子中道，仰天而歎曰。『始以汝爲可教，今不可教也。』楊朱不答，至舍，進涫音貫熱水漱巾櫛，脫履戶外，膝行而前。古禮也曰，向者夫子仰天而歎，以爲不可教。弟子欲請夫子，辭行不間，無暇時是以不敢。今夫子間矣，請問其過。老子曰『而汝睢睢而盱盱，皆傲也而誰與居？大白若辱，盛德若不足。』楊朱蹵然變容曰。『敬聞命矣。』其往也，楊朱初去時舍者主人迎將，家公男人執席。妻執巾櫛。舍者避席。煬音樣者火夫避竈。皆用客氣僞以禮貌示其恭敬其反也，舍者與之爭席矣。』不客氣而精神融洽、相親近至于忘形、與物同化、

新序雜事五魯哀公問子夏曰『必學而後可以安國保民乎？』子夏曰：『不學而能安國保民者，未嘗聞也。』哀公曰』，然則五帝有師乎？』子夏曰』，有，臣聞黃帝學乎大眞，顓頊音專旭，學乎綠圖，帝嚳學乎赤松子，堯學乎尹壽，舜學乎務成跗，禹學乎西王國，湯學乎威子伯，文王學乎鉸時子斯，武王學乎郭叔，周公學乎太公，仲尼學乎老聃，此十一聖人，未遭此師，則功業不著乎天下。名號不傳乎後世。

天地十二，『堯之師曰許由，許由師齧缺，齧缺師王倪，王倪師被衣。郭象注應帝王第七云尸子云、蒲衣八歲、舜讓以天

下、卽被衣、王倪之師也。

禮學記『故師也者所以學爲君也。三王四代惟其師。是故君之所以不臣于其臣者二，當其爲尸，祭祀的時候以人裝神。則弗臣也。當其爲師，則弗臣也。大學之禮，雖詔于天子，無北面。所以尊師也』。　又『文王世子虞夏商周有師保有疑丞，設四輔及三公，不必備，惟其人。德成而教尊，教尊而官正，官正而國治，君之謂也。

孟子『湯之于伊尹，學焉而後臣之，故不勞而王。桓公之于管仲，學焉而後臣之，故不勞而霸。今天下地醜平聲齊也德齊，莫能相尙，無他，好臣其所教，而不好臣其所受教』。

按老莊學案差不多就是無君無政府、不過古時四代的學術、互相發明、有時同在一處說、故連類附于此。可見王道乃至伯道還得尊師。如韓愈師說百工賤藝莫不有師，（現在還如此）、我說到大同世、雖沒教主、而師一倫還是得尊、不能平等。不信試看弘光二祖斷臂求法、達摩才傳他道、不然他不能傳你道理，空講平等何益？不論何時　師弟不能平等，我敢斷言的。要平等，那學術的事業就廢了。至弟子學成或賢于師，那是另一問題。總之，要無師，莫說百工賤藝，就連娼盜也學不成的。

又呂子曰『神農學悉老，黃帝學大眞，顓頊學伯夷父，帝嚳學伯招，帝堯學州支父，帝舜學許由，禹學大成執，湯學小臣，文王武王學太公望周公旦，齊桓公學管夷吾隰朋，晉文公學咎犯隨會」觀此知無師而成、是沒有的。無論講道講學，不能不先重師道。

公羊定四年傳『朋友相衛。何休注、同門曰朋、同志曰友、相衛不使爲讎所勝、時伍子胥仕吳爲大夫、君臣言朋友者、與王闔廬本以朋友之道、爲子胥復讎。

戰國策郭隗對燕昭王帝者與師處，王者與友處，霸者與臣處，亡國之君與役處。詘（同屈）指而事之，北面而受學，則百（倍于）己者至。先趨而後息，先問而後默，則什（倍于）己者至。人趨（使人趨事之）則若己者至，馮（同憑）據杖眄視指使則斯役之人至。若恣睢奮擊，跔（音拘跳也）籍（蹈也）叱咄，則徒隸之人至矣。此古服（行也）道，致士之法也。（此五種等次何等明白，今日活動的，大致都是四五等角色罷！）

論語子畏於匡，顏淵後（落後）子曰「吾以汝爲死矣。」曰「子在，回何敢死？」（看來回有禦侮的意思，故不敢獨死，）

『佛說極樂國土更無君王，惟有佛爲法王而教化。』可知大同世更無他，惟有師友論道而已。譚復生說大同世只朋友一倫，這從佛耶孔墨諸哲率弟子游化各地可証明了。天下雖惡濁，而他們諸師弟還是極樂世界。孔子徒三千，佛徒數萬，未聞投票選出與顏淵文殊不過師友父子罷了。但有一誤會因西方人好用極，又因中世耶教被君主利用失眞生人我見。宗教互相爲仇。其去耶氏愛汝仇的教訓，也太遠了。故虛無黨三無主義必推翻宗教然觀託爾斯泰即圓融亞化，幷無衝突。所以印度以東無教爭，可以同化了。佛法圓教中并無外道，能從五倫化成一倫，再于一倫中不生爭鬬，世界卽可圓滿。說到師友的關係。道家現尙傳丹訣，上不傳父母，下不傳妻子。孔門弟子于師，心喪三年，佛是以法統爲祖孫的。他父親去聽法，也要五體投地，與衆人一樣，是完全一倫制。耶蘇說，愛父母妻子，不如愛我的，不配作我的門徒。照各家看來，雖有宗教制度形式，但其重師友一倫的精神，實在可佩。其餘四倫倒還可輕此這一倫乃人羣中心，注意注意！

五，道德

『道可道，非常道。下士聞道大笑之，不笑不足以爲道。』

老子天地相合以降甘露，民莫之令而自均。可見不去用均天下、均田、猶楞嚴經佛告「持地菩薩」當平心地、則天下地一切皆平」也、」道常無爲而無不爲。可知非眞無爲也。

上德不德，是以有德。下德不失德，是以無德。上德無爲而無以爲，下德爲之而有以爲。上仁爲之而無以爲，上義爲之而有以爲。上禮爲之而莫之應，則攘臂而扔音仍強牽引也之。故失道而後德，失德而後仁，失仁而後義，失義而後禮。夫禮者忠信之薄，而亂之首。大直若屈，大巧若拙，大辯若訥。

道生之，德畜之，物形之，勢成之，是以萬物莫不尊道而貴德。道者萬物之奧，善人之寶。（可見愚人惡人不用以善爲寶了。）

列子力命六『黃帝書云：至人居若死，動若械，亦不知所以居，亦不知所以不居。』

論語子曰『予欲無言，』子貢曰『子如不言則小子何述焉？』子曰『天何言哉？四時行焉，百物生焉。天何言哉？』（爲道者戒多言也。）

孟子『得道者多助，失道者寡助。寡助之至，親戚畔之。多助之至，天下順之。』又陽虎曰，『爲富不仁矣，爲仁不富矣。』

道德可貴的憑據，就是同是一個人，或從匹夫起能爲萬世師，成聖成佛，粗的也可建一時的大位，成大功業，或有本來處很高的地位，至于亡身送命的。這是爲何？卽一個有道，一個無道。最近列寧之戮俄皇，威而遜以一哲學家長美國，而倒德皇威廉，都是一個有道得天下多助，一個無道寡助的結果。你看可怕不可怕呢？不然，那誰還費力去學道？

六，寡欲無私，佛所謂「因戒生定」也。修道爲定、寡欲爲戒、適性爲慧、此老莊之綱領也、寡欲自然私就去了，私起于欲。

老子『故常無欲以觀其妙，常有欲以觀其徼。（終也徼也音叫這與大乘起信論「一心二門」同以無爲體以有爲用，）不尚賢，使民不爭。不貴難得之貨，使民不爲盜。不見可欲，使民心不亂。少則得，多則惑。始制有名，名亦既有，夫亦將知止，知止可以不殆。知足者富。禍莫大于不知足，咎莫大于欲得。故知足之足常足矣。』欲寡則知足。

莊子天地十二『藏金于山，藏珠于淵，不利貨財，不近貴富，不樂壽，不哀夭，不榮通，不醜窮。』

孟子曰：『養心莫善于寡欲，其爲人也寡欲，雖有不存焉者寡矣。其爲人也多欲，雖有存焉者寡矣。』以上寡欲

老子『功成不有，衣養萬物而不爲主，萬物歸焉而不爲主，可名爲大。以其終不自爲大，故能成其大。生而不有，爲而不恃，功成而弗居，夫惟弗居，是以不去。就是佛家的「無我」孤寡不孤而王公以爲稱。故物或損之而益，或益之而損。強梁者不得其死。天下之至柔，馳騁天下之至堅。以無有入無間，吾是以知無爲之有益。這理很細、像用秤的、只用一點星而萬物平了、所以貴柔。

修之于身，其德乃眞。修之于家，其德乃餘。修之于鄉，其德乃長。修之于國，其德乃豐。修之于天下，其德乃普。故以身觀身，以家觀家，以鄉觀鄉，以國觀國，以天下觀天下。吾何以知天下然哉！以此。』以上無私

此處說大公至正不以私心主持天下事就易辦了。「大道之行天下爲公」「非去私不可、而去私必先寡欲，方斬去私根也。

七，尙雌　老易舊約論母性，與世界女國家女宗教小史，

(一)老子『挫其銳解其紛。　谷神不死，是謂玄牝。玄牝之門，是謂天地根。　我獨異於人而貴食（養育也）母。（育于其母）　周行而不殆，可以爲天下母。　知其雄，守其雌，爲天下谿。知其榮，守其辱，爲天下谷。　柔弱勝剛强。　弱者道之用，　强梁者不得其死。　天下之至柔，馳騁天下之至堅。　天下有始，以爲天下母，既得其母，以知其子。既知其子，復守其母，沒身不殆。　守柔曰强。　有國之母，可以長久。　牝常以靜勝牡。　江海之所以爲百谷王者，以其善下之。　人之生也柔弱，其死也堅强。萬物草木之生也柔脆，其死也枯槁。故堅强者死之徒，柔弱者生之徒。　天下之柔弱莫過於水，而攻堅强者莫之能勝』。

案老子尙雌，尙牝，尙母，尙靜，尙退，尙弱，法谿，法谷，法水，法江海，一言蔽之，尙柔惡爭而已。此太平世大同之道也。（小康時代，却不能不兼用剛以禦非常的暴力。）

(二)易☲☲離，利，貞，亨，畜牝牛吉。（離卦不取元、象無乾剛之首乃吉也。畜養也、能養萬物。老子曰

、「牝以靜勝、牛乃坤德、坤爲子母牛」」三千佛名經有牛王佛、佛大乘法取象白牛、殷易亦尚坤、尚白牝也。任重致遠、莫如耕牛、馬乃亂世爭戰所用，牛乃太平世之寶，賣馬買牛，去殺人而養人，故吉。彖曰，（斷詞也、伏羲畫卦、文王作卦詞、周公作爻詞、孔子作彖象、）離麗也日月麗乎天，（以實麗虛）百穀草木麗乎土。（以剛麗柔）重明（文明不尚剛）以麗乎正乃化成（專尚化也）天下，柔麗乎中正，（柔而得正。）故亨是以畜牝牛吉也象曰，明兩作離。大人以繼明照于四方。繫詞離爲火爲電爲中女，離明也。萬物皆相見南方之卦也。

按現在文明時代，是電時代，女化時代，萬國大同，正合離卦了。離卦，陰居二五之中，得位乘時，陽剛居外，進柔退剛，乃祛殺機而入文明世。離爲中女，重卦者，衆中女相聯合，而以柔中之道，化伏衆陽剛之兇很暴戾，以中性調和天下。希臘化所謂Harmonize。至文明時代，衆中女皆進爲二五中位，爲君子爲大人也，故四方皆明矣。老子尚坤，殷湯尚坤，皆與此有合也。

(三)舊約耶利米三十一章『地上有一件新事，就是女子衛護男子。』（這預言眞怪，是不是要應驗？）

(四)高加索山民女子弭兵公法，　人類古代本母系，老子講復古，其學與克魯巴金最近，自達氏以後，講人性者不從生物學講起，殆無發言資格。近則不通克氏互助學者更不足與言羣學。以動物社會論本較人社會平和，原始母系時代社會本較男系社會太平，故克氏屢稱之。茲述互助經「女子弭兵公法事」如下：

As to the customary law of the Caucasian Mountaineers, it is much the same as that of the Longobards, or Salic Franks, and several of its dispositions throw much light on the judicial procedure of the barbarians of the old. Benig of a very impressionable character, they do their best to prevent quarrels from taking a fatal issue; so with the Khevsoures, the swords are vry soon drawn when a quarrel breaks out; but if a woman rushes out and throws among them the piece of linen which she wears on her head, the swords are at once returned to their sheaths, and the quarrel is appeased. The het d-dress of the women is ANAYA. Mntual Aid P. 114.

高加索人，郎古巴人及色利法蘭克人，有一種習慣法。其種種處置，在古代裁判行爲上，放很大光明。其最足感動人之特點。就是用最妙之術。防避民族間激烈之戰爭。當其同夏夫索族，起爭端而動干戈時，若有一女子走到陣前，拋一首飾或頭巾之類，兩族立時收刀入鞘，罷甲休兵，爭卽平息。所以其女流之首飾，就是救命符。由此點看來、全世界男子互殺，盡是魔鬼、而女子乃爲紅十會善事、無異救苦觀音了。

(五)尤侗明史海外竹枝詞，述南洋各島風俗。亦有『女兒斷事男兒聽。竹槍會上鬬風流』等句，言男子相鬬，女子以竹槍解圍。　蓋由各面証實，男性殺而女性生。雄惡雌善。欲天下太平，雄閥乃人道之公敵，非老氏尚雌之學不足救之。老氏深通民祖自然原則，天稱陰陽，鳥曰雌雄，獸曰牝牡，古易亦是坤乾。惟人稱男女，自雄閥爭殺，乃妄造此名耳。西文則常稱女男 Ladies and gentlemen 此太平世離卦之象也。

(六)美國女界因監督男界之酗酒毆妻者多，乃多共發起禁酒會，至今完全收效。將來必立一個世界雄閥監督會，始能廢兵去殺，免雄爭慘禍也。質之雄爭者，以爲當否。

(七)南美洲女兒國　When the Spaniardes were making conquests in America, the Portuguese came to Brazil. It is said that, near the river Amazon, they Fo uenda nation of women, whose lives were spent in war. Parley's Universal History P. 659

拍雷氏普通史六五九頁亞美利加章云。當西班牙人征伏美洲時，葡萄牙人亦至巴西。彼等于亞馬生河近處尋得一女人國。但被暴男戰爭所滅。

按此爲難得佳材料，可証母系制在四百年前尚存于美洲，極爲太平，均被暴男破壞成全球血戰。殺人千萬計。皆雄閥爲害也。今後雄閥不得已，仍須求坤化主義來救命耳。

（八）女性教　印度有耆那教Jainism乃印度在佛以前的苦行教派。以女性爲生生之本，而崇拜之。印度崇拜女神喜克地 Sakti 及吉祥天女薩拉士華提。Sarasvati 崇拜喜克地女神教名爲喜克他士。Soktas 又名濕婆教。Siva 濕婆是女神的配偶，女神亦不一。有佳麗 Kali 杜加 Durga 等。到佛教秘宗圓攝一切。觀音普門大海，將世界教一吸而盡化除女男相矣。

八，獨身主義，

列子天瑞篇，『林類年且百歲，底春被裘，拾遺穗于故畦，並歌並進。孔子適衛，望之于野。顧謂弟子曰『彼叟可與言者，試往訊（問也）之。』子貢逆（迎他）之隴端，面之而歎曰『先生曾不悔乎？而行歌拾穗，林類行不留，歌不輟。』子貢叩之不已，乃仰而應曰『吾何悔耶？』子貢曰：『先生少不勤行，長不競時，老無妻子，死期將至，亦有何樂而拾穗行歌乎？』林類笑曰『吾之所以爲樂，人皆有之，而反以爲憂。少不勤行，長不競時，故能壽若此。（可見無事寡欲爲長壽第一法。今日爭名利爭分數之科學，皆催命鬼也、文明云乎哉！）老無妻子，死期將至，故能樂若此。』（這便是禪家機鋒）子貢曰『壽者人之情，死者人之惡，子以死爲樂，何也？』林類曰『死之與生，一往一反，故死于是者，安知不生于彼。』（這便開魏晉以後，佛老同原派頭，所以仙家也講輪迴了。）故吾知其不相若也，安知營營而求生非惑乎？又安知吾今之死不愈昔之生乎？』（這一轉便是『西方淨土』了、老莊還是假設、蘇克雷地便說實在有來生。）

獨身主義到大同世是個大問題，恐怕到大同世獨身者越多了，爲甚麽呢？那時候男女無別，人以爲必是男女交接的事多了，男女愛情如何的濃了。而事實乃太不然。恰恰乎如紅樓夢二十一回賈寶玉說的『戕寶釵之仙姿，灰黛玉之靈竅。戕其仙姿，無戀愛之心矣。灰其靈竅，無才思之情矣。』到那時再沒有男女相殉的事了，大抵陰陽二電相抵則力大相合則力小。物理相拒則反逆而力大，相合則力小，如張弓然。彼時男女交接時多，相牽制之事極少。結婚期漸縮短。中年以往，則厭離心生而人樂獨居矣。由此修道者多，出世法大盛，人都盡力于仙道天道佛道各門，成大同世界。壽命長，生子稀，人口決不患多而又患寡矣。所以古代人患寡，正是爲此。到此世界，誰喜歡生子受苦，馬爾達氏 Malthus 1766－1834 人口論二十五年加一倍之說。根本打消，南海康先生大同學所以言大同世人少也是如此。惟但言人不樂生子而未及人皆修仙耳。所以普通人都知大道無男女，凡是道教人都應該倡大道，耶教人都應該倡樂園無罪的教，孔教人應專倡大同眞道，佛教在家人都應倡俱盧樂洲，出家人眞修証果。這才免淘汰，而且是各教眞義也。

九，宇宙觀

莊子逍遙遊「窮髮不毛的地方之北有冥海者，天地也。有魚焉，其廣數千里，未有知其修長也者，其名爲鯤。有鳥焉，其名爲鵬。背若泰山，翼若垂天之雲，摶扶搖羊角風形曲如羊角而上者九萬里，絕雲氣，負青天，然後圖南。往南且適南冥同溟。海也也。斥鴳一作鷃雀也，笑之曰，彼且奚適也？我騰躍而上，不過數仞（周八尺合今工部六尺四寸，）而下，翺翔蓬蒿之間，此亦飛之至也。而彼且奚適也？此小大之辯也。』

言世界的東西、大小相去很遠、俗人眼光、不知大外還有大、小外還有小、「少所見者多所怪、見橐駝馬腫背」眞不值一笑、明白此理、便可解脫逍遙了。

齊物論第二『天下莫大于秋毫（銳毛也至秋而更細、）之末，而太山爲小。莫壽乎殤子（年十九以下而死爲殤）而彭祖（商賢大夫，云壽八百歲，）爲夭。』

此言若就形體上看、物有大小。若就物性上看、大小平等。壽夭無貳、鶴頸的長不是有餘、鳧頸的短不是不足也。

又『昔者莊周夢爲胡蝶，栩栩然（況羽反喜貌）胡蝶也，自喩適志與？不知周也。（此意言前念後念不相續、如佛言「念念各不相知」也。）俄然覺（醒了）則蘧蘧（音渠有形貌）然周也。不知周之夢爲胡蝶與？胡蝶之夢爲周與？』（此言物與我性平等，眞與幻同等。）如人一夢若經百年之久，然則我人今生此世百年，不過一長夢耳。周與胡蝶則必有分矣。此之謂物化。』（與物同體俱化了。）

本篇共引三段，第一段可觀大小相去無量。第二段大小平等。第三段物我不二。一段比一段，精明白了就可得大解脫的宇宙觀。

秋水十七河伯曰：『若物之外，若物之內，惡（音烏下同）至而倪（比論也）貴賤？惡至而倪小大？』北海若曰：『以道觀之，一(觀)物無貴賤。以物觀之，二(觀)自貴而相賤。以俗觀之，三(觀)貴賤不在己。以差觀之，四(觀)因其所大而大之，則萬物莫不大；因其所小而小之，則萬物莫不小。知天地之爲稊(徒兮反小米也)米也。知豪末之爲丘山也，則差數覩矣。以功觀之，五(觀)因其所有而有之，則萬物莫不有；因其所無而無之，則萬物莫不無。知東西之相反而不可以相無，則功分定矣。以趣(趨向)觀之，六(觀)因其所然而然之，則萬物莫不然；因其所非而非之，則萬物莫不非。知堯舜之自然而相非，則趣操覩矣。』以上六種觀法、是莊子修平等觀法的大規矩、可以與佛法的各種觀法對看，好用工也。

這就是他們打破宇宙和流俗虛僞的工具。不然無下手處。

知北遊二十二『萬物一也，其所善者爲神奇，其所惡者爲臭腐；臭腐復化爲神奇，神奇復化爲臭腐。』

列子天瑞第一『杞國有人憂天地崩墜，身亡(無)所寄，廢寢食者。』現在的人自誇聰明、今年鬧慧星撞地球、明年鬧地球撞彗星、說是美國天文家推算的、英國天文台測看的、年來就鬧了好幾次、還說古人迷信、像這樣的科學智識是不是杞人呢！又有憂彼之所憂者，你看這一般科學迷信家眞眞可憐不可憐、可憂不可憂呢！因往曉之曰：「天積氣耳，亡處亡氣。若(你)屈伸呼吸，終日在天中行，奈何憂崩墜乎？」其人曰：「天果積氣，日月星宿不當墜耶？」曉之者曰：「日月星宿，亦積氣中之有光耀者，只使墜亦不能有所中傷。」其人曰：「奈地壞何？」曰：「地積塊耳，充塞四虛，亡處亡塊，終日在地上行止，奈何憂其壞。」其人舍然大喜，曉之者亦舍然大喜。現在要對他們說不用憂慧星、他們就大喜、我們也大喜，這就錯了。長盧子聞而笑之曰：「天地奚爲不壞？夫天地空中之一細物，有中之最巨者，難終難窮，難測難識，此固然矣。憂其壞者誠爲大遠，言其不壞者亦爲未是。」子列子聞而笑曰：「言天地壞者亦謬，言不壞者亦謬。生不知死，死不知生；來不知去，去不知來。壞與不壞，吾何容心哉？」還是憃列子一笑，歸到自然忘生死境界。

十、生死觀

莊子大宗師六，子桑戶即子桑伯子論語仲弓問「子桑伯子」子曰「可也簡、」家語說他不衣冠而處、欲同人道于牛馬的。孟子反子琴張孟子說他是狂士。三人相與友，相視而笑，莫逆于心，遂相與友。莫然有間，而子桑戶死，未葬。孔子聞之，使子貢往待事焉。或編曲，或鼓琴，相和而歌曰：嗟來桑戶乎！嗟來桑戶乎！按此亦與佛教僧人做懺作樂差不多而汝已反其眞，而我猶爲人猗！子貢曰，「敢問臨尸而歌，禮乎？」二人相視而笑曰「是惡知禮意？」子貢反以告孔子曰「

彼何人者邪？」曰：「彼遊方之外者也，而丘遊方之內者也。外內不相及，而使女弔之，丘則陋矣。彼方且與造物者爲人，而遊乎天地之一氣，彼以生爲附贅縣疣，（音由結肉也）以死爲決疣潰癰。夫若然者，又惡知死生先後之所在？彷徨乎塵垢之外，逍遙乎無爲之業，彼又惡能憒憒然爲世俗之禮，以觀衆人之耳目哉？」（說得痛快）子貢曰：「然則夫子何方之依？」曰：丘天之戮民也。」（說在方內之苦如受天罰也。）

按就死者論，哭與死者無益而有大損。佛教修行人及僧侶臨終時，其弟子親人例爲念佛，務令死者平靜安樂，死時吉祥。天主教亦于死時作禱告。蘇克雷地死時，嚴禁其弟子等哭之。修道人禁死時聞哭聲也。至俗禮繁重，送喪像玩把戲一樣，名爲「借死尸歛財」而已，與死者有何益處？

莊子至樂十八，莊子妻死，惠子弔之，莊子則方箕踞（音據）鼓盆而歌。惠子曰：『與人居長子老身死，不哭亦足矣，又鼓盆而歌，不亦甚乎？』莊子曰：『不然，是其始死也，我獨何能無慨然？察其始而本無生，非徒無生也，而本無形，非徒無形也，而本無氣。雜乎易忽之間，變而有氣，氣變而有形，形變而有生。今又變而之死，是相與爲春秋冬夏四時行也。人且偃然寢于巨室。（天地也。）而我噭噭（音叫高聲）然隨而哭之，自以爲不適乎命，故止也。」

此條理極透、墨子死無服、本道教也。看來莊也悟道無生了。

檀弓下孔子之故人曰原壤。其母死，夫子助之沐椁。（外棺也）原壤登木曰，（椁木也）久矣，予之不托于音也。歌曰：『貍首之班然。執女手之卷（平聲）然。』夫子爲弗聞也者，而過之。從者曰：「子未可以已乎？』夫子曰：『丘聞之，親者毋失其爲親也。故者毋失其爲故也。』

按既云孔子故人其人必非不孝之徒、孔子還送喪、更是有交情了、何至於母死登棺木在孔子面前唱歌呢？看他必是莊子楚狂之流、放達的人、不以死爲悲以生爲樂，幷不是因此就不孝了，本來人死也未必一定可哀、硬制活人哭幾聲，跳幾下，都是假的，不如聽他眞正喜哭就哭喜歌就歌才不虛僞呢？

又莊子之楚，見空髑髏（音獨樓）髐（音堯反白骨貌）然有形，撽（敲去聲擊也）以馬捶，（上聲杖也）因而問之曰：「夫子貪生失理而爲此乎？將子有亡國之事，斧鉞之誅，而爲此乎？將子有不善之行，愧遺父母妻子之醜而爲此乎？將子有凍餒之患而爲此乎？將子之春秋故及此乎？』于是語卒，援髑髏枕而臥。夜半，髑髏見夢曰：『子之談者，似辯士。諸（凡也）子所言，皆生人之累也。死則無此矣。子欲聞死之說乎？』莊子曰：『然。』曰：『死無君于上，無臣于下，亦無四時之事。從然而以天地爲春秋，雖南面王樂不能過也。』莊子不信曰：『吾使司命復生子形，爲子骨肉肌膚，反子父母妻子閭里知識，子欲之乎？』髑髏深矉音頻恨張目也蹙頞音遏、鼻莖也曰：『吾安能棄南面王樂而復爲人間之勞乎？』眞有此理、大寶積經卷一百九與十問何以神識舍過肉身不肯再回、佛言「譬如汝身剃過之髮、汝還愛否。」就是這個道理、

列子天瑞第一列子適衛，食于道，見百歲髑髏。顧謂弟子百豐曰：『唯予與女知而未嘗死未嘗生也。』也歸到無生死　精神者天之分，骨骸者地之分。屬天淸而散，屬地濁而聚。精神離形各歸其眞，故謂之鬼。鬼歸也，歸其眞宅。黃帝曰：『精神入其門，骨骸反其根，我尙何存。』按此與佛言「物有四大、曰火大水大地大風大、熱氣歸火、津液歸水、骨肉歸地、氣息歸風、我尙何在」同一意思、」列子談出世法、尤妙于莊子也。

又，晏子曰：『善哉，古之有死也，仁者息焉，不仁者伏焉。死也者，德之徼同竅也。古者謂死爲歸人，則生人爲行人矣。行而不知歸，失家者也。一人失家，一世非之；天下失家，莫知非焉。有人

去鄉土，離六親，廢家業，遊于四方而不歸者，何人哉？此必謂之爲狂蕩之人矣。』

知北遊二十二舜問乎丞曰：『道可得而有乎？』曰：『汝身非汝有也，汝何得有夫道？』舜曰：『吾身非吾有也，孰有之哉？』曰：『是天地之委形也。生非汝有，是天地之委和也。性命非汝有，是天地之委順也。孫子非汝有，是天地之委蛻（音悅）也。故行不知所往，處不知所持，食不知所味，天地之彊陽（運動）氣也，又胡可得而有邪？』

雖有壽夭，相去幾何？須臾之說也。 人生天地之間，若白駒（太陽也）之過郤（隙孔也），忽然而已。』

看來老莊除了物我平等觀以外，無常觀也很明，所以甚近于佛了。

易繫辭知幽明之故，死生之說。『精氣爲物，游魂爲變，是故知鬼神之情狀，』看來孔子晚年學易，也知鬼神有情有狀有陰曹了。

論語子曰，『朝聞道夕死可矣。，不知命無以爲君子也。』

有人問師，孔子說朝聞道，聞得何道？答請讀下句便知。可見天下至要的便是生死問題。託爾士太也嫌社會主義專重物質的，不是澈底，我問你一句話，『竟究我是個甚麼東西？終日忙忙的天天做個造糞機器，造了幾十年糞，難道這就叫個人麽？』生死問題不明了，講甚麼學問主義呢。老莊生死觀的高處，也直逼佛境，所以能精神上解放，這才算眞大解放也。

十一，內觀神游此篇種種修內工，各致所同也。

老子『不出戶知天下，不窺牖見天道。其出彌更也遠，其知彌少。』不能自知本心故也。

田子方二十一『孔子見老聃，老聃新沐，洗髮也? 方將被髮而乾，慹于立反不動貌然似非人。孔子便而待之，少焉見，曰：『丘也眩玄徧反?與？其信然與？向者先生形體掘音屈若槁木，似遺物離人而立於獨也。』老聃曰：『吾游於物之初。』孔子曰：『何謂邪？』曰：『心困焉而不能知，口辟入聲卷不開也焉而不能言，嘗爲女議乎其將。至陰肅肅，至陽赫赫，肅肅出乎天，赫赫發乎地。兩者交通成和而物生焉。或爲之紀而莫見其形，消息滿虛，一晦一明，日改月化，日有所爲而莫見其功。生有所乎萌，死有所乎歸，始終相反乎無端而莫知乎其所窮。非是指兩相交之初也，且孰爲之宗。』孔子曰：『請問游是。』已知其初，如何游法，老聃曰：『夫得是至美至樂也。得美而游乎至樂，謂之至人。』孔子曰：『願聞其方。』曰：『草食之獸，不疾易藪。水生之虫，不疾易水。行小變而不失其大常也。喜怒哀樂不入於胸次。中也夫天下也者，萬物之所一也。得其所一而同焉，則四支百體將爲塵垢，而死生終始將爲晝夜，而莫之能滑，而況得喪禍福之所介乎？棄隸者若棄泥塗，知身貴於隸也。貴在於我而不失於變。且萬化而未始有極也。夫孰足以患心已，爲道者解乎此。』所謂懸解 此老子游神物我解脫生死的妙訣、寄心於此則物萬變而我不變也。

列子仲尼第四，初列子好遊，壺丘子其師曰：『禦寇好游，游何所好？』列子曰：『游之樂所玩無故。時時風景變易人所游也，觀其所見；我之游也，觀其所變。天地萬物變化游乎游乎，未有能辨知也其游者。』壺丘子曰：『禦寇之游固與人同歟？而曰固與人異歟？凡所見亦恒見其變。玩彼物之無故，不知我亦無故。務外游不如務內觀。外游者求備于物，內觀者取足于身。取足于身，游之至也。求備于物，游之不至也。』于是列子終身不出，自以爲不知游。壺丘子曰：『游其至乎！至游者不知所適，至觀者不知所眂。視物物皆遊矣，物物皆觀矣。是我之所謂遊，我之所謂觀也。故曰游其至矣乎？』此段乃大同世一大問題、因爲人都疑惑將來舟車歸公、有人好遊歷如何分配法。不知道，敎人內觀遊歷、自然就不爭外遊了。

湯問五『江浦之間生麽細也虫，其名曰焦螟，羣飛而集于蚊睫，弗相觸也。栖宿去來，蚊弗覺也。離朱子羽方晝拭眥音濟目角揚眉而望之，弗見其形。虒馳上聲俞師曠，方夜擿耳俛俯首而聽之，弗聞其聲。唯黃帝與容成子居空同之上。同齋三月，心死形廢。徐以神視，塊然見之若嵩山之阿。徐以神聽，砰然聞之若雷霆之聲。』有肉眼有天眼、天眼不用眼見、此理可用催眠術試之、并非難也。又靜坐深入時視聽便與俗人大異、邵子陽明均有神通也。

又，龍叔謂文摯曰：『子之術微（妙也）矣。吾有疾，子能已乎？』曰：『先言子所病之証。』龍叔曰：『吾鄉譽不以爲榮，國毀不以爲辱，得而不喜，失而弗憂。視生如死，視富如貧，視人如豕，視吾如人，處吾之家如逆旅之舍，觀吾之鄉如戎蠻之國。凡此衆疾，爵賞不能勸，刑罰不能威，盛衰利害不能易，哀樂不能移。固不可事國君，交親友，御妻子，制僕隸。此奚疾哉？奚方能已之乎？』文摯乃命文叔背明而立，自後向明而望之。既而曰：嘻！『吾見子之心矣。方寸之地虛矣。幾聖人也。子心六孔流通，一孔不達。今以聖智爲疾者，或由此乎？非吾淺術所能已也。』視吾如人視人如豕、這都是內觀法、可與佛教觀法節參見便悟。不悟此段、便枉做了人也、可惜！

十二，神通

列子黃帝第二，列子師老商氏友伯高子進（盡）二子之道。乘風而歸，尹生聞之，（少年好奇者也）從列子居數月不省舍。（列子不到舍教之也、後漢鄭康成從馬融學、馬之弟子以次相授受、三年未得見其面。佛制沙彌五年在下座、又五年升上座，豈有速成者乎。故道聽塗說，德之棄也。）因問請蘄（音祈求也）其術者，十反而十不告，尹生懟（怨也）而請辭，列子又不命。（不留也）尹生退，數月意不已，（不安）又往從之。列子曰：『汝何去來之頻？』尹生曰：曩（向者）者有請于子，子不我告，固有憾于子。今復脫然，是以又來。』列子曰：『曩吾以汝爲達，今汝之鄙至此乎？姬（居也，猶坐也）將告汝所學于夫子者矣。自吾子之事夫子友若人也，（可見非杜撰，）三年之後，心不敢念是非，口不敢言利害，始得夫子一眄（音面，邪視也）而已。五年之後，心庚（更）念是非，口庚言利害，夫子始一解顏而笑。七年之後，從心之所念，庚無是非，從口之所言，庚無利害，夫子始一引吾並席而坐。九年之後，橫心之所念，橫口之所言，亦不知我之是非利害歟？亦不知彼之是非利害歟？亦不知夫子之爲我師，若人之爲我友，內外進矣。（到了這個程度才可以講眞平等）而後眼如耳，耳如鼻，鼻如口，無不同也。（佛所謂六根互用也。）心凝形釋，骨肉都融，不覺形之所倚，足之所履，隨風東西，猶木葉幹殼，竟不知風乘我耶？我乘風乎？（列子蓋得天仙之道，與物爲一者）。今女居先生之門，曾未浹（音挾，周也）時，而懟憾者再三。（所謂妄起風潮）汝之片體將氣所無不受，汝之一節將地所不載。（其俗在骨、非洗髓伐毛奪胎換骨何以學道。）履虛乘風，其可幾乎？』尹生甚怍，（慚愧）屏息良久，不敢復言。（尚算好學生）

一般粗淺的人，但知道物質解放，不信神化境界，解放的範圍這就很小了。總而言之，但就物質上講講不清的。不過物質却是解放的第一步，也是必定經過的，經過了第一步，才好大家解放。

逍遙遊，「列子御（乘也）風而行，泠然善也，旬有五日而後反。」

應帝王七，「鄭有神巫曰季咸，知人之生死存亡禍福壽夭，期以歲月旬日若神云云。」

達生十九，列子問關尹曰：「至人潛行不窒（音質，言水行無碍）蹈火不熱，行乎萬物之上而不慄，請問何以至乎此？」關尹曰：「是純氣之守也，非知巧果敢之列。其天守全，故莫能傷也。」

一切工夫下手不外心守氣。本來神通是一種精神科學原理、也和物質科學的根據是一樣可信、用催眠術可證明了。但昔人迷信太過、就錯用了、和現在妄用殺人的物質一樣。

周穆王三，「周穆王時，西極之國有化人來，入水火，貫金石，反山川，移城邑，乘虛不墜，觸實不硋，（同碍）千變萬化，不可窮極。既已變物之形，又且易人之慮。穆王敬之若神，事之若君。推路寢以居之，引三牲以進之，選女樂以娛之。化人以為王之宮卑陋而不可處，王之廚饌腥螻而不可饗，王之嬪御，羶（腥也）惡而不可親。（這理沒甚奇怪難解、馬配馬、牛親牛、叫做風馬牛不相及就像人看狗吃屎很怪、不知道要有天人看人吃飯與人看狗吃屎一樣的。人看豬交合很穢、那知天仙看人與人交也是與豬一樣、稍修止觀人就懂得）。穆王乃爲之改築。土木之功，赭（赤色音者）堊（白色音惡）之色，無遺巧焉。五府爲虛而臺始成。其高千仞，臨終南（山名）之上，號曰中天之臺。簡鄭衛之處子娥媌靡曼者，施芳澤，正娥眉，設笄珥，衣阿錫（細布），曳齊紈，粉白黛黑，珮玉環，雜芷若（香草）以滿之。奏承雲六瑩九韶晨露以樂之。日月獻玉衣（美衣），旦旦薦玉食。化人猶不舍然。（不釋然也。）不得已而臨之居亡幾何，謁王同遊。王執化人之袪，（音墟袖）騰而上者中天迺止。暨及化人之宮。（是第一層天宮）搆以金銀，絡以珠玉，出雲雨之上，而不知下之據，望之若屯雲焉。耳目所觀聽，鼻口所納嘗，皆非人間之有。王實以爲淸都紫微鈞天廣樂，帝（上帝）之所居。王俯而視之，其（自己之）宮榭（土曰臺木曰榭）若累塊積蘇（薪紫）焉。王自以居數十年不思其國也。化人復謁王同遊，所及之處，（是第二層天宮）仰不見日月，俯不見河海。光影所照，王目眩不能得視；音響所來，王耳亂不能得聽。百骸六藏悸而不凝。意迷精喪，請化人求還。（受不住供養，有福不能享。）化人移之，王若殞虛焉。既寤（醒）所坐猶嚮者之處，侍御猶嚮者之人。（地位未變）視其前，則酒未淸，肴未昲。（音費曝也、時甚間短。）王問「所從來，」左右曰「王默存耳。」（假寐也。）由此穆王自失者三月，而復更問化人。化人曰：「吾與王神遊也，形豈動哉？且曩之所居，奚異王之宮？曩之所遊，奚異王之圃？變化之極，疾徐之間，可盡模（陳？說）哉」王大悅。

又，『老成子學幻于尹文先生，三年不告，老成子請其過而求退，尹文先生揖而進之于室。屏左右而與之言曰：「昔老聃之徂（往）西也。顧而告予曰「有生之氣，有形之狀，盡幻也。造化之所始，陰陽之所變者。謂之生死，窮數達變，因形移易者，謂之化幻。造物者其巧妙，其功深。因難窮難終。因形者其巧顯，其功淺，故隨起隨滅。知幻化之不異生死也。始可與學幻矣。吾與汝亦幻也，奚須學哉？」老成子歸，用尹文先生之言，深思三月。（入定也）遂能存亡自在，播番（音變校易）四時。冬起雷，夏造氷。飛者走，走者飛。終身不著其術，故世莫傳焉。』

這是幻術、幻術最古的吞刀吐火、還是印度人、現在還是奇妙的很、近來西洋也有。所以天下的事不可以說我沒見過、你見過有多少呢。

仲尼第四，陳大夫聘魯，私見叔孫氏。叔孫氏曰：『吾國有聖人』，曰：『非孔丘耶。』『何以知其聖乎？』曰：『吾嘗聞之顏回，孔丘能廢心而用形。』陳大夫曰：『吾國亦有聖人，老聃之弟子有亢倉子者，得聃之道，能以耳視而目聽，魯侯聞之大驚，使上卿厚禮而致之。亢倉子應聘而至。魯侯卑辭請問之。亢倉子曰：『傳之者妄，我能視聽不用耳目，不能易耳目之用。』魯侯曰：『此增更異矣，其道奈何。』曰：『我體合于心，心合于氣，氣合於神，神合于無。其有介然小物之有，唯然小之音，雖遠在八荒之外，近在眉睫之內，來干我者，我必知之。乃不知是我七孔四支之所覺，心腹六臟之所知，其自知而已矣。』魯侯大悅，他日以告仲尼，仲尼笑而不答。以上是老子幻術學案六根互用楞嚴明其理。

Carpenter加奔德著世界地理讀本亞洲地理中，言印度人大蛇出現術，歐人常見但用照像却照不着蛇，并有印人致蛇圖可据，又前年上海來了一個瑞典國的人，有他心通，曾遊數國，屢試其術，西班牙國王曾面試之。曾在上海青年會演過，我沒去看，人心裏想到的，他可以知道。這境界催眠術也有一點，又友人從美洲來的說，有歐人在美試神境通。神境就是俗語土遁法。有一回在美國警察總局試驗，用一大缸水令其入缸中。衆人圍之，不久其人從總局來電話，視之已自外來矣，惟身微濕耳。要之，神化神通，并亦平常，鄙人于其原理都了然，意見與孔子同，未暇全力及此。要知道但弄神通，六根互用，决非難事。但是第一義在悟道度人了生死，不然鬼也有神通，貓也有夜眼，有何益處？

建設外篇第四

一初民古治（退化論卽是古大同社會）

老子『能知古始是謂道紀。太上下知有之，其次親而譽之，其次畏之，其次侮之。又小國寡民』 小字寡字作動詞看，以下分三節解明

史前公產村，及三代與希臘公產村市國家小史

一，有史以前之公產村，偉氏史綱八二頁，Switzerland 瑞士乾湖中發現一史前人家。係在新石期早銅時代，Neolithic and early Bronze ages 乃建于水中央。其式今南洋西里比島及各地土人多有之。此村有古代骨石陶器可考。與此同式之史前村，蘇格蘭愛爾蘭亦多。惟瑞士村當非衆人羣居而爲教長所居。英倫 Wiltshire 威而須地方亦有此村，極大又爲歐洲極美之化石。外周二層壕，占英畝二十八畝半，止二石路可通于 Silburg 西而伯山，此山爲英倫有名之史前藝術山 Articial mound 容人民甚衆多，可知爲共產社會。The whole Community 計當在西歷一萬年前。若瑞士村容人少，不過歷前五千年也。新石期人食大麥，尙未能造酒，無銅器，無六畜。

又一三一頁云，西歷前四千年，埃及與美索不打米亞二處，均有共產村市。Commun'ties living in towns 美洲掘古隊在尼伯爾 Nippur（巴比侖東南）發現一城，至少當在歷前五六千年。

由今地質學考之，証明古代人祖確是大同一家，而小家族乃是後起。

二，三代聖人眞本領，古來聖人像伯夷，伊尹，孔子稱大聖，不過爲方百里。孟子說周公封魯，太公封齊，地非不足也，而儉于百里。以外賢聖侯伯子男才得數十里，由求大賢，才可爲方六七十，五六十里。孟子爲滕，才五十里。那像現在督軍起碼要管幾千萬里。本領眞高出古聖萬萬倍。所以殺業兵禍，也利害萬萬倍。人民叫苦，也加萬萬倍。爲何呢？古人區劃小，是要造花園雕玉牙器。今人占地皮大，是放野獸，是坐荒。所以希臘雅典頂盛，文化遠過鄒魯才三十萬人。瑞士等小國，極太平富足，正合老子小其國寡其民的妙義。寡又有二義，一是聯村治群龍無首，無專制魔王出現，二是不教人口過廣，水少魚多，不受馬爾沙斯，Malthus 人口論的影響。所以小國寡民四字，內含無限妙義。我略略說說村化眞精神，就是如此。與克翁之反集權主義 Decentralization 正合，也與莊子惡衆至主義呼息相通。所以小字寡字應作動詞講，就是村治了。詳說就完全與希臘化相合。Hellenize.

三，希臘公民。 希臘公民對於公共義務，均直接互助自辦，不賴代表。All his public duties he performed not by deputy, but in person: a direct and active co-operation. The idea of representative goverment never occured to the greeks.代表管理的意思，從來希人沒有過。他們常說Ten men are too few for a city; a hundred thousand are too many 十個人成一國（希人的國就指市）大少，萬人又太多了。 The greek view of life. p. 68.9.

老子『使有什佰人之器而不用，使民重死而不遠徙。雖有舟輿無所乘之，雖有甲兵無所陳之。使人復結繩而用之。（互助經講厄斯基毛人在北極地方，住無文字宗敎，然而社會很少爭鬧，也是一例了。『甘其食，美其服，安其居，樂其俗，鄰國相望，（古時國字即作市字看可也）雞犬之聲相聞。民至老死不相往來。』 此處却說的太過，是因彼時機器未發的反古思想。

莊子人間世『是萬物之化也，伏戲几蘧（古帝也）之所行終，而況散焉者乎？』

莊子應帝王七，蒲衣子曰『有虞氏不及泰氏。虞氏其猶藏仁以要人。泰氏其臥徐徐，其覺于于，一以己爲馬，一以己爲牛。』崔注云、行不言之敎、使天下自以爲牛馬、乃應爲帝王也。

此處可見老莊的自然化，與互助經以動物社會學講人羣很相近了。一般不通的宗敎迷信徒，常閉着眼恐怕人道淪于禽獸，那知道「人這個東西」只能淪于餓鬼地獄，比魚躍鳶飛却不配呢？

馬蹄九，『善治天下者，民有常性，織而衣，耕而食，是謂同德。一而不黨，命曰天放。故至德之世，其行塡塡，音田 其視顚顚。徐重貌 當是時也，山無蹊音兮 徑也 隧，音遂 道也 澤無舟梁。萬物羣生，連屬其鄉。禽獸成羣，草木遂長。故禽獸可係羈而遊，烏鵲之巢可攀援而闚。夫至德之世，同與禽獸居，舊約謂「虎羊同居」也 俗與萬物並。惡乎知君子小人哉？同乎無知，其德不離。同乎無欲，是謂素樸。素樸而民性得矣。』下見非禮樂篇

這一段與抱朴子講古代無君世太平相彷、現在有許多古史派學者都承認了。

最近西方社會學者，深惡歐人野蠻爭殺的罪惡，大提倡寒熱帶初民（無所謂野蠻）的文明。他們盛稱白人未到美洲以前。土人文化極太平。如 Parley氏通史稱彼時土人，還沒有書籍文字，no books 家畜中僅有新芳廊狗，New foundland dog 故歐人去，才

帶馬牛羊驢騾狗貓雞等，然而各西書盛稱彼族愛羣道德很厚，却很太平。遠過今歐洲白人云。由此可証明古代郅治，是從精神方面說。比方顏回原憲窮居陋巷，三桓六卿周旋廟堂。佛耶之徒散處乞食，桀紂的軍閥互殺，到底誰算文明人呢？

胠篋十『子獨不知至德之世乎？昔者容成氏，大庭氏，伯皇氏，中央氏，栗陸氏，驪畜氏，軒轅氏，赫胥氏，尊盧氏，祝融氏，伏戲氏，神農氏。當是時也，民結繩而用之，則至治已。故天下大亂，自三代以下者是已。好知之亂天下也。』現在熱帶人尚有結繩的、其結有大有小、有專管史的人才能懂得所結的字。

天地十二，堯治天下，伯成子高立爲諸侯，堯授舜，舜授禹，伯成子高辭爲諸侯而耕。禹往見之，則耕在野。禹趨就下風立而問焉。曰：『昔堯治天下，吾子立爲諸侯。堯授舜，舜受予，而吾子辭爲諸侯而耕，敢問其故何也？』子高曰：『昔堯治天下，不賞而民勸，不罰而民畏。今子賞罰而民且不仁。德自此衰，刑自此立，後世之亂自此始矣。夫子盍行邪？無落（妨也）吾事。』俋俋（音秩耕人行貌）乎耕而不顧。

按此可証明禹德衰，與孔子判禹爲君子同。可証明孟子想行王道，故進三王湯武。乃方便說法，非唐虞禪，夏殷周繼，眞正一樣也。

又，「天下均治而有虞氏治之邪？其亂而後治之與？有虞氏之藥瘍（音羊癰疽創等總名）也。禿而施髢（音以假髮也）病而施醫，（好比）孝子操藥以修慈父，（正是墨子之道，可証明老莊皇而墨孔帝也）其色燋然，聖人羞之。（言不如不吃藥更好）至德之世，不尚賢，（此與孔子大同根本不同處）不使能。上如標枝（樹頭的弱枝言君位甚輕老子曰「太上下知有之而已」也）民如野鹿，（此乃與伊萬愚人治國史同了，）端正而不知以爲義，相愛而不知以爲仁。實而不知以爲忠，當而不知以爲信，蠢動而相使，不以爲賜（出貨出力各盡所能、各取所需、互助而不感恩，無有慈善事業）是故行而無迹，事而無傳。」

此段很要緊、蕩蕩乎民無能名所以不用文字也。這便是三皇的無政府了。

按這段人或不甚信，但我聽蒙古人言，「蒙古人蓋大廟，無功德人芳名，所以捐款無傳。」由此推想，上古無史，也是如此。元朝曾確實統一全世界，他的史書也很少，可知了。

六藝論「伏羲中六畫，作十言，以明陰陽之中。」路史注引管子言伏羲作九九之數而天下化之。張惠言云十言者，乾，坤，艮，巽，坎，離，震，兌，消息也。按八卦算八個字，加消息二字爲十言，八卦的用很活動。可以作九數用。又可以作種種的代用。此可明古代社會了。道了。

天地十二苑風曰：『夫子無意於橫目之民乎？願聞聖治。』諄芒曰：『聖治乎？官施而不失其宜，無爲而天下化，手撓（上聲動也）顧指，（言指顧間也）四方之民莫不俱至，此之謂聖治。』願聞德人。曰：『德人者居無思行無慮，不藏是非美惡。四海之內，共利之之謂說，共給之之謂安。怊（音超悵也）乎若嬰兒之失其母也，儻乎若行而失其道。財用有餘而不知其所自來，飲食取足而不知其所從，（此段與許行「無倉廩府庫」及佛北俱盧洲說全同）此謂德人之容。願聞神人。曰：上神乘光，與形滅亡，此謂照曠。致命盡情，天地樂而萬事銷亡，萬物復情，此謂混（上聲）冥。』這一段說出世之道了。

天運十四，子貢以孔子聲見老聃，（孔子介紹）老聃方將倨堂而應微曰：『予年運而往矣，子將何以戒我乎？』子貢曰：『夫三王五帝之治天下不同，其係聲名一也。而先生獨以爲非聖人如何哉？』（老莊書難讀，與佛經同。「聖人不死大盜不止」之聖人，乃其所排斥也，此處言「聖人」者是眞聖人也，名同意異如此。）老聃曰：『小子少進，何以謂不同？』對曰：『昔堯授舜，舜授禹，禹用力而湯用兵，文王順紂而不敢逆，武王逆紂而不肯順，故曰不同。』

老聃曰：『小子少進。余語汝三皇五帝之治天下。黃帝之治天下使民心一，民有其親死不哭，而民不非也。（與孟子「上世民有不葬其親」同俗）堯之治天下使民心親，民有爲其親殺其殺，（兩殺字皆去聲降也）而民不非也。舜之治天下使民心競，民孕婦十月生子，子生五月而能言，不至乎孩而始誰，（識人也）則人始有夭矣。禹之治天下，使民心變，人有心而兵有順，殺盜非殺。（可見以前無盜名）人自爲種（人自立門）戶而天下耳。是以天下大駭，儒墨並起，其作始有倫，而今乎婦女。（按此節恐有脫字文不明也）何言哉？余語女三王五帝之治天下，名曰治之，而亂莫甚焉。三王之知，上悖日月之明，下睽（離也）山川之精，中墮四時之施。其知憯于蠣蠆（音賴蔡，長尾是蠆，短尾是蠍）之尾。鮮規（小獸）之獸，莫得安其性命之情者。而猶自以爲聖人，不可恥乎？其無恥也。』子貢蹵蹵（子六反）然不安。（聖人一錢不値、徒爲亂首，此與佛嚴闢羅漢爲外道同義。）

這一段從壽命胎教上，說明退化憑据，與人類學合，其理很精，差不多人都承認古人大，今人小，生理學上也可証明此理。

盜跖二十九，跖曰：『吾聞之古者禽獸多而人民少，於是民皆巢居以避之（巢居的事、也沒甚出奇、友人談現在森林中有大樹、樹中可住數家人、古代林又多，樹更大，沒甚奇怪。現在山西河南處人還多住土洞，也很好。）晝拾橡栗，暮棲木上，故命之曰有巢氏之民。古者民不知衣服，夏多積薪，冬則煬之。故命之曰知生之民。神農之世，臥則居居，起則于于。民知其母，不知其父，與麋（晉眉大鹿）鹿共處，耕而食，織而衣，無有相害之心。（刀兵還未製造出來）此至德之隆也』（所以楊墨也是述上古邦治的大道，孟子罵他無父無君，可見孟不通大同學了。）

論語子曰：『何事于仁？必也聖乎！堯舜其猶病諸』。（此可見孔子堯舜爲聖人也。）

禮運禹湯文武成王周公由此其選也，此六君子者未有不謹于禮者也，是謂小康。』（可見小康王者是君子而非聖人也。然則大同爲聖人矣，然則堯舜以上爲大同矣）。子曰：『聖人吾不得而見之矣。得見君子者斯可矣』。是鐵證也。

墨子三辯第七『周成王治天下，不若武王，武王治天下，不若成湯，成湯治天下，不若堯舜』。

荀子大略十九『誥誓不及五帝，盟詛不及三王，交質子不及五伯』。注穀梁傳亦有此語。

韓詩外傳『五帝官天下，三王家天下，故唐虞以上經傳無太子稱號。夏殷雖傳嗣，其文略矣。至周始見文王世子之制』。

荀子仲尼篇七：『仲尼之門，五尺豎子，羞稱五伯，何也？彼小人之傑也。曷足稱乎大君子之門哉！』

淮南鴻列解『神農無制令而民從，唐虞有制令而無刑罰。夏后氏不負言，殷人誓，周人盟，逮至今世，輕辱而寡羞。』

七經緯『德合元者稱皇，合天者稱帝，合仁義者稱王。』七經緯三皇無文，五帝畫象，三王明刑。白虎通曰『三皇步，五帝趨，三王馳，五伯騖。公羊傳成八年注，孔子曰，皇象元，逍遙術，無文字，德明謚。餘同七經緯』

孔子集語十一『夏后不殺不刑罰，有罪而民不輕犯。』

韓詩外傳，『夏稱后者，以揖讓受于君，故周稱人者，以行仁義，人之歸往。』

二，極樂國，

莊子逍遙遊，肩吾問于連叔曰：『吾聞言于接輿，大而無當，往而不反，吾驚怖其言，猶河漢而無極也。大有逕庭，（言相去甚遠也）不近人情焉。』連叔曰：『其言謂何哉？』曰：『藐姑射之山，有神人焉。肌膚若冰雪，綽（昌略反）約（柔好貌）若處子，（殆佛教觀音之流）不食五穀，吸風飲露，乘雲氣，御飛龍。（變化曰龍）而遊乎四海之外。其神凝，（工夫在此）使物不疵癘而年穀熟。吾以是狂而不信也。』連叔曰：『然，瞽者無以與乎文章之觀，聾者無以與乎鐘鼓之聲。豈惟形骸有聾盲哉？夫知亦有之。之人也，之德也。此人將磅礴萬物以爲一世蘄(求也)乎亂。(治也)孰肯弊弊焉以天下爲事？之人也，物莫之傷，大浸(水也)稽天而不溺，大旱金石流土山焦而不熱。是其塵垢粃糠，猶將陶鑄堯舜者也。孰肯以物爲事？(堯舜是世法神人用神化法也)堯治天下之民，平海內之政，往見四子藐姑射之山，(四子王倪，齧缺，被衣，許由也)汾水之陽，(水北曰陽)窅(烏了反，猶悵然也)然喪(去聲)其天下焉。」(說得堯舜一文不值、眞像小巫見大巫、神氣盡了。)

庚桑楚二十三　老聃之役，(弟子也)有庚桑楚者，偏得老聃之道，以北居畏壘之山。(或云在魯地)其臣之畫然知者去之，其妾之挈然仁者遠之；擁腫(均上聲無知貌)之與居，鞅掌(醜貌)之爲使。(大同世尚柔與伊曼愚國同)居三年，畏壘(豐年)大穰。畏壘之民相與言曰：『庚桑子之始來，吾洒然異之。今吾日計之而不足，歲計之而有餘。庶幾其聖人乎？子胡不與相尸而祝之，社而稷之乎？』庚桑子聞(奉爲神師也？)之而不釋然。弟子曰：『尊賢授能，先善與利，自古堯舜以然，而況畏壘之民乎？夫子亦聽矣。』

「庚桑子曰：『小子來！夫二子者，又何足稱？數米而炊，何足濟世哉？舉賢則民相軋，(可見老莊大同與孔子尚賢不同也)任知則民相盜。之數物者，不足以厚民。民之于利甚勤，子有殺父，臣有殺君，正晝爲盜，日中穴阫。(音裴，墻也)吾語汝，大亂之本，必生於堯舜之間，其末存乎千世之後。千世之後，其必有人與人相食者也。』」(庚桑的言至今甚驗、人與人相食、吾徐州前年饑時常有、各省各國亦常有)

這一段申明無用之用，在無言而神化，一有賢智宗教的形式，結果就必相殺了。

達生十九，『是以天下平均，故無攻戰之亂，殺戮之刑。不開人之天而開天之天，開天者德生，開人者賊生。』

山木二十，市南宜僚見魯侯，魯侯有憂色，市南子曰：『何也？』魯侯曰：『吾學先王之道，（周公之道也）終先君之業，（禮樂刑政也）吾敬鬼尊賢，親而行之，無須臾離居，然不免於患，吾是以憂。』市南子曰：『君除患之術淺矣。夫豐狐文豹，（大也）棲於山林，伏於巖穴，靜也。夜行晝居，戒也。雖飢渴隱約，猶且胥疏（望草也）於江湖之上而求食焉，定也。然且不免於罔羅機辟（居也）之患，是何罪之有哉？其皮爲之災也。今魯國獨非君之皮耶？願君刳（音枯判也）形去皮，洒心去欲，而遊於無人之野。（這是廢國主義有國則有憂）南越有邑焉，名爲建德之國。其民愚（大智若愚）而朴，少私而寡欲，知作（注重生產）而不知藏，與而不求其報，不知義之所適，禮之所將，猖狂妄行，（羣衆重生產的妄行）乃蹈乎大方。其生可樂，其死可葬。（此與楊學「生憐死捐」同）吾願君去國捐俗，與道相輔而行。』君曰：『彼其道遠而險，又有江山。我無舟車，奈何？』市南子曰：『君無形倨，（傲也）無留居，（定見也）以爲君車。』君曰：『彼其道幽遠而無人，吾誰與爲鄰？吾無粮無食，安得而至焉？』市南子曰：『少君之費，寡君之欲，雖無粮而乃足。(此一段關係甚大、有許多疑惑、人不食，辟穀可否、余早年未深信、近頗信、因友人屢述今尚有其人也。果天下太平、人修仙減食糧、必定可以、惟初時可探山果耳。) 君其涉于江而浮于海。望之而不見其崖。愈往而不知其所窮。(言遠近隨心不是眞遠) 送君者皆自崖而返君自此遠矣故有人者累，見有于人者憂。堯非有人非見有于人也。(堯老而遜位有出世法，所以也有時許他，) 吾願去君之累，(能除私欲就可以到了) 除君之憂而獨與道遊于大莫之國。(是說有國家財利的害、好像虎豹因皮而亡身。今德皇及俄皇尼古剌是的、故勸他以位讓去出家修道，此眞皇道也。

此處與佛說「國王必出家」略同、實在人人去國去家、乃可大同。若私本不去、共產還是大亂。)

列子黃帝二，「黃帝即位十有五年，喜天下戴己，養正命娛耳目供鼻口焦然肌色皯(干上聲黑氣)黣(音每)昏然五情爽惑。又十有五年，憂天下之不治，竭聰明進盡智力，營百姓，焦然肌色皯黣，昏然五情爽惑。黃帝乃喟然歎曰：「朕之過淫矣。養一己其患如此，治萬物其患如此。于是放萬幾，捨宮寢，去直侍，徹鐘懸，減廚膳，退而閒居大庭之館。齋心服形，三月不親政事。晝寢而夢，遊于華胥氏之國。國在弇(奄)州之西，台州(正西曰弇州，北曰台州)之北，不知斯齊(中國)幾千萬里。蓋非舟車足力之所及，神遊而已。其國無師長，(無政無敎)自然而已。其民無嗜慾，(去私也)自然而已。

不知樂生，不知惡死，故無夭殤。生死如一 不知親己，不知疎物，故無愛憎。同等乃能博愛 不知背逆，不知向順，故無利害。都無所愛惜，都無所畏忌。入水不溺，入火不熱。斫音灼擊也 撻無傷痛，指擿音倜搔也 無痟音消酸也 癢。乘空如履實，寢虛若處牀。雲霧不硋碍 其視，雷霆不亂其聽。美惡不滑音骨 其心，山谷不躓音致 其步，神行而已。黃帝既寤，此由誠極通靈故見他方世界也 怡然自得。召天老力牧太山稽告之曰：『朕閒居三月，齋心服形，思有以養身治物之道，弗獲其術。疲而睡，所夢若此。今知至道不可以情求矣。朕知之矣，朕得之矣，而不能以告若矣。』又二十有八年，天下大治，不言爲治的工夫其法可想 幾若華胥氏之國，而帝登假，崩也 百姓號之，二百餘年不輟。

大致我們中華的名字起于黃帝的華胥國，罷可惜現在糟了。但萬法惟心造，大家果發誠心，定可造成華胥。

又列姑射山在海河洲中，山上有神人焉，吸風飲露，不食五穀，心如淵泉，形如處女。柔美 不偎鳥恢反愛也 不愛，仙聖爲之臣，不畏不怒，愿愨音却誠謹也 爲之使，不施不惠，而物自足，不聚不斂，而已無愆。過失也彼此無缺無餘故平等 陰陽常調，日月常明，四時常若，順也 風雨常均，字育常時，年穀常豐，而土無札傷，人無夭惡，物無疵癘，鬼無靈響焉』。（佛說『人初退化從光音天降下。本不用食，以後非食不可，以後非火食不可，以後非油葷不可，欲漸厚而壽日短也。

覺之所見者妄。』

周穆王第三，『西極之南隅有國焉。不知境界之所接，名古莽之國。陰陽之氣所不交，故寒暑亡辨。日月之光所不照，故晝夜無辨。其民不食不衣而多眠。五旬一覺，以夢中所爲者實，

湯問五，殷湯問于夏革，夏革曰：『亦有不待神靈而生，不待陰陽而形，不待日月而明，不待殺戮而夭，不待將迎而壽，不待五穀而食，不待繒纊而衣，不待舟車而行。其道自然，非聖人之所通也。』佛言『初時世界本不待日月，人身自發光、後慾重不能生』天故。

又『禹之治水也，迷而失塗，謬之一國。濱北海之北，不知距齊州中國幾千萬里。其國名曰終北，不知際畔之所齊，際限也。無風雨霜露，不生鳥獸虫魚草木之類。四方悉平，周以喬陟。高阜當國之中有山，山名壺領，狀若甔甀。音擔垂缾也。頂有口，狀若員環，名曰滋穴。有水湧出，名曰神瀵。山頂之泉也。臭氣也過蘭椒，味過醪醴。一源分爲四埒。山上水流曰埒注於山下。經營一國，亡不悉徧。土氣和，亡札厲。人性婉而從物，不競不爭。柔心而弱骨，柔美也不驕不忌。長幼儕居，不君不臣。男女雜游，不媒不聘。這便是大解放了、耶穌也說天宮無男女、佛說人初從光音天化生、無男女也、與舊約創世記也相近了。緣水而居，不耕不稼。土氣温適，不織不衣。百年而死，不夭不病。其民孳阜

亡數。有喜樂，無衰老哀苦，其俗好聲，（音樂大境界）相携而迭（互相）謠，終日不輟音。餓倦則飲神瀵。力志和平，過則醉，經旬乃醒。沐浴神瀵，膚色脂澤，香氣經旬乃歇。周穆王北游，過其國，三年忘歸。既反周室，慕其國，㪚（音敞）然自失。不進酒肉，不召嬪御者，數月乃復。管仲勉（相也）齊桓公因遊遼口，俱之其國，幾尅舉。（幾至也）隰朋諫曰：『君捨齊國之廣，人民之衆，山川之觀，殖物之阜，禮義之盛，章服之美，妖靡盈庭，忠良滿朝，肆咤則徒卒百萬，視撝則諸侯從命，亦奚羨于彼而棄齊國之社稷？此仲父之耄，奈何從之？』桓公乃止，以隰朋之言告管仲。仲曰：『此固非朋之所及也，臣恐彼國之不可升之也。齊國之富奚戀？隰朋之言奚顧？』（仲雖伯道却也通皇學，）

按照上面七條理想國看起來，大解放大自由境界，不論是空想是實際，從精神肉體二面上研究古今東西人也相去不遠。舊文化新思潮，可算二五一十，沒有問題。并不是今人智而古人全愚。不過今人濫藉物質交通快事實上容易運動罷了。但要注意的，不論如何要想眞自由，非改造人性之剛暴爲柔美不可。無抵抗固然太高，但內部團結，一定以柔美爲和羣要素。不能改造人性到柔美無碍程度，專靠權力維持，那就頂危險了。所以以上各條，形容人性都帶女化色彩，有很多西文書中都言古代 Femal civilization

女化時代，爲黃金時代。Golden time 各教中孔墨有剛性，弗耶老均柔性，而楊爲純柔矣。吾敢斷定要想世界大同，必大倡女性柔美，來改造暴男凶殺惡性，否則絕望了。而要想改造人性，非從身心上痛下工夫，也決沒希望。所以我提倡印度精神化爲體，歐美物質爲用，共成圓文化，致大同，這是最切實的道理。玄學科學互助圓滿，毫無衝突。

史記伯夷傳『及餓且死，作歌曰：『登彼西山兮！采其薇矣！以暴易暴兮！（謂武王用兵也）不知其非矣！神農虞夏，忽焉沒兮！我安適歸矣？于嗟徂兮！命之衰矣！遂餓死於首陽山。』（可算古大同世之追悼歌）

三代下皇學小史

（甲）陶淵明桃花源學案（名潛字元亮謚淵明）桃花源詩並序

晉太元中，武陵人（今湖南、有桃源縣。）捕魚爲業。緣溪行，忘路之遠近，忽逢桃花林。夾岸數百步，中無雜樹，芳草鮮美，落英繽紛，漁人甚異之。復前行，欲窮其林。林盡水源，便得一山。山有小口，髣髴若有光。便捨船從口入。初極狹，纔通人。復行數十步，豁然開朗，土地平曠，屋舍儼然。有良田美池，桑竹之屬。阡陌交通，雞犬相聞。其中往來種作，男女衣著，悉如外人。黃髮垂髫，並怡然自樂。見漁人，甚異之。問所從來，具答之。便要（請也平聲）還家，設酒殺雞作食，村中聞有此人，咸來問訊。自云：『先世避秦時之亂，率妻子邑人來此絕境，不復出焉。遂與外人間隔。』問：今世何世？？』乃不知有漢，無論魏晉。表明爲三代之民 此人一一爲具言所聞，皆歎惋！餘人各復延至其家，皆出酒食。停數日，辭去。此中人語云：『不足爲外人道也。』既出，得其船，便扶向路，處處誌之。記路線 及郡下，詣太守說如此：太守卽遣人隨其往，尋向所誌，遂迷不復得路。南陽劉子驥，高尙士也，聞之，欣然願往，未果，尋病終。遂復無問津者。詩曰：

嬴氏亂天紀。賢者避其世。黃綺之商山。伊人亦云逝。往迹寖復湮。來逕遂蕪廢。相命肆農耕。日入從所憩。桑竹垂餘蔭。菽稷隨時藝。春蠶收長絲。秋熟靡王稅。無政府了 荒路曖交通。雞犬互鳴吠。俎豆猶古法。衣裳無新製。是老子派 童孺縱行歌。斑白歡遊詣。草榮識節和。木衰知風厲。雖無紀歷誌。四時自成歲。怡然有餘樂。于何勞智慧。奇蹤隱五百。一朝敞神界。淳薄既異源。旋復還幽蔽。借問遊方士。焉測塵囂外。願言躡輕風。高舉投吾契。

按此乃陶公之理想國，雖不抵拍拉圖，却爲千餘年來一大公案。所有學者無不印一影子於腦中。後來祖述贊咏桃源者，若李太白、白香山、柳宗元、王維、王安石等，代有其人。惜欠發揮。要之，陶乃皇道之天民也已。余尊其詩，名曰新村之陶經云。

(乙)文中子立命篇，古者聖王在上，田里相距，雞犬相聞，老死不相往來，蓋自足也。是以至治之代，五典潛，五禮措，五服不章。（平等故不君不臣也。）人知飲食，不知蓋藏；人知羣居，不知愛敬；上如標枝，下如野鹿。何哉？蓋上無為，下自足故也。賈瓊曰：『淳離樸散，其可歸乎？』子曰：『人能弘道，苟得其行，如反掌爾！昔舜禹繼軌而天下樸，夏桀承之而天下詐；成湯放桀而天下平，殷周承之而天下陂。文武治而幽厲散，文景寧而桓靈失，斯治亂相易，澆淳有由。興衰資乎人，得失在乎教。其曰太古不可復，是未知先王之有化也。詩書禮樂，復何為哉？』董常謂賈復曰：『綏之斯來，動之斯和，孰為不可哉？』

又魏相篇，子謂薛收曰：『如有王者出，三十年，禮樂可稱。曰何謂也？』曰：『十年平之，十年富之，十年和之，斯成矣。』子者文中子王通也。唐開國諸名人皆其弟子、按三代下有體有用者其惟王通乎、觀其言蓋帝王以上矣。彼講道河汾、欲與其徒一手反乎帝皇之治、可謂無文王而興者也。

(丙)宋邵雍字堯夫，著皇極經世，論皇帝王霸元會運世之數。自程朱以下皆師尊之，乃三代下講皇學之惟一大哲。其著擊壤集詩有云，『日月星辰齊照耀，皇王帝霸大鋪舒。』可以知其抱負也。

按此篇與楊子無君學案最相通，不能實現理想國，就倡村治工讀力食了。

三，大同樂教

列子湯問：五，瓠巴鼓琴而鳥舞魚躍，鄭師文聞之，棄家從師襄遊，師襄曰：『子之琴何如？』師文曰：『得之矣，請嘗試之。』于是當春而叩商絃，以召南呂，涼風忽至，草木成實。及秋而叩角絃以激夾鍾，溫風徐回，草木發榮。當夏而叩羽絃，以召黃鍾，霜雪交下，川池暴沍。（凍也）及冬而叩徵絃，以激蕤賓，陽光熾烈，堅冰立散。將終命宮而總四絃，則景風翔，慶雲浮，甘露降，澧泉湧。師襄乃撫心高蹈曰：『微矣子之彈也！雖師曠之清角，鄒衍之吹律，亡以加之。彼將挾琴執管而從子之後耳。

按希臘時代亦有音樂神通之說。邁爾通史七九頁述約生王遠征時，率五十英雄王之琴音可動草木山石云 Iasson, a prince of Thessaly, his mnsic of lvre moved trees, stones p. 79 此事要非無因，未必眞動，但從人心理上却見得動。如印度人大蛇出現術，而蛇却照不着像，止人眼見之，似乎有蛇耳。

薛譚學謳于秦青，未窮青之技，自謂盡之，遂辭歸。秦青弗止，餞于郊衢，撫節悲歌，聲振林木，響遏行雲。薛譚乃謝求反，終身不敢言歸。秦靑顧謂其友曰：『昔韓娥東之齊，匱糧，過雍門，鬻歌假食。既去而餘音繞梁欐，三日不絕，左右以其人弗去。以爲他未去過逆旅，逆旅人辱之。韓娥因曼聲長也哀哭，一里老幼悲愁，垂涕相對，三日不食。遽而追之。娥還，復爲曼聲長歌，一里老幼喜躍抃舞，弗能自禁，忘向之悲也。乃厚賂發之。故雍門之人至今善歌哭，放學也娥之遺聲。』（這是韓娥的大催眠術，就是戲園，也是催眠術的道理。通乎此道，可以改造人性，轉移世運、安坐而化天下。）

大約果然辦到大同，那時人所做的事，我想用現在的機器大家做工。止供飽煖之需，又不求華麗，都穿一色衣服。也不過每天做兩點鐘的工，足足夠了。至多，斷不到三點鐘。以外都是行樂的事。行樂的事，大致分這幾派——

一世間樂，一男女歌舞，那時音樂必大盛，人無事便相攜而歌舞，一切無碍。二游歷世界，舟車公用，人可自在周游，隨地吃飯住宿，平等自由，不過定出時期可矣。日本可作小花園，美國可作大公園。

二出世間樂，一修仙長壽，可以活至數百或千歲。譬如動物龜鶴、植物中有幾千歲的，人一定不難。二修五神通、天耳通、天眼通、宿命通、（知前生過去及未來、）他心通、神境通、就是大空游行也是能的、印度現在還有。

這是離肉體專明心見性的、叫做成佛、到了極樂世界、別有天地非人間了。

三悟道見性，

四，教化動物

列子黃帝二老聃曰：『兵強則滅，木強則折，柔弱者生之徒，堅強者死之徒，狀不必童(同也)而智童。智不必童而狀童，聖人取童智而遺童狀，衆人近童狀而疏童智。狀與我同者近而愛之。狀與我異者疏而畏之。有七尺之骸，手足之異，戴髮含齒，倚而趨者謂之人。而未必無獸心。雖有獸心以狀而見親矣。傅(附也)翼戴角，分牙布爪，仰飛伏走謂之禽獸，而禽獸未必無人心。雖有人心，以狀而見疏矣。庖犧氏女媧氏神農氏夏后氏蛇身人面牛首虎鼻此有非人之狀而有大聖之德，夏桀殷紂魯桓楚穆，狀貌七竅皆同于人，而有禽獸之心。而衆人守一狀以求至智未可幾也。黃帝與炎帝戰于阪泉之野，帥熊羆狼豹貙虎爲前驅，雕鶡鷹鳶爲旗幟。此以力使禽獸者也。堯使夔典樂，擊石拊石，百獸率舞，簫韶九成，鳳凰來儀，此以聲致禽獸者也。然則禽獸之心奚爲異人？形音與人異，而不知接之(與交際)之道爾。聖人無所不知，無所不通。故得引而使之焉。禽獸之智有自然與人同者。其齊欲攝生，亦不暇(假)智于人也。

亦不下于人也。牝牡相偶，母子相親，避平依險，違寒就溫，居則有羣，行則有列。小者居內，壯者居外，飲則相携，食則鳴羣』。（按此可與互助經對証，若精言之，人的道德遠不如動物。）太古之時，皇則與人同處，與人並行，帝王之時，帝已退化、雖大同而近小康矣。始驚駭散亂矣。西人探地海島、其鳥獸可以手抱之、不飛不走、因未曾見人、不知人有殺心也。後由經驗望人乃逃，逮於末世，隱伏逃竄，以避患害。今東方介氏之國，其國人數數解六畜之語者，蓋偏智之所得。左傳僖公二十九年『介葛盧來朝、（于魯）禮之加燕好、聞牛鳴曰是生三犧、（三個牛犢）皆用矣。（都用了祭廟）其音云問之而信』、即此可知介葛盧通獸語也、又公冶長通鳥語、孔子弟子也。」太古神聖之人，備知萬物情態，悉解異類音聲。佛上通天人語、下通鬼畜生語也。合而聚之，訓而受之，同于人民，故先會鬼神魑魅。上通天神下通鬼道次達八方人民。不用翻譯、舊約載古代人民語言一致。末聚禽獸蟲蛾，言血氣之類，心智不殊遠也。神聖知其如此，故其所教訓者無所遺逸焉』。檀弓下『仲尼之畜狗死，使子貢埋之，曰：吾聞之也，敝帷不棄，爲埋馬也。敝蓋車蓋不棄，爲埋狗也。丘也貧無蓋，於其封也，馬的埋地亦予之席，毋使其首陷焉』。

按可見孔子愛物的意思，愛物纔能教化物了。所以佛因教化馬而食馬麥。

春官『大司樂大合樂以致鬼神，示，同祇（人鬼天神地祇也）以和邦國，以諧萬民，以安賓客，以說悅遠人，以作起動物。』看來古代已實行用樂教化動物了。

夏官『服不氏掌猛獸而教擾馴服也之。掌畜掌養鳥而阜蕃教擾之。』

周禮秋官『閩音民隸。掌役畜養鳥而阜蕃繁也教擾馴養之。夷隸掌役使牧人養牛馬與鳥言。（注東方曰夷、夷狄之人或曉鳥獸之語。）貉音墨隸，掌役服不氏服其不服也養獸而教擾之，掌與獸言。』

史記黃帝本紀，『淳化鳥獸蟲蛾。』又夏本紀，『孔甲立天降龍二，有雌雄，陶唐既衰，其後有劉累，學擾龍于豢音換以穀養之曰豢龍氏，以事孔甲，孔甲賜之姓曰御龍氏。龍一雌死，以食夏后。夏后使人求龍……』與孔甲食之

照上面看起來，與鳥獸語言畜養龍鳥，古代有專官，到王世還有痕迹。那能都拿歷史迷信「靠不住」三字一筆抹殺呢？要說史書靠不住，那現在氣球沒見過的人也說靠不住呢。從前史記稱黃帝教虎豹，亞拉伯人教馬，波斯人教象戰，現在黃岩縣人教鬪牛，現在外洋軍犬學校戰時大得力，有人開馬學校，馬學生做算學很有名，中外都有馬戲，象更容易教，也有人研究猴語的，我參觀北京有警犬學校，坐作進退，也很守規矩，安靜聽

課。你想人而不學，眞狗也不如了。瑞士的山狗，專教他上山救遇險的人，一年救得很多，得有各國獎勵，鴿子傳信，現各國大行。可知教化動物並不難，此類材料非常廣多，不及多引。到了大同時代人類的教化，大致可以差不多沒問題，那時所要擴張的教權如下。

一、諸天交通公使，就是用神通力與他世界交通、現在無線電還不行。

二、動物宣教師，如猩猩，猴子，犬，鸚鵡，巴哥這幾種鳥獸，本通人性，最容易的。象也很容易教化、現在已很著成績。而且教育家久應該辦猴村、試驗猴社會與人類社會的比較、必定有大發明于社會學也。

三、鬼神國公使，須派專員大使、其基礎從今之女巫能關亡，下神，邀仙等事而擴張之。如鬼語一書講的很有味。從前蘇克雷地大聖很信其事、今日徵驗也不少也。

五、野葬

通鑑前編三皇紀『几蘧氏知母而不知父，鶉居鷇飲，晝則旅行，夜則類處。及其死也，稾舁音余、共舉也、以柴稾抬之也。風化而已』。

莊子列禦寇三十二『莊子將死，弟子欲厚葬之，莊子曰『吾以天地爲棺槨，日月爲連璧，星辰爲珠璣，萬物爲齎送，吾葬具豈不備耶？何以加此。』弟子曰：『吾恐烏鳶之食夫子也』』

莊子曰：『在上爲烏鳶食，在下爲螻蟻食，奪彼與此，何其偏也。』（螻蟻何親、魚鱉何仇、蘇克雷地于獄中臨死、友人問『尸體如何處置？』答『葬之可也、投之水火可也、此非我身也。』）

又天下三十三『禮，天子棺槨七重，諸侯五重，大夫三重，士再重，今墨子生不歌，死不服，桐棺三寸而無槨，以爲法式。』

又外物二十六，儒以詩書發冢，大儒臚傳曰，（師也）『東方作矣，事之若何？』小儒曰，（弟子）『未解裙襦，（袴也）口中有珠。詩固有之曰，青青之麥，生于陵陂，生不布施，死何含珠爲？（貴者葬口含玉也）接其鬢，壓其顪，（音惠頤下毛）儒以金椎控其頤，徐別（離開）其頰，無傷口中珠。』

此是痛惡儒之厚葬、和天下生不布施者、也算毒了。

列子楊朱七，楊朱曰：『古語有之，生相憐，死相捐。相捐之道，非不相哀也。不含珠玉，不服文錦，不陳犧牲，不設明器也。』 又管夷吾曰，『送死奈何？』晏平仲曰：『送死略矣，既死豈在我哉？焚之亦可，沈之亦可，瘞之亦可，露之亦可，衣薪而棄諸溝壑亦可，衮衣繡裳而納諸石槨亦可，唯所遇焉。』

就是碰機會便利無所不可。

易繫詞古之葬者，厚衣之以薪，葬之中野，不封不樹，喪期無數。後世聖人易之以棺槨，蓋取諸大過。檀弓孔子曰：『丘聞之古不修墓。』

孟子『蓋世上嘗有不葬其親者，其親死，則舉而委之于壑。』

按波斯印度上古的風俗，現在還有，他的葬法有四種，一曰水葬，死了丟在水裏。二曰火葬，燒化。三曰土葬，埋在土裏。四曰鳥葬，棄在野裏。大致野葬令人生厭世的想，所以佛經上說白骨觀多在塚上，觀鳥獸食死人而得。因為人想到自己死後也要到這個地步，就不貪戀世間了。現在的人死過了還要貪着虛偽的好看，拿着死尸玩把戲，結果令人貪戀世間作種種的惡。甚至于妄想坐皇帝，死了還起山陵呢。平心而論，火葬最好，佛教和尚用之，耶教國也多用之，日本用之，中國宋時還有用的，水滸武松之嫂葬武大、用火焚化、可見山東地方宋時還有此風。將來世界通行就是火葬了。

檀弓上子曰：『易墓改葬非古也。』成子高寢疾曰：『吾聞之也，生有益於人，死不害於人，吾縱生無益於人，可以死害於人乎哉？我死則擇不食之地不生產地而葬我焉。』按這也是一法。

說苑二十，楊王孫病且死，令其子曰：『吾死欲倮音落上聲赤體也葬，以反吾眞，必無易吾意。』祁侯聞之，往諫曰：『竊聞王孫令葬，必倮而入地。死人無知則已矣；若有知，是戮尸于地下也。將何以見先人？愚以爲不可。』王孫曰：『吾將以矯世也。夫厚葬誠無益於死者，而世競以相高，靡財殫幣，而腐之于地下。或乃今日入而明日出，此眞與暴骸中野何異？且夫死者，終生之化，而物之歸者。歸者得至，而化者得變，是物各反其眞也。夫飾外以誇衆，厚葬以矯眞，使歸者不得至，化者不得變，是使物各失其然也。且吾聞之，精神者天之有也；形骸者地之有也。精神離形，各歸其眞，故謂之鬼。鬼歸也。其尸塊然獨處，豈有知哉？厚裹之以幣帛，多送之以財貨，以奪生者財用。吾是以欲倮葬，以矯之也。昔堯之葬者，空木爲櫝，葛藟音累，藟草也，爲緘。其穿地也，下不亂泉，上不泄臭。故聖生易尚，死易葬，不加于無用，今費財而厚葬，死者不知，生者不得用。繆謬哉！可謂重惑矣。』祁侯曰：『善。』遂倮葬也。漢書楊胡朱梅傳同。按倮葬亦是一法也。

殿軍篇第五 柳下季是聖人、跖是盜、而柳下季卽展禽，與盜跖時代相隔很遠、人都知道、按左傳展禽是魯僖公時人、至孔子生八十餘年、若至子路死、百五六十歲。莊子何至把他合成兄弟，就是申明他聖人不死大盜不止、盜與聖是同胞產出的意思。

莊子盜跖第二十九，孔子與柳下季爲友，季之弟名曰盜跖，從卒九千人，橫行天下，侵暴諸侯，穴室樞戶，驅人牛馬，取人婦女，貪得忘親，不顧父母兄弟，不祭先祖。所過之邑，大國守城，小國入保，（小城也）萬民苦之。孔子謂柳下季曰：『爲人父兄者必能教其子弟，今先生世之才士也，弟爲盜跖，爲天下害，而弗能教也。（這話明白是說聖人不能化大盜）丘竊爲先生羞之，請爲先生往說之。』季曰：『跖之爲人也，心如涌泉，意如飄風，强足以拒敵，辯足以飾非，順其心則喜，逆其心則怒，易辱人以言。先生必無往。』孔子不聽，顏回爲馭，子貢爲右，往見盜跖。盜跖乃方作卒大山（泰山）之陽，膾人肝而餔，（夕食也）孔子下車而前，見謁者，（傳達處）曰：魯人孔丘，聞將軍高義，敬再拜謁者。入通，盜跖聞之大怒，目如明星，髮上指冠，曰：「此夫魯國之巧僞人孔丘非耶？爲我告之：爾造言作語，妄稱文武，冠枝木之冠，帶死牛之脅。（皮帶也）多辭謬說，不耕而食，不織而衣，搖唇鼓舌，擅生是非，以迷天下之主。使天下學士不反其本，（本就是自然邪治）妄作孝弟而徼倖于封侯富貴者也。（這是階級制度）子之罪大極重，疾走歸。不然，我將以子肝益晝餔之膳。』孔子復通曰：『丘得幸于季，願望履幕下。』謁者復通。盜跖曰：『使來前，』（仍看令兄的面子、非不知兄弟之道。）孔子趨而進，避席反走，再拜盜跖。盜跖大怒，兩展其足，案劍瞋目，聲如乳虎，曰：『丘來前，若所言順吾志則生，逆吾心則死。』孔子曰：『將軍身長八尺二寸，面目有光，而名曰盜跖，竊爲將軍恥。將軍有志聽臣，臣請南使吳越，北使齊魯，東使宋衞，西使晉楚，使爲將軍造大城數百里，立數十萬戶之邑，尊將軍爲諸侯，孔子不外用富貴籠絡的法子，是待周召絳灌。與天下更始，罷兵休卒，收養昆弟，共祭先祖。此聖人才士之行，而天下之願也。』盜跖大怒曰：『丘來前！夫可規以利而可諫以言者，皆愚陋恆民之謂耳。可見跖非爲利而動。今長大美好，人見而說之者，此吾父母之遺德也。非不孝的人的口氣。丘告我以大城衆民，是欲我以利而以恆民畜我也，安可長久也？城之大者莫大乎天下矣。堯舜有天下，子孫無置錐之地；湯武立爲天子，而後世絕滅。非以其利大故邪？且吾聞之，古者人民巢居，命曰有巢氏之民。古者民不知衣服，夏多積薪，冬則煬之，命曰知生之民。神農之世，臥則居居，起則于于，民知其母，不知其父，與麋鹿共處，耕而食，織而衣，無有相害之心，此至德之隆也。然黃帝不能致德，與蚩尤戰於涿鹿，流血百里。堯舜作，立羣臣。湯放其主，武王伐紂，自是之後，强陵弱，衆暴寡。湯武以來，皆亂人之徒也。觀跖痛惡湯武、是黜小康也。今子修文武之道，痛惡文武掌天下之辯，以教後世，縫衣淺帶，矯言僞行，以迷惑天下之主，而欲求富貴焉。盜莫大於子，天下何故不謂子爲盜丘，而謂我爲盜跖。痛惡官僚政府是政治罪惡論子以甘辭說子路，去其危冠，解其長劍，而受教于子，天下皆曰：『孔丘能止暴禁非。』其卒也，子路欲殺衞君而事不成，身菹（平聲醢其肉也）于衛東門之上，是子教之不至也。（觀其意子路起初也是盜跖一流人物、行社會主義、受孔子文治派軟化了、故盜跖恨他。記曰『子路與顏涿聚魯之大盜也。』）子自謂才士聖人耶？則再逐于魯，削迹于衛，窮于齊，圍于陳蔡，不容身于天下。子教子路菹此患，上無以爲身，下無以爲人，子之道豈足貴耶？世之所高，莫若黃帝，黃帝尚不能全德。堯不慈，舜不孝，禹偏枯，（不能養生無以爲身）湯放其主，武王伐紂，文王拘羑里。此六子者，此之所高也，孰熟論之，皆以利惑其眞而强反其情性，其行乃甚可羞也。世所謂賢士，夷齊餓死首陽之山，骨肉不葬。介子推割股事君，而燔（燒也）死，無異磔（殺也）犬。皆不念本養壽命者也。世所謂忠臣，比干伍子胥，然卒爲天下笑，皆不足貴也。（這一篇都恨社會不平、抵得屈子一篇天問、所以他才要大革命。）丘所以說我者，若告我以鬼事，則我不能知也。（惜乎孔子無佛之神通。）若告我以人事者，不過此矣，皆吾所聞知也。丘之所言，皆吾之所棄也。亟去走歸，無復言之。子之道狂狂汲汲，詐巧虛僞事也，非可以全眞也，奚足論哉？』孔子再拜，趨走出門，上車執轡，三日目芒然無見，色若死灰，據軾（車前橫木）低頭，不能出氣。歸到魯東門外，適遇柳下季。季曰：『今者闕然數日不見，車馬有行色，得微往見跖耶？』孔子仰天而歎曰：『然。』曰『跖得無逆汝意若前乎？』孔子『曰：然，丘所謂無病而自炙也。疾走料虎頭編虎鬚，幾不免虎口哉！』

盜跖一篇，是莊子大同學之護法，猶孔孟之稱湯武也。佛之賴金剛也，他是說要不能打破惡社會，一定就出盜跖。故此篇絕不是戲談，蓋有深意，就是莊子之社會革命宣言書，沼沼千載，被寓言二字混過，還沒被些暴主毁板，乃至今才證明，須知其以手指月，指不在月，他說寓言，其中還有寓言。

退化篇第六（退化之理原於周易，此天道自然之無可如何、所謂法爾如此。其來勿避、其去勿悲也。此須冷腦靜觀乃知之，心可熱，腦不可熱，不可因不願聞遂惡聞之也。）

一　老易輪化學說

老子『萬物幷作，吾以觀其復。有無相生，難易相成，長短相較，高下相傾，音聲相和，前後相隨。夫物芸芸，各歸其根。其事好還。進道若退。』

按老子無所不通，無所不包，能知進化退化之故，曰復曰還曰退，都是說得此事，所以老子一書，有皇帝王覇四種，也不但講皇道。

易乾卦孔子曰，『知進退存亡而不失其正者其惟聖人乎！』繫辭曰：『變化者進退之象也。』　按西人但知進化不知退化，于學理上所謂止知其一，不知其二。亞洲聖哲無此偏見也。中國學者，初迷信進化的為嚴又陵，人無敢非者。惟章太炎絕不承認一進而不可退之說，以其于亞化之學有根柢故。日本井上圓了主輪旋進化說折中允當了。

既濟卦九二，婦喪其茀，音弗勿逐，七日得。　茀是首飾和蔽覆遮面的東西。大同之世，男女一樣，所以喪其茀。男女剪髮攜手，還有甚麼遮面。不過還有退化的時候，七日不是七天，當又是一刧運了。這也是無可如何的。聖哲仙佛的力量智慧，到此而止。不過時行則行，時止則止罷。普賢十願終于世界無盡，周易八卦終于未濟也。

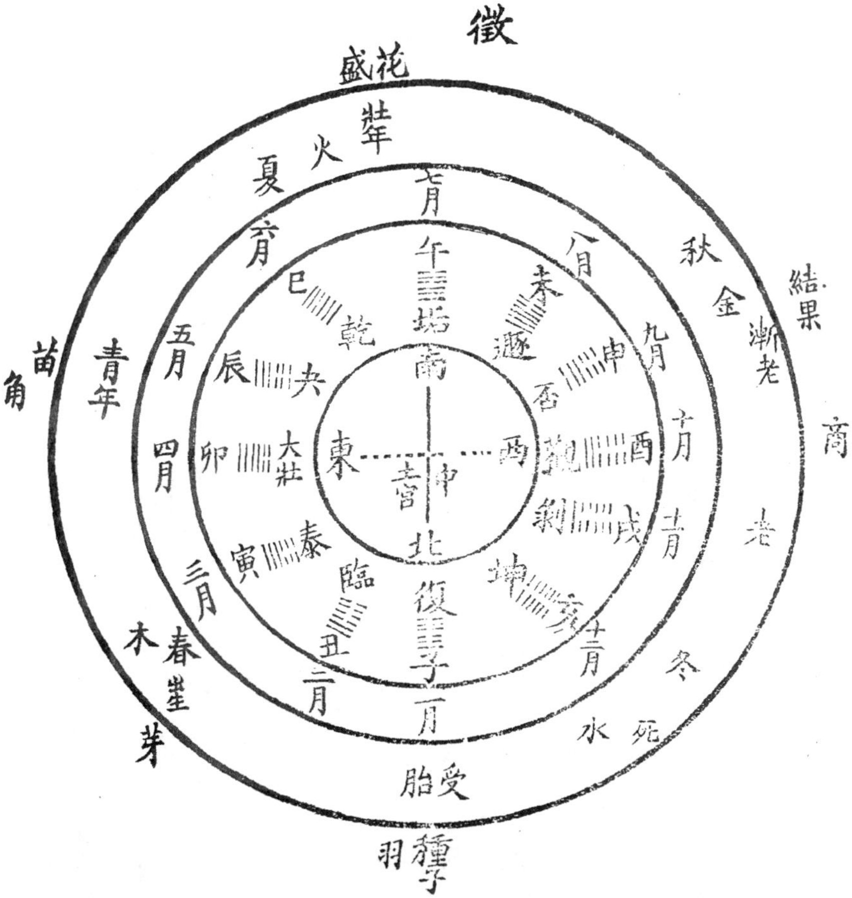

二易老輪化圓表說甲

略舉十二卦作代表的符號。萬物聚散不外十二卦。所以叫做法輪常轉。小而一微塵，大而「華嚴法界諸天世界」不出這個道理。任的甚麼學家打不出這個陣勢，甚麼哲學都是說夢。所以一切聖賢都是一字不說。要說，那就形上形下一切學問的公理公例都逃不了的。有愚人說八卦是八個字，那孔子「韋編三絕」也不過是略識之無麼詳于揣著周易通類中，

易老輪化方表說乙

	闢以散力，步步退化。		翕以合質，步步進化	
一 晝夜	亥時	酉時	午時	卯時
二 四時	冬	秋	夏	春
三 五行	水	金	火	木
四 四方	北	西	南	東
五 五聲	羽	商	徵	角
六 人動物	死	漸老	長成	受胎
七 植物	落地	結果	開花枝葉	種子
八 算學	÷	—一	× 乘	十 加
九 物理化學	分散 氣體	溶解 液體	同化體 固體	分子 氣體
十 太陽系	世界末日	軌道變化	八星運轉	混沌開闢
十一 國家	滅亡 夷狄伯	漸衰 王	極盛 帝	建國 皇
十二 宇宙	空	壞	住	成

略舉十二例，偏察萬物，沒有但有進化沒退化的東西。這是周易，老子，佛，耶各教建設的根本，全是講輪迴往復，沒有直進不退的東西。可知一般講進化的，只是說的前半截。請看此表，再推萬物，甚麼東西有進無退？致問？（赫胥黎就是主有進有退的與斯賓塞各持一端也）

三　由老莊學判斷十九世紀歐洲物競舊說之謬

今世界有一最不通之論、則根本誤於十九世紀舊物競論理想之謬說、顚倒古史、以亞洲一切古文明祖國爲野蠻、而以歐洲百年以來殺人流血諸暴國爲文明是也。其誤由于達爾文赫胥黎等誤解生物學、以優勝劣敗爲天經地義、率天下人而學之、名曰「進化」。然其說言僞而辯、學非而博、推而用之、至于霸國主義而極、于是一轉而爲託爾斯泰克魯巴金之「人道主義、互助主義。」雖然、猶未能舉舊進化論謬說根本擴淸之。因而生于其心、害于其政、權利競爭等語、仍公行于世。互助之義、今猶微也。仁航往者多年玩動植物學、蓋醉心進化學者有年。後學孔子之周易而知其大謬矣、悟老莊列之皇學知其更高、學佛學又知出世入世之極致矣。考亞洲精神哲學從精神上解脫、具有存在之價值。其例詳於各表、今略舉數例以摘當世俗學之謬。（注意、老莊大致與託氏全同、與克氏述初民之一部分相同。）

一、僞文明　今世界爭殺根本，由於文明定義之根本錯謬。參考託氏 What is Art 藝術論

二、僞物質　其謬點在專尙物質與忘精神、于是一、以能製造殺人利器者爲文明、二、以攫得奢淫衣食住者爲文明、惟一救濟法，卽讀託爾斯泰傳、若古聖人經典、則不勝舉矣。

三、畜生道之物競主義　捨人道而率天下學畜生殘食之道、於是以能殺人、能滅國、亡人種、能占地盤者爲文明。救濟之道、讀墨子非攻孟子罪戰篇、及佛之「輪回因果」說。

四、謬進化史學　不知世運升降進退、誤認古代爲野蠻、今日大殺人時代爲文明。請讀老莊佛經及託翁藝術論如編歷史教科書說「中國進化、至戰國而大盛」一切少年均迷于此等誤解。何不一讀漢書藝文志乎？知古代文化、決非至戰國而大盛也。此點蓋根本誤于不眞通國粹之某大國粹家。

五、謬文化地理　現在講世界地理的、差不多以歐洲爲世界文化主人翁、不知世界文化、乃皆發源亞洲、亞人并非後生晚輩。最可笑的、前年馮總統於命令中稱歐人爲先進、自居晚生。不知東方退步、止是百年以來的事、不觀日本五十年中、已成第一等民族。而講文化者、不可隨一時勢力爲轉移、當知文化的眞價值。下引數例

From cast the metal was carried into Europe, iron was in use among the oriental peoples about 1500, B. C. Myers'. General History 五金是從東方運入西方。紀元前一千五百年、東方諸民族早用鐵了。邁爾通史第五頁。又三十二頁、埃及 priest 僧教訓希臘大立法家 Solon 梭倫(前640—前558？)說、你們希臘人還算小孩、不應該說話、於古代的事毫沒知識、"You Greeks are mere children, tallative and vair, you know nothing at all of the fast,"

互助經注東方文化輸入到希臘希臘到羅馬。羅馬到今日。Greece (itself intluenced by Eastern civilizations) influenced rome, and Rome influenced our civilization. Mutual Aid. p. 127.

此外的例太多。希臘文化是歐洲文化的父、人所公認。又史言巴比侖的大小麥移種歐洲、巴比侖的法律行于希伯來。前九世紀腓尼基人才推廣字母於各國、爲文字之始也。

六、謬法制　五霸者三王之罪人也、法制刑律皆霸者之事、王者則仁義而已、帝者揖讓出家而已。今世界亂源，因法制萬能。故非推倒羅馬法系代以希臘文化系統不可。參觀偉氏史綱論羅馬化等節

七、謬經濟學　淺一層推倒經濟的是馬克斯資本論、深一層就是托爾斯泰的人道主義非自由競爭論。

八、狹隘酷烈之宗教　各舊教差不多都破產了、全廢去、一時也不易、可參觀拙譯偉而士公教論。

九、雜駁不消化之哲學　從物質科學上講哲學、終是外面的。所以世界宗教家哲學家、一到印度都軟化了。眞解脫的哲學、還要印度化。太戈爾說歐洲學術像壁壘、印度學術像樹林是的。

十、膠醫學衛生學　近世醫藥解剖學、衛生學大進步、利益不少。然而罪惡也很大。結果令人多短命夭死。讀長壽哲學（商務出版）及拙譯粗食猛健法、即知其謬。

十一、虎口餘瀝之仁義慈善　託翁各書屢揭破之、應求根本解決法、參觀其 What Shall We do?

十二、狹隘酷劣之種族主義　至今黃白人種尙有界限、須用格爾通 Galton，優生學、謀世界人種大結婚。

十三、大鳥獸軍國民主義、長爪牙之軍械文明　須合世界國家（World state 新國家，無國家（New sa

te, Anarchism）學者、共爲非戰運動。

十四、迷物質信不知靈化學　昔人迷信神、今人迷信物質、觀于「北美瑜伽學派」在北美物質生活社會下之精神反動、可悟靈界自有解脫餘地、不必盡傾向物質、此泰戈爾 Tagore 所倡也。

十五、人守偏見不知匯通　此一切學者之弊、如學耶教者不知佛法、學歐化者不知亞化、莊子所謂。百家之言往而不反矣。偉爾士 Wells 世界史綱 Outline of History 很有打破此偏見之公平眼光。

十六、但爭世間法不知出世法　一切哲人、自孔子以上皆有出世法。易戒亢龍、堯舜讓位、此出世法之最粗者、至老莊耶佛而極矣。

十七、但知用壯不知養老尊老　今日尚競爭無貴老者、故老年甚苦。俄大革命後老弱死盡。誰能不老、知養老則天下可運於掌，治天下之道、一言蔽之、養老而已矣。眞養老必須照新大同學辦法，

十八、但博學不悟道　學如登山、登一峯復一峯、道如匯海、一道通則無不通。故列聖之學無不貴道。道與學相反、老子謂「爲學日益、爲道日損」、孔子「博文而約禮」、耶穌之徒多是漁翁、其敵却是博士也。克翁說、「我的學不是在大學校裏可以尋出的」恐難辨明、略用問答表之如下

四　文明定義問答，和四種定義判斷

一，問『古代果有文化，何以稱上古草昧，其樸陋若彼？』 答『古代，重道德重精神，故不尚物質。古代國爭未起，故不用兵。用兵是從男閥起，掠女子成男統，假造定男系姓氏之事。故西史稱「母系時代，爲黃金時代」。故老子尚母化，貴牝雌，尚柔惡剛，吐棄後世歷史，是述古代文化也。現在很多研究女性問題人類問題的西書證據甚明白。俟他日請友人多譯之。

二，問古代經濟學不發達，但用天產物交換，今用鈔票，非文明而何？ 答「此是僞經濟學，古代重分配，故不用錢。堯舜樸陋，秦始隋煬之荒淫，孰爲文明？若以堯舜之陋爲野蠻，則洪憲帝一龍袍數十萬爲文明矣。梁鴻妻之荊釵布裙爲野蠻，妓女之金翠花粉爲文明矣，哀哉！

三，問『然則文明定義究如何？』 答『自王道仁義起，最低程度，必須四海五洲無一人橫行，平權無一夫不獲，均利此不過王道之始，乃孟子小康之道耳。尚非孔子大同之道也。而況老莊耶蘇，又況于佛乎？故不能解決人道者，無談學術資格。今試問人曰，孔子顏回耶蘇佛蘇克雷地爲野蠻乎？

桀紂秦始皇白起項羽成吉斯汗爲文明乎？試用論理學明之，

(一)凡文明者得優厚之食衣住者也。白起項羽黃巢張獻忠李自成之殺人如麻，桀紂之肉山酒海，隋煬之男女裸逐：上海妓女之食肉，居樓，坐汽車，是得優厚衣食住者也。故白起項羽張獻忠李自成黃巢桀紂隋煬及妓女皆優勝之文明人也。

(二)凡野蠻者卽食衣住粗惡者也。孔子之曲肱飲水，顏子之陋巷簞瓢，耶穌之睡眠無枕，佛之乞食，以及今各小學淸苦之女教員，皆劣敗之人僅得惡劣之衣食住者也。故孔子顏回耶穌佛蘇克雷地及今各小學淸苦之女教員，皆野蠻人也。于此可得二結論。

(一)故白起項羽黃巢張獻忠李自成桀紂，文明人之模範父也。妓女野雞，文明人之模範母也。生男應學張獻忠，生女應學野雞耳？何以故彼得優勝之食衣住卽文明人故。

(二)故孔子顏回耶穌佛蘇克雷地淸苦小學女教員食粗糲，衣住樸陋，文明之罪人也。男子切不可學孔子，顏回，耶蘇，佛，蘇克雷地，女子切不可入學堂，從淸貧之女教師游矣。

以上論理的是非，不辨自明。由此可得文明定義眞判斷如下。

第一，先要人不殺人保自己及公共社會身命的安全。……精神化。

第二，有相當的生活力足以供給全體人類食衣住用的需要。……社會化。

第三，有充分公共享受的物質，……物質化。

第四，有解脫的大精神，不受一切的束縛恐怖而得大自由。……解脫無礙化。

此四種定義，沒人人能做有力的反對，當然可以成立。

由上看來，古代上世所說文明，百家所並稱的，不過差物質一種，其餘三種，都有的。近世若能增加一種，本來也好。要是因增加一種，抹殺其餘三種，拿人類來做物質的殉葬品，那就不值了。那就上了託翁說的，「近世文明破產了」。

五　全球人類曾經古大同一統考

我自幼讀書，有兩個問題在心裏常相衝突，請問了許多先生，都答不出來。就是百家都說上世如何太平，皇世帝世如何安樂。然而同時又說三皇穿着樹葉。到了近世，達氏半面的進化論出，就說古代是野蠻，一直到了託翁克翁等出來，才把這段大疑案証明，連我幾千年的古書也通了。就是古代上世（指無史的前有史的古代就壞了。）物質雖然野蠻，精神是文明不爭殺的，雖有爭也很少的。我就拿這句話，來解釋許多的古書，都通了。現在再考查古代全球人類同源。本來經過「初民大同時代」何以說初民古大同不過爲物質沒發達，將來再進到物質新大同，就更圓滿了。證據太多，一時不及全搜，俟諸異日。今先略舉幾條——

（一）舊約創世記十一章說『那時天下人口音一樣，言語一樣。說，我們要建築一座城，和一座臺。臺頂高插入天，爲傳揚我們的名，免得我們分散在地上。主降臨，就變亂他們的言語，使他們彼此不通。於是從那裏分散在徧地，他們就不再建那城了。所以那城名叫巴別。』（就是變亂的意思，）

我們今日要就神話中考究他的眞事蹟。巴比倫城的建設，大致在紀元前五千年。到今凡七千年頃。從那以後，有了城人就紛爭，紛爭就四散，四散就隨水土而言語不通了。可知七千年以前，人言語還可通的。

（二）最近偉爾士史綱（一九二二年出版）最新而最有名，美人曾投票推爲第一等著作的。他書主張今後世界要盡廢海陸軍，用一個政府。他最長于敘述各國文化。他說 in the early Neolithic Period in Europe it may be 10.000 or 12.000 years ago, or so-man w as differentiating all over the world.……And in the present age Read mixture is now a far stronger force than differentition. Men mingle more and more. p.41.

在歐洲新生紀大約一萬或一萬二千年時代以前，人分散於世界上去。到了現在再合力比分力大得多，不久要混合了。

大抵初時雖分族，還沒分言語，偉氏又說『言語到六七千年前才分開的，有最可考證的就是父母這兩個字，各國民族的發音，都是一樣的，很可靠了。』

	父	母		父	母
英	father	mother	法	père	mère
德	Vater	Mutter	亞美尼 Armanian,	pair	mair
拉丁	pater	mater	印度 Sanscrit	pitar	motar
希拉	pater	Meter			

（三）歐人與印度阿利安同族，顯然是分家出走的。Carpenter 加奔德歐洲地理讀本言歐洲三種人族均高加索種 Caucasian 其家系本亞洲遊牧蠻族， in Savage hords from its home in Asia. 而殖民於歐洲者，後分條頓，拉丁，斯拉夫三族也。看來萬把幾千年的事，在地球史上不算甚麼。一大家人分了家，現在再靠飛機電報輪船火車合起來也很快。但是還要考查沒分家以前是約略甚麼樣光景。還有甚麼舊話可考的。以下把中國書略考一考：

六古代文化證據，（凡十八條古代文明意卽精神文化也，可與互助經第三四章述蒙昧人互助參看才明白。至要至要。）

（一）証之管仲　史記封禪書注、築壇祭曰封、除地報地曰禪，白虎通云「泥金繩封之印璽也」五經通義云「易姓而王致太平必封禪、意者成功以後帝者出家之典與。』引管仲曰：注、今管子封禪篇『古者封泰山禪梁父者七十二家，而夷吾所記者十有二焉。昔無懷氏封泰山禪云云泰山前小山也虙羲然則無懷在伏羲前也封泰山禪云云，神農封泰山禪云云，炎帝封泰山禪云云，黃帝封泰山禪亭亭，顓頊封泰山禪云云，帝嚳封泰山禪云云，堯封泰山禪云云，舜封泰山禪云云，禹封泰山禪會稽，湯封泰山禪云云，周成王封泰山禪社首，皆受命然後得封。』

（二）証之孔子　孔子『論述六蓺同藝傳略，言易姓而王，封泰山禪乎梁父者七十餘王矣，其禮蓋難言之。』

(三)證之韓詩　韓詩外傳，孔子升泰山，觀易姓而王，可得而數者七十餘人，不得而數者萬數也。

七經緯，『黃帝曰，太古百皇闢基文籀遽理。』

據此可知，吏吾爲天下才，孔子能讀百二十國寶書，當時如墨子亦讀百國春秋也能通中外各國文字，又知古代篆書鐘鼎文其七十二代卽七十二朝，古篆朝各不同，管仲孔子一代博學，只能識十二朝古篆而已。略可辯年代者七十二朝，能識者十二朝，不識者萬餘朝，不定一萬極言其多而已傳聞而已。今孔子易經首稱自伏犧，而管仲所稱六十朝皆在伏犧前，然則以前尚有若干朝代，均天下太平大同世也。無文字，雖有不識耳。託翁克翁盛稱各寒熱帶初民的精神文化，與此正相通。

(四)證之莊子　莊子云，『古之爲文者多矣，而倉頡獨傳。』可知文字決非一人所作，乃古代逐漸變化，倉頡以前，文化尙多也。』

(五)騶衍大九州學說　史記封禪書，齊威宣之時，騶子名衍之徒，論著終始五德，五行生尅，古代元會運世之學，卽古代進化退化論也。之運，及秦帝而齊人奏之，始皇采用，而燕人爲方仙道，形解銷化，依於鬼神之事，騶衍以陰陽主運顯于諸侯，而燕齊海上之方士傳其術不能通。

又孟軻傳按其中有騶衍傳也齊有三騶子，以鼓琴干國政，受相印，先孟子。其次騶衍，後孟子。騶衍睹有國者益淫侈不能尚德，可見衍言五德是尚德若大雅整之于身，施及黎庶矣。似老子語乃深觀陰陽消息而作怪迂之變，終始大聖太古聖人之篇十餘萬言。可想偉著其語閎大不經，俗人不常見猶佛經難通矣。必先驗小物，推而大之至于無垠。無界限也此外之學、猶斯賓塞等以科學談治理矣。先序今以上至黃帝，學者所共術，學術也大并世盛衰，因載其機祥度制，推而遠之至天地未生，窈冥不可考而原也。按此道德之流派耳先中國名山大川通谷禽獸，水土所殖，物類所珍，因而推之，及海外人之所不能睹，稍引天地剖判以來五德轉移，治各有宜，由天道而言人治，必皇霸升降之故。而符應若茲，以爲儒者可見儒者見聞甚狹所謂中國者於天下乃八十一分居其一分耳。中國名曰赤縣神州，赤縣神州內自有九州，禹之序九州是也。不得爲州數，此句最妙詳下引繹史條下中國外如赤縣神州者九，乃所謂九州也。于是有裨海環之，小海人民禽獸莫能相通，如一區中者，乃爲一州。按古言大九州，今亦或稱四洲五洲六洲數不同、又以全中國爲世界九分之一，亦大致不差也。如此者九，乃有大瀛海環其外，天地之際焉。其術皆然要其歸，必止乎行義節儉，君臣上下六親之施。始也王公大人初見其術，懼然顧化，其後不能行之。是以騶子重于齊，適梁，梁惠王郊迎，執賓主之禮。適趙，平原君側行撇席。（撇，拂也）如燕，昭王擁彗（彗，帚也，致敬）先驅，請列弟子之座而受業，築碣石宮，身親往師之。其游諸侯見尊禮如此，豈與仲尼菜色陳蔡，孟軻困于齊梁同乎哉？』（按此可見騶衍學說原乎陰陽本于道德、歸諸政教、所傳布較孟子尤大震於一時。）

（六）黃帝前大九州　帝王世紀『黃帝前有九州，（此說更在騶衍前）曰柱州、迎州、神州。神州即中國也。黃帝以後德不及遠，乃于神州以內分爲九州。』

按堯時爲九州，舜分十二州，及禹仍改九州，此必有微意。何者？九州之名必傳自太古，禹躬行天下，多聞異傳，故知其說，因而不敢改舜以意改爲「十二州」，故禹又恢復之。至禹所以名九州者，本義水中可居者曰洲，故「九洲」與四海義正同，「九洲」即四海也。若但據中國一隅，只東海一隅，何名爲洲乎？然世已退化，雖傳說「大九州」之名而無其實。故禹之「九州」，不過告朔餼羊，猶後世南北朝以京口爲南蘭陵，以江左之地，遙領江北郡縣之名耳。然州之數其意猶存也。（州里之州則又假借爲之。）以此二條與舊約創世記証，可知古代人種語言統一矣。

(七)三皇紀年　史紀補三皇紀「三皇，謂天皇帝皇人皇，開闢之初，君臣之始，天地初立，有天皇氏十二頭，十二人或十二代均不可知澹泊無所施爲而俗自化，木德王，與騶說合歲起攝提，注詳後引爾雅釋天條下兄弟十二人，立各一萬八千歲。地皇十一頭，火德王，姓十一人，興于熊耳龍門等山，亦各萬八千歲。人皇九頭，乘雲車，駕六羽，出谷口。此以湯能造飛車，希拉造飛車證之。亦必飛車之類矣。兄弟九人，分長九州，各立城邑，凡一百五十世，合四萬五千六百年。注天皇已下出「河圖」及三五歷按歷書最可據，因學歷者科學精也。自人皇已後，有五龍氏，燧人氏，大庭氏，栢皇氏，中央氏，卷須氏，栗陸氏，驪連氏，赫胥氏，尊盧氏，渾沌氏，昊英氏，有巢氏，朱襄氏，葛天氏，陰康氏，無懷氏，斯蓋三皇已來有天下者之號，但載籍不紀，莫知姓年代所都之處。想如蒙古游牧耳？而韓詩以爲自古封泰山者萬有餘家，仲尼觀之不能盡識，管子亦云。略同前故滅去古書亡矣，不可備論，豈得謂無帝王耶？」

此可見古代人壽長、又見生活簡單、淡泊而化、故無殺人之史足考、後代稱史不過大相斫耳、除互殺外史有甚麼東西？

（八）春秋緯紀年　春秋緯稱『自開闢至于獲麟，凡三百二十七萬六千歲，分爲十紀，凡世七萬六百年，一曰九頭紀，二曰五龍紀，三曰攝提紀，四曰合雒紀，五曰連通紀，六曰序命紀，七曰修飛紀，八曰回提紀，九曰禪通紀，十曰疏訖紀。蓋疏訖當黃帝時，制九紀之間』。按或稱二百二十七萬六千歲，恐印本有不同。

（九）秦博士説　又秦始皇本紀，『廷尉斯李斯也、荀卿弟子。等與博士議曰：古有天皇，有地皇，有泰皇，泰皇最貴，索隱、蓋三皇已前稱泰皇按然則云最貴、必非人皇矣、。蓋泰一泰上之意。臣等上尊號，王爲泰皇。王曰始皇曰：去泰，著皇，采上古帝位號，號曰皇帝』。

（十）皇帝二字訓詁的本意　按博士等皆一代大儒，所言斷不敢杜撰，泰皇最貴是也。始皇剛愎不通，皇是皇，帝是帝，而橫行武斷，混稱皇帝，與項羽混稱霸王正同。夫皇者化，帝者教，極其淸楚，如馬是馬，驢是驢，不可混稱驢馬也。按周公謚法，民無能名曰神，靖民則法曰皇，德象天地曰帝，仁義所往曰王也，若暴民甚則曰獨夫，人人可征誅之，皆同一人之身，其謚號因德厚薄而不同耳。如同一總統，因其德之厚薄，或爲皇，或爲獨夫矣。同一人也，而有德者雖布衣門人朋友可以私謚，此風至今存，人皆可爲堯舜，即人人可爲皇帝，前日孫中山演說民國之民，人人可爲皇帝，與此義正同。

（十一）皇帝必仙去　又封禪書『天子（漢武帝也）聞方士言，黃帝以上封禪，皆致怪物與神通。欲放（倣）黃帝以上接神仙人，蓬萊士高世，比德于九皇，（此可見帝不如皇）而頗采儒術以文之。　又上（武帝）言，朕聞黃帝不死，今有冢何也？』或對曰：『黃帝已仙上天，羣臣葬其衣冠。』又，『黃帝接萬靈明庭，所謂寒門者谷口也。（按即人皇所出之谷口矣。）黃帝鑄鼎于荆山下，鼎既成，有龍垂胡髯下迎黃帝，黃帝上騎，羣臣後宮從上者七十餘人，龍乃上去，餘小臣不得上，乃悉持龍髯，龍髯拔，墮黃帝之弓。百姓仰望黃帝既上天，乃抱其弓與胡髯號。故名其弓曰烏號。于是天子曰，嗟乎！吾誠得如黃帝，吾視去妻子如脫屣（音徙草履也）耳。』

按此黃帝成仙遜位，恐人留之，用幻術脫去耳。如希臘來喀瓦士一去不返，同一作用。舜巡蒼梧不返亦然，帝以上必有出世法也。　此一段予華子所解不盡然。

又『天下名山八，而三在蠻夷，五在中國，華山首山太室泰山東萊，此五山黃帝之所常游，與神會，黃帝且戰且學仙，百餘歲然後得與神通。』

按古代皇與帝連時代，人皆與神通，所謂（宋芸子先生說）丹寶并傳，大學致知格物而後天下平，卽書云祀考來格，百獸率舞，封禪書黃帝以上皆致怪物，與神通也。降至後世，德此類也。不及遠，（左傳屢言不一言）乃命重黎絕地天通，罔有降格。（書呂刑篇）于是捨丹寶而專傳位寶。（易「聖人大寶曰位。」此孔教語淺矣、）王道仁義說行而出世法廢。雖用小康井田之有階級均產制，然親親爲私天下之始，大同不可復見矣。其帝道以前，必封禪者，如黃帝必見廣成子于空同入山學仙道，有出世法也。要之，有出世法則但有師而無君，已足以化天下矣。佛所謂「不持刀杖教化天下也。」

（十一）山東文化流布日本　所謂采儒術以文之者，此可見古代道教（卽仙教）爲舊教，而僅用儒教以文飾之。儒教爲周公孔子以後之新教也。太公治齊，尊賢尙功，是道教系統，其後流爲管晏之富强霸諸侯。周公治魯，尙仁親親，是儒教系統，其後流爲孔孟之禮樂澤後世。山東半島猶希臘之雅典斯巴達矣。其後徐福（或作市音讀如福字也）以燕齊人率三千童男女入海求仙採地，遂成今日本國，此吾古代文化之漸被，卽大九州地理學發展之效也。

（十二）拍雷氏言東亞人先闢美洲　今墨西哥有井田溝洫，絕似吾華，又有人開礦中層得古代中國錢，考古者寶之，以爲華人文化東漸之證，蓋由燕齊遼海而渡白令峽至亞拉士駕？與美人拍雷通史 Parley's Universal History 白令峽 Behring 在亞美中間才隔十八英里，附近居民至今仍然照常用小船往來，可信之理，乃古時亞洲韃靼人過峽渡美洲遂分散成爲今美洲大陸之紅人及他種帶亞洲習慣風俗諸民族也。

If you will look on a map of the pacific ocean, you will see, at the northe,n part, that America and Asia come very close tother. They are separetul only by Behring's Straits, which are but 18 miles wide. Across this narrow channel the people of the pressent day, living in the neighborhood, are accustomed to pass in their little boats. There is reason to believe, then, that many ages since; some of the Asiatic tribes of Tartars wandered to Behring's Straits and crossed over to America. These many have been numerous, and consisting of different triles: a foundation may this have been laid for the peopling of the American Continent. p. 56-7.

（十四）律歷志，與列子紀年　漢書律歷志『元命苞，乾鑿度，皆以爲開闢至獲麟二百七十六萬歲。』列子楊朱篇『太古至于今日年數固不可勝紀，伏羲已來三十餘萬歲，賢愚好醜成敗是非無不消滅。』

（十五）易緯辨終備『自伏羲以來至漢永和元年，凡四十萬九千三百八十九。』

（十六）荀子非相篇『聖王有百，吾孰法焉？』可見不止堯湯數人。

（十七）韓非子顯學篇『殷周七百餘歲，虞夏二千餘歲，而不能定儒墨之眞，今乃欲審堯舜之道于三千歲之前，意者其不可必矣。』

（十八）漢律歷志『壽王及待詔李信治黃帝調歷課皆疏闊，又言黃帝至元鳳三年六千餘歲。丞相屬寶長安單安國安陵桮育治終始歷言黃帝以來三千六百二十九歲，不與壽王合。又移帝王錄舜禹年歲不合人年，人與年俱不對也。壽王言化益爲天子代禹，然則禹薦益或亦有踐位之事無史可考矣。驪山女亦爲天子在殷周間，此又不知何一天子矣、皆不合經術。』

由上諸條觀之，可知今人但讀綱鑑編年，以考中國歷史者，不可據矣。開闢至『獲麟』年代難言，姑不論，何以韓非子生當周末，而談堯舜在三千年前，夏二千年前也？又治調歷及終始歷者，述黃帝三代之年歲，人事皆大不同，可知今人讀三代史中年譜，不甚可据。其中年限尚不止此數，而堯舜以前，年限大甚遠也。故孔子管仲能識十二代之古篆而已。吾所以引證如此繁文者，無他，證明現存古史年代之不確，當知七十二代以前尚有若干朝有不殺人之文化在也。特無史不可考，故不足徵矣。其民結繩而治，無言而化，無刀筆吏可爲世家也，無功狗殺人之屠可爲列傳也。不尚淫巧，無用發明機器也。不讀教科書，不用交易，無國憂，無家憂，無身憂，含哺鼓腹，試問有何史可紀？故廢書契也。此古無史時代所以甚長耳。自有史以後，天下奔忙，公侯伯也，勳幾位也，不過殺人之表誌耳。故莊子曰：『有虞氏之藥瘍也。』試一檢歷史，每頁中除爲大相斫之事外，有何說哉？故古代無史。

古書慕西方樂土與舊約述樂園通說第七

五，問古代全球一統于古今有徵乎？答有之，甚多，西書吾未能多讀，中華書局中國歷史參考書所引西書，已言神農黃帝于小亞西亞東面有古跡可尋，而中國三代以前，聖哲無不來自黃河上流。山海經離騷穆天子傳等書均懷西方，不懷東方，何也？茲考之

一，山海經海外西經，『崑侖之墟，帝之下都，方八百里，高萬仞，上有木禾。』注、食者得長壽。

二，帝堯臺，帝嚳臺，帝丹朱臺，帝舜臺，各二臺，臺四方，在昆侖東北。注、蓋巡狩所居。

三，流沙之東，黑水之間，有不死之山，即員丘也。都廣之野，事務紺珠、都廣在西南方、乃天地之中。后稷葬焉。爰有膏菽，膏稻膏黍膏稷，百穀自生，冬夏播琴，鸞鳥自歌，鳳鳥自舞，靈壽實華，草木所聚，百獸羣處，此草也冬夏不死。」

四，又海外南經，「不死民，其爲人黑色，壽不死。」

五，海外西經，「軒轅之國在此窮山之際，其不壽者八百歲，圖贊云、軒轅之人、冬不襲衣、夏不扇暑、猶氣之和、家爲彭祖。此諸沃野，鸞鳥自歌，鳳鳥自舞，鳳皇卵，民食之，甘露民飲之，百獸相與羣居。按此則黃帝軒轅氏非中國人、而來自西方軒轅國者與。抑或慕軒轅之名而取名者與。

六，龍魚陵居，狀如貍，有神聖乘此以行九野。此與佛經轉輪王馭世、德感輪寶飛行天下略同。

七，白民之國，白身被髮。即不穿裳。有乘黃，其狀如狐，背有角，乘之壽二千歲。淮南子「天下有道、飛黃伏皂。」

八，海內北經，「犬封國，狀如犬，有文馬，縞身朱鬣，目若黃金，名曰吉良，乘之壽千歲。」

九，有不死之國，阿姓，甘木是食。注、不死之芝反魂之樹。按阿姓當是佛經阿字觀門敎化不死術耳。

十，有沃之國，沃民是處，鳳卵是食，甘露是飲。凡其所欲，其味盡存。璇瑰瑤碧，白丹，青丹，鸞鳥自歌，鳳鳥自舞，百獸相羣是處。

十一，弇（音掩）州之山，五彩之鳥，名曰鳴鳥。爰有百樂歌舞之風。有軒轅之國，江山之南棲（山居曰棲）爲吉，不壽者乃八百歲。

按大同世人多山居、大同書已言之、於文、仙者山人也、大同人他無求惟求成仙不死耳。故封禪乃元首以仙道化天下之大禮、人人求出世法、無爲而治也。夫學仙修命、與學佛修性、少異而大同、其出世也、馬鳴菩薩（卽作大乘起信論者）曾作一戲曲、自登壇演之、印度五百王子、聞而感動、同日出家、因之、一城中人半出家者，國王大恐，遂禁其戲不演焉。可知若欲滅少世界殺機爭端，則非使人入山求仙求道不可。夫人思入山，比驅人赴戰場相殺，二者相較，其利害不亦遠乎？

十二，大荒之山，有人三面一臂，不死。

十三，互人之國，炎帝之孫，名曰靈恝，生互人，能上下于天。

就以上諸條觀之，可見古時所謂文明極樂者有三事，一，自在游行，二，長壽，三，有靈瑞動植物同化，四，人有神通也。此外文史慕西方者不少。

十四，穆天子傳云，「天子北升于舂山，以望四野，是惟天下之高山。孳木白華。清水出泉，溫和無風，飛鳥百獸之所飲食，先王所謂縣(同玄、山海經貫惟帝之平圃。)圃。(按即樂園之意。)天子于是得玉策，(書也)枝斯之英。曰春山百獸之所聚也，飛鳥之所棲也。五日觀於山上，乃為銘迹於縣圃，以詔後世。

十五，又北征，東還至羣玉山。四徹中繩，(皆言平直)先王之所謂策府。(注往古帝王藏書策之府)寡草木而無鳥獸，(言純玉也)於是取玉三乘，玉器服物，載玉萬隻。四日休羣玉山，賓于西王母。(山海經「西王母如人虎齒蓬髮，」竹書紀年「穆王十七年，西征崑崙見西王母。」)觴西王母于瑤池之上，母為天子謠曰：白雲在山，山陵自出。道里悠遠，山川間之，將子無死，尚能復來！」

十六，離騷，「朝發軔于蒼梧兮，夕余至乎縣圃。朝吾濟白于水兮，(出崑崙)登閬風而緤(繫也)馬。(山名在崑崙上)夕歸次于窮石兮，(弱水所出)朝濯髮乎洧盤。(回也)吾道夫崑崙兮，路修遠以周流。揚雲霓之掩藹兮，鳴玉鸞之啾啾。朝發軔于天津兮，夕余至乎西極。(列子所謂「穆王時西極國有化人來，」老子亦云騎青牛出函谷關至西域化胡，又佛教來自西域，故通稱「西方曰西天」也。)鳳皇翼其承旂兮，高翱翔之翼翼。忽吾行此流沙兮，遵赤水(出崑崙)而容與。麾蛟龍使梁津兮，詔西皇使涉予。路不周山名以左轉兮，指西海以爲期。奏九歌而舞韶兮，聊假日以娛樂。」

以上文觀之，皆眷懷西方聖哲樂土之思，斷非偶然。蓋中國人種與文化皆來自西方。歷代古聖無不沿黃河流域東下者。而中心點總在崑崙近處。蓋逾崑崙則近帕米爾地脊，古代大一統一切文化發源地也。

或曰，古書有何可信？應之曰，昔余少十歲時，鄉居學塾讀書，一秀才來與先生談曰，人人言有北京，不知眞假，吾未見也。此語甚趣，吾今在上海著此書，假以上海事語鄉人，其不信者亦多矣。奈何！況且現在最新的學術，全在考太古以前的人類學歷？

西人考埃甸樂園亦在小亞細亞以東之地，而歐人種本與印度人同爲阿利安人種，歐史述文化皆稱自東方得來者，猶吾人述文化皆自陝甘新疆等處西方來也。然則地球古代文化大勢可知已，以圖表之。

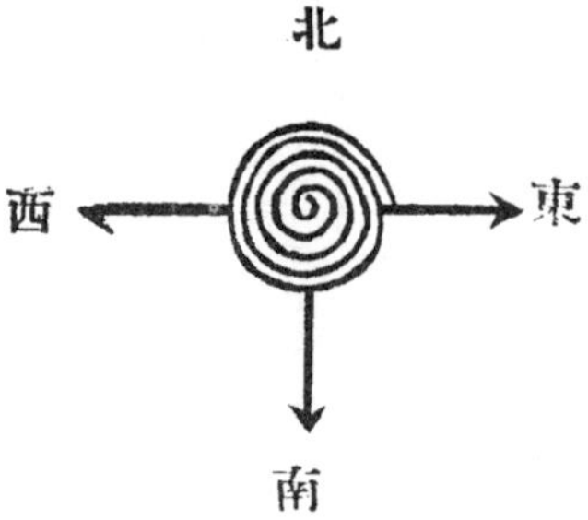

此圖中央爲帕米爾高原，有各大江河向西南東方流入西海，南海，東海，帕米爾高原爲世界之脊，地球之軸，其南行一支爲卍字文化系統，印度諸

國文化屬之，其西行一支者爲十字文化系統，歐洲全洲耶教諸國屬之，其東行一支爲☯太極圖文化系統，東亞諸國屬之。道教者蓋婆羅門仙教之流，自黃帝時以前東來，其末流生出儒教。佛教亦產自印度而東來。故中國三教實皆原于帕米爾文化，若耶教本出天主，天主儀式焚香拜偶像僧人出家掛旛送葬，一切全出自佛教，日人某氏考之有二十一條出自佛教者尚不足異，而康先生言英博士某考之凡一千餘條，皆出自佛教者。至回教則又出自耶教，人共知矣。至其差別，不外性相二字，隨地不同耳，由此言之，文化語言種族世界上無不統一之理，皆過去舊有歷史可考也。以前略考一段已如此之繁，故不復贅，謹舉一例——

爾雅釋天　太歲在

寅　攝提格
甲　閼逢　卯　單閼
乙　旃蒙　辰　執徐
丙　柔兆　巳　大荒落
丁　强圉　午　敦牂
戊曰著雍　在　未曰協洽
己　屠維　申　涒灘

庚　上章　　酉　作噩
辛　重光　　戌　閹茂
壬　玄黓　　亥　大淵獻
癸　昭陽　　子　困敦
　　　　　　丑　赤奮若

按通鑑此干支之名開于天皇氏，此必大同一統所用之名，決非中國語也。馬相伯先生對余言「女媧卽挪亞。又此種干支之名卽古字母。」理或然，與至其應用最廣乃用于一切天文地理人事姓名等者，此何物乎？解者不一，然終無可解，意甲子必中國譯出之名，而閼逢攝提格必西方語原名。乃古代一統時語言，其後分散另立文字，遂兩用之耳。至甲子等字，與西文字母埃及希臘字數相差不遠，絕非強爲附會者也。（記癸卯新民叢報，有蔣觀雲中國人種考可參考人種西來之證也。）

由上所述，不論中國史西洋史皆是精神退化，物質進化，中國有皇降而帝帝降而王王降而霸之鐵案，（最可笑的、是妄傳「中國文化至春秋戰國而極盛」的門外語、誤盡青年永不能眞通古學了。）西國也是希臘爲黃金時代，中世爲黑暗，實則三代以下一統專制也是黑暗不過黑洞之盲魚自己不覺耳。到了近世，口稱文明，殺禍更甚，實在還說不到眞文明，但看將來如何耳。惟物質卻是進化，與章太炎的「俱分進化論」正合，但俱分進化論究竟能永遠存在，應用到萬事否？還不敢斷定，而吾人應認退中有進，進中有退，大中包小，小中包大，比方歐洲物質進化、印度埃及希臘的建築等物質反不如古代也。日人井上圓了有輪廻式進化說，即輪化說，亦甚有理。

至人類將來的要求，一定須打破俱分進化的例，要求戰勝天道，精神物質俱一進而永不退，乃是人類之希望。則但用古老莊派的精神大同學必不足用，而有待于楊子之「兼重肉體物質的大同主義」與墨子之「創作機器之兼愛主義」矣。

史記老子列傳

老子者，楚苦縣厲鄉曲仁里（司馬云陳國相人、相屬苦縣與沛近。）人也。姓李名耳，字伯陽，謚曰聃。周守藏室之史也。孔子適周將問禮於老子，老子曰：『子所言者其人與骨皆已朽矣，獨其言在耳。且君子得其時則駕，不得其時則蓬累而行。吾聞之良賈深藏若虛，君子盛德容貌若愚。去子之驕氣與多欲，態色與淫志，是皆無益於子之身。吾所以告子，如是而已。』孔子去，謂弟子曰：『鳥吾知其能飛，魚吾知其能游，獸吾知其能走。走者可以爲罔，（同網）游者可以爲綸，飛者可以爲繒。至於龍，吾不能知其乘風雲而上天。吾今日見老子，其猶龍邪？』老子脩道德，其學以自隱無名爲務。居周久之，見周之衰，迺遂去。至關，關令尹喜曰：『子將隱矣，彊爲我著書，』於是老子迺著書上下篇，言道德之意五千餘言而去，莫知其所終。或曰：『老萊子亦楚人也。著書十五篇，言道家之用，與孔子同時云。』蓋老子百有六十餘歲，或言二百餘歲，以其脩道而養壽也。世之學老子者則絀（音黜）儒學，儒學亦絀老子，道不同不相爲謀，豈謂是邪？耶、李耳無爲自化，清淨自正。

史記莊子列傳

莊子者蒙人也，名周，周嘗爲蒙漆園吏，與梁惠齊宣王同時。其學無所不窺，然其要本歸於老子之言。故其著書十餘萬言，大抵率寓言也。作漁父盜跖胠篋（音去）以詆訿（音雌）孔子之徒，以明老子之術。畏累虛亢桑子之屬，皆空語無事實。然善屬書離辭，指事類情，用剽（音飄去聲）剝儒墨，雖當世宿學不能自解免也。其言洸洋自恣以適己，故自王公大人不能器之。楚威王聞莊周賢，使使厚幣迎之，許以爲相。莊周笑謂楚使者曰？『千金重利，卿相尊位也。子獨不見郊祭之犧牛乎？養食之數歲，衣以文繡，以入太廟，當是之時，雖欲爲狐豚，豈可得乎？子亟去，無汚我。我寧游戲汚瀆之中自快，無爲有國者所羈。終身不仕，以快吾志焉。』

西洋人研究老子者甚多，託氏尊之與耶，并偉而士稱之爲 Anarchism 安那其主義家。馬丁氏 Marting 謂『老子者是老師之意，』Lao-tze, old master 亦未必姓李，當是在李樹學園講道。Li plum-tree, a garden like Academics. Taoism 道教至 Chang-Tien-Shs 張天師就成魔術了 Witchcraft 羅素於其中國問題論，老子是個老哲學家 old philosopher 莊子 Chuang-Tze. The pure men of old 古之眞人也。

	七	開爲	爲字衍
	十三	清聖	和聖

目錄

三	十二	Shakespear	Shakespeare
四	四	Neslon's	Nelson's
十一	十六	英文下加	罪奢第四
十二	十五	四代大流	大法
十三	十	谿兕	豁免
十四	十	誠敎業新五	殺業
十八	五首	二字改	乙
十八	八	命中生天	命終
	十四	法師功德品後脫文	妙法經證明一切科
			哲數學之圓成。

孔孟大同小康學案卷一

五	九	克明竣德	峻德
六	一	猶可爲	可達
七	末	士匪	土匪
十	十二	來看	看來
十三	四	日非我也	曰非我也
	十二	誅誅	上衍文
十五	十一	有錢	有財
	十三	如管照	如果
二二	七	貨本	貲本
二五	四	相互論	相助論
二九	九	會計準宜	土宜
三三	五	甲省大水	各省
三九	邊行	是要道	要知道
五二	二	上舉公羊	止舉
七三	中縫	湯亳	湯居亳
七五	五	復公用制	公田
六七	兩題目	三孔子	四
八十	一	稅五十二。	稅五十。二百畝
八二	二	則盖	則盍
八五	十二	有個第五	有第五
九七	五題目	六綱表四	六綱表六
一〇〇	八	明高	鳴
一〇三	十三	Any	And
一〇四	三	私仕	仕私
	十二	Bodyıng	Body in

老莊自然學案卷二序

老莊自然學案卷二

一三〇	九	(子)七	七衍文
一三三	十一	Introdud	Introduced
一三四頁	二行	-Tion	-Tian
又	六行	Chinaese	Chinese
一三七頁一五八	六行	Savs H L.	ays Hel
	首行	自八歲	自五歲
二頁	九行	畫推翻	盡
四頁	四行	周君之迹	周召
一〇頁	四行	比戶可封人	封畢線不用
一二頁	五行	以湯上沸	止沸
二頁	七行	合金	和
十三頁	五行	忠孝的	忠孝的名
十四頁	末五行	敎焉	殺焉
一五頁	邊行	Knzen	Kaxan
一九頁	二行	M	In
三頁	八行	物質就文化	物質文化就是了
三五頁	十三行	非就禮樂	非禮樂就
三〇頁	九行	呢	呢
四三頁	三行	秋水	秋收
四九頁	二行	開也	開也
五三頁	五行	憑據杖	憑几
五九頁	夾縫	南洋女予	女子
六〇頁	起首	英文改	found a
七六頁	六行	終因難窮難	固難窮
八〇頁	六行	I n	ten
八〇頁	十三行	未發的	未發明的
八六頁	四行	孔子堯舜	孔子以堯舜
八八頁	三行	貌姑射	藐
九三頁	邊行	Eenal	Female
九六頁	四行	卽天下詐	而天下詐
九六頁	九行	康開國	康開國
一〇九	中縫	革命宣言出	宣言書
一一五頁	九行	膠臠學	謬臠學
一二四頁	邊行之末	其術皆	其術皆此類也
一三二頁	八行	七題目之第	七移於頂作
又	九行	五問	五字不用

刊誤表 卷一－二

卷數	篇目	頁數	行數	誤	正
卷首·	參考英日等文書目	一	六	Shakesepare	Shakespeare
		二	十三	Awaikng	Awaking
			左三	Sbook	Book
	釋太虛敘	一	六	偏執兩端	偏執
			十一	寂滅陰陽	寂滅
	本書編訂意趣綱領	三	八	特勝	特勝
		四	四	襖數	祆教
		六	末	門窮	門窌
	大同學十誡	一	二	老者	老有
		二	三	爲飽足	得飽足
	總序	二	五	楝金	揀金
			七	開爲	爲字衍
			十三	清聖·	和聖
	目錄	三	十二	Shakespear	Shakespeare
		四	四	Neslon's	Nelson's
		十一	十六	英文下加	罪奄第四
		十二	十五	四代大流	大法
		十三	十	豁免	豁免
		十四	十	誠數業新五	殺業
		十八	五首	二字改	乙
		十八	八	命中生天	命終
			十四	法師功德品後脫文	妙法經證明一切科
					哲數學之圓成。
孔孟大同小康學案卷一		五	九	克明竣德	峻德
		六	一	猶可爲	可違
		七	末	士匪	土匪
		十	十二	來看	看來
		十三	四	曰非我也	曰非我也
			十二	諫諫	上衍文
		十五	十一	有錢	有財
			十三	如管照	如果
		二二	七	貨本	貲本
		二五	四	相互論	相助論
		二九	九	會計事宜	土宜
		三三	五	甲省大水	各省
		三九	邊行	是要道	要知道

卷數	篇目	頁數	行數	誤	正
		一〇四	四	腦筋	腦筋
			十二	民國之後	之民
		一〇六	十三	該書舉出	該書(一七九頁)舉出
		一〇七	一	Arisiogeton	Aristogeiton.
			十一	M ndelism	Mendelism
		一〇九	二	又有各例	名例
			一題目一行	公式表六	六衍文
		一一三	應補起首		佛學與進化論愈
		一一七	三行	又作佛	可作佛
		一二三	一	其理愈	其理如
		一二六	下三行	三十三	三十五
		一三〇	九	(子)七	七衍文
		一三三	十一	Introdud.	Introduced
		一三三四頁	二行	-Tion	-Tian
		又	六行	Chinaese	Chinese
		一三一七頁	六行	Savs H L.	ays Hel
		八一一五	首行	自八歲	自五歲
二老莊自然學案卷二序	老莊自然學案卷二	二頁	九行	書推翻	盡
		四頁	四行	周君之迹	周召
		十頁	四行	比戶可封人	封單線不用
		二頁	五行	以湯上沸	止沸
		二頁	七行	合金	和
		十三頁	五行	忠孝的	忠孝的名
		十四頁	末五行	敎焉	穀焉
		一五頁	邊行	Knzen	Kaxan
		一九頁	二行	M	In
		三一頁	八行	物質就文化	物質文化就是了
		三三頁	十三行	非就禮樂	非禮樂就
		三〇頁	九行	呢	呢
		四三頁	三行	秋水	秋收
		四九頁	二行	聞也	閒也
		五二頁	五行	憑據杖	憑几
		五九頁	夾縫	南洋女子	女子
		六〇頁	起首	英文改	found a
		七六頁	六行	終因難窮難	困難窮
		八〇頁	六行	I n	ten
		八〇頁	十三行	未發的	未發明的

劉靈華先生著

下卷

東方大同學案

阮明敬題

民國滬上初版書·復制版

東方大同學案（下卷）

劉仁航 著

上海三聯書店

東方大同學案（下卷）

劉仁航 著

中華民國十五年三月二十六日出版

楊子兼利學案序第三

昔顏習齋有言，後世有贊成我者，我道必傳，有反對我者，我道亦必傳。而某君薦公孫鞅于魏也，曰不用則必殺之。蓋用者殺者，均足以推廣其道，此觀于耶蘇既有徵矣。中國自漢武帝桎梏學統，至于清亡共二千餘年，爲東方學術思想專制黑暗時代，與羅馬君士坦丁帝三十一年後統一宗教罷黜異教正同。而武帝以前思以狹量排除異派者，孟子亦其中有力之一人。孟子曰，楊墨之言盈天下，天下之言，不歸楊則歸墨。楊氏爲我，是無君也，墨氏兼愛，是無父也，無父無君，是禽獸也。余自幼頗疑此言，孟子斥彼爲洪水猛獸，而同時又稱其盈天下，豈天下人盡愚，而孟子一人獨智與？其必有可以盈天下者在也。尤可笑者，孟既稱楊學不肯拔一毛，而同時詆異其盈天下。夫豈有自私自利如此，而天下歸之者乎？余于民八年冬，既成孔老墨耶佛五家大同學案，此後即在晉洗心社講學，兼到鄉間提倡村治。距省之南四十五里，曰晉祠古唐村者，晉水源出于此，爲太原模範村之試辦地。余常嘯傲盤遊其間，玩山林泉流之盛。久宿懸甕山麓，把卷眺汾晉雙流，摩娑周栢，耳聽松濤，與男女校學生兒童書聲琴聲及鳥聲相應和。平常惟携莊列太白詩東坡詞作伴而已。一日偶憶孟子駁楊墨之言，年來墨子之文屢有人提倡，提倡墨子之文以資異聞而已，幷無人能貫通墨道及行墨學也。已証明孟子之偏見，而楊學獨無聞焉。乃取莊列關乎楊子學術者，搜剔而整齊之，不圖遂通楊學大要。乃嘆曰，有是哉楊子之言盈天下，決非偶然，蓋純然大同家言也。豈孟子小康眼光所能通乎？其精妙且高出墨子上，無怪乎稱者先楊而後墨也，其論學根據之點極精確不可磨滅者，有數大端，

一，人生觀，　主無常與憐生，

二，經濟學，　主公身公物兼利，

三，養人之文明物質，　認食衣住用男女等爲人生幸福要素，

此三者皆古今大問題，而于今爲烈。楊氏之學，深合近世歐化，不類數千年來東方所有學派，宜乎其爲衆人反對而獨蒙惡名也。雖今西方各家科學若不藉機器炮火之力，尚不能宣傳于世界，况區區數千年前一卷之書，其何以能光大乎。余家甚近荀卿蘭陵，孟子者乃山東鄒人，而吾近鄰塾師也。徒以吾淮北山川枯瘠，生民艱窘，風俗拘墟，故思想頑陋。以視南派老莊之超妙許行之高逸屈原宋玉之婉芳。盖北方之强，與南方之强，其風化濡染已

大相懸殊矣。況囿于孔氏之小康學派，對于南派楊氏及許行大同學均盡力攻之，固不愧北方鄉儒眼光也乎！然自有此攻，而人尙知楊墨之名至今日。我卽由其攻而引起研究之趣味。竟得窺見楊子學說圓滿廣大全體則孟氏攻之之力也。夫孰知孟氏以無父無君爲楊墨罪者，楊墨所含之主要問題，卽在是乎。夫大同之法，第一義在廢家國也。祛除家庭之苦與國殺之苦，而一切以「公身公物兼利」行之。此楊學大義證之最近新潮而如日月經天江河行地，非「忠義名絕」「君臣道息」不能「物我兼利」。楊子眞深通大同哲學政教倫理經濟諸學而爲之者也。豈小康小儒可夢見哉。嗚呼！其人生觀精，其經濟學精，其科哲學精眞絕作也！惜乎其書不傳，謹賴此篇亦可推全豹矣。此東方大同學之弘寶，亞洲文化之光榮也。故喜而序其探得之動機。願讀者印證之。至楊學所以在此二千年中不得見天日之故，則以楊根本主廢婚宦息君臣，脫去家國苦軛，使生民休息無爲之樂，固與克魯羅素等所倡二十世紀以後之思潮同調。勢必爲二千年「地獄道政府」所排斥禁絕，及附屬地獄鬼王偷活之餓鬼學士所呵斥譏笑矣。或曰楊朱卽莊周，今由書中地理之西東，及學術趨勢考之，皆相去甚遠，絕不類。又有尋行數文自命國粹考據家，考其眞僞年代者此又與華嚴中數菩薩刦量之時間相等，付之一笑，不值與辯也。

東方大同學案

樂天修養館叢書甲部之三　下邳劉仁航著　趙修五演義

楊子兼利學案第三

上篇　論古一　生死觀

列子力命篇第六，『楊朱之友曰季梁，季梁得疾；七日大漸。（大漸，就是危險的意思。）其子環而泣之，請醫；季梁謂楊朱曰：吾子不肖！如此之甚，（季梁因謂他兒子給他請醫，不能了達生死，所以說他不肖。）汝奚不為我歌以曉之？楊朱歌曰：天其弗識，人胡能覺？（天尚不能知道人的生死，人怎麼能知道自已生死的道理呢？）匪（同非）佑自天，弗孽由人，（人的生不是因謂天保佑纔生的，人的死也不是因謂自已作孽死的。）我乎！汝乎！其弗知乎！醫乎！巫乎！其知之乎！』（我同你尚且不能知道生死。那個醫生巫婆怎麼能曉得呢？）

楊朱歌的意思很深，就是了達生死的道理；不大容易懂，現在把他的意思引伸出來就是：——

生呀！死呀！那個掌管？

鶴的脖子為什麼長？

蛙的脖子為什麼短？

烏龜的壽數怎麼幾千年？

蜉蝣的命運怎麼一轉眼？

到底是先有雞還是先有蛋？

若是問老天天也不管。

無論那個生死長短先後，

大家都摸不着頭腦，

聽其自然。

還請什麼理脈許氣的醫生，

敲磬焚香的巫婆，

他慣會拿些陰陽寒熱瞎說病原。

「其子弗曉，終謁三醫：（謁就是請）一曰矯氏，二曰俞氏，三曰盧氏，診其所疾。矯氏謂季良曰，汝寒溫不節；虛實失度，疾由飢飽色慾，精慮煩散，非天非鬼；（不是天氣也不是鬼氣）雖漸可攻也。（病雖是危險還可以治）季良曰，衆醫也！亟屏之！（衆醫就是庸醫亟作速字解）俞氏曰，汝始則胎氣不足，乳湩，（竹用反就是乳汁。）有餘，病非一朝一夕之故，其所由來漸矣；弗可已也。」

俞氏向季良說的意思，就是你自從出生的時候算起；你的先天胎氣已是不足了，後來你必須要吃飯喝水；漸漸的受了些水濕、許多的病就從這生出來；你的病不是霎時得的，從你出生的時候就種下病根了；這病不容易治啦！

『季梁曰：良醫也，且食之。盧氏曰：汝疾不由天，亦不由人；亦不由鬼，禀生受形；既有制之者矣，藥石其如汝何？（人既出生以後，即免不了病和死，藥石也是無用的。）季梁曰：神醫也，重貺遣之；俄而季梁之疾自瘳。生非貴之所能存，身非愛之所能厚；生亦非賤之所能夭，身亦非輕之所能薄。故貴之或不生，賤之或不死；愛之或不厚，輕之或不薄：此似反也，非反也。（說理甚精）此自生自死自厚自薄。（法爾如此）或貴之而生；或賤之而死，或愛之而厚；或輕之而薄，此似順也；非順也，此亦自生自死自厚自薄。鬻熊語文王曰：（鬻熊是文王的師傅。）自長非所增，自短非所損；算之所無，若何？老聃語關尹曰：天之所惡，孰知其故。（誰能知道天的意思。）言迎天意，揣利害，不如其已。』

（若是逆探天意，預揣人間的利害：這個機心一生，無論如何用智用力，總是不對；也必免不掉凶禍，若順其自然；心中並不妄生波浪，自然就與天意暗合。）此篇想見楊子了生脫死的境界

『楊布（楊朱的弟弟。）問曰：有人於此，年兄弟也；言兄弟也，才兄弟也；貌兄弟也，而壽夭父子也；貴賤父子也，名譽父子也：愛憎父子也，吾惑之。楊子曰：古之人有言，吾嘗識之，（識音志就是記。）將以告若，不知所以然而然；命也。（自然的道理，不可用智識測度他。）今昏昏昧昧紛紛若若，（若若就是隨順的意思，以上八個字；都是形容人機心不起時，自然的動作。）隨所為隨所不為；日去日來，孰能知其故？皆命也。夫信命者，無壽夭，（死就死，生就生，生同死本來平等，並沒有甚麼長短高下；所以分不出壽夭來。）信理者無是非；（一個共同的公理，分散到萬事萬物上；

若是認定這個共同公理，就曉得一切衆人互相是非的事，是無謂的了。）信心者無順逆，（心是個大圓鏡子，本來沒有上下橫直斜倒偏欹高低順逆的分別；正合着佛說：「順逆皆方便」）信性者無安危；（性本是極自然，極坦白，極普徧，的個東西；說不到安危，一有了安危，便不是本性。）則謂之都無所信，都無所不信。眞矣！慤矣！奚去奚就？奚哀奚樂？奚爲奚不爲？黃帝之書云：至人居若死，（心若死灰形如枯木。）動若械；（機械的動是無心的動）亦不知所以居，亦不知所以不居；亦不知所以動，亦不知所以不動；亦不以衆人之觀易其情貌，亦不以衆人之不觀不易其情貌；（無衆生相）獨往獨來，獨出獨入；（往來出入無所待。）孰能碍之？』大無礙。

看來可想見楊子是一個逍遙遊的眞人了，此篇大有禪門風味，

楊朱的生死觀，就是生便生，死便死；生也不足喜，死也不足悲；一一聽其自然便了。本來沒有生死，所以纔能了達生死，眞是無畏金剛。

二 憐生觀上

甲 去名

列子楊朱篇第七：『楊朱（注字子居戰國時人，後于墨子）游於魯，舍（去聲館也）於孟氏，孟氏問曰，人而已矣！奚以名爲？曰以名者爲富，既富矣；奚不已焉？曰爲貴，既貴矣，奚不已焉？曰爲死，既死矣，奚爲焉？曰爲子孫，名奚益於子孫？曰：名乃苦其身。燋其心；乘其名者，澤及宗族，利兼鄉黨，况子孫乎？凡爲名者必廉，廉斯貧，爲名者必讓；讓斯賤。曰：管仲之相齊也，君淫亦淫；君

奢亦奢，志合言從；道行國霸，死之後管氏而已。田氏之相齊也，君盈則己降；君歛則己施，民皆歸之；因有齊國，子孫享之；至今不絕。（與他自己有何益呢？）若實名貧，僞名富．（爲善不因名而名自生，這是實名．因鈞名始爲善，這是僞名．）曰：實無名，名無實；名者，僞而已矣．（不僞則不足以招利而求名，所以孔子說：古者生無爵，死無謚，古卽指大同世．）昔者，『堯舜僞以天下讓許由善卷，而不失天下；享祚百年。』『伯夷叔齊實以孤竹君讓：而終亡其國，餓死於首陽之山。』實僞之辨，如此其省也。（省猶言明察。）

楊朱曰：百年壽之大齊，（去聲限也）得百年者，千無一焉。設有一者，（假如有一人如此。）孩抱以逮昏老；幾居其半矣，夜眠之所弭；（止也）晝覺（音教）之所遺，又幾居其半矣；痛疾哀苦亡失憂懼，又幾居其半矣。量十數年之中迪，（由）然而自得；無介焉之慮者，亦無一時之中爾。則人之生也，奚爲哉？奚樂哉？爲美厚爾，爲聲色爾；而美厚復不可常厭足，聲色不可常翫聞；乃復爲刑賞之所禁勸，名法之所進退；遑遑爾，競一時之虛譽；規死後之餘榮，偊偊（同踽踽獨行貌）爾；愼耳目之觀聽，惜身意之是非；徒失當年之至樂，不能自肆於一時；重囚纍梏．（手械也）何以異哉？（這是說小康以後一切法律道德的矯揉苦人，與孔子禮運所說小康略同。）太古之人，知生之暫來；知死之暫往。（這是大同世人生觀，宇宙哲學大同設教的要件。）（教人先覲無常也，）故從心而動，不違自然所好；當身之娛非所去也，故不爲名所動。（名關不破斷不能大同，共和元年，初時人心很安靜。自袁氏秉政，但見勳章爵位等；每日在報紙上連篇累幅．而下標無用的虛名；顚倒天下的好惡，是大亂的根本；觀巢許可證。）從性而游，（游字極妙；法華經稱「觀音菩薩游此世界，」游是化境，大同世以游爲要。）不逆（乖迕也）萬物所好；死後之名非所取也，故不爲刑所及；名譽先後，年命多少；非所量也。』

以上兩段有五條要件：一是不爲子孫。二是不爲刑賞。三是不爲名。四是觀生死無常。五是任自然從性而游，如鳥出籠。就是：『打破環境還其自然。』

『楊朱曰：萬物所異者生也，所同者死也，生則有賢愚貴賤，是所異也；死則有臭腐消滅，是所同也。雖然，賢愚貴賤，非所能也，臭腐消滅，亦非所能也，（是自然非人爲的意思）故生非所生，死非所死；賢非所賢，愚非所愚；貴非所貴，賤非所賤。（就是無生死貴賤的意思）然而萬物，齊生齊死；齊賢齊愚，齊貴齊賤，十年亦死；百年亦死；仁聖亦死，凶愚亦死。生則堯舜，死則腐骨：生則桀紂，死則腐骨；腐骨一矣，孰知其異？』

此一段是嫌人因爭過度的空名，所以妄分出賢愚等兩個字，叫人爲空名而受苦，不是人的本性，而且鬧出天下的大爭殺來，故極力冷笑他們，像東方因皇帝的空名，西方因爭上帝的空名，殺了多少人，這是何苦呢？比較下來，就知楊子打破名關的高見了，杜甫詩儒術于我何有哉？孔邱盜跖俱塵埃，正是此意，本來聖人無名，是老莊派的正宗了，

且趨當生（且謀生前）奚遑死後？（言顧不及死後的事）

由來國家觀念太重，就爲利所誤。宗教觀念太重，就爲名所誤．空爭死後，反忽了現在事實，所以

最近潮流，一切科學無不注重人生，不像中世紀人迷信神話，專說死人上帝的事了，這樣觀念詩經上也有，

『唐風山有樞，隰有榆，（都是樹名）子有衣裳，弗曳弗婁，子有車馬，弗馳弗驅，宛其死矣，他人是愉。（樂也）又山有考，隰有杻，子有廷內，弗洒弗埽，子有鐘鼓，弗鼓弗考，宛其死矣，他人是保。又山有漆，隰有栗，子有酒考，何不日鼓瑟。且以喜樂，且以永（長也）日，宛其死矣，他人入室』。此等警戒，注重當生的態度極深切了，希臘伊壁鳩魯派說Epicurean School; Let us eat and drink to morrow we die今日讓我們飲食，明日恐我們不在了，與劉伶之死便埋我，正同一放達，這種理想，雖然未必處處適用，然而也有時很應該提倡的，尤其是大同世學派的正宗南海康先生題大同書云，人道只求樂，天心惟有仁，所以伊壁鳩魯說快樂就是最高善的話，Pleasure is the highest good是大同世法也，

『楊朱曰：伯夷非無欲，矜清之郵，（同由）以放（至也）餓死。展季非無情，矜貞之郵，以放寡宗。（此指柳下惠坐懷不亂事，寡宗是子孫少了，）清貞之誤善若此。（此善字與前引伊氏以快樂爲善的意思相合，）

這是說大同世「飲食男女」的大法，因爲沒有私產的制度；所以沒有廉名，因爲沒有家制；所以不貴貞名。如同專制時代『臣罪當誅，天王聖明，』這個話，在共和時代就不適用了似得。

告子，「食色性也」孔子禮運說，「飲食男女，人之大欲存焉，」都須要等到大同世才可滿足的，

乙　中道義

『楊朱曰：原憲窶於魯，子貢殖於衛。（窶貧也，殖貨殖發財）原憲之窶損生，子貢之殖累身；然則窶亦不可！殖亦不可！其可焉在？曰：可在樂生，可在逸（安樂也）身。故善樂生者不窶，（足己之所養，不至乏匱。）善逸身者不殖。』（以多財勞苦精神）

這段是說，人生太貧不能自養，太富苦了身心，都是不應該的。像佛的出家乞食苦行，周公的富甲天下，都是不善謀生了。斟酌兩樣的中間，到了恰好處，還是不貧不富，無窮無富，物我兼利頂好

丙　生憐死捐的社會主義

『楊朱曰：古語有之，（大同之教也，與老子多引古正同。）生相憐，死相捐，此語至矣。相憐之道，非惟情也；勤能使逸，（安樂）飢能使飽，寒能使溫，窮能使達也。相捐之道，非不相哀也；不含珠玉，不服文錦；不陳犧牲，不設明器也。』（殉葬之器）

這是說大同世法重實用樂生主義；所以人在生前，當極相愛憐；憐字尤妙，便有無常觀在內，念無常，便想到要免互爭而互憐了。故應該大家同情，互相極其衣食住的樂趣，重公同享受之物質文明到人已死去，就是多花些物質；也是無用，不如捐棄這個尸體便了。

總起來楊子就是憐生主義，憐字很深，包厭世樂生二義在內。我因此越想起孟子絲毫不通大同學的，可笑了，我這一部學案六家學術算是孟子頂淺薄了，你看楊子拿着憐生社會主義的眼光，要解決人與人的關係，而孟子完全不通，汙他爲我，令現在一般頭腦簡單的人，一聽着，就說楊子自私自

利，一毛不拔，今看他處處說相憐相字的意思，說不但否有此愛情還要使天下人不飢不寒，安樂通達，這是何等周密？不過他以爲人死後就無用了，所以主薄葬和墨子正同，不像儒教末流，偏重僞禮，把死人玩把戲，還說是辦喪事，人有詞云，送葬之家吹鼓樂，悲似樂，我鄉有個俗說話，死個老的，吃頓好的。引起來虛僞葬經風水的鬼話，反而教亡過父母，暴棺中野，死了不得速朽，都是孟子爭厚葬的流毒，小康學說害人不淺，孟子在孔門，算功之首罪之魁了，

丁 管奢晏儉論（平仲在子產之後百餘年，二人何能對話。蓋故意尋出奢儉二特色人爲代表耳，）

『晏平仲問養生於管夷吾，夷吾曰：「肆（縱也）之而已；勿壅勿閼。」平仲曰：「其目（條件）奈何？」夷吾曰：恣耳之所欲聽，恣目之所欲視；恣鼻之所欲向，恣口之所欲言；恣體之所欲安，恣意之所欲行。夫耳之所欲聞者音聲，而不得聽，謂之閼（音遏阻也。）聰。目之所欲見者美色，而不得視：謂之閼明。鼻之所欲向者椒蘭，而不得嗅，謂之閼顫，口之所欲道者是非；而不得言，謂之閼智。體之所欲安者美厚，而不得從謂之閼適。意之所欲爲者放逸；而不得行，謂之閼性。凡此諸閼，廢虐之主。（言藥人生之樂，虐人使之苦）去廢虐之主熙熙（樂也）然以俟死；一日一月一年十年，吾所謂養。（任情極性，窮歡盡娛，雖短期促年，且得盡當生之樂。）拘此廢虐之主，錄而不舍；戚戚然以至久生，百年千年萬年，非吾所謂養。（惜名拘禮，內懷於矜懼憂苦；以至於死，長年遐期，非所謂貴，）

這是純主現世的物質享受主義，就是後人的詩所說：「服食求神仙，多爲藥所誤；不如飲美酒，被

服紈與素。」後人又說：「使我有身後名，不如生前一杯酒，」專就肉體上快樂論，自是半面的人性；不見桀紂陳後主隋煬帝麼？窮奢極欲到國亡而不悔。又如鄉里少年，縱酒色至於傾家亡身雖被父兄毆打；一點也不改，這是很多的。照這看來，可見富貴不是人的本性；而享受快樂，纔是人的本性；所以若只求得快樂享受啊！就是天子也要犧牲他的國，「富人也要犧牲他的家；匹夫也要犧牲他的身，但是此等享受；不能公諸大家，僅僅少數人享受；所以就開罪了天下，爲古來學家集矢之的；叫做亡國敗家的妖孽。若能公身公物公貨公力，像孟子說的：「好貨好色，與百姓同之；無一夫不得其所，」這個道理，又有什麼可惡處呢？然而更進一步，要想滿足天下人人食色的幸福，非大同不可。所以楊朱極力發揮大同學說呢？就是很像告子以五欲論性。但孟子也主張欲字，不過在小康世不敢發揮便了；把孟子的話，引在下面。比較起來就知道大同小康學術的異點了，

孟子說：「口之於味也，目之於色也；耳之於聲也，鼻之於嗅也；四肢之於安佚也，性也有命焉；君子不謂性也。」照這看來，

孟子已承認告子「食色性也」之說，不過孟子主張小康世法；不能過倡樂生學派，所以良知上雖承認食色是性，但口不敢說出來，無可奈何。只好說謊，抓一個命字來做擋箭牌，而孟子的本領。到此就窮了；如同從前人無造輪船的本領，只得說不可航海，因爲海裏有龍王，不能上天，天上有雷神管着，到現在是不行了，

孟子又說：「好色人之所欲，人少則慕父母；知好色則慕少艾，有妻子則慕妻子。」又說：屨之相似

，是天下之足同也；口之於味，有同嗜也，易牙（名廚子。）先得我口之所嗜者也；至於味，天下期於易牙；是天下之口相似也，惟耳亦然，至於聲；天下期於師曠，（樂師。）是天下之耳相似也，惟目亦然，至于子都；（春秋時美男子）天下莫不知其姣（嬌好也）也，不知子都之姣者，無目者也。故曰：「口之於味也，有同嗜焉；耳之於聲也，有同聽焉；目之於色也，有同美焉；至於心，獨無所同然乎，心之所同然者何也？謂理也，義也；聖人先得我心之所同然耳。故理義之悅我心猶芻豢（養的畜生肉類。）之悅我口。」又說：「魚我所欲也，熊掌亦我所欲也；二者不可得兼，舍魚而取熊掌者也。

照以上孟子的話看來，他論性也平分理義與肉欲二面；不過小康以禮爲教，有家國兩層的束縛，不能不偏到「苦」一方面。至於大同世，以樂爲教；公身公物，雖有禮教；無處去用，所以用小康以下的法子；發展人性，可算跛足式的發展；不能够盡人的本性。惟有大同世，盡人性，盡物性，兩面平均發展；方可以贊化育參天地呢？（注意，卽是發展理性佛性，也非眞到大同世不能普遍，）

管夷吾曰：「吾旣告子養生矣，送死奈何？」晏平仲曰：「送死略矣，（很簡單了）將何以告焉？」管夷吾曰：「吾固欲聞之！」平仲曰：「旣死豈在我哉？焚之亦可！沈之亦可！瘞（音意埋也）之亦可！露之亦可！衣薪而棄諸溝壑亦可！衮衣繡裳而納諸石槨亦可！唯所遇焉。」管夷吾顧謂鮑叔黃子曰：生死之道。吾二人進（盡也）之矣。（我生活的時候，我身作主；別人不能干涉，我死過以後：這個死尸，我就不管了。）

結局又插入鮑叔黃子兩人，不過是餘波湊趣便了：他的意思不過借晉晏明人「生時有知當厚」「死體無知當薄」的道理。這個道理，凡主張大同人生哲學的人：沒有不贊成的，希臘的大哲學家蘇克雷地也說：「死以後尸體，任人處置，彼非蘇克雷地也。」大同法就是這樣。（參看老莊學案論葬）

戊　朝穆之食色性論

『子產相鄭，專國之政三年；善者服其化，惡者畏其禁；鄭國以治，諸侯憚之。而有兄曰公孫朝：有弟曰公孫穆；朝好酒，穆好色：朝之室也，聚酒千鍾：積麴成封，望門百步，糟漿之氣，逆於人鼻，方其荒於酒也，不知世道之安危，人理之悔吝，室內之有無，九族之親疏，存亡之哀樂也：雖水火刀兵刃交於前，弗知也。穆之後庭，比房數十皆稺齒婑（音烏果切）媠（音奴坐切）者以盈之。方其耽於色也，屏（屏上聲）親昵絕交遊逃於後庭，以晝足夜，三月一出。意猶未愜，鄉有處子之娥姣（好也）者必賄而招之，媒而挑之。（挑招呼也說文作誂相誘也大了反）弗獲而後已。子產日夜以為戚，密造鄧析而謀之曰：「僑以聞治身以及家，治家以及國。此言自近至遠也。僑為國則治矣：而家則亂矣，其道逆耶？將奚（何）方以救二子？子其詔之。」鄧析曰：「吾怪之久矣，未敢先言：子奚不時其治也，（及時治之）喻以性命之重：誘以禮義之尊乎？」子產用鄧析之言因間（閒時）以謁其兄弟而告之曰：「人之所以異於禽獸者智慮，智慮之所將者禮義；禮義成，則名位至矣。（這個名位是餌，莊子說納虎狼於檻，賈寶玉說祿蠹，人一墮到名位勢利摛中，就跑不開了）若觸情而動，耽於嗜欲：則性命危矣：子納僑之言：則朝自悔而夕食祿矣。」朝穆曰：「吾知之久矣（我不是昏憒人。）擇之亦久矣：（人生觀的研究甚透澈）豈待若（汝也。）言而後識之哉？凡生之難遇，而死之易及？以難遇之生，俟易及之死！可孰念哉？而欲尊禮義以夸人，矯情性以招名；吾以此爲弗若死矣。（刻意從俗，違性順物，失當前之行樂，懷終身之長愁：雖肢體暫存，實鄰於死。）爲欲盡一生之歡，窮當年之樂；惟患腹溢而不得恣口之飲，力憊而不得肆情於色；不遑憂名聲之醜，性命之危也。且若（汝）以治國之能，夸物欲以說辭亂我之心；榮祿喜我之意，不亦鄙而可憐哉？」

朝穆兩人的話，到今天是很應驗了？現在是拜金時代，空講道德簡直劣敗了。所以日本小學教員，常溜到街頭；飲放賑的稀粥，再去上課，和乞丐差不多。美國大總統有事須就託剌斯大王摩爾根家商議，因爲摩氏例不拜客的緣故；那些道德家，政治家；所說的「作之君作之師」的道理，現在已是就了物質文化的範圍了。不獨今天這樣。從古已來，也是這樣，太史公貨殖傳；可算是淋漓痛快，發揮盡致了。山西太谷祁縣的風俗，大凡子弟美好聰敏的；一定使他學商，學商不成；或是天生成醜劣愚拙的，這纔使他學念書，去進秀才，所以那個地方風俗，稍有志氣的人；都以窮儒爲恥，龍門太史公說：「抱咫尺之義，亦足羞矣。」看起來賤儒的風氣，史遷時代已如此了。還有更奇怪的，就是他那地方的人！如先學儒後改商，親友聽說；就給他道喜，說你今天可算改邪歸正了。這個話吾們乍一聽，就要噴飯；細考其由來，太谷地方的人；在全國商業上占極大勢力，他家中所住的屋宇，陳列的珍寶；使用的奴婢姬妾，穿的衣服；吃的飯，就是達官世宦；也不比他强。那些學儒的，多是窮困潦倒；終身不能積數百金，尚或不能娶一妻還絕了後代，你看這樣不赶快把物質解決，還能維持住秩序嗎？現在各國第二等以上有才的人，多入實業界；不入教育界；都是爲的生活問題，不是幾句空話；可以解決的。所以現在物質的勢力浩浩滔天，要不加入拜金團裏去，也得想個法子，根本解決物質問題才行的，老實說，現在已到了「楊學時代」了，

『我又欲與若別（辨也）之。夫善治外者，物未必治而身交苦，善治內者，物未必亂，而性交逸。以若（汝也。）之治外，其法可暫行於一國：苟且一時未合於人心，（不是人的本性）以我之治內，可推之於天下，君臣之道息矣。（他明明說不是國家主義，是無政府家族主義）吾常欲以此術而喻之；若（汝）反以彼術而教我哉？』（眞可算班門弄斧豬八戒倒打一爬子，）

這是楊子學說的精義，他想用他的法子；推行天下，公身公物；人人都得同樂，人人都得滿足飲食男女生活的幸福；正是「無一男一女不得其所，」天下自然大治；再不用像墨子「胼手胝足」孔孟「號呼仁義，」刑法家「互相箝制」這些方法了。從此也沒有權勢可戀，也沒有名位可貪；惟有享受衣食住生活的安樂，這正是用物質文明解決人生活的幸福；如克氏所計算公共生活的樂趣，男女各人每日做三四小時的工作，就去分組研美術去了。所以結局歸到「雖有政府也無事可辦」，未免頭上安頭，誰肯勞心勞形，終日疲倦；去爲君爲宰相爲總統爲總理，做這與自己不合算的事業。到這時候，人人各自俱足；用不着有人拔一毛，天下業已太平；還用君臣畫蛇添足作甚？孟子所說「無父無君」正是楊墨大同的妙境；看他後來稱「楊墨之言盈天下，天下之言不歸楊則歸墨」可知楊子大同學說，在當時是很昌明；可惜秦始皇統一以後，一直用秦制到宣統時代所以楊學竟不得其傳了，

己　鄧析之眞人評

『子產忙（茫）然無以應之，（小巫見大巫）他日以告鄧析。鄧析曰：子與眞人（不失人的本性）居而不知也，孰謂子智者乎？鄭國之治偶耳，非子之功也。』

用眞人結束，作總判斷；畫虎點睛的法子，大同的道理；就是『眞人』的道理，「眞人」就是「人的本性。」（不用假招牌造作名詞）這篇中間形容朝穆，文勢上似有太過處，讀者「不以辭害意」便了。

庚　端木叔養生送死法

『衛端木叔者，子貢之世（後裔）也；藉其先貲，家累萬金；不治世故，放意所好；其生民之所欲爲，人意之所欲玩者；無不爲也，無不玩也。牆屋臺榭，園囿池沼；飲食居服，聲樂嬪御；擬齊楚之君焉。至其情所欲好，耳所欲聽；目所欲視，口所欲嘗；雖殊方偏國，非齊土（中土也）之所產育者；無不必致之，猶藩牆之物也。及其游也，雖山川阻險；塗徑修遠，無不必之；（往也）猶人之行咫尺也。（可見人性游歷也是一大欲大同世人必好游也）賓客在庭者，日百往；（在庭上之賓客，日來百人之多，）庖廚之下，不絕烟火；堂廡（音武廊下周屋也）之上，不絕聲樂；奉養之餘，先散之宗族；宗族之餘，次散之邑里；邑里之餘，乃散之一國。』

楊子贊嘆好客和布施，可證明楊學決非教人不拔一毛但圖私利的了，不過照人格和經濟學原理說，若甲拔一毛與乙；天下就有缺一毛的。換句話說，甲本來完全無缺；因拔毛利人，即甲有不足；乙必定待甲的一毛，是乙的人格；先有了缺憾，這是不平等的法子。天生人來，各各圓滿其足，一毛不少，一毛也不多，拔自己的毛，栽在別人身上，也是栽不住的，豈不是徒勞麼？楊子所說的原理，不外「人性本來圓滿具足；不可增減，」和佛老墨的話，一點不差；不過立說的方面，各不一樣便了。別人都從救人救世上立說，楊子從「自救」上立說；就是自性自度自決自立自由自在，天下人人都「自救；」自然太平，還用他人來救麼？原理上雖這樣說，至於推行的方法；何嘗不贊稱布施，但是不著布施相；所以雖說「散之宗族邑里以及一國，」不是因爲布施而布施；是因爲行我的自由而稱心布施，所以並「布施的名」也沒有了。孟子是完全小康學說，稱孔學專言王道，又代夏禹王作律師，極力辯護應當傳位給他兒子。又要誣天，說「天與之」豈不可笑？又偏要闢楊子的大同學說！至于他對於孔子的大同學說，差不多未道及一字，想是未開其微言大義，因爲要成全夏禹；就不得不犧牲了楊墨，孟子可算是夏禹以來歷代皇帝傳子的有力護法了。所以我們今天才三曹對案昭雪楊子的冤獄。

「行年六十，氣幹時衰；棄其家事，都散其庫藏珍寶車服妾媵；一年之中盡焉，不爲子孫留財。及其病也，無藥石之儲；及其死也，無瘞埋之資；一國之人受其施者，相與賦而藏之；反其子孫之財焉。」（可見楊學很重報恩）

楊子的教，厚生薄死；和墨子有一半相同，臨死把財產分散，乃是取消遺產制度，本來多把財產遺給子孫；是最愚的事，漢朝疏廣說「子孫賢而多財，則損其志愚而多財，則益其禍」，中國自禹以後，成了家天下，人人甘爲子孫作馬牛，除了八口主義外，不知道有世界，都是家族主義的壞處，到現在想去這惡俗，一時很難改掉的。

『禽骨釐（墨子弟子）聞之曰：「端木叔狂人也！辱其祖矣！」段干生聞之曰：「端木生達人也！德過其祖（其祖卽指子貢）矣！其所行也，其所爲也：衆意所驚，而誠理所取；衞之君子，多以禮教自持；固未足以得此人之心也。』

守禮教者名爲君子，此處應與孔子禮運大同之君子對看，大同學以禮爲亂首，故衞國重家祿主義的人、不懂得端木生的深意，楊子加此段是反面，貶禮教以贊美端木氏實行厚生薄死，死不積財的違叛道德，好證明他以上的意思，

辛　長生與自殺論

『孟孫陽問楊子曰：「有人於此，貴生愛身；以蘄不死，（蘄音祈求也）可乎？」曰「理無不死，以蘄久生可乎？曰「理無久生：生非貴之所能存，身非愛之所能厚，且久生奚爲？五情好惡，古猶今也；四體安危，古猶今也；世事苦樂，古猶今也；變易治亂，古猶今也；旣聞之矣，旣見之矣：旣更（經過之矣，百年猶厭其多；況久生之苦也乎？」（人生的趣味，不過如此，百年是一日之積，一日之樂趣，與百年之樂趣等，人一生的經歷，如此而已，求長生也是求苦吃，）

孟孫陽曰；「若然，速亡愈於久生；則踐鋒刃，入湯火；得所志矣。」楊子：曰「不然！旣生則廢而任之，究（窮也）其所欲；以俟於死。（但當肆其情，以待終耳）將死，則廢，（廢自然也）而任之：究（窮也）其所之（往也）以放（至也）於盡，無不廢；無不任，何遽遲速於其間乎？』

楊子的學說。是最中道的現世主義；不求長生，也不求速死；聽其自然，眞是大中至正極的則。但是人旣生存，就不能不養生；所以龔子才的詩，說是：『逐生未可必，樂生當有餘；似乎未死前，我法當如是：若爲子孫謀，眞是愚公愚！』就是楊子的現世主義。仙家的長生，佛家的不死：楊氏不惟不欣羨，反覺得是苦事；至於自殺派的悲觀哲學，楊氏也不取。楊子學說，乃是完全樂天樂生大自然主義，刻刻可生，刻刻可死，淵明說聊乘化以歸盡，樂天命夫奚疑？眞是大同世的妙道。

壬　治天下原理論

『楊朱，曰伯成子高，不以一毫利物，舍國而隱耕；大禹不以一身自利，一體偏枯。古之人損一毫利天下，不與也；悉天下奉一身，不取也；人人不損一毫，人人不利天下；天下治矣。』

這是楊子的大同經濟學，合於現在的人所說「各盡所能各取所需或各取所値，」的定理。所以人皆爲堯舜，就不須有堯舜來治，纔是眞堯舜；衆生皆成佛，不須更有佛來度：纔是眞成佛。人人不用損一毛，人人自立；還要慈善家胼手胝足焦頭爛額們的忙甚麼？朱晦庵大學序上說；『人人知其性分之所固有職分之所當爲。』不料想還是代楊子經濟學說下注解啊！現在社會中所謂「慈善，」不過「虎口裏的餘瀝」便了；現在所謂二「堯舜大聖，」不過如莊子所謂「殤樂」便了；現在所謂「天仙佛」不過如大同書所謂「作苦工」便了。大同世法，沒有一個能救人度人利人的，也沒有一個被人所救所利所度的；「能」「所」兩忘，纔是眞平等呢？到這個境界，聖天仙佛都可以息肩罷；譬如幷沒有一個受創傷的，雖有良藥，也可以不用了。

楊子稱贊伯成子高爲什麼？因爲他是勞工主義，自食其力；不求度人的緣故。大同書云：「大同世佛不出家，」人人都能自立，就是極地上天國；也不必他求了。孟子說；「治人者食於人，治於人者食人，」自然是小康世法，不能與大同法幷論的。

『秦子問楊朱曰；「去子體之一毛，以濟一世，汝爲之乎？」（疑楊子貴身太過，故發此論。由來老莊派學皆重生，大同之敎義如此）楊子曰；「世固非　毛之所濟。」禽子曰；「假濟爲之乎？」楊子弗應，禽子出語（魚據切）孟孫陽，孟孫陽，曰「子不達夫子之心，吾請言之，有侵若（汝也）肌膚獲萬金者，若汝爲之乎？」曰；「爲之」孟孫陽曰：有斷若一節得一國，子爲之乎？」禽子默然有間，孟孫陽曰；「一毛微於肌膚，肌膚微於一節；省（察也）矣。然則積一毛以成肌膚，積肌膚以成一節；一毛固一體萬分中之一物，奈何輕之乎？」禽子曰；吾不能所以答子，然則以子之言問老聃關尹則子言當矣。」（聃尹之敎貴身而賤物）孟孫陽因顧與其徒說他事。』

這一條與法學上有所謂一錢問題的一樣，盜人一錢，究竟算犯罪不犯罪，討論起來，雖然一錢也是犯罪，若拔一毛才可利天下，天下就不圓滿了。所以楊子一面也贊美布施，一面仍主不拔一毛的原理，是權實幷用的。本來往自由大同上去的路徑，分爲兩派。「一是消極派，主張自食其力；乃是眞理之極致，一是積極派，主張干涉，傳播，乃是過渡的方便。」楊子專主眞理派，不主干涉派；就眞理上說，雖是一毛，也決不拔；因爲拔一毛，施的受的都各人自損「個性自立」的人格。像後來許行的「幷耕，」陳仲子的「織屨，」都是自食其力，流傳後世；爲獨行傳中的人物。

三　憐生觀下

『楊朱曰，天下之美，歸之舜禹周孔；天下之惡，歸之桀紂。然而舜耕於河陽，陶於雷澤；四體不得暫安，口腹不得美厚；父母之所不愛，弟妹之所不親：行年三十，不告（古沃切告上曰告發下曰誥）而娶；及受堯之禪，（讓位）年已長；智已衰。商鈞（舜的兒子）不才，禪於禹；戚戚然（憂也）以至於死，此天人之窮毒者也。鯀（禹父名，古本反）治水土，績（功也）用不就；殛諸羽山。禹纂（繼續也）業事讐，惟荒（治也）土功，子（其子）產（出生）不字；（不撫養）過門不入，身體偏枯；手足胼胝，及受舜禪；卑宮室，美紱冕；戚戚然以至於死，此天人之憂苦者也。武王既終，成王幼弱，周公攝天子之政，召公不悅；四國流言，居東三年，誅兄放弟，僅免其身；戚戚然以至於死，此天人之危懼者也。孔子明帝王之道，應時君之聘：伐樹於宋（在宋地與弟子講道於檀樹下，宋人惡之而伐其樹。）削跡於衛；（過衛人掃其跡，言惡之深也，）窮於商周，圍於陳蔡，受屈於季氏，見辱於陽虎，戚戚然以至於死，此天民之遑遽者也。凡彼四聖者。生無一日之歡；死有萬世之名，名者，固非實之所取也，雖稱之弗知，雖賞之不知；與株塊無以異矣。

小康世有善惡，所以堯是桀非；大同世沒有善惡可言，皆偏平等；堯的善名尚且不能成立，更沒有跖了。小康世尚禮，所以人道是苦的，大同世尚樂，所以人道是樂的。小康世因不得已但偏重精神的制裁，所以肉體甚苦。大同世，精神肉體兩面的快樂；一齊發達，各不相碍；并能互助，所以毫無苦趣，但有快樂。小康世偏主禁欲，不得已遂用死後的美名；與生前肉體的痛苦作抵，聊且慰藉人心；這也是無聊的法子。然而非人的本性，只算偏枯。大同世善惡兩忘，善惡的名義，自然不成立。或有要替堯舜爭氣，這是如同不出中門的女子，反來譏笑外國參政當官的女子不守閨訓道德；豈不是笑話麼？比方舜禹的勞苦也是不得已，到了大同世，平民的快樂，過於昔時的帝王，你看現在北京蒙古的平民，也能吃廣東的鮮果，香蕉荔枝之類，從前北京皇帝要想吃南方鮮果，就得跑死多少匹好馬了。現在普通人用的玻璃鏡子，從前皇后也沒用過的，所以小康世沒有得享受的樂，象周孔是的，不得已只好忍苦受痛，才落個聖的空名，留于後世；這是他們的可憐不幸！眞到了大同世，無家庭專制，舜也不甘願在歷山大哭，去討個孝名了，無國界，漢尼拔也不用全家殉節，方孝孺也不用夷十族，才落個忠名，屈原也不必沈淵，做幾篇窮愁的好文章了，所以舜禹周孔的行爲，到了大同世，簡直不需要，算是贅疣了，

「桀藉累世之資，居南面之尊；智足以拒羣下，威足以震海內；恣耳目之所娛，窮意慮之所爲；熙熙然以至於死，此天民之逸蕩者也。紂亦藉累世之資，居南面之尊，威無不行；志無不從，肆情於傾宮；縱欲於長夜，不以禮義自苦，熙熙然以至於誅；此天民之放縱者也。彼二凶也！生有縱欲之歡，死被愚暴之名；實者，固非名之所與也。雖毀之不知，雖稱之弗知；此與株塊奚以異矣。彼四聖雖美之所歸，苦以至終；同歸於死矣，彼二凶雖惡之所歸，樂以至終，亦同歸於死矣」

生爲堯桀，死同枯骨；和莊子堯跖平等的道理相同。但實在講起來，桀紂的縱欲也有個緣故，比方西方男女，與見面握手接吻，以自由爲習慣，爲人情的常道，中國却造幾條虛僞的死格子，叫做大禮，

能合這死格子的，社會上就稱他爲好人，或者聖人，但要中國男女，相遇抱腰接吻，可就是罪大惡極了，甚至孔子一面南子，子路大怒，孔子還對天發誓去抵抗他，小康世稱爲聖人的，只是肉體精神不調和的病理現象，桀紂只是不堪單調生活的，又尋不出個好法，就破網而出，魚死網破，落了個罪大惡極縱欲的名。到了大同世，人皆得遂其幸福並不是縱欲，所以堯桀同苦，乃是平等之論，桀紂冒險違衆，去自己遂欲，精神上也受打擊，也不得快樂，所以非人羣進化坐皇帝也沒幸福的。

○注意，我並不是主張縱欲，也不是所謂「順世外道」，不過要從人類學上平心批評，至於「苦行外道」，乃至於自殺哲學，我都不絕對反對他們，因爲要各行其是。

四　治道大法

癸　全體解決法

由此篇看來，楊子于社會原理上，主張不婚宦，廢國家，就是澈底無政府的原理。然而實行上，却也和緩，也還利用國家來推行了，但却不眞倚賴他，不過偶然相遇，如佛也教化國王而已。

『楊朱見梁王，言治天下如運諸掌。梁王曰：「先生有一妻一妾，而不能治；三畝之園，而不能芸而言治天下如運諸掌，何也？」對曰：「君見其牧羊者乎？百羊而羣，使五尺童子荷箠而隨之，欲東而東，欲西而西，使堯牽一羊，舜荷箠而隨之，則不能前矣。且臣聞之，吞舟之魚，不游枝流，鴻鵠高飛，不集汚池，何則？其極遠也。黃鍾大呂，（樂律的名字，）不可從煩奏之舞，何則？其音疏也。將治者大不治細，成大功者不成小，此之謂矣！」』

楊朱治天下的法子，就是公身公物，純與東方單調的精神文化不同。他主張「物質享受平均。」與西洋的社會主義恰合。但是推行的方法，或從小組織做起，或從大組織做起，無論大小：費力相等。辦一模範村，是小組織，辦一模範國，是大組織，治一村所費的力量，與治一國所費力量差不多；或者比治一國還難。至少須以一省爲單位，纔能占得住。所以楊子欲得一粱國治之，以推行天下，並言從小處推行的困難。但我以爲若不得從大處做起：却仍要先從小處提倡，如張橫渠所說買田一方的法子，（見孟子滕文公問爲國章內小注）也未嘗不可，若人人等着做大組織的事業，是很不容易能做到的，反不如普倡羣衆各從小組織做起，小組織漸漸積累，普徧運動也就成了大組織了。因爲現在交通便利，向羣衆一面，成效易收，這是現在羣衆的趨勢了，

子　無常觀

『楊朱曰，太古之事滅矣，孰誌之哉？三皇之事，若存若亡，五帝之事，若覺（音敎）若夢，三王之事，或隱或顯，億不識（如字又音誌下同）一，當身之事，或聞或見，萬不識一，目前之事，或存或廢，千不識一。太古至於今日，年數固不可勝紀，但伏羲以來，三十餘萬歲，賢愚好醜，成敗是非，無不消滅，但遲速之間耳。矜一時之毀譽，以焦苦其神形，要死後數百年中餘名，豈足潤枯骨，何生之樂哉。』冷極

楊子和佛的「無常觀」相同，不過楊子歸結到樂生憐生；與佛說大不相同。他的主義在打破爭無用的名，因爲政治國家，都從空名虛榮上建立的。

丑　物我中道妙諦

『楊朱曰，人肖天地之類，懷五常之性，（肖似也，類同陰陽，性稟五行也，）有生之最靈者，人也。人者，爪牙不足以供守衛，肌膚不足以自捍禦，趨走不足以逃利害，無毛羽以禦寒暑，必將資物以爲養性，任智而不恃力，故智之所貴，存我爲貴；力之所賤，侵物爲賤。然身非我所有也，既生不得不全之，物非我有也；既有不得而去之。身固生之主；物亦養之主，雖全生身，不可有其身，雖不去物，不可有其物。』（末二句極精與大乘佛法亦合，正合中道義，把非身非物拿到世法上應用，又同佛說北洲無我無我所的大法正合。）

這段道理最精，世法出世法，兩條兼備；除卻佛法外，沒有比這再精的。楊朱明知身非我有，但是既生了這個身體，就不能不全和他的生活，雖是供養他的生活；卻不私有這個身體，還是「公身」，財產也不是我所應有。但是因爲還要養生，所以不能去掉他；雖是不能去掉，那末，畢竟我不能占有這個財產。這段話和維摩經上所說「雖度衆生，而無衆生相，雖明知無一衆生得度，而不舍衆生；」同一妙諦，不過維摩經歸結到出世，楊子歸結到住世；至於「圓妙無滯，」都是一樣，和那些愚人貪世的說法，迥不相同。後世達人行樂，如李白夜宴桃李園，王羲之蘭亭序；都與這個意思相髣髴。

寅　公身公物經濟學

『有其物，有其身，是橫私天下之身，橫私天下之物，（小康法如此）其唯聖人乎？（知身不可私、物不可有者，唯聖人爲能，）公天下之身，公天下之物，其唯至人矣，此之謂至至者也。』

公身公物，是大同的原理；圓滿具足，不能增減；純從經濟學上立論，所以至精至妙；雖欲致駁，無處開口。人生的經濟學，除卻佛外，沒有能及楊子精妙的。楊子的人生經濟學，純從苦樂上計算立脚，所以一切道德法制，均不是澈底的正義；都被楊子推倒，一筆抹殺了。

卯　人生四害——「壽」「名」「位」「貨」

『楊朱曰：生民之不得休息，爲四事故。（這話說得可歎有使天下都得安息的悲願）一爲壽，二爲名；三爲位，四爲貨；有此四者，畏鬼畏人；畏威畏刑，此之謂遁人（逆違自然）也。可殺可活，制命在外，（自已不當家）不逆命，何羨壽？（可見他了生死）不矜貴，何羨名？不要勢，何羨位？不貪富，何羨貨？此之謂順（全其天性）民也。天下無對，（惟我獨尊）制命在內（自已當家大自在眞自由）故語有之曰，人不婚宦；情欲失半，（疑當作得半蓋楊子以婚宦二事使人失其本性也）人不衣食；君臣道息。』不婚不宦就是擺脫了家國的桎梏，與天下休息的妙道，却不是出家，這是他與耶佛的異點。這是說人當寡欲知足，維持生活；到死便了，壽名位貨；都沒有用處。君臣道息，可想見是孟子攻擊他無君的目標，不知却是他的特點，叫天下休息乎無爲，合乎生人天性之自然的。

克翁常云「植物順其自然，生機勃勃發長，人性也是這樣，要窒碍他不使暢達發展，就是戕殘害人的天性，也要使他自然發達，才算得了人的本性自由，不枉爲了人一世，而要達此目的，一定要除去人性的障碍物，就是種種制度，所以必一切去掉才行，譚嗣同仁學說，必要打破重重網羅，正是此意，說到最後，都與禪學大自在出生死境界相通，

辰　知足常樂

『周諺曰：「田父可坐殺，晨出夜入，自以性之恒；啜菽茹藿，自以味之極。肌肉麤厚，筋節䐴急；（䐴音權筋節急也）一朝處以柔毛綈幕，薦以粱肉蘭橘；心痟（一錯反）體煩，內熱生病矣。商魯之君，與田父侔地；則亦不盈一時而憊矣，故野人之所安；野人之所美，謂天下無過者。昔者宋國有田夫，常衣縕黂；（房未反，亂麻也，縕黂，謂分弊麻絮衣也，韓詩外傳云，異色之衣也。）僅以過冬，暨（及也到也）春東作；自曝於日，不知天下之有廣廈隩室；緜纊狐狢。（音鶴）顧謂其妻曰：「負日之暄，人莫知者；以獻吾君，將有重賞；」里之富室告之曰：「昔人有美戎菽，甘枲莖（枲即牡麻也）芹萍子者；對鄉豪稱之，鄉豪取而嘗之；蜇（音哲）於口，慘於腹；（慘蜇痛也）衆哂而怨之，其人大慙；子此類也。』

這一段是說人各安其分，發揮老子知足常樂的道理，又恐怕人過重物欲。也是苦惱，總之楊子學說，也是隨遇而安，不是一定苦身去殉物也，

己　物質文明四種——「屋」「服」「味」「色」

「楊朱曰，豐屋；美服，厚味；姣（音絞）色，有此四者；何求於外，有此而求外者，無厭之性；無厭之性，陰陽之蠹也。」

這是專從物質享受上，「論人生觀，」把「名」「位」和「壽」的妄想除去，使人知足，喚醒爭權位，圖王霸的迷夢。那些妄想，都是自害，與本身並沒有絲毫益處。

戊　不健全的忠義之害

『忠不足以安君，適足以危身，（觀文天祥史可法便知，）義不足以利物，適足以害生。』（標義勇而戰爭，比方十字軍東征，和千年種族國家宗教種種戰爭，都是不值一文，你看宋朝愛國者鄭所南的詩有云，說道至樂處，令人羨出家，可見拿四兩二錢插標賣頭，豈是人人本心所願，）

這是說推行忠義的害處，是就沒有國界說法，德人士多奈 Max Stirner 他本名 Johann Kaspar Schmidt 于一八四五年，出版一書，名「唯一及他所有」The Ego and his Own 英文法文都有譯本，他反對國家主義及强權共產，所以他用黑格兒派的形而上學推理法，說明要回復「我」的自由，和個人的高尚，故而主張完全的「非道德主義」和「利己者的聯合，」（按這就是楊子學派）

亥　兼利經濟學

『安上不由於忠，而忠名滅焉；利物不由於義，（即公利也）而義名絕焉；君臣皆安，物我兼利；古之道也。（大同世之道）』

這是楊子最精妙的大同經濟學、楊子的主義；在「人我兼利君臣皆安，」和孔墨的道理，正正相同；並不是沒有君臣。不過楊子就事實上換個說明的方法，引人入勝，使人易行。所以不說仁義，偏說「兼利」；立脚點在利益上說，孟子好在大義上說官話；名雖不同，實在差不多。孔子說：「仁者安仁，智者利仁；」「利仁」二字，就是楊子大同學說的立脚點。公身公物的結果，皆安交利，天下大同，人人交相利；即人人不須拔一毛，這是經濟學太平公例；不料楊子在二千年前，業已發明出來。

楊氏大同學說，處處根據經濟學原理，與馬克司克魯巴圖金的算法正合。

鬻子曰，去名者無憂，老子曰，名者實之賓，（言非主人）而悠悠者趨名不已，名固不可去，名固不可賓邪？（言雖去不掉也該看輕些）今有名則尊榮，亡名則卑辱，尊榮則逸樂，卑辱則憂苦，憂苦，犯性者也，逸樂，順性者也，斯實之所係矣，名胡可去？名胡可賓？（言名雖無用然而因虛名能與實在苦樂生關係所以難以全去）但惡夫守名而累實，（喪其身命不得全生）守名而累實，將恤危亡之不暇，豈徒逸樂憂苦之間哉？（那就不如無名好了，還可全本來的身命）

下篇　論學

甲　畏因果

列子說符第八楊朱曰利出者實(利)及，(人)怨往者害來。（自然報應）發於此而應於外者唯情，（物情感應無有遠近）是故賢者慎所出。

這就說善有善報，惡有惡報，人情自然，智人當畏因果，與佛說菩薩畏造因同意，

乙　觀追羊而悟道

列子說符第八：『楊子之鄰人亡羊，既率其黨，又請楊子之豎（牧人）追之。楊子曰，嘻！亡一羊，何追者之衆？鄰人曰：「多歧路。」既反，問獲羊乎？曰：「亡之矣！」曰：「奚亡之？」曰：「歧路之中，又有歧焉；吾不知所之，所以反也。」楊子戚（子六反）然變容，不言者移時；不笑者竟日，門人怪之，請曰：「羊賤畜，（丑救反）又非夫子之有，而損言笑者何哉？楊子不答。』（其問甚淺，

不知楊子之心、所以不答、由此觀之、楊子既肯以其豈許人追羊、又因而損言笑、所拔已不止一毛、故知一毛不可拔、乃是楊子就原理上立論、至其處世接物與常人無異、）

丙　觀泗水而悟道（非仁義）

『門人不獲所命、弟子孟孫陽出以告心都子、心都子他日與孟孫陽偕入而問曰：「昔有昆弟三人、游齊魯之間；同師而學、進（盡）仁義之道而歸。其父曰：「仁義之道若何？」伯曰：「仁義使我愛身而後名。」仲曰：「仁義使我殺身以成名。」叔曰：「仁義使我身名並全。」彼三術相反、而同出於儒、孰是孰非耶？楊子曰：「人有濱河而居者、習於水：勇於泅、操舟鬻渡：利供百口、裹糧就學者成徒：而溺死者幾半。本學泅不學溺：而利害如此、若（汝也）以爲孰是孰非？心都子默然而出、孟孫陽讓（上聲）之曰：「何吾子問之迂！（遠於事情爲迂）夫子答之僻、吾惑愈甚。」心都子曰：「大道以多歧亡羊、學者以多方喪生。」』

孔學尚「仁」、墨學尚「義」；楊子尚「智」和「公利」、仁義不是楊學所尚、楊子主張滅去忠義之名：所以前舉三條、楊子都不取。因爲楊子主張全身、不主張全名；名是虛偽的、所以不可因此而累身。全身的主張、與莊子相同；但是莊子有精神之解放，楊子絕對主張物質；與歐美物質派極相近。尤其以重生爲本，尚柔不尚剛，乃大同世法也，

『學非本不同，非本不一；（不是本來不一樣）而末異若是，唯歸同反一；爲無得喪。』頂好歸到大同就免馬煩

歸同，是公身公物而無私；反一，就是全身；不全身，不是道的正軌。

『子長先生之門，習先生之道；而不達先生之況（情狀）也，哀哉！』

從上幾節看來，楊子對於哲學甚致力；論辨最精，弟子又很多；所以勢力甚大。如孟子所說：「楊墨之言盈天下」呢？

丁　觀狗悟性（觀狗之性，而悟人之性也，）韓非說林同

『楊朱之弟曰布，衣素衣而出；天雨，解素衣；衣緇（黑色）衣而反，其狗不知；迎而吠之。楊布怒，將扑之。（扑小擊也）楊朱曰：「子無扑矣，子亦猶是也；嚮者使汝狗白而往，黑而來；豈能無怪哉？」』（淺理說破得妙也可見他對于狗講恕道，眞算達觀，且有慧解的人。）

觀物平等，情恕理遣；楊布不能內訟自己之變異，徒怪狗之吠巳。

戊　尙賢之害

『楊朱曰：「行善不以爲名而名從之，名不與利期而利歸之。」』

名是人所必爭的，所以楊子最惡名，與老莊相同。孔子的小康，偏偏的以名爲敎；名是亂天下的根本，什麽緣故呢？因爲「權」「位」「器」「數」「勳」「爵」都是從名上生出來的，難道不是亂天下的根本麽？所以老子說：「不尙賢，使民不爭；」平天下，第一在去爭；這是楊子傳老子學派的要點。「讓國」是美名啊！燕王噲也要讓國與子之，鬧的一團糟，「謙恭下士」又是美名；王莽竟以此哄盡了天下的人，轉來盜國「孝」又是美名但是苦了申生孝已這些人還罷了，還成就了他父親「不慈」的惡名，「義」又

名，但是晏嬰用了二桃，殺了齊國三個義士，至於忠臣寃死的，更不必說了。到底雖拚當一死，與生的也沒有益，與自己卻有損，難道這就是澈底的「人生觀」麼、所以楊子必要打破僞名呢。

『利不與爭期而爭及之；故君子必愼爲善』（此處與佛法破對待名詞一樣，乃老莊派本色。）

尚名的結果，至於人人惜名爭利，所以名是大亂的根本，這句話孔子也說過，試讀禮運孔子對子游說：「今大道旣隱，天下爲家各親其親，各子其子，貨力爲己大人世及以爲禮，城郭溝池以爲固，禮義以爲紀，以正君臣，以篤父子，以睦兄弟，以和夫婦，以設制度，以力田里，以賢勇智，以功爲己，故謀用是作，而兵由此起，」大家想一想「兵由「此」起的「此」字，是指着什麼說的不是禮義爲紀麼？禮義不是小康世的善樣子麼？可知小康世的善道，就是害天下的惡道，所以去善就是去惡，善惡平等兩忘，纔是大同大法，

己　尊師與傳道（老子師說）

列子黃帝第二『：楊朱南之沛，老子西遊於秦，邀於郊，至梁而遇老子。（莊子寓言篇同惟作楊子居）老子中道仰天而歎曰，始以汝爲可敎，今不可敎也，楊朱不答，至舍，（舘舍）進涫（熱水）漱巾櫛，（手巾梳子）脫屨戶外，（古之禮）膝行而前曰，（敬師之道）向者夫子仰天而歎曰、始以汝爲可敎，今不可敎，弟子欲請，夫子辭行不間，（無暇（是以不敢，今夫子間矣，請問其過，（可想尊師之狀，老子乃一代大宗、各敎大抵皆出焉，而門牆極峻，觀其對孔子楊子等，皆是前輩對後生當頭棒喝法，）老子曰，而（汝也）睢睢而盱盱，而誰與居，（責楊子氣勝）大白若辱，盛德若不足，楊子蹵然變容

曰，敬聞命矣，（止數語，已傳道秘，）其往也，舍者迎將家（客舍家也）公執席，妻執巾櫛，舍者避席，煬者避竈，（對火曰煬，平聲，厚自藏異則人敬而遠他）其反也，舍者與之爭席矣，』（自同於物，物所不惡也是從前人外面恭敬他，現在人心裏愛他，與他不分別彼此了，耶蘇與門徒洗脚，也近乎此。莊子寓言篇同載此段張湛以爲寓言今不從之）

這一節是表示去繁文，但是老子責斥他人倨傲，自己却如是尊嚴，眞個是一代的大敎主，不可測度。所以孔子稱他爲「猶龍」呢，老之妙在他家都有定見，而老獨自然廣大兼容。

庚 觀女悟行，可見理之要無大小也，韓非說林．莊子山木同引此

『楊朱過宋，東之於逆旅，逆旅人有妾二人，其一人美，其一人惡，惡者貴而美者賤，楊子問其故，逆旅小子對曰，其美者自美，吾不知其美也，其惡者自惡，吾不知其惡也。楊子曰，弟子記之，行賢而去自賢之行，安往而不愛哉？』（這一段同前段一樣，不要自矜其美，乃能公認爲美，人人如此，天下可交相美愛了，也有老子不爲天下先之意。

照這節看來，楊子的學說，是主張平等互愛，人人去了「自賢」自高的習氣，那末，就是老子所謂和光同塵，才可物我兼利，但是楊子所謂「愛，」幷不是以財施人，乃是敎各人自立的油子，人人圓滿具足，不拔一毛，都是互相親愛，這不是大同平等的經濟學麽？

辛 問道老子

莊子應帝王篇：『陽子居（子居蓋朱字之緩讀，或云子居係其號，陽與楊同，）見老聃曰，有人於此，嚮疾彊梁，（勇也）物徹，（通也）疏明，（智也）學道不勌，（同倦）如是者可比明王乎？老聃曰，是於聖人也，胥（皆也）易技係，（牽係之苦）勞形怵心者也，且也，虎豹之文來田，（因而被人獵捕）猨狙（猨類）之便（快捷）執斄之狗（帶長毛的狗）來藉（以其毛長人剝其皮以爲藉褥）如是者可比明王乎？（適以自害其生）陽子居蹵然曰，敢問明王之治，老聃曰，明王之治，功蓋天下，而似不自已，（行乎自然也）化貸萬物，而民弗恃，有莫舉名，（雖有而無名可舉出）使物自喜，（各遂本性如佛云慈悲喜捨使得解脫）立乎不測，而遊於無有者也。』（純是神化境界）

楊學淵源、完全出自老子、把這篇與以前楊朱所以教弟子的話對看、可知楊子的求學和傳教、皆具苦心，他還問明王之治，可見還是理論上的無政府。又楊子見梁王、也想得點助力速施行於天下、不過未遇着識者罷了、

壬　朋友交際

莊子徐無鬼二十四：莊子曰、然則儒、墨、楊、秉四、與夫子爲五、果孰是耶？惠子曰、今夫儒、墨、楊、秉、方且與我以辯、相拂以辭、相鎮以聲、而未始吾非也。』（可見以外又有秉一派失傳矣、）

列子仲尼篇：季梁之死、楊朱望其門而歌、隨梧之死、楊朱拂其尸而哭、隸人之生、隸人之死、衆人且歌衆人且哭、』（可見楊朱亦頗近人情、惟於其摯友、則行其眞耳、）

希臘以來快樂學案之比較古代快樂學派　英 Hedonism 德 Hedonismus 法 Hedonisme

古代希臘時，如詭辯派 Sophists 對於古來道德說，已生疑問，而比達哥拉士 Pythagoras 已否認道德的自然性，西披西士 Hippias 排斥道德習慣說，高爾及士 Gorgias 把道德作利益解，這都是快樂學派的先驅，又蘇克雷地 Socrates 門人，叫 Aristippus (或作pas) 雅里士弟卜是個埃及的富人，稱克利尼地方 Krene 學派，是蘇後三學派的一派，以快樂就是善，但以道德去達到快樂的地位，而最有系統的快樂學派，爲伊璧鳩魯氏 (Epicures 前 341—270) 同時有西奈者 Zero (前 340—265) 創斯多葛學派，Stoics 西氏云，「向道德，因汝本應當如是」，Be vertuous, because you ought to be: 但伊氏反對之曰，「向道德，因道德可致汝于最大的快樂，"Be vertuous, becous virtue will bring you the greatest amount of happiness," Pleasure is the highest good. 快樂即最高之善」看來斯多葛派近于仁，伊璧鳩魯派近乎智，但伊氏雖然倡快樂，有近于楊子的地方，却自奉很儉，有名的一杯水一塊麵包的生活，惟主張不怕鬼神不畏死亡，以爲除去人恐怖的要件，所以很反對宗敎，這點與楊子相同，但後來他的弟子，脫落形骸的地方也有的，偏重消極精神方面的樂，而排斥肉體積極的樂，像德謨吉利士派 Democritos 也是有的，

到了近世，快樂主義纔稱公利主義，(即兼利主義不應譯功利也，) Utilitarianism, seeking the good in the greatest happiness of the Community as a whole. 以致力於全體社會上的最大快樂爲善，又在倫理學上，(Ethics) The doctrine that the greatest happiness of the greatest number should be the end and aim of all social and political institutions, and that virtue is founded in utility

，謂「最大多數之最大幸福，爲一切社會政治組織之最終目的，而道德卽根據於實利」，其分類或有分三派和二派的，今以二大派分論於下，

第一派：個人的快樂說，invidualistic N.（又叫利己主義）Egoism 英國霍布士，門地威 Manlewille 德國士特內 Sirner 尼采 Nietzsche 1844—1900 就中以霍氏 Hobbes, Thomas（1588—1679）爲英太子師傅，）主張君權專制，尼采受達爾文馬克司和士特內極端個人主義的影響，倡超人主義說權力意志說，現在德國主戰大敗，還有人歸咎於受尼采主義的原故。（看來這一派都與楊子相反，楊子是主兼利的，當然是屬第二派。

第二派，是公衆快樂說 Universalistic h.（或叫功利主義）是英國配力 Perry 邊沁彌勒等所倡，又斯賓塞 Spencer 也倡進化論的快樂主義 Evolutionitic h. 由個人以及社會，而史第芬 Stephen 尤重社會有機體的關係，Social organism 謀全人的幸福，邊沁 Bentham. Gerry. 1748—1832 爲英之法學家，而爲公利學派始祖，着有公衆快樂主義 Utilitarianism 判定人生目的，快樂就是善，苦痛就是惡，故道德行爲，應向樂避苦，其價值大小，可由其分量數目等比較而算出，不復分高卑優劣，他最有名的話，是最大多數的最大幸福，The greatest happiness of the greatest number. 至彌勒 Mill John Stuart 1808—73 單以公衆快樂說爲功利說。因判斷行爲價值，在趨樂避苦，故一變而爲社會主義家。復因得孀婦推爾 Mrs Taylor 文學思想之助力，所持哲學愈堅卓，後與結婚。著男女平權論，自由論，反對投票制以爲不可靠，提倡思想，行爲自由，邊沁學術由此大昌，但邊彌二氏仍偏于自己快樂，推

到他人身上，至當地位 Sidgwick Henery,(1838—1901英人)又加上理性直覺的功利說，尤爲完全了，按生民起初時候、一切本乎自然、老莊所說上德不德、就是苦樂也淡泊得很。到了後來、智識大開就覺得苦了、因想避苦、所以才想求樂、這才生出肉體和精神、快樂的學派來。大抵古來學派、表面上都是發達精神快樂、減少肉體快樂、道德、結果遂有宗教倫理上種種殘忍行爲。像印度有活燒寡婦的俗、和自殺外道、以投水爲大解脫、世界上到現在、自殺的人數、一年頂少也在十五萬人以上、平均一萬人裏有一個自殺的。這種現象、動物社會決沒有的、不是因爲人類社會上有甚麼仁義道德的好名字、把人生逼到這樣嗎？過去的民族希伯來人印度人精神上有特殊發展、所以天主、耶穌教、和印度教、佛教、到現在勢力還很大、總是偏于提高精神方面、而希臘人却自古就是靈肉二面發達的、不像猶太人那樣一條鞭的死煞、和印度熱帶人的、太反于自然。中世却受了教權王權雙料一條鞭的壓制。到了近世、歐洲列國勃興、變成大希臘了、尤其近來科學大明、空言精神、已不適於生存、更非靈肉調和不可。而各方面學術、一律從個人上擴充到羣衆上、不論用何方法能爲大衆減痛苦增快樂的、都可公開講演、擇地試辦。不像從前有種種宗教束縛了。大同書云、「人道只求樂、」乃天經地義、不過重在公衆同樂就是了。拿着邊彌各家的快樂學，比較楊子、楊子却是爲已爲他兩面兼利的，孟子說他專爲己、只見他片面、楊子的社會運動力也很大，又講布施全國，絕非如孟子之耳食，所以楊子可算東方的邊沁了，（至于有人要專講精神互求厭世的解脫，那學佛教小乘經也够了，藥王治病不是一個方子。

楊子小傳

楊子，名朱，字子居，（莊子作陽子居楊陽同也）春秋末戰國初時人，（似衛人）時列國紛爭，人生困苦，兵家縱橫之徒，苟附權勢以成亂，而儒家談仁義，述禮樂，重名位，楊子獨欲究人生本性，聞周史老聃通古今之變，窮性道之源，將西遊也，訪之於沛，不遇，從之至梁，乃遇老子，老子以爲不可教。楊子屏息而退，至舘舍，進涫漱巾櫛，脫履戶外，執弟子禮，備極恭謹，膝行而前，請問其過老子乃曰，而睢睢，而盱盱，而誰與居，大白若辱，盛德若不足。楊子蹵然變容曰，敬聞命矣，更進而問明王之治，老聃曰，明王之治，功蓋天下而似不自己，化貸萬物而民弗恃，有莫舉名，使物自喜，立乎不測而游於無有者也。楊子拜謝，退而深思其故，觀察自然大地動植變態，尙論古今治亂本原，乃歎生民之不得休息，由于貪生，爭利，競權，怙位，四事，且假忠義之名，徒以危害身心，非人性情之正，以爲從人羣經濟上，應資物以養性命，知足而不侵人，故人人不拔一毛而天下自治，去婚宦，息君臣，公身公物，物我兼利，乃爲順民。又從生死觀上，悟人世之無常，哀浮生之須臾，于此極短時間，同爲人類，倏爾相遇，未死以前，應相憐之不暇，何爲相害？此人羣樂生大法也，故曰，古語有之，生相憐，死相捐，此語至矣。相憐之道，非惟情也，勤能使逸，飢能使飽，寒能使溫，窮能使達也。至于既死，則亦順性命之自然，非不相哀也，哀無所用焉。故人人應儉於死後而奢於生前，豐屋美服厚味姣色，以物質文明公樂其生。欲達此道，須重智慧，賤强力，由身而國，推之天下，從性而游，兩性交逸民得休息矣，于是禽滑釐謂楊子曰，以子之言問老聃關尹，則子言當矣，可證明其深得老子使物自喜之要道也，楊子欲行道于天下，乃見梁王，言治天下如諸掌。梁王不能用，周遊梁魯秦沛間，講學授徒，故孟子稱楊墨之言盈天下，天下之言不歸楊則歸墨，又曰，逃墨必歸於楊，逃楊必歸於儒，莊子稱當時學術曰儒墨楊秉四家，其見稱於世如此。其友有季梁隨梧，其弟子有孟孫陽心都子段干生，有弟曰布。妻妾各一，園三畝，其學術莊子（駢拇，天地，山木，應帝王，胠篋，寓言，諸篇）韓非（說林上下）屢稱之，列子（黃帝，仲尼，力命，楊朱，說符，列子共八篇而說楊有五篇）紀載尤詳備。要其特精在無當觀，樂生觀，人生經濟學，足與西方之快樂實利學派相出入，而其生相憐論，尤與佛之大乘世間法吻合，與克魯巴金互助論通，誠今物質文化時代之大師也已，

附楊子年代考

列子楊朱篇以楊子與子貢之嗣子端木叔同時。據史記仲尼弟子傳子貢少孔子三十一歲，則孔子沒時，子貢已四十三歲，（孔子年七十三）而孔子世家，孔子曾問禮老子，莊子稱孔子年五十一見老子，雖未盡可信，要孔子見老子在中年以後，楊子雖與子貢嗣子同時，不過當孔子死後五六十年頃，以老子之修道養壽，後孔子死亦在意中，故楊子親受道于老子，無可疑也。至墨徒禽滑釐雖與楊子同時，然子禽子爲墨之鉅子，其年亦不致甚後于墨子，不足以證明楊子距老子年代甚遠也，

附各家評引楊子

孟子曰，楊子取爲我拔一毛，而利天下不爲也，楊氏爲我，是無君也，墨氏兼愛是無父也，無父無君是禽獸也，……楊墨之道不息，孔子之道不著，能言距楊墨者聖人之徒也，

莊子胠篋篇十鉗楊墨之口，齊物論儒墨之是非，駢拇第八駢於辯者，楊墨是已，天地十二而楊墨乃始離跂自以爲得，非吾所謂得也，（韓非子說林上下　其餘凡已收入學案中者，不重載于此，

呂氏春秋老聃貴柔，孔子貴仁，墨翟貴廉，關尹貴淸，子列子貴虛，陳駢貴齊，陽生貴己，（卽楊子也楊陽古通用輕天下故己貴）孫臏貴勢，王廖貴先，兒良貴後，此十人皆天下豪士也，（不二篇）（以下共二條論楊）

楊雄法言莊楊蕩而無法，墨晏儉而廢禮，三國志劉巴傳注引零陵先賢傳，巴曰，內無楊朱守靜之術，外無墨子務時之風，可證楊子守靜，非縱欲自私者也，

附歷代無君學案

第一　古代無君學案

巢父　許由　子州支父　石戶之農　北人無擇　卞隨　瞀光　伯夷　叔齊　狂矞　華仕

高士傳許由堯又召爲九州長，由不欲聞之，洗耳於潁水濱，時其友巢父牽犢欲飲之，見由洗耳問其故，曰，堯欲召我爲九州長，（按九州長卽今內閣了）惡聞其聲，是故洗耳。巢父曰，子若處高岸深谷人道不通，誰能見子？子故浮游欲聞求其名譽，汙吾犢口，牽犢上流飲之。許由沒，葬箕山之顚，在陽城南，號曰箕山之神云，

讓王二十八，堯以天下讓許由，許由不受，又讓于子州支父，支父曰，以我爲天子，猶之可也，雖然，我適有幽憂之病，方且治之，未暇治天下也。夫天下至重也，而不以害其生，又況他物乎？唯無以天

下爲者，可以託天下也，（你想要推廣不以天下害身的道理，還有戴著四兩二錢的帽子，去做賣頭的生活的麽？）

舜以天下讓其友石戶之農，石戶之農曰，捲捲乎，（音權或音倦用力貌）后之爲人，葆力之士也。以舜之德爲未至也，于是夫負妻戴攜子以入於海，終身不反。（此可知聖賢滿野境象，雖罝兔野人皆賢才可用，春秋猶然，讀論語微子一篇可知，人樂飼牛，誰肯去做甚麽總統。）

舜以天下讓其友北人無擇，無擇曰，異哉！后之爲人也。居於畎畝之中而遊堯之門，不若是而已，又欲以其辱行漫我，吾羞見之，因自投清冷之淵。

湯將伐桀、因卞隨而謀。卞隨曰非吾事也。湯曰孰可、曰吾不知也、湯又因瞀光而謀。光曰、非吾事也、湯曰孰可，曰、吾不知也、湯曰伊尹何如、曰强力忍垢、不知其他。湯遂與伊尹謀伐桀，克之、以讓卞隨，辭曰，后之伐桀也，謀乎我，必以我爲賊也，勝桀而讓我，必以我爲貪也，吾生乎亂世、而無道之人再來漫我以其辱行，吾不忍數聞也。乃自投椆水而死。湯又讓瞀光，辭曰，廢上非義也，殺民非仁也，人犯其難，我享其利，非廉也。吾聞之，無道之世，不踐其土，吾不忍久見也。乃負石而自沈於廬水。

昔周之興，有士二人處於孤竹曰，伯夷，叔齊，二人相謂曰，吾聞西方有人，似有道者，試往觀焉。至於岐陽（文王已死）武王聞之，使叔旦（周公）往見之，與之盟曰，加富二等，就官一列，二人相視而笑曰，嘻，異哉！此非吾所謂道也，昔神農之治天下也，而無求焉，今周見殷之亂而遽爲政，制牲而盟以爲信，是推亂以易暴也，不如避之以潔吾行。二子北至首陽上，遂餓而死。此二士之節也。

狂矞華仕

韓非子外儲說右上三十四太公封於齊，齊東海上有居士狂矞華仕，昆弟二人，立議（倡學術）曰，吾不臣天子，不友諸侯，耕作而食之，掘井而飲之，吾無求於人也，無上之名，無君之祿，不仕而事力。太公使執而殺之，以爲首誅。周公從魯聞，急傳（去聲驛車也）而問之曰，二子賢者也，今日饗國而殺賢何也。太公曰，是昆弟立議，不臣天子，是望不得而臣也，不友諸侯，是望不得使也，耕而食之，掘而飲之，無求於人，是望不得以賞罰勸禁也。且先王之所以使其臣民者，非爵祿則刑罰也，今四者不足以使之，則望當誰爲君乎？今有馬如驥者，天下之至良也，然而驅之不前，却之不止，左之不左，右之不右，不爲人用，不託其足焉已，自以爲世之賢士，而不爲主用，行極賢而不用於君，此非明主之所臣也，亦驥之不可左右矣，是以誅之，

一曰太公望東封於齊，海上有賢者狂矞，太公望聞之，往請焉，三却馬於門而狂矞不報見也，太公誅之。是時周公在魯，馳往止之，曰，狂矞天下賢者也，夫子何爲誅之？太公望曰，狂矞也，議不臣天子，不友諸侯，吾恐其亂法易教也，故以爲首誅，

荀子宥坐篇注也有這段話，可見是當時很注意的問題了，又荀韓皆尊君派，故稱道此事，查此事的根本，彼時以君爲主；君所行就是法律，口說的就是刑罰，今世界以民爲主，替民人辦公事的，不過是公僕，所以沒有像太公那樣的自由立法家了。

因爲各人做工吃飯，是人的生活正路，反說得罪政府，眞是不可解了。然而到了現在，各家科學昌明，才可大證明做工吃飯的眞道理。明白的人日多，那寄無主義，但忍辱去做寄生蟲的漸漸自然少了。

第二 春秋無君學案

甲 孔子亡（同無）君學案

論語子曰，（由）夷狄（平常指中國東方曰夷，西方曰狄，而此處但作野蠻解，指亂世）之（往也到也）有君，（小康世）不如（由）諸夏（夏大也，諸夏，謂中國，亦小康世也，）之（到）亡（無君謂大同太平世）也。（此章舊解多誤，乃解春秋三世進化之義，說由野蠻到小康的政府，不如由小康到大同無君之世，意思很明白）。易乾卦用九，見羣龍，无（無）首，（不是首領制）吉。（是頂好）用九，天德不可爲首也，（就是老子不可爲天下先之意，）乾元用九，天下治也。（羣龍就是人羣社會，人類平等，像耶蘇說，不要爭爲大，天下纔太平，有首領制存在，就危險，九是卦爻數目的全體，）易序卦，有天地，然後有萬物，有萬物，然後有男女，（按孔子禮運大同世止於男女，並沒有夫婦）有男女，然後有夫婦，（這就是小康世了，伏羲帝道始制嫁娶，）有夫婦，然後有父子，（上世民但知有母不知有父，男系代女系組織社會，名爲 Patriarch, the father and ruler of a family or tribe 父兼家長或部落首領，在摩西以前聖經歷史可考，有父子然後有君臣，（可見君臣是後起的，老莊所講都是上世的事）有君臣，然後有上下，這就出來馬克司羅素（所說的階級爭鬬了）有上下，然後禮義有所措。（措　施也，推行也、老子說禮爲亂首也，孔子曰，吾志在春秋，（太平世亡君也，）行在孝經，（小康有家族也）卽志在大同行先小康之意，此何休公羊傳序引，

從以上各節考查，孔子對於無君學說，並不是不明白，不過從小康去做罷了，但到了現在進化時代，可一面從理想上公開研究，一面從都市團體試行組織，不比幾千年前了。

乙　叔肸許乙反入聲。力食學案

穀梁傳宣公十七年，冬十有一月壬午，公弟叔肸卒，其曰公弟叔肸，賢之也。其賢之何也？宣弒（宣公殺子赤而立）而非之也，（叔肸責之）與之財，（宣公與之）則曰，我足矣，織屨而食，終身不食宣公之食，何休注公羊傳曰，宣公篡立，叔肸不仕其朝，不食其祿，終身於貧賤，禮盛德之士不名，稱字者，賢之，孔子曰，舉逸民，天下之民歸心焉，

丙　論語逸民學案（晨門，荷蕢，楚狂接輿，長沮，桀溺，丈人，）

論語子路宿於石門，晨門（管早晨開門的人）曰，奚自？子路曰，自孔氏，曰，是知其不可而爲之者與？。子擊磬於衞有荷蕢（草器也）而過孔氏之門者，曰，有心哉！擊磬乎！旣而曰，鄙哉！硜硜乎！莫己知也，斯已而已矣！。楚狂接輿歌而過孔子曰，鳳兮鳳兮，何德之衰？已而已而！今之從政者殆而！孔子下，欲與之言，趨而避之，不得與之言。

長沮桀溺耦而耕，孔子過之，使子路問津焉，長沮曰，夫執輿（車也）者爲誰。子路曰，爲孔丘，曰

是爲孔丘與？曰是也，曰，是知津矣！（冷語妙絕。）問於桀溺，桀溺曰，子爲誰，曰爲仲由，曰。是魯孔丘之徒與？對曰，然，曰，滔滔者天下皆是也，而誰以易之，且而（汝）與其從辟（躲避）人之士也，豈若從辟世之士哉？耰（覆種也）而不輟，子路行以告。夫子憮（音武）然曰，鳥獸不可與同羣，吾非斯人之徒與而誰與？天下有道，丘不與易也。

沮溺是天民派，實行勞工力食主義的人，所以陶淵明的詩嘗懷歎他說：「商歌非吾志，依依在耦耕，桀溺見仲由隨着孔子奔走風塵，甚是可憐，這纔勸他說是：「現在天下滔滔，都是一邱之貉，不必瞎忙，忙也無益，何不隨我們工讀互助，從一鄉一村小組織做起呢，」孔子說他們沒有援救天下的大志，其實孔子也是空說大話便了，——再者，孔子說他們自食其力，絕人避世，任天而自由，好像與鳥獸麋豕同遊，拋開人世社會組織了。所以證明沮溺是個無君派的實行家，又是新村派的模範人。

子路從而後，遇丈人以杖荷蓧，（篠竹器）子路問曰，子見夫子乎。丈人曰，四體不勤，五穀不分，孰爲夫子？植（立也）其杖而耘，（鋤草）子路拱而立，止子路宿，殺雞爲黍而食之，（都是鄉間生活風景）見其二子焉，明日子路行，以告，子曰，隱者也，使子路反見之，至則行矣。」

丈人也是力食一派，和沮溺相近，所以他教訓子路，第一責他不事生計，當頭棒喝，

子路曰，不仕無義，長幼之節不可廢也，君臣之義，如之何其廢之，欲潔其身，而亂大倫，君子之仕也，行其義也，道之不行，已知之矣，（講力食的人，結果歸到大同，是自然的趨勢，而由孔子口中說

破丈人是力食廢君臣的實行家，他是要各人種地出力吃飽，天下自然不亂，管你大倫小倫呢？）

第三　戰國無君學案

一　陳仲子力食學案　甲仲子之生活

孟子滕文公下篇：匡章曰，「陳仲子豈不誠廉士哉！居於陵，（算是他的新村）三日不食，耳無聞，目無見也。（大致是能用內工：斷食的人，）井上有李，螬食實者過半矣，匍匐往將食之，三咽，然後耳有聞目有見。」

陳仲子的爲人，大概託爾斯太一流，貞介獨行，屏居鄉里，甚惡都市上淫靡虛僞的生活，所以他住在於陵，不與世人交接，

『孟子曰，於齊國之士，吾必以仲子爲巨擘焉。（手大指也）雖然，仲子惡能廉，充仲子之操，則蚓（俗名曲蟮）而後可者也。（此語毫無道理，一味漫罵，然可見仲子在齊國之勢力，）夫蚓上食槁壤，下飲黃泉，仲子所居之室，伯夷之所築與？抑亦盜跖之所築與，所食之粟，伯夷之所樹與？抑亦盜跖之所樹與？是未可知也，曰，是何傷哉？彼身織屨，妻辟纑（打線）以易之也。』

可見仲子是完全勞工力食主義，他痛惡社會上的寄生蟲，所以和他妻子同志力食，俄國託爾士泰穿的靴子，多是自已造的，正和陳仲子力食相類。

『曰，仲子齊之世家也，兄戴（戴人名）蓋（蓋地名）祿萬鍾，（六斛四斗爲鍾，五斗爲斛，）以兄之祿，爲不義之祿，而不食也，（良心上不慣作寄生蟲的生活以官僚爲恥）以兄之室，爲不義之室而不

居也，避兄離母，處於於陵』（有點家庭革命思想，陵想是山坡野外了。）

仲子是個貴族，偏要主張勞工，痛惡他官僚哥哥的虛僞生活直斥他爲不義．眞是獨行其志的人，近來俄國的貴族巴枯寧，伯爵託爾士泰，和克魯巴圖金親王，都是倡勞工主義的，和陳仲子差不多，他離開了貴族家庭倚賴的生活去做工，孟子反說他不對，是何居心？

『他日歸，（蓋省親盡孝而視其母）則有饋其兄生鵝者，（是巴給官僚的禮物）已頻顣曰：（不滿意之狀）惡用是鶃鶃者爲哉？（不滿意於其兄受人賄賂）他日，其母殺是鵝也，與之食之，（因其母殺與之食，故不便當面辭却，）其兄自外至，曰是鶃鶃之肉也，（其兄在母面前嘲笑仲子，）出而哇之。（哇吐也，仲子不屑食）以母則不食，以妻則食之，（此言大誤，不合論理，違背事實明明是以兄則不食以母則食之耳，）以兄之室則弗居，（不義之室，坐地分贓的大窩家）以於陵則居之，（模範新村，故居之，）是尙爲能充其類也乎？若仲子者，則蚓而後充其操（操守行爲）者也，』

（一味漫罵，蓋孟子奔走列國，極近官僚，欲忍辱行其小康之道，故痛斥大同派如此，）

乙　異派之畏忌

孟子盡心上篇，『孟子曰，仲子，不義與之齊國而弗受．人皆信之，是舍（捨）簞（竹筒）食豆羮之義也，人莫大焉，亡（無）親戚君臣上下，以其小者信其大者，奚可哉？』

孟子能知道仲子是齊國士人中的巨擘，又說「與之齊國而弗受，人皆信之，」可見仲子的介節德操信用甚廣，如同蘇軾的伊尹論說：『天下皆信伊尹，故伊尹放太甲而人不知驚，』孟子甚惡仲子的學派發達，所以屢次攻擊他，正因爲他有攻擊的價值，但是孟子攻人所據的天經地義，動引「君臣上下……」和韓愈闢佛，同一腔調，按照孔子的大同學說，和陳仲子的學說相比，大致正相同，可惜孟子不懂，妄分門戶。

（就孟子口中證明仲子又是一個無君派的勞工黨了，孟子生平頂怕這派人，這樣費力的可笑，）

荀子非十二子篇：『忍情性，綦（作甚字解）谿（谿，山間小道，綦谿，即山間極小之道，猶言刻厲獨行如自局於山間小道，世說桓公讀高士傳至於陵仲子便擲去，曰誰能作此谿刻自處？）利跂，（跂蟲行也，利安也，安於獨行若蟲之跂跂）苟以分異人爲高，不足以合大衆，明大分，然而其持之有故，其言之成理，足以欺惑愚衆，是陳仲史鰌也。』

荀子和孟子同是主張小康派，絕對君權主義，所以荀子一傳到了李斯，就輔佐秦政，厲行絕對的君權主義呢，看荀子和孟子聯軍合攻仲子所說的話，比孟子還要刻薄嫉妒，可證李斯的行爲，活活從他師傳學出。

荀子不苟篇：『人之所惡者，吾亦惡之，夫富貴者，則類傲之，貧賤者，則求柔之，是非仁人之情也，是姦人將以盜名晻世者也，險莫大焉。故曰，盜名不如盜貨，田仲（田與陳古通用）史鰌，不如盜也，』

荀子鼓吹鄉愿妾婦式的臣道，比孟子還有力量，所以甚惡仲子，孟子雖說「仲子所食之粟，盜跖之所樹與。」還沒有下斷語，荀子簡直下了判斷說，「田仲不如盜」和趙威后口吻差不多，業已開了坑儒的先聲了。

韓非子也說『田仲不恃仰人而食。』韓非是個法家，也忌克陳仲子，仲子不過是一個織屨的匹夫便了，怎麼遭各界的忌克呢？可知仲子的學行，儼然獨樹一派，已有轉移一世的力量，所以人家忌克他，甚至於要殺他呢，胡適稱他是「無政府主義，」不錯不錯，

丙　楚國之重聘

高士傳：『楚王聞仲子賢，欲以爲相，遣使持金百鎰，至於陵聘仲子，仲子入，謂其妻（於陵子云妻齊大夫之子也，去華靡而降心饑寒）曰，楚王欲以我爲相。今日爲相，明日結駟連騎，食方丈於前，意可乎？妻曰，夫子左琴右書，樂在其中矣。結駟連騎，所安不過容膝，食方丈於前，所甘不過一肉，今以容膝之安，一肉之味，而懷楚國之憂，亂世多害，恐先生不保命也。於是出謝使者，遂相與逃去爲人灌園云。』（重生是老學嫡派）昭明文選注也引：『陳仲子辭三公爲人灌園。』可見仲子堅持自己的學說主義，敝屣富貴，所以他淸光逼人，聲震四國，不是偶然。

丁　趙國君主之畏忌

國策：趙威后問齊使曰，『於陵子仲尚存乎？是其爲人也，上不臣於王，（不做奴隸）下不治其家，（不做官僚寄生蟲）中不索交諸侯，（不巴結運動）是率天下而出於無用者也，胡爲至今不殺乎？』一個織屨的匹夫，能使鄰國的君后，深惡痛絕，視若一敵國，至於殺了方纔甘心，可想見當時仲子

的學風遠播，勢力廣大，與各國的君主方面，都不方便，所以要殺他呢。大概兒說，專制君主所以能奴隸人，使人作走狗的緣故，全仗着君臣上下的名分，用官爵利祿，在前邊引誘人，入他彀中，用刑罰斧鉞，在後邊威嚇着，使人不敢跳出圈外。還是恐怕不牢穩，又請了兩個神通廣大的法師，畫符念咒似的，把人的「心靈智慧，」也桎梏起來。久而久之，就「周旋中規，折旋中矩，」唯唯諾諾，闇然可悅」了，這豈不是一個很可人的「襲人」，很圓通的「馮道」麼？天下的人，都成了襲人馮道，爲君主的，也可以高臥垂拱子孫帝王了，從此不用封雍齒，不用醢彭越，不用列侯就第，酒釋兵權，更不必株連黨禍，橫起無謂的文字獄了。假若有人挺身出來說：「我也不做官，我也不要名，我也不怕威嚇，我和老公鷄一樣，自己撓食自己吃，我止知道吃飯穿衣睡覺做工，他事我一概不理會，我與那（去聲）駢枝式，蛇足式，的君主，永遠不生關係，我把這個學說，一定要倡行天下，」那末，專制君主聽了這個論調，怎麼能不深惡痛絕他呢？假若他這學說倡行天下，人人都不愛爵賞，不怕刑罰，也不懂的什麼是好名，什麼是惡名，止知道力食工讀，那末，君主的刑罰爵賞，都失了效力，還能够作誰的君主呢？誰還來作他的奴隸走狗呢？所以趙威后要殺陳仲子，也是這個緣故，曾記桃花扇柳敬亭唱大鼓，說太師摯適齊章，有兩句，「正排着低品走狗奴才隊，忽做了清風高節大英雄，」上一句好像馮道襲人的寫眞，下一句好像陳仲子的小照，又記得桃花扇記載清入中國，鎖拿山林的隱逸，罪由是「不事君上，」罪名是「大逆不道，」這和趙威后對付陳仲子的手段，大致相同，孟子的學說，完全與仲子相反，所以也幫着有勢力有高位的人，極力排斥仲子呢，

二　許行并耕學案

甲　神農學派與許行四特色

孟子滕文公上篇：『有爲神農之言者許行，其名曰蓋嘗行家也，觀其所作爲可知，）』（伏羲神農黃帝時代，去上古近就中國各派學說系統上考查，總多以羲農黃帝爲大同郅治學說的代表，）

『自楚（係楚國學派。）之滕，踵門（足至門也，可想見其傳道之勇，與墨子相等）而告文公曰，遠方之人，聞君行仁政，願受一廛（一夫之宅舍，）而爲氓，（民也）文公與之處，其徒數十人，（儼然一勞工黨如聖西門有四十餘人矣，）皆（同等）衣褐（毛布）捆屨（製草鞋）織席以爲食。（實行力食主義）』

文子：「神農之法曰．丈夫丁壯不耕，天下有受其饑者，婦人當年不織，天下有受其寒者。故其耕不強者，無以養生．其織不力者，無以衣形。」尸子：「神農並耕而王，所以勸農也，」又說：「神農夫負婦戴，以治天下，堯曰，朕之比神農，猶昏之仰旦也，」拾遺記上說：「炎帝始教民耒耜，躬耕畎畝之中，」

就以上所引數條看來，神農與民並耕之說，幷不是沒有證據，當那個時代，生活簡易，大略像託爾士泰所箸愚人伊曼治國史中的伊曼似的便了。

漢書藝文志上載着農家百一十四篇內有「神農二十篇」班固序曰農家者流，蓋出於農稷之官，播百穀，勸耕桑，以足衣食，此其所長也，及鄙者爲之，以爲無所事聖王，（師古曰，不須聖主，天下自治，）欲使君臣並耕，誖（同悖）上下之序。

從此可知神農學派的眞義，就是「天下自治，不須聖主，」正如顏師古所說的。大家想一想，聖主尙且用不着，況未必就是聖主麼？頑固俗士，又何足以語此呢？班固所鄙棄的，就是農家所擅長的，如同孟子闢楊墨無家無國，却不知「無家無國，」正是楊朱的精義，但是不像孟子所謂「無」似的便了，

許行率黨徒四十餘人，從楚國到滕國，走了千多里路，看他的志向，並不在小。或者聽說孟子將要在滕國行小康的王道，所以他不遠千里，要來改行大同的皇道帝道，那個時候，交通不便，他們不憚跋涉之勞，難道是專要耕他幾畝地來的麼？耶穌的大弟子保羅，作工傳教，勞髴和許行一樣，東海西海兩地聖賢，怎麼若合符節呢！許行的爲人，名稱其實，眞是個實行家哩，照這節看來，可得他四條特色，一，許行學有淵源，二，傳道勇猛，三，黨徒衆多，四，實行力食，

乙　同勞同食主義

『陳良之徒陳相與其弟辛，負（背也）耒耜（耕田器，）而自宋之滕曰聞君行聖人之政，是亦聖人也，願爲聖人氓，』（陳良是楚國的「儒者，」陳相兄弟，從他爲學業已數十年了，聽說孟子在滕，要行王政，他也遠道奔來，）

『陳相見許行而大悅，盡棄其學（儒家之學）而學（神農之言）焉。（此時陳相兄弟已經改宗受學許行）

陳相見孟子，道許行之言，（又來運動孟子，有似挑戰，且推行許子之學，）曰滕君則誠賢君也，（應酬開端語，）雖然（一轉）未聞道也。賢者（然則滕君非賢君矣，）與民並耕（同勞）而食

按孟子彭更問曰，士無事而食不可也，公孫丑問曰，詩云，不素餐兮，君子之不耕而食何也？丈人責子路四體不勤，五穀不分，可想見當時不耕而食，已竟成爲社會上一大問題。所以伐檀那章詩，反覆贊美「彼君子兮不素餐兮！不素飧兮！不素食兮！」公孫丑就據此來詰孟子許行就拿這事來責滕君不並耕，經孟子一闢，却成了千年定案，但是我們考究古代君公卿的親耕，后夫人的親桑，不當用流俗人的眼光，但說以勸養也。以勸耕也。要拿着克魯巴金研究古代初民風俗的眼光，社會科學的方法去研究，就知道本來上古君與民眞是並耕而食的。不過到後來君事多了，親耕藉田，就成了個告朔餼羊的禮。今用克翁的方法，由此又推到古代眞是並耕，不是假的，左面引幾條，

祭義耕藉，所以敎諸侯之養也，古者天子諸侯必有公桑。蠶室近川而爲之，築宮仞有三尺，棘墻而外閉之，及大昕（朝）之朝，君皮弁，素積，卜三宮之夫人世婦之長者，使入蠶于蠶室，奉種浴於川，桑於公桑，風戾以食之，歲既單（暮也）矣，世婦卒蠶奉繭以示於君，遂獻繭於夫人。爲服既成，君服以祀先王先公，敬之至也。　月令孟春之月，天子乃以元日祈穀於上帝，乃擇元辰，天子親載耒耜，措之於參保介之御間，帥三公九卿諸侯大夫引耕帝藉，天子三推，三公五推，卿諸侯九推，反執爵於大寢，三公九卿諸侯大夫皆御命，曰勞酒。

祭統天子親耕於南郊，以共齊盛，王后蠶於北郊，以共純服，諸侯耕於東郊，亦以共齊盛，夫人蠶於

北郊，以共冕服，身致其誠敬，然后可以事神明，此祭之道也，

照上面看起來事實斷不如漢儒那樣解的簡單，因古代不耕就沒有食物了，所以斷定眞是幷耕。饔（早食）飧（夕食）而治。（大同世事簡，公同享受，同勞同食，每日二餐，無君子野人公卿大夫士之差等，與喪葬繁文，而天下已大治了。）

當希臘時代，公共食堂，經斯巴達首領，來客各史 Lycurgus 就製了法律 'All citizens should eat at the public and common tables. This their custom, even the kings was excused from siting at the common mess. One of the kings returning from an expedition, presured to dine privated with his wife, but received therefore a sever reproof, Myers's General History p. 95.

全市公民須在公桌上食，成爲風俗，雖國王也不能免，有一個王，因行遠路，同他妻子吃私飯，因此就受了重罰，邁爾通史九十五頁。

此外 Pericles 斐理克來在雅典亦發公用戲園，博物館，公衆會食票，

照這樣看來，饔飧而治，希臘也會行過了，幷不是理想，

今也滕有倉廩府庫，則是厲（病也）民而以自養也。惡得賢？

孟子曰，許子必種粟而後食乎？曰然，許子必織布而後衣乎？曰否，許子衣褐，許子冠乎，曰冠，曰奚冠，曰冠素，（可見大同尚儉，歸眞反樸也，）曰自織之與。曰否，以粟易之。曰許子奚爲不自織。曰害於耕，曰許子以釜甑爨，以鐵耕乎。曰然，自爲之與。曰否，以粟易之，（直接交易，分業主義，

孟子一味以「不知分業」責許行，其實許子於可分者未嘗不分，觀其以粟易之可見，特分業而各取所需，並無階級而已。）以粟易械器者，（釜甑等）不爲厲（病也）陶冶，陶冶亦以其械器易粟者，豈爲厲農夫哉。且許子何不爲陶冶舍？（陶冶工場）皆取諸其宮中（家中）而用之，何爲紛紛然與百工交易？何許子之不憚煩？曰百工之事，固不可耕且爲也。然則治天下獨可耕且爲與？有大人之事，有小人之事，（君子野人）且一人之身，而百工之所爲備，如必自爲（自己製造）而後用之，是率人天下而路也。（紛紛然舍此就彼，如行道路不得休息）故曰，或勞心，或勞力，勞心者治人，勞力者治於人，治於人者食人，治人者食於人，天下之通義也。」

這段是千古的大案，政教界與職業分離爲兩個階級，就是根據這個道理，孟子這篇文章，是和韓愈闢佛的文章，都爲「主張孔教經濟學者」的立腳點。在韓愈闢佛，純用經濟學倫理學的原則，若據他片面的理由，似乎甚覺得充足圓滿。孟子根據分業經濟學來闢許行，就片面的理由看來，也似乎充足滿圓。都是持之有故，言之成理的。但是佛主張教化，清淨人心，減輕人類的競爭，可以免許多的殺機，並非無功於世而受人家的布施，託爾士泰曾說：「用耶穌名義來乞食的，可以給他飯吃。」柏拉圖的理想國，也還有奴隸，這個不平等的問題，本來不易解決，「人權」是很複雜的個東西，並耕之說，本難純行。孟子的分業說，是甚有理，但是孟子純是避實擊虛的法子，許行的學說，有三個要件，一是公同勞動，二是分業交易，三是公同享受，所以他說饔飧而治，就是公共飯堂吃飯，不管你治人治於人，大家都在一鍋吃同等的飯便了。有什麼若干卿祿，卿祿四大夫，等等奢淫的階級呢？難道君非食十倍於卿的俸祿，就不能治人麼大？概孟子對大同的道理，未曾理會，所以對於許行陳仲子楊墨這些大同學派，一概用詭辯式，要想推倒人家的學說。恰巧有許多梟雄的霸主，因爲自私自利起見，遂罷黜百家，獨尊孔子，可惜那些大同學派，漸漸就失傳了。大同學派既泯，誰料孟子的小康學派也就貌似實非了。兩千年來所行的是鄉愿敎，是商鞅敎不過外掛孔孟的「金字招牌」便了。如同前年袁氏初取消國民黨的時候，共和黨方鳴得意，誰曉道，政黨必須有對待纔能成立呢，所以國民黨早晨解散，共和黨傍晚的時候，也就隨滅。大同學說不傳，小康學不久也就變成鄉愿學了，二千年來都是讀孔孟的書，那些九品中正，博學宏詞，都從這裏邊揀拔，但仔細考查起來，揀拔人材作何用處呢，不過敎他作奴隸便了。內中若有幾個强項不屈，或者是脊骨挺硬，不能折腰的，難免不掛冠謫去罷，孔孟的牌子虛掛起來，井田學校，却絕口不提，但求天下英雄，入我彀中，四海百姓，各安窮生，就可以子孫玄曾，萬世帝王，還講什麼「富之」「敎之」，這些閒事呢？當戰國時候，古代的文化未全消滅，所以許行在楚國提倡，楊朱在梁國提倡，墨子在魯宋地方提倡，陳仲子在齊國提倡，孟荀的小康學說，也在齊魯及楚國提倡，可算是光光相映了。若能互相援引，不分門戶，不甚好麼。誰曉道，互相攻擊，自相殘殺，就中孟子的氣質更是粗劣，所以他每逢排斥異端，多嫚褻語，（若踰東家牆而摟其處子之類，）暴慢語，（若無父無君是禽獸也，）直是齊東村人謾罵語，）刻薄語，（若充仲子之操，則蚓而後可之類，）自隘其門戶，自蹈虛憍橫議的毛病，孟子發明孔敎處雖多，但是他阻碍孔子大同敎也不少，孔子的學說以帝道爲究竟目的，孟子的學說，止在王道，所以他止傳小康一派呢，孔子生平與楚狂接輿丈人沮溺接洽，都是恂恂有禮，對於老子贊歎他猶龍，對於原壤，不過因爲故人的關係，微敲其脛，作游戲便了，何嘗出口傷人，罵人是禽獸呢？豈不是犯了惡口罵人的戒條了麼，我以爲當時的學派策士，都有互相攻擊的習氣，若不互攻，當那個時候儒墨楊秉中，或者可以任行一派。儒墨楊秉互相攻擊，兩敗俱傷，結果到秦國稱霸，關濂閩洛，互相攻擊，纔致宋亡。黨同伐異的害處，不啻自殺。余乃主張大同圓義絕不稍分門戶，特稍稍致意，奉勸當今求學的諸君子。

當堯之時天下猶未平，洪水橫流，堯獨憂之舉舜而敷治焉。舜使益掌火，益烈山澤而焚之，禽獸逃匿，禹疏九河…然後中國可得而食。當是時也，禹八年於外，三過其門而不入，雖欲耕得乎？后稷敎民稼穡樹藝五穀，五穀熟而人民育，人之有道也，飽食煖衣逸居而無敎，則近於禽獸，聖人有憂之。

近於禽獸一層，關於生物科學甚大，現在不及細說，另詳於拙著人而不如鳥乎一書，今但就聖人有憂之一句上說，從前嚴又陵曾作了一篇「闢韓」的文，就攻擊原道上有聖人出來，「爲之爲之爲之……」些話，完全古人頭腦，不通羣學演進的定理，斷不是忽然出了神明首出的一個人，能千手千眼，父母萬物的，那他就不是人了，現在的社會科學證明，一個人都是承受前社會的因，才可新創造出來的，所以「有聖人」作這些話，在科學時代，完全占不住了，下面引克翁話一段，

據克翁說，「斯賓塞，霍布士，達爾文，赫胥黎 Spencer, Hobbes, Huxley 等，全然都認錯了，以爲原始時代人民，必互相爭財爭色，直等到出了聖君官長出來，才算進化。這是他們的大錯。這是英

國人的（以上幾位都是英人）普通毛病，對於外國情形和各小國的風俗人情，太為隔膜。雖然這些博學家，也不免有大毛病，謬見橫亘胸中而不能去。」所以眞正古大同學到了託氏克氏才證明了。

使契為司徒，敎以人倫，父子有親，君臣有義，夫婦有別，長幼有敘，朋友有信，聖人之憂民如此，而暇耕乎？堯以不得舜為己憂，舜以不得禹皋陶為己憂，夫以百畝之不易（治也）為己憂者，農夫也，堯舜之治天下，豈無所用其心哉？亦不用於耕耳。（此段完全與孔子小康說合，是說禹以後以事，不是堯舜的事，）所以孟子眼中的堯舜比孔子大有折扣，不可不知。

以上發揮一篇文字，不過是駁「並耕」兩字，但是許行的本意實在不是專主張並耕，他的意思，是在「同勞同食，」若是許行專主並耕，那末，布帛麻縷等等的職業，何人去作呢。孟子徒以悍氣行其得意的文字，對於「饔飧而治」句不講，對於「並耕」句避其均勞逸的本意，專發揮一個「耕」字，只覺得滿紙策士的氣燄，適不是樸實談道的文字，

吾聞用夏變夷者，未聞變於夷者也，今也南蠻鴂舌之人，非先王之道，子背子之師而學之，亦異於曾子矣。（這段全無眞理滿口惡罵）」

按公羊春秋的道理，太平世本無夏夷的區別，這又可知是孟子不通大同學的憑據了，

『從許子之道，則市價不貳，國中無僞，雖使五尺之童適市，莫之或欺。布帛長短同，則價相若，麻縷絲絮輕重同，則價相若，五穀多寡同，則價相若，屨大小同，則價相若。』

這是陳良述許子的工商法，大致規定一個普通的格式，不求甚精，所以大小既相同，那末，價錢就

相勞葩，大同世尙質，不似末世奢儉程度大相逕庭，這個法子，並不是不可行，試看大學校中數千人所著的操衣及帽鞋，大小雖稍有差別，價錢相若，這又何足爲奇呢？

『曰，夫物之不齊，物之情也，或相倍蓰，（五倍曰蓰）或相什百，或相千萬，子比而同之，是亂天下也。巨屨小屨同價人豈爲之哉？從許子之道，相率而爲僞者也，惡能治國家？』

孟子這個駁法，是强詞奪理，似是而非，如同質同量的布，價錢決不至相差千萬倍，定一普通的式樣，不見得不能行，如前節所說學校操衣似的，可以作個證據，許子明明說「屨大小同則價相若」孟子偏誣他大小同價，許子的意思，是說「人類生活程度，不可相差太遠」就是作了大總統，未嘗不可采茅茨土階的草房，樸素不文的白宮，何必瓊臺玉宇，敷丹塗椒，像阿房宮似的呢，許子的意思，是平天下，孟子偏說治國家，「卽指皇帝」總是孟子主張小康，許子主張大同，可惜許子的學說不傳，今但據孟子所引，說其大略便了，總而言之，許子的辦法，確是今日生產組合的互助團，是小組織頂好的模範了，

第四　漢以後無君學案

一　鮑敬言無君學案

抱朴子詰鮑卷四十八　載抱朴子，（姓葛名洪，晉人，自號抱朴子，著書卽以爲名，）和鮑敬言辯論，抱朴子是政府說，鮑敬言是無政府說，算是中國無政府學術上一個大辯論，今分節詳述在下面，

甲　君臣之義生於强弱非天經地義

鮑生敬言好老莊之書，治劇辯之言，以爲古者無君，勝于今世，故其着論云，儒者曰，『天生烝民（衆民也）而樹之君』豈其皇天諄諄言（天何言哉，）亦將欲之者爲辭哉？

這段說儒者好託神權以愚百姓，如說「天子」「天命」「玄鳥生商」之類的話，好像坐皇帝的，不是人養出來的，眞是別有龍種鳳蛋生出來，與人類不一樣的東西。當古時生理學，動物學，地理學，不發明時代，就有陳勝搆火狐鳴的手段，和一般圖符命派的術士，聯合起來，愚弄小民，託于上天的神話，所以在西洋便有王神，King-god 東洋便有神王 God-king or the son of god．或是天子．這些怪名，或者再附會以日角龍顏，種種星，命，相學，那就更足以惑世誣民了。大抵儒教好拿天命壓愚人，故把這事歸于天意，本來黃老家言，不承認天，而很帶點自然科學的研究態度，Natur e Study，所以不以後世人爲政府的道理，抹殺古代自然社會的特性、要追本窮源的考究一番

夫强者凌弱，則弱者服之矣。智者詐愚，則愚者事之矣，服之，故君臣之道起焉，事之，故力寡之民制焉。然則隸屬役御，由乎爭强弱而校（較通）智愚彼蒼天果無事也。

（鮑生說明君臣的名字和制度的起源，是强凌弱智欺愚的結果，像秦滅六國，六國的公子王孫，爲秦宮人，羅馬滅希臘猶太，把哲士學者做奴隸，胡人入中國，把中國皇帝靑衣行酒，稱兒皇帝，孫皇帝，這都不是上帝的意思，不過力不敵他就是了，）

夫混茫以無名爲貴，羣生以得意爲歡。故剝桂刻漆，非木之願，拔鶡裂翠，非鳥所欲，促轡銜鑣，非馬之性，荷軏運重，非牛之樂。詐巧之萌，任力違眞，伐生之根，以飾無用，捕飛禽以供華玩，穿本

完之鼻，絆天放之腳。蓋非萬物並生之意。

儒家稱麒麟不踐生草以爲仁美，佛家僧戒拔生草，周茂叔不鋤窗前草，都有並生的意思，人和他動物都是天生的，人偏要宰制動物，既役使他的體力，又要茹他毛，飲他血，食他肉，寢他皮這是什麼理由呢。假若他動物會說話，反囘頭來質問人類說：「你們人類，根據什麼公道公理，來役使我們，殺我們呢？」人類當怎麼囘答呢？恐怕沒有人能答出來吧？假若虎狼開會，研究公理說：「天父生下裸蟲人類，給我們虎狼弟兄食用。」這不是和舊約的話，同一根據麼？嘗讀戰國策每逢描寫嬴秦的強暴兇惡，開口便說「虎狼秦」「虎豹秦」揣摩這個口吻，就像虎豹和狼，是天地間極萬惡的個東西似的，其實人類的強暴，比虎狼和豹還利害萬分不止哩！曾記得賈鳧西的鼓兒詞上說；「殺人古劍稱至寶，看家守犬活打殺，野雞兔子不敢惹禍，剮成肉醬加上葱花，河裏游魚犯何罪，剝了鮮鱗還嫌刺扎，」虎狼因爲肚裏饑餓不得已纔傷害他物的生命，人類不吃肉，未嘗不能生活，既殺了生靈，吃了他的肉，反說是天給與萬物之靈的，眞是虛僞可笑的很。

乙　好政府尚不如無政府

夫役彼黎烝，養此在官，貴者祿厚，而民困矣。夫死而得生，欣喜無量，則不如向無死也，讓爵辭祿以釣虛名，則不如本無讓也。天下逆亂焉，而忠義顯矣，六親不和焉，而孝慈彰矣。

上二段大致都是述老莊的學術，說小民受不起官吏的剝削，內裏雖然有幾個好的，都是制度上生出來的空名，和死後枯骨的虛榮，好像把人身上好好的皮肉，割破貼個好膏藥罷了，像比干剖心，夷齊餓死，博個千古忠義之名，大舜在歷山上抱頭大哭，九死一生，得個孝名，都非人之本性，乃是人類社會的大不幸。和拔鷸鳥的毛，做人的帽子，剝翠鳥的翠，飾公主的頭，鳥的遭際，同一樣可憐。古來雖然有多少忠臣義士的廟，像關公岳飛那樣忠烈，還不如他當時不遭害更好。

丙古　無君之境界

曩古之世，（太古也）無君無臣，穿井而飲，耕田而食，日出而作，日入而息，汎然不繫，恢爾自得，不競不營，無榮無辱。（無階級制度故也）山無蹊徑，澤無舟梁。川谷不通則不相并兼，士衆不聚則不相攻伐。是高巢不探，（有巢氏時代）深淵不漉，（音祿，竭也，禮毋漉陂池，）鳳鸞棲息於庭宇，龍鱗羣遊於園池。飢虎可履，虺（小蛇）蛇可執。涉澤而鷗鳥不飛，入林而狐兎不驚（西人有探新地的，大鳥可以用手抱着，後來人多害鳥，鳥就怕人了，）勢利不萌，禍亂不作，干戈不用，城池不設，

邁爾通史有史以前起一大革命的，就是遊牧生活過去，變成一個羣衆農田的生活，更由村而變爲市，再變成些大國家，所以尼羅河幼發拉底河邊，就有人類政治史起頭了。原書九頁 Village grew into cities, great nations were formed and the political history of man began, as in the valleys of Nile; Euphrates. General History, Myers p.9. 由此可想神農由游牧到日中爲市的變態，社會制度的枷鎖，就一天緊一天了。

萬物玄同，相忘於道，疫癘不流，民獲考終，純白在胸，機心不生，含餔而熙，鼓腹而遊，其言不華

，其行不飾，安得聚斂以奪民財？安得嚴刑以爲坑井？（按這一段是述古派描想古代初民自然境象，比較後世政府的桎梏，自然是好得多，近世託翁克翁屢屢從初民社會研究出來的，已成定論了，）左姑引孟子一段以作參考。

白圭曰，吾欲二十而取一。何如？孟子曰，子之道貉道也，夫貉五穀不生，惟黍生之，無城郭宮室百官有司，故二十取一而足也，今居中國，去人倫，無君子，如之何其可也，（君子與野人對舉，便是坐官的人，照孟子看起來，貉道簡易，漢書匈奴傳，稱匈奴無君長上下，故人齊一，易爲邊患，又照中國歷史看來，每代末了，都是虛僞的官僚政府，被北方游牧民族征服，就是以立國論，可見也是簡易好，貉道不是全無君，不過雖有而極簡單。今克翁託翁均從寒熱各地土民社會考查，知其羣極相安，優於歐美人之爭殺遠甚。古之貉即今所謂邊地土民，如蒙古人是其一例，凡遊蒙古的，便皆驚歎其合羣道德，一切非吾人可及，實在所謂共產等新文化，幾全然不適用於蒙古也。其內地尙無所謂獄囚，亦不大用秤量，有生客來，同食宿，並不要報酬。忙時諸王之妻，同到田地刈禾，如此社會，較中土之天威尊嚴者何如耶？但是內蒙合中國人往來多些，所以道德也就差些，人也學刁狡些。孟子云「今居中國」可見惟中國故不能脫桎梏耳，但是現在的學者，拿初民的性，與機器統計的進化，合起研究，精透的很。不比昔時人但憑一點理想。現在不論甚麼，都要用全盤科學，所以無可躲閃，

丁　有政府之害一

降及杪(末也)季。智用巧生，道德既衰。尊卑有序，繁升降損益之禮，(孔子論小康云，禮義以爲紀，便有階級鬥爭了，Class—struggle)飾紱冕玄黃之服。起土木於淩霄，構丹綠於棼橑。(棼，扶文切，音汾，短梁也，(三輔黃圖)孝武以木蘭爲棼橑，橑離堯切，音聊，椽也，檐前木，楚辭桂棟兮蘭橑，)傾峻(開山也)搜寶，泳淵採珠，聚玉如林，不足以極其變。積金成山，不足以贍其費。(這是說富貴階級的不平等)澶漫於荒淫之域，而叛其太始之本。去宗日遠，背朴彌(更也)增。尙賢則民爭名，貴貨則盜賊起。見可欲則眞正之心亂，勢利陳則刧奪之塗開。造剡銳之器，長侵割之患。弩恐不勁，甲恐不堅，矛恐不利，盾恐不厚。(孔子所說，謀由是作，而兵由此起。)若無陵暴，此皆可棄也。故曰，白玉不毀，孰爲珪璋？道德不廢，安取仁義？使夫桀紂之徒，得燔人。辜諫者；脯諸侯，葅方伯，剖人心，破人脛，窮驕淫之惡，用炮烙之虐。若令斯人，並爲匹夫，性雖凶奢，安得施之？使彼肆酷恣欲，屠割天下，由於爲君，故得縱意也。(這是說兵刑的害處)君臣既立，衆慝(惡也)日滋。而欲攘臂乎桎梏之間，愁勞於塗炭之中。人主憂慄於廟堂之上，百姓煎擾乎困苦之中。閑之以禮度，整之以刑罰，是猶闢(開也)滔天之源，激不測之流，塞之以撮壤，障之以指掌也。』(這說政府制度既有，社會就苦惱，上下階級同一叫苦，不是支支節節可以補救。的由此可想到明莊烈帝的自縊煤山，和佛出家的緣故了。)

戊　政府派之詰難一

抱朴子詰難鮑生說：(因其文漫衍而義廣淺故中略)『鮑生獨舉衰世之罪，不論至治之義何也？夫遠古質朴，民尚童蒙，機心不動。譬夫嬰孩，智慧未萌，非不爲也，若人與人爭草萊之利，家與家訟巢窟之地。上無治枉之官，下有重類之黨。則私鬥過於公戰，木石銳於干戈。交尸布野，流血絳（赤色）路。人而無君。噍類盡矣，（下略，其義甚淺，且多神話符命語）

按這所說要無政府，小團體爭殺，比大團體還利害。但是現在關係社會學實際調查，不許冥想。寒帶熱帶民族的爭殺，決沒有稱爲文明民族的爭殺利害。歐洲大戰五年，死傷了三四千萬人，不論如何，南洋非美的土人鬬殺而死的，沒有借著愛國保種的名義殺人而死的多呀！由此可證明誰爲文明，誰爲野蠻，還難定呢，大抵世界經過馬克斯一過程後，羣向克翁自治村團上去走了，此段人與人爭一段，不過文人弄筆，與歷史實況不合也。

雅論所尚，惟貴自然。請問，夫識母忘父，羣生之性也，拜伏之敬，世之末飾也。然性不可任，必尊父焉，飾不可廢。必有拜焉，任之廢之，子安乎？古者生無棟宇，死無殯葬，川無舟楫之器，陸無車馬之用。吞啖毒烈，以至殞斃。疾無醫術，枉死無限。後世聖人，改而垂之，民到於今，賴其厚惠。機巧之利，未易敗矣。今使子居則返巢穴之陋，死則捐之中野。限水則泳之游之，山行則徒步負戴。棄鼎鉉而爲生臊之食，廢針石而任自然之病。裸以爲飾，不用衣裳。逢女爲偶，不假行媒。吾子亦將曰不可也。況於無君乎？若令上世人如木石，玄冰結而不寒，資糧絕而不饑者可也。衣食之情，苟在其心，則所爭者豈必金玉，所競豈須榮位。橡茅可以興鬥訟，藜藿足用致侵奪矣。夫有欲之性，萌於受氣之初，厚己之情，著於成形之日。賊殺并兼，起於自然。必也不亂，其理何居？

按人類社會學，至最近始大明，而最明了的是互助經，須與彼書參看，方可解決此問題，其理由甚長，非淺識可卒解，也并不是一位反古。尤其在新大同學上，條條都有辦法。

夫明王在上，羣后盡規，坐以待旦，昧朝旰食。延誹謗以攻過，責昵屬之補察。聽輿誦以厲省，鑒履而夕惕。颺清風以埽穢，厲秋威以肅物。制峻網密，有犯無赦。刑戮以懲小罪，九罰以討大憝。猶懼豺狼之當路，感彝倫之不敘。憂作威之凶家，恐姦宄之害國。故嚴司鷹揚以彈違，虎臣仗鉞於方嶽。而狂狡之變，莫世乏之。而令放之使無所憚，則盜跖將橫行以掠殺，而良善端拱以待禍。無主所訴，無疆所憑，而冀家爲夷齊，人皆柳惠。何異負豕而欲無臭，憑河而欲不濡。無轡策而御奔馬，棄櫂櫓而乘輕舟，未見其可也。」

按這問題本很不容易一言斷定，可是今世界的科學，迥異從前，解決問題的工具很多，雖然一天不能到，却是天天進化，有古人許多不能解的難題，現在都解決了，這個決定不難，頂怕有成見的人，先下斷定，而且限制他人去研究試驗，所以叫他老頑固了。但要在分村分縣的從方面試驗。

有政府之害二

鮑生說「夫天地之位，二氣範物，樂陽則雲飛，好陰則川處。承柔剛以率性，隨四八而化生。各附所安，本無尊卑也。君臣既立，而變化遂滋。夫獺多則魚擾，鷹衆則鳥亂，有司設則百姓困，奉上厚則下民貧。壅崇寶貨，飾玩臺榭。食則方丈，衣則龍章。內聚曠女，外多鰥男。（按西人雖一夫一妻，但因當國民兵的緣故，大戰死幾千萬壯丁，一夫一妻的制度，事實上守不住了。）採難得之寶，貴奇怪之物，造無益之器，恣不已之欲。非鬼非神，財力安出哉？夫穀帛積則民有饑寒之險，百官備則坐靡供奉之費。宿衛有徒食之衆，百姓養游手之人。民乏衣食，自給已劇，況加賦歛，重以苦役，下不堪命，且凍且饑，冒法斯濫，於是乎在。（這一段完全就經濟學生利分利上說，很有力量）王者憂勞於上，台鼎顰顣於下。臨深履薄，懼禍之及。恐智勇之不用，故厚爵重祿以誘之。恐姦釁之不虞，故嚴城深池以備之。而不知祿厚則民匱而臣驕，城嚴則役重，而攻巧。故散鹿臺之金，發鉅橋之粟，莫不懽然。況乎本不聚金而不歛民粟。休牛桃林，放馬華山，載戢干戈，載櫜（音高）弓矢。猶以爲泰，況乎本無軍旅而不戰不戍乎。茅茨土階，棄織拔葵。雜囊爲幃，濯裘布被。妾不衣帛，馬不秣粟，儉以率物，以爲美談。所謂盜跖分財，取少爲讓，陸處之魚，相煦以沫也。夫身無在公之役，家無輸調之費。安土樂業，順天分地。內足衣食之用，外無勢利之爭。操杖攻劫，非人情也。（此就心理學上說，像現在所說打破環境了，）象刑之教，民莫之犯，法令滋彰，盜賊多有。豈彼無利性，而此專貪殘。蓋我淸靜則民自正，下疲怨則智巧生也。（此段以爲用老莊無爲的法可以天下太平，現在若更于教育上改造人性也很有理，却非從心理學加工不可。）任之自然，猶慮凌暴，勞之不休，奪之無已。田蕪倉虛，杼柚之空，食不充口，衣不周身。欲令勿亂，其可得乎？所以救禍而禍彌深，峻禁而禁不止也。關梁所以禁非，而猾吏因之以爲非焉。衡量所以檢僞，而邪人因之以爲僞焉。大臣所以扶危，而姦臣恐主之不危。兵革所以靜難，而寇者盜之以爲難，此皆有君之所致也。民有所利，則，富貴之家所利重矣。且夫細民之爭，不過小小。匹夫校力，亦何所至。無疆土之可貪，無城郭之可利，無金寶之可欲，無權柄之可競。勢不能以合徒衆，威不足以驅異人。孰與王赫斯怒，陳師鞠旅推無讐之民攻無罪之國。僵尸則動以萬計，流血則漂櫓丹野。無道之君，無世不有，肆其虐亂，天下無邦。忠良見害於內，黎民暴骨於外。豈徒小小爭奪之患耶？（此段回答村落爭鬬及個人爭鬬一段，駁的很透切合事實，）

按人民與人民之間，衝突的機會少而團體亦小，所以決不如國家，宗教，人種等團體間衝突的利害。這個道理，克翁互助經序上講得頂明白，

It was not the masses of the European nations who prepared the present war-calamity, and worked out its barbarous methods: it was their rulars, their intellectual leaders.

此次歐洲戰禍，並非各國羣衆人民所作，做出此等野蠻行爲，乃是各國的首領，及他們智識階級的指導者，所做出來的。

這個道理，乍講像奇怪，有人管理反而大殺大亂，無人管理反而太平。但是就事實上卻有此實例，就是中國古來各省戰國紛爭也是軍人和軍人互殺。學界工界農界商界，劃界爭打，比較到底少的多。至於移父事君，廢孝爲忠，申令（假令也）無君，亦同有之耳。古之爲屋，足以蔽風雨，而今則蔽以朱紫，飾以金玉。古之爲衣，足以掩身形，而今則玄黃黼黻，錦綺羅紈。古之爲樂，足以定人情，而今則焚林瀝淵，宰割羣生，』（下有闕文）

政府派之詰難二

抱朴子詰難他這段議論說：（有闕文）『豈可以事之有過，而都絕之乎？若令唐虞在上，稷契贊事，卑宮薄賦，使民以時。崇節儉之清風，肅玉食之明禁。賞素簡約者貴而顯之，亂化侵民者，黜而戮之。（這話便有毛病了，所謂上以孝取士，則割股廬墓之徒出。上以廉取士則敝車羸馬之徒出。有顯有戮天下多事了。）則頌聲作而黎庶安矣，何必慮火災而壞屋室，畏風波而塡大川乎，』

己　兩派之對辯

抱朴子曰，鮑生貴上古（可知老子述古的意思）無君之論，余既駁之矣。後所答余，文多，不能盡載，（可想見鮑生學術蔚然可觀了）余稍條其論而牒詰之云，

鮑生曰：『人君採難得之寶，聚奇怪之物，飾無益之用，厭無已之求，』

抱朴子詰難他說：『請問古今帝王，盡採難得之寶，聚奇怪之物乎？有不爾者也，余聞唐堯之爲君也，捐金於山，虞舜之禪也，捐璧於谷，疏食菲服，方之監門，其不竭淵剖珠，傾巖刊玉，鑿石鑠黃白之鑛，越海裂翡翠之羽。網瑇瑁於絕域，掘丹青於嶓漢。亦可知矣。夫服章無殊，則威重不著，名位不同，則禮物異數。是以周公辨貴賤上下之異式，宮室居處，則有堵雉之限，冠蓋旌旗，則有文物之飾。車服器用，則有多少之制。庖廚供羞，則有法膳之品。年凶災眚，又減撤之，無已之欲，不在有道。子之所云，可以聲桀紂之罪，不足以定雅論之證也，』

按鮑生專就經濟奢儉上立論，甚爲膚淺，其論有時還不能駁倒馬克斯派，至於克翁立脚點，却不在經濟上，而在人性上，因爲非發展人性達于自治地位，則不得全其其本性。比方成年的人而不使他

獨立，無神經病而偏要爲他加上監督後見人，禁他治產業，有眼的人而添上個瞎竿子，此等處是他的要點，與佛言成佛後無佛相的理正同。至于法律政治，不過是個大賭博場用的名詞而已。

鮑生說：『人君後宮三千，豈皆天意？穀帛積則民饑寒矣』

抱朴子說：『王者妃妾之數，聖人之所制也，聖人與天地合其德者也。其德與天地合，豈徒異哉？夫豈徒欲以順情盈欲而已乎？乃所以佐六宮，理陰陽，崇奉祖廟，祇承大祭。供玄紞之服，廣本枝之路，（按自天文學發現而神權已倒，自社會學明而聖人不獨異，此條無一駁之價值）且案周典九十之記，及漢氏地理之書。天下女數，多於男焉。王者所宗。豈足以逼當娶者哉？（此條關乎男女統計殊有研究價值，但以今世界公理，男女均尙自由，政府人獨占多妻，大勢决不可行也。）姬公思之似已審矣。帝王帥百僚以藉田，后妃將命婦以蠶織。下及黎庶，農課有限。力田有賞，怠惰有罰。十一而稅，以奉公用。家有備凶之儲，國有九年之積。各得順天分地，不奪其時。調薄役希，民無饑寒。衣食旣足，禮讓以興。（此舉周公制更不足道矣）昔文景之世，百姓務農，家給戶豐，官食之米，至腐亦不可勝計。然而士庶猶侯服鼎食，牛馬蓋澤，由於賦斂有節，不足損下也。至於季世，官失佃課之制，私務浮末之業。生穀之道不廣，而游食之徒滋多。故上下同之，而犯罪者衆。鮑生乃歸咎有君，若夫識採擇之過限，刺農課之不實。責牛飲之三千，貶履畝與太半。但使後宮依周禮，租調不横加，斯則可矣。必無君乎？夫一日晏起，則事有失所，卽鹿無虞，惟入於林中，安可終已。靡所宗統，則君子失所仰，凶人得其志。網疎猶漏，可都無網乎？』

抱朴子的話好，抬出聖人二字壓人，却不知莊子已經說了天下惡人多善人少，故聖人之利天下也少，而害天下也多。平常人以爲講無政府者皆主人性善，其實莊子不定主人性善，正因人性惡，故政府性更惡，爲害更甚也，

以下鮑生之言仍從經濟奢儉立論，太膚淺故略之，

鮑生曰，人君恐姦釁之不虞，故嚴城以備之也。抱朴子詰曰，侯王設險，大易斯貴，不審嚴城，何識焉爾？夫兩儀肇闢，萬物化生，則邪正存焉爾。夫聖人知凶醜之自然，下愚之難移。猶春陽之不能榮枯朽，炎景之不能鑠金石。（此言人有不可以教化使向善的，亦非無理。）治容慢藏，誨淫召盜，故取法乎習坎，備豫於未萌。重門有擊柝之警，治戎遏暴客之變。而欲除之，其理何居？（此段都準小康家言與孔子大同外戶不閉不合也，）兕之角也，鳳之距也，天實假之，何必日用哉。蜂蠆挾毒以衞身言禽（大雁）啣蘆以扞網。貛曲其穴，以備徑至之鋒。水牛結陣，以却虎豹之暴。

（這一段講起天演論的道理來了，這裏面有兩大問題，自來老莊派是樂觀，觀察自然界是很快樂的，說動物是性善的，所以自認以己爲馬，以己爲牛。但儒教帶些悲觀，孟子首先要講人所異于禽獸，就用政兵禮義來了。西洋達爾文派是悲觀，講物競，克魯講樂觀，說人該學動物的互助，而克氏最要緊的例子，駁倒達氏的，是同類裏面互殺的少。水牛結陣抗虎豹，不用抗水牛，不像人結陣抗人，人所以應該學動物，所以克氏的動物觀，可算全同老莊，今詰鮑的話，不以外戶不閉的仁道教人人，反而學異類的動物攻守之術，是達氏一派的謬論了。）

而鮑生欲棄甲胄以進利刃，隳城池以止衝鋒。若令甲胄既捐而利刃不住，城池既壞而衝鋒猶集，公輸墨翟猶不自全，不審吾生計將安出乎？

鮑生曰，苟無可欲之物，雖無城池之固，敵亦不來者也。抱朴子答曰，夫可欲之物，何必金玉，錐刀之末，愚民競焉。越人之大戰，由乎分蚺蛇之不均。吳楚之反兵，起乎一株桑葉。饑荒之世，人人相食，素手裸跣。（此言荒年的人，雖然不穿衣裳，還是相食，不在乎因為大東西。）

抱朴此言錯了，競爭目標，總是先去大的，大的去了，再去小的。天下事豈有不分輕重緩急的理呢？（以下純是詞章之文故略去，）

二 黃宗羲無君學案

有生之初，人各自私也，人各自利也。天下有公利而莫或興之，有公害而莫或除之。有人者出，不以一己之利為利，而使天下受其利。不以一己之害為害，而使天下釋其害。此其人之勤勞，必千萬於天下之人。夫以千萬倍之勤勞，而已又不享其利，必非天下之人情所欲居也。故古之人君，量而不欲入者，許由務光是也。入而又去之者，堯舜是也。初不欲入而不得去者，禹是也。豈古之人有所異哉？好逸惡勞，亦猶夫人之情也。後之為人君者，不然，以為天下利害之權，皆出於我。我以天下之利，盡歸於已，以天下之害，盡歸於人，亦無不可。使天下之人，不敢自私不敢自利，以我之大私，為天下之公，始而慚焉，久而安焉。視天下為莫大之產業，傳之子孫，受享無窮。漢高帝所謂「某業所就孰與仲多」者，其逐利之情，不覺溢之於辭矣。此無他，古者以天下為主，君為客，凡君之所畢世而經營者，爲天下也。今也以君爲主，天下爲客，凡天下之無地而得安寧者，爲君也。是以其未得之也，屠毒天下之肝腦，離散天下之子女，以博我一人之產業。曾不慘然曰，我固爲子孫創業也。其旣得之也，敲剝天下之骨髓，離散天下之子女，以奉我一人之淫樂，視爲當然。曰，此我產業之花息也。然則爲天下之大害者，君而已矣。向使無君，人各得自私也，人各得自利也。嗚呼！豈設君之道，固如是乎。古者天下人，愛戴其君，比之如父，擬之如天，誠不爲過也。今也，天下之人怨其君，視之如寇讐，名之爲獨夫，固其所也。而小儒規規焉，以君臣之義無所逃於天地之間，至桀紂之暴，猶謂湯武不當誅之，而妄傳伯夷叔齊無稽之事。乃兆人萬姓崩潰之血肉，曾不異夫腐鼠。豈天地之大，於兆人萬姓之中，獨私其一人一姓乎？是故武王，聖人也，孟子之言，聖人之言也。後世之君，欲以如父如天之空名，禁人之窺伺者，皆不便於其言。至廢孟子而不立，非導源於小儒乎？雖然，使後之爲君者，果能保此產業，傳之無窮，亦無怪乎其私之也。旣以產業視之，人之欲得產業，誰不如我。攝緘縢，固扃鐍，一人之智力，不能勝天下欲得之者之衆。遠者數世，近者及身，其血肉之崩潰，在其子孫矣。昔人願世世無生帝王家，而毅宗之語公主亦曰，「若何爲生我家？」痛哉斯言，回思創業時其欲得天下之心，有不廢然摧阻者乎？是故明乎爲君之職分，則唐虞之世，人人能讓，許由務光，非絕塵也，不明乎爲君之職分，則市井之間，人人可欲，許由務光所以曠後世而不聞也。然君之職分難明，以俄頃淫樂，不易無窮之悲，雖愚者亦明之矣。

有人說世襲的君主制度不好，不妨改良，於是什麼選舉，共和制度都出來。所謂「天下爲公，選賢與能，」這個門面，也還不錯。誰曉道就惹起人類的競爭來了。有的組織政黨鼓吹學說，潛造勢力，以為選舉奪標的地步，有的揮資鉅萬，多方運動，視選舉為買賣場。當其未得總統以前，嘴裏說的，筆上寫的，報紙喧傳的，著書立說標榜的，無一不是利國福民，大公無我，亹亹動聽，藹藹親人。及至大權在握，便要營私自利。還講什麼最大多數最大幸福，就是多數福利，也止是一黨中的多數福利便了。何況還做不到。總統更迭一次，全國政員，就要大換一翻。遂惹各處騷然，人民受無窮的大害。再說那些各級的議員，除去吃喝嫖賭坐汽車坐馬車擺闊以外，眞個能為地方謀幸福麼？如若不信，試用照妖鏡照一照這些議員大人的心理，能眞正利國福民的實在不可多得呢。無論君主世襲的度，或是選舉共和制度，總是剜肉醫瘡便了。終不是澈底解決的法子。所以二十世紀，選舉呀，法制呀，宗教呀，都破產了。那麼怎樣好呢，我說還是專從用克翁互助經的原理公身公物上想法子。

三　章太炎無君學案

章太炎文錄四惑論：「今有人焉，於世無所逋負，采野稆而食之，編木堇而處之，或有憤世厭生，蹈清泠之淵以死。此固其人所得自主，非大羣所當呵問也。」各人身體，各有自由處置主權，不料黃宗羲明夷待訪錄所述，乃有不仕之刑，是鞭辟天下人，盡為妾婦奴隸。（還成人世界嗎？）

按平心而論，「人性這個東西」「也不是一言可盡的。今日驟然卽廢政府，也不易就辦到。但要從克氏派科學原理上切實求大進步大解放之提倡研究，且多從大同學村封建上試辦，就是我的公平之論了。

墨子兼愛（俠教）學案序第四

古今中外各教主事業之成業，亦有幸有不幸與考之東西，與耶穌最類似者有二人，于中國則墨子，于希臘則蘇古雷地，蘇克雷地，信上帝而倡公財公愛理想國，又能以精神術治病，死于殉教，與耶穌正同，尼采且稱蘇氏過于耶穌。然沒後僅賴拍雷圖維持其學說數百年而泯，不能光大。其在中國，墨子一稱天明鬼，兼愛分財，非兵，摩頂放踵，亦與耶穌同，雖乏神通，而補之以創作機械，宜乎可以光大矣。然其生也，雖稱墨氏之言盈天下，沒也，派分爲三，寖以澌滅。惟一變而爲游俠刺客之徒，然亦不能如尊耶氏者，有託爾士太等出，化爲「虛無派」以實行利天下主義何哉？豈東方民氣弱，適于鄉愿戒僞孔教，不足以光大之，抑明鬼之義，尚不及耶氏靈魂之專，又乏禱告形式，尚欠一死之故與？抑必待耶穌教實行犧牲主義之東來，而後光光相映，墨氏靈魂將復活，重興墨教與？近來吾友人中以墨命名者，往往而有，（上海有張墨池南京有張繹墨北京醫士施今墨山西李墨卿）吾以卜墨教之將興，墨翟之復活也。

至唐以前學者，皆孔墨并稱。韓愈乃孔門大護法，尚爲平允之論。曰孔墨不相用，不成爲孔墨。然墨教非但不能如耶穌之橫行大地，并不能與孔教爭席。推原其故，由劉邦以來梟雄，利孔教末流鄉愿文巧之柔媚蘊藉，可以竊取利用，而墨教强毅悍直，不便利用故爾。今地球大通，眞理大明，僞孔教倒，眞孔教聖靈復活，韓愈之言，徵驗無疑。必賴墨氏兼愛之魄，持行孔氏「大同」之魂，則中華其庶幾乎！至孟子于墨爲[illegible]翟，小康狹義門戶私見，固不足道矣。

若俠乃「六家」之一，亦自爲教，傳自古代，不必與墨幷。觀太史公談論六家要旨，俠與儒幷論可知。然俠教性質，與墨大同小異，要可認爲墨家之變相，刺客者又俠之變相也。迺類相從，附于墨家，不足爲非。蓋墨派變爲俠與刺客，而刺客與俠實不盡篤信墨教，要摩頂放踵以利天下其跡近耳。抑吾國之俠，以戰國周末爲盛，後經二千年，梟雄籠絡軟化，罕有生气，然俠之價値，實逸出一切教之上，而爲一切教主之金剛護法。一切教之衰也，護法者皆須俠教徒扶持之，各教主不過賦以魂，而俠實各教之魄。苟俠一日亡，則各教皆滅。各教之眞皆大俠也。蓋大俠卽菩薩道，大智，大仁，大勇，大犧牲大自由，大長壽不死者。各教最後，無不以此爲歸宿。各教流弊，莫不爲俠教之罪人。大哉俠教！大哉俠士！大哉俠客！江海得之而行，日月得之而明，人類得之而光榮，世界得之而太平。大俠不出，雖千萬孔老楊墨耶佛不餓死則被戮耳。吾不暇及贊歎孔老楊墨耶佛而惟俠是贊歎歌舞矣。俠乎！俠乎！汝誠聖賢仙佛之髓，而孔老楊墨耶佛之嫡嗣也。歎猶未過耶！時猶未可耶！胡尙不降生以護聖天仙佛之眞法，而光臨大地普度衆生耶？

東方大同學案

墨子兼愛學案第四

樂天修養館叢書甲之三　下邳劉仁航靈華著

正義立教篇上　天理正義第一

天志中，子墨子之有天之意也，上將以度王公大人爲刑政也，下將以量天下萬民爲文學出言談也。觀其行順天之意，謂之善意、行反天之意，謂之不善意。非觀其言談，順天之意，謂之善言談，反天之意，謂之不善言談。觀其刑政，順天之意，謂之善刑政，反天之意，謂之不善刑政。故置此以爲法，立此以爲儀，將以量度天下之王公大人卿大夫之仁與不仁，譬之猶分黑白也。是故子墨子曰：『今天下之王公大人士君子中，實欲尊道利民，察仁義之本，天之意不可不順也，順天之意者，義之法也。』

天志上，今天下之士君子，知小而不知大，何以知之，以其處家者知之，若處家得罪于家長，猶有鄰家所避逃之，然且親戚兄弟所知識，共相儆戒，皆曰不可不戒矣，不可不愼矣，惡有處家而得罪于家長而可爲也？此有所避逃之者也。相儆戒猶若此其厚，況無所避逃之者，相儆戒豈不愈厚？然後可哉！且語言有之：『日焉而晏，日焉而得罪，』(晏淸晏太平也，猶言胆敢在光天化日之下)將惡(何)逃避之？曰無所逃避之，夫天不可爲林谷幽閒無人(其)明必見之，然而天下之君子天也，忽然不知以相儆戒，此所以知小而不知大也。然則天亦何欲何惡。天欲義而惡不義，然則率天下之百姓以從事于義，天之所欲也。

我爲天之所欲也，天亦爲我所欲，然則我何欲何惡？我欲福祿，而惡禍祟。（音遂）何以知天欲義而惡不義。曰天下有義則生，無義則死，有義則富，無義則貧，有義則治，無義則亂。然則天欲其生而惡其死，欲其富而惡其貧，欲其治而惡其亂，所以知天欲義而惡不義也。且夫義者，政（正）也，無從下之政上，必從上之政下。是故庶人竭力從事，未得次（同恣）已而爲政，有士政之。士竭力從事；未得次已而爲政，有將軍大夫政。之將軍大夫竭力從事，未得次已而爲政，有三公諸侯政之。三公諸侯竭力聽治；未得次已而爲政，有天子政之。天子未得次已而爲政，有天政之。

墨說的天就是自然的道理，像現在所講的公理正義典憲約法之類。

故昔三代聖王，禹湯文武，莫不祈福于天，未聞天求福于天子也。我所以知天之爲政於天子者也。故于富且貴者，當天意而不可不順：順天意者兼相愛，交相利，必得賞，反天意者，別相惡，交相賊，必得罰。然則誰得貴而誰得罰？昔三代聖王禹湯文武順天意而得賞者也。暴王桀紂幽厲反天意而得罰者也。

天志上殺一辜者，必有一不祥，順天意者，義政也，反天意者，力政也。義政奈何？大國不攻小國，大家不篡小家，强者不刼弱，貴者不傲賤，詐者不欺愚，上利天，中利鬼，下利人，無所不利，故舉美名加之，謂之聖王。（卽揖讓之堯舜也）力政則與此異，大國攻小國，大家篡小家，强刼弱，貴傲賤，詐欺愚，上不利天，中不利鬼，下不利人，無所利，故舉天下惡名加之，謂之暴王。（卽獨夫）子墨子曰：『我有天志，（猶言天道公理也）譬若輪人（做車輪的）有規，匠人有矩，執其規矩，以度天下之方圓，（圓）曰中者是也，不中者非也。今天下士君子之書，不可勝載，言語不可盡計，上說諸侯，下說列士，其于仁義，則大相遠也。（不仁不義，就是反天常悖天道也。）何以知之。曰我得天下之明法以度之。』

法儀四（案墨之稱天立儀，猶算學代數之天地人物，）天下從事者，不可以無法儀，無法儀而其事能成者無有。百工爲方以矩，爲圓以規，直以繩，正以縣；（懸）無巧工不巧工，皆以此五者爲法。故百工從事皆有法所度。今大者治天下，其次治大國，而無法所度，此不若百工辯（治也）。然則奚以爲治法而可？當法其父母奚若。天下之爲父母者衆而仁者寡。若法其父母，此法不仁也，法不仁不可以爲法。（墨子尙賢故不論父母）當皆法其學奚若？天下之爲學者衆而仁者寡，若皆法其學，此法不仁也，法不仁不可以爲法。當皆法其君奚若？天下之爲君者衆而仁者寡，若皆法其君，此法不仁也，法不仁不可以爲法。故父，母，學君王者，莫可以爲治法。然則奚以爲治法而可。故曰『莫如法天，』

此條與儒敎小康理根本不同，與耶敎甚近，何者？儒敎動稱君父，子墨子則先以父母學君爲不仁，此墨子平等的精神也。其所講的天，亦是天理的天，非必有口鼻耳目的迷信。或人疑父母何爲不仁，試想中國四萬萬人，爲父母者何止一萬萬，果有一萬萬仁人，中國爲何不興呢？假若凡能生子的；就有可以敎訓效法的價値，那動物一產十數也可以效法嗎！或疑學何以不仁？曰，一孔之見，謬種流傳，斯賓塞所謂敎拘國拘，難于得眞理了。

天之行廣而無私，其施厚而不德，其明久而不衰，故聖王法之。既以天爲法，動作有爲，必度于天。今天下無大小國，皆天之邑也。人無幼長貴賤者，天之臣也，天兼而有之，（此與耶蘇言「人皆爲上帝之子」同意）故曰愛人利人者，天必福之，惡人賊人者，天必禍之。曰殺不辜者，得不祥焉，（殺人人殺還叫因果天報）夫奚說人爲其相殺天與禍乎？是以天欲人相愛相利，而不欲人相惡相賊也。

人無貴賤，皆天之臣，這話很好，有甚麽議親議尊議貴，便不平等了。俗語說王子犯法，一律同罪，現在各國大總統犯法也受審判，這就是天理，墨子講天道，是他建立平等兼愛的大本。

因果報應第二

明鬼下三十一，夫君臣上下之不惠忠也，父子兄弟之不慈孝弟長貞良也，正長之不强于正治，賤人之不强于從事也，民之爲淫暴寇亂盜賊，以兵刃毒藥水火退（猶言斷路）無罪（之）人乎道路奪人車馬衣裘以自利者並作，是以天下亂，其故何也？皆以疑鬼神之有無，不明鬼神之能賞賢而罰暴也，子墨子曰：「今王公大人士君子，實欲與利除害，鬼神有無，不可不明察也。何不入一鄉一里而問之？自古及今，生民以來者，亦有嘗見鬼神之物，聞鬼神之聲，則鬼神何謂無乎？若以衆所同見同聞，則昔者杜伯是也，

周宣王殺其臣杜伯而不辜，杜伯曰「君殺我不辜，三年必使吾君知之。」其三年，周宣王合諸侯而田于圃田，車數百乘，從數千人，滿野，日中，杜伯白馬素車朱衣冠，執朱弓，挾朱矢，追周宣王，射入車上，中心折脊，殪（音意死也）車中，伏弢（音韜弓衣也）而死。當是之時，周人從者莫不見，

遠者莫不聞，著在周之春秋。爲君者以教其臣，爲父者以警其子，曰戒之愼之，凡殺不辜者，其得不祥，鬼神之誅；若此之憯（音慘痛也）遫（遫音肅疾速也）也！以若書之說觀之，則鬼神之有，豈可疑哉，

非惟若書之說爲然也，昔者鄭穆公當晝日中，處乎廟，有神入門而左，鳥身素服三絕面狀正方（按以其狀言之，此天使之儀也，通佛學者知之，予之弟子能見之）鄭穆公見之，乃恐懼犇。神曰，無懼；帝享女（汝）明德，使予錫女壽十年有九，使若（汝）國家蕃昌。子孫茂毋失。鄭穆公再拜稽首曰『敢問神名，』曰『予爲句芒。』若以鄭穆公之所身見爲儀，（法也）則鬼神之有，豈可疑哉！

非惟若書之說爲然也，昔者燕簡公殺其臣莊子儀而不辜，莊子儀曰，『殺我而不辜，不出三年，必使吾君知之。』期年，燕將馳祖，（祖道蓋一種大祭之會也，）此男女所屬而觀也，日中，燕簡公方將馳于祖塗，（道也）莊子儀荷朱杖而擊之，殪之車上，當是時，燕人從者莫不見，遠者莫不聞，著在燕之春秋，諸侯傳而語之，曰凡殺不辜者其得不祥，鬼神之誅，若此其憯遫也。以若書之說觀之，則鬼神之有，豈可疑哉！

非惟若書之說爲然也，昔者宋文君鮑之時，有臣曰祏觀辜（人名）固嘗從事于厲，（神祭之名）祩子（音朱，詛也同祝，神官讀祝文者）杖揖出與言曰，（神憑祝官說話）觀辜，是何珪璧之不滿度量，酒醴粢（音咨黍稷也）盛之不淨潔也？豈女（汝）之爲之與。意鮑之爲之與，觀辜曰，鮑幼弱荷繦（小兒繃帶）（以負于母背者）之中，鮑何與識焉？官臣觀辜特爲之。祩子舉楫而敲之，殪之壇上。當是時宋人

從者莫不見，遠者莫不聞，著在宋之春秋，諸侯傳而語之曰，諸不敬愼祭祀者，鬼神之誅至，若此其憯遬也，以若書之說觀之，鬼神之有，豈可疑哉！

這樣的事，愚之姨母曾經遭一回，因圖財害命，而寃鬼來附索命而去，并及全家，此愚親聞見者另作一文記之。

非惟若書之說為然也，昔齊莊公之臣，有所謂王里國，中里徼（或作檄）者，此二子者，訟三年而獄不斷，齊君殺之恐不辜，釋之恐失有罪，乃使二人共（供）一羊，盟齊之神社，二子許諾，于是掘（烏可切搖也）羊而漉（洒也）其血，讀王里國之辭已終矣，讀中里徼之辭未半也，（互相發誓之辭）羊起而觸之，折其脚而殪之（于）盟。當是時，齊人從者莫不見，遠者莫不聞，著在齊之春秋，諸侯傳而語之曰，請盟先不以其情（誠實）者鬼神之誅至，若此其憯遬也。以若書之說觀之，鬼神之有，豈可疑哉！

記稱墨子讀百國春秋，可見上面所引周燕宋齊各國春秋不誣也。

是故子墨子言曰：『雖有深谿博林幽澗毋（無）人之所（地）施行，不可以不董見，有鬼神視之，今執無鬼者曰，夫衆人耳目之情，豈足以斷疑哉？曰若昔者三代聖王堯舜禹湯文武者，足以為法乎？自中人以上，皆曰足以為法矣。然則上觀聖王之事，吾以知周書之鬼也，且周書獨鬼，而商書不鬼，則未是以為法也。然則姑上觀乎商書，吾以知商周之鬼也。且商書獨鬼而夏書不鬼，則未足以為法也。然則姑上觀乎夏書吾以知夏書之鬼也。故尚書夏書商周之書，以若書觀之，則鬼神之有，豈可疑哉！』

按聽者若要不信墨子的說，可以買商務書館所出的鬼語看看，又上海靜安寺三十九號，丁氏醫學書局的六道輪回錄，佛學起信編可以證明，此外友人確實記前生和見鬼的事很多。此與前正義立教篇之異，彼爲理門，此爲事門，事理圓融，因果不二也，人若有疑，須學相宗。

鬼神之所賞，無小必賞之，鬼神之所罰，無大必罰之，今執無鬼者曰，意不忠親之利．而害爲孝子乎！（言主有鬼有害于孝沒有呢（？））子墨子曰『古今之爲鬼，非他也，有天鬼，亦有山水鬼，神者，亦有人死而爲鬼者，今有子先其父死，弟先其兄死者矣，若是則先死者非父則母，非兄而姒也。今潔爲酒醴（一宿而熟之甜酒也，）粢盛以敬愼祭祀，若使鬼神誠有，是得其父母姒兄而飲食之也。豈非厚利哉？若使鬼神誠亡．是乃費其所爲酒醴粢盛之財耳，內者宗族，外者鄉里，皆得如具（如其所供養者而）飲食之。——雖使鬼神誠亡，此猶可以合驩聚衆，取親于鄉里。今執無鬼者，此上逆聖王之書，內逆民人孝子之行。故子墨子曰，『今吾爲祭祀也，非直注之汙壑而棄之也。上以交鬼之福，下以合驩聚衆，取親乎鄉里。若鬼神有，則是得吾父母弟兄而食之也。則此豈非天下利事也哉？』

（此語說得圓滿，現在人爲亡人作佛事，亦是如此，）是故子墨子曰：『今天下王公大人士君子中，實欲興天下之利，除天下之害，鬼神不可不尊明也，聖王之道也，』（託翁講有鬼神也碍不了講無政府。）

公孟四十八．墨子有疾，跌鼻進而問曰：『先生以鬼神爲明，能爲禍福，善者賞之，不善者罰之，今先生聖人也何，故有疾，意者鬼神不明知乎？』曰：『雖使我有病，何遽不明，今所得于病者多方，有得之寒暑，有得之勞苦，百門而一門焉，則盜何遽無從？』（言敬神是一門，不可因此一門，而廢他門不講衛生也。

魯問四十九，曹公子曰『始吾游于子之門，謹祭祀鬼神，然而人徒多死，六畜不蕃，身湛于病，吾未知夫子之道之可用也。』曰『不然，夫鬼神所欲于人者多，欲人之處高爵祿，則以讓賢也，多財則以分貧也，今子處高爵祿而不以讓賢，一不祥也。多財而不以分貧，二不祥也。今子事鬼神惟祭而已，而曰病何自至哉！是猶百門而閉一門焉，曰盜何從入，若是而求福于怪鬼豈可哉？

看起來墨子所說的鬼神，就算是個讓賢共產的眞神。而拍拉圖更以男女自由，也歸之神愛、可見講神也。不定有碍進化了。

强聒傳道第三

公孟四十八、公孟謂子墨子曰：『實爲善人孰不知，譬若美女處而不出，人爭求之，行而自衒（賣也）人莫取也，今子徧從人而說之，何其勞也？』曰『今夫世亂，求美女者衆，美女雖不出，人多求之，求善者寡，不强說人，人莫知之也，且有二生于此，善星，（俗言算命）一行爲人筮者，與處而不出者，其精熟多？曰『行者多，』墨子曰：『仁義鈞，行說人者其善亦多，何故不行說人也？』

按此又墨與儒之異，墨重往教，儒重來學，墨甚近耶了。

又魯之南部有吳慮者，冬陶夏耕，自比于舜。（吳慮是許行并耕一流人物，墨則像孟子）子墨子聞而見之，吳慮謂子墨子曰：『義耳義耳，焉用言之哉？』子墨子曰：『子之所謂義者，亦有力以勞人，有財以分人乎？』曰：『有，』曰『翟嘗計之矣，翟慮耕而食天下之人矣，盛然後當一農之耕，分諸天下，不能人得一升粟、其不能飽天下之飢者，既可睹矣。翟慮織而衣天下之人矣，盛然後當一婦人之織，分諸天下，不能人得一尺布，其不能煖天下之寒者既可睹矣。……翟以為不若誦先王之道，而求其說，通聖人之言，而察其辭，上說王公大人，次說匹夫徒步之士。王公大人用吾言，國必治，匹夫徒步之士用吾言，行必修。故翟以為雖不耕而食饑，不織而衣寒，功賢于耕食之織而衣之者也。雖不事織乎，而功賢于耕織也。』

（此與孟子說彭更主通工易事同，且主法施勝于財施，與許行并耕說不同，與孔老佛耶均同）

吳慮謂子墨子曰：『義耳義耳？焉用言之哉。』子墨子曰：『設天下不知耕，教人耕與獨耕者，其功孰多？』曰：『教人耕者其功多。』曰『設攻不義之國，鼓而使衆進戰，與不鼓衆而與獨進戰者，其功孰多？』曰『鼓而進衆者其功多。』子墨子曰：『天下匹夫徒步之士少知義，而教天下以義者功亦多，何故弗言也，若得鼓而進于義，則吾義豈不益進哉？』

照此看來，所以世并稱孔墨，儒教墨教并稱甚久，墨也是一個教，所以他的書叫墨經，因為他很重宣傳他的主義，也就是現在所說的文化運動了。

非儒下三十九，儒者又曰『君子若鐘，擊之則鳴，弗擊不鳴，』應之曰，『若將有大亂，盜賊將作，機辟（關）將發也，他人不知，己獨知之，雖其君親皆在，不問不言，是大亂之賊也，以是為人臣不忠，為子不孝，事兄不弟，交遇人不貞良。』

按墨子主強聒積極進行，于此可見，儒家小康之道，尚親親尊尊，墨家尚賢，所以不同也。大同之世尚賢，所以墨子大同之道也。

急義第四

耕柱四十六，子墨子怒耕柱子，耕柱子曰：『我毋兪（同愈）于人乎？』（我不還强于常人麽）子墨子曰：『將上太行，駕驥（良馬）與羊，子將誰敺？』（同驅）曰：將敺驥也。『何故』曰『驥足以責。』子墨子曰，『我亦以子足以責。』（這就是孔子所說『任重道遠』春秋「責備賢者」的意思，佛說『我不入地獄誰入地獄』，菩薩眞有此悲願。）

又娛縣子碩問于子墨子曰：『爲義孰爲大務？』子墨子曰：『譬若築墻然，能築者築，能實壤者實壤，能掀者掀，然後墻成也。爲義猶是也，能談辯者談辯，能說書者說書，能從事者從事，然後事成也可想見墨子傳敎，分途運動的利害，所以孟子說『墨翟之言盈天下』巫馬子謂子墨子曰『子兼愛天下未云利也，我不愛天下，未云賊也，功皆未至，子何獨自是而非我哉？』曰：『今有燎（放火）者于此，一人奉（捧）水將灌之，一人操火將益之，功皆未至，子何貴于二人？』巫馬子曰：『我是彼奉水者之義，而非夫操火者之意』，吾亦是吾意而非子之意也』。（冷血者語塞）

貴義四十七，萬事莫貴于義，今謂人曰『予子冠履而斷子之手足，子爲之乎？必不爲，何故？手足貴也，』又曰：『予子天下而殺子之身，子爲之乎？身貴也，爭一言以相殺，是貴義（勝）于其身也。故曰，萬事莫貴于義也，』（此與孟子『以羊易牛』之喻同，皆貴善推）

必去喜，去怒，去愛，去悲，去愛，而用「仁義。」手足口鼻耳，從事于義，必爲聖人。

可想見其專心，與佛之五戒孔之四勿略同。

子墨子南遊，使衛，載書甚多。弦唐子怪之：曰，吾夫子教公尚過曰，揣曲直而已，今載書甚多何有也？曰『昔周公朝讀書百篇，夕見七十士，故相天子，其修至于今，今翟上無君上之事，下無耕農之難，吾安敢廢此。（可見其執業之勤，學有本原，并非空口游說、像現在一般游士。）翟聞之，同歸之物，信有誤者，然而民聽不鈞，（均）是以書多也，今若過之心者，數逆於精微，同歸之物，既已知其要矣，是以不教以書也。而子何怪焉？

世俗之君子，視義士不若負粟者。今有人于此，負粟息于路，欲起而不能，君子見之，無長少貴賤必起之。何故也。今爲義之君子，奉承先王之道以語之，縱不說（悅）而行，又從而非毀之，則是世上之君子之視義士也，不若視負粟者也，』（小人知識，知近而不知遠，現在更甚。）

獨行第五

巫馬子謂『子墨子之爲義也，鬼不見而（汝）富，而子爲之，有狂疾。』曰，『今使子有二臣于此，（謂家中用人也，）其一人者見子從事　不見子則不從事，其一人者見子從事，不見子亦從事。子誰貴于此二人？』巫馬子曰：『我貴其見我亦從事，不見我亦從事者。』曰：『然則是子亦貴有狂疾也，』（凡創作者非有自信力不可，舉世非之而不顧，方能創作也，凡創造家，皆非有狂疾不可。

高石子曰：『衛君以我爲狂乎？』子墨子曰：『苟道受狂何傷？古者周公旦非管叔，（非其弟也，）辭三公，東處于商，人皆謂之狂。後世稱其德，揚其名，至今不息。苟道受狂何傷？修身二戰雖有陳而勇爲本，………志不彊者智不達，言不信者行不果，』

按古來凡有創作性者，非有狂疾性不可，如尼采超人主義 Nietzsche Uebermensch 自大戰以還人人厭棄，謂其激成此次戰爭，然其發揮個人創作性之力，却亦不可忽視。故世謂尼采爲狂，託爾士太爲狷，但尼采最高之虛無主義 Nihilism 仍是個人的無政府主義者，所以絕對主張個人的意志權力說，Will to power 敢于破壞一切，若宗教若道德等等而不顧，最恨基督教爲奴隸道德。然人若無此狂疾，就易爲鄉愿社會壓傷，成痲木不仁的社會，要想創作，非有舉世非之而不顧的毅力不可，這種强固力，我還要取尼采之狂，以助耶墨之任道力，我以爲人到意志力弱時，就朗讀拜龍之詩，Byrons poem 及尼采之文，覺有千丈烈火光燄發出，可以一人爲一黨，與全世血戰而無畏，才可以排山倒海創作新世界，

貴義四十七，子墨子自魯卽齊，過故人。謂子墨子曰，今天下莫爲義，子獨自苦而爲義，子不若已。子墨子曰『今有人于此，有十人，一人耕而九人處，則耕者不可不益急矣。何故？則食者衆而耕者寡也。（可見墨子實行天下同胞主義，）今天下莫爲義，則子如勸我者也，何故止哉。』

（按孔子說鳥獸不可與同羣，吾非斯人之徒與而誰與，『天下有道，丘不與易也，』也是這個意思，佛言『如犀一角，一日輪照滿天下』皆是一樣意思。

犧牲第六

孟子曰：『墨子兼愛，摩頂放踵，利天下爲之，』

節用上二十，墨子曰：『仁者之爲天下度也，辟（譬）之無以異乎孝子之爲親度也。今孝子之爲親度也

，將奈何哉？曰親貧則從事乎富之，人民寡則從事乎衆之，衆亂則從事乎治之當。其于此也、亦有力不足財不贍(足也)智不知然後已矣，無敢舍(捨)餘力隱謀餘利，而不爲親爲之者矣。若三務者、(以上三條) 孝子之爲親度也，旣若此矣，雖仁者之爲天下度亦猶此也。曰天下貧則從事乎富之，人民寡則從事乎衆之，衆而亂則從事乎治之，當其于此，亦有力不足財不贍智不知然後已矣。無敢舍餘力隱謀遺利而不爲(替)天下爲之者矣，若三務者，此仁者之爲天下度也，旣若此矣，』

看起來墨子的話，眞可算是個仁人了，同佛的話一樣，佛說，『他出家全爲的報恩，與衆生無量劫來，常爲父母六親：』所以誓願度盡衆生、和墨子的願也是一樣的，我有援墨駁孟一論如下．即據孟子之言，

據名學援墨闢孟表說

孟子曰墨子兼愛，摩頂放踵，利天下爲之，是無父也。

(甲)一，凡天下之人，(若在天以上者則不能)墨子皆摩頂放踵以利之也。

二，墨子之父，不在天以上，而在天以下之人，必在墨子兼愛中也。

三，故墨子有父．而孟子謬論也。

(乙)一，墨子凡愛天下人之道，皆摩頂放踵以利之也。

二，墨子之父亦人也，墨子必亦摩頂放踵以利其父也。

三，今衆人未聞有能摩頂放踵以利其父者也，故墨子大孝過于衆人也。

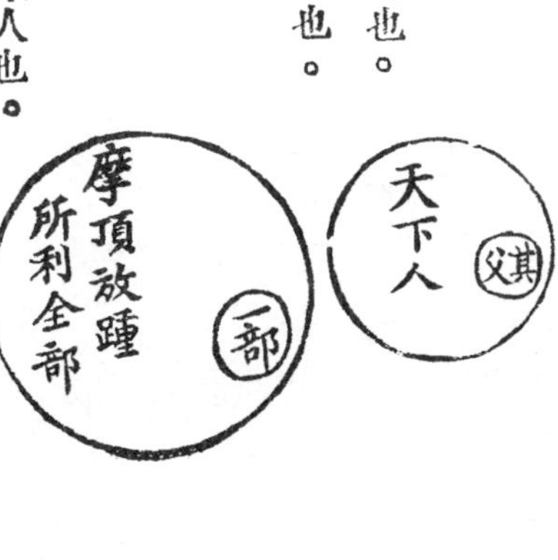

魯人有因子墨子而學其子者，其子戰而死，其父讓子墨子。子墨子曰，『子欲學子之子，今學成矣，

戰而死，（看他以戰死爲學成畢業，墨子的學科，也與耶同。）而子慍，是，猶欲糶（音眺售出米也，）糴（音狄入米也，）售則慍也，』墨的文憑和現在校文憑不同了。

呂氏春秋尙德篇，『墨者鉅子（猶言教長也）孟勝，善荆（楚又名荆）之陽城君，陽城君令守於國，毁璜（玉也）以爲符，約曰，符合聽之。荆王薨，羣臣攻吳起於喪所，陽城君與焉，（也在那裏幫打）荆罪之，陽城君走，荆收其國，（就是孟勝所守的國）孟勝曰，「受人之國，與之有符，今不見符，而力不能禁，不能死，不可，」其弟子徐弱諫曰，死而有益陽城君，死之可矣，無益也，而絕墨者於世，不可，孟勝曰：『不然，吾於陽城君，非師則友也，非友則臣也。不死，自今以來；求嚴師必不於墨者矣，求賢友必不於墨者矣，求良臣必不於墨者矣。死之所以行墨者之義、而繼其業也，我將屬鉅子於宋之田襄子。田襄子，賢者也。何患墨者之絕世也。』徐弱曰，『若夫子之言，弱請先死以除路，』還殁頭自殺也，）前於孟勝，（在孟勝先，）因使二人傳鉅子於田襄子，孟勝死，弟子死之者百八十三人，

照這兩條看起來，墨教以義爲性命，視死如歸，眞正是大俠底風味了，其處處爲師友義气凜然。

淮南子泰族訓『墨子服役者百八十人，皆可使赴火蹈刃，死不還踵，化之所致也，』

子華使子齊冉子爲其母請粟。顏淵死，門人厚葬之，可見孔門師友也有俠气。

烈士傳曰：晉羊角哀與左伯桃爲死友。聞楚王賢，往詣之。過太行山道遇雨雪，計不俱全，左乃掛樹上死。并衣糧與角哀，角哀因之楚爲大夫。同葬左伯桃以大夫之禮，大同世止朋友一倫，主持人類團體，所以師弟之間服勞役，以至朋友之間互爲生死，是最重要的信義。宋明講學者外出時，弟子

嘗以肩與舁之，法華經佛言，一尊阿私佗仙人采果汲水，乃至以身而爲床坐」，以至孔顏羊左，都是生死朋友之模範行爲了，」今人打着社會主義的旗幟，口講平等博愛，但一遇利害關頭，沒有不糟糕的，噫！

又呂氏春秋去私篇，『墨者鉅子腹䵍，（音吞黃色也）居秦其子殺人，惠王曰，『先生之年長矣，非有他子也，寡人者已令吏弗誅矣，先生之以此聽寡人也。』腹䵍對曰：『墨者之法，曰殺人者死，傷人者刑・夫禁殺傷人者，天下之大義也。王雖爲之賜而令吏弗誅，腹䵍不可不行墨者之法，不許惠王而遂殺之。』這一節又可見他對內裏不逃刑罰，是大義滅親了。

魯問四十九『子墨子游公尚過于越，越王大說，曰先生苟能使子墨子于越而教寡人，請裂（分也）故吳之地方五百里以封子墨子，公尚過許諾，遂爲公尚過束車五十乘，以迎子墨子于魯。曰，『吾以夫子之道說越王，越王請裂故吳之地五百里以封子。』子墨子謂公尚過曰，『子觀越王之志何若？意越王將聽吾言，用我道，則翟將往，量腹而食，度身而衣，自比于羣臣，奚以封爲哉？抑越不聽吾言，不用吾道，而我往焉，則是以我之義糶也。（賣出也）均之糶亦于中國耳，何必於越哉？』

公輸第五十，公輸盤爲楚造雲梯，（攻城的東西可以越城而下，）將以攻宋子墨子聞之，起于齊，裂裳裹足，（古時候交通不便，他沒有車馬，就撕自己的下衣纏了自己的腳跑路。）行十日十夜而至于郢，（楚的國都，）見公輸盤：曰『夫子何命焉爲？』曰北方有侮臣，（有人得罪了我，）願藉（借）子殺之，』公輸盤不悅，子墨子曰：『請獻十金，』盤曰：『吾義固不殺人，』子墨子起再拜曰：『請說之，吾請，北方聞子為梯將以攻宋，宋何罪之有？荆（楚也）國有餘于地；而不足于民；殺所不足而爭所有餘，不可謂智，宋無罪而攻之；不可謂仁，知而不爭；不可謂忠，爭而不得，不可謂強，義不殺少而殺衆，不可謂知類』，（言知小而不知大，）公輸盤服，子墨子曰，然乎，不已乎，』盤曰『不可，吾既已言之王矣，』曰『胡不見我于王？』曰『諾，』子墨子見王曰：『今有人于此，舍其文軒，鄰有敝轝，（音余車也）而欲竊之，舍其錦繡，鄰有短褐，（毛布也）而欲竊之，舍其粱肉，鄰有糠糟而欲竊之，此為何若人。』王曰『必為竊疾矣。』曰『荆之地方五千里，宋之地方五百里，此猶文軒之與敝轝也。荆有雲夢犀兕魚鼈為天下富，宋所為無雉兎狐貍者也，此猶粱肉之與糠糟也，荆有長松文梓楩柟豫章，宋無長木，此猶錦繡之與短褐也，臣以三事之攻宋也，為與此同類，（與竊疾同，）王曰『善哉，雖然，公輸盤為我為雲梯，必取宋，』于是見公輸盤，』子墨子解帶為城，以褋（衣也音牒）為械，（作為器械）盤九設攻城之機變，子墨子九距（拒）之，盤之攻械盡，子墨子之守圉，（禦）有餘，盤詘（屈）而曰，吾知所以距子矣，吾不言。』子墨子亦曰『吾知子之所以距我者，吾不言。』楚王問其故，子墨子曰『公輸子之意，不過欲殺臣，殺臣宋莫能守，是可攻也，然臣之弟子禽滑釐等三百人；已持臣守圉之器，在宋城上而待楚寇矣，雖殺臣不能絕也？（可見其徒多通守備機器之術，不是空言。後來顏元的學派有點像他的實在）今日大要倡四存學，楚王曰『善哉，吾請無攻宋矣。』子墨子歸，過宋，天雨庇（蔭覆也）其閭（里門也）中，守閭者不內（納）也。故曰治于神者，衆人不知其功，爭于明者，衆人知之。

看來墨子實行獻身主義，犧牲器械，犧牲性命，入虎口而救宋 結果，連避雨的地方都沒有，真可憐哉！然不這樣也不算聖人。詩云，急雨渡春江，狂風入秋海，辛苦總爲君，可憐君不解。這就叫衆生。

莊子天下篇第三十三，『不侈不靡不暉，以繩墨自矯（厲也，）而備世之急。（救人也，）古之道術有在于是者，墨翟禽滑釐聞其風而說（悅）之，非樂節用，生不歌死無服，氾（泛）愛兼利（兩利互助）而非鬬（非攻罷戰，）其道不怒，其生也勤，其死也薄。其道太觳，（音忽，無潤澤也，）使人憂；使人悲。其行難爲也。恐其不可以爲聖人之道。反天之心。天下不堪。墨子雖獨能任。奈天下何。離于天下。其去王也遠矣。』

由此觀之。莊子之言荒矣。蓋莊子爲樂天派。墨子爲大悲派。樂天是小乘。大悲是大乘。樂天結果是出世。大悲結果是犧牲。墨耶菩薩道均是大乘。老子則佛也。又稱猶龍。莊放言高妙。而不肯犧牲不負責任，此其短也。至論墨子道使人憂悲，則莊子去大悲菩薩道遠矣。墨子自有天志明鬼靈性上眞樂。何苦之有？安在非聖人哉？至于非樂亦與佛同，安在不可爲敎？彼有第一義之樂在也。至荀子富國篇非墨子。其謬與莊子同。此小乘大乘分界也。以佛法論，墨耶均現身菩薩道犧牲度世者。莊子則羅漢說空法者見理雖眞而不自行者也。又外道仙人自了者。非菩薩道也。吾于五聖尤犧牲勇猛取墨耶焉。

又墨子曰：『昔禹湮洪水，決江河而通四夷九州也。名山三百，支山三千，小者無數。禹親自操槖（盛土器）耜（盛水器）而九（糾）雜天下之川。（整理也。）腓（脛）無胈，脛無毛，沐甚風，櫛（梳也）疾雨。置（安也。）萬國。禹大聖也，而形勞天下也如此。使後世之墨者多以裘褐（毛布）爲衣，以跂（木屐）蹻

（麻鞋）爲服。日夜不休以自苦爲極。曰不能如此非禹之道也。不足謂墨」相里勤之弟子五侯之徒，南方之墨者苦獲。已齒。鄧陵子之屬。俱誦墨經。以巨子爲聖人，皆願爲之尸，（主也爭爲主席。）冀得爲其後世。墨子眞天下之好也，雖枯槁不捨也。才士也夫；」

按莊子之言荒矣。此恰與「小乘羅漢埋頭巖窟」。而謗大乘菩薩入世度生者同也。晨門丈人非孔，自以爲安樂知慧矣。謬哉！

史記太史公自序論六家要旨。墨者亦尚堯舜。道言其德行 。曰堂高三尺土階三等 茅茨不翦采椽不刮「土食土簋，啜土刑。（同型燒土爲之）糲（粗米）粱（脫粟之飯也。）藜（似藿）藿。（豆葉）夏日葛衣，冬日鹿裘，其送死桐棺三寸，舉音不盡其哀。

按莊子稱墨述禹史公稱墨述堯舜，可知墨學在帝道與王道之間了。

去害篇中

非命第一

非命上『爲政國家者，皆欲國富民衆刑政之治，然而不得富而得貧，不得衆而得寡，不得治而得亂，何也？曰執有命者以雜于民間者衆。執有命者之言曰，命富則富、命貧則貧、命衆則衆；命寡則寡；命治則治；命亂則亂；命壽則壽；命夭則夭 ，雖強勁何益哉。上以說王公大人，下以阻百姓之從事，故執有命者不仁，故不可不明辨。蓋嘗觀于聖王之事，古者桀之所亂，湯受而治之，紂之所亂，武王受而治之，此世未易民未渝，（變也），在于桀紂則天下亂，在于湯武，則天下治，豈可謂有命哉。

……執有命者之言曰，上之所罰，命固宜罰，不暴故罰也。上之所賞，命固宜賞；非賢故賞也。以此爲君則不義，爲臣則不忠，爲父則不慈，爲子則不孝。此凶言之所自生，而暴人之道也。昔上世窮民，貪于飲食，惰于從事，衣食不足，凍餒之憂至，不知曰，我罷，(疲)不肖，從事不疾，(快)曰我命固且貧。若上世暴主亡失國家，不知曰，我爲政不善，曰我命固失之。(按此若商王受言「我有命在天，」項羽言「天亡我」是也，)今執有命者之言，上不聽治則刑政亂，下不從事則財用不足，故凶言之所自生，而暴人之道也，』

非命下『今王公大人，若信有命而致行之，則必怠乎聽獄治政矣，卿大夫必怠乎治官府矣，農夫必怠乎耕稼樹藝矣。婦人必怠乎紡績織紝矣，天下必亂，衣食之財，將必不多矣。是以入守則不固，出誅則不勝，三代暴王桀紂幽厲之所以共失其國家，傾覆其社稷者此也。是故子墨子言曰，命者暴王所作，窮人所術，非人(同仁)者之言也。』

按(命)字有二解，守分安命，可教人知足，委命任運，是懶惰退化。歐洲中世妄迷上帝定命說，至于廢醫學，專用教士禱告，故回教醫科得乘隙而救其弊。到了十五世紀，戈白尼 Copernics (1473—1543)發明天文體系，明知地動地、畏宗教愚俗迷信，不敢發表，直至死後才敢發表，都是因愚人多迷信命之故，所以科學與天命不并立了，今中國要進步也非打破命說不可。

破迷信第二

貴義四十七，『子墨子北之齊，遇日者，(以干支之日卜筮故名日者也)日者曰，『帝以今日殺黑龍于北方，而先生之色黑，不可以北。』子墨子不聽，遂北，至淄水，不遂而反焉。（可見日者之言驗了，）日者曰『我謂先生不可以北。』子墨子曰：『南之人不得北，北之人不得南，其色有黑者，有白者，何故皆不遂也。且帝以甲乙殺青龍于東方，以丙丁殺赤龍于南方，以庚辛殺白龍于西方，以壬癸殺黑龍于北方，以戊己殺黃龍于中方，若用子之言；則是禁天下行者也。是圍心而虛天下也。子之言不可用也。』

按大集經二十云，『佛入王舍城；有仙人光味，與佛言星宿，佛與說星宿書甚繁，終告之曰，衆生顛倒，煩惱繫縛，隨如是星宿書籍仙人，星宿雖好，亦得生于牛馬猪狗，亦有同一星宿生者，而有貧富貴賤參差，是故我知是不定法，又戒律以此類爲犯戒。』涅槃二十，『如來法中，無有選擇吉日良辰，如重病人，不看時節吉凶，惟求良藥，王今病重，求佛良醫也，』吾幼居鄉，有開學請族祖擇日者，族祖曰，讀書爲善，天天好日子，若爲不善，任擇何日都不好也。』

非攻第三

非攻上，曰『今有一人，入人園圃，竊其桃李，衆聞則非之，上爲政者得則罰之，此何也。以虧人自利也。其攘(而竊也)人犬豕雞豚者，其不義又甚是。何也？以虧人愈多其不仁茲甚。罪益厚至入人欄廄，取人牛馬者，其不仁義又甚。何也？以虧人愈多，不仁茲甚，罪益厚。至殺不辜人也褫(脫去)其衣裳，取戈劍者，其不義又甚，罪益厚，，天下皆知非之，謂之不義。今至大爲攻國，則弗知非，從而譽之，謂之義。此何謂知義與不義之別乎？殺一人謂之不義，必有一死罪矣，若殺十人十重不義，必有十死罪矣，殺百人百重不義，必有百死罪矣。天下君子皆知非之，謂之不義。今至大爲不義攻國則弗之非。從而譽之，謂之義。今有人于此。少見黑曰黑，多見黑曰白，則必以此人不知黑白之辯矣。少嘗苦曰苦，多嘗苦曰甘，則必以此人爲不知甘苦之辯矣，今小爲非則知非之大爲非（攻國）則不知非從而譽之謂之義，可爲知義與不義之辯乎？是以天下之君子也，辯義不義之亂也。』

非攻中，『今師徒興起，春則廢民耕稼，秋則廢民穫歛，百姓饑寒凍餒而死者不可勝數，今有醫于此，和合其藥，祝之于天下有病者而藥之，萬人食此，若四五人得利焉，猶謂之非行藥（非良藥）也。故孝子不以食其親，忠臣不以食其君。古者封國于天下以攻戰亡者，不可勝數。』

非攻下，『古者天子之始封諸侯也，萬有餘，今以并國之故，萬國有餘皆滅，而四國（齊晉楚越）獨立，此譬猶醫之藥萬有餘人，而四人愈也，則不可謂良醫矣。』節用上，『大人惟貫興師以攻伐鄰國，久者終年，速者數月，男女久不相見，此寡人之道也。』（今人守寡也，）

天志下，『天下之士君子去義遠也。今大國之君曰，吾不攻小國，何以爲大哉？是以列舟車之卒，攻無罪之國。入其溝境，刈其禾稼，斬其樹木，殘其城郭，以御（至也）其溝池，焚燒其祖廟，攘殺其犧牷。（牲之純全者，）民之格（與之格鬪也）者則勁拔之，不格者則繫操（持也）而歸。大夫以爲僕圉（管馬）胥靡，婦人以爲舂（擣米）酋。（管酒者）好攻伐之君，不知此爲不仁義，以告四鄰諸侯，曰吾覆軍殺將若干人矣。（眞好哭）其鄰國之君，亦不知此爲不仁義也，具其皮幣，使人饗賀焉。書之竹帛，藏之府庫。爲人後子者，必且欲順其先君之行，曰何不當發吾庫？視吾先君之法美，是以世世攻伐而不已，此吾所謂大物則不知也。』

這條事說得可笑極了，但并不足怪，現著南洋土人娶妻的法子，必先問男子已有人頭殼幾個，為甚麼呢？因為他的風俗以能吃過幾個人的，留幾個人頭殼表記他的勇敢，藏在家裏，好像我們這邊問人家的產業有幾頭牛馬的一樣。又像問某人為軍官為兵士，他打了幾仗殺了多少人，殺人多的就是大將軍，殺人少的就是師長旅長了。俸祿地位，照著他殺同胞多少的數目分配，帽子衣服徽章也照此分高下，好教人一望而知他會殺人。所以馬相伯先生說，那軍官帽子的紅邊金邊，都是同胞的血染的呀！殺同胞愈多，功勞勳位愈大，要沒有殺人的做軍官，不但上司看不起，連兵士也不服呢？這與南洋土人娶妻子先問他吃過幾個人，有甚麼分別呢？而且祖宗做過武官殺過人的，子孫還把那個刀劍藏著傳于子孫，誇他先人的本事。這也不過和小狼小虎誇老虎老狼的本領一樣了。

所謂小物則知之者何？若今有人于此，入人之場園，取人之桃李瓜薑者，上得且罰之，衆聞則非之，是何也？曰不與其勞獲其實，已非其有所取之故。而況有踰于人之垣墻，抯（音渣，取也，）格人之子女者乎？與角人之府庫，竊人之金玉者乎？與踰人之欄牢，竊人之牛馬者乎？而況有殺一不辜人乎？今王公大人之為政也，自殺一不辜人者，與竊牛馬瓜薑者之加罰也，雖古堯舜湯武之為政，亦無以異此矣。今天下諸侯猶皆侵淩攻伐兼并，此為殺一不辜者數千萬矣。（歐洲大戰五年死傷四千數百萬餘。）此為踰墻垣，格子女，角府庫，竊金玉者數十萬矣，竊牛馬桃李瓜薑者數十萬矣。而自曰義也，』故子墨子言曰，『是責我者，則豈有以異是蕡黑白甘苦之辯者哉！今有人于此，少而示之黑，謂之黑，多示之黑謂之白，必曰吾目亂不知黑白之別。今有人于此，少嘗之甘謂甘，多嘗謂苦，必曰吾口亂不知甘苦之味。今王公大人之政也，或殺人，其國家禁之，有能多殺其鄰國人，因以爲文義。此豈有異責白黑甘苦之別者哉！』

耕柱四十六，『子墨子謂魯陽文君曰；大國之攻小國，譬猶童子之爲馬，(如竹馬也，)童子之爲馬，足用(用自己的足，)而勞。今大國之攻小國也，彼攻者農不得耕，婦不得織，(大戰時德國的人都穿紙衣裳，英俄法美各國的人，沒有一國有糧食吃的，)以守爲事。攻人者亦農不得耕，婦不得織，以攻爲事。故大國之攻小國也，猶童子之爲馬也。』

又謂：魯陽文君曰，『今有一人于此，牛羊不可勝食也，見人作餅則竊之，其有竊疾乎？(是有好做賊的病，)曰有竊疾也。』子墨子曰；『楚四境之田，曠蕪而不可勝辟，(闢)見宋鄭之間邑，(僻邑)則竊之，此與彼異乎？魯陽文君曰；是猶彼也，實有竊疾也。』

魯問四十九子墨子見齊王曰：『今有刀于此，試之人頭，倅(倉卒)然斷之，可謂利乎？』王曰，『利，』曰『多試之人頭，倅然斷之，可謂利乎？』王曰『利，』曰刀則利矣，孰將受其不祥？』王曰『刀受其利，試者受其不祥。』(持刀之人)子墨子曰：『并國覆軍，賊殺百姓，孰將學其不祥。大王俯仰而思之曰，我受其不祥。』

按用兵之事，皆因覇政衷政，自王政以上，決計用不著大兵，墨孟不得已談兵，止講到征誅而已。

世界非戰名家小史

古來伯夷就是非戰主義，Antimilitarism 中世羅馬——有著神府之聖奥格斯丁 St. Augustine's City of God 近以託氏爲最著。其要著爲戰爭與和平一書，約六十萬言以上，描寫拿破侖時代各戰爭中心人物之殘忍與縱恣，而一般愚民迷信英雄之狂妄可笑，最後謂「非羣衆覺悟人殺人之爲罪惡，而不當兵納稅，不能眞去兵」。此外偉而士于戰後著世界史綱，其序中言，「除世界皆平和，吾人無平和。除世界皆福利，吾人無福利。而欲達此目的，非破除狹隘偏見而有人類公史學之觀念，Common historicalideas 則世界平和福決不可得。」其敍歐戰原因，仍歸咎于各國學者，敎員，報館，一般社會羣衆思想議論所造之罪業之結果云。而以身實行運動非戰者，爲英之羅素，因反對當兵，下獄六月，此三人算是今世界的墨學派了。

主有抵抗而破國界者，以克氏爲最痛快，互助經第八章，列舉世界，人民自由集會，若游船，養鳥，衛生等等世界大會，爲全人大結合之先聲。而絕對否認國與國之聯合，主張人與人之聯合。今後由愛國主義趨于愛人主義，乃自然要求之趨勢。下乃列近年世界國際公益聯合之重要表，須知此乃漸漸廢國起點，此等組織一天多一天，力量漸厚，範圍日廣，即國界漸破，攻戰自息了。

Statesman's Yearbook. 1524.　　據一九二四年政治年鑒

	International Organisations. Name	Founded	Seat	國際重要團體名稱	成立年分	地點
2	Academy of internation Law	191	The Hague	國際法學院	914	海牙
3	International Co-operative Alliance	1895	London	國際合作同盟	1895	倫敦
4	International Association of Botan sts	1901	Leydon	謖際植物學會	1901	里敦
5	Associational Association of Medical Museums	1907	Montreal	國際醫學博物院會	1907	門弟利
6	International peace Bureau	1892	Berne	國際和平事務所	1892	比奈
7	International Office of weights and Measures	1875	Paris	國際度量局	1875	巴里
8	International Bureau of Commercial Statistics	1913	Brussels	國際商業統計局	1913	不律色
9	International Bureau of postal universal union	1874	Berne	國際郵政聯盟	1874	比奈
10	International Red Cross Committe	1863	Geneva	國際紅十字會	1863	日內瓦
11	International Committe for the Olympic Games	1894	Lausanne	國際運動會	1894	落森尼
12	International Meteorological Committe	1872	London	國際氣象學會	1872	倫敦
13	International Comission of Agriculture	1889	Paris	國際農業公司	1889	巴里
14	Permanent Committe of the International congress of medicine	1909	The Hague	國際永久醫術會	1909	海牙
15	International Federation of Students	1919	Brussels	國際學生聯合會	1919	不律色
16	International Congress of Pyschology	1889	Geneva	國際心理學會	1889	日內瓦
17	International Council of women	1888	Washington	國際婦女公會	1888	華盛頓
18	Infernational Federation of Free thought Societies	1880	Brussels	國際思想自由聯會	1880	不律色
19	International Institute of Sociology	1893	Paris	國際社會學會	1893	巴里
20	International Institute of Statistics	1885	The Hague	國際統計會	1885	海牙
21	International women's Suffrage Alliance	1902	London	國際女權同盟會	1902	倫敦
22	The Pan-American union	1890	Wasnimgton	全美聯會	1890	華盛頓
23	Inter-Parlimentary union	1889	Geneva	國際議院聯會	1889	日內瓦

罪奢第四

七患五『國有七患。七患者何？城郭溝池不可守而治宮室，一患也。邊國至境四鄰莫救，二患也。先盡民力無用之功，賞賜無能之人，民力盡于無用，財寶虛于待客：（當是游說政客，）三患也，仕者待祿，游者憂反，君修法討，臣懾（心裏害怕）而不敢拂（違也，口不敢違，敢怒而不敢言）四患也。無守備，四鄰謀之不知，戒五患也。所言不忠，所忠不信，六患也，畜種菽粟不足以食之，大臣不足以事之，賞賜不能喜，誅罰不能威，七患也。七患所當，國必有殃。』

七患五『凡五穀者民之所仰也，故食不可不務也，地不可不立也；用不可不節也；五穀盡收，則五穀盡御（用也）于主，不盡收則不盡御，一穀不收謂之饉，二穀不收謂之旱，三穀不收謂之凶，四穀不收謂之餽（同饋餉之饋）五穀不收謂之饑。歲饉，則仕者大夫以下，皆損祿五分之一，旱則損五分之二，凶則損五分之三，餽則損五分之四，饑大侵，則盡無祿，稟食而已矣。故凶饑存乎國，人君徹鼎食五分之五，大夫徹縣（懸掛之樂器。）士不入學，君朝之衣不革制，（新做）諸侯之客四鄰之使雍（饔，熟食也）而不盛，徹驂騑，（去牽車之邊馬，）塗不芸，馬不食粟，婢妾不衣帛，此告不足之至也。今有負其子而汲者，隊（墮）之井中，其必從而道之。今歲凶民饑，其可無察也耶？故曰以其極賞以賜無功，虛其府庫以備車馬，衣裘奇怪，苦其役徒以治宮室觀樂。死又厚爲棺槨多爲衣裘。生時治臺榭，死又修墳墓。故民苦於外，府庫單（殫竭）于內，上不厭其樂，（快活的了不得）下不堪其苦。叫苦連天，故國離（罹遭也）寇敵則傷，民見凶饑則亡，此皆備不具之罪也。故周書曰國無三年之食者，國非其國也，家無三年之食者，子非其子也。』今日富笑貧哭，任他凶災水旱，飯店大菜能減少乎？生前搶幾千萬，死還要賜恤銀用國葬禮呢！

辭過六，『古之民未知爲宮室，時就陵阜而居，穴而處下，潤濕傷民，故聖王作爲宮室，爲宮室之法。曰高足以辟潤濕，邊足以圉（禦也）風寒。上足以待霜雪雨露，宮牆之高。足以別男女之禮。謹此則止，費財費力不加利者不爲也。是故聖王作爲宮室，不以爲觀樂也。』

現在各大城埠有多少層洋樓，樓下窮人冬天臥在雪地上，那在樓上的人歌舞歡樂，男女吃喝，還滿口講平等同胞人道。咳！人道呢！同胞呢人道呢！

作爲衣服帶履。便于身，不以爲辟（僻）怪也。故節于身，誨于民。是以天下之民可得而治。財用可得而足。當今之主，其爲災害則與此異矣。必厚作斂（收聚也）于百姓，暴奪民衣食之財。』

現在還不但一個主，有無數的主，連當議員的也自己議加自己的薪水。不用暴奪那裏去要呢？

『以爲宮室臺榭曲直之望，青黃刻鏤（雕刻也）之飾，爲宮室若此，故左右皆法象之。』（仿效也）

你看許多的公館洋樓花園，都是誰的血汗做成的？他們都是互相仿效，你的馬車好，我的還要好，你的客堂擺設的闊气，，我的還要闊气，不足那只好多收附加稅房捐鋪捐，不足那只好借款了。

是以其財不足以待凶饑，賑孤寡。故國貧而民難治也。（所以小民就吃不上飯了，）君實欲天下之治而惡其亂也，當爲宮室不可不節。（公館洋樓客堂擺設少講就一點） 以上宮室奢侈不平等之罪一

古之民未知爲衣服時，衣皮帶茭，（乾草）冬則不輕而溫，夏則不輕而清，聖王以爲不中人之情，故作

誨婦人治絲麻，捆布絹以爲民衣，（爲民衣是教大家民人都穿，不是一二闊老獨穿的，爲甚現在民都成了紅蟲呢？）爲衣服之法，冬則練帛之中足以爲輕且煖，夏則絺綌輕且凊，謹此則止。故聖人爲衣服，適身體，和肌膚而足矣，非榮耳目而觀愚民也。（只是弄點招牌嚇詐鄉愚，又好像唱戲的登臺教人誇好看，所以那身子給人家看的罷了，你看有了紅白喜喪事大會，那是人會？就是緞棍招牌會罷），（當是之時，堅車良馬不知貴也，刻鏤文采不知喜也。何則！其所道（教訓也）之然。故民衣食之財家足，（每家都够）以待旱水凶饑者何也？得其所以自養（自己煖火）之情而不感于外也。（不是玩把戲給人看討好的）是以其民儉而易治，其君因財節而易贍（足也，）也。府庫實滿足以待。（用不着借欵·古來沒聽說過的，）不然，兵革不頓，（挫也·）士民不勞，足以征不服，故霸王之業可行于天下矣。（墨子還有國家主義，）當今之主，其爲衣服則與此異矣。（現在的握政權坐大官的怎樣呢？）冬則輕煖，夏則輕凊皆已具矣，（有多少皮箱子穿不了的衣裳，所以有句話，窮人身上無衣穿，有錢的箱子會穿衣，）必厚作斂于百姓，暴奪民衣食之財以爲錦繡，（寧綢摹本漳絹虎絨外國呢紗等，）文采（淡紅淡綠起花斜文褐色等等，）靡曼，（花朵似的）衣之。（穿在身上）鑄金以爲鉤，珠玉以爲珮，女工作文采，男工作刻鏤，（家裏裁縫常常請著，）以爲身服，此非云益煖之情也。單（殫竭）財力，畢（全）歸之于無用。（穿個兩三回就舊了不用，）以此觀之，其爲衣服，非爲身體，皆爲觀好。（唱戲的玩把戲的）是以其民淫僻而難治，（人人想洋裝，人人想穿摹本緞，人人想做督軍議員，就是鄉下有初選舉權的土紳董、也賣票買個洋傘，買竹布做大褂呢，）君奢侈而難諫也。（你說給誰聽，他說你是瘋子）

夫以奢侈之君，御好淫僻之民，欲國無亂，不可得也，（只好坐以待斃，等著瓜分）君實欲（你眞正想嗎？）天下之治而惡其亂，當爲衣服不可不節。』

以上衣服奢侈不平等之罪二。

『古之民未知爲飲食時，素食而分處。故聖人作（生出來）誨，男耕稼樹藝，（種也）以爲民食。（是教大家通同有飯吃不是單教有錢的，）其爲食也，足以增氣充虛，彊（强）體適腹而已矣。故其財用節，其自養儉，民富國治。今則不然，厚斂于百姓以爲美食，芻豢蒸炙魚鼈，（燒烤煨炸我也說不清，因爲我沒吃過這些東西，殺生害命的。）大國累百器，（你看大菜間，請一回客何止一二百樣子，）小國累十器，（就是平常樣大碗小碟，請客也幾十中碗洋盤，還有火鍋呢，）美食方丈，（面前擺的平方，有一丈都是盤子碗一片明好看得很，）目不能徧視，（我也查不清，記不清有多少樣子，）手不能徧操，（每一樣那能食了一筷子呢，肚裏實在盛不下了，明天還要拉痢呢！）口不能徧味，（每樣嘗嘗己覺肚裏脹滿了，那還能分清酸的甜的，）冬則凍冰，夏則飾饐，（許多的剩菜都霉壞發酸了，廚房也不吃，用人也够了，都潑給狗吃，我看見的那大菜間成盤的海參狗都不吃，只好潑在雜穢桶裏，留著上地當肥料，）人君爲飲食如此，故左右象之。（總統如此，各總長省長道尹知事議員董事都好好學着請客吃大菜叫做應酬，）是以富貴者奢侈，孤寡者凍餒，（無父的孩子無丈夫的婦女，你看到處滿街成羣，老爺皇天的喊，身上紅蟲似的豆餅也吃不着，）欲無亂，（今天一道命令曰統一，明天下個章程曰興實業，）不可得也。（叫做公雞下蛋）君實欲天下治而惡其亂，當爲食（少請客）飲（

少吃幾杯，）不可不節。」

以上飲食奢侈不平等之罪三。

『古之民未知爲舟車時，重任不移，遠道不重故聖王作爲舟車以便民之事。其爲舟車也，全固輕利，可以任重致遠，其爲用財少而爲利多，是以民樂而利之。故法令不急而行，民不勞而上足用，故民歸之。當今之主，其爲舟車與此異矣。全固輕利皆已具，必厚作斂于百姓以飾舟車，飾車以文采，（光亮的汽車馬車頭等花車，白馬身上也穿衣，還露兩個眼睛睜着，）飾舟以刻鏤，（特別官艙大菜間，窮民皆在烟蓬同豬一樣，你看秦淮河裏的花船，船旁面還有叫花子船，船裏頭也是貧家好兒女也。）女子廢其紡織而修文采，故民寒，男子離其耕稼而修刻，鏤故民饑。（上海城內有一殘廢人兩腿沒有，滿街上滾着叫化，又有一殘廢人兩腿沒有，只兩個手他伏一塊板上，板有兩後輪，他用兩手持小板爬而行，好像撐船滿街叫化，簡直像個大龜爬的，那還有人道呢？誰問他呢。）人君爲舟車若此，故左右象之。是以其民饑寒並至，故爲姦衺（邪）多，（土匪起了）則刑罰深，刑罰深則國亂。（又要維持秩序了，一年一年維持下去罷，）君實欲天下之治而惡其亂，當爲舟車不可不節。』

以上言舟車奢侈不平等之罪四。

以上宮室衣服飲食舟車四條，墨子都主張公用節用，僅可而止，是因從前物質機器沒發達，但今世物質科學大進化，不必太主復古，大同學述太同世之福，有句云，「假使有獄囚，樂過今帝王。」正與藝術家所主「美術世界」相合。因今後只要去殺息爭，以殺人之物力移而養人，以公財公愛同樂爲敎，固不拘于墨子苦行之說。但開創時代及亂時，却用得著苦行了。要先天下之憂而憂，後天下之樂而樂可矣。

「凡回于天地之間，包于四海之內，天壤（天地也）之情，陰陽之和，莫不有也，雖至聖不能更也。（聖人也要娶妻生兒子，）何以知其然。聖人有傳，（說也）天地也，則曰上下，四時也則曰陰陽，人情也則曰男女，禽獸也則曰牝牡雄雌也。眞天壤之情，（陰陽之謂道，所謂天經地義，）雖有先王不能更也，雖上世至聖必蓄私，（必有男女之私欲）不以傷行，故民無怨。宮無拘（囚也）女，故天下無寡夫，故天下之民衆。當今之主，其蓄私也，大國拘女（拘字妙好像掠囚）累千，小國累百，（現在皇室雖沒有，但是不論那個有權位的，總看着幾個花朶金銀錦翠似的小老婆，統中國的小老婆算起來，可不止幾千百了，不知有多少萬，）是以天下之男，多寡無妻，（所以這些窮人只好打光棍了，做工的當兵的僱工的只好尋不起妻子，永遠斷子絕孫了，這個自由權爲甚麽人奪了去占了去了呢？詩經「雉之朝呴，（叫也）尙求其雌，」何以禽獸還有雌雄配偶的權利，當兵的做工的都尋不起呢？女多拘無夫，男女失時，故民少。君實欲民之衆而惡其寡，當蓄私不可不節。」

以上言男女配偶不平之罪五。

凡此五者，聖人之所儉節也，小人之所淫佚也。（斷一語可想而知）儉節則昌，淫佚則亡。此五者不可不節。夫婦節而天地和，風雨節而五穀孰，（熟）衣服節而肌膚和。

以上宮室，衣服，飲食、舟車，配偶，五項，都要去其太甚，求其有節，大家相去不遠，這是墨學

兼愛天下實行的大法，

墨子于男女主張均平，是不錯，可算與託氏相近，但不如孔子大同學男女的自然，至於佛的對於男女色相覩却不定主均平，又高一着了。因佛是以厭捨一切爲本，連己身也不要，不得已時方便順俗的。

非樂第五

三辯七子墨子曰：『堯舜有茅茨以爲禮樂，湯樂濩，武王樂象，（均樂名）程繁問曰，聖王無樂，此亦樂已，何謂無樂也？曰有樂而少，此亦無也。』

非樂上三十二，『所以非樂者，非以琴瑟之聲爲不樂也，非以文章之色爲不美也，非以煎炙之味爲不甘也，非以臺榭之居爲不安也；雖身知其安也，口知其甘也，目知其善也；耳知其樂也，然不中萬民之利，故曰爲樂非也。』（這不過因昔時物質未發達力量來不及而已。）

『今王公大人將厚斂乎萬民，以爲大鐘鳴鼓琴瑟竽笙之聲，譬之若聖王之爲舟車也，卽我弗敢非也，古者聖王，亦嘗厚措斂乎萬民以爲舟車，旣以成矣，曰，吾將惡許（何許也）用之？曰，舟用之水，車用之陸，君子息其足焉，小人息其肩背焉，故萬民出財齎，而予之不敢以爲感恨者何也？以其反中民之利也。然則樂器，反中民之利，亦若此，卽我弗敢非也。』

可見墨子非樂純從公衆利益上講，假若爲公衆之用，墨子必提倡他了，今物質進化，大同世以樂爲教，與墨道并不相反。所以今日的墨道，自奉可刻苦，而爲人也非大倡物質化不可。

『用樂器，民有三患，飢者不得食，寒者不得衣，勞者不得息，三者民之巨患也，然爲之撞巨鐘，擊鳴鼓，彈瑟吹笙，民衣食之財，將安可得乎？即我以爲未必然也，意舍此，（按下且不說）今有大國即攻小國，有大家即伐小家，强刧弱，衆暴寡，詐欺愚，貴傲賤，寇亂盜賊並興，可禁止也，當然即爲之撞巨鐘，擊鳴鼓，彈琴瑟，吹竽笙，而揚干戚，天下之亂也，將安可得而治與？即我未必然也。』

按墨之于心理學粗矣，正可以楊學補之，因楊學將以樂易天下，使人人同樂而去大攻小强刼弱的無謂爭殺，正是楊學妙處。

『使丈夫爲之廢耕稼之時，使婦人爲之廢紡績之事。今王公大人惟毋爲樂，虧奪民衣食之時，以拊樂如此多也，故曰爲樂非也。今王公大人說（悅）樂而聽之，即不能聽獄治政，故國家危矣。士君子說樂而聽之，即不能治官府，歛關，市故倉廩不實。農夫說樂而聽之，即不能蚤出暮入，耕稼樹藝。婦人說樂而聽之，即不能夙興夜寐，紡績織絍。（繒布也）曰孰爲大人之聽治而廢國家之從事？曰樂也』

墨子非樂的意思，照他自己說，也不一定說樂壞，不過嫌他妨害民生日用，也不爲無理。但是要教人弄得太苦了，一點樂趣都沒有，這叫做張而不弛，文武弗能了。天下的道理不能使人太苦，因爲人生目的不外背苦而向樂，所以莊子批評墨子也說到這裏，然而不知道墨子是個宗教家，他因爲有尊天明鬼的說，禱神祭鬼，本來可以替代一切的快樂，你看世界各樣教會，凡做禱告習靜坐念佛參禪的人，他更用不着音樂，嫌他亂心。所以墨子的非樂。拿着修道的眼光看起來，也並不算錯，凡用過工夫的人都知道的。

要說是平常的人，原也不必一律。到了大同無事的時，一天做一兩點鐘的工，不過像體操一樣，除此以外，大家練習音樂，倒也無碍，墨子怕的誤事，要不誤事也可以的。現在已竟到了美術化時代還能拿著墨子學說否認美術家穆麗斯的地上天國主義麽？Morris's（1834—96）The Earthy Paradise 又孔墨荀孟等都是北方人，北方生計艱難，故學多苦澁。試看老莊屈宋，便知南方文化了。

建設篇下

尙賢第一　正義選舉

親士第一『入國而不存其士，則亡國矣，（按此墨子開卷第一句也）見賢而不急，則緩其君矣。非賢無急，非士無與，慮國緩賢忘士，而能以其國存者，未曾有也。……桀紂不以其無天下之士邪？殺其身而喪天下。故曰歸（餽）國寶不若獻賢而進士。……故雖有賢君，不愛無功之臣，雖有慈父，不愛無益之子。（可見墨子尙賢尙功重實用主義，故不尙血統孟子謂其無父也。）是故不勝其任而處其位；非此位之人也。不勝其爵而處其祿，非此之主也。良弓難張，然可以及高入深。良馬難乘，然可以任重致遠；良才難分，然可以致君見尊。』（於此可見墨子尙賢親士，若韓非述太公誅任矞則以驥良難乘而誅之矣。其本原只是法術家爲少數貴閥，墨家爲人類多數而已。）

尙賢上八『故古者聖王之爲政言曰，不義（者）不富，不義（者）不貴，不義（者）不親，不義（者）不近。是以國之富貴人聞之，皆退而謀曰，始我所恃者富貴也，今上舉義不辟（同避）貧賤，然則我不可爲不義。（現在計銀元多少而放差，而賣票所以人止要搶錢就是了，）親者聞之亦退而謀曰，始我所恃者親也，今上舉義不辟親疏，然則我不可爲不義。近者聞之亦退而謀曰，始我所恃者近也，，今上舉義不避近，然則我不可爲不義。遠者聞之亦退而謀曰，我始以遠爲無恃，今上舉義不辟遠，然則我不可不爲義。逮至遠鄙郊外，四鄙萌（同氓民也）人聞之，皆競爲義，是其故何也？曰上之所以使下者一物也，下之所以事上者一術也。譬之富者有高牆深宮，牆立旣謹，上爲鑿一門，有盜入闔而求之，盜其無自出。何也？得要也，故古聖王之爲政，列德而尙賢。雖在農工肆之人，有能則舉之。高予之爵，重予之祿，任之以事斷，以德就列，以官服事，以勞殿（上下之）賞。量功而分祿，故官無常貴而民無終賤。有能則舉之，無能則下之。舉公義，辟私怨。故堯舉舜于服澤之陽，授之政天下平。禹舉益于陰方之中，授之政九州成。湯舉伊尹于庖廚之中，授之政其謀得。文王舉閎夭泰顚于罝罔（同網）之中，授之政西土服。故當是時，雖在於厚祿尊位之臣，莫不敬懼。雖在農與工肆之人，莫不競勸而尙意。故尙賢者政之本也。』

看來墨子是實際的社會主義，不過是在大同小康之間，還不能到老莊的皇道。因墨子是當世實行家，只要使賢人在位，選舉公正，就可以安國家了。那些有錢有勢而不賢的，也就退下去不把持了，和孔子「舜有天下選於衆舉皐陶不仁者遠矣」的意思一樣，至於極端大同，他還不算澈底。他志在實現。

尙賢中『今王公大人有一衣裳不能制也，必藉良工。至國家之亂社稷之危，則不知使能以治之。親戚則使之無故富貴，面目佼（音狡媚也）好則使之。夫無故富貴，面目佼好，豈必智慧哉？使治國家，則使不智慧者治國家也，亂可知已。且夫王公大人有所愛其色而使其心，不察其知而與其愛，故不能治百人者，使處乎千人之官，不能治千人者，使處乎萬人之官，知不什而官什倍，則治一而棄其九矣。則不明乎以尚賢使能爲政，以下賢而亂也。王公大人明乎以尚賢使能爲政、民無飢而不得食、寒而不得衣；勞而不得息。亂而不得治者。』（有人疑惑何人賢何人不賢、有甚麽憑據。何以見得我用的人不賢呢？墨子答他我問你現在民人有捱凍的沒有？捱餓的沒有？不得休息的沒有？天下亂不亂？你要敢說沒有。敢說天下已經太平了、那我就佩服你所用的人是賢的、是不錯的。要不然、你自己也可以想想了，好比有人喝酒醉的狂奔亂罵、說我是不醉的、我喝的酒是與旁人不同的、我沒有喝酒、我是喝的茶。你想旁面人笑他不笑他呢？你喝的茶、爲何臉上帶出酒的憑據呢！

尚賢下『王公大人有一罷（疲）馬不能治、必索良醫。有一危弓（破敗之弓）不能張、必索良工。雖有骨肉之親，無故富貴面目美好者，必不使。是何故？恐其敗財也。于此（于馬，于弓，）則不失尚賢使能。至其國家則不然，王公大人骨肉之親，無故富貴面目美好者，則舉之。親其國家也，不若親其一危弓罷馬，明于小而暗于大也。此譬猶瘖者而使爲行人，（使臣之官）聾者而使爲樂師也。』

貴義四十七『世之君子，使爲一彘之宰，（殺一個猪）不能則辭之，使爲一國之相，不能而爲之，豈不悖哉？』

孟子曰，『爲巨室則必使工師求大木。工師得大木則王喜，以爲能勝其任也，匠人斲而小之，，則王怒，以爲不勝其任也。今人幼而學之，壯而欲行之，王曰「姑舍（捨）汝所學而從我。則何如？今有璞玉於此，雖萬鎰（二十四兩爲鎰或云二十兩，）必使玉人雕琢之。至於治國家，則曰姑舍汝所學而從我，是何以異於敎玉人雕琢玉哉？」

丹徒馬相伯（名良）先生年八十餘，民國八年余同先生辦民治學會，先生于開會時演說云。『你們要請一個人爲你們剃頭，人必曰我不會剃頭，你找會剃的去，請一個人來修馬脚，人必曰我不會修馬脚你請會修的去。這是何故？他知道剃頭修馬脚不學就不會不能，現在你請一個人去坐官，答應不能的人有麼？人人想我恐怕可以的，唉中國的官價值也可想而知了，就是連個剃頭修馬蹄的程度的人格，都不要的呀！』說的痛快，與墨子孟子意思正同。照此看來中國官界的人格可想而知了，然而他們還說人民程度不够呢！不知何日官界才有反悟的日子，不然恐怕也要自然淘汰了。

尙賢下『爲賢之道奈何？曰，有力者疾以助人，有財者勉以分人，有道者勸以敎人。若此則飢者得食，寒者得衣，亂者得治。』修身二『據財不能以分人者，不足與友。』

照墨敎看來，賢不賢有一定的憑據。就是有三種供獻社會的東西如下：

各敎大同要義比較表

墨		佛	孔	耶	老
富分財	捐錢	財施	出貨	盡於家產	儉以自養
貧分力	捐工	供養施	出力勞身	還要背着十字	
學分智	盡義務	法施	勞心	架行道	慈以與人

兼愛分財第二（與今日互助的道理相合）

兼愛上『聖人以治天下爲事者也，必知亂之所自起。如醫之攻（治也）人之疾者，必知疾之所自起，亂何自起，起不相愛，兼愛中，今諸侯獨知愛其國，不愛人之國，是以不憚舉其國以攻人之國。今家主獨知愛其家而不愛人之家。是以不憚舉其家而篡人之家。今人獨知愛其身，而不知愛人之身。是以不憚舉其身以賊人之身。是故諸侯不相愛則必野戰，家主不相愛則必相篡，人與人不相愛則必相賊。君臣不相愛則不惠，父子不相愛則不慈孝，兄弟不相愛則不和調。天下之人皆不相愛，强必執弱，富必侮貧，貴必敖(同傲)賤，詐必欺愚，凡天下禍篡怨恨，其所以起者，以不相愛生也。是以仁者非之，既以非之，何以易之？（改革之也）子墨子言曰，以兼相愛交相利之法易之。親人之國若視其國，視人之家若視其家，視人之身若視其身，……雖然天下之難物於故（原理）也，天下之士君子特不識其利，辯其故也，夫攻城野戰，殺身爲名，此天下之所難也。苟君悅之，則士衆能爲之，况於兼相愛交相利，則與此異。夫愛人者，人必從而愛之，利人者，人必從而利之，惡人者，人必從而惡之，害人者人必從而害之。此何難之有？特上弗以爲政，士不以爲行故也。』

兼愛下『然而天下之士，非兼者之言猶未止也。曰「卽善矣，雖然豈可用哉！」子墨子曰：用而不可難哉！亦將非之，且焉有善而不可用哉？姑嘗兩而進之，（比較言之）誰以爲二士，使其一士者執別、（獨也個人也。）使其一士者執兼。別士之言曰，吾豈能爲吾友之身若爲吾身？爲吾友之親若爲吾親？是故退睹其友，飢即不食，寒卽不衣，疾病不侍養，死喪不葬埋。別士之言若此，行若此。兼士之言不然，行亦不然。曰吾聞爲高士于天下者，必爲其友之身。若爲其身，爲其友之親，若爲其親。然後可以爲高士于天下。是故退睹其友，飢則食之，寒則衣之，疾病侍養之，死喪葬埋之，兼士之言若此行若此。』（按此則明明共產主義矣。所以墨敎之支流變而爲游俠也。今各省會黨，所到之處，共利害，猶有此風。）『敢問今有平原廣野於此，被甲嬰（同攖，頸上的飾物）冑將，往戰，死生之權未可識也，又有君大夫之遠使于巴越齊荆，往來及否未及否，未可識也。敢問不識將惡（何也）也家室奉承親戚，提挈妻子，而寄託之？不識于兼之有是乎？于別之有是乎哉？（不知道這時候去尋兼愛者不兼愛者，）以爲當其于此也。天下無愚夫愚婦，雖非兼之人必寄託之于兼之有是也。此言而非（毀也）兼，行卽取兼，此言行拂（反也）也。不識天下之士，所以皆聞兼而非之者，其故何也？』（痛快澈底）

『然而天下之士非兼者之言猶未止也。曰意可以擇士而不可以擇君乎。姑嘗兩而進之。誰以爲二君，使其一君者執兼，一君者執別，別君之言，吾惡能爲吾萬民之身爲吾身？此泰非天下之情也，人之生乎地上之無幾何也，譬之猶駟馳而過郤，（隙，墻縫也，）也。故退睹其萬民，飢卽不食，寒卽不衣，疾病不侍養，死喪不葬埋，別君之言若此行若此。兼君之言不然，行亦不然。曰吾聞爲明君於天下者，必先萬民之身，後爲其身，然後可爲明君於天下，是故退睹其萬民，飢卽食之，寒卽衣之，疾病侍養之，死喪葬埋之。（此與孟子所說「養生喪死無憾」相同，現在不論何國，你想叫甚麼國王總統，還來侍養窮民的疾病嗎？你做大夢）兼君之言若此行若此。敢問今若有癘疾，萬民若有勤苦凍餒，轉死溝壑中者，旣已衆矣。（正是現在的世界能！）不識將擇之，（此）二君者將何從也？我以爲當其于此也，天下無愚夫愚婦，雖非（毀也）兼者，必從兼君是也。言而非兼，行卽取兼，此言行拂也。不識天下所以皆聞兼而非之者，其故何也？』（佛言衆生顚倒，于修馬脚則明白于大事糊塗也）

『今夫兼相利，此其有利且易爲也，不可勝計也，我以爲則無有上說（悅）之者而已矣。苟有上說之者，勸之以賞譽，威之以刑罰，（看來墨子是「社會的國家主義，」不是離開政治單講社會的，）我以爲人之于就兼相愛交相利也，譬之猶火之就上水之就下也，不可防止於天下。故兼者聖王之道也，王公大人之所以安也，萬民衣食之所以足也，故君子莫若審兼而務行之，「此聖王之道而萬民之大利也。」』

非命上『古者湯封于亳，絕長補短，地方百里，（孟子云七十里）與其百姓兼相愛交相利，多則分，（按就是行井田助法土地歸公，）率其百姓以上尊天事鬼，是以天鬼富之，諸侯與之，百姓親之，賢士歸之，未沒其世而王天下，政諸侯。昔者文王封于岐周，地方百里，與其百姓兼相愛交相利，是以近者安其政，遠者歸其德。（孟子言「周人百畝而徹」亦是井田公產法也。）聞文王者皆起而趨之，罷（疲）不肖股肱不利者處而願之曰，奈何乎使文王之地及我，則我利豈不亦猶文王之民也哉，是以天鬼富之、諸侯與之，百姓親之，賢士歸之，未沒其世卽王天下征諸侯。』

耕柱四十六『子墨子游耕柱子于楚，二三子（同學也）過之，食之三升，客之不厚；二三子復（告）于子墨子曰：耕柱子處楚無益矣，二三子過之，食之三升，客之不厚，子墨子曰：未可知也，毋幾何而遺千金（黃金千斤）於墨子，』（看來墨教是差不多實行公產的所以言盈天下豈是偶然？）

按「愛」字在人性上占如何位置，是一大問題，東方人不甚明白愛字，然而實行愛的是耶教，至託氏欲以愛字代國家制度，但克氏于其互助經序中，反對以愛為人本性，因為說愛就把本性全體的範圍制小了，to narrow the comprehension of the moral feeling as a whole. 他舉許多動物互助，并不因為愛，又我們看見四鄰有火就去救他，并不是愛，這是動物社會性：instinct of social 雖然，理是如此說，而到提倡同情時，還是要講愛，所以本學案六家，耶墨二家，均以愛為本，就是克氏于他處也未嘗不講愛的，究竟根本解決，還非愛不行。

節用第三

節用中二十一『古者堯治天下，南撫交阯，北降幽都，東西至日所出入，莫不賓服。黍稷不二，羹胾（音齋切肉也）不重。飲於土塯，（瓦飯器）啜（飲也）于土鉶，後漢書注引墨子）堯舜堂高三尺，土階三等，茅茨不翦，采椽不斲，飲土塯，歠土鉶，糲梁之飯，藜藿之羹，夏日葛衣，冬日鹿裘，是約已也。』

現在有一般時髦的新人，滿口說甚麽文明，甚麽美術，考究起來，不過搶奪窮民幾個女，拿來擺架子，或是弄點小法子，去直接間接騙人幾個錢，當個寄生蟲，弄了幾張倮體美人畫，說甚麽美術！你看那强盜撅手搶了人家的綢緞衣服穿在身上，他自己也講起美術起來，眞眞怪事。拿着分利的罪科罰起來，凡不耕而食，不織而衣，都是分利的寄生蟲，喝人血的蟊賊。主人終天兩腿的泥在田裏，那强盜穿着綢緞長衫在樹底下乘凉，還笑主人笨拙哩！懂的這段道理就知道老子堯舜的儉樸，實在不是野蠻，桀紂的奢侈不是文明。要知道分配平均，才是眞文明。揖讓道德，才是眞文明。要不然，那袁皇帝一件龍袍幾十萬也算文明嗎！爲甚大家都反對他，所以墨子的臉是黑色的，耶蘇是睡覺沒枕頭，孔子是喝稀飯飲淸水，佛是個乞丐，蘇克雷地脚上沒有鞋穿。沒有人說這幾個人是野蠻，都說他們是大聖是佛是上帝的兒子，還有人去禮拜恭敬他，不然那婊子倒穿的很好，吃的大菜，住的高樓，也算文明的標準麽！可以做國民的甚麽，所以眞文明就是權利分配平均，推讓與人呀！

說苑『食必常飽，然後求美，衣必常暖，然後求麗，居必常安，然後求樂，爲可長，行可久，先質而後文，此聖人之務。禽滑釐曰善，』（可見墨子也不是定終要受苦，不過分緩急先苦後甘而已）

節葬短喪第四

節葬下『王公大人有喪者曰，棺槨必重，葬埋必厚，衣衾必多，文繡必繁，邱隴必巨。賤人死者，殆竭家室，諸侯死者虛車府，然後金玉珠璣比（同背）乎身，綸組節約車馬藏乎壙。又必多爲屋幕鼎鼓几梴（同筵）壺濫（盛氷之壺）戈劍羽旄齒革寢而埋之。王公大人百工以此求富，猶禁耕而求獲也。

天子殺殉（殺人以殉葬）數百，將軍大夫殺殉數十。處喪之法，强不食而爲飢，薄衣而爲寒，使耳目不聰明，手足不勁强，不可用也。君死，喪之三年，父母死，喪之三年，妻與後子死者五，皆喪之三年，然後伯父，叔父、兄，弟孽子，其，（朞年）族人五月，姑姊甥舅，皆有月數，則毀瘠必有制矣。上士操喪也，必扶而能起，杖而能行，其飢約又若此矣。是故百姓冬不仞（忍）寒，夏不仞暑，疾病死者不可勝計也，此其爲敗男女之交多矣。今惟毋以厚葬久喪者爲政，國家必寡，刑政必亂，……）

『故古聖王制爲葬埋之法曰，棺三寸足以朽體，衣衾三領足以覆（掩）惡，以及其葬也，下毋及泉，上毋通臭，壟若參耕之畝則止矣。死者既以葬矣，生者必無久哭，而疾從事，人爲其所能以交相利，也。（可見墨子處處講互助，交相利，就是互助，）此聖王之法也，今執厚葬久喪者之言曰，厚葬久喪，雖使不可以富貧，衆寡，定危，治亂，然聖王之道也，子墨子曰：不然，昔者堯北敎乎八狄道死，葬蛩（音窮）山之陰，衣衾三領，穀木之棺，葛（草也）以緘之，既窆而後哭，滿坎（坑也）無封，（起土界曰封）已葬而牛馬乘之。（那有甚麽陵寢，還要派官派兵把守呢，）舜西敎乎七戎，道死，葬南巴之市，衣衾三領，穀木之棺，葛以緘之，已葬而市人乘之。（國語展禽曰舜勤民事而野死）禹東教乎九夷，道死，葬會稽之山，衣衾三領，桐棺三寸，葛以緘之。若以三聖王者觀之，則厚葬久喪，果非聖王之道。故三王者皆貴為天子，富有天下，豈憂財用之不足哉？以為如此葬埋之法，（言這是立個制度給天下萬世法，）今王公大人之為葬埋則異於此，輟民之事，靡民之財，不可勝計也，其為毋（無）用若此矣。厚葬久喪，誠可以富貧衆寡定危治亂乎？則仁也義也孝子之事也，為人謀者，不可不勸也。若實不可乎？則非仁也，非義也非孝子之事也，為人謀者不可不阻（止也）也。」今執厚葬久喪言者，厚葬久喪果非聖王之道，夫胡說（猶言何說）中國之君子，為而不已哉？子墨子曰：此所謂便其習而義其俗者也。昔者越之東有輆沭之國者，其長子生，則解而食之，謂之宜弟。其大父（祖父）死，負其大母而棄之曰，鬼妻不可與居處。此上以為政，下以為俗，此豈實仁義之道哉？楚之南有炎人國者，其親戚死，朽其肉而棄之，然後埋其骨，乃成為孝子。秦之西有儀渠之國者，其親戚死，聚柴薪而焚之，燻上謂之登遐，然後成為孝子。（此即是火葬日本今用之，歐洲亦多用之，中國宋時亦有用之者，）此上以為政下以為俗，此豈實仁義之道哉？所謂便其習而義其俗者也。故衣食者人生之利也，然尚有節，喪埋者人死之利也，（其實死還有甚麼利，）夫獨無節乎？子墨子制為葬埋之法曰，棺三寸足以朽骨，衣三領足以朽肉，掘地之深下無菹漏，氣無發洩於上，壟足以期其所，（埋的堆大小與棺占地大小相等，）則止矣。哭往哭來，反從事乎衣食之財，佴乎（音二，便利也，）祭祀，以致孝于親。故曰子墨子之法不失死生之利者此也。今天下之士君子，誠欲為仁義，當節喪不可不察也。』

按照現在列國學者的意見，最合宜便利的是火葬。西洋各國市政都有專設的火葬場，日本也是火葬・這個大家認爲合宜的。中國的厚葬，墨子說的很透徹，也不用再說了，再把五經上的參考一點。孟子『蓋上世嘗有不葬其親者，其親死則舉而委之于壑；又古者棺槨無度，中古棺七寸，』檀弓『孔子曰：吾聞之也，古不修墓，』

到了漢朝還有用墨道的，他用的也很有趣・叫做倮葬，就是不要寸絲光滑的葬，見老莊學案野葬下

征誅第五（義師也，老子所謂此「不得已而用之」孟子言「仁者無敵也」）

非攻下『今好攻伐之君，又飾其說曰，昔禹征有苗湯伐桀，武王伐紂，此皆聖王何也？曰彼非所謂攻，謂誅也。今若有能以義立名於天下，以德求諸侯者，天下之服可立而待也。夫天下處攻伐（之苦境）久矣，今若有能信効先利天下諸侯者，大國之不義也，則同憂之，大國之攻小國也，則同救之。小國城郭之不全也，必使修之，布粟之絕則委（贈之）之，幣帛不足則共之，（供給他）以此効大國，則小國之君說，人勞我逸，則我甲兵強。寬以惠，緩易急，民必移易攻伐以治我國，攻必倍。量我師舉之費，以諍諸侯之斃，則必可得而序利焉。督以正義，其名必務，寬吾衆，信吾師，以此授諸侯之師，則天下無敵矣。此天下之利，而王公大人不知而用，此可謂不知利天下之巨務矣。

照此看來，墨子的主義，是社會國家主義，和孟子有相近處，也是用政治改造不平等的制度，行選賢法是平權，行節四分財法是均利，行兼愛法是共產互助，全國兼愛互助，鄰國人民自然嚮慕。然後漸

漸拿着威德，扶助弱小的國，去抵制大國，不久天下歸服，統一世界，那就可以廢兵了。

尙同第六（尙同，就是統一的意思，）

『古者民始生，未有刑政之時，蓋其語人異義，（道理也）是以一人則一義，二人則二義，十人則十義，其人茲（滋，多也，）衆，其所謂義者亦茲衆。是以人是其義以非人之義，故交相非也。是以內者父子兄弟作怨惡，不能相和合，天下之百姓皆以水火毒藥相虧害，至有餘力，不能以相勞，腐朽餘財，不能相分，隱匿良道，不能以相敎，天下之亂若禽獸然，此處墨子古社會學眼光，知一不知二，甚似孟子柳子厚封建論，而被託氏古氏駁倒了。所以不眞通古也不通今。夫明乎天下之不以亂者，生於無政長（政當爲正）是故選天下之賢可者，立以爲天子，天子又選擇天下之賢可者，立爲王公諸侯，諸侯又選其國之賢可者，立爲正長。故里長者里之仁人也。發政里之百姓，善不善必以告其鄉長，去若不善言，學鄉長之善言，去若不善行學鄉長之善行，則鄉何說以亂哉？察鄉之所以治者何也，鄉長唯能壹同鄉之義，是以鄉治也。鄉長者鄉之仁人也，發政鄉之百姓，善不善必以告國君，去若不善言學國君之善言，去若不善行學國君之善行，（今日何處學去，鄉長是今日的董事，國君是知事，他的甚麽可學，學他包攬詞訟打牌橫取人財麽，）則國何說以亂哉？察國之所以治者何也？國君唯能壹同國之義，是以國治也。國君者國之仁人也。發政國之百姓，言曰善不善必以告之天子，去若不善言學天子之善言，去若不善行，學天子之善行，則天下何說以亂哉？察天下之所以治者何也，天子唯能統同天下之義（就是他的道德比天下高，）是以天下治也。』

看起來墨子所說統一的方法，頗合民主政體。天子由選舉而出，官吏由中央選賢者加以命令，所選的人是仁人，仁人就是聖人，孔子尚且不敢當，必定有善言善行可以致大家都跟他學的，請問現在當位的人，能自信可以致人跟他學的有多少呢？至於古時所說的天子，是一個稱號，也和現在稱總統差不多罷了，堯舜也稱天子，現在也沒有人說堯舜專制的，

尚同下『古者有語焉，一目之視也，不若二目之視也。一耳之聽也，不若二耳之聽也。一手之操（持也）也，不若二手之彊也。古聖治天下，千里之外有聖人焉，其鄉里之人未均聞見也，聖王得而賞之。有暴人焉，鄉里未均聞見也，聖王得而罰之，豈能一視而見千里之外哉？然而使天下爲寇亂盜賊者；周流天下，無所重足者何也？其以尚同爲政善也。是以尚同爲政之本而治之要也。』

創作機器第七

非儒篇三十九『儒者曰，君子必服古言然後仁。應之曰，「所謂古之人者，（其始也）皆嘗新矣，而古人服之。則君子也。又曰，君子循（守舊法）而不作。」（不創造發明，）應之曰，古者羿作弓，伃作甲，奚仲作車，巧垂作舟，然則今之鮑（音僕柔皮二）函車匠皆君子也，（今人能用舊東西）而羿伃奚仲巧垂（古代發明家，）皆小人耶？』（這一條與儒致衝突，因儒誤于述而不作一句上。）

魯問四十九『公輸子自魯南遊楚，始爲舟戰之器，作爲鉤強之備。退者鈎之，進者強之，（可見魯國人才不少，）削竹木以爲鵲，（鵲）成而飛之，三日不下，自以爲至巧。子墨子曰，子之爲鵲也，不如翟之

爲車轄，（車軸）須臾劉（刻也）三寸之木而任五十石之重，故利于人謂之巧，不利于人謂之拙。然則現在造大砲害人可謂拙矣，墨以利人物質判文野巧拙酷似託爾士太之言。但公輸班也算中國一個大製造家，今木匠均供奉之，爲魯般老祖，傳其魯班經。

韓非子『墨子爲木鳶，三年而成，飛一日而敗，』

墨子書有備城門，備高臨，備梯，備水，備突，備穴，備蛾傅，迎敵祠，旂幟號令，雜守，諸篇，多載製造器械尺寸，及用法，篇中多與弟子禽滑釐問答語。（禽等三百餘人皆能守城，詳犧牲條下，）看起來墨子的法子十分完備，他一面「非攻，」一面修戰具，看他窮公輸般以救宋可知，同他弟子實行抵抗暴兵主義。因爲要沒有抵抗暴兵的武器，空談罷兵議和，還是不行，所以從文化上傳布非攻，是消極的精神的；從機器上預備抵抗，是積極的，物質的，可算完全了。

西人論中國人之機器創造力

吾國人之機器發明力，本不小，只因古代重復古好古，而月令孟冬「禁作淫巧以蕩上心，」王制「奇技奇器以疑衆，殺。」所以直到現在。西洋普用機器水車及自來水，而我國還是徧地實行雙肩挑水的抱甕丈人主義，眞是可憐，然而考查我民族的機器創造力，還不弱。我有三大發明，世界歷史家也承認了。邁爾通史（原書四八六頁）力辨歐人自造羅盤針之 Compass 之妄說，華人于八世紀已用指南針，歐人十三世紀，十字軍東征纔得之。偉而士說（史綱五五頁注）亞拉伯商人從華人得羅針用以航海又言（七三五頁）蒙古人，（西人稱中國人也稱蒙古人他們史書上頂怕蒙古人的，）于十三至十四世紀將火藥輸入歐洲，又（七十一頁）盛稱中國造紙及活版印刷之功德，說供獻於全世界文學，中國造紙術，由回人獲一華工傳于歐洲，而活版術之妙，不但在印刷快且多，尤足使歐人易讀易解。歐人得此，直至十四世紀以後，始有眞文學史出現。There was not only a great increase in the world, but made plainer to read and so easier to understand, With the fourteenth century, the history of the literature begins. 以中國歷代君主壓制機器思想如彼，而民族仍在機器史上占如此位置，亦足自豪。可惜僞孔當王，墨學不昌，致機器發明事業不大振，若漢以後用墨爲敎；則中國早已成文化的成吉斯元朝。統一亞歐，亦易如指掌耳。今雖後悔，仍可直追，願我蒙古人其深思念之。

世界近世重要發明表說

中國科學不進步，因劉漢梟雄，用僞孔而廢眞墨。今欲眞倡墨敎，削奇恥，在重社會運動，倡發明機器，盡量吸收科學，而不在咬文嚼字、以墨學鳴高也。蓋中國發明力薄弱，因卑視工藝，賤奇技，禁淫巧，信而好古，不求進化。又不能探險闢地，因守「孝子不登高，不臨深，不遠遊」之戒過重。故至今全世界發明探險事業，功歸白人。近四五百年發明之事業無數，今後已入電氣，飛行，琉璃，時代，而不以重物質化者爲野蠻人。茲錄近數百年世界發明表之重要者，中國民對于科學觀念之薄弱，可以此醫之。欲知其詳，須讀科學史。The History of Science.

世界近世重要發明表

Copernicus…………	1473—1543	可白尼	明天文
Gutenberg…………	1400—1468	戈丁比	明印書機
Francis Bacon………	1561—1626	貝根	明歸納法
Newton…………	1642—1727	奈端	明物理
Frankling…………	1706—1790	夫侖克林	明電學
Arkwright…………	1732—1792	阿克賴	明紡紗機
Dalton…………	1766—1844	道而通	明化學原子
Jonson…………	1608—	眞生	明望遠鏡
James watt…………	1736—1819	瓦特	明汽機
Columbus…………	1492 年	哥倫布	發現美洲
Matson…………	1747 年	馬太生	明電報機
Marting Luther………	1520 年	路德	宗教革命
Montgolfier…………	1783 年	孟加飛亞	明氣球
Symington…………	1801 年	西民登………	明汽船
J. A. Edison…………	1878 年	愛迪生	明留聲器電燈
H. G. Bell…………	1877 年	比耳	明德律風
Routgen…………	1895 年	洛眞	明X光線
Signor Marconi………	1897 年	馬克奈	明無線電
Rousseau…………	1712—78	盧梭	明社會契約
Charles Dwarin………	1809—82	達爾文………	明種源論
Buchner, Ludwig……	1824—99	布士納………	明動物學
Comte…………	1825—88	孔德………	明實證哲學
Jean Lamarark………	1744—1829	拉謨克………	明環境論
P. Kropotkin…………	1842—1921	克魯巴金……	明互助論

墨子傳（瑞安孫詒讓原著今節錄之）

墨氏之學，亡於秦季，故墨子遺事，在西漢時已莫得其詳、太史公述其父談、論六家要旨，尊儒而重道，墨蓋非其所憙，故史記攟采極博，於先秦諸子，自儒家外，老莊韓呂蘇張孫吳之倫，皆論列言行爲傳，唯於墨子，則僅於孟荀傳，附綴姓名，尚不能質定其時代，遑論行事？然則非徒世化綿邈，舊聞散佚，而墨子七十一篇，其時具存，史公亦未嘗詳事校覈，亦其疏也。今去史公又二千年，周秦故書雜記，百無一存，而七十一篇，亦復書闕有間。徵討之難，不翅倍蓰。然就今存墨子書五十三篇鈎考之，尚可得其較略。蓋生於魯而仕宋，其生平足跡所及，則嘗北之齊，西使衛，又屢游楚，前至郢，後客魯陽，復欲適越而未果。文子書稱『墨子無煖席，』班固亦云，『墨突不黔。』（言他的鍋竈還沒黑又動身走了，）斯其驗矣。至其止魯陽文君之攻鄭，紲公輸般以存宋，而辭楚越書社之封，蓋其犖犖大者。勞身苦志，以振世之急，權略足以持危應變，而脫屣利祿，不以累其心。所學尤該綜道藝，洞容象數之微。其於戰國諸子，有吳起商君之才，而濟以仁厚。節操似魯連而質實亦過之。譔甄討羣書，次第其先後。略考始末，以裨史遷之闕。彼竊耳食之論，以爲詬病者，其亦可以少息乎。（按墨子奇如史公不爲作傳，沒二千年後乃得一孫詒讓爲作傳，蓋知道之難如此。

墨子名翟姓墨氏，（仁案，近人著讀子巵言　商務書舘出版，言墨子不姓墨，猶老子不姓老也，其言甚辯，大致以爲墨者，其色墨，猶佛之黃面也，）魯人，（呂覽當染愼大篇注，）或曰宋人，（畢沅以爲楚人，誤，）渚宮舊事，（載魯陽文君說楚惠王曰，墨子北方賢聖人，則非楚人明矣，）史遷云，或曰並孔子時，或曰在其後，劉向云在七十子後，蓋生於周定王時，曾從史角學禮于魯。以爲儒者禮煩擾而不悅，厚葬靡財而貧民，久服傷生而害事，故背周道而用夏政。（淮南子要略）其稱道曰，禹湮洪水；腓無胈，脛無毛，沐甚雨，櫛疾風，禹大聖也，而形勞天下如此。故使學者日夜不休，以自苦爲極，曰不能如此，非禹之道也，不足謂墨。（莊子天下篇）亦道堯舜，（韓非子顯學）又善守禦，徒屬弟子，充滿天下。（呂氏春秋尊師篇）孟子曰：「墨翟之言盈天下，天下之言，不歸楊則歸墨，」公輸般爲楚造雲梯成將以攻宋，墨子聞之，起于魯，行十日十夜而至於郢，見公輸般與競攻守之技，般技窮乃止，語詳墨子公輸篇。比墨子自楚返，過宋天雨，求庇宋閭中，守閭者不納也，蓋其受社會冷遇，往往類此。

楚惠王五十年，墨子至郢，獻書惠王，王受而讀之，曰良書也。寡人雖不得天下，而樂養賢人。墨子辭曰：翟聞賢人進，道不行不受其賞，義不顯，不處其朝。今書未用，請遂行矣。辭王而歸。魯陽文君言於王曰，墨子北方賢聖人，君王不見，又不爲禮，毋乃失士？乃使文君追墨子，以書社五，（疑當作五百，）里封之，不受而去。（諸宮舊事二）嘗遊弟子公尚過於越，議裂故吳之地方五百里以封墨子，爲公尚過束車五十乘以迎墨子於魯，不果行。後又游楚，止魯陽文君之攻鄭。

宋昭公時，墨子嘗爲大夫，（孟荀傳言「爲大夫」但未考其何時，）嘗南游使於衛，昭公末年，司城皇喜專政，刼君而囚墨子。（史記鄒陽傳云，「宋信子罕之計，而囚墨翟」）墨子老而至齊，見太王田和，諫用兵，謂爲不祥。齊將伐魯，墨子說齊將項子牛謂其大過，魯欲攻鄭，墨子見陽文君說而說之，語均見魯問篇。墨子卒于周安王末年，當八九十歲，葛洪神仙傳，載墨子年八十有二，入周狄山學道，其說虛誕不足論，要壽長可知。所著書，漢劉向校錄之爲七十一篇，（漢書藝文志）今存五十三篇。中蓋多門弟子所述云。

墨教教徒表

墨翟

- 禽滑釐等三百餘人見莊孟列各書
- 耕柱子 有耕柱篇
- 隨巢子 見藝文志
- 胡非子
- 高石子 見耕柱篇
- 高何
- 縣子石 俱見呂氏春秋
- 公尚過 見貴義篇
- 弦唐子 凡貴義篇
- 相里勤 五侯子
- 苦獲已齒鄧陵子 俱見莊子

- 勝綽
- 高孫子 俱見魯問篇
- 程繁 見三辯篇
- 跌鼻 俱見公孟篇
- 孟山
- 曹公子
- 彭輕生子 俱魯問篇
- 管黔敖 見貴義篇
- 相夫氏
- 宋鈃尹文 俱見莊子

- 夷之 見孟子
- 田俅子
- 我子 見藝文志
- 孟勝 田襄子，徐弱，
- 腹䵍 均見呂氏春秋
- 謝子
- 唐姑果 又見說苑
- 田鳩 見氏呂春秋
- 纏子 見論衡
- 董無心 見通志藝文略
- 治徒娛 見耕柱篇

共三十八人

歷代孔墨等幷稱雜記　（共二十一條）

列子孔丘墨翟無地而為君，無官而為長。（黃帝第二，）孔子勁能拓國門之關，而不肯以力稱，墨子為守攻，服公孫般，而不肯以兵知，（說符第八，）

呂氏春秋孔墨寧越，皆布衣之士也。（求人篇）孔子墨翟二士，無爵位以顯人，賞祿以利人，天下舉顯榮者必稱說此二士。二士皆久死，從屬彌衆，弟子彌豐，充滿天下。（當染篇）

史記鄒陽傳，昔魯聽季孫之說逐孔子，宋信子罕之計囚墨翟。夫以孔墨之辯，自不能免于讒諛，而二國以危。（獄中上書）

漢賈誼過秦論仲尼墨翟之賢，王充論衡累害篇雖孔丘墨翟不能自免。晉葛洪曰：仲尼天縱而韋編三絕，墨翟大賢而載文盈車。（勗學卷三）

又孔墨蒙盜跖之垢。（審舉卷十五，）又孔墨之道昔不曾行。（吳失卷三十四。）

後漢桓寬鹽鐵論，行道則稱孔墨。（相刺第二十，）

史記莊周傳，剽剝儒墨。

荀子非十二子不知一天下建國家之權，稱上功用，大儉約而僈差等。曾不足以容辨異縣君臣。然而其持之有故，其言之成理，足以欺惑愚衆，是墨翟宋鈃也。」

韓非子顯學篇，世之顯學，儒墨是也。儒之至極，孔丘也，墨之至極，墨翟也。自孔子之死，有子張之儒，有子思之儒，有顏氏之儒，有孟氏之儒，有漆雕氏之儒，有仲梁氏之儒，有公孫氏之儒，有樂正氏之儒。自墨子之死，有相里氏之墨，有相夫氏（或云胡非氏）之墨，有鄧陵氏之墨。故孔墨之後，儒分爲八，墨分爲三，取舍相反不同，而皆自謂眞孔墨。孔墨不復生，將誰由定後世之學乎？孔墨俱言堯舜而取舍不同，皆自謂眞堯舜，堯舜不復生，將誰由定堯舜之誠乎？殷周七百餘歲，虞夏二千餘歲，而不能定儒墨之眞，今乃欲審堯舜之道，于三千年之前，其可必乎？又墨者之葬，「冬日冬服，夏日夏服，桐棺三寸，喪服三月，今世主（人君也）以爲儉而禮遇之；儒者破家而葬，使子負債以償，服喪三年，哀痛之極，形存骨立，扶杖而起，今世主以爲孝而禮遇之。夫墨子之儉是，將孔子之侈非矣。孔子之孝是，將墨子之戾非矣。今孝戾侈儉俱在儒墨，而上兼禮遇之。

淮南鴻烈解二十一（上略言儒學生于孔子）：墨子學儒者之業，受孔子之術，以爲其禮煩擾而大悅，（按應是難說也，）厚葬靡財而貧民，服（喪）傷生而害事。故背周道而用夏政。

唐韓愈讀墨子：儒譏墨上（尚）同兼愛，上賢明鬼，而孔子畏大人，居是邦不非其大夫，非上同乎？孔子以泛愛親仁博施濟衆爲聖，非兼愛乎？孔子賢賢，以四科進褒弟子，疾沒世而名不稱，非上賢乎？孔子祭如在，非明鬼乎？儒墨同是堯舜非桀紂；同修身正心以治天下國家，奚不相悅如是耶？余以爲辯生於末學，各務售其師之說，非二師之道本然也。孔子必用墨子，墨子必用孔子，孔墨不相用，不足爲孔墨。（昌黎集卷十一；（看起來韓子晚年通墨又通佛 打破門戶了。可憐俗儒只見過一篇原道。）

四庫全書總目墨家者流，史罕著錄，蓋以孟子所闢，無人肯居其名。然佛氏之教，其清淨取之老，其慈悲則取之墨，（按此說可笑却近理耳。）韓愈送浮屠文暢序，稱儒名墨行，墨名儒行，以佛為墨，蓋得其眞；而讀墨子一篇，乃云墨必用孔，孔必用墨，開後人三教歸一之說，未為篤論。特在彼法中能自齋其身，利濟時物，亦有足自立者。故其教得列於九流，其書亦于今不泯耳。

清畢沅墨子序，孔子之言，見于論語家語，及他緯書傳注者亦多，無斥墨之詞。至孟子始云能言距楊墨者，聖人之徒也。楊墨之道不息，孔子之道不著。蓋必當時墨學者流為橫議，或類非儒篇所說，孟子始疾之。

藝文類聚胬子問天與地孰仁。墨子曰，太山之上，則封禪焉，（言必舉太山似魯人口氣，）培塿（小山）之側，則生松柏，下生黍苗莞蒲，水生黿鼉龜魚，民衣焉食焉死焉，地終不責德焉，故翟以地為仁。（蓋孔子從周，周法天，用乾剛，墨用地柔，與老子法水相近，老亦貴慈儉也。）

孫星衍墨子後序墨與孔異者，其學出於夏禮。孔子曰：「禹菲飲食，惡衣服，卑宮室，吾無間然，」又曰：「禮與其奢也寧儉，」又有「明鬼，」是致孝鬼神之義，兼愛是盡力溝洫之義，其節葬亦禹法，尸子稱禹之喪法，死於陵者葬陵，死於澤者葬澤，桐棺三寸，制喪三日，（當為月）見後漢書注。淮南子要略稱禹時天下大水，故節財薄葬，閑服生焉。高誘云，「三月之服，是夏后氏之禮也。」公孟篇墨子曰：「子法周而未法夏也。」

按孫氏此說極合，蓋墨學在帝與王之間，猶楊學在皇與帝之間。墨法夏后氏而去其傳子，因禹本讓繼也。以此眼光觀察墨學很清楚了。

附游俠傳序及三代公俠荊軻傳

伯成子高及伯夷是堯舜時代的人格，荊軻魯連是三代時代的人格，燕丹荊軻計若成，小康世運未必亡也。

史記游俠列傳序

儒老楊假的滔滔皆是，墨也還可假一點。惟俠不可假，所以必進俠教促大同。雖拘謹如曾國藩老年仍極贊嘆俠也。

韓子曰：「儒以文亂法，而俠以武犯禁。」（本來俠教與儒齊名的，）二者皆譏，而學士多稱於世云。至如以術（儒術）取宰相卿大夫，輔翼其世主，功名俱著於春秋，固無可言者。及若季次原憲閭巷人也。讀書懷獨行君子之德，義不苟合當世，當世亦笑之。故季次原憲終身空室，蓬戶褐衣，疏食不厭，死而後已，四百餘年而弟子志之不倦。今游俠，其行雖不軌於正義，然其言必信，其行必果，已諾必誠，不愛其軀，赴士之阨困，既已存亡死生矣。而不矜其能，羞伐其德，蓋亦有足多者焉。且緩急人之所時有也。太史公曰：「昔者虞舜窘於井廩，伊尹負於鼎俎，傅說匿於傅險，呂尚困於棘津，夷吾桎梏，百里飯牛，仲尼畏匡，菜色陳蔡，此皆學士所謂有道仁人也。猶然遭此菑（災）況以中材而涉亂世之末流乎？其遇害何可勝道哉？」鄙人有言曰：「何知仁義？已饗其利者為有德，故伯夷醜周，餓死首陽山，而文武不以其故貶王。跖蹻暴戾，其徒誦義無窮。」由此觀之，「竊鉤者誅，竊國者侯。侯之門，仁義存？」非虛言也。今拘學或抱咫尺之義，久孤於世，豈若卑論儕俗，與世沉浮而取榮名哉？（罵盡官僚）而布衣之徒，設取予然諾，千里誦義，為死不顧世，此亦有所長，非苟而已也。故士窮窘而得委命，此豈非人之所謂賢豪間者邪？誠使鄉曲之俠，與季次原憲比權量力，效功於當世，不同日而論矣？要以功見言信，俠客之義又曷可少哉？古布衣之俠，靡得而聞已，近世延陵孟嘗春申平原信陵之徒、皆因王者親屬，藉於有土卿相之富厚，招天下賢者，顯名諸侯，不可謂不賢者矣。此如順風而呼，聲非加疾，其勢激也。至如閭巷之俠，脩行砥名，聲施於天下，莫不稱賢，是爲難耳。然儒墨皆排擯不載，自秦以前，匹夫之俠，湮滅不見，余甚恨之。以余所聞，漢興有朱家田仲王公劇孟郭解之徒，雖時扞（捍也）當世之文罔（同網）然其私義廉潔退讓有足稱者。名不虛立，士不虛附。至如朋黨宗彊比周，設財役貧，豪暴侵凌孤弱，恣欲自快，游俠亦醜之。余悲世俗不察其意，而猥以朱家郭解等今與暴豪之徒同類而共笑之也。

三代公俠荊軻傳

史記卷八十六須參觀袁枚荊軻論，在本取書
荊軻刺秦政係取其誅秦壞古四代大同小康之法之公罪也。

荊軻者衛人也。其先乃齊人徙於衛，衛人謂之慶卿，而之燕，燕人謂之荊卿，荊卿好讀書擊劍，以術說衛元君，衛元君不用，其後秦伐魏，置東郡，徙衛元君之支屬於野王。荊軻嘗游過榆次，與蓋聶論劍，蓋聶怒而目之。荊軻出，人或言復召荊卿，蓋聶曰，『曩者吾與之論劍，有不稱者吾目之。試往，是宜去，不敢留，使使往之主人，荊卿則已駕而去榆次矣。』使者還報，蓋聶曰：『固去也，吾曩者目攝之，』荊軻游於邯鄲，魯句踐與荊軻博，爭道，魯句踐怒而叱之，荊軻嘿而逃去，遂不復會。（可見大俠能忍，彼二人乃無名也。）荊軻既至燕，愛燕之狗徒及善擊筑者高漸離。荊軻嗜酒，日與狗屠及高漸離飲於燕市。酒酣以往，高漸離擊筑，荊軻和而歌於市中。相樂也，已而相泣，（生平一知已，）旁若無人者。荊軻雖游於酒人乎！然其爲人沉深好書，其所游諸侯，盡與其賢豪長者相結。其之燕，燕之處士田光先生亦善待之，（交友本不在太多）知其非庸人也。居頃之，會燕太子丹質秦亡歸燕。燕太子丹者，故（曾也）嘗質於趙。而秦王政生於趙。其少時與丹驩。及政立爲秦王而丹質於秦，秦王之遇太子丹不善，故丹怨而亡歸。歸而求爲報秦王者，國小力不能。其後秦日出兵山東以伐齊楚三晉稍蠶食諸侯。且至於燕。燕君臣皆恐禍之至。太子丹患之，問其傅鞠武，武對曰：『秦地徧天下，威脅韓，魏，趙氏，北有甘泉谷口之固，南有涇渭之沃，擅巴漢之饒，右隴蜀之山，左關殽之險。民衆而士厲，兵革有餘，意有所出，則長城之南，易水以北，未有所定也。奈何以見陵之怨，批其逆鱗哉？』丹曰：『然則何由？』對曰：『請入圖之。』居有間，秦將樊於期得罪於秦王，亡之燕，太子受而舍（止宿也，）之。鞠武諫曰：『不可，夫以秦王之暴而積怒於燕，足爲寒心，又況聞樊將軍之所在乎？是謂委（棄也）肉當餓虎之蹊也，禍必不振矣。雖有管晏不能爲之謀也。願太子疾（速也）遣樊將軍入匈奴以滅口。請西約三晉，南連齊楚，北購於單于，其後乃可圖也。』太子曰：『太傅之計曠日彌久，心惛然恐不能須臾。且非獨於此也，夫樊將軍窮困於天下，歸身於丹。丹終不以迫於强秦而棄所哀憐之交，置之匈奴。是固丹命卒之時也，願太傅更慮之。』鞠武曰：『夫行危欲求安，造禍而求福，計淺而怨深，連結一人之厚交，不顧國家之大害，此謂資怨而助禍矣。夫以鴻毛燎於爐炭之上，必無事矣。且以鵰鷙之秦，行怨暴之怒，豈足道哉？燕有田光先生，其爲人智深而勇沈，可與謀。』太子曰：『願因太傅而得交於田先生可乎？』鞠武曰：『敬諾』出見田先生，達太子願圖國事於先生也。』田光曰：『敬奉教。』乃造焉，太子逢迎，却行爲導，跪而蔽席，田光坐定，左右無人，太子避席而請曰：『燕秦不兩立，願先生留意也。』田光曰：『臣聞騏驥盛壯之時，一日而馳千里。至其衰老，駑馬先之。今太子聞光盛壯之時，不知臣精已消亡矣。雖然，光不敢以圖國事，所善荊卿可使也。」太子曰：「願因先生而得交於荊卿可乎？」田光曰：「敬諾，」即起，趨出，太子送至門，戒曰：「丹所報先生所言者，國之大事也，願先生勿泄也。」田光俛而笑曰「諾，」僂行見荊卿曰：「光與子相善，燕莫不知，今太子聞光盛壯之時，不知吾形已不逮也。幸而教之曰，『燕秦不兩立，願先生留意也。』光竊不自外，言足下於太子也。願足下過太子於宮。」荊軻曰：「敬奉教，」田光曰：「吾聞之，長者爲行，不使人疑之。今太子告光曰，『所言者國之大事也，願先生勿泄。』是太子疑光也。夫爲行而使人疑之，非節俠（田以俠自命久矣，）也。欲自殺以激荊卿曰。願足下急過太子，言光已死，明不言也。因遂自刎而死。荊軻遂見太子，言田光已死，致光之言，太子再拜而跪，膝行流涕，有頃而後言曰：「丹所以誡田先生毋言者　欲以成大事之謀也。今田先生以死明不言。豈丹之心哉？」荊軻坐定，太子避席頓首曰：「田先生不知丹之不肖，使得至前，敢有所道，此天之所以哀燕而不棄其孤也。今秦有貪利之心，而欲不可足也。非盡天下之地，臣海內之王者，其意不厭。今秦已虜韓王，盡納其地。又舉兵南伐楚，北臨趙，王翦將數萬之衆，距漳鄴。而李信出太原雲中，趙不能支秦必入臣。入臣則禍至燕，燕小弱，數困於兵。今計舉國不足以當秦。諸侯服秦，莫敢合從。丹之私計，愚以爲誠得天下之勇士使於秦，闚以重利。秦王貪其勢，必得所願矣。誠得刼秦王，使悉反諸侯侵地，若曹沬之與齊桓公，則大善矣。不可因而刺殺之。彼秦大將擅兵於外，而內有亂，則君臣相疑以其間諸侯得合從其破秦必矣。（計劃甚大）此丹之上願而不知所委命．唯荊卿留意焉。」久之富，（想見他熟忍了）荆軻曰：『此國之大事也，臣駑下；恐不足任使。』太子前頓首，固請毋讓，然後許諾。於是尊荆卿爲上卿，舍上舍，太子日造門下供太牢具異物，間進車騎美女，恣荆卿所欲，以順適其意。久之，荆軻未有行意。秦將王翦破趙虜趙王，盡收入其地，進兵北略地至燕南界。太子丹恐懼，乃請荆軻曰：『秦兵旦暮渡易水，則雖欲侍足下，豈可得哉？』荆軻曰：『微太子言，臣願謁之。今行而毋信，則秦未可親也。夫樊將軍，秦王購之金千斤，邑萬家，誠得樊將軍與燕督亢（今薊縣膏腴之地也，）之地圖，奉獻秦王，秦王必說（悅）見臣，臣乃得有以報，』太子曰：『樊將軍窮困來歸丹，丹不忍以己之私而傷長者之意，願足下更慮之。』（子丹究竟是個長者）荆軻知太子不忍，乃遂私見樊於期曰：『秦之怨將軍可謂深矣。父母宗族皆爲戮沒，今聞購將軍首，金千斤，邑萬家，將奈何？』於期仰天太息流涕曰：『於期每念之，常痛於骨髓，顧不知所出耳。』荆軻曰：『今有一言，可以解燕國之患，報將軍之仇者何如？』於期乃前曰：『爲之奈何？』荆軻曰：『願得將軍之首，以獻秦王，秦王必喜而見臣，臣左手把其袖，右手揕（一作抗刺也）其胸，然則將軍之仇報，而燕見陵之愧除矣，將軍其有意？』樊於期偏袒搤腕（以左手扼右腕）而進曰，此臣之日夜切齒腐心也。乃今得聞教。遂自剄。（也算個漢子）太子聞之，馳往，伏屍而哭，極哀。既已不可奈何，乃遂盛樊於期首函封之。於是太子豫求天下之利匕首，得趙人徐夫人（人名也）匕首。取之百金，使工以藥焠（音碎染也）之。試人血濡縷，無不立死者。乃裝爲遣荆卿。燕國有勇士秦舞陽，年十三，殺人，人不敢忤視。乃令秦舞陽爲副。荆軻有所待，欲與俱。其人居遠未來而爲治行。頃之。未發。太子遲之，疑其改悔。乃復請曰：『日已盡矣，荆卿豈有意哉？丹請得先遣秦舞陽，』荆卿怒，叱太子曰：『何太子之遣？往而不返者，豎子也。且提一七首入不測之彊秦，僕所以留者，待吾客與俱。今太子遲之，請辭決矣。』遂發。太子賓客及知其事，皆白衣冠以送之。至易水之上，既祖（餞行也）取道，高漸離擊筑，荆軻和而歌，爲變徵之聲，士皆垂淚涕泣。又前而歌曰：『風蕭蕭兮，易水寒，壯士一去兮，不復還！』復爲羽聲忼慨，士皆瞋目，髮盡上指冠。（千古悲壯俠劇，價値過于垓下之窮促）於是荆軻就車而去，終已不顧。遂至秦，持千金之資幣物，厚遺秦王寵臣中庶子蒙嘉。嘉爲先言於秦王曰，燕王誠振怖大王之威，不敢舉兵以逆（抗也）軍吏。願舉國爲內臣，比諸侯之列。給貢職如郡縣，而得奉守先王之宗廟。恐懼不敢自陳，謹斬樊於期之頭，燕督亢之地圖函封。燕王拜送於庭，使使以聞大王，唯大王命之。秦王聞之大喜。乃朝服設九賓（秦之大禮也）見燕使者咸陽宮。荆軻奉樊於期頭函，而秦舞陽奉地圖匣以次進。至陛，秦舞陽色變，振恐。羣臣怪之。荆軻顧笑舞陽前謝曰，北蕃蠻夷之鄙人，未嘗見天子，故振慴。願大王少假借之。使得畢使于前。秦王謂軻曰、取舞陽所持地圖。軻既取圖奏之。秦王發圖，圖窮而七首見。因左手把秦王之袖，而右手持七首揕之。未至身，秦王驚，自引而起。袖絕，拔劍，劍長，操其室，時惶急、劍堅故不可立拔。荆軻逐秦王，秦王環柱而走，羣臣皆愕。卒起不意，盡失其度。而秦法羣臣侍殿上者不得持尺寸之兵。諸郎中執兵皆陳殿下，非有詔召不得上。方急時，不及召下兵，以故荆軻乃逐秦王。而卒惶急無以擊荆軻，而以手共搏之。是時侍醫夏無且以其所奉藥囊提荆軻也。秦王方環柱走，卒惶急不知所爲。左右乃曰，王負劍負劍。遂拔以擊荆軻，斷其左股，荊軻廢。乃引其匕首以擿（同擲音執）秦王，不中，中銅柱。秦王復擊軻，軻中八創，軻自知事不就，倚柱而笑，箕倨以罵曰『事所以不成者，以欲生劫之，必得約契以報太子也。』於是左右既前殺軻。秦王不怡者良久。已而論功賞羣臣，及當坐（坐罪也）者各有差。而賜夏無且黃金二百鎰，曰無且愛我，乃以藥囊提荊軻也。於是秦王大怒，益發兵詣趙，詔王翦軍以伐燕，十月而拔薊城。燕王喜太子丹，等盡率其精兵東保於遼東。秦將李信追燕王急，代王嘉遺燕王喜書曰，秦所尤追急者，以太子丹故也，今王誠殺丹獻之秦王，秦王必解，而社稷幸得血食。其後李信追丹匿衍水中，燕王乃使使斬太子丹，欲獻之秦，秦復進兵攻之我後五年，秦卒滅燕虜燕王喜。其明年，秦并天下，立號爲皇帝。（可見荊軻一擊與世運大有關係，因此後是由三代小康均產制降爲秦後霸道了。以下是餘波，）於是秦逐太子丹，荊軻之客皆亡。高漸離變姓名爲人庸（同傭）保，匿作於宋子。（縣名趙地）久之作苦，聞其家堂上客擊筇，傍偟不能去。每出言曰，彼有善有不善，從者以告其主曰，彼庸乃知音，竊言是非。家大人召使前擊筇，一坐稱賜酒，而高漸離念久隱，畏約（窮困也）無窮時，乃退出其裝匣中筇，與其善衣，更容貌而前。舉坐客皆驚，下與抗禮，以爲上客。使擊筇而歌，客無不流涕而去者。宋子傳（輪流也）客之，聞於秦始皇，秦始皇召見。人有識者，乃曰高漸離也。秦始皇惜其善擊筇，重赦之。乃矐（音角燻使失明也）其目，使擊筇，未嘗不稱善。稍益近之，高漸離乃以鉛置筇中，復進得近，舉筇扑（擊也）秦皇帝。不中，於是遂誅高漸離，終身不復近諸侯之人。魯勾踐已聞荊軻之刺秦王，私曰『嗟乎！惜哉！其不講於刺劍之術也！甚矣，吾不知人也！曩者吾叱彼，乃以我爲非人也。』

回波餘文悲壯淋漓，一唱三歎，愈讀愈痛快，大俠千古如生，可算平民文學，後來俠義傳等所祖。太史公曰『世言荆軻，其稱太子丹之命，天雨粟，馬生角也，太過。又言荆軻傷秦王皆非也。始公孫季功董生與夏無且游，具知其事，爲余道之如是。自曹沫至荆軻五人，此其義或成或不成，然其立意較然（明白也）不欺其志，名垂後世，豈妄也哉？』

西洋在中世紀亦尚俠士，Knight 其人多信宗敎，護婦弱，且重發誓，與中國俠甚近。後來如英之詩俠拜龍 Byron 爲希臘戰死，德之詩俠 Heine 荷尼以「人道之戰士」提倡者 Soldior of rumanity 自命。但荆卿高漸離既自有俠藝，且能爲樂歌，合文武于一身，更可爲千古人道俠之模範，可以編成一大悲劇。較兒童初看戲，但知羡慕黃三太楊香五價值更高。

附陶元亮詠荆軻詩陶淵明集卷四

燕丹善養士志在報强嬴，招集百夫良，歲暮得荆卿，君子死知己，提劍出燕京，素驥鳴廣陌，慷慨送我行，雄髮指危冠，猛氣衝長纓，飲餞易水上，四座列羣英，漸離擊悲筑，宋意唱高聲，蕭蕭哀風逝，淡淡寒波生，商音更流涕，羽奏壯士驚，心知去不歸，且有後世名，登車何時顧，飛蓋入秦庭，凌厲越萬里逶迤過千城，圖窮事方至豪主正怔營，惜哉劍術疎奇功遂不成，其人雖已沒千載有餘情。

龔定菴詠陶潛說荆軻詩

陶潛詩喜說荆軻。想見停雲發浩歌。說到恩仇心事湧。江湖俠骨恐無多。

按史公是文俠，李白尤侗是詩俠，達摩是禪俠，聶隱娘是劍俠。桃花源記作者具有仙佛詩文俠意味。

耶教愛人學案序第五

仁航乃儒冠和尙也，而于世界教主事業中，最崇拜者莫如耶蘇，蓋孔老皆含兵政意味，摩罕默德，純藉兵以行教，雖佛亦身出貴胄，當時仍稍藉父王之力，命貴族千人出家以壯佛門，且與孔子，及身傳教，均經五十年之久，憑藉如彼其雄厚，歷時如彼其久長，年歲如彼其高壽，學術技藝如彼其弘博也。流傳各經典如彼其繁頤也。惟有耶蘇起自馬槽中一平民工黨之家，無學無才，無門第，無勢力，且及身僅傳教三年，身沒之後，竟流傳至今二千年，轉譯者四百餘種文字，遍于大地，除佛教外，無與抗者，考其經典，婦孺口語而已，且區區福音數節，幷無創作，訴猶太本國，漸滅久矣，歐洲科學哲學家，碩學如鯽不可謂盡愚蠢，何爲至今贊頌耶蘇不衰乎？亦可怪哉！試以耶蘇之學術門第勢力，設教之久暫，經典之深淺，及歐人智識與非歐人智識較，則難易不可同年而語矣，而耶教之盛如此，他教之衰如彼，何哉！

否于是有感矣！夷考各教主，大抵多少皆含有貴族官吏意趣，惟耶蘇爲天然之平民，一也。他教教主，雖以「摩頂放踵」稱如墨子，然究未直接犧牲，而耶蘇以自殉十字架爲標識，感情上能特別動人，二也。他教多向上，而耶蘇專趨於貧者賤者疾病者，及婦女，其力雖似弱，而其數實衆，三也。猶不止此，耶教之眞精神，蓋以工黨平民，而實行聖靈社會主義殉道者，故身沒不久，而彼得保羅，即實行公產勞工傳道主義，其後經千餘年，教會收財產權甚大，迄于俄之託爾士大，遂大闡新耶蘇教之眞理，而助「虛無黨」之成功，論者許託氏之功，過于馬丁路得，一轉而造成今之俄羅斯，蓋受耶蘇之賜不少也。試檢四福音中語，強半皆解決財產事，而又有聖靈以歆動之，身殉道以表率之，此其所以橫厲無前，以一工黨而突過孔老官吏，佛陀太子勢力之上，爲其質實卑下，得平民多數同情與？

耶敎與他比，更有一特長，則孔佛多方便法，而耶多眞實法也。換言之，孔老佛智而耶蘇愚，故耶蘇獨殺其身，然而孔佛以太智故，大同小康權實互用，「三百三千，」『八萬四千法門』令人易于躲閃，易爲鄉愿及無聊貧病者所利用。惟耶蘇則短刀直入，當頭一棒，一摑一掌血，一鞭一條痕，博愛犧牲，更無許多權變躲閃之餘地，耶蘇如此說法，所以必死無疑者在此，而其敎之光大亦在此。否則如孔老佛各敎主之萬戶千門，百花競美，豈有一工人立足餘地乎？吾非贊歎耶敎中無鄉愿自私自利派無帝國下洋奴派也。特敎義上，比他敎眞實語多而權義少耳。試証之，有人來問耶蘇者，我當如何學先生，耶蘇就對他說：『你把你家裏所有的都賣了，還要背着十字架跟我傳道，如此而已。』更舉數例，孔子有時稱道：『富而好禮，』佛尙權言『富爲前生福報，』惟耶蘇一生，無一語贊歎富貴人者，路加第六章耶蘇曰：『貧窮的人是有福的，你們富厚的人是有禍的，你們飽足的人有禍了，你們現在喜笑的人有禍了，』由此觀之，耶蘇深惡者，第一是富貴，就是資本家與軍閥官僚也。

耶蘇又有一特例，與他敎異，卽惡博士等讀書人是。馬可十二章耶蘇說：『當謹防讀書人，他們愛穿長衣行走，』可見耶蘇歡喜穿短衣的了。又馬可二十三章，『你們這些假冒爲善的讀書人，如同修飾的墳墓，外面好看，裏面却是死人的骨頭和各樣穢物，』此是當時政客名士也。

故照耶蘇眞理，與莊子甚近，所謂『聖人不死，大盜不止，』大盜卽是富貴者，聖人卽是政客名士，好塗飾聖經賢德，法律道德以固地盤者也。特莊子不敢斥言，孔子則「明哲保身，」「居是邦不敢非其大夫，」而耶蘇大聲疾呼，令人無躱閃餘地，不死安歸矣。雖然耶蘇不死，不能成其教。卽謂「上帝之愛」耶蘇，亦無不可，耶蘇比各教主可贊歎者，卽在此耳。抑耶蘇不但成一己之教也，且爲世界宗教生色。何以故？各教主中求一有實無權，爲平民社會工黨犧牲者，無若耶蘇也。耶蘇者，各教主中眞「殺身成仁」者也。今世界空氣，自俄國起，已爲工黨社會所瀰漫矣。耶蘇之血，挾歐化以俱來，解放改造聲中，耶徒已得風氣之先，自直隸北京及元氏等縣，山西之渾源繁峙等縣，山東南京各處，耶教徒實行「公產愛和家」者，指不勝屈，已較各教奮身先登矣。平等自由，博愛犧牲，吾中國能首先實行者，其新文化之耶教徒乎，余雖非耶教徒，然以平等自由之眼，是非良知之心，不能不贊歎耶蘇，而亦甚願他教速行改造，莫自甘落人後也。吾今分析耶教純用馬克司及託爾士太學術方法，分析其內容。若夫鬼神派之宗教，已遇科學而破產。帝國洋奴教，已遇德謨苛拉西而粉碎，神我執之迷信，已遇佛法互相宗而冰消，無待本大同學詳論也』

東方大同學案

樂天修養館叢書甲之三。下邳劉仁航靈華著

耶蘇愛人學案卷五

古代社會第一　一樂園

創世記第一章上帝按自己的形像造人，造男造女，許福與他們。向他們說：生長衆多，徧滿了地，地都屬你們管，幷管海裏魚，空中鳥，和地上各樣活物：（牲畜昆蟲）徧地結子的菜蔬，和一切樹上所結有核的果子，我全賜你們吃，各動物我賜草他們吃。上帝看着他所造的都爲甚好。

創世記第二章，耶和華上帝在東方的伊甸 Eden，立了一園，將所造的人安在裏面，使各樣樹從地而生，又好看，又結好吃的果子。

古代神話多半寓言，令人於言外求他的意思，原來古時的人，不用吃旁的東西，單吃樹上結的果子就够了。現在南洋土人還是如此，南洋土人現在還有三四百歲的，吃樹上果子人的壽命長，所以古代人長壽，不用火食，神農發明用火食，所以就用醫藥了。修仙的人也是不用火食，猿猴龜鶴白狐壽長，都是不火食而食果食氣。總而言之，初民决定是在熱帶的生活，毫無疑的。

園當中有生命的樹，（便是長生樹）還有分別善惡的樹，（這一句就是孔敎的「先天後天天理人欲」的意思，佛敎的「眞如門，生滅門」了。分別是萬惡根本，從此就有善有惡和是非功罪了。

有河從伊甸流出來，滋潤那園，從那裏分爲四道，第一名比遜，環繞哈腓拉地的四面，那地出金子，那地的金子是好的。也出珍珠瑪瑙碧玉寶石。第二道河名基訓，環繞古實的地四面，第三道河名希底結，流在亞述的東邊。第四道河就是伯拉河。上帝將所造的人安在伊甸園，使他栽培看守。

照園中景緻看起來，有樹有水有果，好看好吃，不熱不冷，又有許多動物同居同化不相害，這就叫「黃金世界」了。可與佛說的「起世經北鬱單越洲」對看，又可與莊列的「極樂園」對看。

上帝吩咐，他說園中各樣樹上的果子，你可以隨意吃。（隨意是眞自由）只是分別善惡樹上的果子你不可吃，吃的日子你必死。上帝說人獨居不好，我要爲他造一個配偶，幇助他。又用土造成各種田野的走獸，空中的飛鳥；帶到亞當面前。亞當與他們起了名，惟未得他的配偶。上帝就使亞當沈睡，從亞當身上取條肋骨，造成一個女人；領他到亞當面前。亞當說他是從男人身上取出來的，可以稱他爲女人。因此人當離開父母，和妻子連合成爲一體。夫妻二人赤身，幷不羞愧。

按此想像古代大同樂園裏的境況，大抵人有知識，就分別男女出來。就能降伏鳥獸，就把鳥獸起了名，而此處就看男女不平等，因西文女字借男字的語根變化而來，他的根本就說女人從男人身上來的，古代神話，却可以考查他的思想。又魯語黃帝成命（名）百物，起了名天下就多事了。

上帝所造的諸活物最狡猾的是蛇。蛇對女人說，園當中那一顆樹上的果子，你們吃的日子，你們眼睛就明亮，便如神能知善惡。于是女人見那顆樹上的果子好吃好看，又能增加智慧可愛，（這就是老子說的：『慧智出有大僞』了，）就摘下那果子來吃了，並且給他丈夫吃了，二人眼睛就明亮了。這纔覺得自己是赤身，就拿無花果樹的葉子爲自己編作裙子。（這是作僞之始，以後便不坦白了，）日頭平西，起了涼風，上帝在園中行走，亞當和他妻聽見上帝的聲音，就藏在園的樹木中。上帝喚亞當說：『你在那裏？』回說：『我在園中，聽見你的聲音，因赤身懼怕，就藏起來。』

此是莊子上說的「鑿破混沌的境界，是伏羲一畫開天變而爲陰陽了，」是佛的「分別心一動，三細六粗便生起來了。」起初是個赤子心，這便生出假禮節起來了。你看小孩幼時在父母懷中，有多坦白，有甚麼害羞，人人歡喜他。長大了，他就裝腔擺樣，父母也不喜歡，旁人也討厭，就是如此，所以赤子的心最好，因此我想到易經說黃帝堯舜垂衣裳而天下治，便是退化了。因爲古代不用衣裳，到了黃帝時代，就是赤身懼怕，非垂起衣裳，作些虛僞假文，就不能治了。

上帝說：『誰告訴你是赤身，莫不是你吃了我禁止你吃的那樹上的果子麽？亞當說：『你所賜我的女人，他將那樹上的果子給我，我便吃了。』上帝對女人說：『你作的是甚麽事？』女人說：『是蛇引誘我，我所以吃了，』上帝對蛇說：『你既作了這事，就必比六畜百獸加倍受咒詛，你必用肚子行走，終身吃土。』又對女人說：『我必使你懷胎。多受苦楚．產子必艱難。』照人類學看來人的生產比動艱難的多，是人類生理的退化。

『你必戀慕你丈夫，』（希臘時代柏雷圖文集裏面，也有說古代人起生時代，是一個人身體行有男女兩性的，不甚有戀愛兩性的心，又沒夫婦，戀愛之苦很少，總而言之，戀愛之苦是後起的，失去了古代人性情淡泊的自由，這也是被罰的，紅樓夢曲云『開闢鴻濛，誰爲情種？都只爲風月情濃，奈何天，傷懷日，寂寥時，試遣愚衷，因此上演出這悲金悼玉的紅樓夢』，一切苦海，從戀慕出也，要回古樂園時，也無所謂自由戀愛，所以我叫做「自然性愛，」就是莊子所說的「自然」是了。戀字却不妥。『你丈夫必管轄你，』（這一句古今女子不知道死了多少萬了。）又對亞當說『你既聽從你妻子的話，吃了我所禁止的樹果，地必因爲你受咒詛（可知古時代尚無農業。）你必終身勞苦，纔得吃地裏所長的，地必與你生出荊棘來，你必吃田間的菜蔬，必汗流滿面，纔得餬口，（累死了多少好漢。）直到歸了你所從生的土，你本是塵土，仍必歸到塵土。亞當與他妻起名叫夏娃（卽生的意思，）因爲他是一切生民的母，上帝爲他們用皮子作衣服穿，（這是到了茹毛飲血時代）說人已能分別善惡，類乎我們，恐怕他伸手又摘生命樹的果子吃，就能永生了。（是智慧難治的意思。）于是打發出伊甸園去，（從此墮落了。）耕種他所從出的地，（是到了農業時代）將他逐出去了，就在伊甸園的東邊，安設自轉動的利劍，把守生命樹的道路。（可見生命樹仍在那邊，有人能過劍關，就可復返混沌得永生），

埃田樂園地方考證

（一）在巴比倫地方說，邁爾通史（四十七頁）巴比倫亦如埃及三角洲地方，故傳說「樂園」在此，爲最初之園。云在彼園中，上帝曾栽各種樹，好看又好吃。（Babylonia or Chadea, is like Delta region of Egypt," It is not strange that tradition should have located here paradise, that primeval garden" "Out of the ground of which God made to grow every tree that is pleasant to the sight and good for food," Myers's General History p.) 47.

（二）在幼發拉底河畔說，(Parley's Universal History) 拍雷通史（第三十頁）埃田樂園在幼發拉的河近處。Adam and Eve were created in Asia. And were placed in the garden of Eden, not far from the river Euphrates.

（三）在錫蘭島說。甲 Carpenter's 加氏地理讀本（大洋洲卷）亞拉伯人傳說錫蘭島即 Ceylon 埃田樂園 Garden of Eden 所在處。又言，此即始祖亞當被逐出之地，有山名亞當頂 Adam's peak 乃亞當所居。此山在錫島西南角，哥侖布城近處，Colombo 山頂有廟，佛教徒今居之，又人言亞當從錫蘭島走出登大陸，經珊瑚礁沙岸而至印度斯坦 Hindustan 此珊瑚礁至今名爲亞當橋 Adam'sdribge 即今由錫島西北通馬德拉之小島也。按此等固出神話，然亦有味乎言之。要吾人今應從神話上求事蹟，如法官搜証據，何以不傳說亞當在中國日本西比利亞乎？此可想必有個緣故，因印度熱帶，古時人少，想不出印度與幼發拉底河諸地罷了。乙博物要覽曰。錫蘭國有翠藍山，山頂有盤古足跡甚巨，產有五色寶石。云是盤古淚液結成，故有奇光異彩。所產紅寶石夜有光，可代燈燭云。可見中國古來也有此說，東西人合証明此案，就差不多有七八分了。大抵初民自有了知識，人類漸多，就離開熱帶向較溫帶上去。錫蘭島說尤合理，美人衛中告余說，深信民族文化均出自印度云。

二　長壽

古代人長壽表一（照創世記第五至九章）

始祖亞當九百三十歲　一百三十歲生子

二世祖塞特九百十二歲　一百零五歲生子

三世祖以撒士九百零五歲　九十歲生子
四世祖該南九百零十歲　七十歲生子
五世祖瑪勒列八百九十五歲　六十五歲生子
六世祖雅列九百六十二歲　一百六十二歲生子
七世祖以諾三百六十五歲　六十五歲生子
八世祖瑪土撒拉九百六十九歲　一百八十七歲生子
九世祖拉麥七百七十七歲　一百八十二歲生子
十世祖挪亞九百五十歲　五百歲時生子，六百歲時大洪水百五十日，處于大方舟得免。
十一世祖閃六百歲　一百歲生子
十二世祖亞法撒四百三十八歲　三十五歲生子
十三世祖沙拉四百三十三歲
十四世祖希伯四百六十歲　三十四歲生子
十五世祖法勒二百三十九歲　三十二歲生子
十六世祖拉吳二百三十九歲　三十二歲生子
十七世祖些鹿二百三十歲　三十歲生子
十八世祖拿鶴一百四十八歲　二十九歲生子
十九世祖他拉二百五歲　七十歲生子

○或云，古人不知歷法，其計年較今爲短今之一年四季，或彼時以一季二季爲一年。但無論如何，九百歲之人，總有二百年以上也。

創世記第六章，上帝教挪亞造一隻方舟，分一間一間的造，裏外抹上瀝青。方舟的造法，須長三百尺，，寬五十尺，高三十尺，作三層，分上中下。

照中國史古人的壽命說：『三皇時代，人一萬八千歲，』雖然不可靠，但確是漸漸退化，到禹以前人壽還百歲以上，以後人身也小了，壽也少了，史記孔子說禹時代防風氏人的骨專車，又（穀梁傳文公『十一年冬，叔孫得臣敗狄于鹹。』傳曰『長狄也，弟兄三人佚宕中國，瓦石不能害，叔孫得臣最善射者也，射其目，身橫九畝，（畝五丈四尺）斷其首而載之，眉見於軾。』（注高三尺三寸）現在人體退化簡直都成了小人國了，又考佛經說：『古代人壽命長時有八萬四千歲。』雖誕然非至無因。

中國古代長壽人表二

伏羲	在位百十五歲	顓頊	七十八歲
神農	百四十五歲	帝嚳	七十歲
黃帝	百歲	堯	九十八歲
少昊	八十四歲	舜	六十一，年百一十歲

左列中國古代帝王即位年表，可推知其壽命矣。

由此觀之，古代文明，以使人安樂壽考爲定義，所謂『登斯民于仁壽』。豈是催命鬼之文明乎！又按今「人類學」家均主人身體退化，與智識爲反比例也。

日本長壽人表三

武內宿禰	三百四十歲	經數代君
石丈川山	三百四十歲	
照道似人	六百歲	
民人萬平	二百歲四十三歲	天保十五年戶口查出尚在
妻	二百二十二歲	
左衛門正次	百五十一歲	
天海僧正	百二十四歲	
梶村	百〇八歲	
花澤熊吉	百八歲	
友野吉藏	百六歲	

萬吉（平之子）百九十六歲

萬吉妻　百九十三歲

萬藏吉之子　百五十一歲。考其合門長壽之故，答因每月有十日灸三里穴，穴在膝蓋下凹處，灸之力聚腰下也，

萬藏妻　百三十八歲

松村甚七　百四歲

田米蝶　百三歲

此外不可勝列略之，

西洋長壽人表四

湯姆士保羅英國農僕　百五十二歲　經九代王朝，百二十歲再娶，至百三十歲照常勞動，至百五十歲，英王引見，受特別待遇，因之生起活變動，遂死。

杜郎空伯爾丁抹人，九十歲以前，爲艦隊水夫，又十五年爲土耳基奴隸，受大苦，百十一歲時，初得自由，因與一六十歲女結婚，百三十歲，妻死，仍四方求婚；無應者，百四十六歲死。

約瑟士林通那威人，百六十歲，結婚數次，死時長男百三十，幼子甫九歲。

秋龍奴有法人，百十歲，凡娶十妻，九十九歲時生男也。

馬尼爾德帕美國聖佛侖哥，百六十一歲，數年前猶生存。

司克利生，俄國人，百三十歲，數年前生存；仍出獵。

愛亞德，奧人，百四歲，數年前生存，以著戲曲名。

巴爾巴士，南美外交官，數年前白二歲，生存，

友人在南洋來者，談見南洋土人至三百歲以上者，今尚有之。但華人至南洋則壽促，蓋彼長壽者罕用火食，惟食果類而已；可知退化短命，皆在炎帝神農發明火化以後。

三　語言統一

創世紀第九章『洪水』之後，挪亞又在世三百五十年，』第十章云『挪亞的子是閃含雅弗．他們在洪水後都生了兒子，』都住州島，各隨各國方言，各分支派宗族，洪水以後，成為天下的列國。(可見洪水以前，天下是一統大同的了。中國稱「大同」亦是稱堯舜洪水以前，莊子論退化，先毀堯舜

第十一章，『那時天下人口音一樣，言語一樣，在示拿地方，用磚石漆要築一城臺，臺頂高插入天，為揚我們的名，免分散在地上。主降臨說，這衆人都連合為一，言語也都一樣，如今既作起這事來，以後所作沒有不成的了。我們要變亂他們的口音，使他們言語彼此不通，于是主從那裏使他們分散在遍地，就不再建築了，因為生在那裏變亂天下人的言語，衆人分散在遍地，所以那城名叫巴別』（即變亂之意）。按就此可證明上古時代，人民是統一，語言是統一的了。和偉爾士的話正合。

四　祭司（古代祭司權大．進化派謂『祭司為野蠻制，』其實捨祭司而崇拜律師，也不是。）

申命記第十章『主將利未支派選擇出來，派他們抬主的約（聖書和法律）櫃，又侍立在主面前事奉主，奉主的名為民祝福，直到今日，所以利未人在他們衆弟兄中，無分無業，惟靠主為業，』

此一條與孔敎的「士人」佛敎的「僧侶」一樣，都是掌敎的，佛本制僧人不許種田為醫等事也。

民數紀略三十五章『摩西吩咐以色列人，將城邑幾處給利未人居住，又將那各城四圍的郊野給利未人，城邑可以居住，郊野可以牧放馱物的牲畜。和牛羊羣並一切別類的畜。給利未人的郊野在城四面，從城根起量一百丈爲郊，其外又東西南北各量二百丈爲野，城在當中，這就是歸他們各城的郊野。給利未的諸城，其中尙有六座逃城，使誤殺人的可以逃到那裏。此外還給四十二城，共四十八城，並屬各城的郊野。以色列人所得的地業，其中當分些城邑與利未人。多得的多給，少得的少給，各按所得的地業。』

按這是分派敎官士師的法子，古儒者以「春秋」斷獄，漢朝還行這法，所以逃城歸祭司管，現在監獄裏還是講宗敎，治罪人非用宗敎感化不可也。郊野的法子，與周禮上略相近。

申命記二十六章『每到三年就是十分取一之年，一切土產取十分之一給利未人，客旅孤兒寡婦使他們在你城中得以吃飽。你當在上帝面前敬告說，我沒有留聖物在家裏，我照着主所吩咐的命令，給了利未人和客旅孤兒寡婦，沒有違背。』

五　分糧分地

出伊及記十六章『以色列會衆從以林起行，在出伊及後第二個月十五日，到了以林和西乃當中的汛野，以色列會衆在曠野向摩西亞倫發怨言，說我們情願主使我們死在伊及國，我們在那裏有滿鍋的肉，有餅吃得飽，你們領我們到這曠野，是要使大衆都餓死。（天下好事難辦，以色列人在伊及爲奴隸，摩西帶他們出來，如此困難，眞是千辛萬苦了，）主對摩西說，我要從天降糧食給你們，……到了晚上

到了晚上，有鵪鶉飛來，遮滿了營，早晨在營的四圍有露降下來，露上去後，野地上有細小的圓物如霜。摩西說『這就是賜你們，的食物，主吩咐你們，須按著各人的食量，照著你們帳幕內的人數，每人收取一俄梅爾，（約合中國六升）以色列人就這樣行，有多收取的，有少收取的，用俄美爾量一量，多收取的不餘，少收取的不缺，所收取的，都合個人食量，』（這話很妙）摩西說：『不許一人將所收取的留到明早，他們內中有不聽摩西的話，留到明早的，就生了蟲子，又臭爛。摩西發怒，衆人每日早晨按著各人的食量收取，等到日頭曬熱就消化了。到第六日，衆人所取的多加了一倍，每人二俄梅爾。』（這是一禮拜積德的報應了，）會衆的諸牧伯，都來告訴摩西，摩西說；『明日是主的安息日，就是主所定的，你們將今所要烤的烤了，要煮的煮了；剩下的可以收起來留到明日。』衆人遵著留到明日，也不臭爛不生蟲子。摩西說：『你們今日吃這個罷，你們今日在田野必無所得，六日之內，你們可以收取，到第七日是安息日，就必沒有了。第七日民中有出去收取，果然沒有得甚麼，』于是百姓到第七日就安息了，以色列人稱這糧食爲「瑪那。」樣子像「芫荽子，」顏色是白的，滋味如同和蜜的餅。摩西說：『主吩咐須將「瑪那」盛滿一俄梅爾」放在主面前；留到後世，使後世的人得看見我，領你們出伊及時候，在曠野時間所賜你們吃粮食。以色列人吃的瑪那共四十年，直至他們到了可居的迦南地境。（今非洲東北地中海東南地，）

看以上的文，神的話我們姑且不必甚理會他，要而言之，摩西率他的同胞出伊及的時候，摩西已八十歲，亞倫已八十三歲，這兩個豪傑，是拚命想出他同胞于水火，所行的主義，是宗教軍隊社會主義罷了。所以每一條事都託稱主稱神，他們沒得到迦南地境，還是近於遊牧民族，均食均分，以後才得了農田，就行分田地的制度了。

民數紀略『主吩咐摩西說：你須將迦南地分與這些族爲業，人多的族多給地，人少的族少給地，將地均分給各族爲業，都須按著所核算的人數。只是分地必須按鬮，（音糾取也，好像抽籤，現在人分家也有用此法的，）按著各支派家族分給他們地；所定給多給少的地應當按鬮分給，……被數的都是生一月以外的男孩。』

按此分地法，尚不是平等，又他分的地還有遺傳的制度，不是有確實社會主義主張的，不過大致有這個理想罷。

又三十六章『約瑟支派來對摩西說：主又吩咐將西羅非哈的地業，分給他的諸女。他們若嫁了以色列別支派的人，將他們的地業過去，我們先人所遺的地業就必減少，他們丈夫支派的地業就必加增，這樣我們「按鬮」所得的地業就必減少了。摩西吩咐說，西羅非哈的女可以嫁所願意嫁的人，只是當嫁同祖支派的人，以色列人便可各守祖遺的地業。

照此看來，當時女人亦有分田，不過是有限制就是了，還不能與今日社會主義同論。

耶穌眞義第二

一　天理正義

約翰第六章『我告訴你們，信我的必有永生。我就是生命的糧，你們的祖宗在曠野吃過「瑪那」，（一種食物）後來也死了，我是從天上降下來的生命的糧，若有人吃這糧，就永遠活著，不像你們祖宗吃過瑪那後來也死了。』（我們的祖宗在那裏呢？我將來又要到那去呢，）

按古詩云『服食求神仙，多爲藥所誤，』佛言，『人世間法終有離別』任你吃甚麼糧，能免了死麼，非吃長生不死的糧不行的。

約翰第七章『耶蘇站著高聲說，人若渴了應當到我這裏來喝，人若信我就如經上所說，從他腹中流出活水來，如同江河一般，』

人有咏伯夷的詩，我差不多記得如此『服食求長生，何如孤竹子？一采首陽薇，萬古常不死。』飲天國的水，也是如此。

約翰十七章『耶蘇說：求你用你的眞理，使他們成爲聖潔，你的道就是眞理，』

又十八章『彼拉多對耶蘇說：（是審問他）「你果然是王麼。」耶蘇說：『我爲此降生到世上來，特爲眞理作見證，凡從眞理的人，必聽我的話，』

二　天國地獄

路加第十八章『有人帶著幾個小孩子來，求耶蘇用手按他們，門徒看見，不許他們進來，耶蘇叫了小孩子來，對門徒說；容小孩子到我這裏來，因爲在上帝國裏的，正是像小孩子這樣人，我實在告訴你們，凡要承受上帝國的，若不像小孩的樣子，不得進去。』

馬太第十三『天國如同一粒芥菜種，被人種在田裏。這是百種中最小的。等到長成了，比各樣菜都大，成了樹，空中的雀鳥飛來住在他的枝上。〇天國又如買賣人尋找好珠子，遇見一顆重價的珠子，就去了他所有的買這顆珠子。所以凡讀書人學問能通達天國道理的，就如一個家主，從他庫裏拿出新舊的東西來。』

路加第十六章『有一個財主，穿着紫袍和細布衣服，每日奢華宴樂，又有一個乞丐，名叫拉撒路，遍身生瘡，被人放在財主門前，要拿財主桌子上掉下來的零碎充飢，又有狗來餂他的瘡，那乞丐死了，天使將他扶去，放在亞伯拉罕懷裏。財主也死了，埋葬了，那時財主在陰間受苦，舉目遠遠的看見亞伯拉罕又看見拉撒路在他懷裏，就喊叫說，我祖亞伯拉罕憐憫我，打發拉撒路用指頭尖蘸點冷水來涼涼我的舌頭，因爲我在火焰裏苦的很。（要拿佛經考究起來，這必是「火坑地獄」了，地獄的種類多著哩！）亞伯拉罕說「我的子孫呵！你要追想你在生前享過的福，拉撒路不受過他的苦，現在他得了安慰，你受了痛苦，不得這樣，你我中間有深淵隔開，有人要從我們這邊過到你們那邊是不能的；要從你們那邊過到我們這邊也是不能的。」財主說：「既然如此，求我祖打發拉撒路到我父親家裏，我有五個兄弟，可以警教他們，免得他們也來到這痛苦的地方。』

三　虛空無常

舊約約伯記第三章『約伯自己咀咒生日，說：我生的那日不如滅沒，懷胎的那夜不如無有。使我眼不見艱難，我如何不墮胎而死？爲何不一出產門遂即氣絕？爲何有膝接收我？爲何有乳哺養我？若非這樣有我，久已偃臥安逸，長眠寧靜。地上君王卿相，不自己建造邱陵，他們死亡，我也與之相同，侯伯金銀滿屋，他們滅沒，我也與他們無異。我爲何不像未現形就墮的胎？爲何不像不得見天光的嬰孩？在那裏，兇惡的止住擾亂，困乏的得人享安息，被囚的人得安逸，不再聽見催逼人聲音。尊卑貴賤，一同在那裏，奴僕脫離主人轄制，受艱難的人，上帝爲何賜光與他？心中愁苦的人，上帝爲何賜他生命？這樣的人，怕死不得死，求死甚於求珍寶。若尋見墳墓，便甚踴躍，極其歡欣，人旣無路可尋，上帝使他四圍受困，爲何又賜生命與他？我每逢進食，必然歎息。我呼號的聲音，有如流水。我所懼怕的臨到我身，我所憂慮的爲我所遇。我不得平康，不得安息。不得甯靜，有危難臨到我身。』第九章『我厭惡我的性命，無論善惡，上帝都剿滅，善惡無分都是一樣。我便敢與上帝辯論，不懼怕上帝，』第十章『我厭煩性命，我由我心意訴苦，發洩我心中的煩惱。對上帝說，主卻光照惡人的計謀，這是主所喜悅的麼？主爲何使我出母胎？不如當初气絕。』第二十一章『爲何惡人存活享大壽數？勢派强盛，他們家宅平安，上帝不加災在他們身上，公牛蕃盛，母牛生犢，孩童多如羊羣，兒童踴躍謳歌，他們不奉上帝，不禱告，上帝何嘗使他們受苦？你們若說上帝留惡報與他兒孫，我說不如報應他本人，使他親自知道。他旣過去，他與他的家有何關涉？惡人得免患難，報應的時候，覺得脫離，有誰當面指斥他的惡行？衆人送他到墳墓，並有人守護他的邱陵，他在泉壤甚安逸。旣是如此，你們安慰我是徒然，你們回答我的話盡都錯謬。』

按這是個大問題，太史公伯夷傳反覆疑問，但是有智的人，縱然爲惡得福，也斷不爲。愚人爲惡，是社會公道正義沒發達。必要用墨教俠敎等精神，來打不平，改造社會。至于自然界的苦痛，今日已可被人類征服了。

傳道書第一章『耶路撒冷王大衛的兒子柯希列之言，凡事都是虛空的虛空，虛空的虛空都是虛空。人在日下勞碌經營，有何益處？一代過去一代又來，地是永遠長存，日頭出來，日頭落下，風往南吹又轉到北，江河都往海裏流，流了又流。若將萬事一提，必致疲乏，人不能說盡，眼無時看飽，耳無時聽足。一切事都是虛浮，都如捕風。

『貪愛銀子的有銀子也不知足。這也是虛空。貨財增添，吃的人也增添，有何益？不過眼目觀看。〇，勞碌人無論吃多吃少，睡必沈酣。富戶豐足，不得睡著。〇一大患事，就是貨財存積反害本主。雖生兒子、他必赤身去世，與從母胎出世無異。所勞碌得來的，手中分毫不能帶去。〇勞碌猶如捕風，毫無益處。終身在黑暗中度日，多有煩惱憂傷愁苦。』

第六章『雖然生一百個兒子，活許多歲數，若不得享福，據我說那墮落的胎比他倒好。墮胎虛虛而來，暗暗而去，沒在暗中，沒有見過天日，毫無所知，較比那等人倒爲安泰。那等人自己不肯享福，雖然活二千年，究竟與衆人同往一個地方去。總之都是虛浮，猶如捕風。〇事有許多增添，許多虛浮，于人有何益處？人生在世，爲日無多，都是虛空，猶如日影。』

四　財富無常（注意，耶蘇眞義，要拿馬克斯惟物史觀來研究，才明白的，孔老墨佛等皆然。）

路加第十六章『耶蘇對門徒說，財主家有一個管事的人，有人在主人面前告他說，他耗費了主人的資財，主人就叫了他來，對他說，你有這樣的事，不能再管我家的事了，（這比喻閻王要來索命壽限快到了，）管事的人心裏說，主人不用我管事，我將來作甚麽？鋤地呢無力，討飯呢怕羞，我有一個主意，可以叫人在我不管事之後，接我到他家裏去。（這比喻人當在一刻未死前預備後來的功德，）他就把欠主人的債的，一個一個叫了來對頭，一個說你欠我主人多少？回答說一百瓶油，管事的說，把你的帳拿去，快坐下，寫五十瓶、又對一個人說，你欠多少？回答說一百石麥子，管事的說，把你的賬拿去寫八十石。「這是比喻人當趁未死前布施，慷他人之慨，自己手裏布施是自己的。）我告訴你們，將虛浮的錢財，結交朋友，到你們臨終的時候，可以接你們到永遠長存的住處去。』

這比喻很痛切，要知道我們在世間管理一切財產，這是我的，那是我的，也不過是替人家管事，我們不是眞主人。那眞主人一天說你下工去吧，這就得伸腿而去，還不趁早學這個聰明的管事的麽？

以西結七章『他們的銀子必抛在街市上，金子必看如汙穢物。在主發怒的日子，他們的金銀不能救他們，不能充飢。因爲使他們陷在罪裏的，正是這金銀。』

馬太第四章『耶穌到曠野受魔鬼的試探，禁食四十晝夜，後來就餓了。試探的來說，你若是上帝的兒子，可以叫這些石頭變爲餅。耶穌回答說，經上說人活著不是單靠食物，也是靠上帝口裏所說的一切話，』

又『彼得和他兄弟安得烈在那裏撒網，他們本是打魚的人。耶穌對他們說，來跟從我，我要叫你們得人如得魚一樣。他們就丟下網，跟從了耶穌往前走。又見弟兄二人，就是西庇太的兒子雅各和他兄弟約翰同他父親在船上補網。耶穌招呼他們，他們立刻離了船別了父親，跟從了耶蘇。』

可見得道不關乎貧富智愚，十二弟子乃四個打魚的一家兄弟兩個，並垂萬古不朽也。

又第五章耶蘇看見許多人，就上山坐下，門徒進前來，耶蘇教他們說，虛心的人是有福的，因爲天國就是他們的國。哀慟的人是有福的，因爲他們必要受安慰。憐恤人的人是有福的，因爲他們必要蒙憐恤。爲義受逼迫的人是有福的，因爲天國就是他們的國。人若因爲我，辱駡你們，逼迫你們，毀謗你們，你們就有福了，應當歡喜快樂了。因爲你們在天的賞賜是大的。以前的先知也是這樣被人逼迫，若不比讀書的人善行更大，斷不能進入天國。』

按可知耶蘇講道不取能讀書的人。讀書的人正是孔子所惡的「鄉愿德之賊也，」所以耶蘇歡喜貧窮打魚的人，屢屢不喜讀書的人。

五、施捨憐恤（注意眞義先在捨財少說鬼神的謊話）

箴言第三章『你們同類的人向你有所求，你家中若有，不可對他說，你且去明日再來我給你。』

傳道書『你須將糧食分與七人八人，因爲你不知道將來在地上遇何災禍，風從何道吹來。你不能知道你須早晨撒種，下晚也不要歇手，因爲你不知道早撒的發旺，晚撒的發旺。』

第二章『我勞碌得來的，終必留與後來的人用。』

馬太福音第五章『耶穌說，有人想要你裏邊的衣服，連外邊也由他拏去。有求你的就給他，有向你借貸的，不可推辭。』

第六章『你們要小心，不可在人面前施捨，故意叫人看見。若是這樣，就不能得你天父的賞賜了。所以你施捨的時候，不可在人面前吹號筒，像那假冒得善的人在會堂和街市上所行的，要人誇獎他。我實告訴你們，他們已經得了賞賜了，你施捨的時候，不要叫左手知道右手所作的。你施捨的事，總要在暗中作，你父在暗中察看，必在明處報應你。」

照此看來，耶蘇所講的施捨是乾乾凈凈，不留一絲的。這個境界，不是平常講的甚麼經濟學分配法了，又甚麼社會主義了。因爲那些話力量都不深，他講的是連命都不要的，所以不要人看見。

你們禱告應這樣說『天上的父，免了我們的債，如同我們免了人的債，』

『不要積蓄財寶在地上，地上有蟲子蛀能銹壞，也有賊挖洞來偷，只要積蓄財寶在天上，天上沒有蟲子蛀，不能銹壞，也沒有賊挖洞來偷，』

『一個人不能事奉兩個主，或是惡這個愛那個。或是重這個輕那個。你們不能又事奉上帝，又事奉瑪門。（財利也）所以我告訴你們，不要爲生命憂慮，吃甚麼喝甚麼，爲身體憂慮穿甚麼，生命不比飲食貴重麼？身體不比衣裳貴重麼？你看空中的雀鳥，也不種也不收也不積蓄在倉裏。你們天父尙且養活他，你們不比雀鳥貴重得多麼？』

按耶蘇這話，未免高抬人類了，現在實在未必然，空中雀鳥，所以能吃．因爲他沒有所有權的爭競，還可以飛來飛去，自由求食。你要披著人皮，一插脚到處都是有主的物．能跟雀鳥自由麼？』

誰能用思慮多加一刻生命呢？（都是用心用盡早死了，）你何必爲衣服憂慮呢？你看野地裏的百合花怎麼長起來？這花也不勞苦，也不織紡，然而我告訴你們，就是所羅門（王名）極榮華的時候，他所穿戴，你還不如這花一朵呢！你們這小信的人，野地裏的草，今日還在明日就丟在爐裏，（可知榮華無常，）上帝還叫他有這樣的裝飾，何況你們呢？所以不要憂慮說，喫甚麽，喝甚麽，穿甚麽，這都是外邦人所求的，你們需用這些物，你們在天上的父已經知道了，你們須要先求上帝的國和他的義，天父自然將這些東西加給你們了。所以不要爲明日憂慮，一日只受一日的勞苦就彀了。』

又第二十章『有一個少年進前來對耶穌說「良善的夫子，我當行甚麽善事？纔能得永生。」耶穌說，「你爲甚麽稱我良善的，除了上帝沒有一個良善的。你要進入永生，就當謹守誡命。」他說「甚麽誡命？」耶穌說「就是不可殺人，不可姦淫，不可偷盜，不可妄作見證，孝敬父母，愛人如己。」那少年人說「這些誡命我自幼都遵守了，還有甚麽欠缺麽？」耶穌說「你要作完全人，（馬可書作還缺少一樣，）去將你所有的都賣了，賙濟貧人，就必有財寶在天上，你還要來跟從我。」少年聽了這話，就憂憂愁愁的去了，因爲他產業甚多。于是耶穌對門徒說，「我實在告訴你們，財主是難進天國的，（佛言富貴學道難，）駱駝穿過針的眼，比財主進上帝的國還容易呢！」

觀此可知耶穌是最澈底的社會主義，不但是人間的，還是天上的。

彼得說「我們捨棄一切所有的從跟你，將來能得著甚麽？」耶穌說「跟從我的人，到萬物復興的時候，人子坐在有榮耀的寶座上，你們也要坐在十二個座位上，審問以色列十二支派的人，凡爲我的名撇下家宅弟兄姐妹父母妻子兒女田產的，必要受福百倍，幷且得著永生。」

孟子也說「所惡有甚於死，所欲有甚於生。」不過不如耶穌講的透澈，此其所以爲宗教也，哲學無激發一般羣衆的力量，和最後決斷的力量。耶教比墨學有力，大抵在此。

『人子來不是要受人服事，乃是要服事人，並且要捨掉性命替衆人贖罪，』

耶蘇之布施不但布施錢財家產，最後還要布施性命，是大布施。

馬可十章彼得說『我們已經撇下一切所有的跟從你了。』耶蘇說「凡爲我和「福音」撇下家宅弟兄姐妹父母妻子兒女田地的，必在今世得百倍，並且要受逼迫，來世必得永生。』

又十二章『耶蘇看衆人捐錢入庫，有許多財主捐了許多錢，有一個貧窮的寡婦來捐兩個小錢，就是一個大錢，耶蘇說這貧窮的寡婦，捐入庫裏的比衆人捐的還多，因爲衆人是自己有拿出來捐，這寡婦是自己不足，反將所有一切養生的拿出來捐，』

這是拿着比例定人布施的多寡，託爾斯泰在人道主義書裏說的很詳，就是現在用累積稅的原理了。

馬可三章『衆人問他說，我們當作甚麼事？約翰說，（耶蘇受洗禮的師）有兩件衣服的，就分給那沒有衣服的人，有食物的也當這樣，』

後來託爾斯泰改革新耶蘇教做了一部人道主義，就用這一句作一部書的名字「我等當何爲乎？」英國日本有翻譯的好幾部，託爾斯泰發揮耶蘇的道理過於路德了。

路加第六章『你們若借給人，指望償還，有甚麼賞賜呢？罪人也借給罪人，要他照數償還。不望償還，你們的賞賜就必大了。』

又貧窮的人是有福的，上帝的國是你們的國。現在饑餓的人是有福的，因爲必要得飽。現在哭泣的人是有福的，因爲必要喜樂。你們富厚的人有禍了，因爲你們已經得安樂。你們飽足的人有禍了因爲你們必要饑餓。你們現在喜笑的人有禍了，因你們必要悲哀哭泣。」

看現在的俄國可知了。因果循環，所以人該趁早修善惜福，以免刦禍。

路加十二章『衆人裏有一個人說，夫子，請吩咐我的兄長和我分開家產，耶穌說，你這個人誰立我作你們斷事的官，爲你們分產業呢？』

照這一條看起來，社會主義實在不成大問題，拿著耶穌的道理實在超過他了，所以眞大同時代，決用不著井田，因爲去分配還嫌費事呢，但是爲防止强權計，以濟道德不足，根據分配法也是急務，因道德講的太遠了難行，而且便利兇暴的人。

『因對衆人說，謹愼防備，不可有貪心，因爲人的生命不在乎家資寬裕，有一個財主田產豐盛，心裏想說我的糧食沒有地方收藏怎麽辦呢？又說這樣作，把倉房拆毀了，另造更大的可以收藏我一切的糧食和貨物。以後我必自己心裏說我，有許多財物積存，作多年的費用，我可以安安逸逸的吃喝快樂了。上帝對他說，無知的人，今夜必定要你的靈魂。你所豫備下的將歸誰呢？』

『小子！你們不要懼怕，須要求上帝的國，天父自然將這些東西加給你們喜歡，將天國賜你們。應當變賣你們所有的賙濟人，爲自己豫備永不破壞的囊袋，和用不盡的財寶在天上。』

看起來耶穌的主義完全向天國去，這人間世一點也不留，他看透無常人命在呼吸之間，這個割捨的精神犧牲的精神，比着佛教也無有不及，所以三年的工夫，竟然壓倒世上的一切教，占大勢力，非是偶然。然而佛耶講布施多在主觀上講，要是在客觀上講，濫布施也並不能眞濟人，託翁曾悟到此。

路加十九章『有一個人叫撒該，作收稅的總管是個財主，忙來歡歡喜喜的迎接耶穌，衆人看見就不喜悅，說他到罪人家裏去住了。（那時人看稅吏很賤，）撒該就站起來說，主呵！我把所有的家貲一半賙濟窮人，若是我訛詐過人，便加四倍償還。耶穌說，今日這一家得了救了。』（可見他重財施。）

約百記第一章『約伯爲人篤實正直，有七子三女，兒女都在他長兄家裏喝酒，忽然房倒都死，約百起來伏地而拜說，我亦身出母胎，也亦身歸土，賞賜的是主，收取的也是主。』

二十二章『約百說，你須將黃金看作糞土，珍寶看作石頭，以全能的主爲黃金白銀。』

箴言第三章『得智慧便爲有福，積智勝過積金，一切財寶不足比較智慧，右手操持長壽，左手操持富貴，凡持守智慧的，就如得了生命樹。』

申命記第十章『可畏的上帝，不以貌取人，不受賄賂，爲孤兒寡婦伸冤，又憐愛客旅賜他衣食，你們應當憐愛客旅，因爲你們在伊及國也曾作過客旅，』（其言甚痛）

『客旅和孤兒，若有詞訟，不可偏斷，不可將寡婦的衣裳拿來作質。你當記念你曾在伊及爲奴，你上帝從那裏將你救贖出來，因此我吩咐你這樣行。你在田間收割禾稼，若忘下一捆，不可回去取來，可以留與客旅孤兒寡婦，上帝必福你。你打油果樹枝上，剩下的不可再去打盡，（這叫做「積善之家必有餘慶，積不善之家必有餘殃，」）應當留與客旅孤兒寡婦。你摘葡萄園的葡萄，所剩下的不可再去摘盡，應當留與客旅孤兒寡婦，當記你曾在伊及爲奴，因此我吩咐你這樣行。

此語沈痛可憐，佛經上如此的很多，但佛多拿前生來比，如說你不要學著今生有勢力殺生靈，當想你前生也做過牛馬被人殺。你不要拿著錢太看得重，你前生也曾爲乞丐。不但如此，不要仗著臉前有錢有勢，一轉眼間又到了來生，你還不知道到那一道裏投胎託生去哩！作此觀想，更可怕。

利未記十九章『主吩咐摩西說：（這也不過是詩經上「帝謂文王之意」）你告訴以色列會衆，收割田地間的五穀，不可收割到田角，收割的時候所遺落的不可拾取，你摘葡萄園的果有剩下的不可摘取，遺落在地上的不可拾取，當捨給貧民和客旅。』

按這就是詩經上說的『彼有遺秉，此有滯穗，伊寡婦之利。』也是一種小慈善主義，小社會主義。

『又見白髮的人當站起來，應當恭敬老人，』（敬老在大同世更要緊）

申命記十四章『每到三年之末，應當將本年的土產十分之一取出來，留你在城中，在你們無分無業的利未人，（按利未人掌祭司法律等事，所以無分地，但分祭祀的牲肉）和住在你城中的客旅，並孤兒寡婦都可以來吃而飽，這樣你上帝，必在你所辦的一切事上賜福與你。』

又十五章「每到七年當守爲豁免年。這豁免年有定例，凡放債與鄰舍與族弟兄的，這年應當豁免，不可催逼償還。因爲這年稱爲主的豁免年，可以催外族人還債，（這還是種族國家主義）只是所放與弟兄的債應當豁免。除非你們中間沒有貧窮人，纔可以沒有這例。上帝的話謹守遵行，上帝必照著所應許你的話賜福與你。你上帝所賜與你的地上，無論在何城中，你本族內若有窮人，（是在民族國家主義時代的話）不可忍著心緊著手不幫助他，應當向他量開手，照著他所缺乏的借與他。你當謹慎，心裏不可起惡念，說第七年快到了。就是豁免年了，你如此想，便向起貧窮弟兄吝嗇，不借與他。恐怕他因為你的緣故，呼籲主，你就有罪。（按觀武王伐紂的話可以證明。）當賙濟他，並且不可因賙濟他心裏愁煩。你若這樣行，上帝必在你凡事上，在凡你手所辦的事務上賜福與你。因為在你地上不免有窮乏之人，所以我吩咐你說，應當向住在你地上貧寒窮乏之弟兄鬆開手。』

申命記十五章『你本族的希伯來人，或男或女，自賣己身與你，只可事奉你六年。到第七年當釋放他去，任他自由。你釋放，（這是林肯的先聲）他去的時候，不可使他空手而去，應當從羊羣穀食酒醡（音詐酒具）中將各樣取些賜給他。照着你上帝所賜你的福，當記念你在伊及也曾為奴，你上帝將你救贖，因此我今日吩咐你這件事。（其言慘痛的很，）你待婢女也是這樣，你釋放他去不可作難，因為他六年事奉你的工夫，較比雇的工價算加增一倍。你這樣行，你上帝必在凡你所作的事上賜福與你。』

按凡你所作的事，這幾個字很要緊，見得能如此做就事事如意也。現在人不明此意，一面敬神，一面做壞事，那就不行了。

又二十三章『若有奴婢避主人跑到你處，不可將他交付他主人，應當容他住在你們中。無論他願居住在那一城中，就容他居住，不可欺負他。』（這與現在容納國事犯同意，）『窮乏傭工的人，無論是你同族是客旅，不可欺負他。必須當日給他工價，不可等到日落，因為他貧窮愛慕工價。』

又二十四章『拐帶人口，或使喚他，或賣了他，必將拐帶的那人治死。』

又二十三章『你同族向你借錢借糧，無論甚麼，可以生利的物，你不可取利息。可以向外邦人取利息，不可向同族取利息。』二十四章『你若借與鄰舍甚麼，不可進他屋子裏拿他的質？(可當的衣服)當站在外頭，等向你借貸的人自己將他的質拿出來交給你。那人若是極貧，不可留他的質過夜，日入的時候，應當還他，使他睡覺時候可以作舖蓋用。他必為你祝福，這在上帝面前，就算你的義了。

按講起眞正社會主義，不應該還有奴僕傭工，應該斷慈善，然此不過略見摩西時代的意思罷了。但是究竟果然到了大同世，人類能一律平等不能？却是個大問題，在古代希臘大哲思想公然認奴制為必要，所以邁爾氏以為這種思想為耶教開路。通史原書p.193.但據近來由利披德Eurpides所研究像希臘的奴，也不過但是名不好聽。其實中有好人也和自由人一樣的。(,'One thing only disgrace is the name, a slave, if he be good, is no worse than a freeman. The Greek view of live. p. 79)後來雖耶教輸入歐洲，在強權資本之下，實事上也只是去奴的名字而已。總之，一天有階級。就事實上不平等，中國古代無買賣奴制，却是有罪的罰作奴，大同世當然無奴的名，但若有管理者存在，也就沒眞自由？而人類智識道德體力總不能同等，奴的實質眞去，必在眞去刑罰和權力管理者以後。不然恐怕也不過換名詞，不能換實質了。因為託翁說法律就是奴隸的根本 Laws—The cause of slavery. The slavery of our times(參觀託氏吾人之奴隸)決不是林肯所謂『去掉和形式的解放』可比，所以非託氏克氏的學術普及，不易眞去奴制。

申命記十四章「不可用羔母的奶煮羔」

二十二章「你若看見人的牛驢臥在道路上，不可裝作沒有看見，總要幫助扶起來。你若在路上遇見雀鳥的巢窩，或在樹上地上裏頭有雛或卵，母鳥伏在雛上卵上，不可連母帶雛並取。應當放母，但可取雛。如此你可得福。」這和儒教「不殺胎不掩羣」差不多。

二十四章「你牛碾穀的時候，不可籠住他的口。」推愛人及于愛物，所以到託氏成吃素不獵的耶教。

六 愛替法律

耶蘇出世因緣專爲此事，令人都嫌强權不好，然要不能有耶蘇的愛，終是替代不下他。

以賽亞六十二章『你必稱爲主所喜悅的，猶如女子得男子。從前居在你中的人，必再與你聯合，如壯男與所娶的處女聯合一般。你的上帝，必因你喜樂，猶如新郎因新婦喜樂一般，』耶利米二章『主曉諭我，說你去宣告與居民聽，說主如此說，你戀慕我，親愛我，猶如新婦親愛新郎，』看來以前本有此等比喻。約翰三章二十九節『約翰說，娶新婦的就是新郎，但新郎的朋友站著聽他，就因新郎的聲音甚是喜樂，所以我這喜樂滿足了，他必興旺，我必衰微，』按此處比耶蘇是新郎，後來耶蘇馬太二十五馬可二每每自己用新郎作比喻，可證明耶蘇是完全的新靈新愛了。

馬太二十二章『法利賽有一個律法師，來試探耶蘇說，夫子！誡命中那一條最大，耶蘇說，你要盡心，盡性，盡意，愛主你的上帝，這是誡命中第一最大，其次就是「愛人如己，」這兩條是一切道理的總綱，』（可見耶蘇是無人無己無人相無我相的。人已相如的。）

路加二十章二十五節『耶穌說：該撒的物當歸給該撒，上帝的物當歸給上帝』

按該撒是皇帝，就指法律，上帝就指愛。

馬太五章十七節『耶穌說：不要想我來是要廢掉律法和先知，我來不是要廢掉，是要成全，』按可想當時人人疑他要廢律法了，他成全二字，就是用更好的東西來代用罷了。

約翰十三章三十四『耶穌說：我賜給你們一條新命令，就是叫你們彼此相愛。』

按這就是用新約的「愛」世界，停止舊約的法律世界，是託氏精神的發源地了。因摩西用君統，耶穌用平等的愛。那曉得後來出了些君主，反利用神權愚民，並被帝國利用壓服殖民地？

達羅馬人書第六章『你們不在法律之下，乃在恩典之下，』七章『現今就脫離了律法，叫我們服事主，要按着心靈的新樣，不按着經文的舊樣，有個律，就是我願意爲善的時候，便有惡與我同在，』十章以色列人追求法律的義，倒得不着法律的義，因爲他們不憑著信心求，憑著行爲求』(是偶像表面)

保羅達哥林多人前書十三章『我若能說萬人的方言，並天使的話，却沒有愛，我就成了鳴的鑼，響的鈸。我若有先知講道之能，也明白各樣的奧秘，各樣的智識，全備的信，能移山，却沒有愛，就算不得甚麼。我若將所有的賙濟窮人，又捨身焚燒，却沒有愛，仍然無益。愛是恒久忍耐，又有恩慈，不嫉妒，不自誇，不張狂，不易怒，不算人的惡。愛是永不止息。信，望，愛，三樣，其中最大的是愛。』十六章『你們務要儆醒剛强，凡所作，都要憑愛心而行。』

七　信道傳道

馬太七章『凡聽我的話就去行的。好比聰明人，把房子蓋在磐石上，風雨總不倒塌。凡聽話不去行的，好比無知的人，把房子蓋在沙土上，雨降風吹就倒塌了。」

馬太福音第三『約翰在猶太曠野講道，說如今斧子已經放在樹根上，凡不結好果子的樹，就砍下來丟在火裏，』由此看來，却也不是完全無抵抗主義了。

馬可第三章『當下耶穌的母親和他弟兄來了，站在外面打發人去叫他，衆人在耶穌周圍坐着，有人告訴他，說你的母親和你的兄弟在外面尋找你。耶穌回答說，誰是我的母親？誰是我的弟兄？就四面觀看周圍坐着的人說，你們看我的母親我的弟兄，凡遵行上帝旨意的人，就是我的弟兄，我的姐妹我的母親了。按這話頂要緊，這是耶佛皆不承認肉體之親，和律法的勢，而專從道理上結朋友的。

一人上溯父母姓氏表

以此表一人上推至二十四世，每世以三十年，計約七百年，則一人應有父母血輪一千餘萬。向下推一人一世若生二人，至七百年後，亦生千餘萬子孫。可知四海兄弟天下一家之說，就血輪上講，亦是實事，而姓氏之分別是後起人爲假造的東西眞可笑也。

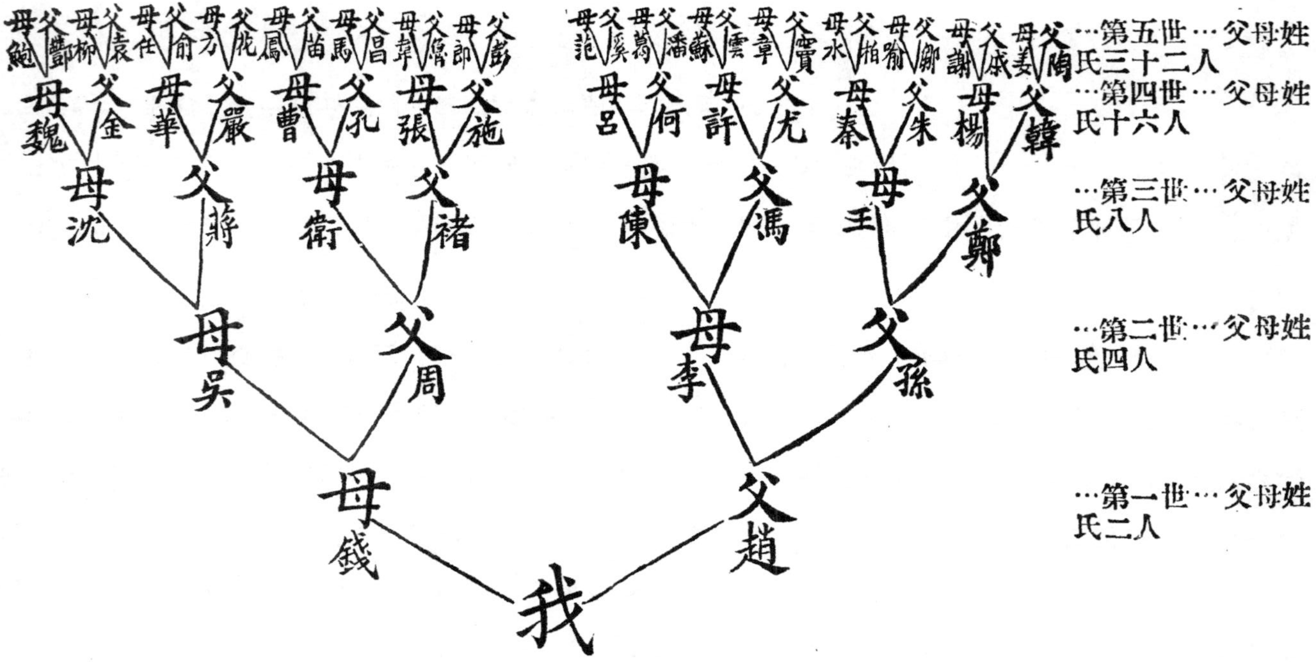
…第五世…父母姓氏三十二人
…第四世…父母姓氏十六人
…第三世…父母姓氏八人
…第二世…父母姓氏四人
…第一世…父母姓氏二人
父陶 母姜 父戚 母謝 父鄒 母喻 父柏 母水 父竇 母章 父雲 母蘇 父潘 母葛 父奚 母范
父彭 母郎 父魯 母韋 父昌 母馬 父苗 母鳳 父花 母方 父俞 母任 父袁 母柳 父酆 母鮑
父韓 母楊 父朱 母秦 父尤 母許 父何 母呂
父施 母張 父孔 母曹 父嚴 母華 父金 母魏
父鄭 母王 父馮 母陳
父褚 母衛 父蔣 母沈
父孫 母李
父周 母吳
父趙 母錢
我

路加第九章『在路行走的時候，有人對耶蘇說主，無論往那裏去，我要跟從你。耶蘇說，狐狸有洞，飛鳥有巢，人子倒沒有安身的地方。』(看起來耶蘇，勇猛過於墨子矣。)

又對一個人說『跟我來，那人說主，容我回去先葬埋我父親，』耶蘇說，『由死人葬埋他們的死人，你去傳上帝國的道。』(此條較佛教尤勇，佛雖出家，仍回家葬父王也。)又有一個人說主，我要跟從你，但容我先回去辭別了我家裏人。耶蘇說，手扶著犁把向後看的，不配進上帝的國。』

按耶蘇行道，不過三年，至今千九百餘年，光于世界，豈偶然哉？眞如風發河決，其勇在一切教主之上。

馬可第四章『耶蘇說你們聽着，有撒種的人出去撒種，撒的時候，有落在道旁的，空中的雀鳥來吃盡了，有落在土薄有石頭的地上的，土旣淺薄，發苗最快，日頭出來一晒，因爲沒有根，就枯乾了。有落在荊棘裏的，荊棘長起來，將苗遮蔽住了，就不能結實。有落在好土裏的，就發生起來長大了，結實有三十倍的，有六十倍的，有一百倍的。這比喻你們不懂，怎能懂得各樣比喻呢？撒種的就是傳道的人，撒在道旁的就是說人聽了，魔鬼就奪了去，撒在有石頭的地上的，就是說人聽道的時候，便歡喜來領受，只因他心裏沒有根，也不過是暫時的。及至爲道遇患難受迫害，就厭棄了。撒在荊棘裏的就是說人聽道，又有世上的思慮，貨財的迷惑，並各樣的情慾進來遮蔽了，道就不能結實。撒在好地上的，就是說人聽道便領受，並且結實。』

路加九章『耶蘇叫齊十二個門徒去講道醫病；對他們說，不要帶路費，不要帶拐杖，不要帶皮袋，不要帶糧食，不要帶銀子，不要帶兩套衣服。進那一家就在那裏住，也要從那裏起行。凡不接待你們的，出那城的時候，將脚上的塵抖下去，對他們作見證。』

路加十四章　衆人和耶穌同走的時候，耶穌轉身對他們說，人來從我，若不愛我勝過愛他的父子妻子兄弟姊妹和自己生命的，就不能作我的門徒。不背著十字架跟從我，也不能作我的門徒。你們中間誰要建造一座樓，不先計算銀錢。這樣，你們若不撇下一切所有的，就不能作我們的門徒。』

看起來耶穌究竟非犧牲不可，這不是平常的社會黨所能做的事。因爲耶穌是爲道殉身，社會主義，不過算來算去算分錢的法子而已。然而引人入道甚難，引人爭錢利易，所以勸人信道，又不如勸人爭權利還動聽也。

約翰第十三章『耶穌離席站起來脫了衣服，拏一條手巾自己繫上，就把水倒在盆裏，洗門徒的脚，用自己所繫的手巾擦乾，挨到西門。彼得，彼得說「主要洗我的脚麼？」耶穌說「我若不洗你，你就和我沒有干涉，」(可見謙勤布施，都是與人作緣的方法，佛所謂現身奴僕)洗完了他們的脚，耶穌穿上衣服，又坐下對他們說，我在你們身上所作的，你們知道這是甚麼意思呢？你們稱呼我「夫子」「主」，不錯我實在是的，我是你們的主，你們的夫子，尚且洗你們的脚，你們也當彼此洗脚，我作榜樣，給你們看，叫你們照著我的樣式行，你們若明白，照著去行就有福了。』

看起來耶穌傳道的苦心也費盡了。那曉得後來天主教和耶穌教同讀一聖經遵一教主耶穌，因爭教相殺，殺人無千萬數，眞眞不可解了。還講甚麼洗脚呢？所以明白不容易。

馬太七章十八節耶蘇說，好樹不能結壞果，壞樹不能結好果，凡不結好果的樹，就砍下來丟在火裏，所以憑着他們的果子，就可以認出他們來。凡稱呼我主阿，主阿，的人，不能都進天國。惟獨遵我旨意行的人，纔能進去，當那日子，必有許多人對我說，主阿，主阿，我們不是奉你的名傳道，趕鬼行許多異能麼？我就明明的告訴他們說，我從來不認識你們，你們這些作惡的人，離開我去罷，所以凡聽我話去行的，好比把房子蓋在磐石上，不去行的，好比蓋在沙土上，雨降風吹，房就倒塌了，并且塌得很大。

路加十三章二十四節，耶蘇說家主關了門，你們站在外面敲門說，主阿，開門，他答說，我不認識你們，那時你們要說，我們在你面前吃過喝過，你也在我們的街上教訓過人。他要說，你們作惡的人，離開我去罷，你們要看見亞伯拉罕以撒雅各衆先知，都在上帝國裏，你們却被趕到外面。那時要哀哭切齒了，從東，從西，從南，從北，將有人來在上帝的國裏坐席，只是有在後的將要在前，有在前的將要在後。（看來信耶蘇空名的，耶蘇不愛，不如眞行愛人的道理。）

約翰第六章二十五節，耶蘇說，我實實在在的告訴你們，你們找我，萬不是因爲見了神蹟，乃是因爲吃餅得飽，（眞算奴隸）

照以上的話看起來，好像耶蘇是對着一般虛僞的耶蘇教徒而說的，所以俄國革命，就把俄國的教主兼皇帝殺了，還殺了許多僧侶，因爲他不但不照耶蘇愛人如己的教訓做，還要幫着帝國的軍閥財閥專說鬼話，迷惑平民，就是「砍下來丟在火裏，」那俄國眞行愛人之道的，乃是不信耶教的平民主義革命家，可爲這幾段作證明。

八　世界大同預言

舊約以賽亞十一章『到那日，狼與羔羊同居，豹與山羊同臥，牛犢壯獅和肥畜同在一處，幼童可以牽引牛與熊同食，小熊與牛犢同臥。獅子吃草與牛無異，嬰孩頑耍在毒蛇洞，剛斷奶的嬰兒，向毒蛇穴伸手。在我聖山的徧處，一切不爲害，不傷人，因爲曉主的道徧滿大地。』又六十五章『狼必與羔羊同食，獅子與牛一樣吃草，蛇必以塵土爲食。』

按這雖然現在難看見，也可證耶教的理想不低，和佛教差不多了。

以賽亞十一章『因爲曉主的道徧滿大地，如水充滿大海，到那日狼與羔羊同居，豹與山羊同臥，在諸海島遺剩的民，主必向列國樹立大旂，將以色列被驅逐的人收回。從他的四方，聚集分散的猶太人，以法蓮不妒嫉猶太，猶太不擾害以法蓮。到那日，你們當說應當稱頌主名，傳揚在列國，普傳天下。』

按這說大同世界廢除一切國家，正是二十世紀的預言。猶太希臘等古文明國吾們應該提倡重建設的。

三十二章『等到靈從上感化我們，曠野就變爲佳園，樹林。公平必存在曠野，善義必居於佳園。』

三十五章『曠野和乾旱地，必然喜樂。荒墟必然歡欣，發旺如玫瑰花。必發旺喜樂歡呼，人必得見耶和華的榮耀，我上帝的華嚴。手疲乏的應當堅固，膝軟弱的你們須使强健。須對膽怯的人說，放心罷，不要懼怕，上帝親自來臨拯救你們，（按這一定就是託爾斯太的「非戰主義」）那時眼瞎的必能看見，耳聾的必能聽見，腿瘸的必能跳躍，口啞的必能歌唱。因爲有水湧在曠野，有河流在沙漠，沙漠變爲池沼，乾地必有泉源。（四十二章亦有此語）豺狼棲止之所，必變爲蘆葦叢生之處。在那裏，必有通道大路，行路的人，雖愚昧也不至失迷。在那裏無獅子猛獸，只有被贖的人。經行其間，必要歸回歌唱，來到郇城。永以喜樂爲冠冕。必都歡欣喜樂，憂愁歎息，盡歸無有。』

以上所說預言，是將來的樂觀，指示我們前進的路；鼓舞人的希望勇氣。但不能不承認現在社會是汙濁，是悲觀的，而去下手改造；先下犧牲的本錢。耶蘇就是下本錢的人，比方你想進花園去遊，必要買票，爲愛犧牲，就是買票了。

以賽亞六十五章『我必造新天新地，舊有的不再記念，不再思想。你們須因我所造的永遠歡欣喜樂。其中必不再有哭泣哀號的聲音，其中必沒有夭亡的嬰兒，壽數不足的老者，百歲死的仍算壽小，猶爲受咒詛的罪人，狼必與羊同食。』

以賽亞六十六章『國豈能一日而立，民豈能一時而聚，郇竟忽然得有居民，猶如婦人方纔覺苦，已經生子。主，耶和華說，我既使臨產，豈不使生產呢？我既使生產，豈禁胎不生呢？你們這些愛慕耶路撒冷的，應當與耶路撒冷一同喜樂。你們一切曾爲耶路撒冷悲哀的，應當與之一同歡欣。大得安慰榮耀。』

耶利米三十一章『主說，以色列必復建興。那時，處女必跳舞歡樂，壯男老叟也是如此，……（一十一節）以色列民你須爲自己設立望杆標柱，須必想路徑，歸回故土。要到幾時呢？主必使地上有一件新事，就是女子衛護男子，』

按以賽亞耶利米均先知，受神默示，所說的話，早晚是必驗的，這是另一種精神科學，看現在潮流就要應驗了。看歐戰後波蘭新共和國，芬蘭新共和國，波羅的三新興國，高加索三新興國，等，如春筍之勃起，預料將來印度埃及希臘猶太高麗等一切文明古國，無不獨立新興之理，即太平世先聲了。

九　犧牲(耶穌殉道)

約翰第十二章『有一個人名叫該亞法，對他們說「你們不知道甚麼，竟不想一個人替百姓死，叫通國不滅絕，就是我們的益處，」耶穌不但替一國的百姓死，也要使散住在四方的上帝的子民合而為一。』

凡是聖人，沒有不講大同的，不然還配稱聖人麼？

又十七章『耶穌舉目望天說「父啊！時候到了！願你榮耀你的兒子，你的道就是眞理，我已經賜給他們，叫他們合而為一，完完全全的合而為一。」』

十八章『耶穌說完了這話，同門徒出來，過了汲淪小河，有一個園子，他們都進去了，賣耶穌的猶太，就領著一隊兵和祭司長同法利賽人的差役，拿著火把燈籠器械，來到園裏，耶穌知道所要臨到自已身上的一切事，就出來向他們說，你們尋找誰，他們說找耶穌，耶穌說我就是。西門彼得帶着一把刀就拔出來砍祭司長的僕人，削掉他的右耳，耶穌對彼得說，「收你的刀入鞘，我父給我的那一盃，我可以不喝麼？」于是那一隊兵和千夫長並猶太的衙役，將耶穌捉住捆綁了，先拉到亞那面前，亞那就是大祭司該亞法的岳父，亞那就將耶穌解到大祭司那裏去，衆人拉著耶穌往公堂去，正在清晨，彼得出來對衆人說，「為甚麼告這個人呢？」衆人說「犯罪的，」彼得多說「你們拉他去，按着你們的律法審判，又進衙門叫耶蘇來問他，說「你是猶太人的王麼？」耶蘇說「我的國不是世上的國，我為此降生，我為此到世上來，特為眞理作見證。」彼得多說「眞理是甚麼呢？」（那時候的情形可想而知了。）說完了又出來到猶太人那裏說「我查不出他有甚麼罪來，你們有一個規矩，每到逾越節，要我給你們釋放一個囚犯，你們要我釋放猶太人的王不要。」衆人喊叫說，不要釋放這個人，要釋放巴拉巴（巴拉巴原是個强盜。）

十九章「當下彼拉多將耶蘇鞭打了，兵丁用枳棘編作冕，戴在耶蘇頭上，又給他穿上紫色袍，對他說「請王安」，用手掌打他。彼拉多又出來對衆人說，我帶他出來見你們，叫你們知道我查不出他有甚麼罪來」耶蘇戴着枳棘冕，穿着紫色袍出來，祭司長和差役看見耶蘇就大聲說「釘他在十字架上，按着我們的律法他是當死的，因為他自稱是上帝的兒子」，彼拉多就回到公堂問耶蘇，耶蘇不回答，彼拉多說「你不回答我麼？你豈不知我有權柄將你釘十字架，也有權柄將你釋放麼」？從此彼拉多要釋放耶蘇，無奈猶太人喊叫說「你若釋放這個人，就不是該撒（君也）的忠臣，彼拉多就帶耶蘇出去，到了一個地方，稱為鋪華石處。在那裏坐堂，那日是豫備逾越節的日子，約有午正，彼拉多將耶蘇交給他們去釘十字架，他們就將耶蘇拉了去，耶蘇背着自己的十字架出城，到了一個地方，名叫「髑髏處」，就在那裏釘他在十字架上，還有兩個人一同釘著，一個在左邊，一個在右邊，耶蘇在中間，兵丁正作這事，耶蘇的母親和他母親的姊妹在十字架旁邊站著，耶蘇看見他的母親和他所愛的那一個門徒站在那裏，就對他母親說「母親！這是你的兒子。」又對門徒說，「這是你的母親」，從那時那門徒就接耶穌的母親到自己家裏去住，（此與前面耶穌說信我道的就是我的姊妹弟兄母親，可知耶穌實行人人都是上帝的兒子的。）後來耶穌知道一切的事已經成全了，又要經上的話應驗。（耶穌許多的事，都與舊約從前先知的話應驗的。）就說我渴了，那裏有一個器皿盛滿了醋，他們就拿海絨蘸了醋綁在牛膝草上，送到他口，耶穌嘗了，就說成了，低下頭，就將靈魂交與上帝了。

○有一個亞利馬太人名叫約瑟，只因怕猶太人，就暗暗的作耶穌門徒，這時候來求彼拉多准他將耶穌的身體領去，彼拉多允准，他就領去，又有尼哥底母拿著沒藥和蘆薈約有一百斤前來，他們就照猶太人安葬的規矩，將耶穌身體用細麻布加上香料裹好了，在耶穌釘死的地方有一個園子，園內有一座新墳墓，是從來沒有葬過人的，這日是猶太人豫備的日子，因爲那墳墓相近，就在那裏葬耶穌。

第二十章『七日的頭一日，（就是一七日，）清天未亮的時候，抹大拉的馬利亞來到墳墓。那裏，看見墓門口的石頭已經挪開了，站在墳旁啼哭，向墓裏看見有兩個天使，穿著白衣在安放耶穌身體的地方坐著，天使說「婦人！爲甚麼哭，」，他說「有人將我主取出去，不知道放在那裏，說了這話，就轉身看見耶穌站著，馬利亞就去告訴衆門徒。』

那日晚上，門徒在一處聚集，因爲懼怕猶太人，將門關上，耶穌來了，站在當中，對他們說「願你們平安」說了就將他的手和肋條指給他們看，門徒看見主，都歡喜了，耶穌又說「願你們平安，我父差我；我也這樣差你們」。說完這話，向衆人吹一口氣，說你們受聖神。○過了七日，門徒又在裏屋門關了，耶蘇來站在當中說「願你們平安」，（這不過是死後顯聖，中國也往往有的，也沒甚麼不可信，不過說死了復活，乍聽有點驚人，實在也沒可驚，懂佛法便明白了。

二十一章「以後耶蘇在海邊又顯現，給門徒看耶蘇所作的事。」

按耶蘇是死過了又顯聖，想必不是門徒造謊，自今以後，但願世上人都「愛友與仇」，盡捨家中所有的，天下合成爲一，都積財寶在天上，就是了。

十　誡命（此篇全是預言世界大劫，惟布施行善可免，可與盜跖篇和佛之「護法品」參看）

申命記二十八章，你若聽從上帝的話，必有福。牛羊也得福，你入也得福，出也得福。你若不聽我今日所吩咐的誡命，就必受咒詛，有許多降禍臨到你身上，在城內必受禍，在田間必受禍。你的倉和摶麵的盆必受禍。你身所生，你土所產，你牲畜所出必受禍，你牛羣羊羣必受禍。主必使你受驚恐被譴斥，致你速速滅亡。主必使你患瘟疫，在你要得的那地上滅絕。主必使你患癆病熱病發燒發瘧遭兵戈。又使你五穀被風吹乾枯槁，災殃逼迫你，直到你滅亡。主不使雨降，在你地上，但塵沙降下。必使你被仇敵打敗，受天下萬國的凌辱。空中的鳥地上的獸，必來吃你的屍首，無人驅逐。必將伊及人所患的毒疔惡瘡疥癬加在你身上，使你不得治好。主必使你癲狂，眼目昏眩，心中迷亂。必在午間，如同瞎眼。所行不通，常遇暴掠，無人搭救。你聘定女子爲妻，別人來娶。你建築房屋不得居住，你的牛驢被人搶奪，羊必歸仇敵，沒人救助。你的兒女必被擄掠，歸于外邦。主必將惡瘡加在你膝上，腿上從脚掌上直至頭頂上不得治好。你的莊稼甚多，得收的却少。因爲被蝗蟲吃了。你的樹木和地裏出產，必被螞蚱吃盡。住在你們中的外人，必日見上升高過你。你必日見下降，他必借貸與你。你卻不能借貸與他。這一切災禍必臨到你，追趕你，追上你，直到你滅亡。因為你不聽從上帝的話，不守他的誡命。這一切災禍必貼你的身。和你後裔的身。使人看作怪異，當作鑒戒，直到永遠。（看現在中國的幾個皇室，不過是唱戲給人看。俄國的皇室更慘不忍說了。）因為你富足的時候，不肯歡心樂意的奉事上帝，（究竟上帝有兩種，一種理門，就是公理正義。一種事門，就是人格的，威權的，所以你必受飢餓，赤露身體，缺乏一切，事奉上帝差來的仇敵。（按不外金錢，勢力就是魔了。）他必將鐵軛放在你的項上，將你滅絕，主必使遠民如鷹飛來攻擊你，這民的言語你不懂，他們面色兇惡，不顧恤老人，不憐憫嬰孩，他們必吃盡你的牲畜土產，吃盡你的穀酒油，牛犢羊羔分毫不與你留下，直到你滅絕。他們必將你困在你諸城裏，直到你所倚靠的，你遍地高大堅固城垣都被攻塌，仇敵窘迫你，甚至你吃你所生的兒女的肉。（易子而食之，析骸而爨之，張巡殺妾，我們都知道還誇獎他，那知都是不照大同博愛的道理做，自討苦吃。）你們中就是柔弱細膩，腳不肯踏地的婦人，因為毫無所有，也必將他所生的兒女，和從他身內出來的胞衣，在暗地裏吃，並怒視他親愛的丈夫。你若不謹守遵行，凡記在這書上律法，不敬畏上帝，主必使又大又長久的非常災禍，和又惡又長久的病加在你身上，和你子孫身上。主勦滅你們，使你們死亡。（這個上帝可以換個列甯或馬克司就明白了。）

二十六章『若有毒根，（惡人也，）生在你們中，聽見這話，卻仍心裏自慰，說我雖剛愎自用，渴時痛喝，還是平安，主必不肯饒恕他，必大發怒將記在這書上的一切咒詛，加在他身上，又在天下塗抹他的名，降禍與他。遍地的礦焚燒，（就是現在遍地狠煙了，）不得耕種，不能出產，連草芥也不生長。」

按原文甚長，今節錄一點，平常人看了此段，或以爲是迷信罷。但你看德國的大亂方過去，俄國的大亂還沒完，中國也快到了，這是迷信，是實事呢？四川友人對余談，四川成都有張獻忠的「七殺碑」甚有靈，觸犯裏就死。已竟死了好幾個縣官。現在這碑另作一室覆之。碑上有七個殺字，係獻忠自書，張獻忠說的話，是「天生萬物以養人，人無一德以報天，殺殺殺殺殺殺殺」！這就是好像申命記所說的報應了。若問如何可免？答曰，可問耶穌，他是救主，必有法子。

十一　防僞善

馬太二十三章「耶穌對衆門徒說「讀書人和法利賽人，坐在摩西的位上，（君師之位也）凡他們所吩咐你們遵守的，你們就當遵守，但不可效他的行爲，因爲他們能說不能行，他們將難担的重担，捆起來放在人肩頭上，自己一個指頭也不肯動。他們作事都是爲叫人看見。將佩戴的經文做寬了，衣裳穗子做長了，他們愛坐筵席的上座，會堂的高位。歡喜人在高位上給他請安。又歡喜人稱呼他夫子夫子，只是你們不可受夫子的稱呼。（這段話，剛剛好像指着現在的神父牧師僧道說的。）

這些假冒爲善的讀書人法利賽人，是必有禍的。因爲你們侵吞了寡婦的家財，假意作常常的祈禱，所以你們受罰必更重了。……你們這些假冒爲善的讀書人法利賽人，是必有禍的，因爲你們如同修飾的墳墓，外面好看，裏面却是死人的骨頭和各樣汚穢的物。這樣你們外面在人前似乎是善，裏面却裝滿了假善和不法的事。你們這些假冒為善的讀書人法利賽人，是必有禍的，因為你們建造先知的墳，修飾義人的墓。你們去滿盈你們祖宗的惡貫罷。毒蛇一類的人，你們怎能逃脫地獄的刑罰呢？』

按耶蘇惡僞善，恰如孔子惡鄉愿，又如今俄人之反對國教也，為甚麼呢？凡是一段道理，一行開了，成了風俗，就失了本眞。不過被幾個飯碗主義權勢主義的人把持了。隨俗俯仰，還有甚麼眞理？莊子所謂『聖人不死，大盜不止』，大盜的護身符，就是聖人先知了，所以眞正的聖人痛惡他。

馬可十二章『耶蘇說，應當謹防讀書人，他們愛穿長衣行走。』

看起來和蘇克雷地說希臘時代的「詭辯派」是一樣，保羅達哥林多人前書，除兩人以外，我沒給一人施洗，基督差遣我，原不是為施洗，乃是為傳「福音」，並不用智慧的語言，免得基督的十字架落了空，

○如經說，要滅絕智慧人的智慧，廢棄聰明人的聰明，因為猶太人是要神蹟，希利尼人是求智慧，弟兄們，上帝却揀選了世上愚拙的，叫有智慧的羞愧，揀了輭弱的；叫強壯的羞倪。

達哥林多前書第二章『我並沒用非常的言語智慧，宣傳上帝的奧秘，』三章『你們在這世界，自以為有智慧，倒不如變作愚拙。因為世界的智慧在上帝看是愚拙。如經說主叫有智慧的，中了自己的詭計。』（按近人要用情來代智識，哲學科學智識窮了，用美術來替代。）

十二　耶蘇使徒之社會主義運動

使徒行傳第四章『聽道的人有五千，官府問他們，衆人看見彼得約翰放胆辯論，又知道他們是沒有學

問的小民，使覺希奇，（可見有學問大人沒用處，）警戒他們不可奉耶穌的名講道。彼得約翰回答說，聽從你們，過於聽從上帝，你們自己說這在上帝面前合理不合理。我們所看見所聽見的事，不能不說。官長只因懼怕百姓，無法責打。就恐嚇他們將他們釋放。使徒既被釋放，就同心大聲禱告。說主賜你僕人大大的放胆傳你的道，施展你的大能。

○祈禱已畢，他們聚會的地方忽然震動，他們都足足的受了聖神的感動，坦然無懼講上帝的道。信道的人都一心一意，有無相通。沒有人說我的東西是我的。內中沒有窮乏的，因爲凡有田產房屋的人，都將所有的變賣了，將價銀交與使徒，照着各人所需用的分給各人。』

第五章『有一個人叫亞拏尼亞，同妻子賣了田產，亞拏尼亞暗藏了幾分。他妻子也知道，其餘的幾分拏來放在使徒脚前。彼得說：亞拏尼亞，怎麽魔鬼迷惑了你的心，叫你欺哄聖神，將田地的價銀藏了幾分。亞拏尼亞就仆倒斷了氣。聽見的人都甚懼怕，門徒將他埋葬。過了一個半時辰，他的妻子進來，彼得問他說，你們爲甚麽同謀試探聖神？埋葬你丈夫的人已到門口，也要將你擡出去。婦人立刻仆倒，在彼得脚前也斷了氣。就擡出去埋在他丈夫傍邊。全教會和聽見這事的人，都甚懼怕，入教的越加多。

第六章『門徒已經多了，因天天賙濟的時候，寡婦沒有分着，就發怨言。十二使徒揀選七個人管理道事，』（可見耶教根本推行，就是社會主義，不過到託爾斯泰才達極點了。）

十一章『門徒立定主意，照各人的力量捐資送到猶太，賙濟那裏的弟兄。』

使徒行傳十八章『保羅離了雅典往哥林多去，遇見一個猶太人叫亞居拉，新近帶着妻子從以大利來。保羅因爲與他們同業，就住在他家，一同作工。他們都是製造帳幔的。每逢安息日，保羅在會堂講道。』

使徒行傳二十四章『保羅說，我按著上帝律法自己勉勵。對上帝對世人常存無虧良心。我在外多年，新近回來帶着捐貲，要賙濟本國的貧民，也要獻祭。保羅達哥林多後書第八章，全論捐貲事，有云我勸捐不是要別人安逸，你們困苦是要均勻。

十三　近代各國耶徒社會主義運動

耶蘇本爲平民主義而犧牲，故其後歐美各國實行耶蘇教義者，多少掌帶社會主義色采，至近世而益著，迄俄國託爾士太而大成，今分述于下，

一　法國耶徒社會主義運動

聖西門及其「新耶蘇主義」Count Henry De Saint Simon 1760—1825 Saint Simonism

聖西門伯爵法國人，乃是沙立門大帝Charlemagne的後代。少有大志，想開闢巴拿馬運河。曾加入美國獨立及法國革命，而革黨疑他是貴族，把他禁錮大半年。一八〇一年，娶妻，不久即離婚。一八二三年欲自殺未死而一目眇。一八二五年，因出版社會學用欵太多，窮困的很。法國從聖西門，後才有社會黨，西不以法國革命爲然。他說『社會黨主義，應當去建設，不當但破壞。應注重工業，由工業中舉出首領去管理，』對于宗教，說「教士不應管財產，應用實業界人管理。』西以耶教道理，和社會學理

，精神要點相同，不外相愛而已。他的著作，最要緊的，是死以前作的，Nouveau Christianisme新耶蘇教，死後由他的門弟子Enfantin，和Bazard恩芳丁巴沙耳提倡推廣出來，他的理想，很合於近世科學工業的社會。他的警句，是「凡人都該努力改進多數赤貧階級的智育德育體育」"all should labour for the development material, moral, and intellectual, of the class the most numerous and the poorest. 尤重男女地位平等說，在床上臨死時候，他還說：All my life is comprised in this thought; to guarantee to all men the freest development of their faculties 他主張人應各取所值，"reward according to merit"「隨能受賞」他主張耶教最初的眞義，是「人類都是同胞」men ought to regard each other as brothers.

可惜西氏在的時候，貧困到死，學說不大動人。等到死後，一八二八年，經他弟子包沙爾在巴黎街上作一回長期的演說，才把他的教義發揮出來，後來在法國monsigny街組了個團體，得了許多青年會員，然而不久與恩芬丁因爲男女問題，意見不合。恩氏主張男女極端放任自然性交，像始祖在「樂園」時候似的。又不善節用，并把恩氏自己的財產，供團體用完了。不久被些舊派社會的人嫉視，于一八三二年解散。但因他向來注意養成科學家學士，和工業家的首領。Scientist, savant, industrial chie·他的黨徒出了些工程師，經濟學者，和商人。開通蘇以士運河的大工程，也是他們的發動。

克翁說「聖西門派Saint Simonist的主義，在萬國勞動會，也占重要位置，其後做實證哲學的大社會哲學家孔德，史學家戴愛里Augustin Thierry和經濟學家西思門地sismondi都受了聖西門的教訓。」

後于一八三〇年頃，有拉耶渥以基督教解釋社會問題，出一部雜誌名曰未來，欲使人民脫政府而隸于神之支配，享神之自由幸福，然勢力終微弱。

二　英國耶徒社會主義運動

一八四二年頃，有金士力 Charles Kingsley, (1815—75) 為宣教師，及女皇侍僧。多作論文及演說小說。惟一主張以耶蘇之愛，同情於勞工，解決社會問題。著有 Alton Locke, (1849) Two year ago. (1857) 等書，影響青年界甚大。又有末禮士 F. D. maurice 末禮士以為不信奉社會主義的，不算是基督徒，而不了解基督主義的，也不能眞正社會主義者。因無基督最高的愛，不足澈底改造人性的私心。這兩家算是英國耶教社會黨的主倡者。

英國千八百四十年頃，有賀利斯之徒與契科斯為組合而開店舖。一八七七年西托馬希野協會興，僧俗共有會員數百名。首領哈托拉爾設有月刊雜誌，題為寺院改革者。于是耶蘇教社會黨震于一時。以高潔精神俠義行為，覺悟貪吝之富人。救濟貧困之老弱。以致涵養人羣道德，變更救貧法律皆其功也。

三　德國耶徒社會主義運動

日爾曼之基督教社會主義分二派，一為舊教派，一為新教派，時互相提攜而運動。舊派為烏契托列陸。一八五十年為僧正，屢依教會結合勞工以助德國基督教社會黨之成立，其所唱論略如下：

一　教會為勞動者謀職業，並管理之。然工人必受溫良之教育，完成其職務。

二　教會誘導工人，成教會家族。

三　教會施工人以聖經之眞理教育。不如絕對自由派之論自由陷于叢 [illegible]。
四　助工人結團體，此團體應具教會性質。
五　以教會爲基礎，設生產組合由富人補助。

四　美國耶徒社會主義運動

美洲之基督教社會主義，由列利希斯首倡，諸名宿贊成之，其勞工教會主旨約如下：

一　必依神命以勞動，幷結社個人勞動，即爲背神。
二　以撤去貨銀與奴隸制爲目的。
三　改善社會組織。脫現狀束縛，以謀自由之安全。
四　爲同胞行正義運動，成立勞工教會於歷史上。

又新修十誡如下：

一　汝應以已身勞動而謀衣食，決勿用利息地租等之卑劣手段。
二　若欲救人，須視其智愚貧困之度。
三　守汝投票權利，乃神所與。
四　勞工皆同胞。
五　預備除滅戰爭，
六　汝于窮乏者勿逞奢侈及不德之行爲。

七　抵抗不義之壓制與害惡。

八　須遵義務，無幸福爲最上幸福。

九　須知爲人謀幸福，即爲己謀幸福。

十　須記三尊，聖父聖子聖靈。

至于俄國的運動就歸託氏新教了。

克氏評本來面目的眞耶教

克翁在「近世科學與安那其主義」Modern Science and Anarchism 第一章說，當起頭奧古斯丁 Augustus在猶太帶領耶教徒運動，去反抗羅馬政府的法律和所謂道德的時候。自然是有「安那其主義」Anarchism 的性質。但這種運動，漸漸降爲希伯來Hebrew教會，和羅馬帝國式的教會運動。就慢慢地把那一切帶有「安那其主義」的耶蘇教滅絕了。就變成了一種羅馬式的耶蘇教。更一變而成爲強權國家壓制奴隸的集中地了。

一五二三年瑞士發起的反洗禮運動 Anabaptist 是宗教改革的前鋒，也有安那其主義的基礎。但是被路得 Luther 派攻擊敗了。

以上都是克翁批評眞耶教的話，由是可見克翁雖然反對宗教，他是反對虛僞騙人的宗教。要是埃田樂園式的原始眞耶教，他是很贊嘆的。現在帝國洋奴式的教徒遭新潮的反對，也應該反省了。

耶蘇基督傳 Jesus Christ（此傳我用最忠誠的良知公平的眼光據四福音作成無一字無來歷的）

古代西亞細亞最古的文明國，是巴比侖。非洲最古的文明國，是埃及。他們已竟有歷史，在紀元前四千年五千年以前。而在亞洲西南角與非洲接境，地中海東岸紅海西北角，介在巴比侖，埃及兩古文明國的中間，有一小塊靈地。叫做巴勒斯坦。這種民族，是承受巴比侖，埃及兩國的文化，而又特別創造。因他有特殊的地理風俗。就是巴勒斯坦地方，東面是山，西面是海，不過百五十英里。然而山谷掩映，草木蒙茸，流水桃源，別具勝境。所以英哲代生，前後相望。名城耶路撒冷，就是他的中心市府。在紀元前一千九百九十六年時，亞伯拉罕出生，開闢迦南。說是上帝賜他子孫十族的地方。到了紀元前一千四百多年的時候。摩西出世，率以色列人出埃及，立國迦南。創十誡，一不敬他神。二不拜偶像。三不妄稱上帝的名。四安息日不作工。五孝敬父母。六不殺人。七不姦淫。八不偷竊。九不作假見證。十不貪人之財物，確立宗教的國家。紀元前一千〇八五年，大衛生。爲猶太王四十年，武功甚盛。幷留詩篇于後世，好像我國詩經。前一千十九年，其子所羅門嗣位。才智絕倫，文學科學建築，達于極盛。所羅門晚年妃嬪千人，崇信多神。（回教書謂歷代多信佛教至所羅門爲尤盛，多傳自各國妃嬪女子云。）但國家宮庭太平，有馬四萬廐，御製箴言三千句，詩一千零五首，幷研究草木鳥獸蟲魚。外國的（示巴國）女君都來朝賀贊美。算是猶太人的黃金時代。此外也有許多教化人的先知，貽留教訓不少，所有古代歷史上傳來君相法律和先知的教訓，叫做舊約？這都是紀元以前猶太民族的文化，好像我國孔子未出以前，湯武周公的制作了。

本來世界各民族，因地文不同。人文也不同，他供獻于世界上的文化，各有特色。比方埃及人的文化特色，就是建築。印度人的文化特色，就是精神解脫。希臘人的文化特色，就是美感調和。羅馬人文化特色，就是兵力法統。而猶太人文化特色，就是一神教的愛。人子耶穌就專爲「愛人如已」一言而出世，而犧牲的。比起來，孔子尚公，老子尚自然，佛尚智不屑講愛，其外各家雖然都講愛人，却是沒大實現。惟有一看耶穌的人格，和眞耶教徒的親密，他算是世上愛的惟一使命了。

救主耶穌基督，爲傳「愛教眞義，」到世上。出生于亞洲猶太國的一個木匠家。他的父親叫約瑟，約瑟本是亞伯拉罕之後。從亞伯拉罕到大衛十四代。從大衛遷到巴比侖也十四代。再到耶穌又十四代，共四十二代。本來約瑟和他未婚妻馬利亞還沒成婚。馬利亞就有孕，到後來就生一子。夢中受天使指示，名叫耶穌，生在猶太的伯利恒地方，一個平民家馬槽裏頭。猶太國的預言家，本來很多。早就有些東方博士來耶路薩冷，說他們觀星，知道有王下生。猶太王希律聽說慌了，就把二歲以內的孩子，一律殺完。這時耶穌父母，已竟于夢中預知，逃避到埃及去了。事過又到以色列，再往加利利以後就住拏沙勒。耶穌就在此長大，人就叫他做拏沙勒的耶穌，每年到逾越節，他父母照例帶他到耶路薩冷去。耶穌十二歲的時候，就自已在聖殿裏，坐于教師中間辨論，人都希奇他的聰明。

自來統治世界的，野蠻人用兵力，半野蠻人用刑罰，法律，而哲人則必用教化。但是天下無無源的水。一切聖哲，沒有無師自成的。所以佛的大智，還先訪跋伽諸僊人。黃帝跪謁廣成子。孔子參老子。耶穌的道學來源，自十二歲至三十歲，差不多二十年的修養，必有絕大的師資。據喜利慈希島領事拉西陸鳴耶列之說：耶穌幼從馬野兹伊敎徒爲學，其敎在那沙列斯邑近傍，乃一種印度公產敎派，在佛敎與婆羅門敎之間（據日本人猶太史）而以後完成耶穌洗禮者，乃其前輩先知約翰。約翰身穿駝毛衣服，腰束皮帶，以吃蝗蟲，和野蜜爲生活。那時候耶路撒冷和猶太全地，幷約但河兩邊的人，都從約翰認罪受洗。衆人問約翰：『我們當幹甚麽？』約翰說『有兩件衣裳的，分給那沒有的，有食物的，也該如此』，本來猶太先知預言，早說基督要來到世上，（這好像中國世運家，說「五百年必有王者興」的一派話）人就疑約翰是基督。但約翰說『有一位能力比我大的，我就是給他解鞋帶，也不配，因我是用水施洗，他是用聖靈與火與你們施洗，他手裏拏着簸箕，揚淨了他的場，把麥收在倉裏，把糠，用不滅的火燒盡了。』這時耶穌就從加利利的拏撒勒來約但河請洗。約翰說：『我當受你的洗，爲何你反受我的洗呢？』耶穌答道，『你暫且許我，因禮當如此，』（看他二人的機鋒）於是耶穌就受了洗，從水裏上來禱告的時候，天忽然開了。他就看見上帝的靈，像鴿子落在他身上。天上有聲說，『這是我的愛子，我所喜悅的』，這年耶穌約三十歲了。

耶穌從約但河回來，又到曠野，斷食四十天，幷和野獸在一處，受魔鬼各樣試探。最後戰勝說，撒但退去罷！就降伏了魔鬼。開始要宣傳正道。那時猶太王希律，因約翰主持正義，把他下了監獄。耶穌就退到加利利，又離開拏撒勒，往迦百農去。那地方靠海，是猶太邊界。耶穌開始就說，

『天國近了！大家要悔改。』（按這兩句話實在也够了），

在此就遇了兄弟二人，叫彼得西門和安得烈在海邊打魚。耶穌說：『你們打魚，不若跟我做得人的漁夫

罷。』他二人就捨了網，跟從耶穌。又遇西庇太帶他兩個兒子雅各和約翰補網，也辭別父親，跟從耶穌。耶穌走遍加利利，在他們會堂裏教訓人，并醫治各種男女的癱瘓癲癇疾病。有許多人從加利利，低加波利耶路撒冷猶大約但河外來跟着他。耶穌到耶路撒冷過逾越節，對衆人說『上帝差他兒子降世，本不是要審判世人的罪，乃是叫人因他得救。』耶穌的門徒，也在各處施洗，得弟子很多。先在猶太省傳道，後在加利利省，就到他家鄉拏撒勒。在安息日會堂裏要站起來念聖經，有人把先知以賽亞的書給他，他翻了一段念道，

主的神在我身上叫我傳福音與貧窮人差我報告被虜的得釋放，瞎眼的得看見，受壓制的得自由。

念完把書交還執事，就坐下，迦百農人都希奇他，像內裏有權柄，不像那文人。到海上，收稅吏兒子馬太為徒，馬太宴耶穌，法利賽人見耶穌與稅吏罪人在一處吃飯，就怨他與稅吏罪人一同吃喝。耶穌說：『康健的人用不着醫生，有病的人纔用得著。我來本不是叫義人悔改，乃是召罪人悔改。』法利賽人又嫌他門徒不禁食，又嫌他在安息日治病，耶穌說：『安息日是為人設的，人不是為安息日設的，所以人子是安息日的主，』

第二次在加利利省傳道，選擇十二使徒，就是稱磐石的西門彼得，和他弟安得烈，西庇太的兩兒稱雷子的雅各及約翰，腓力，巴多羅買，稅吏馬太，雅各，奮銳的加那尼人西門，雅各的兒子猶大，達大，和賣耶穌的加略人猶大，對他們說『你們去傳道，好像羊入狼群，要靈巧像蛇，善良像鴿子。』原來猶太人好死守古代的虛文儀式，很像中國人則古稱先似的。耶穌就說『不要想我來是要廢掉律法和先

知，我是要成全他。你們不要與惡人作對，有人打你右臉，連左臉也轉過來給他。要愛敵如友，因天降雨給義人，也給不義的人。又說這時代的人，我如何說法呢？約翰來不吃餅不喝酒，你們說他鬼附的，人子來也吃也喝，你們說他貪飲食的。

猶太人還有一種毛病，就是好神通。耶蘇有時用神通力在海上行走，以五餅二魚給五千人吃，猶太人就請他多顯神通。耶蘇說：『邪惡時代人，好求神通了。』一天，耶蘇對衆人說話，他母親和他弟兄，來打發人去叫他，他回答說『誰是我的母親弟兄。凡信我道理的人，就是我的弟兄姐妹和母親了，』耶蘇二次來到家鄉，鄉人就厭棄他，說『他不是木匠的兒子麼？他你兄弟姐妹不也在我們這裏麼？』耶蘇說：『大凡先知，除了本地和親屬本家之外，沒有不被人尊敬的，』猶太人又嫌他門徒不洗手吃飯，犯了他們的老規矩，耶蘇說：『假冒爲善的人，你們爲何因守遺傳的規矩卻犯上帝誡命呢？至于不洗手吃飯，卻不汚穢人。』

耶蘇就向北方往推羅西頓去傳道禱告治病。瞽的視，聾的聽，啞的說話。到該撒利亞腓立比各處，他知道以後的事，說『彼得，我把天國鑰匙給你。』于是再到迦比農和加利利傳道。不願往猶太，因他的門徒甚多，猶太人要害他。耶蘇末次在加利利傳道，有人帶着一個犯姦的婦人來說：『夫子，按律法應該用石頭打死，你說怎樣？』耶蘇說：『你們中間，誰是沒有罪的，誰就可以打他。』他們聽了，就一個一個出去了，那婦人仍舊站在當中。耶蘇就說『我也不定你的罪，去罷！從此不要再犯罪了。』

耶蘇遣七十人分對的到各鄉去，他在比利亞傳道的時候，有人問『律法上最要緊的是那一條。耶蘇說：

『愛你的上帝又要愛人如己。』

有一人名拉撒路，他姐叫馬大，馬大的妹子叫馬利亞，耶穌素來愛馬大、和他妹子馬利亞，同拉薩路，拉薩路病死了，他姊妹二人，就打發人去見耶穌說『你所愛的人病了』，耶穌來到，把拉薩路在墳墓裏叫出來復活，馬大深信耶穌是基督了。馬利亞是有七個鬼附着，被耶穌治好了病的，曾和十二使徒，及以外些人，用財物供給公用，并同到各鄉傳道。起初耶穌第二次在加利利傳道時，有一個女人，見耶穌在法利賽人家坐席，就拿着盛香膏的玉瓶，站在耶穌背後，挨着他的脚哭，他的眼淚濕了耶穌的脚，就用自己頭髮擦乾，又用嘴親他的脚，把香膏抹上。他們心疑耶穌，不知道這女人是個罪人，耶穌就說：『西門，我進了你的家，你沒給我水洗脚，但這女人閉眼淚濕了我的脚，你沒與我親嘴，(是當時風俗)但他用嘴親我的脚，你沒用油抹我的頭，但他用香膏抹我的脚。所以我告訴你，他許多罪都赦免了。』於是對那女人說『你的信救了你了。』這女人就叫馬利亞。逾越節近了，耶穌來到伯大尼在西門家裏坐席，馬大伺候，拉撒路也在席內、馬利亞就拿着一斤極貴的眞哪噠香膏當席前打破玉瓶，澆在耶穌頭上，并抹耶穌的脚，又用自己頭髮去擦，屋裏就滿了香氣。那個加略人猶大說：『這香膏爲甚麼不賣三十兩銀子周給窮人呢？』耶穌說，『由他罷，因爲你們隨時常有窮人同在，只是不常有我同在了。』我實在對你們說，『普天之下無論在甚麼地方傳「福音」，也要述說這女人所作的，爲他作個紀念。這時節耶穌知到他不久在世了。『有人問耶穌』男女嫁娶的禮，『耶穌說『天國無男女，也不娶，也不嫁，天國也就在你們中間。』

耶穌末七日常說，『世上假冒爲善的文士，和法利賽富貴人的罪惡，』所以恨耶穌的人甚多。耶穌講道是和他親近的門徒講，教他們禱告工夫，又教他們多用比喻，隨時對從人講說『惟有忍耐到底的人，必定得救，』逾越節以前，耶穌知道時候快到了，他既然愛在此間屬于自己的人，還是愛他們到底，自己倒水，替門徒洗了脚。說『你們稱我夫子，我尙且洗了你們的脚作了榜樣，你們也當彼此洗脚吃晚飯的時候，耶穌就說，『你們中間有一個人要賣我了。』門徒猜不出，有一門徒，是個耶穌所愛的，側身挨近耶穌的懷裏，彼得點頭對他說，你告訴我們，他是指着誰說的？那門徒便就勢靠着耶穌的胸膛，問說『主阿，是誰呢？』耶穌說，我蘸一餅給誰，就是誰，就蘸個一個餅，給加略人猶大吃了。

以上錄馬大等三人事，回教因耶教謂穆默娶子婦，故據此反攻耶穌有私愛女人和男人之處，但以今日大同眼光看來，也不必去深文搜查各教主聖哲的罪過，却更證明耶穌到處盡是靈愛世界了。

末了耶穌說；『我賜你們一條新命令，就是彼此相愛的心，就是我的門徒』耶穌說了些話，大家唱了詩，就同出去。已到夜間了，過汲崙小河，有個小園，名客西馬尼，門徒坐在園裏，耶穌自己去祈禱三次。忽然猶大來了，帶一隊兵和祭司差役，拏着燈籠火把。原來猶大和他們有個暗號，猶大到耶穌跟前說，請「拉比」。安（就是夫子）就與耶穌親嘴衆兵役就上前捆綁耶穌。這時西門彼得拔出刀來的砍了大祭司的僕人一刀，削去左耳，耶穌止住他。

這時猶太國屬羅馬巡撫管理。巡撫彼拉多，審問耶穌，審不出罪來。無奈法利賽人祭司長和長老們，喊着說：『他要做猶太的王，定要釘他十字架。』彼拉多受衆人逼迫，怕出亂子，就說，流這義人的血，罪不在我，你們承當罷，衆人答應，『在他們子孫身上』，就把耶蘇鞭打了，給他穿上紅袍，戴上荊棘冠。當這節期，照例赦一個死囚。彼拉多問『赦強盜巴拉巴呢？還是赦耶蘇？』衆喊說：『赦強盜不赦耶蘇！就把耶蘇綁在十字架上，全城百姓和婦女爲耶蘇號哭，耶蘇安慰他們。他母親和馬利亞和他所愛的門徒也在旁邊，耶蘇就把他母親託給他所愛的門徒。最後耶蘇說，『父啊，將我靈魂交給你！就死在十字架上。

共傳敎三年，年三十三歲，後來各國用耶蘇的生年紀元，當西漢平帝元始元年。其實在耶蘇於紀元前四年生的。他死的年，正當羅馬凱撒奧古斯丁沒後，他兒子提庇留帝 riberius 嗣位十九年的時候。賣耶蘇的猶大，看見耶蘇定了罪，就後悔，隨即把那三十塊銀錢交回祭司長。他們不收，說；『你自承當罷！馬大就把銀錢丟在殿裏，自己吊死了。』猶太民族，於耶蘇死後四十年頃，即紀元七十年，被羅馬大將丟士 Titus 攻陷耶路撒冷，都城都成灰燼，猶太子孫，遂成無國的民族，直至今日。仍不信耶蘇爲已來之基督，而保守古之猶太舊敎，飄流散處於各國。現在赫赫震動世界的唯物史著作者馬克司 Kar， Max 和物理學發明家恩斯坦，Einstein 都是猶太民族，（據偉爾士 Wells 說囘囘敎的發生與猶太人文化也很有關係的）

耶蘇沒後的耶教小史

耶蘇死後，一個財主約瑟，和尼哥底母葬他，馬大拉人馬利亞和約西的母親馬利亞來看他的墳墓，雅各的母親馬利亞也來看。馬利亞先見墓開了，就跑來見西門彼得，彼得和其餘婦女都來看耶蘇復活顯聖。本來耶蘇未死以前，早預言死後三日復活的事。到此正是三日，多少門徒都看見他，還聽他講道。及升天後，十一門徒和耶蘇母親馬利亞和其他婦女，一齊禱告，公同傳教。直到五旬節時，門徒開空前大會，被聖靈充滿，彼得大顯神通，一日中收了三千門徒。以後又得了保羅，傳教小亞細亞及希臘做囚犯傳到羅馬，以身殉道。衆門徒前仆後繼，直到紀元三百十三年，經羅馬帝君士坦丁 Constantinus 下令定耶蘇教爲國教。至一五一七年，德國僧人馬丁路德 Luther Marting 1483—1546 見僧制腐敗，于一五二五年，就正式的革除僧制，娶尼姑 Cathalena von Bora 包亞，共傳居士教。直至於今名耶蘇教，遍傳大地陸島。最近十九世紀經俄國託爾士太改革，放絕大光明于萬國，幾有耶蘇再來之勢。然至中華歸主運動派古經新解，將託氏與克魯巴金學說合一，更爲精密。我本佛徒，昨未著耶蘇基督傳的前一日，目夜發光。今早續成此傳不覺感文殊。意者耶蘇是文殊的化身，就是三千佛名經中的「大愛佛，」可以他的靈愛與新舊文化同化了。

十九世紀新耶教主義託爾士太 Leo Tolstoy 傳（y或作i）

託爾士泰伯爵，本俄世族，其遠祖彼俄得曾為大彼得之臣，且良友也。故授以伯爵，遂世襲焉。母馬利 Marry Bolronskaay 亦公爵後裔，善彈琴。父 Count Rostoff 牢士夫伯爵，曾為軍人而退隱。二歲母亡，九歲，父去世。同胞共五人，三兄一姊，託最幼，居鄉曰耶士拿波里耶拿 Yasnaya Polyana 耶士拿者，距俄京墨斯科西南二百英里之村也。託生於一八二八年，八月二十八日。年十五歲，已入加沙大學。Kazan 先頗醉心哲學藝術書籍，然正課成績殊不佳。學東洋語部不及格。旋改法學，又不及格。最後喜「無神論，」於彼得堡試驗學士及第。一八五一年，以兄亡，為砲兵大隊少尉候補生，赴高加索從事軍隊生活者二年，是為其生平痛惡軍隊之經驗。其日記曰：

『余於軍中弄骨牌，狎歌妓，習狩獵，負債纍纍實為禽獸生活，幸不至墮落耳，一切拋棄，精神極低。』

故其後所作告下士文中有云：『兒現在當兵了。不是父母的兒子，也不是妻子的丈夫了。』蓋痛言之也。在營時時為文學，傳於雜誌。一八五二年，其著作幼年青年等初見於世，遂與士克尼夫岡查路夫等齊名（Turgueneff, Gontcharoff）矣。一八五六年戰爭平定。託至俄京彼得堡與文學者及貴族往來，友士克尼夫後，苦交際場之虛偽，又不願與急進派為伍。一八五七年，漫遊歐洲，至巴里瑞西等處，至一八六二年，數年中出版物為狂風雪二騎士三死人哥沙克等（The snow—Storm, The two Hussars. Three deeths, The Cossachs）一八六二年，與 Bers 彼亞之女 Sophia 蘇菲亞結婚。時託氏三十四歲，蘇十八歲也。此後十五年間，爲託氏文學時代。其傑作戰爭與平和 War and peace 及安拿，加凌拿 Anna Karenina 復活 Resurrection 三篇，均成於此時。

戰爭與和平者，說拿破侖時代戰事。寫大將軍驕淫浮僞，與兵士憤恨悲哀恐怖，及貴族宮廷黑暗之狀，讀之令人毛骨悚然，天良發現。以二十分力量，反對戰爭。克氏稱爲世界無比之作 Has No Parallel in any literature 又云『該書中託氏發明羣衆反對英雄之哲學』The philosophly of The masses versus the heroes 惜教育界尚不悟耳。安那爲一活潑美人，嫁加凌拿一老醜官吏，不安，後與一美男子通，因而自殺。乃一悲憤的戀愛不自由之劇。復活者，中國譯本曰心獄，序一處女迷色 Missia 被一紳奈柳多 Nehlyudoff 爲公爵，陪審於法庭，識迷色。回念十年前故事，迷色本一潔白女子，今以己陷於罪惡，大生悔怖，遂決意與已訂婚之富女破約，而入獄訪迷色，并爲控訴元老院。迷罪終不得解，奈柳多身入數處監獄相從。敝屣富貴土地，追迷色於西北利亞，期與迷結婚。然迷終不願，竟嫁與一政事犯西門生。奈柳多毫無怨意。於西伯利亞得英紳士所贈聖經而熟讀之，謂令生罪孽之身，可由耶蘇救主力而「復活」云。

克翁評『託氏若僅著此一書已足爲世界一大作家。』此書爲各國名劇，余友蘇少卿曾在日本演之，其旨在明金錢萬惡，與宗教懺悔情節最慘。復活實在十九世紀宗教上社會上一名著，而託翁自己，即由此轉入新宗教生活者也。

託翁於一八七九年著我懺悔書中、直供出生平罪惡，因其年幼時，雖例受希臘正教洗禮，然實無信仰。於五十歲後我懺悔一書成，始公然自述曰：

『余於戰場殺人毆人，苛虐農民，絞其膏血，與淫女爲戲樂。凡欺詐竊盜醉酗驕橫，無不爲者。』

我懺悔一書，屢用「何故，然則」等疑問語，終歸於神意神命，卽爲新宗敎生活。關於宗敎要著有四種書，卽我懺悔我信仰我何爲？耶敎敎義（Confession, My faith, what is to be done? Christian Teaching, and The life and the Teaching of Jesus.）及耶蘇傳與其敎訓，復將四福音訂成一本，去其神話，期合乎心理，以敎平民，但却非迷信。

新耶蘇敎者，託氏於耶蘇經典中發明五戒。

（一）勿怒　破壞一切幸福者，皆由於激怒也。（按佛第一戒殺由此。）

（二）勿姦淫　主張一夫一婦。

（三）勿發誓　束縛自己思想也。

（四）勿以惡敵惡　此語在馬太傳五章三十九節，以此滅一切罪惡之武器，名「無抵抗主義」（Non-resistanse, we must Not resist evil by evil）

（五）愛汝之仇　戰爭武器國家，皆互殺之具也。與孟子「殺人父兄節」略同，佛則「仇親平等」。

而其要則在改悔，蓋改悔爲人格上澈底之革命。故革命者必革心，否則以暴易暴，以火救火而已。革心乃眞宗敎也。克氏謂託以上帝爲汎神，爲生活，爲愛，（A Panthestic Position, God as Life, Love.）一八八四年，著我宗敎公於世，蓋爲其「新經典，」俄帝亞力山大三世，謂之曰，『盍稍修改乎？』答曰：『陛下若置身於一平民而讀我書，若有違反陛下意者，余即斷我右腕。』其新宗教關於形式祈禱等一切省略，而專求基督教之眞髓。託之著作無一不關於農者。皆表示農學神聖、及農民慘苦境遇，故來訪之者，以農民爲多，其夫人以憐農民故，一年捐助者、至少三四千金。

其長子在學校卒業，向父問將來應執何業？答曰：『爲農夫耳。』關於農事著作，有波克利加，伊萬愚人治國史、人要田地幾何乎？神者愛也，主人與傭工，關之力等，

託爲學生時代，極喜無神論，若盧梭伏爾特爾之書皆所好也，宗教儀式與信仰，尤所深笑。及幡然自悟，乃深以貴族上流社會寄生蟲生涯，爲可賤可恥而欽神意矣。

託曰，呼爲宗教之大部份，過去時代之迷信也，呼爲科學之大部分，現在時代之迷信也，耶蘇所謂「地上天國」者，卽使人和平兼愛也。耶蘇「人格之圓滿」也。卽愛也。所表於外者，卽天國也。勿敵惡人愛汝之仇者，卽人由神教，應以愛相結，獅子與羊同眠也。此教義明，則天國實現不遠矣。

託氏之教育，近于盧梭。夫妻同教小兒，與自然一致，對鳥獸昆蟲，善良馴養之，無猜而同化。以教科聽兒童自由選擇，禁强制注入。惟虛僞言行，則責罰之。欲于其鄉里立一師範學校，自爲監督。未成，自編初等教科書，小兒唱歌等。

託之夫人嗜文章，善書，琴瑟相和。託苦財產之累，欲悉散之他人，夫人泣而拒之，乃以財產權委于夫人。託又欲盡讓著作權，夫人爲子孫計，亦止之。有子十三人，衣服教育，皆夫人自理。有時牽子女爲託氏抄校文稿，助力不少。兒童皆喜步行遠遊，奴婢嬉嬉，犬貓亦無畏託氏者。兒輩中，長男從母

志，營財產，次男三男均順父道，營農業慈善，設救飢所二百餘處。託居家，有一貴婦訪之，貴婦欲以巨額財產贈之，請爲處理。託雖重其意，然告之曰「神不許以如許多金妄與人，反增人之苦痛也。」此知託翁之財觀矣。託一時發植樹之興，于家周圍多手植之，今尚青葱。有時負傷，堅拒醫生治療。有勸以肉食營養，託不聽。其常食則波菜野蔬，又好飲茶。以肉食增淫慾，且殘忍也。夫人則同棹食而異其趣，唯次女與託同素食。

託所惡者，「所有權」也。故于其家題曰「託伯爵夫人之寓。」

託著我懺悔以後，捨文墨生活而爲農夫。定課一日四時間爲農夫，四時間爲靴工製靴。每年四月農忙，則居耶士拿鄉而勞動，冬則移墨斯科以著書。以其製靴故，多與鄰舍靴工爲友。或譏其所作不精工。答曰『余所著者，余自製也』。（按惟冬居市之生活極合古時代人生活）

或見託氏勞苦，謂之曰，先生以傳道故，保持健康。託氏曰『傳道乎，此惡魔耳。最上之道卽人人各爲正當之生活。以口傳道，非正義也，正義以手動耳。』（按此近于許行之說，可以矯時弊）。或謂若先生爲俄國皇帝而爲政，當奚先？託答曰「余先禱神，賜人以善慧，使土地國有，良心自由，出版自由三事耳。」

居家時，好游戲。無事集家族七十五人，自立於椅上，使兒童等於室內，追逐爲樂。

託初甚傾心于慈善，曾于墨士科立委員會，結果止得三十七盧布。（盧布價無定，昔時當中國一元餘，今則數文而已，）其後覩富人之奢淫，與貧民之墮落，恍然悟外表慈善之無效。（余亦閱歷此事）

託抛棄家產之動機。某日，託與工人曰西門者爲友，遇一老乞者來求，西門與以數角，託亦與以數角，然當時西門家產，全數僅六盧布而已。託之家產，彼時則六十萬盧布以上。託以爲照此比例之，已應付以數千盧布方可，遂由此悟財產制之罪惡矣。

託之著作，各國文翻譯者既無限量，故各界人士至俄國者，皆登託門瞻仰爲榮，託住于亞士拿，波里亞拿，距墨斯科火車四時可達。其家極儉素，任客遊覽。各國著述家，政治家，理財家，農夫，議員，學生，兵士，新聞記者，出入不絕，日本中國人均有來訪者。

中國哲學中，託翁最愛老子，從歐文譯成俄文與所定耶教義合爲一本。

託最惡怠惰，其著述多在冬期，恒執筆徹夜不休。惡機器，呼爲怪物。常以近世發明爲添虛僞文明。其所認之機械，惟農夫所用牛車耳。（按與莊子「抱甕丈人」同）著作中屢憎鐵道，常謂每乘後輙不快，其頭二等車尤惡，惟三等車尚可乘云。託又惡醫術，常謂『僞文明最大產物爲醫術也。』按此近人新衛生學家均知之

頗好音樂，執筆時常先奏鋼琴以助興。

託始好狩獵，曾與熊格鬬而殺之，折一腕，頗危險。後自悔悟其無情殘忍，以狩獵之樂爲可怪惡習。

託家富百萬爲伯爵，而多與勞工匠乞丐爲友。身不斷錢，逢窮人即施與。然常言，與人錢者，侮辱人格，非正也。每值饑饉，則從事賑務無停趾。

託日日盥嗽沐浴，自運水，自著火，曾避鐵道而步行。其步行之健，稱于時。居家不受家人侍奉，食

時亦然，書齋常自整理。

託喜田舍，惡都市生活，以家族故，不得已居俄京墨斯科，甚不樂。

託不欲以著書得錢，故不取版權，許人翻印。歐美各國翻印者，比一年數百萬部，共印數千萬部，數年前，一德國人謂余言，凡託翁書，德人無不譯者。余尚未深信，然可見德人之重視託氏學風矣。

某年德國一新聞，用投票法，令人選舉現世十偉人，其中有帝王，有實業家，政治家，有軍人，終以託占第一，法國有新聞投票者亦然，

託常行于墨斯科城外，一疲餓乞食者，行且呼曰，願依耶蘇之名而行善事，俄警察來，乞者遁去。託甚怪之，何以在耶蘇教國，禁用耶蘇之名而行善乎？因向警察曰：『君曾讀聖經乎？』警察曰『曾讀之』託曰：『聖經不曰『飢者須食乎？』』警察躊躇，俄而曰『先生知警察法乎？』『曰知之，』警察曰『警察法，街路禁乞食也。』揚然而去，託翁于此歎聖經與國法之矛盾，于所著我宗教中致意焉。

日俄戰時，託以其著書一千種，附與書店。以其利益悉爲國殤扶恤遺族之用云。（按若根據人人所讀孟子五畝之宅一段，今日財產法當根本打破此種矛盾。正與託氏所嘆同，誰當改造之？）

日本社會黨安部磯雄，常以社會主義詢之託氏，一九〇四年，託氏于鄉宅復信略云，『歐洲社會主義，多唱物質幸福，此於人性上爲最賤之滿足，非眞幸福也。眞幸福在以高尚目的，組織一單元宗教。所謂單元宗教者非他，卽合理之信仰，人道之實現。「己所不欲，勿施於人」而已。』（按此說又偏重宗教矣）託氏最惡用兵，故非戰最力，常曰『予不認人類之有分別，所以惡戰爭者，因使人忘其本務

，復歸於獸類狀態，至可悲痛。蓋人之重大義務，不但對于神之義務也。人爲宇宙大元之一分，人有恒言曰「文明」，文明果何物？非所望於歐人也，歐人者，爲滿足下劣慾望，運其知識技能，自署之曰「文明」云爾。（按所謂自畫自讚也。其惡殺與墨孟有同處但其復歸獸類狀態，則不眞知動物同類相殺例少，所以孫）于克氏者與？

予所以惡機械者，爲其戕賊吾人勞動之快樂，蓋勞動爲生物天性，足保持身體精神之剛健者也，機械興而天樂失矣。近人終日勞動過激者，乃慾望過度之徵，所有發明利器，皆務助長人之欲望，故今日矛盾社會，以飽暖逸居之富民，而尙宛轉呻吟，苦于不足也。

我歐人動言「黃禍」若以黃人爲可恐怖之野蠻人然，然以余觀之，亞洲印度人中國人，遠優於我歐族。其民愛平和，惡暴力，非戰爭，試檢予旅行記，則知彼等勤勉信實之可敬，其重約言，戒虛誑，非我歐人所及也。

由余良心判斷，余由遺傳境遇之結果，尙未免有偏狹之愛國心，實則不論至如何之境遇，殺人者，罪惡之魁也。天下可惡可怖，無過於此。（按此殆伯夷之流與。）故余下斷語殺爲萬惡首不問其持何理由也）昔成吉斯汗以殘殺聞，而今之殘暴更過焉，公然行於天下人類，不可痛哭耶？

託曾語音樂家最高尙之歌曲，即簡單俚謠是已。（其太古樂風與，）至長歌謠，則愚人也，而軍歌則一種痲醉品，助長罪惡，大害人道者也。

人皆欲得自由，若暴力之禁壓去則自由出矣。夫人類決非有先天之兇暴性者，可以教導之力，而成全無暴力之社會，建設平和之社會。此事須不厭不倦以從事，彼慈波亞教徒即以信仰力忠實猛進者也。

託信耶蘇而惡教堂，與惡政府同。Chcnrh and State

有丟戈布爾會者，主同胞主義，生產組合，反對暴力殺人，教會儀式等，與託氏主張甚相近，終被官吏驅逐。託氏營救之甚力，俄國希臘正教會大嫉之。聖教務院長波度而夫，遂召集議會，一九〇一年五月，請俄王處託氏以破門之罰，實尙非俄王意也。破門者。宣布逐出國教，謂此人爲魔鬼永淪地獄之義。此事一出，全歐美洲各界，與託氏表同情者，無不怨俄國教會之橫暴腐敗。此託氏之有波度而夫，幾猶耶蘇之有比拉度佛之有提婆達多，孔子之有桓魋也。故破門詔下時，學生新聞勞動界，大起騷擾。贈花頌德者，宛如誕晨，敬禮愈增。託氏自作一文，有云任何權力，不能從眞理上致余破門也。

託氏聲名，旣震於全世界，有從美來電報詢託氏對俄政見者，連絡及于澳洲印度日本中國回教諸國，皆以託氏爲人類恩師。一九〇八年，爲託氏八十歲之誕晨，是時俄政府由政廳行文，禁祝頌託氏爲道德上教師，止許稱爲文學者，然中外新聞，置之不理。於是日各報，多登載肖像論文略傳祝辭。電報凡二千通。全俄各地，爲開夜會演藝，幷及外國。俄京聖彼得堡，亦爲祝壽。後設一委員會，託氏囑其靜肅行之，因改爲博物館協會。

一九〇十年，託氏益感家庭生活之不當；慨然生出家之念，告其友人農夫，十一月十日，（或曰十月二十八日）昧爽，遂行，留一書于夫人略云：

『余離家矣，致卿悲傷。雖然，余不復能耐家庭奢侈生活，將于平和靜肅中，終我殘年。吾志已決，不必相訪，同居四十八年，無任感謝，余所有過失，幸寬宥之。若欲賜信，可交與亞力深大 Alexandra 此女知余處，不然與余有約，能告卿也。』

託氏與一醫師馬古夫 Makovitskiy，乘汽車同行暮宿僧院。明日，至其妹馬利之修道尼菴，又移宿一村家。無何發病寒熱，旅行遂中止。與醫師謀宿一鐵道驛站，驛長以其室讓之；最後發肺炎，臨歿數日間，惟自語云，『好也！一切皆好也！純好也！如是！如是！如是！』平和安靜而歿，時一九〇十年十一月二十一日（或曰十一月七日）午後六時也。十一月二十二日，搬柩于停車場，親舊畢集，大抵為農夫學生；而農夫尤衆，有二農人取樺木為銘旐，持而游行。文曰：

耶士拿之孤兒農夫等共贈

記君善行，常在人間，永遠不死，

按託氏可算二十世紀之老子了。

克氏之託翁評傳

克魯巴金于其 Rusuian literature ideas and Realities 俄國文學理想與其實際中，為託氏作評傳；曰託氏之宗教，乃取自各德義之哲學家，為普通人公教之原則。Moral philosophers, the elements a universal religion. In the Christian Teaching to the construction of moral philosophy which, in his opinion; might be accepted by the Christian, the Jew, the Mussulman, the Buddhist, and so on, and ths naturalist philosopher as well, 于託氏耶教教義書中，乃建設一德義哲學，照其意思；不但耶教人可承認，即猶太人回教佛教人，以至自然科學家，哲學家無一不承認也。

託氏于在高加索戎馬倉偟中，乃手抄盧梭之民約倫（按託與友論得盧梭力甚大，）其作黑暗之力文化之果 The power of darkness, the fruits of civilization 二戲劇。與美術家穆麗士之安那其派傑作相等 Like the best anarchistic rages of William Morris. 自盧梭以後無感人良心之深，若託氏之良心著作者。No man since the times of Rouseau has so profoundly stirred the human conscience as Tolstoy has by his moral writings 全世界文家模仿託氏文者，有千數萬種，故託氏爲世界上最愛之人矣。Most touchingly loved man, in the world. 克氏最後稱託氏爲「復古派」而反對現在文明之人，可謂十九世紀之大盧梭 The great Rouseau of the Nineteenth century. 也已。

託爾斯太主義六綱

(一)噫虛僞之文明　(按此條不當責科學，換魔爲仙佛手可也、)

今之文明，虛僞之文明也。爲供少數階級之虛榮淫樂，使巨萬多數階級餓斃者也。少數之文明，虛僞可怖之文明也。當理以殺人爲最大之罪惡，而其國家，則驅人以殘殺，不從且加嚴罰焉，嗚呼！矛盾。(按此與老子墨子均同，孔佛不待言。)。科學進步！而應用科學之手者，惡魔之手也。

(二)革命眞義

人生者眞實也，今文明虛僞，則革命自爲難逃定數，然則革命者何物乎？即人羣共同眞正之覺悟，去舊惡而就新善，其心理精神，現於外者耳，然則惟有悔改而已矣。

(三)悔改哉悔改哉

悔改以外無他門也！悔改以外無他道也！時勢亦然，國家亦然，時勢亦罪惡之時勢也，國家亦罪惡之國家也，人其悔改！國其悔改！時勢其悔改！悔改則止于至善。

（四）善者何也？（此條與佛徒以致命傷。速倡六祖搗米禪可也）即人本性，謂之良心。良心於何表現之？勞動哉！勞動哉！無勞動即無人生，故勞動爲人生最大之義務，即最大之善也。離勞動而安心悟道者，虛僞耳。

（五）勞動定義

勞動者，即人各謀其四肢之衣食住云爾。勞動本無苦痛，不勞動者眞苦痛也。然今苦工之苦者，無他，彼等勞動所得，被人掠奪而去故也。何以故？即奸惡國家不良制度是也。

（六）理想勞動國之建設

一，各人悉勞動而食。二，人以半日勞動，衣食住易足。（按以今日科學支配，決不用半日，至多每日勞動二三小時已足。）三，餘半日專爲靈性上之安慰，享高尚之娛樂。四，如此則身心健全，安樂壽考，百病絕跡。（按古代長壽之理由，于此可悟。）此條最要

託氏關于倫理宗教之著述書目　託氏著述共近二百種茲錄其一部分耳

教條的神學批評	福音小解	統一翻譯之四福音
教會與國家	我信仰	生活論
神與鄰人之愛	德門，包達利	人何故自醉乎

無抵抗論
無爲
福音讀法
答宗教會議書
宗教者何也
唯一之要求
勿殺
暴力之法律與愛之法律
神者愛也
伊里亞
最初蒸溜者
三喻
勞動，死，及疾病
哥爾尼，瓦西利
與一農夫論科學書
宗教論
第一步菜食主義
反對當兵論
基督教之教
唯一途
與正教僧侶
大罪
互愛
唯一命令
等閑之火燒其家
教子
空虛之鼓
愛沙伯通
一之禱
何故
虛僞之信念
靈魂
新生活之基督教
基督教與愛國心
汝不可殺
寬恕異教
賢哲思想
讀書一週記
訴青年書
每日所爲之事
尼可拉之杖
悔之罪人
光中步
三疑問
禱
神性及人性
眞生活
愛

又託爾斯太全集　日本文，凡十三本，每本約四五十萬字，共約五六百萬字，茲舉其大要者，各書亦有名異實同的，

第一卷　幼年　青年　沙伯士土伯　哥沙克　地主之侵入　三死者

第二卷　耶爾普利　森林采伐　家庭幸福　童話　二騎兵

第三卷　人需若干土地乎　三隱者　二老人　受神　伊萬之愚　主與僕　教育論文

第四卷　文明之果實　神與人　地獄復興　被虐之猶太人　最初思想　中三日村　吹雪　一八九○年禁酒運動

第五卷　我懺悔　我宗教　何爲宗教　基督教　我等當何爲乎　宗教與道德　理性與宗教　神之考察

第六卷　人生論　飢饉論文　爲兒童說教　十二使徒所傳之教　簡易聖書　索士比亞論　何爲藝術

第七卷　復活上中下　教義　神學評　第八卷世界終局　自殺　悔改　海牙和平會議草案　雜序

第九，十卷戰爭與平和　第十一卷　世界無　有罪的人

第十二卷　遺稿小篇　神父　惡魔　兒童的智慧

第十三卷　託氏傳日記

人祖亞當教派與經言今解式的耶徒運動

本來耶教起原，是根據人祖亞當夏娃 Adam, Eve 的樂園而出來的。所以耶蘇沒後，有「人祖亞當教派繼續屢起，Adamites 人祖亞當教派于一三〇年頃，初在非洲的耶教，主張復還古代人祖亞當在樂園裏面，沒犯罪以前的眞人生活。集會時男女赤裸相見于一堂；排斥婚姻。認婚姻穿衣爲犯罪的起源。其教派領袖爲 Prodicus 布老地加，當然是公產社會。到十二世紀時，Tanchelin 湯其林續振起于 Anvers 恩維司地方，有會員三千人。其後有吐露病 Turlupins 起于 Savoja, Dauphine 各地方。又到一四一五年，菲命德，必加得等 Flanders, Picard 在 Bohemia 波西米亞地方續起。到了最近；日本中國的耶教很有些公產實現的團體。（見序文中）不但不合國家主義，而且比託翁主義有更解放的地方。直與最新文化潮流合符。下面列中華歸生運動派的經言今解，十二條，可知道他的思想趨勢了。

經言今解這是張墨池君等印出來的，張君思想在託氏與克氏中間，非常澈底。大致將來之新耶教如此做去。的人恐怕日多了。馬太福音第十章三十四節說：『你們不要想我來；是叫地上平安，我來、並不是叫地上太平，乃是叫地上動刀兵。』路加福音二十二章三十六節說：「你們沒有刀的，可以賣了衣服買刀。』諸君阿！你們看他說乃是叫地上動刀兵，沒有刀的，可以賣了衣服買刀，這兩句話明明指示我們無論怎樣的幸福，都不是白白得來的，要由鐵血做代價換來的。

路加十二章　五十一至五十二節說：『你們以爲我來，是叫世界上平安麼？我實在告訴你們，不是的，我來是叫人分爭了。從今以後，一家五個人將要分爭，三個人和兩個人相爭，二個人和三個人相爭』細研這節書，看現在中國還有五個人的好團體麼，既無有五個人的好團體，顯然是階級革命的。

路加音福十二章 五十三節說：『父親與兒子相爭；兒子和父親相爭，母親和女兒相爭，女兒和母親相爭，婆婆和媳婦相爭，媳婦和婆婆相爭；

這段聖經，明明是叫人破除家庭制度的，豈不是家庭專制的一個頂大打擊嗎？

馬太福音第十章 三十六節說 人的仇敵就是自己家裏的人，路加十四章，二十六節說 人跟從我，若不恨他的父母 妻子 兄弟 姊妹的，和自己生命的，就不配為我的門徒，』

由此節聖經考察 豈不是叫人破除種族界麼？（仁案但不要誤會不報親恩，耶蘇還是報母恩的）

馬太福音二十三章 九節說：『你們不可稱地上人為父，你們只有一位父、就是天國裏的父，』

這節聖經 頂顯明是破除國界的、純粹是天下一家，世界大同主義。

馬太二十章 二十五節說耶穌叫了門徒來，對他們說 外邦人有君王管束他們，有大臣轄制他們，這是你們知道的，只是你們不可如此。你們中間誰要為大，就當服事你們，誰要居首位，就當作你們的僕人。正如人子來，不是受人的服事，乃是要服事人』。（由此觀看察考豈不是重勞工破除國界首領制麼？）

路加一章五十九節寫着：『到了八日，都來給嬰孩行割禮，要照他父親的名，給他起名叫撒加里亞，他母親說不可，必須叫約翰』二章二十一節也寫着說：『到了八日給嬰孩行了割禮起名叫耶蘇，』照聖經考察起來、顯然是廢姓氏的，了』

創世記一章『耶和華創造燦光美麗世界，使人居在其中』。在二十八節許福與人說：「生養衆多，遍滿地球，地都屬你們管，並且要管海裏魚，空中鳥，和地上各樣活物，』照這段聖經研究，耶和華是使人治物的，不是使人治人的，由此看來，豈不是民族應當自決，成為平等的世界嗎？

創世記二章『上帝造了一個「安樂園」，置人於其中，又使各樣菓子樹長在其中，開好看的花，結好吃的菓子。還見人獨居不好，給他造一個配偶幫助他，於是就造一個女人幫助他，二人同居」，互相輔翼，而營和樂之生活，盡人生之義務。由此看來，男女是上帝靈感配的，不甚麼是父母之命，媒妁之言瞎拉製成的。照此看來，男女自由相愛，是天賦權利。』

創世記三章十九節說『你必汗流滿面才得食物，耶穌說：一日只受一日的勞苦就彀了，又說：榮耀造物主榮耀造物主，

照此段經看來，並不是會堂服務，是管理動植礦，豈不是勞動世界大家各盡其能各取所需的嗎？』

約翰福音十三章三十四節上說：『我賜給們一條新命令，就是叫你們彼此相愛，我怎樣愛你們，你們也當彼此相愛』，細嚼這段聖經，豈不是應當普愛世界嗎？

使徒行傳二章四十一節說：『凡事有無相通，並且變賣田產家業，照各缺乏分給人，』使徒二章又說『信者日衆，全一心一意，有無相通，無人說，這物是我的，於是信徒內無窮乏，外無不足，凡有田產房屋的，都變賣了，放在使徒脚前，照個人所用的，，分給人

這段聖經，不是實行公產主義嗎？也可以說是聖靈世界了，』

諸君，以上所說的，都是耶穌二千年前實行的，照此看來，耶穌眞是二千年的先覺者，可惜中國的信徒，都是吃教的掛名的和尚，不明基督眞義，也是被一般無恥吃教者的牧師長老誤了。今我勸諸位信

耶穌，睜開眼罷，看看目下的世界是什麽世界。目下的潮流是什麽潮流？目下的世。界是活人的世界，不是死人的世界。目下的宗教眞是活人的宗教，不是死人的宗教，耶穌在馬太廿二章三十二節上說「上帝不是死人的上帝，乃是活人的上帝。現在我們是求天國實現在地上，不求死後升天堂。因爲天國是在地上的，伊甸園也是在地上，並無不是聽說在天上。尙且我們不求權力的世界，是求愛的世界。我們不但求科學世界，乃是求藝術世界。我們不求制度階級世界，乃求精神自由世界。我們不求僞道德的世界。乃求眞理的世界，因爲耶穌說我是眞理生命，又說「你們信眞理，眞理才使你們得自由，」中國的信主諸君啊！速醒罷！勿遲延了。

有一天我問張墨池君說，『現在少年新潮派，極力反對宗教，尤其反對耶教壓制人，還加上許多的神話，現在已竟破產了，像保羅說『不許女人出頭，』這話就是新潮家攻擊耶教的致命傷，』張君說『保羅的話，有合乎耶蘇的，也有不合的，比方聖靈生耶蘇，不過從前時代約瑟和馬利亞對着猶太人說的神話，到了現在，用科學的考查，他們二人實在是不用死婚姻的僞式乃由自然愛而生耶蘇。這眞是不妄語說的實話，和亞當夏娃人祖的生活一樣的。照此講來，約瑟馬利亞是個男女自由愛的運動實行家，難道新潮家也反對麽？』不但如此，儒教孔子史記也明明寫著野合而生，有甚麽希奇還都出生聖人呢。張君這樣說法，把數千年的古經，用新世紀科學一旦豁然解開，無數疑團，渙然冰釋。反對宗教的新潮家，可以明白，而將來的耶教與新潮同化的態度，可想而知了。可以把託氏克氏兩大主義合一的了。

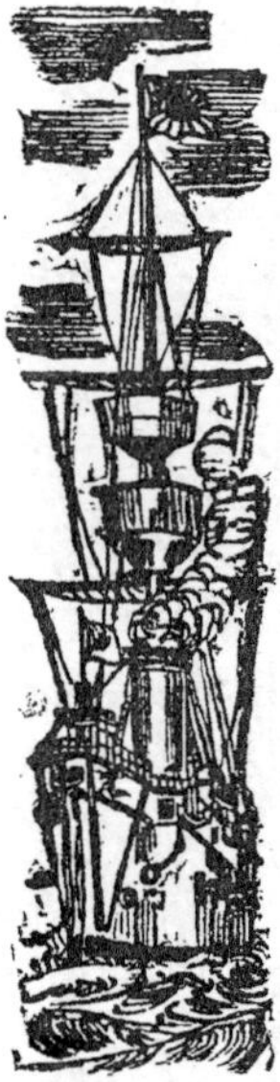

佛福慧圓滿學案序第六

世界進化，雖曰人事，豈非有運會哉，全球之煤，蘊于地球內者，前世界大植物時代遺產也，乃今吾人始知享受之，全球之金鑛，乃地球初凝時所結晶也，直至歐人開闢新舊金山，始得采掘之，使世界改用金磅焉。空中之電氣光熱威力，自無始來即瀰盪于太空，然數十年前人始知發明利用之，則數千萬年來其無用閒置，空度歲月，亦與煤金存地中正等耳。凡一事也，不知則詫爲秘奇，一旦開掘公共享受，則運水搬柴，總不覺其神通妙用焉。苟知此數例，亦可通乎不可思議之佛法矣。夫佛法者，不外心法，爲衆生拔苦與樂而已。徒以理太細，法太妙，仰之無上，探之無下，瞻之無前，顧之無後，不但非思議可思，亦非親證可證，乃至無一少法可得。于是乃設爲八萬四千方便法門，廣度衆生，孰知以手指月，不惟失月，幷訛其指，牛鬼蛇神，不可窮詰，均稱佛法，莫測所極。又因天竺熱帶，生活簡易，向貴出家，側重僧侶，誤以佛法，爲單調之出家法，謂佛一大事因緣，專教人盡出家成和尚而已。嗚呼冤哉，此根本上不通佛法權實大小體用，世出世法之故也，茲表示于左：

佛法○

眞諦	實 小乘 體不全中不具	出世 實中權 不能報佛恩	出生死 不能無礙	有垢淨 慧不足	自了 有出家相
俗諦	權 大乘 體用具足	世出世權中實 眞報佛恩	入生死 究竟圓滿	不垢不淨 福慧足	無人我相 不限出家

質而言之，自來講佛法者，非爲厭世之藪，則爲迷信所歸，玄談之助而已，未有眞知其本願在與世界發

生關係者也。抑佛徒何常不口唱普度衆生，而乃徒供乞人布施之口號，叩其究竟，不外以死後來世作爲遁詞，故自有佛法，而轉爲經濟上多一種廢民，社會上添無數走尸，善哉韓愈之人其人，廬其居，顏習齋之存人篇，純然經濟學正法眼藏也。

輓近自達爾文Darwin以後，研社會學者，更重從動物生理方面解決人類問題，自馬爾沙斯Malthus以後，以至馬克斯Marx，研社會學者，更注從經濟統計方面，解決人類問題，凡不合乎此一種科學者，無論如何高妙玄談，在人道中視爲無用，其學術不能存在，歸諸自然淘汰。於是世界一切宗教，均憂同盡，而佛法爲虛玄之尤，是否先在淘汰之列，亟應公開討論。此亦佛徒所應用科學方法，在世界學術審判席上，嚴密回答，以自全其地位者矣。

仁航乃正答二十世紀之科學家，曰『佛法之在世界，猶煤金電氣之儲於地球也，不知其若干千萬年矣，特無寶手者，入山空回。今諸君若有科學之寶手以入「大藏佛海」則隨手皆寶，但自采其寶可矣，至前人何以坐守貧窮，至於此極，則亦不必反覆追究也。何言之，衆生有身命，即有苦，有心智，即有苦，與凡精神身體內外粗細之苦，佛皆有一步一步解脫妙法。特前人未得開礦取電之機器，故未能應用享受之，今我既知之，則可盡量受用，不但非與科學時代不相容，且非真佛法全現，決不能大造人類幸福也』佛法雖無邊，而可約爲三綱，試略表之，

（一）去爭殺。諸苦雖多，爭殺苦爲最，佛出世第一大因緣，乃爲斷爭殺業，凡諸小乘經典明因果，降煩惱，皆從根本上除爭殺之動機，不但科學無止殺之學，即耶之愛，適爲千年宗教爭殺，故世界

上除佛法外，無能去殺者，此爲佛不共之德，而爲今日世界第一大問題也，此問題不能決，一切科學皆助殺苦而已。

(二)福圓滿。近世講物質文明、人生幸福，佛則以天上福樂，飲食居處種種欲樂，以濟世間空苦，此在昔時學佛者誤解，謂爲玄想，不知佛爲衆生身命謀，必先與以天福，乃再使入佛慧，比華嚴法華各種講天人飛行享五欲樂者，即于今日科學時代實現之也。昔人不悟唯心淨土法，盡推之死後，而今日則可証明，大用科學，正佛轉人間成天上法也。不但佛法如此即耶孔各道亦通此義矣。

(三)慧圓滿，此則佛法大乘最後妙門，乃眞正純粹自受用之佛法，不與他共，然無此則前二者亦成不了義，入于外道矣。透此最後一關，即了生死，成大智大悲也。

試以此三綱領，橫演豎演，一切大小乘法，世出世法，無一不通，于一切科學哲學社會學，無一不吻合，故曰非佛法大明則不能大興科學，亦非科學大興，佛法亦不能大明，而衆生拔苦與樂無能眞與也。由三綱更明五目，

『一』佛法與科學不相用，不成佛法。

『二』若完全離開現世，是爲非人教。

『三』若完全教人出家爲和尚，是爲和尚教。

『四』若專講愛物獨不愛人，是爲畜生道。

「五」，若但講某一部，不能圓滿者，是斷片法，決非圓滿大乘了義佛法。

故余常言，若果眞學佛，應先不妄語，而第一步應令此小地球兩足類十六萬萬衆生，先廢除殺業，乃廢

一切造殺業之機關，國憲法令章程學說等，此區區兩足類殺業尙不能去，而謂能個人能持殺戒度無量衆生者，非無聊塞責之言，即迷信自了漢耳。何以故？我佛一大事因緣，在身爲模範，破國界，捨王位，泯階級爭殺，泯種種不平等之苦。若謂佛法與人道文化有妨害者，是盲人之法而非佛之法也。更精而言之，近世社會科學最進步者，爲社會心理學，自達爾文後，言治言政，均知本于生理心理，而從教育，哲學各方面上，改造人性與羣性矣。但須知者，物質進步數千年來，已達空中飛行之域，而精神淘冶，以今人比諸希臘時代人士之道德，不但毫無進步，且有古道不復之歎，最進步之學術家，莫如克魯巴金 Kropotkin 據動物社會學以談人性，謂應保存初民羣性之美，而更用進化術以光大之，此爲克翁創作之結晶。然而去古已遠，今人心理，決不易用數條學理，即可改變自利心根，而化人性之剛很，爲羊性之柔和也。克翁尙有此難點，而普通紛紛講教育，哲學，宗教者，更夢譫之談，毫不足與論天人之故矣。故欲根本改造人性羣體，非大倡佛之心性工夫，不能收效。若使今日人類非血肉生理思想所成則可廢佛法。若衆生尙是人身也，尙有六根欲性也，改造人性，而謂不用佛法治心工夫也，是離指針而可航海，廢陶冶而自成器之說也。雖極少數例外者能之，而豈可以望之凡人乎？故明今世界學術大勢，更深通佛法要妙，乃深歎佛所遺留各心法，皆如大海寶藏，遍地珠璣，專待吾今世界人一一善發揮而享有之，與久藏地中之煤金及空中電氣日光等，皆賴今人善用之而始收效也。是則鄙人於二十世紀提倡佛法，歸於福慧圓滿，所以爲銷滅殺劫之王水，促進大同之飛車也。建淨土於東方，立華嚴於大地，一刹那間，萬佛出現，遍虛空中法性常住，大日如來有靈，必念念加持而速其福慧圓滿成就也。

東方大同學案

佛福慧圓滿學案卷六

樂天修養館叢書甲之三　下邳劉仁航靈華著

輪迴因果篇第一

一　善惡業報

因果經：『欲知前世因，今生受者是。欲知後世果，今生作者是。』

楞嚴經：『善惡之報，如影隨形，三世因果，循環不失。此生空過，後悔何追。』

又：善男子，善因生善果，惡因生惡果，應遠離惡因。』

無量壽經：『天地之間，五道分明，浩浩茫茫，善惡報應，禍福相承，身自當之，無誰代者。』

泥洹經：『父作不善，子不代受，子作不善，父亦不受。善自獲福，惡自受殃。』

維摩經：『說法不有亦不無，以因緣故諸法生。無我無造無受者，善惡之業亦不亡。』

五戒生天（正法念處經）	不殺……生……四王 不盜……生……忉利 不淫……生……夜摩 不妄語……生……兜率 受戒……生……化樂他化	天
三品十善	上、中、下　感　天道、人道、修羅道	苦樂不同
三品十惡	上、中、下　感　地獄、畜生、餓鬼	苦而無樂

五事生人中（辯意經）

至誠不欺 得
誦經 得 口氣香潔
守戒 得 自心安樂
教人捨惡就善 得稱譽
不求人長短 得不爲誹謗
報

反是

欺詐於人
誹謗說法
輕諸同學
鬪知兩長

得
被人謗惜
形體醜惜
心意不安
懷於恐怖
報

五事生畜生

一犯戒私竊
二負債不還
三不殺生
四不喜聽受經法
五阻難齋會

敬禮佛得五種福報

一端正　見佛相好
二得好聲　讚佛
三多饒財　以香花供養
四生處高貴　禮佛
五生天上　念佛功德
故

不殺十功德報（月藏經）

一無所畏
二得大慈心
三斷惡習業
四少病
五長命
六非人所護
七無惡夢
八無怨
九不畏惡道
十命終生善道

十惡果報（華嚴經）

一殺生
二偸盜
三邪淫
四妄語
五兩舌
六惡口
七綺語
八貪欲
九瞋恚
十邪見

華嚴經三十五卷，衆生前世，造十惡業，餓鬼畜生地獄三惡道報，受是苦盡，若生人中餘業未盡，每一惡中復受二種果報，殺生果報，（一者短命，二者多病）二偷盜果報。「一者貧窮，二者共財不得自在」三邪淫果報，「一妻不貞良，不得隨意眷屬」。四妄語果報。「一者多被誹謗，二者爲他人所誑」，五兩舌果報，「一眷屬乖離，二親族弊惡」，六惡口果報，「一常聞惡聲，二言多諍訟，七綺語果報，「一言無人信，二語不明了」，八貪欲果報，「一心不知足，二多欲無厭」。九瞋恚果報，「一常被人求其長短，二常被人惱害」，十邪見果報「一生邪見家，二其心諂曲」，不殺得十功得報，月藏經，「一，于一切衆生，得無所畏，二，于衆生得大慈心，三，斷惡習業，四，少病，五，長命，六，非人鬼神恒所護，七，無惡夢，八無怨，九不畏惡道，十命終生善道，」

按一切惡中，殺業第一：罪極重也。

易坤卦：『積善之家，必有餘慶，積不善之家，必有餘殃。』

尚書：『天道福善禍淫，作善降之百祥，作不善降之百殃。』

按佛及世界各宗教，多講出世來生因果，儒家法律家講今生因果，科學家講自然律之因果，言各有當然，姑就今生自然率之因果，感應言之，友人言，『某史載張獻忠軼事，獻忠幼時，其父偶騎驢過某縣貴紳家之門，值大雨，繫驢其門，而避雨焉，無何雨止，閽人出，叱曰，何物大胆。以我大門作驢棚，張翁遜謝求恕，閽人視之，驢遺糞焉，大怒，歸告主人翁，主人亦怒，令張翁食之，翁具陳大雨不得已，再三求恕，驢糞終不可食，强令以衣裝包而棄之。歸翁家惱忿不堪，時獻忠方七八歲，問父怒之故，父痛述富紳强横欺侮狀。獻忠即頓足曰，他日我得志，不會此縣留一人種，及獻忠兵起，實行其言，以洩恨，惟留一人，則獻忠蒙師也。』觀此一端，可知天下大亂，皆由社會惡濁，强凌弱。衆暴寡，不平壓抑太甚，衆生蓄怨既深，一時發洩所致。故其時人懷結恨，聞人聲則喊，視人如蛇蠍，以至火炎昆岡，玉石俱焚矣。今世界怨毒相結，如此深厚，宗教之爭種族之覆，學派思想之爭，國家之爭，貧富之爭，貴賤之爭，乃至男女之爭，怨毒深矣，自非我佛慈雲普爭，甘露一洒，但知報恩，無有報怨，誰能挽此浩劫哉？

一心生十法界　十法界，不出一心所造，非實非虛，非眞非假，不有不無，各以因果感應，升降自然之理，水流濕，火就燥，楞嚴卷八詳之。

（一心）

- 佛……自覺，覺他，覺圓滿也。
- 菩薩……大智大勇大慈大悲也。（大乘約有五十位，）
- 緣覺……觀察十二因緣輪迴生死苦而自覺。
- 聲聞……聞佛聲音而悟出世淨道。（小乘又名羅漢，）
- 諸天……天道以下為六道，不出生死輪迴，（約有二十八層天，欲界六天。色界十八天，無色界四天，故名三界。）
- 阿修羅……修羅有四種，在天人畜生中間。
- 人……畜生以下為三惡道，或並人為四惡趣，

畜生 …… 三十四種。

餓鬼 …… 略說百三十六層。

地獄 …… 廣說八萬四千無量數，

二十八天表

佛界	涅槃	
大乘菩薩游戲		
小乘羅漢空定		
非想非外想天	八萬四千大劫	四空天
無想天	四萬二千劫	四空天
識處天	二萬一千劫	四空天
空處天	一萬劫	四空天
色究竟天	五千劫	無雲以上至色究竟為四禪
善現天	四千劫	無雲以上至色究竟為四禪
善見天	壽三千劫	無雲以上至色究竟為四禪

四禪九天	無熱			二千劫		
	無煩天			一千劫		
	無想天			五百劫		
	無雲天 福生天 廣果天			四劫		
三禪三天	少淨天 無量淨天 徧淨三天			三劫		
二禪三天	少光天 無量光天 光音三天			二劫		
初禪三天	梵輔天 大梵天			壽一劫		
	梵眾天			三萬二千		
欲界六天	他化自在天	十六由旬	半銖	萬六千歲	一千六百年為一日	暫視
	化樂天	八由旬	一銖	八千歲	八百年為一日	熟視
	兜率天	四由旬	二銖	四千歲	四百年為一日	握手
	焰摩天	二由旬	三銖	二千	二百年為一日	相近
	忉利天	長一由旬修羅身同	衣六銖	一千歲	百年為一日	抱成相
	四天王天	身長半由旬約一跕路為由旬	衣半兩	壽五百歲	人間五十年為一日	男女交成陰陽

二禪以上諸天身衣隨意，無男女淫欲飲食，以禪定法喜為食，以下皆有男女嫁娶之法，如人間。唯北洲以樹枝若垂，男女便合，無婚姻之禮，（佛言有東西南北四大洲，此地球皆南洲也。）頌曰，亦受欲，交抱，握手，笑，視，淫。見阿含經，

六天壽數表

天	壽	地獄	一晝夜當人間
四王天	五百歲為	等活地獄	九百萬歲。
忉利天	一千歲為	黑繩地獄	三千六百萬歲。
夜摩天	二千歲為	衆活地獄	一億四千四百萬歲。
兜率天	四千歲為	炎熱地獄	五億七千六百萬歲。
化樂天	八千歲為	嘷叫地獄	二十三億四百萬歲。
他化天	一萬六千歲為	叫喚地獄	九十二億一千六百萬歲。

六天時分表

人間	年為	天一晝夜。壽命	歲
五十	年為	四王	五百
一百	年為	忉利	一千
二百	年為	夜摩	二千
四百	年為	兜率	四千
八百	年為	化樂	八千
一千六百	年為	他化	一萬六千

三十日為月，十二月為年。

天人五衰相

六波羅密經

一頭華悉萎。
二天衣塵垢。
三腋下汗出。
四兩目多動。
五不樂本居。

五相現後，復入四惡道受苦，此條佛與耶教根本不同也。

（四）成刦壞刦表

甲三刦

刦	佛	
過去莊嚴刦	華光至毗舍浮佛	各一千佛出世
現在賢刦	拘留孫至樓至佛	
未來星宿刦	日光至須彌相佛	

乙三刦

小　人壽十歲至八萬四千歲，一增一減，為一小刦。

中　刦　二十番增減為一中刦。

大　成體壞空各二十番增減，為一大刼。

三災刦數表

賢刦
- 以前成刼二十
- 現在住刼二十
- 以後壞刦二十
- 又後空刦二十

第一刦　第二刦　第三刦　第四刦　第五刦　第六刦　第七刦　第八刦　第九刦　第十刦　十一刦　十二刦

八萬歲金……四……望風順化，
六萬歲銀……三……遣使而降，
四萬歲銅……二……天下震威乃服，
二萬歲鐵……一……奮戈乃定，
（輪王）

至極十年名為初一住小刦——小三災——
飢饉：貪報，
刀兵：瞋報，
疾疫：痴報；

八萬歲減至六萬歲，拘留孫佛出。
六萬歲減至四萬歲，拘那含牟尼出。
四萬歲減至二萬歲，迦葉佛出
二萬歲減至一百歲，釋迦文佛出
八萬四千歲，減至八萬歲，彌勒佛出。

十三刧	
十四刧	
十五刧	九百九十四佛相續出興。
十六刧	
十七刧	
十八刧	
十九刧	從十歲增至八萬四千歲，住刧滿樓至佛本願出于增刧。
二十刧	本二十刧均在賢刧住刧中。

成住壞空四刧

佛祖統紀刧，梵言刧波，八萬四千歲，時過百年，則減一歲，人身減長一寸，如是減至十歲時則止，名爲減刧。復過百年，則增一歲，人長亦增一寸，增至八萬四千歲，增高八丈四尺，名爲增刧。如此一增一減，名爲一小刧。二十增減爲一中刧，總成住壞空四中刧爲一大刧。

○一成刧者，謂世界初成也，有二十小刧。第一小刧，因過去刧壞空之後，第二禪光音天空中，布金色雲，注大洪雨，積風輪上結爲水輪，有大風起吹，水生沫而成山王。一切衆生，皆集光音天中。天衆既多，居處迫窄，其福減者下生世間。最初有一天子，從光音天沒，來生大梵天中，是爲梵王。其壽六十小刧。第二小刧，光音諸天，來生初禪梵世天中，爲梵輔天，其壽四十小刧。第三小刧，光音諸天復有來生梵世天中爲梵衆天，其壽二十小刦。如是漸漸下生，欲界天中。時光音諸天有福盡者，化生爲人。飛行自在，無有男女之相。地涌甘泉，味如酥蜜，因試嘗之，遂生味著，失其神通，及身光明。世間大闇，黑風吹海，漂出日月，置須彌大山腹，照四天下，乃有晝夜。彼時衆生由躭地味顏色漸麤瘁。復食粳稻自然，不須種植。殘穢在身爲欲蠲（音除也）除便生「大小便」二道，成男女根。（易曰太極生兩儀希臘古言人初時無男女）宿習力故便生淫欲，夫妻共住光音諸天。後來生者入母胎中，遂有胎生。時自然粳稻朝刈暮熟。刈復隨生，米長四寸。後因人多貪取，漸生糠稴，刈已不生。第四小刦，乃至第十小刦，皆悉一增一減，名爲成刦。

二住刦者，謂世界安住也。有二十小刦。〇三壞刦者，謂世界滅壞也，有二十小刦。如火災起時，壞至初禪天。始從地獄，終至梵天衆生，經十九增減刦，次第壞盡，乃至一切衆生都盡，最後一增一減刦，方壞器世間。有七個日從海底出，大海盡竭，須彌大山崩壞，風吹猛燄，燒上梵天，悉成灰燼。乃至三千世界，一時燒盡，名爲壞刦。〇四空刦者，謂世界空虛也。有二十小刦。壞刦之後，自初禪梵世已下，世界空虛，無晝夜日月，唯大黑暗，名爲空刦。（按易太儀生兩儀希臘古言人初無男女亦相近）

按此佛經之天文學，地理學，人種學，進化退化論也。其論非人肉心所可思量，所數之年，動以刦計，非今生物學家地學家以萬計可比。其論難究難窮，與虛空等，此與所謂上帝造萬物，盤古開天地，及「進化論」家言大同小異，可謂社會進化論之先河。若用物質科學解釋，當然不合理。但佛是從惟心上說，也不可判斷心理認識的眞妄，只隨識變化，而變化原理，從苦樂分別心上生出也。

五 地獄表

諸經要集 十六遊增地獄

八寒八熱大獄每獄有四門，各有四獄，受苦衆生於此各獄，次第游歷，其苦轉增，名爲遊增。

一 黑河
二 沸屎
三 鐵釘
四 飢餓
五 渴
六 銅鑊
七 多銅鑊
八 不磨
九 膿血
十 量火
十一 灰河
十二 鐵丸
十三 斤斧
十四 豺狼
十五 劍樹
十六 寒水

各地獄之苦，永無間息，故名「無間」，雖至此世界刧壞時，地獄罪不滿者，仍驅轉入於他世界，他世界再刧壞，再轉他界，永無出期。問曰『此諸獄在何方』，曰『無不在。由心變化不可思議，非眞非假，非有非非無』。

三等地獄

重者遍歷……百三十六獄
中者不遍……八正獄
下者復滅……百二十八種

三種地獄

熱 十八
寒 十八
邊

懺法 九種惡報

鬪法兩舌亂他……墮……招耳狗中。
聞法不喜……墮……長耳驢中。
慳貪獨食……墮……餓鬼中，出爲貧餓人。
惡食飼人……墮……猪䗪蜋中。
刼奪人物……墮……羊中，人生剝皮噉肉。
盜竊……墮……牛馬中，出生爲人下使。
妄語說人惡……墮……地獄洋銅灌口拔舌犁耕。
醉酒……墮……沸屎地獄，出爲猩猩愚頑。
爲上虐下……墮……地獄出爲水牛貫鼻負重償殃

無間獄有五苦

地藏經，直指衆生，隨所造業，受此苦報，無有間斷，（一）不問男子女人，老幼貴賤，及天龍神鬼，罪業所感，悉同受之，故名趣（向也）果無間。（二）謂諸有情，（即衆生）于劍樹刀山鑊湯爐炭洋銅鐵汁，備受諸苦，無有休歇，故名受苦無間。（三）謂諸有情，墮此地獄，歷刦受罪，無時間歇，故名時無間。（四）謂諸有情，墮此地獄，從初入時，至百千萬刦，一日一夜，萬死萬生，受苦無間，故名命無間。（五）謂此地獄縱廣八萬由旬，（一由旬是一站路）一切有情，于中受苦，一人亦滿，多人亦滿，故名形無間。

按地獄性原理，以心理學論之，心量，有若干廣，即地獄有若干廣；其「不可思議」與「淨土」「天國」同。其不可思議苦，亦與淨土不思議樂同也。苦樂由心生，比方人做夢，夢中有樂，可以令人歡喜，有病者可以獲愈。夢中受驚，好人可以得病，或因而致死。所以苦樂隨心變化是不定也。只是心想轉變，似乎有苦有樂，有受苦樂的人，其實都不是眞。明此道理，乃佛法入門。但若以世法論，凡有刀杖炮火刑獄及管理處即是現世活地獄，不待死後也。所以若造成當下淨土，即當下出獄。

七　十二因緣

三種貪成世界

一欲貪爲本，父母子孫相生不斷，

二殺貪爲本，胎卵濕化遞相呑食，

楞嚴　三盜貪爲本，羊死爲人，人死爲羊，互相食啖，

法界次界經

過去二因

輪迴三世十二因緣

無明 一，歌羅邏時，(受胎時赤白和合)有命識煖，七日一變名為壽命。過去煩惱。

行 二，一念覆蔽息出入名身。息從覺生名意。和合出聲名。是為行三。過去不善業種子

識 三，行因緣故生識。……。過去種子，一刹那間，染愛為種，納想投胎。

現在 五果

名色四，因識生五陰，……。從託胎至五七三十五日生諸根四肢。

六入五，眼耳鼻舌身意以生，。六七後曰毛髮爪齒位。七七後曰具根位，六根開張。

觸 六，視聽嗅嘗覺知，……。出胎後至三四歲，衝動感覺。

受 七，六受……。五六歲至十二三歲，納受境界好惡，然尚未起淫念。

現在 三因

愛 八，貪著色聲香味觸法六者。……。十四五至十八九歲，貪世間境界及淫欲。

取 九，愛因緣故四方求覺，……。二十以後欲貪盛逼去進求。

有 十，取因緣故受于後身。……。馳求諸境善惡業積集牽引遂成來生三有之果。

未來二果

生十一，有因緣故有生，……。從現世業仍入六道四生中受生，

老死十二，生故有老死諸苦。……。來世受生，生已再死，如此輪迴無窮除佛出世。

一卵生，飛沈亂想，或業和合，故生此報，魚鳥龜蛇。

二胎生，橫竪亂想，愛欲雜興，故生此報，人畜龍仙。

三濕生，翻覆亂想，顛倒執着，蠕動之類。

如此相續，輪迴不斷

十二類生（楞嚴經）

- 四化生，顛倒變易，……轉蛻飛行之類。
- 五有色，精耀亂想，……休咎精明之類。
- 六無色，隱險亂想，……空散銷沈。
- 七有想，潛結亂想，……神鬼精靈。
- 八無想，枯槁亂想，……土木金石。
- 九非有色，虛僞因依亂想，……水母以蝦爲母。
- 十非無色，呼召亂想，……咒詛厭勝。
- 十一非有想，迴互亂想，……螟蛉等異質相成。
- 十二非無想，怨恨顛倒殺害亂想，……土梟食母破鏡食父之類。

。除佛出世，不能停寢。

血多于大海，骨多于大山。大智度論二十八佛問『比丘恒河入海，水多否？』答『甚多』。佛言，『但一人一劫中作畜生時，屠割剝刺，或時犯罪，截其手足身首，如是等血，多于此水。如是無邊大劫，受身出血，不可勝數。啼哭流淚，及飲乳母，亦復如是。計一劫中，一人積骨過于大山。如是無量劫中，受生死苦。』諸比丘聞已，厭患世間故，受不殺戒，即時得道。

數父母無盡。大智度論三十一『何以說衆生往來生死。計一劫中如斫天下草木爲二寸籌，數其父祖曾祖，猶不能盡。又盡以地爲泥，凡數其母及曾祖猶不能盡。如是無量劫中受生死苦惱—初始不可得。

八　各道徵驗表

寶積七十二，從各道來者，貌各不同，

從地獄道來者，夢多怖惡，由前生殺業習气故。

畜生……鈍濁多食，怠惰不淨。前生畜生習气故。宜修智慧。

餓鬼……貪財嫉妬慳吝。與餓鬼久居習气故。宜與說布施。

人中……賢直好善惡惡，樂名，聞羞恥，知恩。

天……端正　喜華香，樂五欲，歌舞樓閣，不嗔，柔語善巧。

法句經：『不寢則夜長，疲倦則道長，愚則生死長』。

楞伽經：『前識滅時後識生』。

諸經要集

人死六驗

一入涅槃……人將死時，頂及心，數月熱，為羅漢菩薩，

二天上……善人頂溫而氣盡，生天上。

三人中……從足冷至臍，上至心，漸而气盡，生人中。

四餓鬼……從頂冷至腰以下溫而气盡，生鬼道。

五畜生……惡人從頭冷至膝溫而气盡，生畜中。

六地獄……從頭至足漸冷，足後溫而气盡，生地獄中。

頌曰，

頂聖眼生天。

人心餓鬼腹。

畜生膝蓋溫。

地獄脚底出。

西洋輪迴說小史

▲輪迴說之來源

希臘名史家海老道德Herototus謂希臘此種信仰之起原，來自埃及人，云與他動物在空水陸地互相轉變復歸于人，三千年而為一輪回。』

（一）古代輪回說四家

靈魂之說西國古代自Pythaogras. Socrates. plato. 畢達戈拉士，蘇克雷地，拍拉圖，畢達戈拉士小亞細亞人，約生于前五八〇年。遊埃及巴比侖，而講學于希臘，精幾何及數理哲學，而深信靈魂轉世說，Transmigration。自言前生曾為一孔雀云。拍拉圖文集中，述其師蘇克雷地之輪迴說甚多，余曾譯載蘇氏教育中，均深信人非精修性道不能超出輪迴，而免淪於下等動物中。其弟子亞理士多德Aristoteles大倡科學，仍信輪迴說。

（二）中世輪迴說三派

有三派，一為前生說，二為遺傳生殖說，即非由神造而自然遺傳下去的。三為神造說，謂靈魂出於神所造的。

靈魂前生說 Pre-existence 中世初神學校長Origenes(or Origen)(八一五—二五四)靈魂生殖說 Traducianism信者為Tertullianus「一六〇—二二〇」

靈魂神造說 Creationism信者 Anselmus (st. Anselm)(一〇三三—一一〇九)等

三、近世輪廻及靈魂說各家

近世 Kant Schelling 1715—1854, Schleiermacher 1768—1834, Schopenhauer 1788—1860, Moses Mendelssohn 1729—86, Benedict Spenoza, 1632—77 Gustav Theodor Fechner 1801—87 康德，謝林，史耳馬海，叔本華，孟特爾生，斯賓挪沙，非內耳，就中康德謂一世修不成，非內耳謂動植物皆有靈魂，瑞典堡人愛門紐 Swedenbory Emmanuel（一六八八—一七七二）爲神智論者 Theosophist 發見各種物理而唱靈魂論。又英人太爾，德化學家史退耳，哲學家狄卡兒，生物學家牢茲，均主靈魂說。Tylor G.Er. Stahl, Destartes Lotze 而最近生機學大家杜里舒 Driesch 之 Seele說（靈魂）以靈魂爲心理學基本云。杜來北京曾到法源寺佛會爲大講演云。

苦空無常篇二　一妄心之苦

妄心二十四喻寶積百十二是心如幻，以憶想分別，故受種種身大迦葉，此是衆生心。

心去如風，不可捉故。	心如吞鈎，苦中生樂想故。
心如流水，生滅不住故。	心如夢，無我中生我想故。
心如燈焰，衆緣有故。	心如蒼蠅，不淨中起淨想故。
心如電光，念念滅故。	心如惡賊，能與種種考掠其故。
心如虛空，客塵汙故。	心如惡鬼，求人便故。

心如獼猴，貪六欲故。
心如畫師，起業緣故。
心不一定，隨煩惱故。
心如大王，去一切故。
心常獨行，無伴侶故。
心如怨家，與諸苦故。
心如狂象，壞善根故。

智慧四喻 涅槃經三十二

一如金翅鳥，能壞惡業。
二如日光，壞無明暗。
三如水漂物，能拔陰樹。
四如猛火，焚燒邪見。

心常高下，貪恚所壞故。
心如盜賊，刼善根故。
心常貪色，如蛾投火。
心常貪聲，如軍久行，樂勝鼓音。
心常貪香，如猪喜樂不淨。
心常貪味，如小女樂著美食。
心常貪觸，如蠅著油。

十種大心 華嚴五十六〇此是道心，所謂一心生二門也。

一如大地，能長一切善根。
二如大海，諸佛智水悉流入。
三如山王，置衆生于最止善根故。
四如如意寶，清淨無雜染故。
五如金剛，決定深入一切法故。
六如金剛山，諸魔外道不能動故。
七如蓮華，不能染故。

八如優曇華，一切刧中難値遇故。
九如日，破障暗故。
十如虛空，不可量故。

二 貪欲苦

涅槃經：『菩薩深觀煩惱，猶如大海深難得底，故名爲海。不可得邊，故名爲大。煩惱大河，乃能漂沒三界人天，惟有菩薩，因六度，乃能得度。』

增一阿含經：『衆生所有苦，皆以欲爲本。』

法華經：『諸苦所因，貪欲爲本，若滅貪欲，則無依止。』

五欲者，色，聲，香，味，觸，也。一切魔境，貪欲爲本 四教儀云，五欲者，一、謂男女形貌端莊，及世間寶物玄黃朱紫，種種妙色，能令衆生樂著無厭。二、謂絲竹環珮之聲，及男女歌詠等聲，能令衆生樂著無厭，故名聲欲。三、謂男女身香，及世間一切諸香，能令衆生樂著無厭，故名香欲。四、謂種種飲食肴膳等美味，能令衆生樂著無厭，故名味欲。五、謂男女身分柔軟細滑，寒時體溫，熱時體涼，及衣服等種種好觸，能令衆生樂著無厭，是名觸欲也，

又五欲者，財，色，食，名，眠也，隋疏演義鈔云：『世間資財，爲養己故，至貪求戀著不捨，是爲財欲。二，男女等色，適情悅意，不能出離，是爲色欲。三、世間衆味，資身活命，故至貪求，樂著

無厭，爲飲食欲。**四**，世間聲名，能顯親榮己，故至貪求卽不知止，是爲名欲。五，人之睡眠，亦有時節，若怠墮放縱，情識昏昧，樂著無厭，是爲睡眠欲。

訶欲偈　大般若四菩薩以無量門訶毀諸欲。

一	欲爲熾火，燒身故，	七	欲如利劍，
二	欲爲穢惡，染自他故，	八	欲如毒器，
三	欲爲魁劊，常爲害故，	九	欲如幻城，
四	欲爲怨敵，長夜伺求作衰損故，	十	欲如闇井，
五	欲如草炬，	十一	欲如詐親，
六	欲如苦果，		

五欲六喻

一無益，	如	狗嚙骨，
二增爭，	如	鳥競肉，
三燒人，	如	逆風執火，
四害人，	如	踐惡蛇，
五無實，	如	夢所得，
六不久，	如	須臾壞滅，

如飲鹽水　寶積八貪欲無厭；如飲鹽水。

訶欲十二喻　六度經八定條下

一、欲如水月，水動月動。
二、欲如地獄，燒炙有情。
三、欲如瀑流，漂沒一切。
四、欲如獄卒，損人手足。
五、欲如利刀，損害有情。
六、欲如磣毒，犯必命終。
七、欲如墜高山，受大苦惱。
八、欲如夜黑暗，無所知見。
九、欲如白癩病，不可療治。
十、欲如大海水，難使乾竭。
十一、欲如屠羊柱，繫者必亡。
十二、欲如熱金冠，帶者燒死。

欲九如　涅槃經十三

一、如債有餘。
二、如羅刹女。(惡鬼)
三、如華莖中毒蛇。
四、如惡性食。
五、如淫女。
六、如摩摟迦子。
七、如瘡中瘜肉。
八、如暴風。
九、如彗星。

三 身苦

胎身四十四觀 寶積九十六

一 可厭，性無和合故。
二 臭穢，膿血常流故。
三 不堅，畢竟敗壞故。
四 羸弱，支節相持故。
五 不淨，穢惡流溢故。
六 如幻，誑惑凡愚故。
七 瘡門，九處常流故。
八 火然，欲火盛故。
九 如火，瞋火猛故。
十 徧然，痴火徧故。
十一 盲冥，貪瞋痴故。
十二 墮網，愛網覆故。
十三 瘡聚，聚徧滿故。

十四 不安，四百四病故。
十五 諸蟲住處，八萬戶蟲故。
十六 無常，畢竟歸死故。
十七 頑痴，于法無知故。
十八 如瓦器，生住壞故。
十九 逼迫，多憂惱故。
二十 無救護，必壞滅故。
二十一 險惡，諂誑難知故。
二十二 如無底坑，諸欲難滿故。
二十三 如火受薪，貪色無厭故。
二十四 無厭足，貪五欲故。
二十五 如被捶打，隨損害故。
二十六 不定，盛衰增減故。

二十七 隨心轉，不正思惟故。
二十八 不知恩，必棄塚間故。
二十九 爲他食，狐狼所噉故。
三十 如機關，筋骨相持故。
三十一 不可觀，膿血糞穢故。
三十二 不自由，依飲食生故。
三十三 妄纏裹，終敗壞故。
三十四
三十五 爲殺者，自殘害故。
三十六 爲苦器，苦所逼故。
三十七 爲苦聚，五蘊生故。
三十八 爲無主，衆緣生故。
三十九 無命，離男女相故。

四十　爲空，
四十一　虛妄，如夢中故。
四十二　不實，如幻化故。
四十三　爲幻惑，如陽燄故。
四十四　爲欺誑，如影像故。

作此四十四觀時，所有身命愛欲，執著，妻子舍宅，飲食，衣服，車乘，香鬘，一切樂具，皆悉厭離，無所顧戀，速能六度，疾得菩提（佛也）偈曰：

「善得人身甚爲難，普爲此身造衆惡。畢竟冢間餧虎狼，莫爲惡見生貪愛。
凡愚迷惑痴狂故，由愛此身造諸業。此身亦復不知恩，晝夜惟增衆苦緣。
機關動轉常疲困，溺唾便利恒充滿。飢渴寒熱相煎迫，何有智者愛此身。
假令壽命千億歲，猶懼無常生厭離。何況須臾不可保？爲彼沈淪惡趣中。
財物如幻亦如夢，愚痴衆生被誑惑。種種苦惱求財利，水火王賊常侵奪。
有諸常懷貪愛者，馳逐財利無厭時。能于父母無慈心，乃至親屬生怨害。
或復諂誑現柔和，或復剛强示威猛。如是無量衆惡業，莫不皆由財利生。
不能了知如幻化，作諸惡業入地獄。父母妻子無能救，是故應舍「枷鎖業」。
于家妻子應生怖，恒依佛敎正修行。在家熾然爲苦本，猶如炎鑪甚可畏。
于彼皮筋骨肉中，迷惑妄生夫婦想。智者了知皆幻化，世間欲事皆捐棄。
樂法當如求藥想，應速捨離居家縛。

按佛常以王與賊幷稱，可知王不是好東西。凡有制度管理，都是王的化裝變相了。

三事受胎　毘婆娑論，父母—俱起貪淫，而成合會，中陰—一會，誠心卽入其中，和合成胎，遂受人身。

胎身三十三觀　寶積九十六時有長者富有財寶，游讌聚會，詣佛言：『我等於身及妻子財寶心常愛惜，云何觀察，能無貪吝？』世尊告言：『應觀此身無量過患，念念遷流，九漏瘡門。』

如毒蛇窟穴，其中無主。	如劫賊，常求人便。	如邊城，警畏。
如空聚落，畢竟破壞。	如怨仇，無有慈心。	如惡國，多災。
如壞瓦瓶，惡露盈溢。	如魁膾，難承事。	如破器，難持。
如穢器，受諸不淨。	如暴惡人，如箭著身。	如祠火，無厭。
如圊廁，不可觸動。	如朽腐舍，	如陽燄，虛誑。
如惡瘡，貪美爲患。	如老羸乘，難可驅策。	如幻化，惑人。
如雜毒食，不識恩德。	如毒蛇篋，不可附近。	如芭蕉，中無堅實。
如未生怨，誤人。	如逆旅館，疲苦所集。	如水聚泡，不可執持。
如惡知識，痴愛爲害。	如孤狗舍，無所攝屬。	如水上泡，速起速滅。
如友獼猴，斷知慧命。	如獄卒，司害。	如河岸樹，臨危動搖。
如殺者，奪諸善法。	如王者，憂國。	如駛河流，終歸死海。

觀身五種不淨

（析玄記）

一種子……父母遺體，赤白精血混合而成，非妙寶，妙物但從穢出。

二住處……觀此身十月處胎生藏之下，熟藏之上，臭穢中住，不可愛樂。

三自體……不淨……四大所生，有癰瘡，觸之則痛，百八重病來擾。

四外相……九孔常流不淨，眼出眵，耳出結，鼻出涕，口出涎，涎身出汗，大小便利等。

五究竟……不但現在不淨，究竟死後歸于朽爛臭膿，無可贊歎樂也。

偈曰『是身衆穢器，猶如貯糞瓶。凡夫無智慧，恃色生嬌慢。鼻中涕恒流。口氣常臭穢。
眼眵蟲遍身。誰當生淨想。如人執持炭，磨瑩欲令白。假使至盡時，體色終無變。
設欲淨其身，傾河以自洗。身盡莫能淨，其事亦如是。

身有九病

一寒，二熱，三饑，四渴，五大便，六小便，七慾，八饕餮，九老，

長阿含經：『人壽增至四萬歲時，其人作是念。言我等由修善故，壽命長，今可更增少善。即孝養父母，敬事師長，延於壽命，至八萬歲，當此之時，人已有九種病也。（一）人必寒溫得宜，則身體安樂，若爲寒凍所逼，則成一切病也。（二）若爲熱毒所中，則成一切病。（三）人必假飲食以資其身，則諸根強健，若不得食，則虛弱而成病。（四）若不得飲，則腸胃枯焦。（五）飲食入腹變壞，須便利以時，若強忍過去，即生病也。（六）同，（七）貪於淫慾，則成勞怯虛弱病。（八）貪食過度，則成一切病。（九）人年老則筋力衰弱，起居食息，不能中節，即成一切病。

涅槃經

五種生苦：初受胎，二至終，三增長，四出胎，五種類，謂或爲人或爲畜類等。

心地觀經：『是身爲苦本，餘苦爲枝葉。』

三十六物不淨 出演義

外相十二，	髮毛爪齒眵淚涎唾屎尿垢汗
內含十二，	肝胆腸胃脾腎心肺生藏熟藏赤痰白痰
身器十二，	皮膚血肉筋脉骨髓肪膏腦膜

四無常苦 不論大小乘，均以無常觀爲一步，不過此如人食鹽，少食味美，專食則死。無常法旣通，當行勇猛救世，不然但成無用人也。

涅槃經偈：『一切諸世間，生者皆歸死。壽命雖無量，要必有盡時。盛者必有衰，合會有別離，壯年不久停，盛色病即侵。衆苦輪無際，流轉不休息。三界皆無常，諸有無可樂。』

法華經：『三界無安，有如火宅。衆苦充滿，甚可怖畏。』

正法念處經：『死王吞衆生，衰老飲少年。病至滅強健，世間無知者。』

罪業報應經：『水海不常滿，火盛不久然。日出須臾沒，月滿已復缺。尊榮豪貴者，無常復過是。』

心地觀經『假令壽命滿一百歲，七寶具足，受常快樂，閻摩使至，無常不免』

出曜經：『昔有四人集一所，言死之來也，豪族難避，我等今欲共滅避死。一人欲免死，登高空中，一人入大海中，一人入山中；一人入市井；然四人皆命終而死。故知一切無常，一切苦空，一切無我，如是思惟，到涅槃岸。』

法句譬喻經：『佛在舍衛國城中，有人財富無數，爲人難化，不知道德，不計無常，更作好舍，前廈後堂，涼臺溫室，東西兩廂數十，但後堂前距陽未竣，常自經營，指揮衆事，佛以道眼（神通天眼）見此老公，不日命終，當就後世，自不能知，可憐力忪忪勞作，精神無福，甚可憐愍，佛將阿難到其門前慰問老公言，『不勞倦耶？今作此舍何爲？』老公答言：前廈待客，後堂自處，東西廂當安兒息，財物僕使，夏上涼臺，冬入溫室，佛語老公，我久聞汝名，思相談講，佛有要偈，有利存亡，欲以相贈，願少廢事，共坐論說。老公答言：『今茲大遽（匆忙）不可坐語，後日可來善敘所有要偈，其時聞之

按這樣老公，現在到處皆是不但老的，少的亦然。可憐可憐。

于是世尊即說偈言：『有子有財，愚惟汲汲。我已非我，何有子財。暑當此止，寒當此止。愚蒙自智是謂極愚。』（死到頭上，不要再怕寒熱了。）

世尊傷之而去，老公於後自授屋椽，椽墮打頭頭，破命終，家室啼哭四鄰驚動。（按漢高中黥布一箭，何異于此。）佛去未遠，便有此變，里中數十人皆來問佛，佛爲更說前偈之義，欣然聞之，而得道跡。

言：『是日已過，命則隨減，如少水魚，斯有何樂。』

六度集經：『人命譬如牽牛入于屠市，牛行一步。近于死地一步。人過一日猶牛行一步命去如流。』

阿育王譬喻經：『昔有屠兒養牛千頭，使之肥大，日殺一牛，而賣其肉，已殺五百，餘五百頭，方共跳躍喧戲，共相骶觸，世尊入此國時，見牛如此，愍念後顧，語諸弟子，此牛愚痴，伴侶欲盡，方共戲喧，人亦如是，一日過去，人命轉減，故應思惟，勤求度世之道。』

四十二章經，佛問沙門（修道的，）『人命幾何？』對曰：『在數日間。』佛言：『子未知道。』復問一沙門，『人命幾何？』對曰：『在飯食間。』佛言：『子未知道。』復問一沙門，『人命幾何？』對曰：『在呼吸間，』佛言：『善哉！子知道。』

按牛被人殺，是迫于不自由，今人還要自己互相殺其父兄子弟，而且專門研究甚麼相殺的戰術，眞又牛所不爲了。所以我說人之性不如犬之性，犬之性又不如牛之性。

（五）人生觀

七不可避

譬喻經

一生，

二老，

三病，

四死，

五罪，

六禍，

七因緣，

琉璃王伐釋種，目連用四方便不可得救免，佛告目連，『衆生有七不可避，五千人在虛空鉢中，皆無免者，』按業果成熟，故不能免，衆生畏果，菩薩畏因，所以到了報熟就不可避，應速早懺悔善種福音。

行四依（四分律藏）

一，著糞掃衣，
二，常行乞食，
三，樹下坐，
四，用陳腐藥，

出家人人生觀。極其淡泊，故依此四法修，乃可成道，
一者，視同糞土，世人所棄弊垢之衣，著此無戀慕也，
三者，不治舍宅宮室，常于樹下不寐中坐也。

五濁惡世（法華經）

煩惱濁……衆生煩惱厚，動則嗔怒，
劫濁……當減劫，
見濁……邪見熾盛，好起諍論。
命濁……壽生短。
衆生濁……身體臭穢，九孔不淨。

八苦（五王經）

生、老、病、死、愛別離、怨憎會、求不得、五陰盛（五欲也）苦

國土惡大智度論二十三，『有國土多寒，有國土多熱。有國無救護，有國常飢餓，或有國多病，如是無樂處。』

盲龜浮木，雜阿含經，「佛告諸比丘：『大地悉變爲大海，時有一盲龜，其壽無量，百年一度而出其頭，海中有浮木，唯有一孔，海浪漂流，隨風東西，今此盲龜上頭之時，得遇此木孔否耶？』阿難白佛言：『世尊，彼不能遇，所以者何？盲龜若至海東，浮木隨風或在于西，或在南北，必不得遇。』

佛告阿難：『此盲龜與浮木雖互相違，或復相得。然愚痴凡夫，漂流五趣，（即六道）欲復得人身，較

彼龜尤難，是故汝等當勤修學。」

東西厭世學派之對照

厭世主義 Pessimism 自古占人生觀的大部分。儒敎所以不成宗敎，因看形骸太重，就因缺乏厭世精神。餘一切宗敎，都由厭世觀而起，甚者爲自殺派，像屈原似的。一切的詩歌，大致弃有無常觀不能高尙，所以屈子爲騷壇之祖。但也可以由厭世而成爲樂觀派，比方莊子也有厭世精神，而是樂觀自然派，楊子也是厭世主義，而用以成就他的「生相憐死相捐」主義。宋玉就把其師的悲觀轉成樂觀，太白是厭世的樂觀者，更是積極的，杜甫就悲觀了。其在西洋如 Drummond, Voltaire 杜而孟，伏而特就是快樂派的厭世主義。盧梭 Rousseau 是歷史上的厭世主義，Schopenhuer, Hartmann 叔本華，和哈士門是哲學上的厭世主義。而佛敎小乘，是灰身滅意，純然的厭世，大乘却以厭世爲入手，以不歆不厭爲中道，却絕對非厭世派。若以佛爲厭世，就大錯之錯了。厭世只是他的預備工夫的第一段罷了。

佈施福報篇三上

一布施公德偈祇律：「有諸天子，（天神也）以偈問佛，何等人赴善？何等人生天？何等人晝夜，長養善功德。」爾時世尊以偈答曰：「曠野作好井，林園置種果，作淸涼樹林，作橋渡人民。布施修淨戒，智慧捨慳貪。功德日夜增。常生天人中。」

施食獲五福報經云：「一、人七日不得食則死，若能以食施之，卽爲施命，施命者，得世世長壽，財富無量報。二、人不得食，顏色憔悴，若能以食施之，卽爲施色，施色者，得世世端正，人見懽喜報。三、人不得食，身羸力強，若能以食施之，卽爲施力，施力者，得世世多力，終無耗減報。四、人不得食，必愁身死，不能自安，若人以食施之卽爲施安，施安者，得世世安穩，不遇災患報。五、人不得食，因不能言，若能以食施之，卽爲施辯，施辯者，得辯慧通達，人聞喜悅報。』

布施感五不死報付法藏經云：『毗婆尸佛時（佛名也）有一比丘，（僧也）患頭痛，薄拘羅爲者，（僧也）持一果施彼食之，其病卽愈，因施果故，九十一劫（劫者時間甚長遠之名也）天上人間，享福快樂未嘗有病，最後生婆羅門家，（印度一種外道）其母早亡，父聘後妻，苦厭拘羅，五度加害，皆無所損，（看起來雖受後母多次苦難，終沒受害，反因此招了皇家駙馬，登了天子，也必至前生修了多少布施福報呢！）年旣長出家學道，得阿羅漢（小乘果）。』

（按此段似迷信，然而爲善之人每遇危險，常得意外救星，甚的確也。）

五不死報者一謂拘羅年幼，後母作餅，從而賣之，後母憎嫉拋置鏊上，鏊雖焦熱不能燒害。二後母煑肉，從而索之，母益瞋恚，擲置釜中，釜雖極熱，亦不能害。三，後母向河，從而逐去，母卽嫌惡，尋擲水中，水雖深而不能溺也。四，由擲水中，大魚吞之，而不能害。五，薄拘羅被魚吞之，魚遭捕入市遇父買歸，將剖魚腹，拘羅向活，告父安詳，無致傷：兒，父旣見子，喜抱而出，卽無損傷也。

七種廣施生天報　梵網經

行此七福生天受樂

一興立浮圖（寶塔也）僧房堂閣。
二園林浴池樹木清涼。
三常施醫藥療救衆病。
四作堅牢船濟度人民。
五安設橋梁，濟度羸弱。
六近道作井，渴乏好飲。
七造作圊廁，施便利處。

此卽不信佛者，亦可爲美感莊嚴地方。中國各都市，皆無樹木，又無女浴池，大缺之遜于日本多矣，余家人曾在日本入浴甚便利，回滬則甚苦之也。

三四各條卽有舟車醫院歸公設而已。

五六條應公設自來井不用費。

七條輪船中大要。今船中甚野蠻也。都市中亦缺女廁惟南通有之，甚文明矣。

一，曠路義井，—于曠遠道路，穿鑿義井、濟往來渴乏之人。

二，建造橋梁，—于通津斷港之處，修造橋梁，濟往來之人。

三，平治險隘，—于道路險處，則平坦之，窄處開闊之，以免顛墮。

八福田（大藏法數卷四十四）

四，孝養父母，—生我之恩，竭力奉養。

五，恭敬三寶，—佛法僧寶覺悟愚痴，當應奉敬。

六，給事病人，—衆苦及身，是應悲憫，使其安樂。

七，救濟貧窮，—貧窮缺乏，飢餒逼切，無所哀告，當悲憫周給。

八，設無遮無量會，—設周徧普度大會，使一切沈滯幽魂，悉仗三寶慈力，得脫苦超升。

八福生處（瑜伽師地論）

一，人中富貴

二，四天王
三，忉利
四，夜摩
五，兜率
六，化樂
七，他化
八，梵淨
（以上）天

修此八種福，必獲善果。有如種田，故名福田。種福田後，長大開花，結果食報。謂修五戒十善，今生種福田者，來生獲福報。隨所修布施等福業不等，故感報生處亦優劣不同。除人中富貴，餘皆天道，每天逐漸升高，其福轉增。△按佛經言天道等，共有二十八天，其原理亦惟心所造成，非真有非假有，非無非不無也。

二種施 謂法財施，法界次第經：『財施者，飲食衣服田宅珍寶等施，如燈光照一室。法施者，從諸佛經，說世間出世間善法，能令衆生出三界，斷煩惱，成就慧身，如日光遍照世界。

施燈四種功德（大藏法數二十五）

一、臨終見日輪，圓滿涌出。
二、見月輪出。
三、見諸大衆一處而坐。
四、見如來佛坐。

造浴室五德 增一阿含經

一、除風。
二、愈病。
三、除塵垢。
四、身體輕便。
五、得肥白。

五種財施

一至心
二信心
三隨時
四自手
五如法
施

五施得大福 增一阿含經佛言：

一、造作園觀，
二、造作林樹，
三、造作橋梁，
四、造作大船，
五、為當來人造作房舍，

按人止行此五施一條，天下太平，一切過激主義自然降伏消化了。

三輪體空（能斷金剛經論）

一施
二受
三物
空

如是施者受者，及所施物皆空，名三空。一，能施之我身本空，豈能施人。無我則無望報，名施空。二，所施之受者亦空，名受空。三施受既空，何有于物，故名物空。

三施
- 一，財……施人財物，
- 二，法——施…講道，
- 三無畏……持戒無殺令其無畏。

（智度論）

三施
- 一飲食……下品
- 二珍寶施…中品
- 三身命……上品（按如耶蘇是）

華嚴疏鈔

十事布施速得成佛　彌勒所問經
- 一、所有無所愛惜。
- 二、珍寶無愛惜。
- 三、國土無愛惜。
- 四、妻妾無愛惜。
- 五、子息無愛惜。
- 六、血肉無愛惜。
- 七、手足無愛惜。
- 八、頭目無愛惜。
- 九、髓腦無愛惜。
- 十、身命無愛惜。

佛語阿難：「我大精進，以此十事，超越九劫，在彌勒前得成爲佛。」

種一得十種十得百。雜譬喻經：『佛乞食至門，有婦以飯置佛鉢中，作禮。佛言：「種一生十，種十生百，種百生千，種千生萬，種萬生億，得見道諦。」其夫不信，曰云何施一鉢飯：得福乃爾。佛言：『汝見尼拘陁樹耶？高茂四五里，每歲結實數萬，而其核如芥子。地是無知報力尙爾，何況人是有情。汝歡喜持一鉢飯上佛，其福甚大不可稱量。」夫婦二人，心意開解，得須陀洹道。』

譬喻經：『昔有陛子三人，常作三事。一，作大船置河中渡人，二，於都市造好井，以供萬民。三於街衢造圊廁；供人便利。修此功德，皆生天上，得自然福。

大施不求報，華嚴經：『菩薩爲大施主，一切衆生等施無悔。不望果報，不求名譽，不求生勝處，不求利養，但欲救護一切生，學諸佛本行。』

窮人布施妙法，因果經：『若貧窮人無財可爲布施，見他修施時，生隨喜心。隨喜福報，與施無異，是亦甚易行，何人不能。』（按此條看得小而力很大。

菩薩十施 華嚴經

- 一分減
- 二竭盡
- 三內
- 四外
- 五內外
- 六一切
- 七過去
- 八未來
- 九現在
- 十究竟

──施

隨時布施

不惜身命國王妻子，頭目腦髓○三者，菩薩年方少盛，端正美好，始受轉輪王位，七寶具足，王四天下，或有人言，我今衰老，若得王身手足血肉頭目骨髓，我命存活。菩薩念言：「我後必死，今尙當施之以濟衆生，心無所悔：是名內施。」五者，菩薩形相端正，處輪王位，或有人言，此輪王位，願捨與我，幷及王身，爲我臣僕。菩薩念言，「我身王位，悉是無常，卽便施之。乃至以身恭勤作役，心無所悔，名內外施。六者，菩薩身處美妙，處輪王位，或有無量貧窮人言，大王垂慈，各隨所求，或乞國土，或乞妻子，或乞手足血肉肝腦，菩薩念一切恩愛，會當別離，卽悉施與，心無悔恨，名一切施。十者，但念此身危脆不堅，應以施彼，願成佛身，名究竟施，珍寶滿地，如視洟唾。◯涅槃經十四：『世有大士爲衆生故，修無量苦行，設見珍寶滿此大地山海，不生貪著，如視洟唾。棄捨所愛妻子頭目髓腦。亦不求生天上，惟欲令一切衆生快樂。』

施一食功德。◯涅槃三阿尼樓佗言：『我憶往昔以一食施，八萬劫中，不墮三惡道，何況信心施佛。』

布施十種利益

月燈三昧經

布施是破慳貪之前陣，入正道之初門。菩薩能行，獲十種利。

一，降伏慳吝，——修菩薩行者，若能布施：則慳鄙吝惜之心，自然降伏。

二，捨心相續，——財雖匱乏，而喜捨善心，相續無斷。

三，財產平等，——菩薩施心無量，觀諸衆生與已無異，所有財產平等受用，無有彼此。（按此佛的社會主義也）

四，生豪富家，——來生必生富家。

五，生處施心現前，——此生能施來生隨所生處人施與之皆無吝心。

六，四衆愛樂，——菩薩能常行惠施，無所慳嫉，則四衆愛樂，無嫌恨。

七，入衆不怯，——既爲四衆所愛樂，故入大衆之中，自無畏怯。

八，勝名流布，——菩薩能無所求，而行布施。則人多稱讚勝妙，名聞流布。

九，手足柔輭，——行布施之報。

十，不離知識，——自初發心行施，得近諸菩薩善知識等聞法。

布施偈：華嚴十五『又放光明名能捨，此光覺悟慳衆生，令知財寶悉非常，恒樂惠施心無著，慳心難調而能調，解財如夢如浮雲，增長惠施清淨心，是故得成此光明。』

紡績人施一線成佛 寶積四十一，旁耆佛時有紡績者。以一縷線施佛，日施一縷，滿千五百後：爲轉輪王升天，以至得成佛號：善攝受如來。

二　看病功德

瞻(看也)病五德， 僧祇律云：『有比丘久病，佛因見之，躬與阿難爲其洗身及衣，又爲說法。問云：「汝曾看病否？」答「不曾。」佛言「汝既不看，誰曾看汝？(業報)佛乃制戒，自今以後，諸弟子應看病比丘，若欲供養我，應供養病人，故說瞻病有五德言，一，供給病人飲食，須當看其可食者與之，不可食者則不與也。二，若看病人所有大小便利唾吐臭穢，但盡心親近爲其洗滌，無起厭惡之心。三，或有病人死，常視病者受其衣物，不應如是，故看病人但當以慈愍爲心，不可爲衣食。四，病人若喜服藥，及別所須，當如實語之，應服與服，不應服則不與。五，看病之人，當爲說法，能令病者歡喜，亦令自己善法，有所增益。』

按看病救人，是各教最重要的事，在社會主義上，也是緊要信條。此是就個人良心職務上說，不是靠公共醫院。尤其到大同世，養老醫病爲甚要也。鄙人往者幾因侍同伴學生旅病而俱死，然以爲人類應該如此的。凡個人若不能有此種犧牲精神，則其人格根本取消，因若無此種俠氣慈心，則羣性不能成立故也。

三　貪吝不施之惡報

二種貧 財貧法貧，大智度論：「財貧者，先世不布施，不作衆善之福，是故現世乏於資生財物。

法貧者，衆生起諸邪見，不信正法，不修善行，則無功德之財，貧於智慧之命。」

慳。(音前吝也)法十報者，一生盲，二愚癡，三生惡家，四胎夭，五物恐，六善人遠離，七無惡不作也。凡有財法，不能惠施，曰「慳」，此專言慳法，而不施與人者，(就是不肯指教人，譬如有人問路，不肯教人也是。)得此種報。一從母胎出，便不能見日月光明，名爲生盲，由其宿世慳吝法，故現生得此報。二於諸法中迷惑不了。三不信三寶，(佛，法，僧)造作重罪，名爲惡家。四胎夭者，胎中夭死也。五物恐者，爲一切物恐怖也。六賢善之人，悉皆遠離，而不親近也。七無惡不作，而爲寃賊，皆宿世慳法，現生得此報也。

五家分財○者，水，火，盜賊，縣官，惡子也。大寶積經，善安梵王太子語父母曰，金銀琉璃水晶等寶，寧可藏乎？欲濟貧乏，一切財業，非是眞實，五家有分耳。○梵王太子白雙親，財寶將來施與貧。水，火，盜賊，與惡子，王家，有分盡來分。」

菩薩處胎經：「世多愚人，守慳不施，積萬億金，云爲我所有。臨命終時，眼見惡鬼刀風解其體，出入息絕，隨負輕重，受苦辛報，至受罪處，雖悔何及？」

菩薩本行經：「若見乞者面目頻蹙，當知是人開餓鬼之門。」

國王出家布施篇二中

佛最大目的在「去殺」，殺之中心卽是國，故絕對倡國王太子先廢國，惟根本從人觀生上下手，用出家法也。乃大同第一治心病妙藥。

一，淨莊嚴王出家，大寶積經八十六：「須彌佛歡喜劫中有轉輪王，名淨莊嚴，有千子，于百千歲，常供養佛，速疾菩薩說偈云，——

「過去未來世，一切諸如來。無有不捨家，得成無上道。若樂供養佛，當依佛出家。設滿恒沙界，珍寶供養佛。不如一日中。出家修寂靜。舍家離惱縛，不久證菩提。」

淨莊嚴王聞偈已，于王位一切愛欲，皆悉捨離，即向佛言，我願出家受戒。告千子言，汝等誰能紹繼王業？諸子咸言，我等亦樂出家，願垂聽許。父王告言，汝等皆悉出家，此四天下國土人民，誰當養育？汝等大悲堅固，應爲作王，普令衆生安住善法，時有一王子名念大悲，即以偈答父王言，

「父王於佛法，所得諸功德。我悲受王位，亦當如是學。我常修梵（淨也）行，盡形持八戒。我當不飲酒，不塗飾香華。自去莊嚴具，不臥金牀座，足不躡金屣，首不飾金冠。不著天好衣，不觀諸妓樂。不翫奇鳥獸，不從宮女人。周巡四天下，宣行十善道。訶責家過惡，讚歎出家法。舍自在憍慢，不退菩提心。以施愛利益，同事攝衆生。普令於大乘，悉當得成熟。」

爾時須彌如來讚大悲王子言，善哉！善哉！汝見平等法，故住於大悲，亦與出家功德等無有異，爾時淨莊嚴王，即立念大悲紹於王位，與九百九十九王子，從佛出家，獲五神通。彼速疾菩薩，今文殊是，千子，今賢劫千佛是，大悲王子，我身（即釋迦自稱）是。

仁王經：『三界皆苦，國土何賴。』

二，業首太子出家：寶積一百十八，離垢光如來世，有梵志爲大國王，有太子名業首，端正姝

好，惑於豪貴，荒亂自大，不肯信佛：有菩薩名極妙精進，往太子門前，太子方見罵詈毀謗，瓦石刀杖加之，菩薩忿精進，而愍傷之。如是千歲；入第一門，苦困輕毀，又二萬歲，至第二庭，如是八萬四千歲，至第七庭，七日七夜，業首太子問比丘來此何求？精進菩薩說偈曰：

『太子吾今無所求，不用飲食及衣服。吾以法故來至此，講經說法除苦患。諸佛千劫難可遇，財業無常命難保。仁者已曾（前生也）志佛道，於今因何爲欲使，業首太子聞此頌，卽自下意自悔罪。我當棄捐一切事，不慕豪貴貪國土。卽與一億八萬人，各執華香詣佛地。不復造邪爲放逸，卽棄榮位作沙門（和尙），』

佛言，時極妙精進，卽我身是。太子今彌勒是。菩薩開化衆生不倦無量如此。」

三，堅慧太子出家。（卽文佛前身）寶積六十一。

四，陀摩尸利王子出家，寶積二十八。

五，福焰王子出家，成利慧佛，（卽佛前身）寶積八十一。

不具引。

佛土無君王，大寶積經十二，金剛步佛世界曰普淨，劫曰嚴淨，豐熾安隱，五穀平賤，自然無價。（想是廢錢了）地平如掌，柔輭綩綖。一切衆生諸根明利土無君王，唯佛世尊，無有吾我。無受業處，悉無我所，不主田宅。又寶積十九，不動如來處無王者，惟有如來化世，妙喜國亦然。（是無首領了）

刼初無王，尼乾子經：『刼初無王，以後方有金輪出王，再後有小分王，以漸而降，蓋如今之退化論也，與社會學講人類初時無王說相合。』

王爲至穢，寶積四十一：『除彼樂求穢欲者，誰有能求天世王，是故智者不貪樂。』

菩薩廢王，梵網戒經六：『布施條下二十，○若有上品逼惱衆生樂，行種種暴業者，來求王位，終不施與。彼惡人先居王位，菩薩有力，尙應廢黜，況當施與？』

按佛教各經，言王政者甚多，觀菩薩戒之言如此可知矣。然則若侯景之流，不在受慈悲之列矣。故專行仁柔，非正法也。湯武革命，也是菩薩道。所以太炎說眞革命非佛法不可）

井鼈比海龜，寶王六十二：淨飯王詣佛品，時諸天擁護於佛，佛說偈曰：

『大王昔來于我所，欲以輪王令我作。以四天下生戀惜，譬如本昔有神龜，隨海水潮至陸地，井中舊鼈問海龜。其海多少井中水？豈復寬廣於此耶？答言我於大海居。多年猶不知海處，況復了達其彼岸。』

按此佛出家成道後，對其父王之語也。○與耶蘇言「不是在地上爲王」的話正同，

三大施　寶積九十

一王位施，……如巢父許由是，
二妻子施，……如出家人是，
三頭目施，……如耶蘇是，
（按語）

六，國王頓悟無常，智度論十八：『一國王在園遊戲，晨見林樹花果蔚茂，花甚可愛樂，食已而臥，夫人采女皆共取花，毀折林樹。王覺已，見林壞，而自覺悟一切世間法，無常變壞皆亦如是，思惟是已

斷諸結，使得辟支佛道，具六神通。」

七，國王出家稱快，雜譬喻經：「昔有國王棄國作沙門，山中精思，草茅爲屋，蓬蒿爲席，自爲得志，大笑呼曰：「快哉！」有一道人問曰：「今山中獨坐學道，將有何樂？」沙門言：「我爲王時，憂念處多，或恐鄰王欲奪我國，或恐有人刼我財物，又恐臣下利我財寶，反逆無時，今作沙門，人無貪利我者，快不可言，是故稱快。」

惜哉！洪憲帝不知此也，幸哉！建文帝尙知此也，哀哉！俄帝尼古拉全家不得及此也，故皇家親屬相對而受數十快鎗，哀哉！明莊烈帝全家不得及此也。一劍殺其公主而自死。

八，殘暴班足王出家經，仁王護國般若波羅蜜多（即智慧度）經護國品，（讀者應知，不但全國之王爲王，凡有一圩董以上，即一小伯子男附庸之小王也，）爾時世尊告波斯匿王等，諸大國王，諦聽諦聽！我爲汝等說護國法。一切國土，若欲亂時，有諸災難，賊來破壞。汝等諸王，應當受持，讀誦此經，如法修行（便是國王出家法也，）災難即滅。（還怕甚麼過激黨呢？）大王，諸國土中，有無量鬼神，若聞是經，護汝國土，（那國土還有甚麼壞的道理呢！）若國欲亂，鬼神（妄想也）先亂。即萬人亂，當有賊起，百姓喪亡，國王太子王子百官，互相是非，（幸也前淸知難而退也，惜哉！俄皇室不知此經，至自取慘戮也：何以故？淸室老佛爺，遺愛功德故。）天地變怪，日月衆星，失時失度，大火大水，及大風等，是諸難起，皆應受持，講讀此經。一切所求，官位富饒，男女惠解，行來隨意；人天果報，皆得滿足，疾疫厄難，即得除愈。（包管沒有半個革命黨；一個小毛賊了。）扭械枷鎖檢繫其身，皆得解脫，（天下永遠不用兵刑了，）無量過咎、悉得消滅。（凡富貴國王將軍官紳一齊學佛化去了家。包管也沒有報紙攻擊大罵了。）

大王，昔天羅國王，有一太子，名曰班足，登王位時，有外道師名爲善施，與王灌頂，（授以洗禮）乃令班足取王千頭，以祀塚間大黑天神，（外道所信之神，好用血祭，猶儒教殺牲祭天，宋襄公殺鄫子祭次睢社也。）自登王位，已得九百九十九王。（就是滅九百九十九國了）唯少一王。北行萬里，乃得一王，名曰普明。其普明王白班足言，願聽一日禮敬三寶，飯食沙門。（僧也）班足許之，其王乃依過去諸佛所說教法，敷（鋪也）百高座，請百法師，一日二時，講說般若波羅蜜多八千億偈。時彼衆中第一法師，爲普明王，而說偈言：（此爲四無常偈，初說無常偈，二苦偈，三空偈，四無我偈，）

刧火洞燃，（說世界末日，）大千俱壞，（世界毀滅）須彌巨海，（大山）磨滅無餘，
梵釋天龍，諸有情等，尙皆殄滅，（絕也）國有何常？
生老病死，憂悲苦惱，怨親逼迫，能（力也）與願違，
愛欲結使，自作瘡疢，三界皆苦，（欲界色界無色界）國有何樂？（你們打甚麼）
（爭甚麼鬧什麼地盤也不過如蛆爭尸呀，）有爲不實，從因緣起，盛衰電轉，（好像看電光影戲）
暫有卽無，諸界趣生，隨業緣現，（善惡到頭）如影如響，

國土皆空，俄德淸袁的皇室安在，識由業漂，乘四大起，地水火風曰四大無明愛縛，

我，我所就是法學上的所有權生，識隨業牽，身卽無主，畜生餓鬼地獄你不當家應知國土，

幻化亦然，形神尙離，豈有國耶？

爾時法師說此偈已，普明王聞法悟解，證空三昧，王諸眷屬，得法眼空。其王卽便詣（行到）天羅國，諸王衆中，（九百九十九王也）而作是言，仁等（諸軍閥）今者就命時到，悉應誦持，過去諸佛所說般若波羅蜜多偈。諸王聞已，亦皆悟得空三昧，各各誦持。時班足王問諸王言，「汝等今者皆誦何法？」

爾時普明卽以上偈，答班足王。王聞是法，亦證空定。歡喜踴躍，告諸王言，我爲外道邪師所誤，（就是甚麼軍國主義，豪傑英雄主義，實利主義，權利法制，宗教神鬼話等，）非汝等咎。汝各還國，當請法師，解說般若波羅蜜多，時班足王以國付弟，出家爲道，得無生法忍。

這就是佛的大同社會主義初步，從根本上打破殺人的國界主義，而且身爲模範的。

大王，過去復有五千國王，常誦此經，現生獲報。汝等十六諸大國王，修護國法，應當如是受持讀誦，解說此經。若未來世，（就是現在）諸國王等，（等者至於一切平民了，）爲欲護國，護自身者，（這是平民護自身法，）亦應如是受持讀誦，解說此經。（何畏乎過激黨呢，）說是法時，無量人衆，均不退轉：無量諸天，得無生忍。

王爲最貧 ○寶積經九十三『善順菩薩，化得金鈴，于四衢中，高聲唱言：「此城誰最貧窮？當以施之』有長者言：「我最貧：當施我，」善順言：「波斯匿王于此城中最爲貧者，」長者言：「王富貴多財，庫藏盈溢，珍寶無窮，何言最貧？」爾時菩薩以偈答曰：

設有伏藏千億餘，以貪愛心無厭足，猶如大海呑衆流，如斯愚人最爲貧，由此復令貪增長，
展轉滋蔓相續生，于現在世及未來。彼無智者常貪匱。

說此偈已，與衆詣王。時王方與五百餘人，算數校計庫藏財寶。即白王言，「我於此城，得一金鈴，有最貧者，當施與，城中最貧，莫過王者，願以相奉。」偈曰：

若人多貪求，積財無厭足。如是狂亂人，名爲最貧者。王恒多賦稅，橫罰無過人。愛著於國城，
不觀來世業。於世得自在，不能蔭羣生。見諸貧苦人，曾無憐憫念。耽著於女人，不懼於惡道。
邪亂未嘗覺，豈非貧窮者？王位雖自在，畢竟歸無常。一切皆不淨，智者應捨離。：

爾時波斯匿王內懷慚愧曰，「善哉！仁者善勸，我猶未信，今汝斯言，爲有證乎？」菩薩答言「汝不聞耶？如來當證，大王是貧窮人。爾時如來從地湧出。善順白佛言「王于此城，最爲貧者，何以故？恃於王位，於諸衆生未嘗憐憫，殘剝欺奪，橫加侵損，貪愛覆蔽，不知厭足，此爲最貧，故將金鈴施與之。」爾時世尊欲調伏波新匿王，而告之曰：『王貧窮，善順富貴。王今應知。汝國一切，財物庫藏：比于善順，五戒八齋，固堅清靜，百分千分，不及其一，』時王說偈：

『善哉摧伏我憍慢，當得如來最勝身，我實貧窮汝爲富，今知此說非妄言。王位徒爲衆苦因，

於白法(善法)生惡趣。』三惡道，世尊，我今發菩提心，願以財物庫藏金銀之屬，分爲三分。一施如來及比丘衆，一施舍衛城中貧窮苦惱，無依怙者，一分留資國用，凡我所有園池華果，悉奉如來，惟願納受。時國中五百長者，覩此事已，悉發大心。

時波斯匿王踴躍歡喜，便以二衣價直百千兩金，而以施之。善順言：『我自有百衲之衣，恒掛樹枝，以爲箱篋，一切衆生，無欺奪想。我之自身無慳吝心，亦令他人不生愛著。』王言：『汝若不受，願爲我以足踏之，令我安樂。』菩薩卽以雙足踏此二衣，王言：『今汝便爲我受訖，我何所用？』答言：『施于城中貧窮。』時王會諸貧人而施與之。時諸貧人觸斯衣者，狂者得心，聾者得聞，盲者得見，五百貧人，發菩提心。(看來善順菩薩很像巢父一流以名利汙他的牛犢口了)

按國王出家制，乃釋迦太子打國界家界的惟一鐵律，惟一大手段。所以佛每每把王與賊並稱，同是害人的東西。出家的緣故，他看明白國王就是地獄的鬼王，關在刀山劍樹裏面，實在目不忍見，耳不忍聞。所以釋迦太子纔家庭革命，半夜逃國棄家而去。作人類模範。世界軍閥財閥家的公子們，要一齊仿辦，那軍閥財閥不立刻就消化了麽？(所以我想封禪鑄鼎，必是古代功成仙去的老習慣罷。

國王捨命布施篇二下

一，摩訶(大也)薩埵(人也)王子投身飼虎經：

卽金光明經，捨身品也，經略云，爾時道場神向佛言：『我聞世尊過去修行菩薩道時，具受無量百千苦行，捐捨身命，肉血骨髓，惟願少說，往昔苦行因緣，為利眾生受諸快樂。』佛言，『過去世，有王名曰摩訶羅陀，修行善法，善治國土，無有怨敵，時有三子，端正微妙，形色特殊，威德第一。第一太子名曰波那羅，次子名提婆，小子名摩訶薩埵，是三王子，于諸園林遊戲觀看，到一竹林，見有一虎，適產七日，而有七子，圍繞周匝，飢餓窮悴，身體羸瘦，命將欲絕。第三王子言，「此虎所食何物？」第一王子言，「唯食新鮮血肉。」第三王子言，「君等誰能與此虎食？」第二王子言，誰能不惜身命？我等今以貪惜故，于此身命不能放捨，智慧薄少，故于是而生驚怖。若諸大士欲利益他，生大悲心，為眾生者，捨此身命，不足為難。爾時第三王子念言：『我今捨身時已到矣，何以故？我從昔來，多棄是身，都無所為。亦常愛護，處之屋宅，又復供給，衣服飲食，臥具醫藥，無所乏少，而不知恩，反生怨害然復不免無常敗壞。復次（又也）是身不堅，無所利益。可惡如賊，猶若行廁，（就是活馬桶活茅廁，）若捨此身，則捨無量癰疽瘭疾，百千怖畏。是身唯有大小便利，是身不堅，如水上沫，是身不淨，多諸蟲戶，是身可惡，筋纏血塗，皮骨髓腦，甚可患厭。是故我今應當捨離，以求寂滅，無上涅槃，永離憂患，生死塵累，無量智慧功德，具足成就微妙法身。』（即成佛身也，）是時王子勇猛作是大願，慮其二兄亦怖留難。即言，兄今可還，王子摩訶薩埵還至虎所，脫身衣裳，置竹枝上，作是誓言：『我今為利眾生，證無上道故，大悲不動，捨難捨故，為求菩提故，度眾生故，滅生死怖，眾惱熱故。』王子作是誓已，即自放身臥餓虎前，王子復念，虎今羸瘦無力，不能得食，即起求刀不得，即以乾竹刺頸出血，于高山上，投身虎前，是時大地震動，諸天讚言，善哉！善哉！汝今真是行大悲者，爲衆生故，能捨難捨，不久當證涅槃。是時虎見血出，即便舐血噉食其肉，惟留餘骨，爾時第一王子見地大動，爲二王子言：

『震動天地，日無精光，于上虛空，雨諸華香。必是我弟，捨此愛身。』

第二王子復說偈言：

『彼虎產來，已經七日，七子圍繞，窮無飲食，氣力羸損，命不云遠，小弟大悲，知其窮悴，懼不堪忍，還食其子。恐定捨身，以救彼命。』

時二王子心大怖，共至虎所，兄弟所著被服衣裳，皆悉在一竹枝之上，骸骨髮爪，布散狼藉，流血汙地。見已悶絕，投身骨上，良久乃蘇。舉首足哭，我弟幼稚，才能過人，特爲父母之所愛念，奄忽捨身以飼餓虎。我今還宮，父母設問，當云何答？爾時世尊欲重宣此義，即說偈言：

『我于往昔，無量劫中。捨所重身，以求菩提。（即成佛也）若爲國王，及作王子。
常捨難捨，以求菩提。願度衆生，捨身飼虎。爾時父王，迷悶悲哀。』
母妃憂苦，心肝分裂。佛告樹神，汝今當知。爾時王子，摩訶薩埵。
今我身是，爾時大王。今父王是。爾時王妃，今摩耶是。（即佛母也）第一王子，
今彌勒是。第二王子，今調達是。爾時虎者，今瞿夷是。時虎七子，
今五比丘，及舍利弗，目健連是。（均前生求佛布施，今生爲佛弟子也）。以功德故，今
成佛身，現在不學佛者，不論矣，乃至學佛，亦視一錢如命，借人佛經，或至不還，或仍好古人

便宜，眞可憐也。獨不聞佛以捨身而成佛乎？

二，月光王施盲人眼，「佛之前生也，寶積百十一須彌山，猶可度量，我于往昔，行菩薩道，捨所愛眼，不可勝計。」

三，大力王割臂施身，寶積七十九。

四，入藥王子捨身，（亦文佛前身）寶積七十九，

均可查，今避繁不引。

修行篇四　一、出家之故 講社會的，就先公後私，先社會後家族，何況講大道，所以要緊先厭離家也，

十箭 寶積三十五，「愛毒箭衆生，無明之所盲。從暗入于暗，欲箭中諸蘊。
吸染名貪箭，悶亂過失箭，被服愚痴箭，陵高發慢箭，違論起見箭。
因有．無有箭。瞻有及無有。諸愚痴凡夫，鋒刃由其口。爲拔毒箭故，
如來興世間。救諸中箭者，出家成聖道。」

十愛故執刀杖 又我觀世間衆生，由十種愛，建立根本。所謂緣愛故求，緣求故得，緣得起我所，緣我所起諸執，緣執起貪，緣貪起耽著，緣耽著起慳吝，緣慳吝起聚斂，緣聚斂起守護，緣守護故執持刀杖，諍訟譏謗，起種種苦，長養諸惡，頌曰：

「愛所吞衆生，馳逐于諸欲。欲貪轉增長，耽著慳吝等，刀杖相加害，
因此生衆苦。觀愛因緣已，衆苦則不生。」

出家九故又「老呑少盛年，老壞淨妙色。老損念定慧，終爲死所呑。病能摧勢力，
羸劣無依怙。死如「羅刹女」，猛健甚可畏。常隨逐世間，飲噉衆生命。
我已厭世間，老病死逼迫。爲求無老死，清安法出家。◯
世爲三火燒，我觀無救者。雨甘露法雨，滅除三毒焰。觀諸失道者，
生盲痴聾等。爲與世間眼，示導故出家。◯愚夫互違反，
伺隙興加害。爲和怨憎故，利世故出家。◯于父母師長，
力慢無恭敬。爲摧憍慢幢，是故我出家。◯觀貪障世間，
由財相損害。或致相刑殘，利已終非益。求離三有獄，是故我出家。
◯觀趣地獄者，惡業因熾然。受無邊重苦，爲脫故出家。
◯觀諸畜生趣，互相加殺害。無依爲作依，悲心故出家。
◯觀閻魔鬼趣，飢渴大苦逼。爲證妙菩提，施不死甘露。
人生追求苦，諸天捨命苦。觀苦徧三有，爲濟故出家。◯
我觀耽欲者，遠離諸慚愧。陵逼于尊親，荒淫甚猪狗。又觀諸愚夫，
女媚所呑食。放逸造非義，爲捨故出家。◯在家衆過本，
出家趣菩提。故捨大地等，爲窮生死際。

華嚴十四：「家是貪愛繫縛所，欲使衆生悉免離，故示出家得解脫，于諸欲樂無所愛。」

按佛所以出家的緣故，以上講的很明白。從前拍雷圖也是絕對反對家庭的，耶蘇亦然，羅素亦然，克氏互助經也說家族在地質學上是後起的。我也是極惡家庭的。不過是各有異點。拍氏是專爲除去私爭的根本，佛耶一面想除私爭，一面爲他妨害修道，羅素是因爲家庭組織，防害人類大團體的進化，克氏却說家庭制不是人類本性，古代人是以一羣爲一團體的公同生活。以上各家反對家庭的原理，我一齊都贊成的。而我自已根本不喜家庭的根本動機，是因爲我在二十七歲時大病幾死，囑母以後事，看見我母親難過的光景，比我死更難受。因此惡家庭牽制人太苦，斷荓人本性。若不把家化去，父母之恩，直無從報了。須先化家爲村，用耶墨公孝法，隆孔養老之典。再用佛報恩及超度法，度無量父母皆成佛，纔算圓滿解脫了。

二，親近善知識（大注意）　佛老耶墨之法，先社會而後家族，至于止師友一倫。所以以善師友爲性命，現在要眞想改造社會，無此精神是不行的，空講平等無益。

心地觀經，　親近善友爲第一，聽聞正法爲第二，如理思量爲第三，如法修行爲第四。

善知識，十喻　華嚴七十七，善財童子五十三參，

一如慈母，出生佛種故，
二如慈父，廣大利益故，
三如乳母，守護不令作惡故，
四如教師，示其所學故，
五如善導，能不廢道故，
六如良醫，能治煩惱諸病故，
七如雪山，增長智藥故，
八如勇將，殄除一切怖畏故，
九如濟客，令出生死暴流故，
十如船師，令到智慧寶洲故，

承事善知識應發二十心回想，又善，男女，汝

一如大地心，荷負重任，無疲倦故。
二如金剛心，志願堅固，不可壞故。
三如鐵圍心，無能動故。
四如給侍心，教令皆隨順故。
五如弟子心：訓誨無違逆故。
六如僮僕心，不厭一切作務故。
七如養母心，受諸勤苦不告勞故。
八如傭作心，受教無違故。
九如除糞人心，離憍慢故。
十如己熟稼心，能低下故。
十一如良馬心，離惡性故。
十二如大車心，能運重故。
十三如調順象心，恒伏從故。
十四如山王心，不傾動故。
十五如良犬心，不害主故。
十六如下賤人心，離憍慢故。
十七如犗牛心，無威怒故。
十八如舟船心，往來不倦故。
十九如橋梁心，濟渡忘疲故。
二十如孝子心，承順顏色故。

四想，：又善男子汝應。

一于自身，生病苦想。
二于善知識，生醫王想。
三于所說法，生良藥想。
四于所修行，生除病想。

善知識；（卽善友）九喻 華嚴六十四善財童子參毗目瞿沙仙人五體投地，言我今得遇眞善知識，則見趣向一切智門，令我得眞實道故。

一善知識如乘，至如來地故，

善知識八喻 華嚴六十五善財觀察思唯善知識致，

二善知識如船，到智寶洲故。
三善知識如炬，見性力光故。
四善知識如道，入涅槃城故。
五善知識如燈，見夷險道故。
六善知識如橋，度險惡故。
七善知識如蓋，生大慈涼故。
八善知識如眼，見法性門故。
九善知識如潮，滿足大悲水故。

一善知識教如巨海，受大雲雨故。
二善知識教如春日，生長善法根苗故。
三善知識教如滿月，所照皆清涼故。
四善知識教如夏雪山，除諸獸熱渴故。
五善知識教如池，開善心蓮華故。
六善知識教如大寶洲，充滿種種法寶故。
七善知識教如閻浮樹，集一切福智花果故。
八善知識教如龍王，于虛空中遊戲自在故。

三、修行法

三十七道品

法界次第經

(一) 四念處
- 一 身念處，
- 二 受念處，
- 三 心念處，
- 四 法念處，

(二) 四正勤
- 一 已生惡永斷，
- 二 未生惡不生，
- 三 未生善令生，
- 四 已生善增長，

(三) 四如意足
- 一 欲如意足，
- 二 精進如意足，
- 三 念如意足，
- 四 思惟如意足，

三十七道品爲修行徑門，一切功德由此而成也

(四)

五根

一信根，二進根，三念根，四定根，五慧根，

(五)

五力

一信力，二進力，三念力，四定力，五慧力，

(六)

七覺分

一擇覺分，二精進覺分，三喜覺分，四除覺分，五捨覺分，六定覺分，七念覺分，

(七)

八正道

一正見，二正思惟，三正語，四正業，五正命，六正精進，七正念，八正定，

大乘六波羅密

即六度詳於各大乘經典，簡者有六波羅蜜經十卷極佳。

波羅密

一布施
二持戒
三忍辱
四精進
五禪定
六智慧

財施爲下，身命施爲中，法施爲上，

小乘戒但去惡，多爲出家人所守，是消極的。大乘戒，專在修善，出家在家，均可修，是積極的。

忍辱是心不動義，故諸位多名忍。

精進，在六度中徹始徹終，爲最要。精進有二種，一自覺精進，二覺他精進，自覺者世亦有之，覺他精進者，罕矣。

禪即靜坐三昧，種類無量無邊。一切法門，皆從此生，有世間，外道，小乘大乘，禪之分，

梵語「般若，」此爲學佛之究竟，以前五度，皆爲此預備工夫，究竟歸于般若大海，有大般若經六百卷，〇六度次序以漸而深，

四生活法

十二頭陀行

（十二頭陀經）頭陀猶抖擻也，去煩惱之意，

一　住阿蘭若處，（靜寂處）遠俗憒鬧處，
二　常行乞食，
三　次第乞食，……不擇貧富，
四　日一食，……斷零食，及數數食，
五　節量食，……將乞食，分三分，一施飢乏者，一施禽獸，一自食。
六　過午不飲水漿，……宜衛生免貪求，
七　著敝衲衣，……不貪服飾，但拾敝布廢衣浣補而衣之，免招盜賊諸害。
八　但三種衣，……九條七條五條袈裟之衣，掩形而已，多則貪，少則裸露不掩體。
九　塚間坐，……觀苦空無常，常觀死屍臭爛，以免貪心，
十　樹下坐，……思惟菩提大道，將成佛，
十一　露地坐，……觀月快樂，令心明利易入空定。
十二　但坐不臥，……入大三昧，

步行五德

（佛說七處三昧經）

一　善走。
二　有力。
三　除睡。
四　飲食易消。
五　得定意。

按希臘稱逍遙學派正是步行也。

八不淨物（隋疏 演義鈔）

一 置買田產，
二 種植根栽，
三 貯蓄穀粟，
四 畜養奴婢，
五 牧畜，
六 蓄金銀財寶，
七 積象牙刻鏤等物，
八 積銅鐵釜鑊以自養食，

此謂出家人以清淨乞食爲本，若犯此者，爲不淨，可知何道之人，以世間爲不淨，無可貪欲也。其所以乞食者，乃爲社會運動而來也。

七聖財（未曾有因緣經）

一 信心，……決定成佛，
二 精進，……不退，
三 持戒，……防身口意，
四 慚愧，財……悔造惡業，
五 多聞，……聞思而修，
六 施捨，……隨求無吝，
七 定慧，……止觀雙運，

衲衣十利（十誦律）

一 在麤衣數，
二 少所求索，
三 隨意可坐，
四 隨意可臥，
五 浣濯易，
六 少蟲壞，
七 易染，
八 難壞，
九 不用留餘，
十 易得，

按此即古三皇巢父派，託克所稱各土民自由生活之類。

五，戒酒

飲酒十過 四分律

一　顏色惡，
二　威儀下劣，
三　眼視不明，
四　現瞋恚相，
五　壞田業資生，
六　致疾病，
七　益鬭訟，
八　惡名流布，
九　智慧減少，
十　命終墮惡道

戒經今世以酒壺與人者，來生五百世無手，（按是言入畜生道）

飲酒三十五種失

智度論，

一　現世財物虛竭。
二　衆病之門，
三　鬪諍之本，
四　裸露無恥，
五　醜名惡露，人所不敬，
六　無復智慧、
七　所應得不得，已得物散失。
八　伏匿之事，盡向人說、
九　種種事業，廢不成辦，
十　醉爲愁本，以多失故醒乃慚愧，
十一　身力轉少，
十二　色身敗壞，
十三　不知敬父，
十四　不知敬母，
十五　不敬師長
十六　不敬婆羅門（仙人修道者）
十七　不敬伯叔尊長，
十八　不敬佛，
十九　不敬法，
二十　不敬僧，
二十一　結惡黨人，
二十二　疏遠賢人，
二十三　破戒，
二十四　恒無慚愧，
二十五　不守六情，
二十六　縱色放逸，
二十七　人所憎惡，
二十八　親識所棄，
二十九　行不善法，
三十　捨善法，
三十一　智士所不信，
三十二　遠離涅槃，
三十三　狂疾因緣
三十四　命終墮三惡道
三十五　若得爲人生常暗鈍，（此言遺傳也）

飲酒三十六失（四分律）

一　不孝父母，十一　生病之根，
二　輕慢長友，十二　鬪諍之本，
三　不敬三寶，十三　惡名流布，
四　不信經法，十四　人所憎嫌，
五　誹謗沙門，十五　排斥聖賢，
六　訐露人罪，十六　怨黷天地，
七　恒說妄語，十七　廢忘事業，
八　誣人惡事，十八　破散家財，
九　傳言兩舌，十九　恒無慚愧，
十　惡口傷人，二十　不知羞恥，

二十一　無故捶打奴僕，三十二　墮車墜馬，
二十二　横殺衆生，三十三　逢河落水，
二十三　奸淫他妻，三十四　持燈失火，
二十四　偷人財物，三十五　暑月熱亡，
二十五　疎遠善人，三十六　寒大凍死。
二十六　狎近惡友，
二十七　常懷恚怒，
二十八　日夜憂愁，
二十九　添東引西，
三　十　持南着北，
三十一　倒溝臥路，

按酒之爲害，即不必如佛說高遠，據今衛生家言，酒中含惡爾苦爾毒素，且有遺傳病，累及子孫，又招兇殺案危害治安。士大夫兵政家，因酒覆軍亡國者不可以數計，而西俗醉酒者，每毆其妻。美女界會議，乃悟由酒之禍，遂由女界發起禁酒會，至今美國無酒禍，乃女子監督兇酒暴男之力也。女子應監督男子之事甚多，（如從軍賣頭）而美之酒禍先除，亦佛化先聲，甚望他國女子奮起追美女之偉迹。

○至道家醫家用藥酒，則當別論。

六、節食

多食五患　一大便數，二小便數，三多睡眠，四身重妨修業，五多患不消化。

乞食十利（法數）
- 一 自用活命，
- 二 利益施者，
- 三 長生悲心，
- 四 隨順佛教，
- 五 易滿易養，
- 六 破驕慢心，
- 七 無見頂善根，
- 八 見我乞食，餘者效我，
- 九 不與男女大小有諸事故，
- 十次第而乞，不擇貧富，

不如養馬養猪　大智度論六十八，不如養馬養猪，故斷數數食，受一食法。有人貪心極噉，腹脹氣塞，妨廢行道，故受節量食法。

厭離食觀　大智度論二十三：「觀是食從不淨因緣生，如肉從精血水道生，為膿蟲住處：廚人汗垢種種不淨，著口爛涎流下，與唾和合，然後成味。其狀如吐，從腹門入，水爛火煮，如釜熟糜。滓濁下沉為屎，清者在上為尿，腰有三孔。風吹膩汗，散入百脈，與血和合，凝變為肉，生脂骨髓，是生身根。新舊肉合，生五情根，意識分別，取相好醜，然後成我，我所等諸煩惱，及諸罪業。觀食如是種種不淨，不應貪著。

四利須食（釋氏要覽）
- 一 資身為道，不合則身疲力倦，不能進道。
- 二 養身中蟲，身中有八萬四千蟲，亦須布施之。
- 三 生施者福，能破俗人慳吝，增其福慧。
- 四 破餓外道，諸外道或一日一食，數日一食，或以忍飢為解脫，佛以日中一食破之。

此可見佛制已大安樂矣，蓋印度諸仙外道，忍苦倍於佛法也。

道人也大藏一覽

沙門受食五觀

一 計功多少，量彼來處，

二 忖已德行，全缺應供，

三 防心離過，貪等爲宗，

四 正事良藥，爲療形枯，

五 爲成道業，應受此食，

凡受食時，先作此五觀，然後方食也。一者知食來之艱難，二者已若不修道，則不應受人供養，三謂于上味食起貪，下味食起瞋，中味食起痴，不知慚愧，墮三惡道。四者有身則有苦，食者猶如療瘡，資身而已，不可貪取，五者多食致苦，少食力衰，適中如秤，應作此觀。

乞食四意

肇師

福利羣生，（與之作緣也）

折伏驕慢，

知身有苦，

除去滯著，（合乎衛生也）

可見準諸孔教耶教道教比丘乞食不得謂無功而食也。

四食法

大藏法數二十三

一 仙人大士深山絕世，草果資身，

二 乞食破四邪命，

三 精舍受施食，

四 于僧中淨食，

午後不食五利

增一阿含經

少淫，少睡，得一心，無下風，身安無病，

四食時

法苑珠林

一 天神食時……清旦，

二 法食時……三世諸佛不過午食，

三 畜生食時……日暮，

四 鬼食時……夜，

出家乞食制在今日之大問題

出家乞食制，不但在新經濟學上是大問題，就是唐朝韓愈，也因此攻佛，而顏元的四存主義中的存人篇，也大有價值。到了現在，照馬克司學說當然不許。但馬克司學說若許智識階級勞心的人，可以吃飯，顏回耶佛等那樣哲人以乞食生活的程度，來游走教化社會，也當然有吃飯的價值。況且在熱帶印度物產豐富地方，當然不成問題。惟在中國應限制無知識江湖游僧惡丐之乞食，又須限定僧數，不要太多，那社會經濟上就生危險了。釋太虛所作整理僧伽制度頗具綱領，但就是平常的寺廟，也未嘗不可工作，自百丈禪師以來，中國僧家久倡「一日不作工一日不食主義，也不死學熱帶佛法的乞食制，六祖搗米才成祖位。所以中國僧制和廟產，要認眞刷新整頓，倒不至于一定怕收沒產業全歸公有，只要佛門自己爲社會做出有價值的事業來。至於出家問題，按照涅槃經佛說「我四部弟子，有缺一者，當知爾時法滅不久。」可見出家人也不可少。而且佛教在東方不是在消極的腐敗，還沒有做出積極的大惡，像歐洲中世的神父是的。所以要有人想完全倡在家居士教，像德國馬丁路得 Marting Luther 1487-1546 革耶教的命的辦法，却與東方不大適宜。往者章太炎倡出家在家四衆互助辦法，殊爲公平，將來就是大同世一切歸公，我素來主張是拿「一個個圓成法」來圓成一切的，在俗的人一面可試行北俱盧洲式的新村，與今克氏羅素之羣化主義合。而超世的人一面，仍可以勇猛獨身修行，立地證果，爲天人師。這叫做道並行而不相背，互涉入而不相碍。

七　戒肉食

楞伽經，十七種因緣，不應食肉，

一 展轉常為六親想，
二 牛馬人畜屠殺雜賣，
三 不淨氣分所生長，
四 如下賤人，狗見憎吠，
五 貪行者，慈心不生，
六 凡愚所嗜，無善名稱，
七 術不成就，
八 以殺者見形，起識味著，
九 食肉者諸天所棄，
十 令氣臭，
十一 多惡夢，
十二 虎狼聞香，
十三 令飲食無節，
十四 令修行不生厭離，
十五 作食子兒想，作服藥想，
十六 食肉以致食人，
十七 致殺者因利網捕，殺害衆生，

法苑珠林食肉十過

一 衆生是己親，
二 衆生見生驚怖，
三 壞他信心，
四 修行人不應食，
五 羅刹鬼習氣，
六 學術不成，
七 衆生生命同自己，
八 聖神遠離，
九 不淨所生，
十 死墮惡道，

斷食肉品 楞伽經六，大慧所問，佛言，「介舍肉味。求于法味。諸外道尙禁食肉，何況如來？當觀衆生猶如一子而食肉耶？」

父母眷屬觀 又，「一切諸肉，有無量緣。一切衆生，無始衆生死輪迴，曾作父母兄弟男女眷屬，朋友。親愛易生，而受鳥獸等身，云何取食？

精血汙穢 又「衢路市肆諸賣肉人，或將犬馬人牛等肉求利販賣，如是雜穢，云何可食？一切諸肉，皆是精血汙所成，云何取食？」

衆生見之驚悸 又食肉之人，衆生見之，悉皆驚悸。氣息猶如羅刹、修慈心者，云何食肉？

身體臭穢猶如惡獸 又，夫食肉者，身體臭穢，惡名流布，賢聖不親，諸仙所棄，食肉滿腹，遊行世間，猶如惡獸。

諸蟲唼食易生瘡癬 又如燒人肉，其氣臭穢，增長疫病，易生瘡癬，恒被諸蟲之所唼食，敗諸功德。

淨美食 又淨美食者，則是秔米粟米，大小麥豆，諸佛所許。

虎狼性 又虎狼性者，心無慈愍，專行慘暴，猶如「羅刹」。若見衆生，其身充盛，便生肉想，言此可食。

九淨肉可食 涅槃經第四卷

一，不見殺，
二，不聞殺，
三，不疑爲巳殺，
四，不爲己殺，
五，自死，
六，鳥殘，（鳥食所餘，）
七，生乾，（自死而風乾，）
八，不期而遇，（非爲己殺也，）
九，前巳殺者，

按肉食與衛生無益，或人不信。據事實上證明，象鹿馬駝均素食而強健長壽。至一切反芻牛羊之類，均極肥，亦係素食。可見肉食衛生，全是迷信也。須破肉食之迷信，方可解決吃飯問題。不過佛多從心理因果上說明，今人從衛生上証實耳。

八轉迷成悟

如來一大事因緣，只爲說破衆生妄心，使見本性。種種修行，皆是方便明心見性法門。但衆生迷惑執着，故不得開悟。而考其迷惑根本，皆由六根八識流轉向外。故迷悟關頭在乎轉識成智。眼，耳，鼻，舌，身，爲外面五識。意爲第六識，傳送識（即近于西人之動機說，易之「幾」）爲第七識，梵語名末那識，阿賴耶識爲第八識，乃識海之藏府也。唐玄奘大師因傳唯識宗于窺基師，特作八識規矩頌，乃轉識成智要訣。茲錄于下

八識規矩頌

凡四章，每章十二句，共四十八句。

唐玄奘作

性境現量通三性。眼耳身三二地居。徧行別境善十一。中二大八貪瞋癡。

五識同依淨色根。九緣七八好相鄰。合三離二觀塵世。愚者難分識與根。

前八句言有漏中凡情。變相觀空惟後得。果中猶自不詮眞。圓明初發成無漏。

三類分身息苦輪。」 此四句言無漏中聖知。

以上第一章言前五識。

三性三量通三境。三界輪時易可知。相應心所五十一。善惡臨時別配之。

性界受三恒轉易。根隨信等總相連。動身發語獨為最。引滿能招業力牽。

發起初心歡喜地。俱生猶自現纏眠。遠行地後純無垢。觀察圓明照大千。

以上第二章言第六識。

帶質有覆通情本。隨緣執我量為非。八大偏行別境慧。貪癡我見慢相隨。

恒審思量我相隨。有情日夜鎮昏迷。四惑八大相應起。六轉呼為染淨依。

極喜初心平等性。無功用行我恒摧。如來現起他受用。十地菩薩所被機。

以上第三章言第七識。

性惟無覆五徧行。界地隨他業力生。二乘不了因迷執。由此能興論主爭。

浩浩三藏不可窮。淵深七浪境為風。受熏持種根身器。去後來先作主公。

不動地前纔捨藏。金剛道後異熟空。大圓無垢同時發。普照十方塵剎中。

以上第四章言第八識。若欲澈底了然惟識心理學，須習唯識及法相全部。今此處不能詳解，有德儒Richard Wilheln衛海著有Chinesische Lebens Weisheat中國哲學等書通各教文化。渠在華十八年任北大哲學心理學教授。臨歸國時，特在德使館請佛化新青年會張宗載甯達蘊邢福宸諸人談佛法，詢余其所著書，余問以德國叔本華哲學如何？Schopenhauer曰，吾所宗師也。曰，杜里舒Driesch如何，冷笑曰吾友也。君皆不必問矣。吾以為所有哲學，尚不能及楞嚴經所論眼耳鼻舌身意之最淺一段。所以前日上海某大學特請吾由京到滬講演，吾只提出六識與一講而已。我極意不願回國，而在東方研佛學。吾雖在華有年，只近年始于佛法稍入門，惜國中連電促我主任德國大學東方哲學講席，不能不歸，深可嘆惜。』由此可知西哲對于佛法之推崇，但最宜用科學方法研究者，為唯識宗，而此宗惟一大師，今推南京內學院創辦者歐陽境無居士焉。

九，觀想工夫

九想觀除貪欲

凡見男女青紅花綠，相貌端正，眉目嬌媚，語言嬌潤，細滑軟膩，可意悅心，用此九想破貪欲念也。

觀：一 膨脹　二 青瘀　三 爛壞　四 血塗漫　五 膿爛　六 蟲噉　七 散　八 白骨　九 燒

佛為衆生貪著世間五欲，以為美好，躭戀沈迷，輪迴生死，無有出期，是故令修此九種不淨觀法，想念純熟，心不分散。若得三昧，（正定也，即是修靜坐入正定，）成就，自然貪欲除滅，證須陁果。此之九種，雖是假想作觀，然用之能成大事，譬如大海中死屍，「溺人，附之即得度，」（一，膨脹想者。謂修行之人，於想死屍，見其膨脹，如革囊盛風，異于本相是。二，青瘀想者，謂死屍風吹日曬，皮肉黃赤，瘀黑青色是。三壞想者，復觀死屍，風日所變，皮肉烈壞，六分破碎。五臟腐敗，臭穢流溢，是為壞想。（六分者頭分手足也）四，血塗漫者，既觀壞已復觀死屍，從頭至足，徧身膿血流溢，臭穢塗漫。五，復觀死屍身上九孔，蟲膿流出，皮肉壞爛，狼藉在地，臭氣轉增是。六、蟲噉想者，觀膿爛已，復觀死屍蟲嗳，想（音渣）鳥獸咀嚼，殘缺剝落是。七、散想者，復觀死屍，爲禽獸所食，分裂破散，筋斷骨離，頭足交橫是。八、骨想者，既觀散已。復觀死屍，形骸曝露，皮肉已盡，但見白骨狼藉是。九、既觀骨已，復觀死屍，爲火所燒，爆烈烟臭，白骨俱燃，薪盡火滅是。出禪觀。

十，止觀三昧

具舍論，持息念者，念出入息，爲對治散思，精修此念，凡有六種，

一數　數息入出，防心聚散。凡數息先從入息始，人之初生，入息爲先，死時出息，最後出息不入曰死，如是覺察生死，漸漸得無常想。

二隨　隨息者，隨息出入，念其長短。

三止　止息者隨入息，念其所止，止息時，心于鼻端眉間，或足指，隨意安住。

四觀　觀息者，觀息在身，如珠中縷。

五轉　轉息者、氣現大種造色，（地水火風）心與心所。

六淨　淨息者，從世第一法，昇入見道盡于智等。

持息觀六種　息

修此觀門，則心得定。

十六觀經 觀無量壽佛經

三十七觀 心地觀經

發菩提心 六度經

女人穢相觀 寶積

不可樂觀 大集經

入胎觀 寶積五十五

淨觀經 大集三十

二十五門圓通 楞嚴五

(一)六塵：色聲香味觸法

(二)六根：眼耳鼻舌身意

(三)六識：眼耳鼻舌身意 識

(四)七大：火地水風空識念

(五)觀音 耳根最利 圓通門

大乘起信論，若人惟修止，則心沈沒，或起懈怠，不樂衆善，遠離大悲。是故修觀，作是思惟，卽應勇猛，立大誓願，為十方徧修善功德，盡于未來。救拔一切苦惱衆生。行住坐臥，皆應止觀俱行。

月輪觀頌

『本尊之前，心壇之上，有心月輪，菩提心體。滿法能生，不二本源。諸佛極秘，法界體性。行者端坐，調身與心，方便習學。善知觀行。當前對面，不高不下，是等一時，圓滿具足。形體團圓，一色白淨，內外明徹，潔白分明。開眼閉眼，久久觀察，當徹見之。月即是心，心卽是月，月輪之外，更無心念。一向專念，堅固不動，住普賢宮，入金剛定。若心散亂，制止一處。若心沈沒，使醒分明。

如虛空月，引之當胸。更以心眼，諦觀不停。若心已定，住一處已。引之漸廣，或四尺量。或一丈量；二丈十丈，漸滿院落。一鄉一城，至于無窮。乃至倍增，滿三千界。若心覺疲，將欲出觀，漸還本相，仍一肘量，密藏于胸。

此爲仁航與華嚴五教者附此通此法則通本大同學配合來源。

佛海開悟法門五種略狀

（一）圓悟法門，如拆百錦彩，轉萬寶鏡，如瓊雪遇物成形，只是雪質。如飛花隨風飄舞，只是花香。如長夏雲舒捲萬變，無非是雲。如朝暮霞光射無方，無非是美。如魚戲蓮葉，東西南北各自在。如鳳凰鳴，抑揚高下同妙音。如廬山八面，面面皆眞。如千荷滴露，珠珠皆圓。如遊寶山，觸處皆寶。如食蜂蜜，中邊皆甜。如圓晶珠，邊角盡等。如連環玉，首尾如一。一成一切成，無成無不成，成成成無盡成。無頭尾，無大小，無主客，無分別，一切如如，證不思議無盡覺海，

（二）頓悟法門，如狂迷頓歇，如睡夢忽覺，如彈丸脫手，如黃庭初拓，如閃光一瞥，如電燈忽明，如淸風忽起，吹盡煩熱。如獅子一吼，百獸洮散。抬頭忽見明月，遊魚一躍龍門，一拳粉粹黃鶴，一針靈透玻璃，一刀斬盡亂絲，一火燒盡荒原，一劍穿透心鏡，一王號令萬國，鷄鳴一聲天下曉，午炮一聲日正中，趙后一搥打破連環玉。驪貓一爪，抓散滿盤棋。如山樵夫忽得重寶，如貧窮人忽得衣珠，如航海者忽得指南針，如探洋者忽登新大陸，萬里晴空，霹靂一聲甘雨降。三冬冱寒，東風一陣梅花開。一口吞盡華嚴大海，一喝頓破萬劫無明，証剎那入不思議覺海，

（三）了悟法門如水成波，如冰成水，如玩鏡中花，觀水中月，如夢中說夢，如戲中演戲，如倒影樓臺，如空中照像，如機器留聲，如空谷回響，如電光寫眞，如觀大輪回旋、如觀花開花謝。念想如流水，言談如昨夢，觀一切心法，如夢幻泡影，非有非非有，得如幻三昧，証幻化法性覺海（但此有三種，但悟空智者，爲小乘寂滅空。兼發大悲，智，報恩願者，爲菩薩般若，名第一義空。又誤起狂慧，撥無因果者，爲着魔。）

（四）漸悟法門，如垢去鏡明，如雲散日出，如鑿礦出金，如鍊鐵成鋼、如篩糠成米，如種樹開花，如磨鐵杵成針，如穿石層出泉，如鑽山洞，如鋸梁木，如修萬里鐵路 終有完工之時。如起五十層樓，終有成頂之日。如升千尺高塔而遠望，如渡萬里大海以取寶，如待明月於深更，如食甘蔗而漸佳，如種白果樹，如栽松柏林、如行夜路，漸漸向明，如過寒冬，漸轉陽春，如從九品漸升宰相，如從赤貧積富千萬，如胎兒漸漸長成，如抱卵終聞雞鳴，如一種子，長成千尺大樹。如朔日月漸到圓明。

如遠遊主人，還家安坐。識業盡，証妄盡還原覺海，

（五）小教，如木成灰，如色歸空，如猴磨鐵索，索斷猴逸。如罪犯充軍，年滿罪消。如推車漢、投旅客店得息。如遇颶船，尋抛錨灣免難。如受枷打人，數滿痛止。如服藥治癆病，期到病除。如負重債、還盡債時得解脫。如人畏影，走至陰處影自無。三界八苦，乃是火宅。知苦，斷集，入滅，修道。証解脫輪廻苦惱覺。此文曾發表于佛化新青年會雜誌

附誌一　此外余關于佛化著述主張，均見于佛化新青年雜誌及海潮音。此會宗旨，在以圓通法門與新文化合作，改造東方淨土。自去年在日本開東亞佛教大會，日本青年界大有覺悟，亦立日本佛化新青年會，爲人類的佛化，民衆的，科學的佛化，而減去玄鬼諍論空談。其創設者爲鎌田禪商，本部在京都花園臨濟宗大學。

附誌二　此後菩薩大悲篇以下，各篇即從報恩上爲二十世紀新佛化之具體建設，特另立一卷。

菩薩大悲篇五

涅槃經，『諸有善根。慈爲根本。』

檀特羅經：『一大慈—慈有五利，慈卽愛念一切衆生之心。有五利者，一、由慈心愍諸物故，無害他念，刀不能傷。二、由慈心起饒益念，奉行衆善，利濟羣生，一切惡毒，所不能害。三，由慈心內無熱惱，外得淸涼，火不能燒。四、由慈心內無貪愛，遠離欲流，水不能沒。五、由慈心，常行利樂，普濟衆生，無寃親想，故瞋惡人見卽生喜。』

慈有不思議神力；涅槃經十五『慈爲一切諸法根本。慈卽如來，如來卽慈，爲一切衆生父母父母卽慈，慈者，乃不可思議諸佛境界，衆生爲煩惱所覆，故不覩見。一、阿闍世王放狂象，佛手出五師子退之。二、佛于拘尸那城，舉大石，三、佛于首波羅城降伏尼乾子徒，變易林泉池沼，皆慈善根力故。拘佗延王夫人入慈愛三昧，箭不能入。（按慈之極，償之極，靜之極，均可變心理生理及物質，此科學原理也。）

十五悲　優婆塞戒經　二、大悲。

一，見衆生臥五欲泥，不得生，猶復放逸，……是故生悲。

二，見衆生爲財物妻子纏縛，不能捨離，……是故生悲。

三，見衆生身口意造不善業，多受苦果，猶復樂著，……是故生悲。

四，見衆生樂求五欲，如渴飮鹹水，……是故生悲。

五，見衆生雖欲求樂，不造樂因，雖不樂苦，喜造苦因，……是故生悲。

六，見衆生于無我我所，生我我所想，……是故生悲。

七，見衆生畏生老死，而更造生老死之業，……是故生悲。

八，見衆生處無明闇，不知燃智慧燈，……是故生悲。

九，見衆生爲煩惱火燒，而不能求三昧定水，……是故生悲。

十，見衆生爲求五欲樂，造無量惡，……是故生悲。

十一，見衆生雖知五欲苦，而求之不息，如饑食毒飯，……是故生悲。

十二，見衆生雖值佛出世，聞甘露淨法，而不能受持，……是故生悲。

十三，見衆生信邪惡之教，終不從善知識教，……是故生悲。

十四，見衆生耕田種作，商賈販賣，一切皆苦……是故生悲。

十五，見衆生父母兄弟妻子奴婢眷屬宗室，不相愛念，……是故生悲。

十種哀愍心（華嚴二十五）

一，見諸衆生孤獨無依，生哀愍心。

二，見貧窮困乏，生哀愍心。

三，見三毒（貪瞋痴）火然，生哀愍心。

四，見諸有牢獄之所禁閉，生哀愍心。

五，見煩惱稠林恒所覆障，生哀愍心、

六，見不善現象，生哀愍心、

七，見無善法欲，生哀愍心、

八，見失諸佛法，生哀愍心、

九，見隨生死流，生哀愍心、

十，見失解脫方便，生哀愍心、

地持經

六種巧方便

方便

一隨順……順其程度、

二立要……與之要約、

三異相……嚴責過惡、

四逼迫……斷其供給，令入善道、

五報恩……法施財施于諸容處、

六清淨……無所滯染、

華嚴五十九，『波羅蜜（度也）為輪，神通以為象，神足以為馬，智慧為明珠，妙行為婇女，

方便為主兵，菩薩轉輪王，三昧為城郭，空寂為宮殿，慈甲智慧劍，念弓明利劍，

高張神力蓋，迴建智慧幢，忍力不動搖，直破魔王軍，總持為平地，衆行為河水，

淨智為涌泉，妙慧作樹林，空為清淨地，覺分妙蓮華，神力自莊嚴，三昧學娛樂，

思惟為婇女，解脫味為漿，遊戲于三乘，此諸菩薩行，無量劫修行，其心不厭足，

菩薩得名之故　華嚴四十三

一如金剛，以不壞得名，菩薩以修行、

二如眞金，以妙色得名，菩薩以善業、

三如日，以光明輪得名，菩薩以智慧光、

四如山王，以高出大海得名，菩薩以諸善根、

五如大地，以載持萬物得名，菩薩度一切而不舍，

六如大海，以含衆小而得名，菩薩以大願、

七如軍將，以慣習戰鬪法得名，菩薩以慣習三昧

八如種子，植于地令莖葉增長，菩薩修諸善根、

九如大雲，暑月降雨，潤澤羣生，菩薩雨大法雨

十如大象，大悲爲齊，堅固大願爲牙，

十一如師子王，遊行無畏，

流通大悲六度經小言

仁航曰；「人知余貧，聞余盡以家施，瑯邪縣坊上模範村。咸笑其狂愚，或謂爲矯情，余反詰之曰，君不知耶？君之祖若父不亦出家而去乎？且清光緒不亦出家乎？日本明治天皇。不亦出家而去乎？英女皇維多利不亦出家乎？卽赫赫震耳之某元首，不亦出家乎？蓋世人無一不出家，特不過正當熱鬧時，忽被閻羅强制執行，乃舍家而去耳，余今不待閻羅强制，乘我有自主權時而施之，何謂愚哉！若不知其故，請誦佛說大悲六度經何如」

大悲經　二經見大寶積經卷七。十九八十今節錄爾　非起大慈悲心不能救世，故佛最重此也。

爾時大目連心念，世尊成就如是大悲，佛告目連。「如是如是，若我弟子，聞說大悲具足義者，心則迷悶，無所復樂，我本於衆生中，有如是大大悲願。所有衆生，於地獄受諸苦惱，我當代受，心無憂悔。我行忍辱，若十方衆生，切苦罵詈，以刀杖瓦石，加害我身，我不恚悔。我視衆生，等如一子。昔

有賈客，夜行失道，我燃兩臂，爲照道路。我昔於林，作大畜身，介諸惡獸，食肉飽足。我昔爲大力王，自以利刃割臂與人，心無悔恨。我昔爲忍力仙，魔王惡意，遣千人罵我八萬四千歲，我無怨恨，千人轉從我學。我念過去，以身施人，而爲奴僕。目連，我行菩薩道時，百千萬世，噉肉衆生，割肉施與，飲血衆生，刺血施與，凡諸財物，於諸衆生，終不貪惜，目連，我隨語而行，隨行而語。」（是不妄語，不像後人學佛，不做實事，但談空也。）

六度經　爾時世尊說偈曰：

「我於往昔無量劫，爲諸衆生求菩提，常行布施捨恩愛，苦行羸瘦無懈怠，見諸衆生輪迴苦，
慈念一切起大悲，捨愛妻妾及財寶，壽命國土及大地，處山作仙名忍辱，被歌利王截鼻耳，
曾作睒子孝二親，被人箭中心無恚，投身飼虎行慈悲，入海求珠施與人，我曾爲王名尸毗，
爲救一鴿代彼命，我昔作王名師子，身遇重病醫授藥，時有病人乞此藥，我不愛命先施與，
我爲王子名蘇達，人乞妻子盡施與，曾作菩薩名嚴熾，爲化才德國王故，經於八萬四千年，
勤行精進始受化，亦作王子名淨威，於佛塔前自然身，曾作國王名月光，有人索頭以頭施，
曾作大王名日淨，女樂千人用布施，又作國王名知足，柔軟手脚以布施，又作商主名師子，
驅逐羅剎免害人，又作商主名善眼，將衆五百採七寶，有諸羅剎像美女，亦介商人脫彼難，
又作商主名金色，然我十指供如來，曾作王子名福焰，妻妾數萬如大女，捨之出家無愛戀，

又作國王號華眼，憐愍衆生用眼施，又作菩薩名普瞻，見人病羸生慈悲，以己血肉用施彼，
又作國王名華敷，破身骨髓療人病，又作國王名成利，施人財寶幷捨命，又作國王名信幢，
兩手柔軟具輪相，時有人來乞我手，爲求菩提用施彼，又作國王名普現，財寶男女滿天下，
爲求菩提用布施，又作王女名智意，其身血淨甚柔軟，慈悲歡喜割股肉，及以血施心無悔，
又作女人名銀色，割我兩乳食婦人，又作國王名聞德，金銀寶乘皆能施．(以上在人道)
又念過去曾作雉，恭敬尊長恤同類，又念過去作狻猴，在山逢值於獵師，諸獼猴衆皆歸我，
我懷慈心救彼命，又念過去作象王，時被國王所執縛，我因父母盲無目，分捨身命飢不餐，
又念過去受羆身，有人失道我救養、彼將獵師反害我，我於爾時亦無恨，又念過去作象王，
時被獵者箭所著，我求菩提功德故，以身奉施於彼人，又念過去作雉身，在於曠野缺林裏，
彼林爲火所焚燒、時我救林大雨華，我昔曾作九色鹿，飲水食草恒河邊，其水深廣漂流急，
有人墮河我救之，其人貪財受王募，多將兵衆來害我，我求菩提行慈悲，於彼人所亦無恨，
又念過去曾作龜，濟度商人令過海，五百商人食我肉，我時亦無瞋恨想，我曾作魚遊水裏，
捨命食於五千衆，我見衆病除其苦，作蟲名月以藥之，又念曾作大獅王，被箭於人有慈心，
又念過去作馬王，常在大海高山頂，度彼商人羅剎難，又念過去曾作兎，常化諸兎以善事，
時與仙人同居處，捨身投火救仙飢，又念過去作鸚鵡、常處多饒華果林，報枯樹恩不捨離，
釋變枯樹生華果，又念曾作獼猴王，見諸獼猴被龍害，遂敎獼猴竹筒飲，獼猴悉免諸龍難，

又復重念作雞鵝，取人稻穀養二親，

以上在動物道。蓋佛若不多視人物平等，然以善修行故，能至成佛。而孟耶之徒因不通動物羣性及人進化性故自難進化。此謬點直至各生物學家及克氏出乃指破。今不通此者難有發言談性之資格。

如是過去無量事，無有苦行而不作，未曾有懷疲倦意，以求無上清淨道，持戒精進忍辱禪，無量方便及智慧，皮肉骨髓施衆生，勇猛精進修苦行，衆生不信反笑毀，由貪衣食多睡眠，存心諂曲無慚愧，奸僞欺誑懷嫉妬，癡慢貢高多鬪諍，終墮地獄畜生中，無量億歲受大苦，於後假使得人身，盲聾醜陋多疾病，若聞此苦應修行，善觀幻化泡夢法，及早求佛修智慧，勿令於後生悔心，功德圓滿故成佛，惡入地獄畜道中，

三，報恩發願

智度論，『知恩者大悲之本，開善業之初門，人開愛敬，死生天上，終成佛道，不知恩者，甚于畜生。』

大方便佛報恩經，佛言：『無量劫來，我曾爲衆生父母，衆生亦曾爲我父母，故知恩者當發阿耨多羅三藐三菩提心，（無上正覺，即成佛也，報恩者，）亦當敎衆生發菩提心』

般若經，若問誰是知恩能報恩者，應正答言『佛是知恩能報恩者，何以故？一切世界知恩，報恩，無過佛者故。』

知恩報恩少恩不忘，寳積九十六受恩常念，小恩。大報涅槃二十七知恩報恩是菩薩行，不斷佛種故。

寶積八十一寶積百十三，現受他恩，不知報之。小恩于他，責望大報。先受他恩，而不憶念。侵損親友，是名惡比丘。」

心地觀經報恩品

世間凡夫無慧眼。迷於恩處失妙果。五濁惡世諸衆生。不悟深恩恒背德。我爲開示於四恩。令入正見菩提道。慈父悲母長養恩。一切男女皆安樂。慈父恩高如山王。悲母恩深如大海。若我住世於一刧。說悲母恩不能盡。我今略說於少分。猶如蚊亘飲大海。假使有人爲福德。供養淨行婆羅門。五通神僊自在者。大智師長及善友。安置七珍爲堂殿。及以牛頭栴檀房。療治萬病諸湯藥。盛滿金銀器物中。如是供養日三時。乃至數盈於百刧。不如一念申少分。供養悲母大恩田。福德無邊不可量。算分喻分皆無比。世間悲母孕其子。十月懷胎長受苦。於五欲樂情不著。隨時飲食亦同然。晝夜長懷悲愍心。行住坐臥受諸苦。若正誕其胎藏子。如攢鋒刃解肢節。迷悶東西不能辨。偏身疼痛無所堪。或因此難而命終。六親眷屬咸悲惱。如是衆苦皆由子。憂悲痛切非口宣。若得平復身安樂。如貧獲寶量難喜。顧視容顏無厭足。憐念之心不暫捨。母子恩情常若是。出入不離胸臆前。母乳猶如甘露泉。長養及時曾無竭。慈念之恩實難比。鞠育之德亦難量。世間大地稱爲重。慈母恩重過於彼。世間山王稱爲高。悲母恩高過於彼。世間速疾惟猛風。舉心一念過於彼。若有衆生行不孝。令母暫時起恨心。怨念之辭少分生。子乃隨言遭苦難。一切佛與金剛天。神僊秘法無能救。若有男女依母教。

承順顏色不相違。一切災難盡消除。諸天擁護常安樂。若能承順於悲母。如是男女悉非凡。
大悲菩薩住人間。示現報恩諸方便。昔有男子及女人。爲報母恩行孝養。割肉刺血常供給。
如是數盈於一劫。種種勤苦於孝道。猶未能報暫時恩。十月處於胎藏中。常銜乳根飲胎血。
自爲嬰兒及童子。所飲母乳百斛餘。飲食湯藥妙衣服。子先母後爲常則。子若愚癡人所惡。
母亦恩憐不棄遺。昔有女子抱其子。渡於恒河水瀑流。以沈水故力難前。與子俱沒無能捨。
爲是慈念善根力。命終上生於梵天。長受梵天三昧樂。得遇如來受佛記。一名大地二能生。
三能正者四養育。五與智者六莊嚴。七名安隱八教授。九教誡者十與業。餘恩不過於母恩。
何法世間最富有。何法世間最貧無。母在堂時爲最富。母不在時爲最貧。母在之時爲日中。
悲母亡時爲日沒。母在之時皆圓滿。悲母亡時悉空虛。世間一切善男子。恩重父母如邱山。
應當孝敬恒在心。知恩報恩是聖道。不惜身命奉甘旨。未曾一念虧色養。如其父母奄喪時。
將欲報恩誠不及。佛昔修行爲慈母。感得相好金色身。名聞廣大徧十方。一切人天咸稽首。
人與非人皆恭敬。自緣往昔報慈恩。我升三十三天宮。三月爲母說眞法。令母聽聞歸正道。
悟無生忍常不退。如是皆爲報悲恩。雖報恩深猶未足。神通第一目犍連。已斷三界諸煩惱。
以神通力觀慈母。見在受苦餓鬼中。目連自往報母恩。救免慈親所受苦。上生他化諸天衆。
共爲遊樂處天宮。當知父母恩最深。諸佛聖賢咸報德。若人至心供養佛。復有精勤修孝養。
如是二人福無異。三世受報亦無窮。世人爲子造諸業。墮在三途長受苦。男女非聖無神通。

不見輪迴難可報。哀哉世人無聖力。不能拔濟於慈母。以是因緣汝當知。勤修福利諸功德，以其男女追勝福。有大金光照地獄。光中演說深妙音。開悟父母令發意。憶昔所生常造罪。一念悔心悉除滅。口稱南無三世佛。得脫無暇苦難身。往生人天常受樂。見佛聞法當成佛。或生十方淨土中。七寶蓮花爲父母。華開見佛悟無生。不退菩薩爲同學。獲六神通自在力。得入菩提微妙宮。皆是菩薩爲男女。乘大願力化人間。是名眞報父母恩。汝等衆生共修學。

(以上本生父母之恩)

有情輪迴生六道。猶如車輪無始終。或爲父母爲男女。世世生生互有恩。如現父常等無差。不證聖智無由識。一切男子皆是父。一切女人皆是母。如何未報前世恩。却生異念成怨嫉。常須報恩互饒益。不應打罵致怨嫌。若欲增修福智門。晝夜六時當發願。願我生生無量刧。得宿住智大神通。能知過去百千生。更相憶識爲父母。循環六趣四生中，令我一念常至彼。爲說妙法離苦因。使得人天常受樂。勸發堅固菩提願。修行菩薩六度門。永斷二種生死因。疾證涅槃無上道。

(以上衆生父母及前生來生父母之恩)

照此經看來，頂報恩的莫如佛法。可惜向來一般佛徒，不努力傳播，我在日本始得其單行報恩品，或自己讀，或與人講，無不泣下其感人過于孝經。但我何以不倡儒教的孝，而倡佛的孝，就是儒的死煞，佛的解脫，而且孝還有人能反對，惟有「報恩主義」任何人不能抵抗，因爲報恩就是算賬，馬也不過是算賬罷了，儒教小康之孝以家姓氏族爲本位，弊病至于因慕虛榮而爭權利殺人之父兄，以致互殺其父兄。佛的報恩，却可以把私產布施、化家爲村，爲世界，釜底抽薪，去殺同仁，這就是他的妙用了。總之，儒的小康，毛病在助殺，佛的報恩，在從根本上，粉碎解脫國與家兩種桎梏了。

地藏女捨家救母

佛說地藏菩薩本願經，過去不思議劫，有佛曰覺華定自在王如來。有一女子，宿德深厚，衆所欽敬，其母信邪，常輕三寶。聖女廣說方便，勸誘其母，令生正見。而未全信，不久命終，魂神墮在無間地獄。時女知母在世不信因果，計當隨業必生惡趣。遂賣家宅廣求香華及諸供具，于佛塔寺，大興供養。以憶母故，端坐念覺華定自在王如來。經一日一夜，忽見自身到一海邊，其水湧沸，多諸惡獸，盡復鐵身，飛走海上，東西馳走，見諸男子女人百千萬數，出沒海中，被諸惡獸爭取食噉，又見夜叉，其形各異，或多手多眼，多足多頭，口牙外出，利刃如劍，驅諸罪人，使近惡獸。復自搏攫頭足相就，其形萬類，不敢久視。時女以念佛故，自然無懼。有一鬼王名曰無毒，稽首來迎。白聖女曰，善哉！菩薩，何緣來此，女問鬼王，此是何處？答曰此是大鐵圍山，西面第一重海，女曰：『我聞鐵圍之內，地獄在中，是事實否？』鬼王答曰：『實有地獄。』聖女問曰：『我今云何得到地獄？』鬼曰『若非威神；即須業力，非此二事：終不能到。』聖女又問：『此水何緣而乃涌沸？』多諸罪人惡獸：曰『此是造惡衆生，新死之者，當據本業所感地獄，自然先渡此海。（此節與蘇克雷地所述略近，）海東十萬由旬，（一踮路也）又有一海，其苦倍此。彼海之東，又有一海，其苦復倍。三業惡因之所招感，共號業海：其處是也。』女問『地獄何在？』鬼言：『三海之內，是大地獄，其數百千，各各差別。大有十八，次有五百，苦毒無量，次有千百，亦無量苦。』女又問鬼王：『我母死來未久，不知魂神當至何趣？』鬼問：菩薩之母姓氏何等？』聖女具答號悅帝利，鬼王合掌啟曰：『願聖者卻返本處，無至憂悲。悅帝利罪女，生天以來，經今三日，云承孝順之子，爲母設供修福，布施覺華定自在王如來塔寺。非惟菩薩之母，得脫地獄，是無間罪人，此日悉得受樂俱生以訖。』鬼王言畢，合掌而退，女如夢歸，悟此事已；便于佛前立弘誓願，願我盡未來劫，應有罪苦衆生，廣設方便，使令解脫。佛告文殊師利，（佛之上座弟子，猶孔之顏回也，）時鬼王無毒者，今財首菩薩是，女者，今地藏菩薩是。拍拉圖文集中述其師講地獄事近此，）

此是說地藏過去發願因緣。佛教有理門事門，此是說事門也。但地獄的事，人多疑其虛實，不知佛尙言世界全是假有，何以地獄反成眞實？但隨心業自然感召而已。

西堂文集尤侗盂蘭盆會疏以鬼道化，以佛道化，功德大矣。而世有爲無佛之論者，予告之曰。夫盂蘭盆會，爲救母設也。昔夫子行在孝經以授曾參以參孝故。今目連即吾道之曾參，如來卽吾道之夫子也。聖人以孝治天下，（佛以孝度衆生。世即有憎鬼而謗佛者，豈有無父無母之人哉？聞父母之難而不涕淚悲泣求救者，非人也，聞人救父母之難而不歡喜贊嘆頂禮者，亦非人也。推斯念也，且捨身之不惜，而于財施乎何有？ 按西堂于禪學當下參悟，且深重報恩，其塡詞尤好。黑白衛一齣描女俠劍客與寫陶元亮一齣純用禪家第一義諦。歷來文章有奇骨者，太白外只西堂一人，而西堂通佛尤能文能俠，且思想透達，遠過袁枚，故能鎔儒佛爲一爐。今青年苟讀其全集，自與今思潮同化，且可助妙趣也。

多神一神無神同化學說

近人惑於一神較多神高尙，無神較一神尤高尙之說，但試讀屈原楚辭，便覺到靈修，羣仙掩映。現在信一神的，他的人格，能高過屈子麼？又現在的文化家，那一個人敢大胆說，多神的希臘民族是野蠻，他們敢自認能超過七賢三哲麼？附希臘萬神表于左以資參証。

希臘萬神表

Pantheon……萬神廟

1 Zens…………衆神之祖，

2 Apollo………光榮，預言之神，

3 Hermes………有足有翼發明之神及商業神，

4 Poseidon……海神，

5 Ares…………戰神，

6 HePhaestus·火神雷神

女神

1 Hera…………修士之后，

2 Artemis……獵神，

3 Herath………寵神，

4 Nemesis……刑罪之神，

5 Athena……智慧之神（按亞典字卽從此出）

6 APhrodite··愛神，美神，

7 Demeter……后土神，主穀稼

Iris…………虹女神

Ae us………風神

D onysus…酒神

Eros…………愛神

7 Mu es………司才藝之九女神

（按有以智，愛，美等皆屬女性之意）

3 Fates………三司命神

其他尚有千種神

Myers……通史八六頁

按希臘多神。亦受東方化也。

大乘理趣六波羅蜜多經，發菩提心品（按此亦是報恩經之一，以外尚多）

爾時薄伽梵（即佛也）作獅子吼，顯明秘密總持門已，時慈氏菩薩摩訶薩即從座起，偏袒右肩右膝著地，一心合掌而白佛言：『善哉！善哉！大聖世尊！能以大悲讚說如是秘密甘露「勝陀羅尼」守護國界，惟願世尊哀愍衆生，宣說「阿耨多羅三藐三菩提」法，（無上正覺也）令諸有情未發心者云何發心？已發心者云何修行？復何因緣於大乘心得不退轉？爾時薄伽梵告慈氏菩薩摩訶薩言，『若有善男子，善女人，欲爲有情修大乘行，欲度有情證大涅槃，應當先發五種勝心，云何爲五？一者、於諸有情普發平等大慈悲心。二者、於一切種智心不退轉。三者、於諸有情起親友想於險難中誓當救護。四者、常於有情起負債想。五者、恆懷慚愧，何時償畢。能發如是五種心者，速能證得「阿耨多羅三藐三菩提。」』復次慈氏菩薩摩訶薩。云何於大乘中一心修行得不退轉？如往昔時有一商人，聰慧明達，常行仁孝，恢見父母宗親貧苦，常懷憂惱，逼切身心，以何方便而能給濟？作是思惟，無過入海，採如意寶而供給之，得離貧苦。以是因緣，發勇猛心，不惜軀命，從家而出。種種方便，求覓資糧，及諸善伴，船及船師，於其中路，遇一異人從海而還。乃問此人，如是恩遽，欲何所之？商人具答，如上因緣，為救貧窮，今欲入海求如意寶以相資給。彼異人言，我昔離家，亦復如是。為濟親族貧窮諸苦，既發家已，路經曠野，度大砂磧，絕無水草，多有野象虎豹豺狼毒蛇師子，或遇劫賊，大山大河，飢渴寒熱，驚懼怖畏，種種危難，與彼船師方至大海。又遇惡風，大魚惡龍，雷電雹雨，鼓浪洄澓，多有留難、不可具說。雖受如是種種諸苦，尚不能獲如意寶珠 但得資身麤自供足，猶未能濟貧乏之親。今勸仁者勿强艱苦，徒自疲勞，吾欲與仁別為經理。所以者何？然彼大海有種種難，黑風黑山，藥叉羅刹摩竭(大魚也)蛟龍衆難非一，但曾聞有如意珠名，往者千萬獲無一二。以是因緣勸於仁者宜速迴還。爾時商主聞是語已，倍復增進，發三勝心，入海不退。云何為三？一者、父母兄弟宗親貧苦若斯，如何空歸不相救濟。二者、我之親屬昔時富有惠我衣食，憐愍於我，今者貧窮，命不全濟，如何放捨而欲退還？三者、我在家時處理家務 使役驅使大小僮僕，種種呵責，如何貧苦不相賑恤。令彼歡喜，而欲退還？以是因緣，念餘恩德，發大勇猛，決定前進。要當入海求如意寶，得已還家，濟於親屬，恣其所用，永離艱窮。菩薩摩訶薩亦復如是，發菩提心，觀於十方六趣四生，皆是我之宿世父母，憐愍我故，造諸惡業，墮於地獄餓鬼畜生受諸苦惱。以是因緣而自思惟，以何方便濟斯苦難。作是念已，唯有入於六波羅蜜多大法海中，求佛種智，拯濟有情生死之苦。如是思已，發大勇猛，無退屈心，精進勤求，無有懈倦，種種方便，求覓資糧，菩提善伴，法及法師。行至中路，遇一魔王，領諸眷屬，或現大身，或現人身，婆羅門身，或作商主，苾芻苾芻尼身，或餘種種異類之身。而彼魔王問菩薩言，「汝今忽忙欲詣何所？」菩薩答言：「我為一切苦惱衆生，今欲入於六度大海求佛種智，如意寶珠，以救一切貧乏衆生」。魔王復云「我初發心亦復如是，為度一切苦惱衆生，出生死家，度大瀑轉，曠野砂磧，備受飢渴，盜賊恐怖，衆難非一，方至六度大法海中。或遇乞頭，或逢乞眼耳鼻舌身，手足肢節，心肺腸胃，肝膽脾腎，國城妻子，奴婢僕使，如是種種隨乞而施，不生慳恪。勤求智資，經無量刼，生死流轉，在於苦海，雖受種種諸苦難事，猶不能獲無上菩提。而但迴求阿羅漢果，出離三界寂滅涅槃。我今勸汝勿强勞苦，應自修持，吾欲與汝共階此果。所以者何？我念三塗常受飢苦，心思吞嚼，仰面向空，誰來入口，充我一飽？種種苦難，逼切身心。人命無常，過於山水。善知識者，難遭難遇，若不信受，後悔何追？生死海中，流轉不定，心如水月，何有實耶？惡知識者，易見易逢，恆樂勸人行菩薩道，捨財捨命，留趣菩提。況諸佛出興，時乃一現。求者千萬，得無一二。以是勸仁者不須勞苦。應求解脫，自取涅槃。又三無數刼，受諸勤苦，方能獲得佛果菩提，此生三生證阿羅漢，一種無學，何用苦為？無智愚人，心希佛果，備歷艱苦，經無量刼，尚未聞證「阿羅漢果，」何況能得無上菩提。譬如有人獲一小鳥，更見有一迦嚕羅王（金翅大鳥也）即放手中已所執鳥，便前捕捉迦嚕羅王，大者飛翔，小者復失。愚求佛果，亦復如是。棄此求餘，二果俱失。既知是已，願早迴心，於此生中必證羅漢。

爾時菩薩聞是語已，轉增勇猛，發三種心。云何爲三？一者，一切衆生從無始際生死已來，皆我所親，或爲朋友，現受苦惱，未得免離，如何退還？二者、一切衆生從無始已來，給我衣食，憐愍我深，今受輪迴苦難非一，云何未報，乃生退心？三者、一切衆生從無始際，皆我眷屬，策役驅使，轉相呵責，未曾少分酬報彼恩。以是因緣，不應退屈，更增勇猛，求證菩提。若證菩提一切智智，用濟生死苦難衆生，是名菩薩摩訶薩修大乘中一心修行，得不退轉。復次，慈氏當知卽是菩薩摩訶薩修大乘行發五種心。此五心中，一者於諸有情起大悲心。二者爲諸有情求一切智，心無退轉。此二心者，於大乘決精進修行。三者一切有情皆我親友。四者一切有情於我有恩，未有毫釐用相酬報。五者一切有情，皆我眷屬，我曾於彼起不善業，種種呵罵，非理責罰，深心慚媿，何時償畢。此之三心，令諸菩薩勇猛不退，乃至證得阿耨多羅三藐三菩提。（成佛也此經極明白，愚講印此經多年，果于此發心者，決定不退。

四勇猛精進

七步斬首　寶積四十五，『假使經大劫，被諸衆生常以刀杖瓦石土塊種種加害，但使須臾得存微命，猶應欣慶作如是念，奇哉有情！能于我命不見全斷。從是增修，又作是念，假使衆生行七步頃，斬截我首，等恒河沙，然我于彼終無忿恚。所以者何？夫忿恚者，能損善根，皆我爲損、復經大刧，方始修習，故被忍辱鎧，以堅固力破忿恚軍。

又求正意者，諸忍成就。堪受一切寒熱飢渴，風日蚊虻蛇蠍等觸。又能堪忍麤惡言說鄙陋詞句。猛利楚辛，奪命至死諸苦，幷能堪忍。速成就忍辱度故。

棒如山王　寶積五十九：『文殊受記會，假使有棒如山王，有人執持于億劫中，常見打罵，不生怨心。』

屎餅毒餅　又七十八，具善根品：『有人來持屎餅毒餅，沸湯糞掃，火炭屎尿，熱灰，塠其頭上，不應以惡心視彼，不應自言我有何罪？應如是調伏其心，應知因緣法，誰與此物？此物與誰？如是思惟，不見與者受者，此彼不可得故，不生瞋恨不生分別，應觀平等償相。』

三千熾火從中直過　寶積四十六，精進度：『假使三千世界，滿中熾火，菩薩爲往覲如來故求妙法門，說妙法故，生善根，利衆生故，以精進力從中而過。不怯不退，是名菩薩修行精進波羅蜜（度也）勇猛之相。』

入阿鼻獄　即無間獄也，華嚴十九：『成就如是精進已，設有人言，汝能爲無數世界所有衆生，以一一衆生故，于阿鼻獄經無量劫，備受衆苦，令彼衆生得值諸佛，汝乃成「菩提」，能爾否耶』？答言：『我能』。

毛滴盡大海　又復有人言：『有無量大海，以一毛端滴之令盡，一一數之悉知其數。爲衆生故，經爾許刧，于念念中受苦不斷，菩薩不以聞此語故生悔恨心。但更增上歡喜踴躍，幸得大利。以我力故，令彼衆生，永脫諸苦；是名第四無屈撓行』，

穿井力小則不能得水，非無水也　智度論十六『故菩薩精進，不可以止』。

菩薩福德諸喻　寶積一百十二

一，如大地，　一切衆生所用，不求其報。

二，如水種，　百穀藥草，皆得生長。

菩薩十種被甲　華嚴五十七『安住此則被如來甲冑摧伏一切魔軍。』

一，大慈甲，　救護一切衆生故，

二，大悲甲，　堪忍一切諸苦故，

三，如火種，　能成熟百果。
四，如風種，　能成立世界。
五，如月初生，　光明形色，日日增長。
六，如日初出，　一時放光，普爲照明。
七，如淤泥生蓮華，菩薩能使邪衆生佛法。

三，大願甲，　一切所作究竟故。
四，回向甲，　建立一切佛莊嚴故。
五，福德甲，　饒益一切衆生故。
六，度甲，　度脫一切含識故。
七，智慧甲，　滅一切煩惱鬧故。
八，方便甲，　生普門善根故。
九，堅固甲，　一切智心不亂不樂餘乘故。
十一．心決定甲，　于一切法離疑惑故。

赴火救子　涅槃十八：『菩薩不可思議，爲衆生故，雖在地獄受諸苦惱，如三禪樂。如長者家失火，諸子未脫火難，長者還旋赴救，不顧其難。』

「子生惡罵父母不瞋」　又二十六，『如父母唯有一子，愛之甚重，以好衣好膳，隨時將養，令無所乏。子若于所生父母生輕慢心，惡口罵辱，父母愛故不生瞋恨，亦不念言，我與是兒衣服飲食。菩薩視衆生猶如一子，子若遇疾，父母亦病，爲求醫藥，勤而療之。

菩薩似大俠 梵網經盜條，疏引瑜伽戒本云：「菩薩見劫盜賊奪他財物，執爲己有，縱情受用，生憐愍心，于彼有情，發生利益，隨力所能，勿令受用，如此生多功德。」按此則近大俠矣。

菩薩十種器仗 華嚴五十七

器仗：

一，布施，．．攉破慳吝故，
二，持戒，．．捨毀犯故，
三，平等，．．斷除分別故，
四，智慧，．．消滅一切煩惱故，
五，正命，．．遠離邪命故，
六，善巧方便，．．于一切處示現故，
七，一切煩惱，．．以煩惱門度脫衆生故，
八，生死，．．．不斷菩薩行故，
九，如實法，．．能破一切執著故，
十，一切智，．．．不舍菩薩行門故，

圓教攝一切法篇第六

大悲觀音三十二應 妙法蓮華經普門品現身度生，觀此可知佛法圓教，與一切教無碍，不分彼此，入無相法門。

一佛身
二辟支佛身、　小乘
三聲聞身、
十七優婆塞身、（男持戒居士）
十八優婆夷身、　女持戒居士
十九婦女身、

四梵王身、
五帝釋身、　諸
六自在天身、　天
七大自在天身、
八天大將軍身、
九毗沙門身、
十小王身、
十一長者身、
十二居士身、
十三宰官身、
十四婆羅門(仙人)身、
十五比丘僧身、
十六比丘尼身、

二十童男身、
二十一童女身、
二十二天身、
二十三龍身、
二十四夜叉身、
二十五乾闥婆身、(樂神)
二十六阿修羅(戰鬪神)身、　二十七加樓羅身(大鳥)
二十八緊那羅、(非人)　身、
二十九摩侯羅伽、(大蟒)身、
三十人身、
三十一非人)身、(鬼畜之類)
三十二執金剛神身、

The Christian becomes a citizen, a soldier, a judge, a workman, a merchant, a scholar, a theologian, a priest, a philosopher a famer, an artist, a politician, a prince; ....
Nietzsche's **The will to power** 213

尼采　權力意志論二百十三節，譏耶教云，耶徒可以爲一公民，爲一軍士，爲法家，爲工人，爲商人，爲學者，爲神學者，爲僧，爲哲學家，爲農人，爲美術家，爲政治家，爲貴紳及等等。在尼采之意，本是反對宗教家之可笑，但事實上果能如此，乃正合觀音圓通化世本旨了。

觀音圓通攝化世界，及西洋折衷學派小史

大集經十三『以知一切法性爲如來所覺故，乃至不見有一法不入佛法』涅槃經後分上：『是須跋陀羅已供養無量諸佛，以大願力，在外道法中，以方便慧，誘進衆生』。大智度論五十三：問『諸弟子甚多，何以說舍利弗目連』，答『二人于佛法中大，于外法中亦大』。尼乾子受記經卷首：『世間所有外道，皆是如來秘密神通之力』。由上諸義證之法華三十二應：華嚴五十三參，斷定圓教無外道，如大海王攝盡諸水。例如西藏本是奔教Bon，至西七世紀時，佛教傳入而未盛，八世中葉，蓮華生Rim-bcChe欲攝化土著各教，乃謂過去聖賢，皆是諸佛菩薩化現。後遂與「喇嘛教」，Lamaism（大海之義）廣布龍樹秘宗大乘教義，奉大日如來爲教主，而以觀音化身無量說明之，今五洲大通，飄海觀音普門行化，正適機緣，以此可攝化世界一切教學，造成淨土矣。

附西洋折衷學派小史

一、古代折衷學派

Eclectic 折衷派，如 Leibniz, Schelling, Schleiermacher 來布尼此，謝林，舒爾馬海，均欲把矛盾的思想，採各方面眞理的部分化合一致。與混合，Syncretism 雜亂牽湊大不同。古代希臘末期，紀元

紀時候，成了個很大的折衷時代，叫做「亞力山大理亞學派」Alexandrian school 前三二二年頃分三期：第一期爲「猶太的希臘化」，以東方宗教思想爲主，而以希臘各哲學調和之，第二期爲「希臘的猶太化」又名「新拍雷圖派」以希臘哲學爲中心，而加以宗教思想。其最有力者，爲「拍雷圖思想」第三期爲「雅典派」，調和希臘各派哲學史，及多神教義。

二、中世折衷學派

伏龍（前一〇〇年頃）安台可（前六八年卒）等欲折衷各派之宗教與哲學，羅馬大政治且雄辯家西理阿，(Cicero 前106—後43) 也想折衷斯多葛「逍遙派哲學」Stoicism, Peripatetics 圖各人的安心。以外羅馬哲學大半屬於「折衷論」中世經院哲學派」愛利奇那 Erigena, Johannes Scotus 把「新拍拉圖派哲學」與基督教養調和。

三、近世折衷學派

文藝復興時代意大利哲學，以折衷古代主要哲學爲事。十八世紀德國華爾夫 Wolf 也是折衷來布尼此特加爾陸克 Descartes Lock 諸人思想。十九世紀法國的折衷學派自 Main de Biran, Royer Collard 到 Cousin 伯倫、可拉至可新，想折衷蘇格蘭及德國哲學，把 Hume, Hamilton 來布尼此，康德謝林，黑格兒，Hegel 和古代哲學化合起來，這派著名人物，爲 Theodore Jouffroy, Damiron Remusat, Garnier, Janet 等，可新爲教育部長，以爲哲學之任務不可偏取一派，應有統照全體學術的眼光。不但哲學當折衷調和，各種政教主義各種民族文化，均當調和，以免世界衝突。因大同時代，萬物皆相見，大者皆同也。

佛法今日攝世法之二要素

（甲）工巧科學　華嚴十二若見世界始成立。（按正是創造時代）衆生未有資身具。（就像現在貧弱的樣子了）是時菩薩爲工匠。爲之示現種種業。（應該習科學製造。）又三十七世間所有衆技藝。經書辭論普明了，

文殊教十千童子一切工巧神通智治門　華嚴六十五善財第十二參，參自在主童子在河渚上，十千童子圍繞，聚沙爲戲。（想是在河流近處設工場作翻沙廠工夫）自在主言，我昔曾于文殊童子所修，學書（是文字學）數算印（是雕刻學）等法，卽得悟入一切工巧神通智法門。我因此法故，得知世間書數印算等法，亦能療治風病消瘦鬼魅所著，一切諸病。（按是醫學）亦能造立城邑聚落園林臺觀宮殿屋宅種種諸處。（按正是建築學）亦善調鍊種種仙藥。亦善營理田農商賈一切諸業。取舍進退咸得其所。（是勞工企業家又善別知衆生身相（生理心理學）作善作惡，（社會學倫理學）善趣惡趣。（靈性學）華嚴六十六善財見不動優婆夷（在家女子也）不動女言，乃至一切世俗之法，未曾于一法中不入三昧。至世間技術，悉亦如是。

治病七十二法（雜阿含經）藥師佛及藥王藥上菩薩觀音菩薩皆以治病故普及人間。譬喻經（小乘中）大智度論如小藥師，一二種藥，不能差衆病。大藥師具足衆藥，能差衆病。

按各經多講治病事，蓋佛敎傳播之廣，一半是因心靈感應，愈病而起。

（乙）注重生產營業　寶積四十三，菩薩以善根力故，資生作業，獲百倍利。」妙法華經法師功德品十九，持此經者諸所說法隨其義趣，皆與實相不相違背。若說俗間經書，治世語言，資生業等，皆順正法。

尼乾子經一，為欲利益一切，皆諸資生，不貪不慳故，發菩提心。華嚴七七，以大悲力普攝一切世間資財而不厭故。又七一起大悲心利益衆生，願得一切好寶資具，攝衆生心。

又六十五善財童子第十四參，參明智居士居士言，我得隨意福德藏解脫法門，凡有所須，悉滿其願。所謂衣服瓔珞象馬車乘，華香幢蓋，飲食湯藥，房舍屋宅，牀座燈炬，牛羊及諸侍使，如是一切資生，悉令充滿，乃至為說眞實妙法。

華嚴卷六十入法界品　地中有諸寶藏種種珍異，悉皆充滿。有聰慧人自在而取，奉養父母，賑邺親屬，老病窮乏，靡不得贍。其無福之人，雖至寶處不知不見，不得其益。又盲人至大寶洲，行往坐臥不見衆寶，以不見故不能取回。又二十四金師善巧鍊金，數數入火，成就堪用。（是開礦）

按今日機緣乃文殊工巧智妙法門時代，與觀音救苦，圓通化世，及女菩薩應化時代。有志者必須應機。能遵我言，必可成就。不遵我言，必不成就。仁航敢預言決定一毫無疑也。

極樂淨土篇六

上古退化論　家族社會國城君王刑政之起原

起世因本經卷第十　附三藏法師達摩笈多等譯（藏經惡字十號）

最勝品第十二之餘

『諸比丘，劫初衆生食地味時，多所資益，久住於世。而彼諸人若多食者，顏色即劣，若少食者光相便勝。當於是時，形色現故，衆各相欺，共諍勝劣。勝者生慢，以我慢故，地味便沒。續生地皮，色相具足，譬如成就羯尼迦羅花，有如是色，又如淳蜜，煎除滓蠟，有如是味。彼諸衆生，皆共聚集憂愁苦惱，搥胸叫喚，迷悶困乏。作是唱言，嗚呼我地味！嗚呼我地味！譬如今者有諸勝味，既嘗知己，唱言嗚呼，此是我味，執着舊名，不知眞義。彼諸衆生亦復如是。時彼衆生食於地皮，亦久住世，多食色麤，少食形勝，以勝劣故，我慢相凌。地皮復沒，便生林蔓，形色成就，香味具足。譬如成就迦藍婆迦華，有如是色。割之汁流猶如淳蜜，乃至如前。聚共愁惱。如是次第，林蔓沒已，有粳米出，不耕不種，自然而生。無芒無稽，米粒清淨，香味具足。彼時衆生食是味已，身分即有脂髓皮肉筋骨膿血衆脉流布，及男女根，相貌彰顯。根相既生，染心即起，以有染故，數相視瞻。既數相看，遂生愛欲。以欲愛故，便於屏處，行非梵行，不淨欲法。是時復有諸餘衆生，未行此者。見已告言，咄汝衆生所作甚惡。云何如此時？彼衆生即生慙媿，墮在不善諸惡法中，便得如是波帝名字。（波帝隋言墮即是失主）時彼衆生以墮如是諸惡法故，同行欲者，將飯食米共餉遺之。語彼女言，汝有墮也，汝有墮也，因此立名爲婆梨耶。（隋言「飯食」即是婦也）諸比丘，以此因緣，先舊下生諸勝人等，見於世間夫妻事出，心生惡賤。左手捉取右手推之，令離其處。時彼夫妻或復二月，或復三月，去已還來，即以杖木土塊瓦石而打擲之。作如是言，汝善隱藏，汝善隱藏，是故今者諸女嫁時，或擲諸華，或擲金銀衣服羅闍。（羅闍梵語即是熬稻穀爲華者，）作如是咒願之言：願汝新婦安隱快樂。諸比丘！如是次第，往昔衆人用之爲惡，今時諸人亦如是作，用之爲好。

此段是解說夫婦制度起源，亦同他處社會學家說，古時無夫婦以後退化乃有家制大同小異耳。

以是因緣，諸衆生等於世法中行於惡行，如是次第，乃至起作種種舍宅，爲彼惡業作覆藏，故偈言：「初作占婆城，後作波羅柰。過劫殘末際！規度王舍城。」

諸比丘！以此因緣，先舊勝人，造作村城聚落，國邑王都宮室，諸餘住處，莊嚴世間，次第出生。

（此處說世界退化，先有私家，後立國城，乃是家國制度起源。與孔子說「今大道既隱」一段相同）

諸比丘！如是衆生更漸增長非法行時，有餘衆生福命業盡，從光音天，捨身來下，於母腹中受胎生身。以此因緣；世人漸多：非法漸增。諸比丘，諸舊勝人，先生世間，彼諸衆生餘福力故，不須耕種，而有粳米自然出生。若有須者，日初分取，於日後分，尋復還生。日後分取，日初還生，成熟無異。若未取者，依舊常在。彼時衆生福漸薄故，嬾惰懈怠，貪惜心生。作如是念，今此粳米，非耕種得，何用辛苦？日初日後時別往取；徒自困乏，我今寧可一時頓取，遂即幷取二時粳米。有餘衆生，喚彼人言，食時方至，可共相隨收粳米也。彼人報言，我已頓取日初後分，一時將來，汝欲去者，可自知時。彼作是念，此人善作快自安樂，日初後分，一時頓取，我今亦可一時，併取兩三日食，即頓取之。爾時更有諸餘衆生喚彼人言，我等可共收取粳米。彼即報言，我前已取三日食分，汝自知時。彼人聞已復作是念，此人甚善，我今亦宜一時併取四五日分，以爲貯積。以此因緣，爾時粳米漸生皮檜，盛褰其米。又被刈者即更不生，未刈之處，依舊猶在。於是稻穀便有分段，叢聚而生。（大抵初有人時當在熱帶，終歲穀果隨取隨有，故傳言如此，及人多則移殖温帶，人性漸惡，多爭鬥矣故傳神話如此。）是時衆生方共聚集愁憂悲哭，自相謂言。我憶往昔所生之身，以喜爲食，自然光明騰空自在，神色最勝，壽命遐長。而爲我等忽生地味，色香味具，命亦久壽。若多食者，色形則麤，能少食者顏色猶勝。爭勝劣故，起憍慢心，則成差別。由於此故，地味滅沒，次生地皮，次生林蔓，次生粳米，乃至皮檜，刈者不生，不刈如舊。以如是故，成此段別叢聚而生。我等今者，宜應分境結爲壃畔。彼是汝分，此是我分，幷立要契，侵者罰之。諸比丘！以此因緣，世間便有界畔，謫罰名字出生。

此與孔子說小康設制度立田里，爲古代井田之起源，有分界遂有法律，有法律，乃有盜賊刑罰名詞也，

爾時衆中有一衆生，自惜己稻，盜取他稻。餘人見已，即告之言。咄汝衆生，所作甚惡，所作甚惡，云何自有，更盜他物？呵已放去，而語之言：莫復如此。然是衆生更復重作，亦且呵彼，如是再三，猶不改悔。麤言呵罵；手打其頭，牽臂將詣衆人之中，告衆人言。此人偷盜。而此盜者，對於衆前拒諱諍鬥。語衆人言，今此衆生，以麤惡言見相罵辱，手打我頭。時彼衆人便共聚集憂愁悲哭，自相謂言。我等今日，相與至此困惡處也。我等已生惡不善法、起諸煩惱，增長未來生老苦果，當向惡趣。而今現見以手相擊，牽排驅遣，呵責罵辱。我等今應推求正人共立爲主，以爲守護。應呵責者，正作呵責。應謫罰者，正作謫罰。應驅遣者，正作驅遣。我等田分所有稻穀，各自收取。若守護主有所須者，我等衆人共斂供給，大衆如是善平量已，於是即共推求正人爲守護主。

此說國王起源，與柳宗元封建論相似，世界初本無王。但佛說人之初性本善也。

爾時於彼大衆之中，獨有一人，身最長大，圓滿端嚴，容儀特勝，殊妙可觀，形色威光，無不具足。於是大衆至彼人所，作如是言，善哉！仁者，汝爲我等作正守護。我等諸人各有田畔，汝當經理，勿令相侵。應呵正呵，應責正責，應謫罰者，正作謫罰，應驅遣者，正作驅遣。我等諸人，所收稻穀，當分與汝，不令乏少。彼人聞已，卽相許可，爲作守護。呵責謫罰，驅遣平正，無有侵凌。衆歛稻穀，而供給之，不令短闕。如是依法，爲作正主。以從衆人稻田之中，取地分故，因卽名爲刹帝利，（隋言田主，）（田主的名最好，可見初時人人皆靠田而食，可想初民社會也）時諸衆生悉生歡喜，依敎奉行。彼刹帝利，於衆事中，智慧善巧；處於衆中光明最勝，是故後名爲曷囉闍。（隋言王也，）大衆立爲大平等王』（以後乃由主變成王名也）

按佛說「退化原理，」與老，莊述古代「郅治」，耶敎「埃田樂園」，同爲古代傳說上古渾噩快樂無碍之神話。此理之證近世社會學家言而益明。惟斯賓塞尙不明瞭原人社會狀況，克翁斥之。自盧梭論自然社會以來，至克魯巴金用動物羣學及原始人民社會地理風俗，所考察比較，歸納斷定，得有力之結論。已確證古代人羣，及所謂初民社會生活之安全，毫無可疑。而卽證明老耶佛各敎，述上古郅治，雖或有過實處，要之初民飲水食果，渾噩自由。無家族，無國界，無禮俗，無宗敎，麋鹿同遊魚鳥同化，眞未嘗不可云樂園也。不過古人歸于神話，克翁等用社會學分析之耳。至佛本篇，述家國君主刑政之起原，經濟分業之變遷，尤合社會學原理，勿以其爲神話而忽之。再者退化根本，更因爲

「所有權制一度之確立，與人私心之發達，此處言之甚明。人私心不改造，無能復古代大同之道理。關乎此點，惟有克翁學術最徹底了。」

世間國家淨土

大寶積經七十六，四轉輪王品：過去有王名曰地天，乘金輪寶，飛升虛空，（莫非就是飛機麼）其道平正，布散諸華，甚可愛樂，輪所經處皆悉平正，無有高下。以王福力，河池井泉，枯竭之處，八功德水，悉皆盈滿。一切樹林花果，枯瘁之者，悉皆敷榮。一切地獄餓鬼畜生八難，消滅于四天下。人行十善。一切不善，殺生，偷盜，邪淫，妄語，兩舌，惡口，綺語，貪欲，瞋恚，邪見，惡聲，悉皆除滅，本願力故，天下不假種植，處處皆生自然秔米，淨無糠檜。一切病患苦惱，悉皆除愈。惟有三患，一者欲（色慾），二者食，三者衰老。所有人民壽千萬歲，無量無邊。希有不可思議之事：希現于世」

按轉輪王，半在虛空，半在地上：正合今之「飛行世界」也。壽千萬歲者，一為將來人種改善，壽命長，二如譚嗣同言，機器與人壽亦長也。如一千里之路一日可達，即一日抵二十日之壽，活百年抵二千年了，他可類推。

六度集經：『佛所過之國，國無貧民，處處諸王，無不改操，以五戒十善為政，潤逮羣生：惠度無極。

波耶王治國，六度集經二，『昔波羅奈國王名波耶，治國以仁，干戈廢，杖楚滅，囹圄毀。路無呼嗟，羣生得所。國豐民熾，災害消滅，不刑不罰，威德從化。』（華嚴二十五）『菩薩臨御大國，威德廣被，名震天下。凡諸怨敵，靡不歸順；發號施令，悉依王法。執持一蓋，普蔭萬方，所向無礙。』

二鬱單越洲（或譯北俱盧）世界淨土

佛說起世因本經卷第一　（此經共十卷）（大藏經惡字函一）

佛說起世因本經鬱單越洲品第二　隋三藏法師達摩笈多等譯

「諸比丘，鬱單越洲，有無量山。彼諸山中，有種種樹，其樹鬱茂，出種種香。其香普熏。徧彼洲處：生種種草，皆紺青色，右旋宛轉，如孔雀毛。香氣猶如婆師迦華，觸之柔軟，如迦旃連提迦衣。長齊四指，下足則偃，舉足還復。別有種種雜色菓樹，樹有種種莖葉花菓，出種種香其香普熏。

按佛每說一境界，先說土田與樹木花草，可知佛甚注意花園式之生活也。

種種諸鳥，各各自鳴，其聲和雅，其音微妙。彼諸山中，有種種河：百道流散，平順向下，漸漸安行，不緩不急，無有波浪。其岸不深，平淺易涉，其水清澄，衆花覆上，闊半由旬（由旬合一站路遠）水流徧滿。諸河兩岸，有種種林，隨水而生，枝葉映覆，種種香華，種種雜菓，青草彌布，衆鳥和鳴。又彼河岸，有諸妙船，雜色莊嚴，殊妙可愛，並是金銀琉璃，頗梨赤珠，硨磲瑪瑙等七寶所成。

按各經佛對于人生，最重香色音樂，感動人處，改變人性，每靠音樂樹及花鳥說法，可謂改造環境最圓滿了。而學佛者反多講空論，不亦怪哉！

諸比丘！鬱單越洲，其地平正，無諸荊棘深邃稠林坑坎屏廁，糞穢不淨，礓石瓦礫。純是金銀。不寒不熱，時節調和，地常潤澤。青草彌覆，諸雜林樹，枝葉恆榮，華菓成就。諸比丘！鬱單越洲，復有樹林名曰安住：（說亦安的衆生，才有住此地的幸福。）其樹皆高六拘盧奢，（一拘盧奢五里）葉密重布，次第相接，如草覆屋，雨滴不漏。彼諸人等樹下居住，（百年後新社會甚主張將來市上有公共之傘蓋，遮日蔽雨而通風、此樹正與彼同功也）有諸香樹亦高六拘盧，或復有高五拘盧奢，四三二一、拘盧奢者。其最小樹，高半拘盧奢。悉有種種枝葉華菓。此諸樹上，隨心流出種種香氣，復有波婆樹，亦高六拘盧奢，乃至五四三二一拘盧奢，如是最小半拘盧奢，悉有種種枝葉花菓。從其菓邊，自然而出種種雜衣，懸置樹間。復有種種瓔珞之樹，其樹亦高六拘盧奢，乃至五四三二一拘盧奢者，如是最小半拘盧奢，亦有種種枝葉華菓。從其菓邊，隨心流出種種瓔珞，懸垂而住。復有鬘樹，其樹亦高六拘盧奢，乃至五四三二一拘盧奢者，如是最小半拘盧奢、亦有種種枝葉華菓。從其菓邊，隨心而出種種鬘形（菓就是機器開合的樞紐）懸著於樹，復有器樹，（即是今機器枝管也）其樹亦高六拘盧奢，乃至五四三二一拘盧奢者，如是最小半拘盧奢，亦有種種枝葉花菓。從其菓邊隨心而出種種器形，（有種種機器（懸著於樹。復有種種衆雜菓樹（種種機器管）其樹亦高六拘盧奢，乃至五四三二一拘盧奢，如是最小半拘盧奢，亦有種種枝葉花菓，從其樹枝隨心而出種種衆菓在於樹上。又有樂樹，其樹亦高六拘盧奢，乃至五四三二一拘盧奢者，如是最小半拘盧奢，亦有種種枝葉花菓。從其菓邊，隨心而出種種樂器。（像自動八音盒）懸在樹間。其地又有自然秔米，不藉耕種，鮮潔白淨，無有皮糩。欲熟食時，別有諸菓：名曰「敦持」，用作鎗釜燒以火珠，不假薪炭，自然出焰。（則們是現在電煤氣爐了，）隨意所欲熟諸飲食：食既熟已，珠焰乃息，（按此明言器形樹火珠。可知佛之神通，明見今機器世界也，高大形

狀，即機器敝也，其枝即機管耳，（如此物質文化圓世界，都被一般把佛作談空的法師解錯了）

諸比丘：鬱單越洲，周匝四面，有四池水，其池皆名阿耨達多，並各縱廣五十由旬。其水涼冷，柔輭，甘輕，香潔不濁，七重塼壘，七重板砌，七重欄楯，周匝圍繞：七重鈴網，周匝懸垂。復有七重多羅行樹，四面周圍，雜色可愛，金銀琉璃頗梨赤珠硨磲瑪瑙等七寶所成。於池四方：各有階道，一一階道，亦七寶成，雜色綺錯。復有諸華，優鉢羅花，鉢頭摩花，拘牟陀花，奔茶利迦花等，青黃赤白，及縹碧色。一一華量，大如車輪，香氣氛氳，微妙最勝。復有諸藕，大如車軸，破之汁出，其色如乳，食之甘美，其味如蜜。諸比丘！阿耨達多池之四面，有四大河，闊一由旬，雜華彌覆，其水平順，直流無曲，不急不緩，無有波浪，奔逸衝擊，其岸不高，平淺易入。諸河兩岸，有種種林，交柯映覆，出衆妙香。有種種草，生於其側，色青柔輭，宛轉右旋。略說乃至高齊四指，下足隨下，舉足還復。亦有諸鳥，出種種聲。於河兩岸，又有諸船雜色可樂，乃至硨磲瑪瑙等七寶之所合成，觸之柔輭，如迦旃隣提迦衣。諸比丘，鬱單越洲，恒於半夜，從阿耨達多四池之中，起大密雲，周匝徧布，鬱單越洲，及諸山海，悉彌覆已，然後乃雨八功德水，如搆牛乳，雨深四指。當下之處，即沒地中，更不傍流，（按此地下水道也）還於半夜，雨止雲除，虛空清淨。從海起風，吹此甘澤，清涼柔輭；觸之安樂。潤彼鬱單越洲，普令調適；肥膩滋濃。如巧鬘師，及鬘師弟子，作鬘既成，以水洒散，彼鬘被洒；光澤鮮明。諸比丘：鬱單越洲，其地恒潤，悅澤光膩，亦復如是。當如有人，以酥油塗。諸比丘：鬱單越洲復有一池，名曰善現，其池縱廣一百由旬，涼冷柔輭，清淨無濁，七寶塼砌，乃至藕根味甘如實。（善現者，言此世界人性善妙世界乃現耳，一爭殺，即不現也。下仿此意。）諸比丘，善現池東，復有一苑，亦名善現。其花縱廣，一百由旬，七重欄楯；七重鈴網，多羅行樹，亦有七重，周匝圍繞；雜色可樂，乃至悉是硨磲瑪瑙七寶所成。一一方面，各有諸門，於一一門，悉有却敵，雜色可樂，亦是金銀琉璃珊瑚赤珠硨磲瑪瑙等七寶所成。（按大同世廢錢捐金，金土同價，故用金爲牆，尊乎用土。）諸比丘，彼善現苑平正端嚴，無諸荆棘，丘陵坑坎，礓石瓦礫，及屏廁等諸雜穢物，（是用機器吸水洗糞法了）惟多金銀，種種異寶，節氣調和，不寒不熱；常有泉流，（自來水）四面彌滿，樹葉敷榮；華菓成就，有種種香，隨風芬馥。復有種種異類衆鳥，常出妙聲，和雅清暢。有草青色，右旋宛轉，柔輭細滑，如孔雀毛，香氣皆似婆利師華。觸之如觸「提迦旃隣提迦衣」，以足蹈之，隨足上下。復有諸樹，其樹各有種種根莖華葉菓實。咸出衆香，普熏彼地，諸比丘！善現苑中，亦有樹林，名爲安住（按惟安仁之人乃可住也）樹並緊高六拘盧舍：葉密重布，雨滴不下，更相鱗次，如草覆舍。諸人於下，居住止宿。復有香樹，劫波娑樹瓔樹鬘樹，器樹菓樹，又有自然秔米熟飯清淨美妙，諸比丘！彼善現苑，無我無主，亦無守護：（按守護即兵警，大同廢世之也）鬱單越人欲入此苑，自在遊戲，受諸樂時。於其四門，隨意所趣。入彼苑已，遊戲澡浴，恣情受樂。欲去即去，欲留即留，隨心自在。諸比丘！爲鬱單越人故；於善現池南，復有一苑，名曰普賢，（按普賢者，人皆堯舜仙佛性皆善也）其苑縱廣，一百由旬，七重欄楯，周匝圍繞，乃至熟飯清淨美妙。諸比丘！此普賢苑，亦無守護。（可見廢兵警是大同要政），鬱單越人，若欲須入普賢苑中，澡浴遊戲，受快樂時。從其四門，隨意而入；入已澡浴，遊戲受樂。既受樂已，欲去即去，欲留即留。諸比丘，爲鬱單越人故，善現池西，復有一苑，名曰善華，（言善心開花）其苑縱廣一百由旬，七重欄楯，周匝圍繞，略說乃至如善現苑，等無有異。亦復無有守護之者（反覆說去兵警），鬱單越人，若欲須入善花苑中，澡浴遊戲，受快樂時。從其四門，隨意而入，入已澡浴遊戲受樂。既受樂已，欲去即去：欲留即留。

諸比丘，爲鬱單越人故，於善現池北，復有一苑，名曰喜樂，（無悲但有喜皆大歡喜也）縱廣正等，一百由旬，乃至無有守護之者。鬱單越人，若欲須入喜樂苑中，澡浴遊戲快樂時。從其四門，隨意而入，入已澡浴遊戲受樂。既受樂已，欲去卽去，欲留卽留，略說如前善現苑等，

諸比丘！爲鬱單越人故，於善現池東，接善現苑，其間有河，名易入道（言人易入善道）漸次下流，無有波浪，（人無煩惱）不緩不急，雜華徧覆：闊二由旬半。諸比丘！易入道河，於兩岸上，有種種樹；枝葉映覆，出種種香，普熏其處。生種種草，略說乃至觸之柔輭，如迦旃隣提迦衣。高齊四指，以足蹈之，隨足上下，或舉或伏。又有種種雜色菓樹，枝葉華菓悉皆具足。亦有種種香氣普熏，種種異鳥各各和鳴。其河兩岸，有諸妙船，雜色可樂，七寶所成。金銀琉璃頗梨赤珠車璖瑪瑙等莊嚴校飾。（以上反覆說人性善現，人心花開，易入善道，心無波浪，乃發兵警。是人性和環境同時改造。）

諸比丘！爲鬱單越人故，於善現池南，有一大河，名曰善體，（以善爲體無惡事）漸次下流，略說皆如易入道河。此處所有種種樹林，與彼無異，乃至諸船雜色所成，柔輭猶若「迦旃隣提迦衣」。諸比丘！於善現池西，爲鬱單越人故，有一大河，名曰等車，（平等也妙經言等與大車皆成佛也。）乃至略說

漸次而下；諸比丘，於善現池北，爲鬱單越人故，有一大河；名曰威主，（人皆自主自由）漸次而下，略說乃至兩岸有船七寶莊飾，柔軟猶若迦旃鄰提迦衣，此中有鬱陀那偈：

『善現普賢等，善華及喜樂，易入并善體；等車威主河』。（欲以下快樂，先以善喜爲代價也。）

諸比丘！鬱單越人，若欲入彼易入道河，善體等車威主等河，澡浴遊戲，受諸樂時，即皆至彼河之兩岸，脫其衣裳；置於岸側，各坐諸船；乘至水中．澡浴身體；遊戲受樂，既澡浴已，隨有何人在前出者，即取上衣，著已而去，亦不求覓所服本衣。（今人醫院之人，都不用本衣，將來大同世到處如此，）何以故？鬱單越人無我，我所無守護故。是諸人等，又復往詣衆香樹下，到樹下已，其樹自然低枝垂屈爲彼諸人，出衆妙香，（此明明是香機器盒）令其自手攀擧，得及彼人。於樹取種種香，用塗身已，復各往詣，劫波娑樹，（此衣櫃機器）到已，其樹亦復如前低枝垂下，出種種衣。令彼諸人，手所攬及。彼人於樹，復取種種上妙衣服著已而去，轉更往詣瓔珞樹下。既到彼已，瓔珞樹枝，亦皆垂屈。（此化粧機器盒）爲彼諸人，流出種種上妙瓔珞，手所攬及。彼人於樹牽取種種瓔珞之具，繫著身已，更轉往詣諸鬘樹下。既到樹已，鬘樹自然，爲彼諸人垂枝下曲，流出種種上妙寶鬘。令彼人等手所攬及，便於樹枝取諸妙鬘。繫頭上已，轉更往詣諸器物樹。既到樹已，器物自然枝亦垂下，令其手及隨意所欲，取彼器已，持詣菓樹。時彼菓樹，亦爲諸人枝垂下曲，出生種種勝妙甘菓。（果食機器）令手所擧，彼人於樹隨心所欲，取其熟菓，適意食之。於中或有搦取其汁，器盛而飲。（飲汁機器）食飲既訖，乃復往詣音樂樹林。（音樂機器）到彼林已，爲諸人故，音樂樹枝，亦皆垂下，爲出種種音樂之器手所擎及。彼人於樹各隨所須，取衆樂器。其形殊妙；其音和雅，取已抱持，東西遊戲，欲彈則彈，欲舞則舞，欲歌則歌，隨情所樂，受種種樂。其事訖已，各隨所好，或去或留。

按此段文甚明白，是指大同樂園公用機器廠了，今人已實用之，惜尚不能各取所須，因善性未現故。）

諸比丘！鬱單越人，髮紺青色，長齊八指，人皆一類，一形一色，無別形色可知其異。（此條甚要人種進化淘汰劣種也，現在 Galton 格爾通講優生學正是爲此），諸比丘！鬱單越人悉有衣服，無有裸形及半露者，親疎平等，無所適莫。齒皆齊密，不缺不疎，美妙淨潔，色白如珂；鮮明可愛。諸比丘！鬱單越人，若有飢渴，須飲食時，便自收取，不耕不種自。然粳米，清淨鮮白，無有糠糩。取已盛置敦持菓中，復取火珠，置敦持下。衆生福力，（教育智德兼到也）火珠應時忽然出焰。飲食熟已，焰還自滅。彼人得飯，欲食之時，施設器物，就座而坐。爾時若有四方人來，欲共同食，即爲諸人，（古時斯巴達人國王同上飯堂將來也必廢私廚，如羅素所說公共食宿館克翁所說 popottes communistes 公竈也）具設飯食飯終不盡，乃至食人坐食未竟，所設之飯器常盈滿。彼人食者，無有糠糩。自然粳米，成熟飯時，清淨香美，衆味備具，不須羹臛，其飯形色，猶若諸天酥陀之味，又如華叢潔白鮮明。彼人食已，身分充盈，無減無缺，湛然不改，無老無變。是食乃至資益彼人，色力安辯，無不具足。諸比丘，鬱單越人，若於男女生染著時，隨心所愛，迴目觀視。彼女知情，即來隨逐。其人將行，至於樹下，所將之女，若是此人母姨姊妹，親戚類者，樹枝如本，不爲下垂。其葉應時，萎黃枯落，不相覆苫，不出華菓，亦不爲出牀敷臥具。若非母姨姊妹等者，樹即垂枝，垂條覆蔭，柯葉鬱茂，華菓鮮榮，亦爲彼人出百千種，牀敷臥具，便共相將，入於樹下，隨意所爲，歡娛受樂，（更可証樹卽大機器房場公園了。按大同世人，如伏犧以前無姓氏，大抵用干支以文身誌血統遠近）

諸比丘！鬱單越人，住於母胎，惟經七日，至第八日，卽便產生，其母產訖隨所生子，若男若女，皆將置於四衢道中，捨之而去。（此言男女公育甚明）於彼道上，東西南北行人往來，見此男女，心生憐念，爲養育故，各以手指內其口中，於彼指端，自然流出上乳甘乳（此卽今用之機器乳頭也）飲彼男女，令得全活。如是飲乳，經於七日，彼諸男女，還自成就，一色類身。與彼舊人，形量無異；男還逐男，女還逐女，各隨伴侶，相隨而去。（人合大羣）眞成天下一家也。

諸比丘！鬱單越人，壽命一定，無有中夭，命若終時，皆得上生。何因緣故？鬱單越人，得此定壽，命終已到，皆復上生。諸比丘！世或有人專事殺生，偷盜、邪淫、妄言、兩舌、惡口、綺語、貪、瞋邪見，以是因緣，身壞命終，墜墮惡道，生地獄中。或復有人，不肯殺生，不盜他物，不行邪淫，不妄言，不兩舌，不惡口，不綺語，不貪，不瞋，亦不邪見，以是因緣，身壞命終，趣向善道，生人天中，何因緣故，向下生者？以其殺生邪見等故。何因緣故，向上生者？以不殺生正見等故。或復有人，作如是念，我於今者，應行十善，以是因緣，我身壞時，當得往生鬱單越中，（此言今人能行十善卽變爲鬱洲也）彼處生已，住壽千年，不增不減。彼人旣作如是願已，行十善業，身壞得生鬱單越中。卽於彼處，復得定壽，滿足千年，不增不減。諸比丘？以此因緣，鬱單越人，得定壽命。諸比丘！何因緣故，皆得上生？諸比丘！閻浮洲人，以於他邊受十善業，是故命終，卽得往生鬱單越界。鬱單越人，以其舊有具十善業，鬱單越中，如法行故，身壞命終，皆當上生諸天善處。諸比丘！以此因緣，鬱單越人，上生勝處。諸比丘！鬱單越人命行終盡，捨壽之時，無有一人，憂戀悲哭，惟共舁置四衢道中，捨之而去。諸比丘！鬱單越中，有如是法，若有衆生壽命盡時，即有一鳥，名憂承伽摩，（隋言高逝）從大山中，疾飛而至，銜死人髮，將其屍骸，擲置餘方洲渚之上。（此又是一種飛行機器將來用飛艇運死尸也）何以？故鬱單越人，業行清淨，樂淨潔故，樂意喜故，不令風吹臭穢之氣，來至其所。諸比丘！鬱單越人，大小便利，將下之時，爲彼人故，地即開裂，便利畢已，地合如故。（此亦是機器便池）何以？故鬱單越人，樂淨潔故，樂意喜故。

復次，彼處有何因緣？而得說名鬱單越洲？諸比丘！彼鬱單越洲，於四天下中；比餘三洲，最上最妙，最高最勝，故說彼洲爲鬱單越也。（洲名義爲最勝，言福善業勝乃得此。）

蓋佛說四種輪王，及四洲，亦如儒家說三世進化之運，最勝者爲鬱洲，今其時矣。但實行須人性慈，根本去殺，去國界爲第一，故佛第一戒殺，先從太子捨國起也。愚人據不了義，言北洲佛不出世，不知佛身遍十方，何獨不能到北洲，可笑之極。至佛法長處在高妙，而短處亦在太空玄了。但到現在，我們簡直不客氣，把虛空的空氣，都壓成固體，太空都教他給我們走飛艇，豈有長此把一個高玄無用的佛法，久廢而不能應用的理？那是你的科學沒本領，不會利用虛空，不怪虛空。所以我把佛法全體，放出大用來。佛雖說千說萬，我立定脚根在兩個淨土上。一是死後淨土，二是生前淨土，舊佛徒全講死後淨土，仁航却是兩手拖住兩個淨土，不但講死後，尤更重生前淨土，而生前淨土佛說的頂圓滿，比世界上那一家都完備的。就是北俱盧洲，精神物質，兩種福德全備，甚似希臘化 Hellinsm 之靈肉一致，尤與近新文化相合，好像預言了。但我要實現佛的理想；就非與現在託氏克氏羅素偉爾士等的工作，聯合運動不可。就是匯古今中外學術，切實從創辦大同新村上下手，才有辦法。不然！空講文化運動，又是死後淨土，做個文化玄學鬼了。所以再綜合起來，把本書六卷的大同新村思想，回照一番，好像斜陽返照，萃虛齊實。有我四民自治周報上的新村進化略史一文，錄下

說新村思想略史及進化之趨勢

一，神話派　大凡古代的人，總脫不了神話思想。如佛說人類從光音天化生、舊約說古代埃田樂園 the garden of Eden 境界，耶穌沒後，彼得聚徒講道實行公產制度，其後經聖西門派 Saint Simon 之社會運動，最近俄託爾斯泰 Leo Tolstory 大倡無抵抗主義於世界，獎勵農村生活，皆屬於此派。

二，玄想派　中國老子所謂郅治，莊子所謂畏壘之山建德之國，列子華胥終北古莽大漠國等，屈原楚詞離騷所玄想之超人境界，印度九十六外道，凡冥想遁世一派，多屬於此，希拉之芝諾Zeno前340-270所創之斯多葛哲學，亦近於此，大抵皆近於無政治主義。玄想派有時亦帶宗教神話色彩，而不以神話為主，殆不過稍藉神話以表其虛無主義而已。

三，力食派　冥想神話均不能注意自食其力，甚至乞食受人供養，不以為非。而力食派不然，最注重勞力而食。古之巢父許由，以飲牛鳴，其視帝王曾不以汙其牛口，春秋時若許行有徒數十人，皆衣褐綑屨，織席以為食。陳仲子居於陵，羞與萬鍾厚祿之兄為伍，長沮桀溺耦耕而廢君臣之義，楚狂荷

黃之流，皆嘲笑孔門爲政客，不屑與立談。大抵高士傳中人物，皆屬此派。漢世學者耕且養，三年通一經，十五年而五經通，東漢經學家，每牧牛授經，弟子百千萬數，皆近此派。故東漢之風稱最美。厥後諸葛亮之躬耕，陶淵明之桃花源，理想照曜千古，稱大民派者也。清顏元習齋，亦重耕讀，特兼帶向上致用主義，不安貧賤家風，邱壑生涯矣。曾國藩雖貴下，亦重農本力食，蓋受此派學養之賜。此派較前二派爲切實，退以逍遙世外爲解決生活，進則步步爲營，足救天下之溺，蓋有足取焉。

四，社會主義新國家派。此派以孔孟爲完全代表，古者無資本，乏商業，故孔孟計劃全在計畝授田，一夫百畝制，三代行之，幾兩千年，（近人附會今文取古史而打消之，殊爲太好懷疑，賢者之過，不足辯也，）湯以七十里，文王以百里，遂推行於天下，孟子以方五十里之滕，急急於一試，蓋即一大村耳。孔子冒勾通亂黨之嫌，與公山弗擾佛肸欲從費中牟彈丸小邑下手，亦不過新村主義耳。今之人聞孔孟二字，或斥爲腐敗，而不知孔孟當時乃極端主張井田學校土地公有，均平天下之新潮派，宜乎僕僕列國，爲人所嫉視也。

五，男女平權新國家派。在希拉時代之開山，爲拍雷圖（前429—347）其所遺留之理想國，Ploto's Republic 述其師蘇克雷地Socrates之理想，極端主張男女平權，乃至軍政學術一切平等，自然性愛，蓋蘇克雷地爲西方聖人，而其畢生澈底主張，即在以天下爲一家，而視個人所組家庭爲人類之敵自私之藪。故反覆辯論，所設種種方法，皆爲此事。其後有陶母士茂亞之烏託邦 Thomas more's "Utopia" 1478-1535根本主張除刑律，廢金銀。其後有伯康Francis Bacon 1561之New Atlantic 新大西洋，最注意智識之平均，又後有克奔拉Campanella 1568-1639 The city of the Sun 太陽之都市，亦與拍雷圖主張
男女平等自由之說同，其他亦甚似拍氏，教育美術玩戲之事一切歸公有，並無私有之定家，殆與孔子
大同學說但有男女名詞，東西兩海同一心法也。其句有云 When we have taken away Self-love the
remains only love for the State 吾人拋棄私愛之時，乃能留心於公愛，其甚似拍氏之要點，亦在
努力除去家庭之私見，主用公食桌公宿舍。而較茂雅，與拍氏更進者，完全除雇工奴隸制，謂爲製
造懶惰根本云。又後有何林通 Harrington 1611-77 之 Oceana 大洋洲尙主張有私產。

六、近世烏託邦派　自十七八世紀，教權雖弛，國權漸强，專制之下，人思反動，於是盧梭福祿特爾
之徒，高唱自由，而改革社會派有 Morelly 毛拉 Babeuf 巴比夫 Saint.Simon 聖西門 Fourier 孚利亞
Cabet 克比弟 Blanc, 卜侖克 Owen 歐文。凡此派大抵皆法國人，蓋一由其國家壓迫之反動，一因
其地理民俗，然各家頗有極激烈憤世之論主澈底改造社會。

七、新烏託邦派　（一）Belbamy's Looking Afterward', in 1889)白雷馬之向後看，於一八八九年，在
美國出版，主廢遺產，廢工價，廢錢幣，及銀行，（按三代時均無此也）男女一切平等，婚姻關係極自
由。人羣生活，以音樂歌舞行樂爲中心，家家可有德律風。可發展男女之個性，才智愛情，改造人
性化爲平和快樂，或爲黃金時代，golden age（二）喜而克之自由地 Hertzka's "Freeland" in 1830 於一
八九〇年出版於德國。大綱如下：（甲）土地皆公有。（乙）老幼弱女病者不能作工，亦受相當維持生
活費。（丙）人人有自由之意志，而不能相妨害。（丁）成年男女皆平權。（戊）分立法行政但亦主尙有

私產。音樂美術，到處公共設備，廢娼妓。

三偉爾士之新烏託邦 Wells' Modern Utopia 此爲近數年來英儒偉氏之新著，主張用火車輪船及空中飛行，令五洲人民互相移居，根本改革教育，結婚與男女性情，多利用風，水，煤自然等力以發電大厚民生。其主要之點，異於前人者，烏託邦之成功，不可偏重個人，亦不偏重社會，應平均改造，由此將來即成爲 World State「世界的國家」即天下一家也。但財產仍不盡除私有。又其要點，重開發物質以減少人勞動之苦，故最重視機器，利五洲之交通，以達天下道一風同，廢海陸軍目的云。蓋偉爾士乃當今世界統一之大運動家，又爲「將來世界統一必在操英語與華語兩民族」之預言者也。

以上略述七派，東西文化，略見一爪，實則每一派中又有多派各有主張。要以愈向後者，愈令科學，益切實益精密而完全。大抵凡數千年前古人認爲理想莫須有者，今將一一實現也。故綜觀新社會理想史進化之趨勢，其理恰如有物從空下墜，每下一寸，其壓力成爲比例遞加。今大戰以後，萬國人族密接，各軍閥政客橫勢偉人等，翻雲覆雨之伎倆，多一次撥弄，現一次醜，告一次窮。最後乃逼迫一般人士女男，并奮鬬向前，殺開一條血路，另闢一坦途不可。一移其萬年倚賴政治宗教家庭習俗之奴性，轉而向新社會生活上闢新路。幷向新村市上，改造新天地，更無二法。此事大用大效，小用小效。力及一村則一村，及一小團體則一團體，及一校則一校，及一鄉則一鄉及一縣則一縣，一省則一省，一國則一國，數國數洲，則數國數洲，或有宗教或無宗教，或能廢金錢，或不廢金錢，或有政府，或無政府，或有家庭，或無家庭，或取甲式或取乙式，或取古經，或用新法，以公道之眼觀之，最好由各人虛心實力誠懇合大羣去試辦。不妨如百花之競美，不拘一格，隨時地而度適量宜之法，取公同的，進化的，自由的，開發的，中外大同的，圓滿無碍的，靈肉調和的，不取偏枯的，取萬國比美同化的，不取閉門式的。取活潑發展的，不取死煞的。取多方面試辦的，不取武斷拘泥的。「一步一步」，打破家界國界省界官界民界政界學界神界，最後成爲人界。即全改決人生以立完全新村，此非用大機器規模不可。合大羣以爲一，建美術的花園村市，如佛說北具盧洲境界所謂

「菽粟如水火。士女皆神仙。去殺盡人性。雖死猶生年。」

普天下新村同志萬歲！參考 The History of utopian thought. Hertzler 赫弟日史理想國史。

二彌陀淨土

人之大苦莫過于死，一切道與學皆不能救死之苦，而人莫不有死，逃不了的。佛一大事因緣，爲了生死，所以這也是一定要預備的事。

阿彌陀經

爾時佛告長老舍利佛：『從是西方，過十萬億佛土，（其實惟心所現亦非遠非近也）有世界，名曰「極樂」，其土有佛，號阿彌陀，今現在說法。舍利弗，彼土何故名爲「極樂」？其國衆生，無有衆苦，但受諸樂，故名極樂。又極樂國土，七重欄楯，七重羅網，七重行樹，皆是四寶周匝圍繞，是故彼國名爲「極樂」。極樂國土，有七寶池，八功德水，充滿其中。池底純以金沙布地，四邊階道，金銀琉璃，玻黎合成。上有樓閣，亦以金銀琉璃，玻璃硨磲赤珠瑪瑙，而嚴飾之。池中蓮華，大如車輪，青色青光，黃色黃光，赤色赤光；白色白光，微妙香潔。極樂國土，成就如是功德莊嚴。又彼國土，常作天樂，黃金爲地，晝夜六時，雨天曼陀羅華。其土衆生，常以淸旦；各以衣裓（衣後裾也）

盛衆妙華，供養他方十萬億佛。即以食時還到本國，飯時經行。復次，舍利弗彼國常有種種奇妙雜色之鳥，白鶴孔雀，鸚鵡舍利，迦陵頻伽共命之鳥，晝夜六時，出和雅音。其音演暢五根，五力，七菩提分，八聖道分，如是等法。其土衆生，聞是音已，皆悉念佛念法念僧。舍利弗，汝勿謂此鳥，實是罪報所生。所以者何？彼佛國王，無三惡道之名，何況有實？是諸衆鳥，皆是阿彌陀佛，欲令法音宣流變化所作。彼佛國土，微風吹動，諸寶行樹：及寶羅網，出微妙音。譬如百千種樂，同時俱作。聞是音者，自然皆生念佛念法念僧之心。舍利弗！其佛國土，成就如是功德莊嚴。

舍利弗！彼佛何號故阿彌陀？彼佛光明無量，照十六國，無所障碍，故號爲阿彌陀。彼佛壽命，及其人民，無量無邊，阿僧祇刧，故名「阿彌陀」。極樂國土，衆生生者；其中多有一生補處，（再過一生即成佛也），其數甚多。非算數能知，但可以無量無邊阿僧祇說。

舍利弗，衆生聞者，應當發願；願生彼國。與諸上善人，俱會一處。舍利弗，不可以少善根福德因緣，得生彼國。若有善男子善女人：聞說阿彌陀佛，執持名號，若一日若二日，若三四五六七日：一心不亂。其人臨命終時，阿彌陀佛，與諸聖衆現在其前，是人卽得往生阿彌陀佛極樂國土。舍利弗！我見是利，故說此言。若有衆生：聞是說者，應當發願，生彼國土。

佛說此經已，一切天人歡喜信受，作禮而去。

今生既了再生極樂，証無生法，了生孔苦，要有人不信有來生：然而也有人信的，聽他自由罷。

二彌陀淨土

彌佗四十八願

佛說阿彌陀經西方淨土，有佛號阿彌陀修菩薩道時，發四十八大願，今已成佛，正在說法，一切衆生，皆應發

一　國中無地獄餓鬼畜生之名，
二　無女人胎生，均蓮華化生，
三　欲食時七寶百味，飲食自然化現，
四　衣服隨願即至，不假裁縫浣濯，
五　虛空有宅宇宮殿，池流華樹，
六　人皆敬愛，無有憎嫉，
七　人無淫欲，瞋怒愚痴，
八　其所欲言，皆預相知，
九　尙無不善之名，何況有實，
十　人皆知身如幻，無貪著心，
十一　天人皆金色，面目端正，淨好無醜，
十二　佛壽命無量，不可計數，
十三　人數無量，不可計數，
十四　人壽命無量，劫不可計，
十五　所受快樂，不可思議，
十六　人住正位，無顚倒想，皆入涅槃，
十七　說經行道，十倍諸佛，
十八　人盡通宿命，知過去未來，無量劫事，
十九　人盡得天眼，見無量世界，
二十　人盡得天耳，聞無量世界諸佛說法。
二十一　人盡得他心智，知無量衆生心念，
二十二　人盡得神足，于一念頃，能至無量世界飛行，
二十三　聞彌陀名號者，一切生類，皆發歡喜往生，
二十四　佛頂光明，千百倍于日月，
二十五　普照十方一切幽冥，皆大光明，生類見者，皆喜往生，
二十六　十方一切蜎飛蠕動，蒙光觸身，皆發慈心，
二十七　有發心者，修行六度，壽終時，彌

願往生也，按淨土原理，惟心所造，亦非眞非假，自作自享受也，若究其原理，則最高深心理哲學矣。

陀來接，

二十八 有發心者，雖修行一晝夜，亦得往生，

二十九 惟除五逆誹謗正法者，

三十 前生作惡，聞彌陀名，即發善心懺悔，

三十一 一切世界，聞彌陀名，皆生悅樂，修菩薩行。

三十二 若有女人，聞名喜樂，厭女身者，後不復受。

三十三 凡生此者，一生即補佛處。

三十四 更欲生他方者，如願成就，不墮惡道。

三十五 菩薩願往他方，供養諸佛，一食頃，即可徧至。

三十六 供養諸佛無量，未午即還，

三十七 受持經法宣說，必得辯才無量智慧

三十八 菩薩能演說一切經法，智慧無量。

三十九 菩薩皆具金剛力。身紫金色相好。

四十 于寶樹中，照見十方嚴樹佛土。

四十一 道場樹高四千由旬，雖少功德者，亦能見。

四十二 一切天人萬物，悉皆嚴淨，光麗微妙。

四十三 人隨所願聞之法，皆自然得聞。

四十四 菩薩聲聞智慧威神，頂皆光明如佛。

四十五 他方世界菩薩聞名歸依，皆得解脫。

四十六 他方世界菩薩，聞名皆得三昧。

四十七 他方世界菩薩，聞名皆得不退轉。

四十八 他方世界菩薩，聞名皆得成佛。

（十六觀經）九品往生

上三品	上生	發菩提心，願生西方淨土，
	中生	深信因果，不謗大乘。
	下生	亦信不謗，發心求生。
中三品	上生	受持齋戒，無諸過患。
	中生	一日一夜，齋戒，威儀無缺。
	下生	孝養父母，行世仁慈。
下三品	上生	作惡謗經，臨終稱佛。
	中生	犯戒偸盜，終聞佛法。
	下生	五逆十惡，臨終十念。

（阿彌陀經）淨土二十四種樂事

一　百寶欄楯，
二　寶網羅空，
三　寶樹成行，
四　七寶浴池，
五　八功德水，
六　下見金砂，
七　階際光明，
八　樓臺莊嚴，
九　四蓮華香，
十　黃金爲地，
十一　天樂自鳴，
十二　晝夜雨華，
十三　清旦妙美，
十四　嚴持好華，
十五　供養他方，
十六　經行本國，
十七　仙鳥和鳴，
十八　六時聞法，
十九　存念三寶，
二十　無三惡道，
二十一　有佛變化，
二十二　樹搖羅網，
二十三　千國同聲，
二十四　聲聞發心，

三　十方淨土

藥師如來十二大願

藥師經

佛告文殊師利，東方過十恒河沙佛土世界名淨琉璃有佛名藥師璃璃光如來，本行菩薩時發十二大願云云

一　身光普照，皆得成佛。
二　光過日月，無復幽暗。
三　智慧無量，受用不盡。
四　度盡異道，及諸小乘。
五　國中無有惡道。
六　醜陋聾盲跛躄癩癲諸病，聞名悉愈。
七　醫藥無效，聞名即愈，以至成佛。
八　女人皆成佛。
九　無魔事，無異見，均入菩薩行門。
十　若有王難牢獄鞭撻逼迫，聞名解脫。
十一　饑者得飽。
十二　貧無衣服，寒熱逼迫，皆令滿足一切華香莊嚴。

普賢十大願王

華嚴經普賢行願品

一　禮敬諸佛，　五　隨喜功德，　九　恆順衆生，
二　稱讚如來，　六　請轉法輪，　十　普皆迴向。
三　廣修供養，　七　請佛住世，
四　懺悔業障，　八　常隨佛學，

本篇所列各種淨土，都頂注重發願，發願便是立定志向，不論創造現在社會淨土，及將來淨土，都非抱定堅固的志願不成，所以頂要緊是立志發願，就是現在所說的決心與奮鬬了。

四，本師文佛「法華淨土」

這一品的意思，就是拿着東方說本土，見得這個世界，要想清淨，就是照此辦理，或以家施，或以命施，永免爭端了。

四妙法蓮華經序品第一，彌勒菩薩以偈問曰，

菩薩二字，就是大仁大智大勇的德號，所以菩薩就作個大俠看好了。

「文殊師利，（人名）導師（佛也）何故？眉間白毫，大光普照，雨華香風，
悅可衆心，以是因緣，地皆嚴淨，而此世界，六種震動，
四衆歡喜，身意快然，得未曾有，眉間光明，照于東方，
萬八千土，皆如金色，從阿鼻獄（無間地獄），上重有頂（無色界天），諸世界中，
六道衆生，生死所趣（同趨），善惡業緣，受報好醜，于此悉見，
又覩諸佛，聖主師子，演說經典，妙如第一，其聲清淨，
出柔軟音，教諸菩薩，無數億萬，梵音（淨也）深妙，令人樂聞，

各于世界，講說正法，種種因緣，以無量喻，照明佛法，
開悟衆生，我見彼土，恒河菩薩，種種因緣，而求佛道，
或有行施，金銀珊瑚，眞珠摩尼，硨磲馬碯，金剛諸珍，
奴婢車乘，寶飾輦輿，歡喜布施，回向佛道，或有菩薩，
駟馬寶車，欄楯華蓋，軒飾布施，復見菩薩，身肉手足，
及妻子施，求無上道。』

按妻子這個事情，不問按那一個聖賢的道理，是靠不住的，今列表于下，大家要絕對不信聖哲的道理，就罷了。要信就是這裏面任行一條。

孔子大同，	但有男女，無所謂妻子的制度名稱。
老莊…………	「不君不臣，不媒不聘」，林類獨身而樂。
耶蘇…………	無妻。
佛…………	出家以，妻子施。

『又見菩薩，頭目身體　欣樂施與，　求佛智慧，　文殊師利，（呼而告之）我見諸王，　往詣佛所，
問無上道，便捨樂土，　宮殿臣妾，剃除鬚髮，而被法服』

佛教的定制，第一刼，初無王，退化不得已而有轉輪聖王，壽萬千歲：世界極樂，人形美好；然王一到頭生白髮時；必定出家（見阿含經，大寶積經，尼乾子及各經，）佛教無不出家之王也；這就是佛的「世間政治學，」王如此，王以下，其餘可比例推知了。這個道理，日本的國王，從前

還多有行者，出家的不少。民間有「隱居制」，也很合宜，隱居制的意思，與中國稍不同，就是日本因爲佛教同化的關係，大抵人到中年以後，厭倦了名利，一到五十或至遲六十歲，就一切推開家務，不問事了。或到廟上，或在家中，也可專做修行的事，好像退院的僧人。這也可以添點晚年的清閒樂趣，減少人間的爭殺。中國古代五十服官，大夫七十而致仕，也還有告老還家的時期，雖然不能出家，名利權位上，多少還有個止期：讓後輩登場。那像現在的人；非死在任上不可。衰朽龍鐘，依然與少年爭執權利，你想一旦伸腿，那幾千百萬，好做甚麼呢，？

『又見佛子，　住忍辱力，　憎上慢人（最驕慢的人）　惡罵捶打，　皆悉能忍，
以求佛道。　又見菩薩，　離諸戲笑，　及癡眷屬，　攝念山林，
億千萬歲，　以求佛道。　或見菩薩，　肴膳飲食，　名衣上服，
價直千萬，　帶寶舍臥具，　施佛及僧。　清淨林園，古三華里（死了尺地）茂盛，
流泉浴池，　施佛及僧。　如是等施，　種種微妙，　歡喜無厭，
求無上道。』（是要成佛）

這一段就把世間家，國，資本，土地問題，一齊解決了。就是不等他人革命，自動的佈施捐助了就是，而且佛自己以太子做個模範，你看文佛的文化大海澈底不澈底、比小潮利害呀！

「一念授記成佛」

妙法蓮華經法師品第十

爾時世尊因藥王菩薩，告八萬大士，藥王！汝見是大衆中，無量諸天，龍王，夜叉，乾闥婆，（樂神）阿修羅，（在神鬼之間）迦樓羅，（金翅大鳥）緊那羅，（樂神）摩睺羅伽，人與非人，（鬼類也）及比丘，比丘尼，優婆塞，（在家男）優婆夷（在家女）求聲聞者，（小乘）求辟支佛者，（中乘）求佛道者，如是等類。咸于佛前，聞妙法華經，一偈（四句）一句，乃至一念隨喜者，我皆與授記，（就是好像畢業文憑，）當得阿耨多羅三藐三菩提。（「無上正覺」也，就是成佛，）佛告藥王，又如來滅度，（就是人的肉眼看不見佛的時候，）之後，若有人聞，妙法華經乃至一偈一句一念隨喜者，我亦與授阿耨多羅三藐三菩提記。若復有人受持讀誦，解說書寫，妙法華經，乃至一偈，于此經卷，敬視如佛，種種供養，華香瓔珞，末香塗香燒香，繒蓋幢幡衣服伎樂，乃至合掌恭敬。藥王！當知是諸人等，已曾供養十萬億佛。于諸佛所成就大願，愍衆生故，生此人間。藥王！若有人問何等衆生，于未來世當得作佛？應示是諸人等于未來世必得作佛。何以故？若善男子，善女人，于法華經，乃至一句受持讀誦，解說書寫，種種供養經卷，是人一切世間所應瞻奉，應以如來供養，而供養之。當知是人，是大菩薩。成就「阿耨多羅三藐三菩提，」哀愍衆生，願生此間，廣演分別，妙法華經。何況盡能受持種種供養者。藥王！當知是人自捨清淨業報，于我滅度後，愍衆生故，生于惡世廣演此經。（此是說能供養法華經的，便是此人，已覺成了佛的化身來度世的。

若是善男子善女人，我滅度後，能竊為一人說法華；乃至一句：當知是人則如來使，如來所遣，行如來事。何況于大衆中，廣為人說？藥王！若有惡人以不善心；于一劫中，現于佛前，常毀罵佛，其罪，尙輕。若人以一惡言；毀訾(音自毀也)在家出家讀誦法華經者，其罪甚重。藥王？其有讀誦法華經者，當知是人以佛莊嚴，而自莊嚴；則為如來肩所荷擔。其所至方，應隨向禮；一心合掌恭敬供養，尊重讚歎，天上寶聚，應以奉獻。所以者何？是人歡喜說法，須臾聞之，即得究竟，「阿耨多羅三藐三菩提故。」—「就是立地成佛」

按法師品這一篇，在法華上最有深秘義。照此篇說：持一句法華的，就是本佛的化身，這理由在佛法上固然是最上乘圓秘說。但在哲理上，也是很有價值的圓義。他的要點，是把內界直覺，與外界自然，剎那間同化合一，打破一神多神無神，一元二元多元的偏執。玆就哲學宗教上略述之，

一 哲學上之「汎神論」小史

Pantheism 汎神或萬神同化說，始自印度吠陀經 Veda 至婆羅門 Brahman 烏婆悉曇 Upanisad 以梵我如一，為哲學之骨西傳至希臘。希臘自三大哲，都以仁智統一，靈善一致，為天人全體的哲學。後來「新拍雷圖派調和教學，尤為顯著，中古經院哲學 Scholastics 表面上雖然分神人為二，然不得已，無形中把汎神論納入了，近世斯賓挪沙 Spionoza 布拉諾Bruno 康德均大主張之，雖有的哲學家宗教家反對神秘的，也于不知不覺中傾向于神秘。所以神秘Misticism 與萬有神論，pantheism 無形相合。後來如Gnostice 諾思的派之主有流出論，及謝林之一如觀，菲希內爾 Schelling Fechner之天然哲學皆爲

了現在，互助經以動物性說人性進化，已成一種闘性教了。可算上自天神，下至微蟲，同入一性海了。

一 神人同形哲學 Anthropomorphism 與耶回孔老各教

此本 Schleiermacher 叔馬海（1768—1834）之說，主調和黑格爾 Hegel 的主智說，菲西的 Fichte 的道德說。若拍雷圖及斯賓挪沙等來布尼此 Leibniz 諸說，而以感情爲活動統一的精髓，叫做神智論，促起浪漫派的文藝之勃興。在耶教中，當路得改教後，—沙文理 Zwingli 1484—1529在瑞士爲改革運動，加爾文 Jean Calvin, 1509-64 繼起統一新教，Protestant 蘇格蘭清教徒，都受他的影響。主以聖書爲標準，信者可直與神接近。而反抗舊教神人遠隔的觀念。就是回教，本來一神，然到了九世紀以後，入了波斯，受印度教的同化，當 Moktadir 摩克他王朝時，有蘇菲派 Sufism 成了「人都是神的神秘主義。而道教說天得一以清，地得一以寧，人得一以靈。儒教的「天人一體，物我無間，一物一太極，萬物一太極，太極本無極，」都是神人同體說，不過古代謂「上帝照自己形像造人，」近人謂人本他的靈慧，去學到神的地位，中庸說：「故至誠如神」正當希臘人神的觀念相合，也與佛的「生佛不二相合」照這種本性不二的說法，古代的神話，與近來的人話就二五一十，新舊玄，科，教，學，眞是「大水淹了龍王廟，自家不認自家人了」。

一九二三年，偉爾士一書曰羣仙的人 Men like Gods 是他的一種「烏託邦」Utopia 但我以爲很與古希臘人楚詞哲人「人格神」的觀念很合。要拿「佛化」說來，就是龍樹演華嚴和秘宗，界界入無碍法門。非此不能擺脫各小宗教派學派的，步步障碍，去世界的殺機。這就是仁航主張全文化大同學的歸宿，圓覺化世的起點。

又法師功德品第十九

若善男子善女子，如來滅後，受持是經，若讀若解誦若書，得千二百意功德。以是清淨意根，乃至聞一偈一句，通達如是無邊之義。解是義已，能演說一句一偈；至于一月四日，乃至一歲。諸所說法，隨其義趣，皆與實相不相違背。若說俗間經書，（即孔墨老耶佛回等及一切宗教）治世語言，（即一切哲學科學法律政治等）資生業等（即一切實業經濟等，）皆順正法，（圓教一切法皆是佛法，）三千大千世界，六趣衆生，心之所行，心所動作，心所戲論，皆悉知之。雖未得無漏智慧，而其意根清淨如此，是人有所思惟，籌量言說，皆是佛法，無不眞實，亦是先佛經中所說。

有人問這段道理，我在佛經上沒有看見，答你這肉眼怎能看見，你不曉得是過去先佛經中所說的呢，你是執着佛的一個名字，不懂佛可加持沙石草樹皆說妙法，何況世界各賢哲呢？現在拿「一句法華，」的妙義，就通貫起世間經書治世語言孔老楊墨耶蘇以及各種學術，無一不是妙法蓮華經皆入實相，你要不信佛說，請讀下篇，

護法篇七

法華經譬喻品第三偈之略　這就是說不信法華經上的道理，不照法華經上所說的去實行，而且毀謗佛法，尤且毀謗法華經，并且毀謗提倡法華經的法師，就要得下說的業報。

佛欲重宣此義，而說偈言，

『譬如長者、　有一大宅、指這個世界就算　其宅久故、破也　柱根摧朽、　墻壁圮坼、音其側

雜穢充滿、這世界無可樂、有五百人、就算五洲五色人種止住其中、鴟梟鵰鷲、就像歷代莽操朱溫之流，

蚖蛇蝮蠍、白起，項羽，黃巢，張獻忠，李自成，成吉斯汗，父子兄弟，拿破侖，威廉，之流，蜈蚣蚰蜒、宋江等，諸惡蟲輩、

交橫馳走。屎尿臭處、（遺臭萬年之輩。）不淨流溢、蜣蜋諸蟲、

而集其上、狐狼野干、野狗咀嚼踐踏、嚌齧齊死屍、叔孫通輩乎，骨肉狼藉、

由是羣狗，樊噲之流，競來搏撮。飢羸慞惶、處處求食。夜叉惡鬼、將軍酷吏之類

食噉人肉。一作啖上聲鬬諍之聲、甚可怖畏。復有諸鬼、首如牛頭、

頭髮鬔亂、殘害兇險、飛廉惡來之徒夜叉餓鬼、飢急四向、如是諸難、

恐畏無量。于後宅舍、忽然火起、臭煙充塞、甚可怖畏。

三界無安、猶如火宅、常有生老、病死憂患。（以上說世界的苦惱、）

如來已離、三界火宅、寂然閑居、安處林野。今此三界、

皆是我有、其中衆生、悉是吾子。而今此處、多諸患難、

唯我一人、能爲救護。雖復敎詔、而不信受。于諸欲染、

貪著深故、以是方便、爲說三乘。大乘中乘小乘，令諸衆生、知三界苦、

開示演說、出世間道。諸苦所因、貪欲爲本、若滅貪欲、
無所依止。滅盡諸苦、修行于道。
以上說佛說法救苦。以下便說毀謗不信佛教的果報，
我爲法王、于法自在、安隱穩同衆生、故現于世。能有信受、
此經法者、是人已曾、見過去佛｜。若人不信、毀謗此經、
則斷一切、世間佛種。或復顰蹙、而懷疑惑。汝當聽說、
此人罪報、若佛在世、若滅度後、其有誹謗、如斯經典。
見有讀誦、書持經者、輕賤憎嫉、而懷結恨。此人罪報、
汝今復聽。
其人命終、入「阿鼻獄」、具足一劫。劫盡更生、如是展轉、
至無數劫。從地獄出、當墮畜生、若狗野干。其形頑瘦、
黧黮音甚疥癩、人所觸嬈、擾。又復爲人、之所惡賤。常困飢渴、
骨肉枯竭、生受楚毒、死被瓦石、斷佛種故、受斯罪報。
若作橐駝、或生驢中、身常負重、加諸杖捶、但念水草、
餘無所知、謗斯經故、獲罪如是。有作野干、來入聚落、
身體疥癩、又無一目、爲諸童子、之所打擲、受諸苦痛、
或時致死。于此死已、更受蟒身、其形長大、五百由旬。

聾騃無足、宛轉腹行、為諸小蟲、之所唼音渣食、晝夜受苦、
無有休息、謗斯經故、獲罪如是。若得為人、諸根眼耳鼻舌闇鈍、
矬音嗟短也陋攣躄、音辟足不能行也、盲聾背傴、音語曲也有所言說、人不信受。
口氣常臭、鬼魅所著、貧窮下賤、為人所使、多病痟音消瘦、
無所依怙、雖親附人、人不在意。若有所得、尋復忘失。
若修醫道、順方治病、更增他疾、或復致死。若自有病、
無人救療、設服良藥、而復增劇。音極重也若他反逆、抄劫竊盜、
如是等罪、橫罹其殃。如斯罪人、永不見佛、眾聖之王、
說法教化。如斯罪人、常生難處、狂聾心亂、永不聞法。
于無數劫、如恒河沙、生輒(即也)聾瘂、諸根不具。常處地獄、
如遊園觀。在餘惡道、如己舍宅。駝驢猪狗、是其行處、
謗斯經故、獲罪如是。
若得為人、聾盲瘖瘂、貧窮諸衰、以自莊嚴。水腫乾痟、
疥癩癰疽、如是等病、以為衣服。身常臭處、垢穢不淨。
深著我見、增益瞋恚、淫欲熾盛、不擇禽獸。謗斯經故、

獲罪如是。　告舍利弗、　謗斯經者、　若說其罪、　窮劫不盡。

此說若有人毀謗佛經，那就瞎了人的眼目，就必定受惡報，所以好容易得了人身；切不可謗佛，尤其不可謗法華經和提倡法華經的法師。佛要不說妄語，那這人罪業，就眞比謗佛還要重呢！

釋迦文佛事蹟略紀

本師釋迦文佛者，（梵讀爲牟尼佛）以應化身于賢劫中，在天竺印度降世，年代約在耶蘇基督前一千前頃（異說凡三十餘家西人考之在前六百年云）生于中天竺迦比羅城：城居恒河上流，父爲淨飯大王，母爲摩耶夫人。時値初夏。無憂樹花芬芳爛蔓。聖母幸嵐毘尼園，宮女環侍。四月八日，從聖母右脅下誕生。生後太子卽向四方自行七步，唱言「天上地下，惟我獨尊」，七日而摩耶夫人逝、父王乃命摩耶夫人之妹波闍波提夫人，養育太子，是爲姨母。時有阿私陀仙，請覲太子，歎曰『太子尊容，具三十二相：若在俗，必爲轉輪聖王，統五天竺，若出家，必爲三界大導師自恨年老，不得受化』，涕泣而去。

王錫太子名悉達，Gautuma（或譯瞿曇或喬答摩）悉達者，一切成就也。幼置御苑中，備陳車馬禽獸草木音樂歌舞諸戲，衆童男女伴其遊學。七歲後，卽從婆羅門師；習文字，五明之學。五明者，一聲明，（卽文典）二工巧明，（技藝）三醫方明，四因明，（論理）五內明，（心性）諸臣又薦吠陀經師毘奢密多，授太子四吠陀經論，入目輒通：師每窮于置對。稍長，從羼提提婆習兵法，二十九種，均精絕。與國人角力，勇名大振，曾手提城內死象，擲于城外云。

一日太子出觀農務，見烏鳥啄土中蟲，生憐憫心，悟無常生死之苦。遂于世間五欲，厭離不樂。淨飯王憂之，于宮中爲太子造三時寒温殿，聘耶輸陀羅等三妃，采女三千，供太子嬉樂。太子出遊城東門見老人，出南門見病人，又出西門見死尸，心念「富貴無常，人生難保」，愀然不樂。後出北門，見出家僧，下車問曰：『君何故出家』？僧答曰：『我見在家生老病死：一切無常，求無上解脫耳』，于此太子大悟，决志出家。淨飯王只太子一人，國無嗣君，日夜防衛甚嚴，一夕，太子夜半踰城而遁，時年十九歲矣。(或言二十九)

王下令國中，敢爲太子剃鬚髮者，罪死。太子出城，自剃鬚髮。東行數十里，入森林中，訪苦行婆羅門跋伽仙人，見其或事水火，或奉日月，或翹一足，或常斷食，問其教義所由。仙人曰『爲欲生天』，太子曰『生天究竟奈何？福報盡時，還入輪迴耳』。經宿遂去，于是涉尼連禪河向城北彌樓山，途遇事火婆羅門三大師，優樓頻羅迦葉，那提迦葉，迦耶迦葉三人，皆以事火爲修道。太子曰：『火者是生滅法，未爲眞道』，又別去。

當時諸婆羅門大師數十派，異說爭鳴，各稱得大解脫道。其中德望最高者，爲阿羅邏迦藍與鬱陀羅摩二仙：太子先訪阿羅邏迦藍，阿羅告：曰『修道之法，從初禪二禪三禪，入四禪定，至于無想』。太子曰：『此非想非非想處，有我耶？無我耶？若有我，則不應非，若無我，則同木石，細惑猶存，非眞解脫。』更訪鬱陀羅摩，亦略同，復辭去，知非自悟，不能入道。

遂至尼連禪河東岸，深山中修苦行，日食一麻一麥，數入出息，結跏趺坐不側不臥，亦無大小便利，不避風雨，樹鳥糞穢，身如枯木，端坐六年身體憔悴，于是太子自惟道由慧悟而成，身須飲食以養，諸仙雖習斷食，然斷食非得道之因，我應受食成道：即起詣尼連禪河沐浴，時林側有一牧女，名佗婆羅，來禮太子足，恭奉乳糜。太子受食堪任得道。于菩提樹下，敷淨軟草，結跏趺坐。誓言我若不得一切種智，不起此座。是時太子欲証佛果，解脫人天所有惑業，普度羣生，于靜觀中，諸魔出現，或爲狂獅，或爲虎狼惡鬼，或飛大石，起大風降大雨，以妨正定。又或爲天女嬌媚誘惑。太子寂然不動，諸魔忽滅，旣而過中夜初更，以大智眼觀三界十方無量世界，二更以神通眼，觀三世實相，如見掌中，三更洞觀三界因果，四更忽見明星出現，遂成「無上正覺」爲三界大道師。嘆曰：「奇哉！一切衆生，皆有如來種性」時爲世尊三十歲，二月八日，侵晨，于是三千大千世界，光明照徹。梵天散花供養讚曰：

『有佛出世，爲諸衆生開不死門』。

于時世尊精神如旭日升天，蓮華出水，以大光明照世闇夜，將演未曾有之妙理，度脫愚蒙。然此大法，卒然說之，恐起凡愚毀謗，乃復于樹下三七日，思惟宣教之法，初說華嚴大經，二乘根機均不能受，不見不聞，遂說小乘。至波奈國，鹿野園，度憍陳如等五比丘，是爲初轉法輪。有長者子耶舍，來鹿園聞佛法卽出家爲佛弟子。耶舍父母及妻亦歸依佛，此佛門優婆塞(男居士)優婆夷(女居士)之始。佛止鹿園，僅三月，得弟子五十六人，使託鉢諸方。佛出鹿園，向王捨城，欲踐入山以前頻婆娑羅王之約，未達。値印度雨季，于途中安居。安居者，從陰歷五月十六日，至八月十五日，三月間，爲降雨期，道路泥濘，不便外出。且爲植物繁茂，昆蟲出生期，印俗避行道殺蟲之嫌，（按此俗至今仍然）故住止一處，利用此機，講習法教，使弟子將一年行爲善惡，于師前懺悔，制戒法而發表之，是爲安居之始。

印度舊教，事火婆羅門，有兄弟三人，皆號迦葉，弟子千餘人，聲震印度爲大師。佛欲度之，先訪優樓頻羅迦葉，斥其崇拜神火之迷妄，大迦葉見佛神通力，遂投其祭式法器于河，率五百人歸佛門。其弟那提迦葉，有弟子三百人，伽耶迦葉弟子二百人，見兄歸佛，初尚不信，見佛神力，亦以次歸伏。于是佛有千二百餘弟子圍繞，入王舍城，頻婆沙羅王，率諸臣迎佛于城外，佛入深林中，王即于林中供養大衆。城民雖先聞悉達太子聰明，今見耆德迦葉等爲弟子，頗怪之。迦葉遂演說捨去拜火，歸佛向涅槃之由。于是以外來捨婆羅門教，歸依佛門。長者迦蘭陀迦尼乾子等，奉世尊于竹林，頻婆娑羅王遂于此建精舍，迎世尊安居，凡經二年。世尊在此，所說法門大旨謂，

『一切諸法，本來無我，及我所。凡夫顛倒想故，執有實我實法。斷此倒想，是爲解脫。一切善惡，皆由內六根（眼耳鼻舌身意）外六塵，（色聲香味觸法）中六識，三事以生。由此受果報，流轉生死。于此何者爲我耶？

諸行無常，遷流生滅。三界無安，猶如火宅。從緣生滅，體性自空，無有主者』。

是時受化者三迦葉頻王外，若舍利弗目健連大迦葉等，博學多聞之徒，于此空法得益不少。

成道第四年，世尊遷居吠舍離國，大林精舍。時値天旱，迦比羅與天指二國民，因爭尼維河水，互鬪

，世尊臨之，調和其爭復歸大林。至第五年安居時，弟子中有不淨行者，始制邪淫戒，爲佛教戒之律始。緬甸佛傳云：是時佛舉舍利弗，及目連爲上座，大衆不平，佛爲制「諸惡莫作，衆善奉行」通偈戒。殺生妄語二戒，制于王舍城，又不飲酒戒者，因在支提國長老婆伽陀飲貧女所施酒而泥醉，始制酒戒。以後因時制定，共有二百五十戒云、

第五安居後，出大林，率諸弟子入靈鷲山，（耆闍崛山）此山爲世尊長住處，爲說諸經法聖地。故頻王使工師于山麓爲精舍造石磴長數里，今名沙拉格山，頂上巖窟石磴猶存。康先生遊記有其圖。

無何，淨飯大王病危，世尊聞報，急歸故國。父王臥病，眷屬諸臣，靡不悲歎。佛爲父王說法，「王久以正道治國，行正道者，來世必得福樂，」以慰父王。淨飯王薨逝，年九十七歲，佛從王家舊儀，厚葬之。并躬自扶柩出殯。許姨母波闍波提，及耶輸陀羅妃等，出家爲比丘尼。赴于嬌薩彌，爲第六夏安居。

于是遊化于王舍城，摩伽陀國王后宮差等，聞波闍波提等爲比丘尼，亦歸佛爲「優婆夷。」舍利弗又請佛說服尼乾子派改宗，佛教日盛。迦毘羅城，有優波離者，乃賤族，亦隨佛出家。諸弟子或不快，世尊以不等法慰論之。

成道第七年，世尊于薩克薩安居，行化于嬌薩羅國首都舍衛城，富豪須達長者請于波斯匿王，于太子邸園，建祇園精舍，世稱黃金鋪地，卽購此園者。

成道第九年，于祇園安居時，羅睺羅十八歲，佛許其出家。成道第十三年。行化于摩醯伐羅及波羅奈，

與吠舍離諸都，復歸舍衛。此巡行爲最長時間。十三十四年，巡化憍沙羅國。十五年歸迦毘羅城，始許弟子說法，分遣高足，遊化中印度。迦毘羅者，佛之故國也。時跋提梨迦之後代淨飯王爲城主，迎世尊歸依佛教。十七年，結夏于竹林，十八年兩季，至舍衛，一織工誤殺其女，爲說四諦脫苦法。十九年、巡化摩迦陀國，有獵夫歸佛。二十年于祇園安居，教化兇賊鴦屈利羅懺悔爲僧。二十一年，于弟子中選阿難爲常隨侍者。此後二十五年間，始終如一侍佛，歷數百法座，博聞强記，過耳不忘。至佛滅後，結集經典時，一一演出，經千百大衆，認爲不謬。今日得聞佛經，皆阿難之功也。

二十二年，至三十六年，應王族庶民之請，遊化各方，時中印度諸王，漸入于戰國之局，于是擇一最强者，摩訶陀國爲常住。雖史不詳記，然今經載大林，祇園，靈鷲，三道場，皆在此國。國王長者居士等，因緣俱存焉。三十七年，始于靈鷲山說法華經凡八年至四十四年，完結。三十八年，有提婆達多者，釋尊族兄也。說摩訶陀國太子，阿闍世王，弒其父頻婆娑羅王，謀自害世尊而奪其教權。先是，欲奪教權，而害佛者不少。尼乾子派使懷姙妖女，入佛門爲弟子。臨月，汙世尊于大衆中。實利毱多進毒飯，幻師跋陀羅設幻術，均歸降伏。然提婆達多，最勇猛多智，有籠絡才。佯歸佛爲弟子，酷制戒律，困苦徒衆，謀壞教團不成。又謀害世尊，于山頂落石三次不遂，遂率五百弟子，宣告脫離。阿闍世太子，弒父幽閉后韋提希，欲使尊己爲佛。觀無量壽佛經，卽世尊爲韋提希幽囚中所說也。頻王兇死，與佛教影響頗大，阿闍世王，旋悔爲提婆所欺，乃背之而詣世尊懺悔，歸依佛教，佛教遂大盛于摩訶陀國。提婆憤死，其衆離散。經所云提婆生身入地獄者。阿闍世王，翻然大變，有統一中印度之計，以兵力并吞憍河羅，及迦毘羅，而為主盟。大護佛敎．時成道四十四年也。摩訶陀東北境，有吠舍利國，為聯邦政體，粟古毘王為之盟主。嫉阿闍國世王勢力，謀害之，闍王將用兵，遣雨行大臣詣佛問方略，佛告雨行大臣曰，

『粟古毘王，能和睦上下，以衆議公論行政。今用兵非正道也。宜遣使問罪，徵求貢獻，或以計使其內部分裂。』

闍王果使雨行大臣，破壞吠舍利之聯盟。佛滅後，竟以兵征服之

四十五年，世尊渡恒河至吠舍離，附近之伯格馬村安居。入吠舍離城曰：『余見吠舍離城，此為最後矣至乾荼村，戒諸弟子，「如來後三月，當入涅槃，汝等應持戒修定習慧，」由此赴拘尸那城，途遇冶工純陀，休于其菴摩羅園，純陀大喜，禮佛請供養於其家，是佛所受最後之供養也。

于是世尊去純陀家、至迦屈河畔，背痛，命阿難敷座具，至河酌山水飲之。擇拘尸那城近處，婆羅雙樹間，作床，北首西面、右脅而臥。于是阿難號泣白佛，『我愚未得阿羅漢果，今世尊入寂，嗚呼，我從誰得道。』世尊慰言，「汝等勿憂，我常告汝諸法無常，會者有離，過去諸佛，雖金剛身，亦為無常遷逝、我豈獨異？」阿難！汝親近佛二十五年，必得大果。』

時拘尸那城，有婆羅門曰須跋陀羅，年百二十，有名耆宿也。聞佛將入滅，來請阿難曰『我有所疑，願佛為說』。阿難曰：『佛將入滅，請勿擾亂』，須跋陀羅：曰『遇佛世難，聞正法難，我有深疑，願垂說』。佛聞之為說四諦解脫之道，聞已，大喜，即先佛入滅，是為最後求法之弟子，于是世尊告阿難佛言！

『汝等于我滅後，勿憂無師，當尊奉戒律，是則汝等大師也。汝等當知諸法無常，當以一心求于出離，一切世間諸法，皆是變壞不安之相，汝等語止，我將滅度，』。即說偈言

諸有皆洄濩，　生老如波浪，　渡死之大海，
捨身如棄機，　至無畏湼槃，　免魔竭(大魚名)大怖，
三有海深廣，　解脫師能度，

按此偈係最後特召天致人爲說此法乃示滅，而今小者動斥外道，可憐哉！

說此偈已，于是世尊安然示寂，時二月十五日。中夜，

大聖釋迦文佛世尊，以八十上歲圓寂，蒙教道俗，不可勝計，聞報咸集哭泣。拘尸那城主，主送葬事，置棺于寺，遵遺命，以香積火葬。棺前誦經七日：時摩訶迦葉五百僧衆，遠途來奔，火化尊骸，收遺骨，置政廳，設大供養七日，以其遺骨分讓與最厚之八國。國王後來者無可分，僅領殘灰而已：西一千八百九十七年印度尼泊爾地方發見佛骨石棺，出其棺文記載，則八分中第六分，分與世尊同族者。

上略述世尊一代聖蹟，竟，世尊以無碍辯才，顯示冠絕古今妙道。四十九年間，雄辯滔滔，橫說豎說，隨機示導，曾無甯日，賢愚貴賤，無不蒙益。圓寂以後，遺教七千餘卷經典，二千餘年灌溉亞洲，數億萬人爲「亞化」泉源，迄今世界各教雖多，尚無如佛教之廣被者，噫世尊不誠爲世界第一人哉！

人身難得今還得，佛法難聞今已聞。此身不向今生度，再向何生度此身？

譯設

大同村福田院發願文

——民國八年聞弟升瀛談故鄉事，感而發願

下邳劉仁航靈華

我自離鄉井，於茲十一年。慈親既下世，戚族多棄捐。共弟一夕話，
惻愴殊可憐。南院祖母逝，北院祖母仙。二叔及五叔，淹忽長睡眠。
科叔及改叔，相繼入黃泉。二嬸同時亡，大嬸無寸田。謙叔良愛我，
曾助遊學錢。今已隨物化，無子誰繼賢。治叔亡無處，嬸母依我全。
北院叔祖存，老境似枯禪。南院漸凋落，或貧不能饘。西場叔祖母，
老獨無人焉。城西表舅母，少時恩誼聯。近來久老盲，存亡無人傳。
表妹出嫁後，其夫亡在先。二舅渭陽情，我家執教鞭。母亡舅復逝，
諸子俱邅迍。韓姨亦長往，杜姑貧屢遷。諸姑及姊妹，窮通難具宣。
回首眞大夢，歷歷在目前。

淒哉吾弟言，如是汝應知。先父初亡時，我幼弟嬰兒，梅妹（勁梅）尚未生。
家貧每苦飢。我助母力田，汝常號泣隨。推車乍翻墜，刈豆久成胝。
覆斗伴夜讀，掃葉供晨炊。母言父遺志，餓死守書帷。壯年事四方，

茅舍更門楣。其時新年節，大雪朔風吹。貧笈遂遠遊，膝下暫別離。
倚閭期歸來，承歡補烏私。行行辭伯叔，行行過宗祠。五里失坊村，
一日出下邳。湯湯沂泗水，天涯任所之。
一歲居姑蘇，一歲居春申，五載白門遊，飽觀金陵春。小住大彭墟，
講學教國民。南移楚漢風，北問鄒魯津。母時來寧徐，差足慰天倫。
九宇騰煙霧，中州歷劫塵。君子楚囚脫，國士蜀碧新。避地走東海，
桃源遠帝秦。一夕噩夢驚，遂爲無母人。家國身世感，昊天何不仁。
忡忡方寸亂，黯黯顏色焦。切切謳商聲，淒淒吟楚謠。惻惻念蓼莪，
哀哀誦大招。昊天何不仁，上帝乃爾驕。念自殺解脫，瞬間亦逍遙。
人言妾婦行，溝瀆太無聊。又念爲僧道，入山絕塵囂。人言此僇民，
寄食避征徭。煢煢心萬轉，默默慮千條。家國身世痛，余唯音嘵嘵。
自惟中人資，下愚尙非是。我今難解脫，人復何望矣。我苦猶可耐，
衆生眞苦死。願採脫苦藥，採險從我始。扶桑古瀛洲，幻化多術士。

習靜心漸轉，參禪味足喜。初玩我即幻，頓覺人如豕。人生改舊觀，心靈含新蕊。茂雅拍雷圖。太平啓嚆矢。二宮託士太，日本二宮尊德以佛敎爲基，所辦報德農會已一千餘村矣，俄國託爾士太以伯爵百萬之富，爲鄰負薪，其人道主義，誠今世界明星也。力耕呵澆詭，經國在一塵。人道重十指，却悟老莊畫。日本有老莊畫談一書極佳。神遊皇學旨；世間法有皇帝王霸四級，馳騁聲色味。伐性自傷毀。粃糠唐與虞，追論歐及美，更遇伯華師桂師江西人聽其講入胎因果及起信論乃眞入佛門大乘演妙理。一修心地觀，文殊示知止。知身是無常，頹崖日傾圮。知身非可愛，終飽墓中螘。知身垢不淨，八萬蟲舐舓。知身最穢惡，屎溺與漏痔。知身是苦本，寒熱共病痞。知身乃幻泡，浮生飛如矢。知身不堅牢，烈風摧敗紙。知身皆夢化，一切無怙恃，知身投胎成，業報最可恥，塵劫六道中。無窮認考妣，盲龜値浮木，人身眞偶爾。又得妙蓮華，了義妙無比。凡夫行佛事，神力難議擬。一念即受記，祕義誰敢訾。大悲即佛心，檀度捨腦髓。度無相衆生，忍罵嘗榜捶。

弘法護世間，淨土在咫尺。自除貪瞋癡，無怨親彼此。廣報父母恩，徧洒甘露水。是名菩薩道，是名眞佛子。是已成菩提，是人佛所使。佛肩所荷擔，佛口親囑累。何況天龍衆，香花共瞻視。從此大解脫，遊戲三界裏。

如是弟應知，妄見起死生。業報入輪廻，投胎發哭聲。夙世因緣故，作父母弟兄。妻子及六親，恩愛由此成。或壽夭賢愚，或貧賤枯榮。或美好壯佼，或醜惡聾盲。皆由前身業，薰習逐世更。我我所享受，我我所經營。譬種豆得豆，如插秔穫秔。非必關天帝，非必神使令。今生此面貌，今生此姓名。今生此宗戚，今生此舅甥。前生亦有之，舊夢記難淸。來生復如是，展轉汝無驚。非但爲人類，亦可爲貍貹。畢達（希臘哲人）曾自知，化鳥聲嚶嚶。牛哀猛虎走，蜀主杜宇鳴。非但信古書，聞見論據精。現世猶多有，丈夫化嫈嫇。不見安南魂，來作山東嬰。東吏照其像，審檢筆所評（梅顛雲談）不見蘄州丐，前世爲豕牲。

又世爲秀才，梅師語無輕（李梅菴師）睢寧友夏君（子誠談）佃耿戶老氓。忽蠻語皖人，

歎隴不知耕。閩人徐班侯，覆舟溺滄瀛。現攝其魂影，存館像晶瑩。

邳紳焦子和（能記前生）老友時之英（面爲余言）記前爲貧婺，家住黃河營。可悟女轉男，

請修勵廉貞。蘇州應巡檢，少本女緹縈（應德宏談）吾族祖劉啓，記爲沐陽丁。

吾徒潘子洛，粵商甚樸誠。無師幼讀書，懷舊常目瞠。北鄉王氏女，

隔世念夫情。皖父投女胎，佯啞心不平。凡此皆近事，一一足權衡。

觀人既了了，自知應明明。

吾曾爲國王，驕侈居上宮。遍受五欲樂，眷屬多公卿。亦曾爲將軍，

生殺百萬兵。亦曾爲妓女。見客歡喜迎。王介甫詩云「我曾爲女人，歡喜見男子」亦墮牛馬胎，

維縶受笞榜。六親共牢櫪，同時付割烹。九族入盤飧，供人一夕酲。

曾受天宮樂，仙女吹鳳笙。曾淪阿鼻獄，劍樹與火坑。前刧已無量，

來刧不可爭。除由莊嚴土，竪守「涅槃城」

哀哉不慧夫，肉眼無神通。妄執人與我，弗悟色卽空。名利生死競，

怨毒日夜攻。仰天唾雲霧，迎風縱祝融。那知因果率，恢恢任化工。
誰能逃無常，轉瞬白頭翁。回憶半生事，都付大江東。一旦朝露至，
識種逐業風。下沈水火獄，上乃化沙蟲。輾轉苦海內，遺恨眞無窮。
更有淺根輩，如蛇入竹筒。獨覺矜小慧，慈悲失大雄。舉杯論溟海，
坐井視蒼穹。譬如爰居鳥，聞樂兩耳聾。又如策蹇驢，謂可大河馮。
譬如頑石侶，雜列亂木叢。有無皆妄語，鳥自壽金籠。斷滅墜邪見，
安望眞道隆。新苦續舊苦，腥血大地紅。
善哉如弟言，十年夢一場。弟妹各長大，我鬢已含霜。眷屬多下世，
悟我亦無常。十年已如幻，那堪百年長。百年同幻化，古今等滄桑。
汝更細思維，十年又何嘗。五年三年內，月日有夭殤。刻刻形貌改，
息息髮膚強。有如少水魚，宛轉最堪傷。入此三空觀，頓使人我忘。
念念本眞空，無時亦無方。不受造化拘，靈珠耀慧光。無諍眞降魔，
無欲自金剛。不論何教何宗，凡無諍而自覺自性者，即眞通佛法否皆魔法也，國士隨心造，煩熱得清涼。

貪欲苦痛母，布施功德王。爭名餅畫地，積財蛇滿箱。富損子孫慧，（漢疏廣曰「子孫賢而多財則損其志」）貧盜轉相戕。善戰實不仁，談玄自速亡。黔驢亦以苦，丐食寧云良。家國身世法，一一慮周詳。男女少壯老，工食日相償。大悲施福田，井里有積倉。大同新學村，州邑居相望。天下行十善，世界金色黃。圓成彌勒願，法寶掃欃槍。（彌勒佛須至天下人行十善時降生，大地皆成黃金，人壽八萬歲，龍華三會度衆生無量，有彌勒下生經。）叢叢荊棘道。蓮花發妙香，沈沈魑魅窟。仙子百寶裝，汪洋苦海水。甘美盡瓊漿，呻吟愁嘆聲。天樂韵悠揚，老死貧病苦，福德妙吉祥，娑婆變淨土。大同安樂鄉，衆生皆成佛，如來壽無量。

捨宅田爲觀音菴開創邳縣大同村福田院發願文一

是秋歸家省母墓以後作但因種種困難去辦成尚遠。

我自離鄉井，於茲十一年。慈親既下世，萬念都棄捐。少小負奇氣，高文出蒼天。中歲乃聞道，華髮忽生顛。值此離亂歸，桑梓盡創痍。村落何所見，炮樓碁勢連。以知殺業重，寃孽互糾纏。南過睢寧縣，車夫指樹邊。一村五十口，燒殺化蒼烟。邳紳被匪刼，索銀用火煎。
是名請菩薩，强化觀音緣。此俗諺也，可謂强迫人行菩薩道矣。匪亦行布施，大散貧民錢。
今年值熟歲，斗粟價二千。貧民良甚苦，十家五不饘。顧聞某東市，
魚皮八百圓。吾鄉某鎮市，十年前每年魚皮售價才四十元，今竟。至八百元，知人奢也。賭酒服文綵，乃克相周旋。
盜夸習成俗，爭殺因果然。胡乃憂土匪，上下涕淪漣。無學賊民輿，
謨訓自古傳。老子曰「廷甚除，田甚蕪，倉甚虛，服文綵，帶利劍，厭飲食，財貨有餘，是謂盜夸。」
炮樓終何益，刼掠遍吾村。鄰里戚族面，時見傷瘢痕。我家受炮擊，
牛氂馬無存。我母幸奔脫，病悸緣驚魂。猶增修炮樓，每每理田園。
樓成母已逝，長埋在東原。我來拜阿母，不復識家門。白犬迎客吠，
鄰里指邱藩。感此傷我心，對樓復何言。
我昔甘貧賤，助母卽田功。破屋如漏罩，晴日零雨濛。妹時尚幼，常言吾家如置外面晴天，室內猶下雨也。
耕讀依膝下，其樂何融融。今來不見母，倚樓呼天窮。
門庭都變易，塲園大不同。隨母所臥牀，久已付東烘。阿翁教讀屋，

今爲芍藥叢。祖母飯我室，雞欒支隆穹。驪猫我最愛，頭滑朶頤豐。今猫黃且瘦，見我心忡忡。門前小槐樹，亭直聳高空。弟妹嬉遊地，不見櫻花紅。東南一株杏，味酸枝如弓。昔隨母杏下，今惟草青葱。園中有塘窪，今已施人工。東汪釣魚堰，蕭蕭蘆荻叢。伯叔門戶改，出入新兒童。園南傷心處，松林號悲風。隔墳喚阿母，泣血終耳聾。我身果何物，母胎氣血充。母既化泉壤，我竟何依憑。況爲名利奴，趯趯草頭蟲。母現圓寂身，恍然醒我懞。泡影露電法，念此耳目聰。觀破無常苦，人生類轉蓬。誰止閻羅使，不到王侯宮。父母且幻相，萬事眞沙蟲。茫茫生死海，此路誰能通。

我念昔賢人，報恩靡不至。王維白香山，皆舍宅爲寺。迴向佛功德，懺悔夙業累。願冥資亡人，輪迴永遠避。淨土享極樂，花開受佛記。東坡爲卷屬，繡佛修福利。顏黃門家訓，遺囑作佛事。此皆古先達，深知報恩義。矧我少孤貧，諸惟母所庇。田宅及車牛，一一母手置，

兄弟各自立，安用損其志。鄧通擁錢山，亞夫漢將帥。相若當餓死，
豈闕金張泣。戚族多鰥寡，零丁苦無寄。叔嬸表姈行，表妹攜童穉。
施田撫孤孀，推恩承遺意。我幼侍孀母，憂貧常涕泗。今成大同村，
聊以錫吾類。詢謀弟與婦，僉同無二致。化家作佛廟，雞犬皆祥瑞。
炮樓誦佛經。可懺爭殺祟。立碑垂來許，此業永不墜。寧效付惡兒，
轉瞬無一簣。枉自作牛馬，不留三日思。堂塑觀音像，相好三十二。
蓮花應念生，光明廣覆被。見聞發慈心，涕泣含悲淚。令我大同村，
從茲絕詬詈。老幼善男女，隨喜增福智。木魚念佛聲，聲聲徹十地。
以此迴向力，我願早成遂。廣報父母恩，解脫無倫比。
我願在何許，願生極樂家。冬夏無寒暑，四季寶蓮花。化生如意身，
十方飛彩霞。免投穢胎獄，無數認娘爺。況乃五濁世，捶罵惡相加。
不認互父母，都由肉眼差。須知家性空，白日易西斜。八苦日夜逼，
爭殺枉紛拏。父母且幻相，何事可矜誇。了知家性空，布施長金沙。

家家施福田，仁里徧天涯。人居大同村，食棗大如瓜。天下行十善，
世界凈無瑕。福報難思議，黃金姿榮奢。壽命八萬歲，舉足七寶葩。
國土成琉璃，無土石陵窪。人身悉美好，無醜陋瘡痂。肌膚靚光潔，
無便穢痰瘕。寶樹揚妙樂，無荆棘蒺葭。化禽演佛音，無猛蟲毒蛇。
衣食隨意致，安用啖腥豝。解脫大歡喜，誰復知歎嗟。衆生齊成佛，
同證妙蓮華。

東方大同學案結論

託氏偉氏克氏三家，開東西文化大同之先聲

我編此書所采取的現世外國學家的重要精神，差不多以託爾士太克魯巴金和偉爾士三家爲主的，現在就用他們三人學術的綱領，來結束我的大同學案。

一託爾士太所受佛老耶的文化

託氏雖然有耶蘇復活的精神，但是他也曾把老子和他的耶教義合訂成本教人，又他編的印度故事內有最明白的就是「盲人摸象」一段，証明是佛經上的，所以我國已有人編成託氏與佛教一書，而尼耳斯 Ellis' The New Spirit 于託氏傳既述俄國受亞化的影響，又新精神書中說託氏 Tolstoy with his semi-oriental quiteism. 是半「東方的安靜主義」這可以証明東方佛老耶的文化，的大發展了。

二偉爾士論新自由乃古佛耶預言之實現，

偉氏于其史綱中既述老子爲一東方無政府主義者，而對于佛耶之本來面目，尤甚明

了。其言曰：

The idea of political social equality, This idea which we saw coming in the world as an external and almost incredible idea in the age between Budbha and Jesus, is now asserted in the later eighteenth century as a practical standard of human relationship ... Page 842.

平等政治平等社會主義之來到世界，乃一甚久遠而不易信的理想，出自佛與耶蘇時代。到了十八世紀，纔實現出來，爲人類關係的標準了。

克氏論各教及新潮之公同點。

今人聞克魯巴金的大名，莫不詫爲頂新了。聞宗教二字，莫不厭惡之，以爲老腐敗。但吾人于託氏傳內已說明到了託氏的「新宗教」觀念，已經變成了世界公教，人人可以贊成的了。再看克氏對于各教本來眞相之評語，看他互助經的結論，便知道了。克氏所有「無政府原理的基礎」，就立在互助經上。而該書結論說，」The new forms of union which were introduced in the earliest Buddhist and Christian communities, in the Moravian brothes, 毛拉文是耶教的一派 took the character of a return to the best aspects of mutual aid in early tribal life.」新式結合，卽在最初的佛教耶教公產社會所傳來的，那就是古民族互助生活中最好的性質。

以上三大家，是現在文化的中心人物，他們的言論如此，將來東西文化公同運動的基礎，已經立定了。盼望大家照此系統，互助研究，新舊戰爭定可以免了。

大同學實現方略暫用墨學會議案阮明建議

余於本學結論已著成，幷列表矣。阮明君（喆夫全椒人）請曰，大同學如海，若救急之法實現之塗，綱目如何。余答曰，道雖大而行甚簡，不外「報恩互助村」五字而已，試演之！

報恩……從佛演亞化

互助……從克魯演歐化　　吸一切文化海無不盡

阮君曰，雖然，竊有所進者，本學案六家，孔老耶佛均戴政教色彩太濃，且均試驗數千年而流弊百出，楊學雖高而太柔，亦未易施行于今之亂世。竊以爲今最適宜中華者，惟先用墨爲政教綱領，大小應用均適宜，試舉墨之特點與他家異者，

一，未曾被人利用，尚無流弊。　二，對於今羣衆感情，較孔老耶佛等均易得人承認。　三，直捷簡易，不如各家鬼神禮文僞式，易於藏垢納汚。　四，從政綱施行上，從羣衆運動上，從平民經濟學改造上，大小均有切實組織法。　五，自身能創造機器抗暴，爲他教主所不能，而適合今日物質文化時代。　六，不如此，不能掃蕩孔老耶佛數千年來疲軟柔懦作僞之流弊，而開東方文化新紀元。

有上五因，今若不用救急法，采墨爲中心以求實現，即再過二千年，仍是空談，一部東方大同學仍是咄咄書空。弟子阮明敢決斷也。

余頗是其言，因爲約數友開會討論數次，結果張景齋先生謂墨曾學于儒係儒之改良派。胡默青君謂宜采禹治水八年過門不入，天下已溺之精神，方可進大同惟墨爲能。（按胡君爲人儒名墨行也）李渾一

儲皖峯君謂可去其天志明鬼非樂等玄談，及太苦之點。龍積之先生云可暫推墨攝教若干年。懸念前于總序中已言明墨爲先鋒矣。第一步用墨爲大刀闊斧，固無疑義。且適合新大同學六綱之第一綱物質時代。今非從科學上根本遍地改造以達飛行世界之域，他無辦法。今世界飛行機尚未易能飛長時間經一日之久，而墨早能之。今决應奉吾二千年前飛行機教主爲吾亞化光，用助大同化之飛行進步也。且墨與其弟子機器工匠數百，確能直接自動，號召社會徒衆，與帝國主義抗。尤有爲今託克羅素等所不及者。其譏各貴族「拘女」，明明主婦女解放平等。若以此精神確定方略，號召吾大中華四萬萬士女，本兼愛尚同，創作機器精神，爲學爲教爲政，以刷數千年不進化之奇恥大辱，十年以往，遍地電機花園新村市，成大飛行世界，更用各家學識，以圓滿造成東方文化之新成吉思汗。The New Jengis Khan of the oriental civilisation. 而現偉氏之「世界政府」，可立待也。阮君乎；卽以墨爲先鋒隊可也。因改舊作懷諸墨友詩，附以証之，

懷諸墨友詩　（時居太原古唐村北風忽起與思友人）

大道淪已久。樲棘蔓梧檟。滔滔鄉愿化。麻木而聾啞。羣豪乘願作。墨風盈天下。吾友多墨徒。
樸鬱喬且野。金陵友繹墨（張）。堅剛勵頹惰。上海友墨池（張）。苦行殊過我。北京識今墨（施）。雄辯若觀火。
遊晉得墨鄉（李）。太行山磊砢。閒居古唐村。抗懷出虞夏。風起思良朋。卓犖眞健者。我昔讀仁學。
深念頂踵捨。比發菩提心。金剛談般若。同樂闢新村。兼愛與墨社。聖賢天仙佛。大同一爐冶。
機器抗暴兵。美生啟廣廈。世界成飛行。羣仙何嫻雅。霹靂開天門。大千甘露灑。

末用偉氏 The war in the air 及 men Like Gods,「空中戰爭及羣仙的人」二書意。

中華民國十五年（一九二六）三月二十六日出版

定價 布裝 每部 三元六角
平裝 三元

著作者 劉仁航

點校者 張明慈 阮明 儲皖峯

總售處 南京門帘橋樂天書館

發行所 上海 北京 天津 太原
各中華書局
上海西門外方斜路二十四號出版合作社
開封北書店街西冷社
各省各大書坊

图书在版编目(CIP)数据

东方大同学案(上下卷)/刘仁航著. ——上海:上海三联书店,2014.3

(民国沪上初版书·复制版)

ISBN 978-7-5426-4608-8

Ⅰ.①东… Ⅱ.①刘… Ⅲ.①哲学史—中国—古代 Ⅳ.①B2

中国版本图书馆 CIP 数据核字(2014)第 033708 号

东方大同学案(上下卷)

著　　者/刘仁航

责任编辑/陈启甸 王倩怡

封面设计/清风

策　　划/赵炬

执　　行/取映文化

加工整理/嘎拉 江岩 牵牛 莉娜

监　　制/吴昊

责任校对/笑然

出版发行/上海三联书店

(201199)中国上海市闵行区都市路 4855 号 2 座 10 楼

网　　址/http://www.sjpc1932.com

邮购电话/021-24175971

印刷装订/常熟市人民印刷厂

版　　次/2014 年 3 月第 1 版

印　　次/2014 年 3 月第 1 次印刷

开　　本/650×900　1/16

字　　数/580 千字

印　　张/46.75

书　　号/ISBN 978-7-5426-4608-8/B·344

定　　价/226.00 元(上下卷)